面 向 2 1 世 纪 课 程 教 材
Textbook Series for 21st Century

高等学校经济学类主要课程教材

产业经济学

（第五版）

主　编　苏东水　苏宗伟
副主编　伍华佳　赵晓康　孟　勇　林善浪

高等教育出版社·北京

内容简介

本书是教育部"高等教育面向21世纪教学内容和课程体系改革计划"的研究成果，是以教学实践为基础在《产业经济学》（第四版）基础上补充修改而成的。

本书根植于东方管理文化与现实产业发展的实践，围绕如何实现产业资源的有效开发、合理配置和合理利用这一中心，按照企业、市场和政府三条主线逐层展开，既同国际接轨又与实践结合。除论述产业组织、产业结构、产业管理、产业发展外，还适应中国特色和经济全球化对产业经济理论的要求，论述了东方管理"以人为本、以德为先、人为为人"的产业经济思想，吸收、体现了世界产业经济领域的最新动态和精华。

本书可作为高等院校经济学、管理学门类的专业基础课程教材，也可供其他学科门类选用和社会读者阅读。

图书在版编目（CIP）数据

产业经济学/苏东水，苏宗伟主编. --5版. --北京：高等教育出版社，2021.2（2025.1重印）
ISBN 978-7-04-054855-6

Ⅰ. ①产… Ⅱ. ①苏… ②苏… Ⅲ. ①产业经济学-高等学校-教材 Ⅳ. ①F062. 9

中国版本图书馆 CIP 数据核字（2020）第 142382 号

产业经济学
Chanye Jingjixue

策划编辑 施春花	责任编辑 宋志伟	封面设计 张 楠	版式设计 杜微言
插图绘制 于 博	责任校对 陈 杨	责任印制 刘弘远	

出版发行	高等教育出版社	网　址	http://www.hep.edu.cn
社　址	北京市西城区德外大街4号		http://www.hep.com.cn
邮政编码	100120	网上订购	http://www.hepmall.com.cn
印　刷	天津鑫丰华印务有限公司		http://www.hepmall.com
开　本	787mm×1092mm 1/16		http://www.hepmall.cn
印　张	27.5	版　次	2000年2月第1版
字　数	610千字		2021年2月第5版
购书热线	010-58581118	印　次	2025年1月第12次印刷
咨询电话	400-810-0598	定　价	59.00元

物 料 号 54855-00

第五版前言

《产业经济学》一书作为教育部面向21世纪主要课程教材，自2000年2月出版20多年以来，迄今已是第五版，受到了众多高校开设该课程的师生及广大读者的欢迎和好评，成为各高校经济学、管理学专业的主要课程教材。

为了适应中国经济的崛起和产业升级换代的新局势、新变化，满足各高校对产业经济学课程教学的需要，我们根据目前我国产业组织、产业结构、产业布局、产业管理及产业政策方面所发生的新情况、新变化，对本书进行了一定的补充和更新，如着重修改了第六章第一节产业结构的演变及其规律、第三节经济全球化背景下产业结构发展新趋势，第八章第四节产业结构生态化，以及第十一章第二节产业结构政策、第三节产业布局政策等；紧跟目前我国产业发展的新形势，对教材原章节内容进行了一定的调整；增补了相关的思考题和案例。从而使本书更具时代感、实用性和适用性。

本书的修订工作主要由我负责，参加修订的作者包括伍华佳（复旦大学管理学院副教授）、苏宗伟（上海外国语大学国际商学院教授）赵晓康（东华大学旭日工商管理学院教授）、林善浪（同济大学经济与管理学院教授）和孟勇（上海工程技术大学管理学院教授）。本书第五版得到了高等教育出版社编辑的支持和帮助，在此向所有参加修订的作者和工作人员表示感谢。由于本人水平有限，本书难免有不妥之处，恳请读者指正。

复旦大学管理学院　苏东水

2020年2月

第一版前言

产业经济学主要是研究经济领域中产业的组织、结构、管理、政策与发展规律的应用经济学科。研究本学科对于一个国家经济的持续发展，以及产业组织合理化、产业结构优化、产业政策有效性、产业管理科学性均有重要意义。

产业是社会分工的产物，是社会生产力发展的必然结果，是具有某种同类属性的经济活动集合。“产业”一词在不同历史时期和不同理论研究领域有不尽相同的含义。按一般理解，产业是指“财富”，指各种生产的事业，也有的指工业。古时，《史记·高祖本纪》中就提及“产业”的概念。孟子提出“恒产”的概念，“恒产”即指长期保有的财产，“恒产”的“产”是指产业。孟子主张人性本善，他认为：“民之为道也，有恒产者有恒心，无恒产者无恒心。”“恒心”是指人常有的善心。实际上还是认为人的善心只有在财产足以维持温饱的条件下，才能产生。管子主张以农为本，提出了“经产”的概念。而“经产”的“产”则指生产，谓“民之经产”。鉴古论今，从经济角度看，产业经济作为一门应用经济学科，其所研究的问题归根结底是人的行为。它也是一门把人类行为看作目的与具有各种用途的稀缺手段之间的一种关系来研究的典型的社会科学。

产业经济学是在一定的历史背景和经济文化条件下产生、发展的。它是随着现代先进国家经济发展而形成发展的一门应用经济学科，是经历过漫长的微观经济学的成熟到宏观经济学的形成，再到产业经济学的产生这一演进的过程，也是人们将经济分析深入到产业层次，在进行“产业组织”“产业结构”“产业政策”“产业管理”“产业发展”实践的探索过程中逐步产生、发展起来的。由此，也可以说，产业经济学是介于宏观经济学与微观经济学之间的中观经济学。

随着我国改革开放的进行，产业经济学逐步为我国政府部门和各界专家学者所重视，而加以发展运用，并形成为我国经济学门类应用经济学一级学科的二级学科。它是含原有的工业经济、农业经济、商业经济、运输经济等多门学科的综合性应用经济学科，实质上也是研究国民经济各产业部门的组织、结构、政策及管理、发展的问题。我们综合中外产业经济学的学说与实践，从企业、市场与政府的行为角度进行探讨，重点研究其资源的合理优化的配置，通过“人为为人”以达到最佳的社会经济效益。

现代产业经济学作为一门新兴的应用科学，目前仍在发展之中，其新的学科体系也尚未基本确立，还在探索之中。我们在通过多年的研讨和集思广益，在融合东西方产业经济学术思想的基础上，初步提出产业经济学的学科体系。在本书体系结构中，共分五篇二十章。第一篇，总论：第一章主要论述产业经济学的研究对象、意义和方法；第二章阐述产业和产业经济的形成与发展以及管理文化对其发展的作用；第三章阐述产业经济学的理论基础，结合中国古代产业经济学的思想潮流，着重介绍马克思主义政治经济学、邓小平产业经济思想在本学科发展中的地位与作用，以及西方经济学和现代产业经济学科领域各种理论发展对本学科理论体系形成的重要影响，从而说明经济学、管理学和文化学是本学科的基础理论支柱。第二篇，产业组织，主要介绍产业组织理论的演变，着重从分析产业经济的主体企业入手，按企业、市场、博弈、竞争分层次展开，探讨在市场经济活动领域中产业组织的主要问题。第三篇，产业结构，主要介绍产业结构的理论发展、产业关联、产业优化、产业布局。第四篇，产业管理，主要介绍产业政策的意义、作用、类型、运行以及产业规制和行业管理。第五篇，产业发展，主要介绍产业发展理论、知识产业以及中国产业发展展望。

本书是我在复旦大学主持国家重点学科产业经济学博士点和应用经济学博士后研究流动站多次开设“产业经济学”博、硕士主修课程的基础上，由复旦大学经济管理研究所的博导、教授、博士后和博士组成“产业经济学”课题研究组经一年多边教学边研究边调查，先后进行近20次集体讨论的研究成果。其间，我们研究了古今中外有关的资料及日本、美国、德国和国内产业经济学的相关文献上百万字，分头草拟了五套写作方案，通过论证，提出了有中国特色的新的学科体系及内容。然后按照中西结合、贯通古今、联系实际、面向未来、兼容并蓄的方针进行理论创新，形成本书。

参加本书编写的主要作者（按编写章节出现次序排列）有：苏东水、任浩、徐培华、文明、孙遇春、朱国华、陈靖、夏大慰、李信民、庄莉、杨文斌、钟杏云、毛林根、王国进、冯正虎、张阳、朱建国、何建民、钱景林、伍华佳、苏宗伟、王吉宁等同志。全书由苏东水主编，夏大慰、毛林根、任浩、张阳、陈靖任副主编；在各章节编写修改基础上，由苏东水、毛林根、任浩、文明、杨文斌、钟杏云、李信民、朱国华等同志统稿。最后由苏东水总纂定稿。

在本书写作过程中，承蒙教育部高等教育出版社刘清田、李冬梅、王江华同志的支持、推荐出版，并获得教育部高教司领导的关心，将此书审定作为教育部“面向21世纪教学内容和课程体系改革”项目成果。在成书过程中得到陈彪如教授、陈观烈教授和杨公朴教授的鉴定，张军教授等对本书稿部分章节也提出宝贵修改意见。此外，还有复旦大学管理学院、经济学院有关博士生参加编写提纲和书稿讨论，并由苏江明同志协助制图、打印等工作，在此均致以谢意。

本书作者愿将此书作为复旦大学东方管理研究中心成立的礼品，为新中国成立五十周年献礼。奉献给大学本科生、研究生和经济管理实际工作者作为教材和参考资料。

由于产业经济学是一门发展中的学科，有许多理论和实践问题尚在探索之中，加以作者的水平有限，如有不当之处，请读者给予批评指正。

苏东水

于复旦大学经济管理研究所

1999年8月18日

目　录

第一篇　总　论

第二篇　产业组织

第三篇　产业结构

第四篇　产业管理

第五篇　产业发展

第一篇

总论

第一章　产业经济学导论

本章主要介绍什么是产业经济学、为什么要研究产业经济学、怎样研究产业经济学以及产业经济学的学科体系，使读者对产业经济学有一个全景式的了解。

第一节　产业的含义与分类

研究产业经济首先要理解和把握产业的含义。产业是一种社会分工现象，它随着社会分工的产生而产生，并随着社会分工的发展而发展。产业一词在不同历史时期和不同理论研究领域有不尽相同的含义。产业作为一个经济单位应该如何理解和把握，是研究产业经济首先要解决的问题。

一、产业的含义

（一）产业是社会分工和生产力不断发展的产物

产业是社会分工的产物，它随着社会分工的产生而产生，并随着社会分工的发展而发展。在远古时代，人类共同劳动，共同生活。狩猎（野兽等）和采集（野果等）几乎是他们所有的生产活动，没有社会分工，不存在不同的生产部门，产业无从谈起。随着旧石器时代向新石器时代的缓慢发展，人类的生产工具有了逐步的改进，人类的生产力水平有了逐步的提高。人类狩猎野兽和采集野果的数量在增多，他们开始饲养未吃完的野兽和开始种植未吃完的野果的种子。这时，农业从人类的狩猎和采集活动中分离出来，人类的生产活动出现了重大转折，社会分工开始出现。农业成为那时人类决定性的生产部门。随着生产工具的不断进步和生产力水平的不断提高，又相继发生了三次社会大分工。按照恩格斯的观点，第一次社会大分工发生在原始公社的新石器时代，畜牧业从农业中分离出来；第二次社会大分工发生在原始公社末期至奴隶社会初期，手工业从农业中分离出来；第三次社会大分工发生在奴隶社会初期，商业逐渐从农业、手工业中分离出来，这一时期，专门从事商品买卖的商人阶层逐渐形成，商业开始独立出来。三次社会大分工之后，实际上已形成了农业、畜牧业、手工业和商业等产业部门。

随着生产力的进一步发展，社会分工进一步深化。18 世纪 60 年代，爆发于英国的第一次产业革命使英国的各主要工业部门先后出现了从手工生产过渡到机器生产的趋势。从此，机器生产的大工业逐渐取代农业成为社会经济发展的主导力量。接着在20世纪初又爆发了第二次产业革命，表现在铁路、钢铁工业的快速发展，工业的主导地位进一步巩固，社会分工也进一步向深度发展，表现为新兴产业部门不断出现和产业分工越来越细。20世纪50年代，信息技术的产生和发展掀起了第三次产业革命的浪潮，促进了社会生产力的进一步提高。信息技术的广泛应用给农业、工业和服务业领域带来了翻天覆地的变化，促使各产业内部分工进一步细化，新的产业部门大量涌现出来。可见，社会生产力的不断提高促成了产业的产生和发展。

随着社会生产力水平的不断提高，产业的内涵不断充实，其外延不断扩展。在重农学派时期，由于手工业依附于农业，尚未形成独立的经济活动，产业主要是指农业。在资本主义工业产生以后，工业的发展对每一个社会的经济发展起着举足轻重的作用，产业主要是指工业，而且产业常常等同于工业。随着社会生产力的飞速发展，服务业的发展越来越引人瞩目。而且，服务业部门的分工越来越细，出现了许多新兴服务部门，如商业、运输业、邮政、家政、咨询、金融、贸易、航运、信息等。这时，产业的含义也在扩展，由重农学派流行时期专指农业，扩展到资本主义工业高度发展时期主要指工业，再扩展到近代以后可以包括农业、工业、服务业三大产业及其各细分产业。到了今天，凡是具有投入产出活动的行业和部门都可以列入产业的范畴。产业不仅包括生产领域的活动，也包括流通领域的活动；不仅包括物质资料部门的生产、流通和服务活动，也包括非物质资料部门（服务、信息、知识等）的生产、流通和服务活动；不仅包括生产部门，也包括流通部门、服务部门甚至文化教育等部门。

产业的含义具有多层次性。产业是与社会生产力发展水平相适应的社会分工形式的表现，是一个多层次的经济系统。在社会生产力发展的不同阶段，社会分工的主导形式的转换和社会分工不断向深层次的发展形成了具有多层次的产业范畴。在社会生产力水平比较低下的历史阶段，社会分工以一般分工为主导形式。这种分工形式只能将人类的生产活动分成比较简单的大类，如农业、工业等形成产业的第一层次。随着社会生产力水平的提高，社会分工不断深化，特殊分工成为主导形式。这种特殊的分工在第一层次分工的基础上进行细分，例如将工业细分为基础工业、制造业、建筑业等业种，这些大类下的业种构成产业的第二层次。随着社会生产力的进一步提高，社会分工越来越细，新兴产业不断出现，特殊分工的主导形式不断复杂化。这种特殊分工在第二层次分工的基础上进一步细化，例如，将制造业细分为食品、纺织、造纸、化工、制药、冶金、机械等业种，形成产业的第三层次。这样，产业还可以继续细分下去，直至不能再分为止。

（二）产业是具有某种同类属性的企业经济活动的集合

从以上分析可以看出，同一产业的经济活动均具有这样或那样相同或相似的性质。在现代经济活动中，产业的这一特点也同样存在。根据这一特点，我们可以对产业的定义进行界定，即产业是具有某种同类属性的企业经济活动的集合。它既不是指某一企业的某些经济活动或所有活动，也不是指部分企业的某些或所有经济活动，而是指具有某种同一属性的企业经济活动的总和。一个产业可以由多家企业甚至一两家企业（例如在寡头垄断和双头垄断的市场条件下）的同类经济活动所组成；一家企业也往往不只是从事某项单一经济活动而是从事包括多种类型的经济活动，即从事多产业（跨行业）经营。例如，把直接从自然界获取产品、直接依赖自然的农作物栽培和牲畜饲养等生产活动称为农业；把采取自然资源，制造生产资料、生活资料，或对农产品、半成品等初级产品进行加工的生产活动称为工业。这些产业的生产活动各自都有其共同的属性或特征。农业的共同特征就是直接从自然界获取产品。

产业应该具有以下某种同类属性或特征：第一，从需求角度来说，是指具有同类或相互密切竞争关系和替代关系的产品或服务；第二，从供应角度来说，是指具有类似生产技术、生产过程、生产工艺等特征的物质生产活动或类似经济性质的服务活动。产业应该具有的活动是专指具有经济性质（即为一定的经济目标服务）的各项活动，不包括政治、社会等活动。同时，产业应该具有的经济活动是指具有某种同类属性特征的所有经济活动，而不是某些经济活动或部门经济活动。

（三）产业是介于宏观经济与微观经济之间的中观经济

产业作为经济单位，既不属于客观经济所指的国民经济，也不属于微观经济所指的企业经济活动或居民消费行为，而是介于宏观经济和微观经济之间，属于中观经济。

宏观经济的研究对象主要是指国民经济的总量，例如，国民生产总值、国内生产总值、国民收入、总投资、总消费、国际收支、货币发行量、通胀、失业、经济增长率等，以及总量的变化规律和相互关系。微观经济的研究对象主要是企业和家庭的经济行为，例如，企业如何利用有限资源，以获取利润的最大化；消费者或家庭如何利用有限的收入购买商品和服务，以获取最大的满足，等等。产业经济的研究对象是具有某些共同特征的企业经济活动组成的集合。具体来说，就是研究产业与产业之间各种技术经济关系、产业之间的联系方式等。

二、产业的一般分类方法

为了便于分析、研究和管理产业活动，有必要对产业进行分类。产业分类就是人们为了满足不同需要而根据产业的某些相同或相似特征将各种不同的经济活动分成不同的集合。所以，产业研究和分析的目的不同，产业的分类方法也就有所不同。产业的一般分类方法有关联方式分类法、三次产业分类法、国家标准分类法、国际标准分类法、两大部类分类法、农轻重产业分类法、生产要素分类法等。

（一）关联方式分类法

关联方式分类法就是将具有某种相同或相似关联方式的企业经济活动组成一个集合的分类方法。它又可以根据不同的关联方式分为多种分类法。

1. 技术关联分类法

技术关联分类法就是按照一些比较密切的技术关联关系划分企业的经济活动。这些企业的经济活动的集合要么具有技术、工艺方面的相似性，要么具有相类似的生产工具、生产流程和管理技术等。这一类产业的企业必须在产品的主要生产技术或制作工艺上具有相似的特点。相当多的企业经济活动都存在着这样或那样的密切的技术关联关系，如制造业、建筑业、冶炼业、运输业等产业均具有各自密切的技术关联关系。

2. 原料关联分类法

原料关联分类法就是按照具有相同或类似的原材料，性能相似的投入物或相类似的活动对象为依据对企业经济活动进行归类的一种分类方法。这种产业要求具有相同的原材料，例如，棉纺业、化纤业、钢铁业、木材业、卷烟业；或具有相类似的原材料，例如，造纸业、纺织业、服装业、印刷业、冶金业等；或具有性能相似的投入物，例如，电力、煤气、供水等；或具有相类似的活动对象的产业，例如，采石业、矿业、渔业、伐木业等。

3. 用途关联分类法

用途关联分类法就是将具有相同或相似商品用途的企业经济活动组成一个集合的分类方法。这类行业的产品具有相同或相似的用途，例如，自行车制造业、造船业、汽车制造业、仪器制造业、软饮料业、烟草业、制药业、橡胶轮胎业等。

4. 方向关联分类法

方向关联分类法是以产业间的关联方向为标准对产业进行分类的一种分类方法。产业间的关联方向包括单向关联、双向关联和环向关联。单向关联包括前向关联、后向关联和侧向关联；双向关联包括纵向关联和横向关联，其中纵向关联是指前向关联和后向关联的纵向关联，横向关联是指侧向关联的横向关联；环向关联包括单环关联、双环关联和多环关联。因此，按照这种关联方向对产业进行分类，可以有如下多种产业：单向关联产业、前向关联产业、后向关联产业、侧向关联产业、双向关联产业、纵向关联产业、横向关联产业、环向关联产业、单环关联产业、双环关联产业和多环关联产业等。

5. 战略关联分类法

战略关联分类法是指按照在一国产业政策中的不同战略地位划分产业的一种分类方法。按照不同战略地位划分的产业主要有：主导产业、先导产业、支柱产业、重点产业、先行产业等。

（1）主导产业。根据罗斯托的阐述，主导产业是指能够依靠科技进步或创新获得新的生产函数，能够通过快于其他产品的“不合比例增长”的作用有效地带动其他相关产业快速发展的产业或产业群。他认为，作为主导产业，它应同时具备如下三个特征：① 能够依靠科技进步或创新，引入新的生产函数；② 能够形成持续高速的增长率；③ 具有较强的扩散效应，对其他产业乃至所有产业的增长起着决定性的影响。主导产业的这三个特征是有机整体，缺一就不可成为主导产业。这类产业往往既对其他产业起着引导作用，又对国民经济起着支撑作用。

（2）先导产业。先导产业是指在国民经济体系中具有重要的战略地位，并在国民经济规划中先行发展以引导其他产业往某一战略目标方向发展的产业或产业群。这类产业对其他产业的发展往往起着引导作用，但未必对国民经济起支撑作用。

（3）支柱产业。支柱产业是指在国民经济体系中占有重要的战略地位，其产业规模在国民经济中占有较大份额，并起着支撑作用的产业或产业群。这类产业往往在国民经济中起着支撑作用，但不一定能起到引导作用；同时，这类产业往往由先导产业发展壮大，达到较大产业规模以后就成为支柱产业或先成为对其他产业的发展既起引导作用又对国民经济起支撑作用的主导产业，然后再发展成为对其他产业的发展不再起引导作用而只对整个国民经济起支撑作用的支柱产业。

（4）重点产业。重点产业是指在国民经济体系中占有重要的战略地位并在国民经济规划中需要重点发展的产业。重点产业的概念比较含糊，缺乏科学性。它可以包括主导产业、先导产业、支柱产业、先行产业、瓶颈产业、基础产业等。

（5）先行产业。先行产业有狭义与广义之分。狭义的先行产业是指根据产业结构发展的内在规律或自然规律必须先行发展以免阻碍其他产业发展的产业，这类产业包括瓶颈产业和基础产业。广义的先行产业包括狭义的先行产业和先导产业，即根据国民经济战略规划的需要人为地确定必须先行发展以带动和引导其他产业发展的产业。

关联方式分类法是最常见的产业分类方法。它除上面几种关联方式分类法外还可以按其他关联方式进行划分，这里就不一一进行介绍了。

（二）三次产业分类法

三次产业分类法由新西兰经济学家费歇尔首先创立①。他在 1935 年所著的《安全与进步的冲突》一书中系统地提出了三次产业的分类方法及其分类依据。他认为，在世界经济发展史上人类经济活动的发展有三个阶段：在第一阶段即初级生产阶段，人类的主要生产活动是农业和畜牧业；第二阶段开始于英国工业革命（18 世纪 60 年代开始的第一次产业革命），以机器大工业的迅速发展为标志，纺织、钢铁及机器等制造业迅速崛起和发展；第三阶段开始于 20 世纪初，大量的资本和劳动力流入非物质生产部门，包括商业、旅游、运输、贸易、娱乐、文化艺术、教育、科研、保健和政府的活动中。欧洲、美洲、大洋洲的一些工业发达国家已率先进入第三阶段。费歇尔将处于第一发展阶段的产业称为第一产业，处于第二发展阶段的产业称为第二产业，处于第三发展阶段的产业称为第三产业。但是，费歇尔没有在此基础上进一步总结出三次产业的结构变化与经济发展的密切关系。

英国经济学家、统计学家克拉克在继承费歇尔研究成果的基础上，采用三次产业分类法对三次产业结构的变化与经济发展的关系进行了大量的实证分析，总结出三次产业结构的变化规律及其对经济发展的作用。这一研究成果开拓了产业结构理论研究的新领域。他在 1940 年发表的《经济进步的条件》一书中详细地阐述了他的观点。从那时起，三次产业分类的理论很快被澳大利亚和新西兰两国的经济学界和政府部门所接受，并首先正式应用于这两国的政府统计中。随后，三次产业分类法很快流行于世界许多国家。这种分类方法从深层次反映了社会分工深化与产业结构演进的关系，成为目前研究产业结构理论的一

① 费歇尔出生、长大在英国，后移居澳大利亚任教，最后在新西兰定居。

个最主要的分类方法，并得到广泛应用和普及。由于费歇尔和克拉克在研究三次产业分类法中所做出的贡献，他们两人一起被公认为三次产业分类法的创始人。

三次产业分类法虽然得到了广泛的应用和普及，但各国在实际应用上的具体划分标准还不完全一致，与费歇尔原先的分类依据也有较大差异。今天，三次产业分类法更多地以经济活动与自然界的关系为标准将全部经济活动划为三大类，即将直接从自然界获取产品的物质生产部门划为第一次产业，将加工取自自然界的产品的物质生产部门划为第二次产业，将从第一、二次产业的物质生产活动中衍生出来的非物质生产部门划为第三次产业。根据这一划分标准，第一次产业是指广义上的农业，一般包括种植业、畜牧业、渔业、狩猎业和林业；第二次产业是指广义上的工业，包括制造业、采掘业和矿业、建筑业以及煤气、电力、供水等；第三次产业是指广义上的服务业，包括运输业、通信业、仓储业、商业贸易、金融业、房地产业、旅游业、饮食业、文化、教育、科学、新闻、传播、公共行政、国防、娱乐、生活服务等。

虽然三次产业分类法是一种有效的产业经济理论分析工具，并成为最主要的产业分类法之一，为经济学界和许多政府部门广泛应用，但是随着科学技术的迅速发展和人类经济活动的日益复杂化，这种分类法的缺陷越来越明显地暴露出来。首先，有些产业的归类尚存在争议。例如，第二次产业的采掘业和矿业是直接从自然界获取产品，是直接依赖对自然资源的开发和利用来进行的生产活动，并且在自然资源所在地进行，按理应该划入第一次产业；第二次产业的煤气、电力、供水等产业归入第二产业或第三产业似乎均有道理。其次，第三次产业的内容过于繁杂，难以科学地总结它们的特点和发展规律来为政府制定政策服务。第三次产业的不同行业差别悬殊，可以包括最简单的修鞋、补衫，到最复杂的航天、科研；可以包括技术要求最为简单的劳动密集型产业如理发业、餐馆业等，到技术要求最为繁杂的高知识密集型产业如信息业、生物工程等；也可以包括企业商贸部门，到公共行政事业单位和国防部门。这种传统的三次产业分类法已经很难适应当今经济发展的需要，探讨一种新的更适合的产业分类法已成为产业理论界的一项迫切任务。尽管如此，由于它的实用性，三次产业分类法仍具有很强的生命力。世界银行等国际组织和许多国家的政府部门和产业研究部门仍广泛采用这种分类方法。

（三）国家标准分类法

国家标准分类法是指一国（或一地）政府为了统一该国（或该地）产业经济研究的统计和分析口径，以便科学地制定产业政策和对国民经济进行宏观管理，并根据该国（或该地）的实际而编制和颁布的划分产业的一种国家标准。这种分类法具有如下一些特征：第一，它是由一国或一地的政府或其技术标准管理部门编制和颁布，而不是由个人或产业研究机构自己编制的，因而具有整体性、广泛性和权威性的特征。第二，它是一国或一地的国家标准，在运用上具有强制性和代表性。第三，它具有明确的目的性，就是为了统一统计口径和分析口径，以便科学地制定产业政策并对国民经济进行宏观管理。第四，它具有特殊性，是针对一国或一地的具体实际编制的，只适用于该国或该地的产业分类，其他国家只能参考和借鉴。第五，它具有较高的科学性，比较能反映该国或该地的产业发展和变化情况，也比较能适应其产业发展和变化的需要。

世界上许多国家都有各自的国家标准分类法，例如，美国于 1972 年编制和颁布了国家标准分类法。美国的分类法设有 7 位数字的编码。第一位数字代表产业部门，第二、第三位数字代表产品类，共 99 种主要类，然后再层层细分，一直细分到 7 位数字，共分为 7 500 种不同的产品类型。英国编制的国家标准分类法有 27 个主要产业种类，181 个产业分类。①

中国也有自己的对产业进行科学分类的国家标准，即由中国国家标准局编制和颁布的《国民经济行业分类与代码》。它把中国全部的国民经济划分为 16 个门类、92 个大类、300 多个中类和更多的小类。这 16 个门类依次是：

A　农业、林业、渔业、畜牧业（含 5 个大类）；

B　采掘业（含 7 个大类）；

C　制造业（含 30 个大类）；

D　电力、煤气及水的生产和供应业（含 3 个大类）；

E　建筑业（含 3 个大类）；

F　地质勘查业和水利管理业（含 2 个大类）；

G　交通运输、仓储及邮电通信业（含 9 个大类）；

H　批发和零售、贸易、餐饮业（含 6 个大类）；

I　金融、保险业（含 2 个大类）；

J　房地产业（含 3 个大类）；

K　社会服务业（含 9 个大类）；

L　卫生、体育和社会福利业（含 3 个大类）；

M　教育、文化、艺术和广播电影电视业（含 3 个大类）；

N　科学研究和综合技术服务业（含 2 个大类）；

O　国家机关、政党机关和社会团体（含 4 个大类）；

P　其他行业（含 1 个大类）。

（四）国际标准分类法

国际标准产业分类法是联合国为了统一世界各国的产业分类于 1971 年编制和颁布的《全部经济活动的国际标准产业分类索引》。国际标准产业分类法实际上同三次产业分类法是一致的，且比后者更细致。它同三次产业分类法保持着稳定的相关联系，其分类的大项很容易组合成三个部分，因而同三次产业分类法的三次产业相对应。例如，第 1 大项为第一次产业；第 2 至 5 大项为第二次产业；第 6 至 10 大项为第三次产业。因此，根据国际标准分类法所作的统计有很高的可比性，为产业经济问题的研究提供了很大的方便，并被广泛运用。

联合国 1971 年颁布的国际标准产业分类法将全部经济活动分为大、中、小、细四个

---

①　毛林根．产业经济学．上海：上海人民出版社，1996.

层次，并规定了相应的统计编码。它先将全部经济活动分成10个大项，再将各个大项细分为若干个中项，然后将各个中项细分为若干个小项，最后将各个小项细分为若干个细项。其10个大项是：

（1）农业、狩猎业、林业和渔业；
（2）矿业和采石业；
（3）制造业；
（4）电力业、煤气业、供水业；
（5）建筑业；
（6）批发与零售业、餐馆和旅店业；
（7）运输业、仓储业和邮电业；
（8）金融业、不动产业、保险业和商业性服务业；
（9）社会团体、社会及个人的服务业；
（10）不能分类的其他活动。

例如，又可将第3大项“制造业”细分为9个中项，它们是：

3-1　食品、饮料、烟草；
3-2　纺织、服装、制革；
3-3　木材与木制品；
3-4　造纸与纸制品、印刷与出版；
3-5　化工产品和药品、石油加工、煤炭加工、橡胶制品、塑料制品；
3-6　非金属矿产品（除石油、煤炭加工产品以外）；
3-7　冶金工业；
3-8　金属制品、机械和工业设备；
3-9　其他制造业。①

同理，还可将以上各中项继续细分下去，直至细项为止。

（五）两大部类分类法

两大部类分类法是马克思为了揭示资本主义生产的本质和剩余价值产生的秘密而对社会再生产过程进行剖析所采用的一种产业分类方法。马克思在分析社会资本简单再生产和扩大再生产的实现条件时，根据产品在再生产过程中的不同作用，在实物形成上将社会总产品分为两大部类，即将生产生产资料的部门划归第Ⅰ部类，将生产消费资料的部门划归第Ⅱ部类；在价值形成上将社会总产品分为不变资本 C、可变资本 V 和剩余价值 m 三大部分。

他说：“社会的总产品，从而社会的总生产，分成两大部类：

Ⅰ. 生产资料：具有必须进入或至少能够进入生产消费的形式的商品。

Ⅱ. 消费资料：具有进入资本家阶级和工人阶级的个人消费的形式的商品。

① 夏大慰，等. 产业组织学. 上海：复旦大学出版社，1994.

这两个部类中，每一部类拥有的所有不同生产部门，总合起来都形成一个单一的大的生产部门：一个是生产资料的生产部门，另一个是消费资料的生产部门。”①

两大部类分类法是马克思研究资本主义再生产过程的理论基础。他利用这种分类方法深入地研究了怎样使社会总产品既实现价值补偿又实现实物补偿等问题，深入地分析了社会资本简单再生产和扩大再生产的实现条件，深刻揭示了资本主义生产的本质和剩余价值产生的秘密。所以，在这一方面两大部类分类的提出和运用具有非常重要的意义。不过，如果将它运用于产业结构的分析，则有一定的局限性。例如：

（1）它没能涵盖所有产业，不利于对产业经济的全面分析。这种分类法只包括物质生产部门，非物质生产部门如商业、运输业等均没有包括在内。这样，运用两大部类分类法来分析产业经济问题就很不全面。

（2）许多商品难以归类，给产业经济的研究工作带来困难。大部分商品都具有多种用途，既可用于生产资料的生产，又可用于消费资料的生产。这些商品很难归属到第Ⅰ部类或第Ⅱ部类，因为归属到任何一个部类都有道理。这在实际运用中会出现在划分范围上的重复问题，给产业经济的分析研究带来不便。

（3）这种分类法不够细化，不能深入地分析产业结构变化对经济增长的影响。影响经济增长的结构因素非常繁杂，只研究两个部类的结构变化无法从深层次揭示经济发展的内在规律性，不能达到产业经济研究的预期目的。

（4）这种分类法在方法上与其他分类法相差甚远，分析口径不统一，其分析结果很难进行比较。这给经济统计工作带来不便。在信息经济快速发展的今天，它更难适应经济分析工作的需要。

所以，在产业经济的研究和分析工作中，它较少被运用。但是，它在这方面的局限性是由它的目的性决定的。也就是说，它是主要被用来分析和揭示资本主义生产的本质的。因此，它在用于产业经济研究中存在一些局限性是正常的。

（六）农轻重产业分类法

农轻重产业分类法就是将经济活动中的物质生产部门分成农业、轻工业、重工业三大部门。其中农业包括种植业、畜牧业、林业和渔业等；轻工业包括纺织、服装、食品、饮料、印刷、家具、制革等工业部门；重工业包括冶炼、钢铁、煤炭、电力、石油、化工、机械等工业部门。这种分类法具有直观、简便、易行的特点。它在研究和安排工业化发展进程方面具有很大的实用价值，例如重化工业化进程。

这种分类法来源于苏联，在社会主义国家曾被广泛应用。我国在中华人民共和国成立后至改革开放之前的相当长的一段时期内，曾长期使用它作为制定国民经济发展规划的最主要的产业分类工具。农轻重分类法也是马克思两大部类分类理论在实际工作中的应用，是对两大部类的改进和提高，比两大部类分类法应用更加广泛。到今天，不但社会主义国家普遍应用它，资本主义国家和许多国际组织也常常使用它。尽管如此，它也和两大部类

① 马克思恩格斯选集．第2卷．北京：人民出版社，2012：389.

分类法一样存在着一些局限性。例如：

（1）它仍然是针对物质生产领域的，没有涵盖非物质生产部门，不利于对产业经济问题进行比较全面系统的研究。

（2）随着科学技术的快速发展，传统的农轻重界线越来越模糊，相当多的产业特别是新兴产业难以归类到哪一部门。

（3）农轻重分类法也不够细分，一方面很难从深层次揭示农轻重结构变化对经济发展的影响，另一方面也难以对统计结果进行比较，这都给产业经济的分析和研究工作带来困难。

由于农轻重分类法存在这些方面的局限性，它只适合于工业化程度较低的发展阶段，不适合于工业化程度较高的发展阶段。随着产业结构的不断高度化，农轻重分类法在实际中的应用将越来越少。

（七）生产要素分类法

生产要素分类法就是按照劳动、资本、知识等生产要素的比重或对各生产要素的依赖程度对产业进行分类的方法。任何种类的经济活动都要投入一定的生产要素，包括土地、资本、劳动、知识等。由于不同种类的产品其原料构成不同、技术要求不同、特征不同、性能不同，其所投入的生产要素的比重也不同。因此，不同种类的经济活动对各种生产要素的依赖程度也不同。根据所需投入生产要素的不同比重和对不同生产要素的不同依赖程度可以将全部生产部门划分为劳动密集型产业、资本密集型产业和知识密集型产业三类。

劳动密集型产业是指在其生产过程中资本、知识的有机构成水平较低，活劳动特别是体力劳动所占的比重较大的产业。例如，纺织、制革、服装、食品、零售、餐饮等产业都属比较典型的劳动密集型产业。

资本密集型产业是指在其生产过程中活劳动、知识的有机构成水平较低，资本的有机构成水平较高，产品物化劳动所占比重较大的产业。例如，交通、钢铁、机械、石油化学等基础工业和重化工业都是典型的资本密集型产业。

知识密集型产业是指在其生产过程中对知识的依赖程度大，即知识含量高、脑力劳动所占比重比较大的产业。这里的“知识”是指广义的知识，包括技术等在内。例如，航天、生物、高分子材料、信息、计算机等都属这种类型的产业。

生产要素分类法能比较客观地反映一国的经济发展水平，例如，知识密集型产业的比重越大，就说明该国的经济发展水平越高；劳动密集型产业的比重越大，则说明该国的经济发展水平越低。另外，生产要素分类法也反映了产业结构的高度化趋势，即劳动密集型产业占主导地位的产业结构向资本密集型产业占主导地位的产业结构过渡，最后过渡到知识密集型产业为主导的产业结构。这有利于一国根据产业结构变化的这种趋势制定相应的产业发展政策。所以生产要素分类法也得到了广泛的应用。

但是，生产要素分类法也有它的局限性。它的划分界限比较模糊，也比较容易受主观因素影响。另外，技术进步越快，知识老化也越快。原来是知识密集型产业，随着知识的老化，也会变为劳动密集型产业。所以，资源的密集程度是相对的，也是动态变化的。

三、产业的其他分类方法

产业除了以上最常见、最常用的一般分类方法以外，还有其他一些分类方法，如四次产业分类法、产业发展阶段分类法、生产流程分类法、霍夫曼分类法、钱纳里—泰勒分类法等。

（一）四次产业分类法

四次产业分类法是指在原有三次产业即第一产业、第二产业、第三产业的基础上增加一项产业，即第四产业的产业分类方法。

随着科学技术的进步和社会生产力的快速发展，传统的三次产业分类法在应用上暴露出来的缺陷越来越明显，越来越不能适应经济发展的需要了。一方面，三次产业之间出现了互相融合的趋势，这种融合很难进行量化，更难计算出该产业的产值中有多少产值是属于其他产业融进来的；另一方面，第三产业的范围过大、行业繁杂，难以对其进行研究和分析，难以通过总结它们的特点和发展规律来制定产业政策。所以，对三次产业分类法进行改进和完善是非常有必要的。四次产业分类法可以说是这样的一种尝试，有它的积极意义。但是，四次产业如何划分、各产业如何构成，理论界至今没有定论。这也是四次产业分类法还没有得到广泛应用的主要原因。到目前为止，主要有两种不同的观点。

一种观点是由美国经济学家马克·波拉特提出的四次产业分类法，即把所有经济活动部门分为农业、工业、服务业和信息业①。波拉特四次产业分类法是第二次世界大战之后信息技术和信息经济快速发展的结果。第二次世界大战后，电子计算机和晶体管的发明，信息论、系统论、控制论的建立，使得一门新的产业——信息产业在美国迅速兴起，并掀起了信息技术革命。信息技术的产业化和市场化得到了迅速发展。信息产业很快成为美国的主导产业，信息经济也成为美国经济的支柱。这时，理论界对信息产业的研究也不断深入。为了研究和分析的方便，把信息产业从三次产业中独立出来，成为独立的第四产业，是非常有实用价值的。可以说，波拉特提出的四次产业分类法是具有创造性的，是对产业分类的一大贡献。所以，他的四次产业分类法曾经产生过很大的影响。但是，他的四次产业分类法也有局限性。他定义的第四产业——信息业包括第一次信息部门和第二次信息部门。其中，第一次信息部门包括计算机制造、电气通信、印刷、大众传播、广告宣传、会计业及教育等；第二次信息部门包括公共官方机构的大部分和私人企业内的管理部门的全部。从中可以看出，波拉特的信息产业既包括三次产业分类法中第一产业里的农业企业的管理部门，又包括第二产业的计算机制造、印刷等行业，也包括第三产业的信息咨询等行业，跨越三大产业，打乱了原来的分类方法，所以，在统计时难免重算或漏算。这给分类工作带来困难，也给统计工作带来不便。

另一种观点是由中国的王树林提出的四次产业分类法。他的《21世纪的主导产业第

① 马克·波拉特．信息经济论．长沙：湖南人民出版社，1987.

四产业》一书对此进行了详细的阐述。王树林认为，第三产业属于物质产品再生产总过程的领域，而第四产业则属于精神产品再生产总过程的领域。他认为，目前国际上流行的产品划分方法，忽视了这种重大差别，这是很不科学、很不妥当的，需要加以改正。改正的办法就是把第四产业从内容复杂的第三产业中分离出来，使之成为与第一、二、三产业相并列的独立产业。他认为第四产业的内容应该包括这些行业，即：科学研究行业、信息服务行业、咨询服务行业、新闻出版行业、广播电视电影行业、文化行业、民间公证行业、法律服务行业。他还把第四产业的共同特点归纳为五个方面，即：第一，它们同属于精神产品再生产过程的领域；第二，它们的资产以无形资产为主，其资源主要是智力资源；第三，它们以社会效益为主；第四，它们的从业人员是脑力劳动者；第五，它们既为物质文明建设服务，又为精神文明建设服务。这种分类法由于把第四产业归类于生产精神产品的行业而曾经引起一些学者的争议。因此，这种分类法也曾产生一定的影响，但仍没有得到实际应用。

此外，也曾经有人提议，保持三次产业分类法中第一、二产业划分方法不变，将第三产业分成网络服务部门（包括金融、保险、运输、通信、商业等）和知识服务部门（包括管理服务、医疗保险服务、消遣娱乐服务等）。

（二）产业发展阶段分类法

产业发展阶段分类法是指按照产业发展所处的不同阶段进行产业分类的一种方法。按照这种分类法划分的常见产业有幼小产业、新兴产业、朝阳产业、衰退产业、夕阳产业、淘汰产业等。由于划分产业发展阶段的标准有很多，所以处于不同发展阶段的产业的界限并不是很明确，只能是大概的划分。

幼小产业是指在开发初期因生产规模过小、成本过高、技术不成熟而不能享受规模经济的好处并缺乏国际竞争力的产业。有些幼小产业经过一定时期的政府保护能够安全度过幼年生命危险期而成为前途无量的新兴产业，进而成为一国的先导产业或主导产业；有些幼小产业因为技术、成本、需求、原料等方面的缺陷或其他原因，即使经过政府一定时期的保护和扶持也不能安全度过其幼年生命危险期而成为夭折产业。

新兴产业是指由于科技的发展和生产力水平的提高，出现了已经度过了幼年生命危险期的新的细分产业，这些新的细分产业的产品在技术工艺、用途、生产方式、用料或其他方面与原有产业的产品有较大的不同。

朝阳产业是指新兴产业的进一步发展使其进入技术不断成熟、平均成本不断下降、产业规模不断扩大、市场需求不断增加的时期，处在这一发展时期的产业称为朝阳产业。朝阳产业常常与夕阳产业相对应。

衰退产业是指由于技术逐渐老化、需求逐渐萎缩、平均成本不断上升引起规模收益逐渐下降、产业规模逐渐缩小的产业。这类产业往往是由过了壮年期的产业发展而来的，继续衰退下去就成为夕阳产业，最后成为淘汰产业。这类产业如果出现某些技术的重大突破也会重新获得新生，进入另一产业生命周期。

夕阳产业是指衰退产业继续衰退下去，得不到政府的有关扶持，也没有某项技术的重大突破来改革原有的技术条件而即将退出市场的产业或产业群。夕阳产业也可以在出现重大技术突破的条件下重新焕发青春，进入另一产业生命周期。否则，政府往往会采取产业转移政策，将此类产业转移到更有成本等竞争优势的地方去，或在适当时期引导该产业的人、财、物等资源向其他产业转移。

淘汰产业是指产业发展到一定时期，由于技术老化、需求萎缩、成本上升、长期亏损不能适应市场的需要而退出市场的产业。

（三）生产流程分类法

生产流程分类法是指根据工艺技术生产流程的先后顺序划分产业的一种方法。生产流程处于前头工序的产业为上游产业，处于后头工序的产业为下游产业，处于前头工序与后头工序之间的产业为中游产业。上、中、下游产业的界线划分是比较模糊的，也是相对的。这种划分法有两种情况，一种情况是相对于某一产业的工序位置来说的。在这种情况下，先选定或设定某一基准产业（如常称的“本产业”“该产业”），生产工序发生在这一基准产业之前的产业称为该基准产业的上游产业，生产工序发生在该基准产业之后的产业称为下游产业。在这种情况下没有中游产业。另一种情况是没有基准产业做比较的更加模糊的习惯称法。在这种情况下，生产工序比较接近原材料的产业称为上游产业，生产工序比较接近最终产品的产业称为下游产业，生产工序处于这两者之间的产业称为中游产业。在这种情况下，中游产业的产业链较长，它又可以再分为上游产业、中游产业和下游产业。

（四）霍夫曼分类法

霍夫曼分类法是德国经济学家霍夫曼在对工业化过程进行分析和考察时运用的一种分类方法。他出于研究工业化发展阶段的需要把产业分成三类，即：消费资料工业、资本资料工业和其他工业。其中消费资料工业包括纺织业、制鞋业、服装业、食品业、家具业等；资本资料工业包括冶金及金属制品业、一般机械工业、运输机械业、化学工业等；其他工业包括木材加工业、造纸工业、橡胶工业、印刷工业等。霍夫曼运用这种划分方法的目的是为了分析消费资料工业净产值与资本资料工业净产值的比例（即霍夫曼比例）问题。他按照霍夫曼比例的大小来划分工业化的发展阶段。为了避免某些产品既可作消费资料又可作资本资料，他就将产品用途有75%以上属资本资料的产业划分为资本资料工业，难以用以上标准划分的产业则被列入其他工业。这一划分法的缺点是，他确定的75%的划分界线在实际工作中是难以划分和量度的，因而这一分类方法在特定条件下才有实际应用价值。

（五）钱纳里—泰勒分类法

钱纳里—泰勒分类法是指美国经济学家钱纳里和泰勒在考察生产规模较大和经济比较发达的国家的制造业内部结构的转换和原因时，为了研究的需要，将不同经济发展时期对经济发展起主要作用的制造业部门划分为初期产业、中期产业和后期产业的一种分类方法。根据这一分类法：

初期产业是指在经济发展初期对经济发展起着主要作用的制造业部门，包括食品、纺织、皮革等。初期产业一般具有如下共同特征：其产品主要用于满足基本生活需要；其产品具有较强的最终需求性质，后向关联系数较小；其产品具有较小的需求收入弹性；生产技术和工艺比较简单。

中期产业是指在经济发展中期对经济发展起主要作用的制造业部门，包括非金属矿工业、橡胶工业、木材与木材加工业、石油工业、化学工业、煤炭工业等。中期产业一般具有如下共同特征：它包括中间产品和部分最终产品；有明显的最终需求性质，前向关联系数较大；具有较高的需求收入弹性；在很多场合能较快结束初期产业发展中的进口替代政策。

后期产业是指在经济发展后期对经济发展起主要作用的制造业部门，包括服装和日用品、印刷出版、粗钢、纸制品、金属制品和机械制品等。后期产业一般具有如下共同特征：它包含服装等很多最终产品，是前向关联系数较大的制造业部门；具有很强的中间需求性质，也是后向关联系数较大的部门；具有较高的需求收入弹性。

这种分类法，一方面有利于在经济发展的长期过程中深入考察制造业内部各产业部门的地位和作用的变化，进而揭示制造业内部结构转换的原因，即产业间存在着关联效应；另一方面有利于有关政府部门根据不同经济发展时期产业的不同特征制定产业政策，促进制造业内部结构优化，从而推动经济的快速发展。

除了以上介绍过的产业分类法以外，在实际应用中还有很多其他的分类法。例如，中国在改革开放之前运用的 MPS 分类法，即物质产品平衡表体系分类法，把物质生产领域分成农业、工业、建筑业、运输业、商业五大领导领域；又如“日本产业结构审议会”使用的生产结构分类法，将日本全部经济活动分为如下七类：基础材料产业、加工组装产业、生活消费品产业、建筑业、商业、服务业和其他产业。分析和研究产业经济的目的不同，其划分方法也不同。每一种划分方法都是为一定的目的服务的。

第二节　产业经济学的研究对象

一、什么是产业经济学

在现实经济生活中我们经常会遇到诸如个人的消费、企业的生产、产品价格的波动、市场的均衡等经济现象，涉及生产成本、产品价格、生产要素的价格、供给、需求等经济变量，这些基本属于微观经济学的研究范畴；在现实经济生活中我们也会遇到诸如经济增长、经济周期、利税调整、财政赤字、通货膨胀或通货紧缩等经济现象，涉及国民生产总值、国民收入、总供给、总需求、货币的总发行量、经济增长率等经济变量，这些主要属于宏观经济学的研究范畴。另外我们在现实经济生活中还会遇到一些生产类似产品企业之间的竞争与合作、具有某些共同特征的经济组织集团之间的联系及其互动发展、这些经济组织集团本身的演进发展及其在各个地区的分布等经济现象，对这些经济现象及其行为规律的研究就是属于产业经济学的研究范畴。所以产业经济学是研究具有某些相同特征的经济组织集团的发展规律及其相互作用规律的学科。

产业经济学是一门新兴的应用经济学科，目前仍在发展之中。虽然其完整学科体系基本确立的时间尚短，但其思想的形成则是源远流长，甚至可以追溯到我国的春秋战国时代。比如战国初期的著名政治家李悝就已经提出“重农抑商”的观念，而商鞅、荀子等则更是明确提出了“农本工商末”的思想，反映了我国古代思想家对农业与工商业这两个经济组织集团之间关系的认识。现在产业经济学的各方面理论已经得到了巨大的发展，随着对其研究的不断深入，它的应用范围也在不断扩展，产业经济对经济发展的作用已越来越大，对产业经济学的研究与应用已越来越得到世界各国的重视。现在世界各国政府已越来越注重利用产业经济的手段来推动本国经济的发展。所以对产业经济学的研究与学习将有助于我们完整理解现实生活中的经济现象及其发展规律，有助于我们正确利用经济规律来进行经济实践。

产业经济学的研究对象顾名思义就是产业，那么什么是产业呢？从以上的介绍中我们可以总结出：产业即是具有某种同类属性的具有相互作用的经济活动组成的集合或系统。具体来说，产业经济学研究的是产业内部各企业之间相互作用关系的规律、产业本身的发展规律、产业与产业之间互动联系的规律以及产业在空间区域中的分布规律等，这些都是产业经济学研究的具体对象。

我们知道，整个国民经济是一个复杂的大系统，由许许多多的子系统组成，这些子系统就是我们所说的各种产业，根据这些经济活动集合或系统所具有的不同的同类属性，可以将它们划分为不同层次的产业。所以说，产业经济学的研究对象其实就是研究这些不同层次的具有某种同类属性的经济活动的集合或系统，只不过不同经济活动的集合或系统的共同属性或特征不同罢了。

由于产业是一些具有某些相同生产技术或相同产品特征的经济活动组成的集合或系统，那么，这些经济活动和行为就既不同于单个企业的经济行为，也不同于整个国民经济宏观经济总量的行为，而是介于单个经济主体和国民经济整体的中间层次。也就是说，产业经济学所研究的，既不是属于宏观经济研究领域的国民经济总量，尽管产业经济学的研究也会涉及国民经济总量；也不是属于微观经济研究领域的单个经济主体，例如，企业、家庭或个人，尽管产业经济学的研究也会涉及单个经济主体；而是介于宏观领域和微观领域的中观领域即产业。所以产业经济的发展规律就既不同于宏观经济学所揭示的宏观经济总量的行为规律，也不同于微观经济学揭示的单个经济主体的行为规律，而必定有自身所特有的运动规律。产业经济学的研究正是从产业出发来揭示产业的发展和变化、产业内部企业之间的相互作用和产业与产业之间的相互联系等诸如此类产业本身所特有的经济规律。产业经济学通过对这些问题的研究，回答了宏观经济学和微观经济学都没有回答的问题，即在再生产过程中各产业之间中间产品的复杂交换关系等问题，从而对社会再生产过程的全貌有了一个比较完整的描述。

针对产业经济本身所具有的不同层次的具体行为规律，产业经济学又有不同的具体研究对象，包括产业组织、产业结构、产业关联、产业布局、产业发展、产业政策等。产业组织是指生产同一类产品（严格地说，是生产具有密切替代关系的产品）的企业在同一市场上集合而成的同一产业内各企业之间的相互作用关系结构，该结构决定了该产业内企业规模经济效益的实现与企业竞争活力的发挥之间的平衡。产业结构是指产业与产业之间的数量关系结构及技术经济联系方式，产业结构的变化主要是由需求结构、生产结构、就业结构和贸易结构及其关联机制的变化体现出来。产业关联是指最终产品产业与生产这些最终产品所投入的中间产品产业之间以及这些中间产品产业之间的技术经济和数量结构联系，是产业结构最主要的表现特征之一。产业结构的关联过程是判断产业结构和宏观经济结构均衡与否的主要观察对象。产业布局是指一国或一地区的产业生产力在一定范围内的空间分布和组合，产业布局是产业的空间结构，其合理与否将影响到该国家或地区经济优势的发挥及经济的发展速度。产业发展是指某一单个产业从诞生到被淘汰或进一步更新的全过程以及其对其他产业演变的影响过程，包括产业本身的发展规律、发展周期、产业发展的影响因素等。产业政策是指国家或地区政府为了实现一定的经济目的或社会目的，应用产业经济学的原理，以全产业为对象所实施的、能够影响产业发展进程的一整套政策的总称，产业政策是产业经济学的应用及研究目的之一。

二、产业经济学的学科领域

产业经济学从产生到现在已经取得了巨大的发展，其学科体系已经比较完善。从国内外学者对产业经济的研究来看，与产业经济学研究的各个具体对象相对应，产业经济学的学科领域一般包括以下六个方面。

（一）产业组织理论

产业组织理论的研究对象是产业组织，这个概念大约在20世纪六七十年代逐渐得到公认，作为专指产业内部企业之间的关系范畴。这里的企业关系包括企业之间的交易关系、资源占有关系、利益关系和行为关系等，这些关系的变化与发展不仅影响企业本身的生存与发展，而且还影响产业的生存和发展，当然也影响该产业对国民经济发展的贡献。产业组织理论主要是为了解决所谓的“马歇尔冲突”的难题，即产业内企业的规模经济效应与企业之间的竞争活力的冲突。传统的产业组织理论体系主要是由张伯伦、梅森、贝恩、谢勒等建立的，即著名的市场结构、市场行为和市场绩效理论范式（又称SCP模式）。该理论认为市场结构是决定市场行为和市场绩效的基础；市场行为取决于市场结构，而市场行为又决定了市场绩效；市场绩效受市场结构和市场行为的共同制约，是反映产业资源配置优劣的最终评估标志；市场行为和市场绩效又会反作用于市场结构，影响未来的市场结构。SCP模式奠定了产业组织理论体系的基础，以后各派产业组织理论的发展都是建立在对SCP模式的继承或批判基础之上的。

（二）产业结构理论

产业结构理论主要研究产业结构的演变及其对经济发展的影响。它主要从经济发展的角度研究产业间的资源占有关系、产业结构的层次演化，从而为制定产业结构的规划与优化的政策提供理论依据。产业结构的研究一般不涉及过于细致的产业分类及产业之间的中间产品的交换、消费、占有问题，所以可以被看作产业经济学的“宏观”部分。产业结构理论一般包括：对影响和决定产业结构的因素的研究；对产业结构的演变规律的研究；对产业结构优化的研究；对战略产业的选择和产业结构政策的研究等。产业结构理论除了讨论上述各国产业结构演化的一般规律外，还要涉及产业结构规划和产业结构调整等应用性的研究。

（三）产业关联理论

产业关联理论又称产业联系理论，相比产业结构理论，它更广泛细致地用精确的量化方法来研究产业之间质的联系和量的关系，属于产业经济学的“中观”部分。产业关联理论侧重于研究产业之间的中间投入和中间产出之间的关系，这些主要由列昂惕夫的投入产出方法解决。投入产出法主要运用投入产出表和投入产出数学模型，把一个国家或地区在一定时期内从事社会再生产过程的各个产业部门间、通过一定的经济技术关系所发生的投入产出关系加以量化，以此分析该国或地区在这一时期内社会再生产过程中的各种比例关系及其特性。它的特点就是能很好地反映各产业的中间投入和中间需求，这是产业关联理论区别于产业结构和产业组织的一个主要特征。产业关联理论还可以分析各相关产业的关联关系（包括前向关联和后向关联等）和产业的波及效果（包括产业感应度和影响力、生产的最终依赖度以及就业和资本需求量）等。

（四）产业布局理论

产业布局理论主要研究一国或地区的产业布局对整个国民经济的影响。一国或地区的产业发展最终要落实到一定经济区域来进行，这样就形成了产业在不同地区的布局结构。产业布局是一国或地区经济发展规划的基础，也是其经济发展战略的重要组成部分，更是其实现国民经济持续稳定发展的前提条件。所以产业布局也是产业经济学研究的重要领域。产业布局理论主要研究影响产业布局的因素、产业布局与经济发展的关系、产业布局的基本原则、产业布局的基本原理、产业布局的一般规律、产业布局的指向性以及产业布局政策等。

（五）产业发展理论

产业发展理论就是研究产业发展过程中的发展规律、发展周期、影响因素、产业转移、资源配置、发展政策等问题，产业发展规律主要是指一个产业的诞生、成长、扩张、衰退、淘汰的各个发展阶段需要具备一些怎样的条件和环境，从而应该采取怎样的政策措施。对产业发展规律的研究有利于决策部门根据产业发展各个不同阶段的发展规律采取不同的产业政策，也有利于企业根据这些规律采取相应的发展战略。例如，一个新兴产业的诞生往往是由某项新发明、新创造开始的，而新的发明、新的创造又有赖于政府和企业对研究和开发支持的政策和战略。一个产业在各个不同发展阶段都会有不同的发展规律，同时，处于同一发展阶段的不同产业也会有不同的发展规律。所以，只有深入研究产业发展规律才能增强产业发展的竞争能力，才能更好地促进产业的发展，进而促进整个国民经济的发展。

（六）产业政策研究

产业政策的研究领域从纵向来看包括产业政策调查（事前经济分析）、产业政策制定、产业政策实施方法、产业政策效果评估、产业政策效果反馈和产业政策修正等内容；从横向来看包括产业发展政策、产业组织政策、产业结构政策、产业布局政策和产业技术政策等方面的内容；从其作用特征来看包括秩序型（或称制度型）产业政策以及过程型（或称行为型）产业政策。秩序型产业政策是指与产业经济行为有关的规则性产业政策，它一般通过制定规章制度、法律或者通过诱导、说服和规劝等方式对产业活动进行干预。过程型产业政策是指对产业活动的具体过程进行干预的政策，它的作用机理是对产业经济活动过程中的具体产业要素或产业关系进行定量的变更或调整，以改变具体的经济变量，从而保证产业政策目标的实现。产业政策的适用范围无论是从纵的还是从横的方面来看都是相当广阔的。例如，产业发展政策就可以包括新技术和新发明的鼓励政策和扶持政策、产业进入政策、产业退出政策、产业转移政策、产业资源配置政策、产业保护政策、产业竞争政策、产业环境政策等。

三、产业经济学的学科体系

综上介绍，读者对产业经济学的对象应有初步的了解。本书在综合了国内外学者对产业经济学研究成果的基础上，通过研究，认为有中国特色的产业经济学的学科体系一般包含以下几个方面（见图 1-1）。

第一层次，阐述产业经济学的研究对象、意义、方法、形成发展及理论基础。说明产业经济学主要是研究产业领域中有关人的经济行为的组织、结构、管理、对象、发展规律性等的应用经济学。研究产业经济学在于应用对产业经济发展规律的正确认识来指导产业经济的实践，以促进经济的有效发展。

第二层次，阐述产业经济学是一门融合了经济学、管理学与文化学基本理论的应用性经济学科。就学科性质而言，它属于应用经济学的范畴。其中，经济学主要研究资源的有效配置问题以实现经济的发展，其解决方式是市场机制；管理学则主要研究如何将组织内的有限资源进行有效整合以实现既定目标，其解决方式是行政指挥。在现实经济生活中，产业经济领域里的经济管理行为，如产业组织领域中的产业规制由来已久，研究产业经济学也正是要寻找管理产业发展的良好方法，以便在更为直接的基础上，更有目的地促进经济的进步。所以经济学和管理学是产业经济学直接的理论基础。另外，各个国家产业经济的发展规律除遵循普遍的产业经济规律外，其表现形式都是寓于特定国家或地区的特定的发展阶段之中的，必然包含着自身特有的特征，这些特征都是与该国家、地区的文化传统有着密切关系的。所以在具体研究某一国、某一时段的产业问题时必须考虑到各国自身的文化传统的特点，要将一个国家、地区的产业及产业之间的关系与该国的资源、人口、经

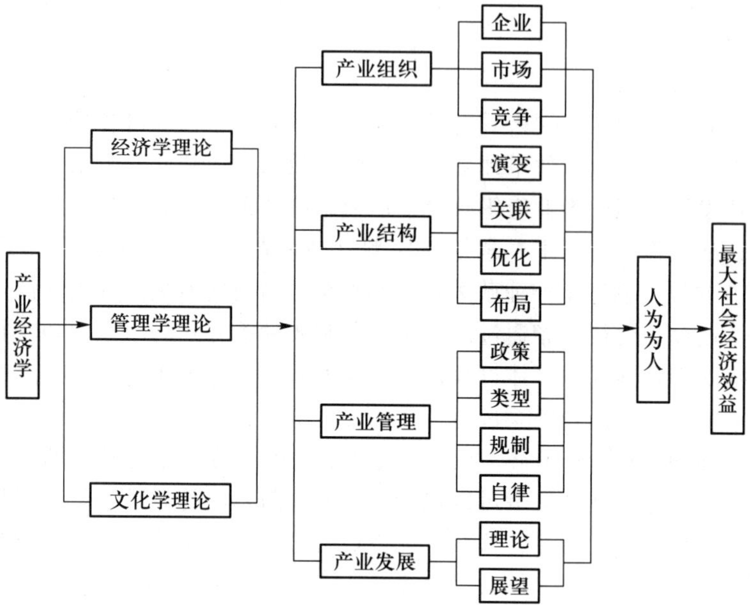

图 1-1　产业经济学学科体系

济状况、文化传统等一系列特有的因素决定的特点相联系。比较分析各个国家之间的这种联系从而得出相关的结论和经验教训，对发展本国的产业经济是非常有益的。所以，文化学也是产业经济学的理论基础之一。

第三层次，构成本书的主体部分，包括组织、结构、管理、发展四大块。产业经济学的研究对象从总体上来看是产业，产业经济学的研究正是从产业出发来揭示产业的发展和变化、产业内部企业之间的相互作用以及产业与产业之间的相互联系等产业本身所特有的经济规律。针对产业本身所具有的不同层次的具体行为规律，产业经济学又有不同的具体研究对象，包括产业组织、产业结构、产业管理、产业发展四个方面。

其一，产业组织包括企业、市场、竞争三章。产业组织是指生产同一类产品的企业在同一市场上集合而成的、同一产业内各企业之间相互作用的关系结构，该结构决定了该产业内企业规模经济效益的实现与企业竞争活力的发挥之间的平衡，产业组织内企业之间复杂的竞争、合作关系一般要用博弈论来研究。

其二，产业结构包括演变、关联、优化、布局四章。产业结构是指产业与产业之间的数量关系结构及技术经济联系方式，研究产业结构一般要研究产业之间的定量关联方式和产业的空间结构即产业布局。产业关联是指最终产品产业与生产这些最终产品所投入的中间产品产业之间以及这些中间产品产业本身之间的经济数量结构联系，是产业结构最主要的表现特征之一。产业结构优化是研究产业结构的目的。产业布局是指一国或一地区的产业生产力在一定范围内的空间分布和组合，产业布局是产业的空间结构，其合理与否将影响到该国家或地区经济优势的发挥及经济的发展速度。

其三，产业管理包括产业政策、政策类型、产业规制和行业自律四章。产业管理是指国家或地区政府为了实现一定的经济目的或社会目的，应用产业经济学的原理，以全产业为对象所实施的能够影响产业发展进程的一整套管理措施的总称。其包括对产业组织内部企业行为的规制，促进产业发展的政策，规范某一行业发展的办法条例等。

其四，产业发展包括产业发展理论、中国产业发展展望两章。产业发展是指某一单个产业从诞生到被淘汰或进一步更新的全过程以及其对其他产业演变的影响过程，其包括产业本身的发展规律、发展周期、产业发展的影响因素等。研究产业发展要本着可持续发展的观点，对产业发展的根本内在动力作深刻探讨。根据现代经济学的研究，技术、知识是经济发展的根本动力，以知识为基础的经济是产业经济发展的基本趋势。

第四层次，阐述产业经济发展的关键在于“人为为人”。研究产业经济学，要以“人为为人”的思想为指导。一切经济行为首先是人的行为，所以对人的行为规律的研究也就成了现代经济管理中的核心问题，产业经济学也不例外。在研究任何一个产业或任何一个部门经济的发展规律时，首先要着眼于研究本产业、本部门的特殊规律，致力于怎样将本产业部门搞好，但更要研究本产业、本部门与其他产业及部门的联系，研究如何与其他产业互为支持、协同发展以使整个产业系统协调发展。在产业内部企业激烈的市场竞争中，也要遵循“人为为人”的思想，以实现有效的协作型竞争，避免恶性竞争或竞争过度，以实现社会经济效益最大化。所以“人为为人”是产业经济研究的根本方法论和最终落脚点，是实现社会经济效益最大化这一研究产业经济学的最终目标的根本途径。

第五层次，阐述产业经济发展的目的在于获得最大的社会经济效益。

第三节　产业经济学的研究方法

从前两节的介绍中我们已经知道产业经济学的研究对象，既涉及产业结构、产业关联、产业组织等产业层次维上的对象，又涉及产业发展、产业布局、产业政策等一些时间、空间维上的对象，所以整个产业经济学所研究的对象是一个在抽象的高维时空中包含人在内的开放的、非线性的社会经济复杂系统。这就决定了产业经济学研究的方法不可能是某一种或某一类单独的方法，而必须是多种方法综合使用的一整套研究方法。这套研究方法必须充分考虑到产业经济的研究对象——产业，有着系统的、人为的、发展的特点，以及研究产业经济学的目的、意义等方面。下面我们从产业经济研究的方法论、具体研究方法等方面加以介绍。

一、产业经济学研究的方法论

（一）系统分析方法论

产业是一些具有某些相同特征，彼此之间有相互联系、相互作用的经济组织和活动所组成的集合或系统。它既不同于微观经济学的研究对象——某个单独的经济主体，只需着眼于个量分析即可；又不同于宏观经济学的研究对象——经济总量，只需着眼于不同经济总量之间的关系即可。产业经济学的研究对象是一个系统，因而产业经济学研究的方法论首先必须着眼于系统分析的角度，既要研究组成系统的各个单元，即单个经济主体间的相互作用关系，又要研究这些相互作用的关系结构是怎样通过各个层次的整合最后达到一个总体的结果。我们可以作一个比较：微观经济学的分析方法是利用经济个体在一定约束条件下的利润最大化或效用最大化来研究其经济行为，而产业经济学则是通过研究分析这些经济个体相互之间的作用关系来研究整个产业的整体特征；宏观经济学研究的是整个经济总量的变动规律，而产业经济学研究的是经济个体的相互作用怎样通过层次整合最后形成这些经济总量，以及其相互联系的变化规律，所以系统论的观点是产业经济学研究方法论的基本观点之一。系统论首先强调整体的观点，所以研究产业经济要注重以产业整体最优为导向，而不是以组成整个产业中的某个部门、某个行业的最优为目的；系统论其次强调平衡的观点，所以研究产业经济要强调各个产业之间以及组成产业的各个部门之间要平衡发展，而不能是某个产业或某个部门单兵突进，造成整个产业的不平衡，导致系统崩溃；系统论还强调动态的观点，所以研究产业经济要着眼于整个产业系统的动态过程，不能局限于某时某刻的整体产业结构最优，而应着眼于整个产业变动过程中的最优；系统论最后还强调整个系统与周围环境的和谐适应，所以研究产业经济不能局限于产业内部或某一国家本身，而应将产业放在整个国际经济大环境中加以分析研究。

（二）唯物辩证方法论

唯物辩证方法论是我们研究任何事物、任何系统的根本方法论，研究产业经济也不例外。唯物辩证法告诉我们，事物是运动的、事物是普遍联系的以及事物是发展的。同样产业也是运动发展的，所以研究产业经济要从发展的角度来分析问题，这与前面系统分析论中动态分析的观点也是一致的。因此，在研究产业经济的过程中，我们既要根据唯物辩证法实事求是的观点承认各国的产业分工、产业结构在某个特定的时刻确实有差异、有静态比较优势等，又要以发展的观点、解放思想的态度来看待这个问题，努力探求实现产业结构优化、促进本国经济增长的方法。产业各部门之间、各个产业之间是有普遍联系的，所以在产业经济的研究中我们也要仔细研究产业之间、产业各部门之间的关联情况，不能盲目单独发展某个产业或部门，或者割裂其与其他产业、部门的联系，单独研究某一产业、部门的经济行为。唯物辩证法还告诉我们，事物的运动发展是由事物的内部矛盾所推动的，事物的矛盾有主要矛盾也有次要矛盾；矛盾本身有矛盾的主要方面和矛盾的次要方面。同样，一个产业系统的发展也是由组成该系统的内部各个产业的矛盾作用所推动的。所以我们在研究整个产业系统的运动规律时，也不能对各个产业或产业的各个部门一视同仁，而应重点抓住主要产业或产业的主要部门，例如，要重点发展主导产业、确保支柱产业，以推动整个产业结构的升级和经济的发展。

（三）“人为为人”方法论

一切经济行为首先是人的行为，所以对人的行为规律的研究也就成了现代经济管理中的核心问题，产业经济学也不例外。“人为学”是一门正在迅速兴起并得到广泛重视的研究经济管理中人的行为规律的科学。“人为学”的核心观点是“人为为人”，即在经济管理中人的行为首先是从个人出发，要注重自身的行为修养符合经济规律，即“人为”；然后从“为人”角度出发，来调整、控制自身的行为，与整个经济环境相适应，创造一个良好的人际关系和激励环境，使人们能持久地在激励状态下工作，主观能动性得到充分发挥，从而推动经济整体的发展。“人为”与“为人”两者具有辩证关系，互相联系并且可以转化。对任何管理者或被管理者而言，都有一个从个人行为逐步向为他人服务转变的过程，即从“人为”向“为人”的转变过程。这一过程体现在家庭、行业、国家一切方面的管理之中。同样在产业经济的管理行为研究中也存在着同样的规律。在研究任何一个产业或任何一个部门的发展规律时，当然要首先着眼于研究本产业、本部门的特殊规律，致力于怎样将本产业部门搞好。但如仅拘泥于本产业、本部门而不能转向研究与其他产业或部门的联系，研究如何与其他产业互为支持、协同发展或者甚至为了本产业部门的发展而不顾其他产业的利益，则必将有害于整个产业系统，最终也损害了自己的发展利益，从而有违产业经济研究的初衷，无法得到正确的研究结果。实际上，“人为为人”已经成为经济管理研究中的基本方法论，产业经济学的研究也必须遵循这一方法论。

二、产业经济学的具体研究方法

根据上述产业经济学的研究方法论，在产业经济的研究中一般有以下的具体研究方法。

（一）实证分析与规范分析相结合的方法

实证分析是经济学研究的基本方法，当然也是产业经济学的基本分析方法。实证分析主要研究经济现象“是什么”，即考察人类社会中的经济活动是怎样运作的，而不回答这样的运作效果是好还是坏。实证分析又分为理论分析和经验分析两部分。理论分析是通过考察实际经济运作状况，从中归纳出可能的经济运行规律，然后从一定的先验假设出发，以严密的逻辑推理演绎证明这些经济规律，并推演可能有的规律。经验分析则往往是用理论分析得到的经济规律考察经济运作中的实际例子，来进一步实际验证理论分析得到的经济规律，并指导实际的经济管理。如产业经济研究中往往要将通过调查统计得出的各种经济变量的实际数值与理论规律比较，用理论规律进行解释以加深对实际产业运作规律的认识。实证分析往往要用到较多的数学工具，如现代产业经济研究往往要用到博弈论、矩阵代数等工具来研究产业组织、产业关联中的规律。规范分析主要研究经济活动“应该是怎样的”，也就是说，在有关理论的研究分析中，其有关判断或结论的得出是以一定的经济价值标准为前提的。例如，市场公平竞争、经济发展、社会福利和经济效率等都常常被作为判定市场结构与市场行为“好”“坏”的标准和依据。产业经济研究的目的是为了更好地管理好产业的发展，以带动经济发展，所以不可避免要涉及什么是“好”的标准，以及以此标准来决定怎样运用经济规律来管理经济。显然，对于各种标准不同的主次选择会形成不同的价值判断，并形成不同的学说或流派。

（二）定性分析与定量分析相结合的方法

产业是一个系统，往往涉及众多的因素、纷繁的联系、多个变量等方面的问题。面对如此庞大而复杂的问题，要想从总体上获得最优化结果，只有尽力将系统各方面的关系数学化，用抽象的数学关系表述真实的系统关系，然后建立模型，进行计算或试验，探讨系统的规律性。定量分析方法是研究产业经济的重要方法。然而，虽然定量分析是很重要的研究方法，但也离不开定性分析。这是由于：第一，定性分析是定量分析的前提；第二，许多定量分析就是定性分析所得到的对于某个产业的认识的定量化；第三，定性分析往往能减少定量分析的复杂性；第四，越是复杂的系统，定量的研究越有困难。尤其是产业经济中的许多经济因素或指标还不能定量或精确定量化，这时，定性分析往往能更有效地简化分析和得到有益的思想。如产业经济研究中广泛应用的案例分析方法就是一种定性与定量相结合的方法。

（三）静态分析与动态分析相结合的方法

静态分析主要考察研究对象在某一时间点上的现象和规律。在计量分析中，常常将这种用于分析比较处于不同发展阶段的研究对象在同一时间点上的数量关系指标的方法，或研究某一对象在同一时刻其内部结构中数量关系指标的方法称为横截面分析法。虽然在许多场合静态分析是动态分析的起点和基础，但是我们知道产业经济学研究更要着眼于动态的、发展的观点，所以动态分析更是产业经济学研究的主要方法。动态分析主要研究产业随着时间的推移所显示出的各种发展、演化规律，特别是产业间的关系在经济发展中此消彼长的规律。在计量分析中，它被称为时间序列分析。产业经济学中的经验性规律，大多是综合运用动态分析与静态分析相结合的研究方法研究得到的。

（四）统计分析与比较分析相结合的方法

产业经济学研究的是产业与产业之间的关系结构以及产业内企业之间相互作用的发展规律，而这些关系除遵循普遍的经济规律外，其表现形式都是寓于特定国家或地区的特定发展阶段之中的，必然包含着自身特有的特征，我们不能将某一国家、某一时期的产业及产业间联系的发展演化过程，当作一切国家产业及产业间联系的必然过程。从统计学角度来看，这仅仅是某一个体系的特殊特征，所以必须选取较多地区、较多时间点上的样本。在此基础上利用统计方法消除单个样本的特殊特征，总结出具有代表性的一般产业及产业间联系的发展规律，从而使结论建立在科学的基础之上。在产业经济学研究中，大量的研究成果是通过艰苦的统计分析总结出来的。统计分析工具也是实证分析的基本工具。同时，在具体研究某一国、某一时段的产业问题时又必须考虑各国自身的特点，故又要运用比较分析的方法。分析一个国家的产业及产业之间的关系并将其与该国的资源、人口、经济状况、文化传统等一系列特有的决定因素的特点相联系，比较分析各个国家之间的这种联系从而得出相关的结论和经验教训，这对发展本国的产业经济是非常有益的。

（五）博弈论的分析方法

博弈论（game theory）是研究相互依赖、相互影响的决策主体的理性决策行为以及这些决策的均衡结果的理论。一些相互依赖、相互影响的决策行为及其结果的组合称为博弈(game)。一个博弈一般由以下几个要素组成：参与人、行动、策略、信息、得益、均衡、结果等。参与人是指博弈中选择行动以最大化自己效用的决策主体（个人或团体）；行动是指参与人在博弈进程中轮到自己选择时所作的某个具体决策；策略是指参与人选择行动的规则，即在博弈进程中，什么情况下选择什么行动的预先安排；信息是指参与人在博弈中所知道的关于自己以及其他参与人的行动、策略及其得益函数等知识；得益是参与人在博弈结束后从博弈中获得的效用，一般是所有参与人的策略或行动的函数，这是每个参与人最关心的东西；均衡是所有参与人的最优策略或行动的组合；均衡结果是指博弈结束后博弈分析者感兴趣的一些要素的集合，如在各参与人的均衡策略作用下，各参与人最终的行动或效用集合。上述要素中，参与人、行动、均衡结果统称为博弈规则，博弈分析的目的就是使用博弈规则来决定均衡。现实中各种博弈可以按不同方法进行分类。根据参与人的多少，可将博弈分为两人博弈或多人博弈；根据参与人是否合作，可将博弈分为合作博弈或非合作博弈；根据博弈结果的不同，又可分为零和博弈、常和博弈与变和博弈。而在非合作博弈中，根据博弈参与人的先后行动次序可以分为静态博弈和动态博弈；根据参与人对其他参与人的各种特征信息的获得差异来分，博弈可以分为完全博弈和不完全博弈。将上述两个角度的划分结合起来，我们就得到四种不同类型的博弈：完全信息静态博弈、完全信息动态博弈、不完全信息静态博弈和不完全信息动态博弈。在产业组织理论中，当研究寡头企业的决策行为及其相互作用的规律时，往往由于企业的行为是互为因果而强相关的关系，故必须使用博弈论来加以研究。所以博弈论的分析方法成为产业组织理论的重要研究方法，经常用于研究寡头垄断、不完全竞争市场的定价、企业兼并和反垄断规制等问题。

（六）结构主义的分析方法

结构主义的分析方法认为系统的行为是由系统的结构所决定的，所以在产业经济研究伊始，就十分注重研究产业与产业之间的关系结构以及产业内各企业相互作用的关系结构，并由此结构出发研究整个产业的整体行为。例如，在研究产业与产业之间的关系时，产业结构就是产业经济学中最重要的研究对象之一；而在产业组织的研究中，著名的哈佛学派所提出的市场结构决定市场行为、决定市场绩效的 SCP 模式在产业组织领域曾长期占统治地位。

（七）案例研究方法

案例研究方法应用实际发生的经济案例、定性定量相结合地分析说明某一经济规律，其特别适用于无法精确定量分析的实际的复杂经济事例。案例研究方法还能揭示出普遍经济规律在不同的实际环境中所表现出的不同形式，能培养经济研究人员对实际经济事务中所蕴含的经济规律的敏感性，提高其实际运用经济规律的能力。在比较研究中一般要用到大量的案例分析法。

（八）系统动力学方法

系统动力学是通过分析社会经济系统内部各变量之间的反馈结构关系来研究整个系统

整体行为的理论。系统动力学认为系统的行为是由系统的结构所决定的，与产业经济学的结构主义分析方法是一致的；系统动力学更进一步指出系统的结构是动态反馈结构从而可以用控制论的方法来研究，这又与产业经济学中各产业之间的联系和产业内各企业之间的相互作用是一致的，所以用系统动力学方法来研究产业经济是十分有效的。系统动力学尤其注重各经济变量之间的动态反馈结构，而对变量的精确数值要求不高，故特别适合像产业经济这种许多方面难以定量的复杂系统的研究。现在国内外已有许多学者用系统动力学来研究产业结构、产业布局、产业组织等诸多产业经济对象，并取得了令人满意的结果。

第四节 研究产业经济学的意义

一、研究产业经济学的理论意义

研究产业经济学首先是由于经济管理学科理论研究上的需要，大致有以下三个方面。

（一）产业经济学的研究有利于统一的经济学体系的建立

长期以来，经济学就一直被人为地分为宏观经济学与微观经济学两大部分。宏观经济学主要研究宏观经济总量的变动规律及其相互作用规律，其研究的手段是总量分析的方法。这些宏观经济总量包括国民生产总值、国民收入、总投资、总消费、就业率、通胀率、储蓄率、物价水平、利息率、汇率等，宏观经济学通过对这些宏观经济总量变动情况的分析来研究其相互之间的联系及其对经济发展的作用。宏观经济学的研究主要为了解决以下根本问题：一是如何配置资源总量，以使经济总量保持某种平衡，达到总产出和总消费的高水平与高增长；二是如何保持高就业率；三是如何保持价格水平的稳定或低的通货膨胀率；四是如何保持经济总量的对外平衡，包括进出口平衡和稳定的汇率。微观经济学则以单个经济单位（居民、厂商以及某个产品市场）为考察对象，研究单个经济单位的经济行为及在其间表现出的经济变量的变化规律和相互联系，其研究手段为个量分析的方法。这些经济变量包括：单个商品的产量、成本、利润、供给、需求、价格等。微观经济学的研究主要是回答以下基本问题：一是需求是由哪些因素决定的；二是供给是由哪些因素决定的；三是供给与需求的相互作用是如何决定产量和价格的；四是价格机制是如何决定资源的有效配置的。

长期以来，宏观经济学与微观经济学的研究领域泾渭分明，似乎各司其职，配合得很好。但是经济学家并不满意这种情况，其原因大致有以下几个方面：一是在现实经济生活中还存在着“产业”这种由某种相似特征的经济活动所组成的经济集合，这种经济集合的行为变量既不是宏观经济学研究的经济总量，又不是微观经济学研究的经济个量，其行为规律既不能被宏观经济学所解释，又不能被微观经济学所解释。二是经济总量的变动规律似乎与微观经济个量的变动规律是无关的，但事实上经济总量肯定是由相应的经济个量整合而成的，那么其整合过程是怎样的呢？更严重的是某些经济总量并没有相应的经济个量，那么这些经济总量是如何从经济个量的相互作用中产生的呢？宏观经济学与微观经济学都不能给出解释。三是宏观与微观经济学的分割造成了经济学学科体系的破碎，使得经济学本身是由宏观经济学、微观经济学这样两个互相独立的部分拼凑而成的，而不是一个内在逻辑结构一致的、完整的学科体系。这种情况在理论上是很难令人满意的，所以对产业经济的研究就因需而生了。产业经济学通过分析经济个体之间的作用关系来研究整个产业的整体变化规律，可以较好地解决上述第一方面的问题；产业经济学通过分析研究经济个体的相互作用怎样通过层次整合最后形成经济总量及其相互联系、变动的规律有望回答上述第二方面的问题；最后产业经济学通过研究各个层次产业本身的经济行为及其相互之间的作用规律，将微观经济个量与宏观经济总量通过产业的各个层次联系起来，则有望填补宏观经济学与微观经济学之间的逻辑空白，为建立完整的经济学体系奠定基础。

（二）产业经济学的研究有利于经济学和管理学的沟通

经济学与管理学长久以来一直似乎是在两条线上平行发展、各不相关，但在实践中，无论是专家学者还是实际经济管理人员都感到这两者之间应该是相通的。就学科性质而言，经济学主要研究资源的有效配置问题以实现经济的发展，其解决方式是市场机制；管理学则主要研究如何将组织内的有限资源进行有效整合以实现既定目标，其解决方式是行政指挥。所以传统的经济学应用领域一直是在企业等组织以外，把企业视为黑箱；而传统的管理学应用领域则基本局限在组织以内，组织以外的企业行为基本归于经营范畴，在严格意义上不属于管理学的研究范畴。近年来，随着新制度经济学的兴起，经济学的研究领域已逐渐扩展到企业的组织以内，但是管理学理论却始终未能系统地应用于传统的企业组织以外。然而，在现实经济生活中早已存在着许多组织以外的经济管理行为，特别是在产业经济的领域里，如产业组织领域中的产业规制由来已久，而日本、韩国等国家通过对各个产业实施有目的、有计划的扶持或保护等管理措施使得经济得到突飞猛进的发展，更是引起了世界各国的震惊和关注。事实上，对产业经济学的广泛关注也正来源于对日本等国经济腾飞过程中的政府经济管理行为的研究。研究产业经济学的目的在很大程度上也正是为了寻找管理产业发展的良好方法，以便在更为直接的基础上，更有目的地促进经济的进步。所以，对产业经济的研究必将有利于经济学与管理学的沟通。

（三）产业经济学的研究有利于应用经济学的学科建设

应用经济学是一门融合了经济学与管理学基本理论的应用性学科，其很大的一个组成部分就是经济管理，包含宏观的国民经济管理、微观的企业经济管理以及对产业经济的管理。宏观经济的管理原理在宏观经济学中已有较为成熟的理论，主要有财政政策、货币政策等；企业经济的管理方法也已有成型的体系，主要有财务管理、会计理论等；而对产业经济的管理则是属于产业经济学的研究领域，主要是产业政策的研究。对产业经济的管理现在已有大量的研究，但还未能达到像宏观经济管理理论或企业经济管理方法那样一致公认的成熟程度，所以对产业经济学的进一步研究，有助于应用经济学学科体系的完善。

二、研究产业经济学的实践意义

研究产业经济学还缘于产业政策实践的需要。研究产业经济学的最终目的在于应用对产业发展规律的正确认识来指导产业政策的制定，以促进经济的有效发展，其实践意义主要有以下三个方面。

（一）研究产业经济学，有利于建立有效的产业组织结构

产业组织的内部结构不仅影响到产业内企业规模经济优势的发挥和竞争的活力，还会影响到整个产业整体的发展。比如我国的产业组织历来都存在着许多弊端，如企业规模整体偏小，“小而全”“大而全”现象普遍等，严重影响了我国某些产业整体的发展，导致国际竞争力偏弱。消除这些弊端的实践需要，强烈要求到产业经济学中去寻找答案。通过对产业经济学的研究，可以比较不同市场结构、不同企业规模的优劣；探求过度竞争或有效竞争不足的形成途径及消除方式；发现规模经济的形成原因及优点等。设法从中找出最有利于生产要素合理配置的市场秩序、产业组织结构，然后根据不同的产业，分别制定正确的产业组织政策。例如，鼓励企业兼并、联合，发展企业集团，实现企业组织机构合理化；扶持中小企业的发展；维护市场竞争秩序，规范市场行为，反对不正当竞争，反对抑制竞争的垄断行为等。所以研究产业经济学有利于有效的产业组织结构的形成。

（二）研究产业经济学，有利于产业结构的优化

产业结构的合理均衡是国民经济健康发展的前提，而产业结构的升级则更是国民经济迅速发展的必由之路。探索合理的产业结构的实践需要也促进了产业经济学研究的深入。寻找产业结构不合理的成因，并以此制定有效的产业结构政策、调整产业的结构，也是研究产业经济学的意义所在。进一步而言，研究产业经济学，探寻产业升级的规律和带动经济起飞的主导产业，利用合理的产业政策加以保护和扶持，便可以实现产业结构向更高的水平演进，即产业结构的高度化，以增强整体产业的国际竞争力，促进经济的发展。

（三）研究产业经济学，有利于产业的合理布局

产业的合理布局有利于各地区充分发挥各自的经济比较优势及地域优势，从而可以最大限度地发挥整个国家的经济建设能力，实现经济的快速发展。所以，寻找产业合理布局的基本原则也是促使产业经济学研究进一步深入的动力之一。通过产业经济学的研究，可以探求产业布局的影响因素、产业布局的一般规律，并据此制定正确的产业布局政策，将产业布局与各地区的资源优势相结合、与区域分工相结合，把产业布置在最有利于发挥优势、提高经济效益的地区，实现产业布局的合理化。

所以，研究产业经济学也是产业政策实践的需要。通过产业经济学的研究，还有利于加强产业间的联系、发挥产业的协同效益，以及有利于确定合理的产业发展战略。

三、研究产业经济学的现实意义

研究产业经济学对当代中国的经济建设更有着深刻的现实意义。当代中国的经济建设正处在从计划经济向市场经济的转变以及从粗放型增长向集约型增长的转变过程中，这一切都对产业经济的研究提出了迫切的需要。产业发展的规模和水平对于国家经济实力的增强、国际经济地位的提高，有着决定性的影响，特别对于我国这样一个产业发展水平比较低的发展中国家尤为关键。应该说，由于长期实行计划经济，我国对产业经济的研究是比较晚的，对产业经济的各种调控手段也不太熟悉，所以更有必要加强对产业经济的学习和研究。在计划经济体制下，计划包揽一切，财政收支、银行信贷、原材料分配、产品生产和分配、劳动用工等都通过国家计划来执行，国家利用计划对国民经济实行全面干预；生产过程中，高投入、低产出，只讲数量、不讲质量，劳动生产力低下，利用粗放经营实现经济增长。而在市场经济体制下，市场机制充分发挥作用，国家直接干预主要作用于“市场失灵”的领域，在其他领域只利用间接调控手段和工具，以市场为中介，消除单纯市场机制作用可能引起的盲目性，防止资源的浪费。生产者在市场机制的引导下，主动降低消耗、增加产出，以适销对路的高质量产品参与市场竞争，从而实现集约化经营，促进经济增长。产业政策就是一种有效的间接调控工具。产业政策作用于市场，通过市场机制的传导，影响产业的发展趋势，引导产业朝国家所希望的方向发展。产业政策要产生预期的效果，必须有科学的依据并洞悉产业的现状及发展趋势。所以研究产业经济学，正确把握产业发展的现状、问题、成因及趋势，为产业政策的制定提供科学的理论依据，对我国经济的发展，特别是促使我国经济建设的两个转变具有特别的现实意义。

另外，由于我国长期以来一直实行计划经济以及相应的经济建设的指导思想，使得我国的产业结构、产业布局等状况一直不甚理想。产业结构不合理一直是我国经济发展的痼疾。改革开放前，我国片面发展重工业，造成重工业与轻工业、工业与农业的比例严重失调，严重制约了我国的经济发展。改革开放以来，我国一直致力于调整农、轻、重不协调的比例，进行产业结构调整、升级，并已取得较好的成绩。但我国的产业结构还存在诸多问题，例如农业基础薄弱，加工业中高水平加工能力不足，原材料等基础工业和有关的基础设施相对滞后；服务业、信息业以及一些高技术战略产业发展不足等。这些问题都迫切需要我国产业经济学研究的进一步深入。在产业布局上，过去片面强调全国各地区的均衡发展，使得我国的产业布局有许多不合理之处。过去产业布局失误的重要原因之一就是对产业布局的客观规律认识不足，所以要杜绝这些弊病的重生，就必须加深对产业经济学的研究和理解。由此可见，研究产业经济学也是当今中国经济建设的现实需要。

思考题

1. 什么是产业，如何理解产业的含义？

2. 产业经济学的研究对象是什么？
3. 如何理解产业经济学的学科体系？
4. 学习产业经济学的意义是什么？
5. 产业经济学有哪些研究方法？

思考题参考答案

第二章　产业经济学的理论基础及其发展

产业经济学完整的理论体系虽然形成较晚，但其思想源远流长，甚至可以追溯到中国的春秋战国时代。现代产业经济学的理论基础则来源广泛，除了西方主流的产业组织思想外，产业经济学的理论基础还遍及马克思主义经济学，西方宏、微观经济学，新制度经济学等各个经济学领域。产业经济学在当代中国，在中国特色社会主义政治经济学理论的指导下又有新的发展。本章将对以上内容作详尽介绍。

第一节　产业组织的理论基础及其发展

比较完整的产业组织理论体系，最初是在美国以哈佛大学为中心逐步形成的。哈佛学派建立在 SCP 分析框架基础上的结构主义曾经对第二次世界大战后美国反垄断政策的开展和强化产生过重大影响。但从 20 世纪 70 年代后期开始，批判和反对结构主义政策论的产业组织学派的理论观点受到了重视，其中最具代表性的是产业组织理论的芝加哥学派和可竞争市场理论。而博弈论在产业组织理论的应用越来越受到重视，几乎成为产业组织理论的主流研究趋势。

产业组织理论是现代产业经济学的重要组成部分，产业组织理论以价格理论为基础，通过对现代市场经济发展过程中产业内部企业之间竞争与垄断及规模经济的关系和矛盾的具体考察分析，着力探讨了这种产业组织状况及其变动对产业内资源配置效率的影响，从而为维持合理的市场秩序和经济效率提供了理论依据和对策途径。

一、产业组织的含义与思想渊源

（一）产业组织的含义

所谓产业组织（industrial organization），通常是指同一产业内企业间的组织或者市场关系。这种企业之间的市场关系主要包括交易关系、行为关系、资源占用关系和利益关系。对产业组织的研究主要是以竞争与垄断及规模经济的关系和矛盾为基本线索，对企业之间的这种现实市场关系进行具体描述和说明。

需要指出的是，产业组织理论考察的通常是作为“组成部分之间关系”的组织，这与大多数经济理论中的组织概念是有区别的。因此，必须把产业组织概念与其他有关组织概念区别开来，特别要注意不可把它与生产组织、企业组织等概念相混淆。同时，产业组织考察的是同一产业内的企业，即处于同一商品市场的企业之间的市场关系。这里所指的商品的同一性，主要指企业之间或同一企业生产的商品的主要性能必须基本相同，商品之间具有高度的替代关系。由此可见，产业组织理论中所指的产业，通常是指以同一商品市场为单位划分的狭义的产业或市场。

（二）竞争机制与市场秩序

竞争是商品生产者（交换者）之间进行经济实力较量和利益争夺的一种关系，它使市场经济规律的内在强制成为对商品生产者的外在强制而发挥作用。竞争机制被西方古典经济学认为是对于资本主义经济中的各种问题能给出最优解的组织形式，它能使有限的资源得到合理的配置。因此，竞争机制被视为市场经济条件下经济进步的最大动因，竞争活力被作为信条而成为市场经济赖以生存和发展的前提。

最初从体系上对竞争机制进行阐述的是亚当·斯密。他在《国民财富的性质和原因的研究》一书中，论述了竞争机制如何使每个人都无意识地参加到促进社会全体利益的发展中去，通过“看不见的手”的作用，创造出一个理想的市场秩序和最优的经济社会。这里的“看不见的手”，就是由竞争的力量来自发决定的价格体系。由于这只无形的手的作用，人、财、物等资源会自动地从资源分配过多、价格下跌的产业向资源分配不足、价格上涨的产业转移，同时又不断地从经营不善、效率低下的生产者向效率更高的生产者转移。这样，就能自然而然地达到资源在产业间和产业内企业间的合理分配，实现资源最优配置和经济福利的最大化。

因此很长时间以来，许多西方经济学家认为，政府不应过多地干预经济活动，政府的作用及政策的制定应着眼于如何维护正常的竞争秩序以保证竞争机制的正常运行。只要市场接近于完全竞争状态，就能自然而然地实现资源的最优配置和经济福利的最大化。在他们看来，没有比竞争机制更优越的市场组织形式了。

这里所谓的完全竞争，通常是指下列条件占主导地位的市场状况，即市场上存在大量的具有合理的经济行为的卖者和买者；产品是同质的，可互相替代而无差别化；生产要素在产业间可自由流动，不存在进入或退出障碍；卖者或买者对市场都不具有某种支配力或特权；卖者或买者间不存在共谋、暗中配合行为；卖者、买者具有充分掌握市场信息的能力和条件，不存在不确定性。

在这种完全竞争条件下，由市场供求所形成的均衡价格能够引导社会资源实现有效配置，使任何两种产品对于任何两个消费者的边际替代率都相等，任何两种生产要素对任何两种产品生产的技术替代率都相等，从而达到任何资源的再配置都已不可能在不使任何人的处境变坏的同时，使一些人的处境变好。这就是所谓的帕累托最优状态。

（三）“马歇尔冲突”与不完全竞争

尽管产业组织理论的思想渊源可追溯到亚当·斯密关于市场竞争机制的论述，但最初把产业组织概念引入经济学的，是新古典学派经济学家马歇尔。马歇尔在与其夫人共著的

《产业经济学》一书中，第一次把产业内部的结构定义为产业组织。其后，他在其名著《经济学原理》中论及生产要素问题时，在萨伊的生产三要素（劳动、资本和土地）的基础上，提出了“组织”这一第四生产要素，并专门设章分析了分工的利益、产业向特定区域集中的利益、大规模生产的利益、经营管理专业化的利益、马歇尔意义上的“内部经济”与“外部经济”、收益递减与收益递增等现代产业组织的主要概念与内容。马歇尔之所以要把组织作为第四生产要素，是因为他在分析研究上述问题时触及了收益递增即规模的经济性问题。马歇尔认为，这种规模经济性是和工业组织直接相关的。他说：“大规模生产的利益，在工业上表现得最为清楚。”① 马歇尔在分析规模经济成因时，发现了被后人称之为“马歇尔冲突”的矛盾，即大规模生产能为企业带来规模经济性，使这些企业的产品单位成本不断下降、市场占有率不断提高，其结果必然导致市场结构中的垄断因素不断增强，而垄断的形成又必然阻碍竞争机制在资源合理配置中所发挥的作用，使经济丧失活力，从而扼杀自由竞争。面对这一矛盾，马歇尔试图用任何企业的发展都有的“生成—发展—衰退”过程来说明垄断是不会无限蔓延的，规模经济和竞争是可以获得某种均衡的。

从20世纪初开始，随着生产日趋集中，企业规模不断扩大，垄断、寡头垄断的市场支配已是发达资本主义国家中的普遍现实市场问题，以英国剑桥大学教授斯拉法为代表的一些经济学家以收益递增规律与完全竞争前提相矛盾为突破口，对马歇尔的价格理论进行了猛烈的抨击，于是引发了有关“马歇尔冲突”的一场理论争论。英国和美国的经济学家围绕竞争和垄断的关系，对产业组织的实际状况进行了大量的调查分析和理论研究。同时，由于美国已在1890年制定了世界上第一部反垄断法——《谢尔曼法》，该法的实施也使美国积累了许多有关产业组织状况的实际资料。

1932年，贝利和米恩斯发表了《近代股份公司与私有财产》一书，书中详尽分析了20世纪二三十年代美国垄断产业和寡头垄断产业的实际情况，并对股份制的发展更易使资金集中到大企业手中从而造成经济力量集中等问题进行了实证分析，为以后产业组织理论体系的形成提供了许多有重要参考价值的研究成果。1933年，美国哈佛大学教授张伯伦和英国剑桥大学教授罗宾逊夫人同时出版了各自的专著《垄断竞争理论》和《不完全竞争经济学》，不谋而合地提出纠正传统自由竞争概念的所谓垄断竞争理论。这一理论否定了以往要么垄断、要么竞争这样一种极端和互相对立的观点，认为在人们生存的现实世界中，通常是各种形式的不同程度的垄断和不同程度的竞争交织并存。张伯伦特别注重分析现实的市场关系，他所提出的一些概念和观点成为现代产业组织理论的重要来源。他以垄断因素的强弱程度为依据对市场形态作了分类，把市场划分为从完全竞争到寡头垄断的多种类型，总结了不同市场形态下价格的形成和作用特点。他还着重分析了垄断竞争、同类产品的生产者集团与企业进入和退出市场、产品差别化、过剩能力下的竞争等问题。许多产业组织学教科书都把张伯伦、罗宾逊夫人和马歇尔奉为产业组织理论的鼻祖。

---

① 马歇尔．经济学原理．上卷．北京：商务印书馆，1981.

二、产业组织理论的形成

（一）产业组织理论体系的建立

1940 年，克拉克提出有效竞争的概念，对产业组织理论的发展和体系的建立产生了重大影响。克拉克认为，不完全竞争存在的事实表明，长期均衡和短期均衡的实现条件是不协调的，这种不协调反映了市场竞争与实现规模经济的矛盾，为了研究现实条件下减弱这种不协调的方法和手段，有必要明确有效竞争的概念。所谓有效竞争，简单说就是既有利于维护竞争又有利于发挥规模经济作用的竞争格局。其中，政府的公共政策将成为协调两者关系的主要方法或手段。但是，克拉克在理论上没有解决有效竞争的评估标准和实现条件问题。自克拉克之后，许多产业组织论者对有效竞争的定义和实现条件进行了比较深入的研究。

比较完整的产业组织理论体系是在 20 世纪 30 年代以后在美国以哈佛大学为中心逐步形成的。1938 年，梅森在哈佛大学成立了一个产业组织研究小组。在继承张伯伦等人的基础上，梅森提出产业组织的理论体系和研究方向，并于 1939 年出版了《大企业的生产价格政策》一书。

梅森将以往关于有效竞争的定义和实现有效竞争的条件的论述，归纳为两大类基本的有效竞争标准：一是将能够维护有效竞争的市场结构的形成的条件归纳为市场结构标准；二是将从市场绩效角度来判断竞争有效性的标准归为市场绩效标准。这就是有效竞争标准的二分法。

继梅森的研究之后，一些经济学家将有效竞争的标准从二分法扩展为三分法，即市场结构标准、市场行为标准和市场绩效标准，并采用三分法概括了判断有效竞争的标准。

（1）市场结构标准：集中度不太高；市场进入容易；没有极端的产品差别化。

（2）市场行为标准：对于价格没有共谋；对于产品没有共谋；对竞争者没有压制政策。

（3）市场绩效标准：存在不断改进产品和生产过程的压力；随成本大幅下降价格能向下调整；企业与产业处于适宜规模；销售费用在总费用中的比重不存在过高现象；不存在长期的过剩生产能力。

虽然关于有效竞争标准的研究仍存在不少缺陷，如市场结构标准基本上只是放宽了完全竞争市场的形成条件，“不太高”之类的标准尺度也都是一些含糊不清的表述，但是这一研究至少有三方面的作用：第一，不再将不现实的完全竞争作为理想的追求模式和政策制定的出发点；第二，注意从不同的方面提供判断具体的有效竞争状况标准，使理论研究和政策制定有了坚实的基础；第三，这一标准体系有利于从不同角度对竞争是否有效进行更加全面的分析判断。

1959 年，梅森的弟子贝恩因出版了第一部系统论述产业组织理论的教科书——《产业组织》而成为产业组织理论的集大成者。同年，经济学家凯森和法学家特纳又合作出版了著名的《反托拉斯政策》一书。此外，凯维斯、谢勒、谢菲尔德和科曼诺等人对产业组织理论的发展和体系也都作出了重要贡献。由于这些研究主要是以哈佛大学为中心展开的，因此被称为产业组织的哈佛学派。

（二）哈佛学派的 SCP 分析框架

哈佛学派的产业组织理论以新古典学派的价格理论为基础，在承袭了一系列理论研究成果的同时，以实证研究为主要手段把产业分解成特定的市场，按结构、行为、绩效三个方面即所谓的产业组织研究的"三分法"对其进行分析，构造了一个既能深入具体环节又有系统逻辑体系的市场结构（structure）—市场行为（conduct）—市场绩效（performance）的分析框架（简称 SCP 分析框架）；并通过对市场关系的各方面进行实际测量，从市场结构、市场行为和市场绩效三个方面提出政府公共政策（产业组织政策），从而规范了产业组织的理论体系。

在哈佛学派的 SCP 分析框架中，产业组织理论由市场结构、市场行为、市场绩效这三个基本部分和政府的产业组织政策组成，其基本分析程序是按市场结构—市场行为—市场绩效—产业组织政策展开的。在这里，结构、行为、绩效之间存在着因果关系，即市场结构决定企业在市场中的行为，而企业行为又决定市场运行的经济绩效。因此，为了获得理想的市场绩效，最重要的是要通过公共政策（产业组织政策）来调整和直接改善不合理的市场结构。

所谓市场结构，通常定义为对市场内竞争程度及价格形成等产生战略性影响的市场组织的特征。决定市场结构的因素主要是市场集中程度、产品差别化程度和进入壁垒的高低。其中，作为市场结构主要因素的市场集中程度，是一个从某个特定产业或市场中卖方或买方的企业数目以及企业相对的市场规模（市场占有率）的分布角度，来把握市场竞争状态的概念。最常用的市场集中程度（或市场集中度）指标是 CR_n 指标（规模最大的前几位企业的累积市场占有率）、集中曲线和赫菲德尔—赫希曼指数。产品差别化是指在同一产业内，不同企业或以不同品牌生产的同类商品，由于在质量、款式、性能、销售服务或信息提供等方面存在着差异，从而导致产品间替代的不完全性的状况。由于广告宣传对产品差别化形成的影响较大，且广告活动数据相对比较容易获得，因此常用广告密度（广告费/销售额）来分析产品差别化程度。而进入壁垒则是指在特定产业中各种阻止新企业进入的不利因素或障碍，通常用能阻止新企业进入的最高价格高于该产业的平均成本的百分比的大小来测定。贝恩认为形成进入壁垒的主要原因是规模经济性、进入时的最低必要资本量、产品差别化和绝对费用等。

市场行为是指企业在充分考虑市场的供求条件和其他企业的关系的基础上，所采取的各种决策行为。它具体包括企业确定价格的策略、产品与广告策略、研究开发和排挤竞争对手的行为等。另外，卡特尔、暗中默契的协调等行为也属于市场行为的范畴。以贝恩为代表的传统产业组织理论的一个重要特征，是认为市场结构因素决定了企业的市场行为，因此他们并不重视对企业行为自身及其对市场结构影响的深入分析，而把重点放在这些市场行为会带来什么样的市场绩效方面。

市场绩效是指在一定的市场结构和市场行为条件下市场运行的最终经济效果，主要从产业的资源配置效率和利润率水平、与规模经济和过剩生产能力相关的生产相对效率、销售费用的规模、技术进步状况与X非效率、价格的伸缩性以及产品的质量水准、款式、变换频度和多样性等方面，直接或间接地对市场绩效优劣进行评价。如果按照这些评价标准判定市场绩效低下时，就需要对市场结构进行政策介入。

产业组织政策是指为了促进资源在产业内企业间的合理配置以获得理想的市场绩效，由政府制定用以引导和干预市场结构和企业市场行为的政策。其实质是通过协调竞争与规模经济以及其他市场关系，建立和完善正常的市场秩序。产业组织政策通常包括两大类，一类是在大多数竞争性产业中用于保护和鼓励竞争、限制市场垄断和其他不正当竞争行为发生的促进竞争政策，主要包括反垄断政策（或反托拉斯政策）和反不正当竞争行为政策以及中小企业政策等；另一类是适用于那些自然垄断产业的政府直接规制政策。

这种SCP分析框架所依据的微观经济理论，是自马歇尔以来的新古典学派的价格理论，将完全竞争和垄断作为两极，将现实的市场置于中间进行分析。因而这一分析将市场中企业数量的多寡作为相对效率的改善程度的判定标准，认为随着企业数的增加，完全竞争状况的接近基本就能实现较为理想的资源配置效率。由于哈佛学派将市场结构作为产业组织理论的分析重点，因此信奉哈佛学派理论的人通常也被称为“结构主义者”。

在SCP分析框架中，对作为市场结构指标之一的集中度和作为市场绩效标准之一的利润率之间的关系的研究处于重要的核心地位。贝恩调查了美国制造业42个产业并将它们分为两组，一组是CR_8（最大8家企业的市场集中度）大于70%的21个产业，另一组是CR_8小于70%的另外21个产业。调查结果显示这两个不同集中度的产业群之间存在着很大的利润率差异。前者利润率平均为11.8%，而后者平均只有7.5%。据此，哈佛学派认为，在具有寡占或垄断市场结构的产业中，由于存在着少数企业间的共谋、协调行为以及通过市场进入壁垒限制竞争的行为，削弱了市场的竞争性，其结果往往是产生超额利润，破坏资源配置效率。这就是“集中度—利润率”假说。如果具有市场支配力的企业增加，整体经济就会受到垄断弊病的侵害，因此主张必须对这些产业采取企业分割、禁止兼并等直接作用于市场结构的公共政策，以恢复和维护有效竞争的市场秩序。

在分析框架中突出市场结构，在研究方法上偏重实证研究，是哈佛学派区别于其他学派的两个重要特征。在贝恩等人看来，寡占的市场结构会产生寡占的市场行为，进而导致不良的市场绩效特别是资源配置的非效率。因此有效的产业组织政策首先应该着眼于形成和维护有效竞争的市场结构，主张对经济生活中的垄断和寡占采取规制政策。哈佛学派的这种政策主张对第二次世界大战后以美国为首的西方发达市场经济国家反垄断政策的开展和强化都产生过重大的影响。

在结构主义占主流地位的1970年前后，一批大型反托拉斯案件相继在美国被提出诉讼，其中包括1969年由美国司法部提出诉讼的国际商用机器公司（IBM）案、1972年的施乐复印机公司案、1972年凯洛特公司等四家早餐谷物公司案、1973年的埃克森公司等8家石油精炼公司案等。

但是，这种结构主义的反垄断政策从 20 世纪 80 年代开始在美国逐步失去了主导地位。这主要是因为：① 从 70 年代后期 80 年代初开始，曾经是世界最大最强的美国传统的一些优势产业受到日本和亚洲一些国家及地区的巨大冲击，其国际竞争力不断下降，而实施世界最严厉的反垄断政策则被认作是削弱美国产业竞争力的要因之一。② 大型反托拉斯案件带来了巨额的诉讼费用和大量时间消耗，如 IBM 公司案前后诉讼长达 13 年，案件产生了 6 600 万页的文件，并花费了纳税人和 IBM 公司数十亿美元。这使人们对结构规制的实施所花费的大量社会成本究竟能否带来更大的实际效果产生了疑问，而放松政府规制反而更能达到促进市场竞争效果的观点却被越来越多的人所接受。③ 产业组织的芝加哥学派在理论上对结构主义的哈佛学派学说展开了有力的批判。80 年代里根政府在执政的 8 年中，基本采用了“自由放任”的芝加哥学派的主张，在反托拉斯方面采取了缓和政策。60 年代末 70 年代初提出诉讼的 IBM 公司案、凯洛特公司等四家早餐谷物公司案、埃克森公司等 8 家石油精炼公司案等都经历了长达十年甚至十几年的诉讼分别在里根政府执政后的 1981、1982 年以司法部的撤诉而告终结。

三、产业组织理论的发展

第二次世界大战后，美国严格实施了以哈佛学派的产业组织理论为基础的反垄断政策。但是，其后随着曾经是世界最大、最强的美国钢铁、汽车等主要产业国际竞争力的日趋低下，越来越多的观点认为过紧的反垄断政策是招致这种困境的主要原因之一。

因此从 20 世纪 70 年代后期开始，围绕反垄断政策的放松，批判和反对结构主义政策论的产业组织学派的理论观点受到了新的注目。与此同时，一些新理论和研究方法也应运而生。其中，最具影响的是芝加哥学派的产业组织理论、鲍莫尔等人的可竞争市场理论、新奥地利学派的产业组织理论以及博弈论方法等。

（一）产业组织理论的芝加哥学派

产业组织理论的芝加哥学派是 20 世纪 60 年代后期在对哈佛学派的批判中崛起的，其代表人物是施蒂格勒、德姆塞茨、布罗曾、波斯纳等。芝加哥学派在理论上继承了奈特以来芝加哥传统的自由主义经济思想，信奉自由市场经济中竞争机制的作用，强调新古典学派价格理论在产业活动分析中的适用性，坚持认为产业组织及公共政策问题仍然应该通过价格理论的视角来研究，力图重新把价格理论中完全竞争和垄断这两个传统概念作为剖析产业组织问题的基本概念，从而与哈佛学派在产业分析过程中更重视价格理论难以解释的问题、并把这些问题用产品差别和进入壁垒等新的概念来加以说明的做法，在方法论上形成鲜明对照。

1968 年施蒂格勒的名著《产业组织》一书的问世，标志着芝加哥学派在理论上的成熟。施蒂格勒长期从事产业组织理论研究，对产业组织理论的芝加哥学派的形成作出了重要贡献，其较有影响的研究涉及垄断、寡占与兼并、市场容量与劳动分工、规模经济、信息理论和政府规制等诸多领域。由于他对上述产业组织理论的开创性研究和巨大贡献，因而荣获 1982 年诺贝尔经济学奖。以施蒂格勒为代表的芝加哥学派认为，即使市场中存在着某些垄断势力或不完全竞争，只要不存在政府的进入规制，长期的竞争均衡状态在现实中也是能够成立的。例如，在高集中度的市场中，如果企业之间采取秘密卡特尔等共谋或协调行为，也许就可以获得高利润率。但是这种由于高集中度形成的市场势力导致垄断弊端的发生，只能是短期的现象或者说是一时的不均衡。只要没有政府的进入规制，这种高集中度产生的高利润率会因为新企业的大量进入或卡特尔协定的破裂而难以长期为继。因此，如果一个产业持续出现高利润率，这完全可能是该产业中的企业高效率和创新的结果，而并不是哈佛学派所指出的是因为产业中存在着垄断势力。芝加哥学派甚至认为，即使市场是垄断的或高集中寡占，只要市场绩效是良好的，政府规制就没有必要。在这里，芝加哥学派特别注重判断集中及定价结果是否提高了效率，而不是像结构主义者那样只看是否损害了竞争。

德姆塞茨等人通过大量的实证研究，批驳了哈佛学派的“集中度—利润率”假说，指出高集中产业中的高利润率与其说是资源配置非效率的指标，倒不如说是生产效率的结果。布罗曾的研究指出，贝恩 1951 年最初研究的 42 个产业中，高度集中的产业群（$CR_8>70\%$）和较不集中产业群（$CR_8<70\%$）间的 4.3%的利润率差异，到 20 世纪 50 年代中期已降低到仅为 1.1%。因此在芝加哥学派看来，如果高集中市场中长期出现高利润率，只能说明该市场中大企业的高效率经营。因为不是建立在高效率经营基础上的高利润率水平，都会因其他企业的大量进入而使利润率很快降至平均水平。正是各个企业通过合理的选择采取最优行为的结果，在适者生存的法则下效率高的企业的市场占有率不断扩大，才导致高集中市场的出现。从这一立场出发，芝加哥学派对哈佛学派的 SCP 分析框架进行了猛烈抨击，他们认为与其说是存在着市场结构决定了市场行为进而决定市场绩效这样的因果关系，倒不如说是市场绩效或市场行为决定了市场结构。由于芝加哥学派注重效率标准，因此信奉芝加哥学派理论的人通常被称为“效率主义者”。

芝加哥学派还修改了由贝恩创设的进入壁垒理论。施蒂格勒把进入壁垒定义为新进入企业必须负担市场中的现存企业不需负担的成本，即新企业比老企业多承担的成本。从这一定义出发，传统的形成进入壁垒的许多因素，如产品差别化等不再被看作是进入壁垒，而是实现经济效率性的手段。在施蒂格勒看来，除了政府的进入规制以外，由于真正的进入壁垒在实际中几乎不存在，因此市场中的现存企业都面临着潜在进入者的竞争压力。芝加哥学派的这一观点对以后可竞争市场理论的形成有很大的影响。

以施蒂格勒为代表的芝加哥学派产业组织理论的基础，是彻底的经济自由主义思想。他们坚信唯有自由企业制度和自由市场竞争秩序，才是提高产业活动的效率性、保证消费者福利最大化的基本条件。他们对政府在众多领域的市场干预政策的必要性持怀疑态度，认为应尽可能减少政府对产业活动的介入，以扩大企业和私人自由的经济活动范围。他们断言现实经济生活中并不存在哈佛学派所认为那样严重的垄断问题，生产日益集中在大企业手中有利于提高规模经济效益和生产效率，大企业的高利润完全可能是经营活动高效率的结果而与市场垄断势力无关，因此主张放松反托拉斯法的实施和政府规制政策。芝加哥学派的这种反垄断政策立场与20世纪60年代以来积极提倡实施严厉的反垄断政策的哈佛学派形成了鲜明的对立。

芝加哥学派坚持认为哈佛学派在SCP分析框架基础上提出的公共政策主张是不适用的，他们把政策目标分解成各种具体目标，从而不能为政府提供一个简单明了、在实践中又具有可操作性的政策手段。芝加哥学派所考虑的反垄断政策的目的，在于实现经济的效率性。用芝加哥学派学者、耶鲁大学法学教授罗伯特·博克的话来说，反托拉斯的目标，就在于促使资源的使用尽可能提高生产活动的效率性，同时尽可能地满足消费者对商品和服务的需求即实现消费者福利最大化。

除个别部门，芝加哥学派在原则上反对政府以各种形式对市场结构的干预，反对哈佛学派所主张的对长期存在的过度集中的大企业采取分割政策和实行严格的兼并控制的做法。他们认为，大企业的形成和生产的集中是通过企业内部或外部增长来实现的。企业内部增长无非表明这些企业具有超越竞争对手的生产效率，如果对这种通过内部增长形成的大企业进行分割，就等于破坏了效率增长的源泉。同样，兼并是企业实现外部增长的基本途径，兼并的结果会使社会资源从经营不善、效率低下的企业向具有生存能力、效率高的企业转移，从而提高资源的配置效率。只要不存在人为的市场进入规制，潜在的竞争压力就会迫使兼并后的大企业仍然置于竞争压力之下，所以除了一些个别情况（如高度寡占市场中的横向兼并）以外，政府没有必要对企业兼并采取严格控制政策。芝加哥学派认为，反托拉斯政策的重点应是对企业的市场行为进行干预，其中主要是对卡特尔等企业间价格协调行为和分配市场的协调行为实行禁止和控制。因为唯有这些市场行为限制了产出，未能提高生产效率，从而损害了消费者福利。

20世纪70年代以后，由于传统产业国际竞争力日趋减弱，美国经济出现了大量的财政赤字和贸易赤字，一些重要产业的生产活动向国外转移，发生了所谓的产业空心化现象。许多人士认为，实施过于严格的反垄断政策和过多且无意义的规制政策是美国经济丧失活力的重要原因，而认为反垄断政策的目的在于实现经济效率性的芝加哥学派的政策观点被越来越多的人所接受。1981年，里根就任美国总统后，任命信奉自由主义的贝格斯特和米勒分别担任美国司法部反托拉斯局局长和联邦贸易委员会主席，以后波斯纳又被任命为联邦法院的法官。芝加哥学派成了美国反垄断政策的主流，并直接推动了美国反垄断政策的重大转变和规制缓和。80年代反托拉斯局提诉的案件几乎都是卡特尔案件。1981年至1985年反托拉斯局提诉的垄断行为案仅3件，同期提诉的合并案28件，比以往都有了大幅度减少，联邦贸易委员会的反托拉斯案也同样大幅度减少。80年代美国的这一系列变化被人们称之为反垄断政策的“芝加哥革命”。

（二）可竞争市场理论

可竞争市场理论（theory of contestable markets）是鲍莫尔、帕恩查和韦利格等人在芝加哥学派产业组织理论的基础上提出来的，1982年，《可竞争市场与产业结构理论》一书的出版，标志着该理论的形成。该理论认为良好的生产效率和技术效率等市场绩效，在传统哈佛学派的理想的市场结构以外仍然是可以实现的，而无需众多竞争企业的存在。它可以是寡头市场，甚至是垄断市场，但只要保持市场进入的完全自由，只要不存在特别的进出市场成本，潜在竞争的压力就会迫使任何市场结构条件下的企业采取竞争行为。在这种环境条件下，包括自然垄断在内的高集中度的市场结构是可以和效率并存的。

与其他经济理论一样，可竞争市场理论的出现反映其一定的时代背景。20 世纪 70 年代以后，对政府规制特别是进入规制所导致的不公平以及规制制度本身的低效率的批评越来越多。同时，以计算机和电子技术为中心的技术革命的兴起以及由此导致的经济管理业务中的系统技术的普遍运用，使得原来政府对航空、通信、金融、汽车运输等产业进行规制的依据不断淡化。因此在美国出现了放松规制的倾向。而可竞争市场理论，则成为这种政策转换的重要理论支柱。

可竞争市场理论是以完全可竞争市场及沉没成本（sunk cost）等概念的分析为中心，来推导可持续的有效率的产业组织的基本态势及其内生的形成过程。所谓完全可竞争市场，是指市场内的企业当其从该市场退出时完全不用负担不可回收的沉没成本，从而企业进入和退出完全自由的市场。一个完全可竞争市场的重要标志是对快速进入缺乏阻止力。完全可竞争市场是相对于传统的完全竞争概念所提出的一种理念型的市场概念。与完全竞争必须满足存在大量且小规模的买者和卖者，而且不存在产品差异化和进入壁垒等市场结构条件不同，完全可竞争市场可以不依存于原子型这种特殊的市场结构。在存在着新企业随时进入市场的潜在竞争压力的条件下，即使市场上仅有一个企业独家垄断，没有其他竞争对手，这家垄断企业所能获取的资本收益率也不会高于完全竞争市场众多企业所能获取的正常收益率。因为任何能使垄断企业获取高于资本正常收益的利润的价格，都会立即招致其他竞争者的进入。因此，完全可竞争市场条件下理想的竞争，可以作用于所有的市场结构形态。

按鲍莫尔等人的定义，在完全可竞争市场中，不存在施蒂格勒意义上的进入壁垒，即不存在现存企业进入时不用负担而只有其后进入的新企业必须负担的费用。新企业进入时不仅能够获得必要的生产技术和充分的需求，而且也不存在政府规制等人为的进入障碍。从这一定义出发，市场是否是完全可竞争的，仅仅取决于是否存在沉没成本，而与产业内企业数量的多少无关。所谓沉没成本，是指企业进入市场所投入的资本，当企业退出该市场时不能收回的部分。例如，退出企业所持有的生产设备和厂房建筑物，即使可以出让或改变用途，但由于出让价格较低或使用价格的降低而不能回收的投入费用部分；或难以回收因而只能作废处理的有形资产的未折旧部分；用于研究开发、广告、员工教育培训等形成无形资产的支出中，由于专用性而不能转作他用因而难以回收的费用部分等。由此可见，鲍莫尔等人所特别重视的沉没成本，其沉没的程度主要依存于所投入资本向其他市场转移或资产出让回收的可能性，而与所投入固定费用的大小无关。无论固定费用或资产的未折旧部分有多大，只要能够回收，就不是沉没成本。民用航空飞机就是一个典型例子。如果进入、退出不存在人为的规制的话，原来往返于两城市之间的航空飞机，可以很容易地从该航线（市场）退出而进入以这两个城市中的任何一个城市为起点的新航线，而在原有航线中并无费用沉没。同样，运输业中卡车的资产流动性也比较大。另外，金融业的经营诀窍和研究开发所形成的技术知识等无形资产由于存在较大的可应用性，因此其沉没成本也比较低。

沉没成本的大小决定了企业从市场退出的难易程度，从而影响着企业的进入决策。因为一旦进入后退出时的沉没成本越大，企业退出就越是困难，企业作出进入决策就越是小心谨慎。因此沉没成本越大，市场进入压力就越小，进而现存企业的压力就越小。在这一点上，鲍莫尔等人的可竞争市场理论，与传统的产业组织理论中将规模经济性、产品差别化和绝对费用差别等作为进入壁垒的决定因素有很大差别。

在完全可竞争市场中，由于沉没成本为零，因此潜在的进入者为了追求利润会迅速地进入任何一个具有高额利润的部门，并能够在现存企业对进入作出反应前无摩擦地快速撤出，而且并不因此耗费特别的成本。这种进入形式通常被称为"打了就跑"策略（hit and run entry）。凭借这种攻击性行为进入市场的企业在该产业中滞留时间的长短，通常取决于现存企业的反应时间。但是即使是一个短暂的获利机会，也会吸引潜在的进入者进入。而当现存企业作出报复反应使价格下降到无利可图时，他们会带着已获得的利润离开市场。这种进入退出甚至可以重复多次，直到消除任何垄断的超额利润。由于在完全可竞争市场中这种闪电般的进入退出压力经常存在，因此无论是垄断市场还是寡占市场，都不能有能维持带来垄断的超额利润的价格和低效率的企业存在。如果现存企业不是保持最有效率的生产并把价格维持在竞争水平上，其利润和需求就会被突如其来的进入者夺去。因此，即使是独家垄断的企业，也只能制定超额利润为零的可维持价格，以防止潜在的竞争者进入市场与其发生竞争。潜在竞争压力的存在迫使现存企业无论处在何种市场结构形态中都只能遵循可维持定价原则，而完全可竞争市场的均衡，就是在现存企业的价格和市场地位的可持续（sustainable）条件下达到的。这时，有效率的产业组织成为一种内生的结果。

与芝加哥学派的观点类似，可竞争市场理论依据的也是新古典经济学的均衡分析方法，并强调长期分析。在长期中达到的均衡是指市场进入与退出过程均处于静态状态，即一方面处于现存市场中的企业不存在退出市场的动机，因为它们都没有亏损；另一方面处于潜在竞争地位的企业也不存在进入这个市场的动机，因为这个市场不存在高额利润。可竞争市场中这两个必要的市场均衡特征导致了如下结果：所有处于市场上的企业超额利润为零；没有一个企业的边际成本大于市场价格；如果至少有两个企业在市场上，那么没有一个企业的边际成本小于市场价格；市场上现存企业的总产出量成本最小，否则将有新的企业进入。这表明可竞争市场即使在寡占甚至在垄断条件下，也可以实现最佳福利目标。在可竞争市场中，数目相对较少、从事多产品生产的企业仍然可以通过在不同的市场交叉经营、相互竞争，从而充分发挥规模经济和范围经济的作用，实现资源最优配置和技术进步。

按照可竞争市场理论，在近似完全的可竞争市场中，自由放任政策比通常的政府规制政策更为有效。少数几家大企业的纵向兼并或横向兼并，传统的观点都认为会带来垄断弊端，而在可竞争市场条件下，它们都变成无害的甚至可能是更有效率的。在鲍莫尔等人看来，政府的竞争政策与其说重视市场结构，倒不如说重视是否存在充分的潜在竞争压力，而确保潜在竞争压力存在的关键是要尽可能地降低沉没成本。为此，他们主张一方面要积极研究能够减少沉没成本的新技术、新工艺，另一方面要排除一切人为的进入和退出壁垒。尽管现实中真正符合可竞争市场理论假定条件的产业并不多，且该理论在适用范围方面存在着很大的局限性，但其对近二十年来发达资本主义国家政府规制政策思路的转换及措施调整产生的重大影响是毋庸置疑的。

（三）产业组织理论的新奥地利学派

产业组织理论的新奥地利学派在理论上的成就，建立在门格尔（Carl Menger）、庞巴维克（Eugen Von Bohnbawark）始创的奥地利经济学派的传统思想和方法之上，其代表人物是米瑟斯（L. Mises）、哈耶克（F. A. Hayek）、里奇（W. O. Reckie）、阿门塔诺（D. T. Armentano）、罗斯巴德（M. N. Rothbard）等人。新奥地利学派注重个体行为的逻辑分析，在理解市场时着重过程分析，而不是新古典主义的均衡分析，其研究目标是从个人效用和行为到价格的非线性因果传递，而不是新古典主义数学函数的相互决定，与哈佛学派、芝加哥学派在基础理论上的区别构成了新奥地利学派的最主要特征。针对新古典学派通过均衡对市场进行分析，把经济学当作客观的科学并模仿物理学的分析方法来构筑经济理论模型的分析方法，新奥地利学派对此进行了批评。他们从主观主义的立场出发，把经济学看作是不同于自然科学的"人类行为科学"的一个领域，认为作为自然科学研究对象的自然现象通常存在某种规律性，可以用数学模型来表示，还可通过实验来验证，而经济规律是通过对一些不言而喻的公理进行逻辑推论而发现的，历史事实是由多种因素发生作用的复合结果，因此难以用来检验经济理论。所以该学派极力否定作为经济分析工具的现代数学方法，主张经济现象应运用人类行为科学的方法，通过语言进行阐述。新奥地利学派重视均衡实现的市场竞争过程分析，从不完全信息出发，把竞争性的市场过程理解为分散的知识、信息的发现和利用过程，而市场不均衡就是因为存在着未被发现的信息或信息不完全而造成的决策失误所导致的利润机会的丧失。

新奥地利学派基本上反对传统的哈佛学派的反垄断政策，就这一点而言，与芝加哥学派有一致之处。新奥地利学派反对政府干预，认为政府的信息也是不完备的。哈佛学派建立在SCP分析框架基础上的反垄断政策着眼于形成和维护竞争的市场结构，而市场结构又由市场集中度、产品差别化、进入壁垒所决定。新奥地利学派则重视人类行为的研究，认为经济生活的手段和目的之间的关系并非一成不变，而要受有创造性的人的行为的制约，这种有创造性的作用定义为创新精神。新奥地利学派认为，市场竞争源于企业家的创新精神，只要确保自由的进入机会，就能形成充分的竞争压力，唯一能真正成为进入壁垒的就是政府的进入规制政策和行政垄断。因此最有效的促进竞争的政策首先应该是废除那些过时的规制政策和不必要的行政垄断，实行自由放任政策。新奥地利学派认为，社会福利的提高源于生产效率而非哈佛学派强调的配置效率，只要不是依赖行政干预，垄断企业实际上是生存下来的最有效率的企业，这导致新奥地利学派对大规模的企业组织持宽容的态度，认为市场竞争过程本来就是淘汰低效率企业的过程。新奥地利学派在政策主张上提出以完全的自由市场来获得充分的竞争，完全否定反垄断和规制政策，这使得该学派理论的适用性有较大的局限性，但其在产业组织理论中注重人类行为科学的研究，以及从不完全信息出发，把竞争性的市场看作分散的知识、信息的发现和利用过程，这些仍有很强的借鉴意义。

（四）博弈论在产业组织理论的应用

博弈论的应用几乎遍及现代经济学的各个领域，如微观经济学、产业组织理论、企业理论等，逐步成为西方主流经济学的基础。特别是在产业组织领域对企业的策略性行为的研究中，博弈论已几乎重新改写了整个产业组织的理论框架。① 特别是在寡头垄断市场上，只有少数几个厂商在相互竞争，而且新进入的厂商是受到阻碍的，此时企业不再是处于被动的环境中。寡头们面对的市场环境或者说竞争对手的行为将随他们本身的决策行为而变动，即寡头们的决策是相互作用的。每一家企业做决策时都意识到竞争对手的存在，所做的决策都要建立在对竞争对手行为的猜测或者对竞争对手行为作出反应的基础上。所以每个企业的得益和利润不仅取决于自身的决策，也取决于其他厂商的决策，即部分地取决于厂商决策之间的相互作用。这种情况下，各企业面临的市场环境是十分复杂的，其行为表现也相当不确定。寡头厂商之间可能有激烈的竞争，这些竞争涉及价格、产量、广告、投资等许多方面的决策，而且每一项竞争决策都要考虑到其将怎样影响竞争者以及竞争对手将如何作出反应，这些决策十分复杂。另外，为了减少决策中的不确定因素以及为了共同的利益，现实生活中厂商间确实也会合作以赚取更大的利益。为了弄清楚为什么会这样，在分析寡头垄断市场中的企业决策行为时，就必须把各种决策者之间策略的相互作用纳入经济模型中，这就是一种典型的博弈分析。所以在分析寡头市场上的企业竞争行为时，博弈论是极为有效的手段。理性预期学派为这一客观事实提供了理论上的支持，企业行为不仅仅取决于市场结构，还取决于企业对自己的行为可能引致的其他企业反应行为的预期，即企业的行为是其心理预期的函数。用博弈论的术语来说，企业的行为是各个企业所共同拥有的信息结构或判断概率的函数，这些突破性的进展使产业组织理论对现实经济中寡头厂商的行为具有更强的解释力。博弈论方法是20世纪70年代以后产业经济学的重要研究方法，可以说，产业组织经济学近年来在理论方面的重大进展很大程度上是由于博弈论的广泛应用而取得的。同时，博弈论及机制设计、不完全合同理论的应用也使得产业组织经济学的理论基础大大加强。80年代以法国学者泰勒尔为代表的西方学者就应用博弈论分析的方法对整个产业组织理论体系进行了再造，泰勒尔的《产业组织理论》也因此而成为产业组织理论的经典教材。此外，除了非合作博弈论仍将在产业组织理论中扮演主要的角色外，网络博弈和合作—非合作混合博弈也将日益渗透到产业组织的分析中。

但是，博弈论在分析不完全竞争方面也存在一些不足。美国学者施马兰西认为博弈论方法在分析不完全竞争方面存在着两个不足：首先在不完全信息条件下，即使简单的多阶段博弈也有多重精炼贝叶斯—纳什均衡，但如何处理精炼贝叶斯—纳什均衡的一般方法尚

① 如泰勒尔的《产业组织理论》（中国人民大学出版社1997年版）第二篇对寡头相互作用的分析即是全部以博弈论为基础的。

不清楚，而且认为具有有限理性的人能够解决实际生活中面临的复杂的多阶段博弈问题这种假设，也似乎把理性原则推得过远了；其次，大量使用的非合作博弈模型的多重均衡结果对假设的细微变化都很敏感，使得均衡非常脆弱，对博弈论模型的检验也变得相当困难。博弈论模型的预测看上去很微妙，但往往难以检验，这样除非博弈论分析能够得出令人信服的一般性预测或者被能做到这一点的其他理论所取代，否则就应相信，产业经济学中最重要的成果主要来自实证研究，只有实证研究才能揭示哪些理论模型具有广泛的应用性。

第二节　产业结构的理论基础及其发展

一、产业结构的含义

在经济领域，产业结构这个概念始用于20世纪40年代。在最初利用产业结构这个概念分析经济问题时，其含义还不规范。随着对产业经济研究的不断发展和深化，产业结构的概念和研究领域逐渐明确下来。产业结构理论逐步形成体系，产业结构也与产业组织、产业布局区别开来。现在，产业组织专指同一产业内企业间的市场关系和组织形态。这种企业间的市场关系包括同类企业间的垄断、竞争关系，以及产业内企业间的组织形态。产业布局专指产业的地域分布结构，而产业结构则是产业间的技术经济联系与联系方式。这种产业间的技术经济联系与联系方式可从两个角度来考察：一是从“质”的角度动态地揭示产业间技术经济联系与联系方式不断发展变化的趋势，揭示经济发展过程的国民经济各产业部门中，占主导或支柱地位的产业部门的不断替代的规律及其相应的“结构”效益，从而形成狭义的产业结构理论；二是从“量”的角度静态地研究和分析一定时期内产业间联系与联系方式的技术经济数量比例关系，即产业间“投入”与“产出”的量的比例关系，从而形成产业关联理论。广义的产业结构理论包括狭义的产业结构理论和产业关联理论。本篇论述的是广义的产业结构理论，本章则主要介绍狭义的产业结构理论。

二、产业结构理论的历史背景

产业结构理论的产生与发展与一定的历史背景相联系。产业结构理论是人们将经济分析深入到产业结构层次，在进行“产业结构”分析和“产业结构政策”实践的探索过程中逐步产生、发展起来的。

（一）经济分析深入到产业结构层次导致产业结构理论的产生与发展①

如何有效合理地配置资源，实现既定的经济目标，是经济学研究的根本问题。围绕这

① 毛林根．产业经济学．上海：上海人民出版社，1996.

一问题，经济学家对社会经济现象、经济过程展开了多层次、多角度、多领域的研究，形成了不同的经济理论。与资本主义经济发展相吻合，西方不同经济学科经济分析的对象，都起源于一定的历史背景，并伴随着资本主义发展的足迹不断发展变化，大体经历了个量分析—总量分析—产业分析的漫长过程。与此相适应，经济理论也经历了从微观经济理论的成熟到宏观经济理论的形成、再到产业结构理论的产生这一演进过程。

以完全竞争为假设条件的资产阶级自由主义经济理论，其经济分析侧重于个量分析。个量分析继亚当·斯密之后，经马歇尔、瓦尔拉斯和帕累托之手，将“看不见的手”如何自动调节市场均衡、优化资源配置的过程进行了理论抽象，形成了资产阶级正统的价格理论微观经济理论。其重要结论是，市场机制（看不见的手）能自行调节资源的最佳配置，不需要任何外来干预。应该承认，个量分析不但对说明单个产品市场的局部均衡，以及单个经济主体在一定条件下的经济行为及其效果具有相当大的作用，而且对“看不见的手”作用的理论描绘无疑是一种有价值的见解。时至今日，我们还要尊重价值规律的作用。但问题在于，自由主义经济理论有一个脆弱的前提——完全竞争。现实市场上的完全竞争是不存在的，而且自由竞争本身孕育着垄断。1929 年爆发的世界性经济危机，使自由主义价格理论发生了严重危机，市场失效了，“看不见的手”不灵了。正是在这种情况下，出现了凯恩斯的国民收入理论，企图为解决危机和实现充分就业开出一剂良方，疏通“资源分配”的阻碍，弥补市场机制的不足。

凯恩斯及其追随者将经济分析投向国民经济宏观层次，即总量分析，诞生了以国民经济有关总量的变化及其规律为分析对象的宏观经济理论。其重要的结论是：由于边际消费倾向、资本边际效率、流动偏好等心理因素的作用，通常情况下的有效需求不足，“非自愿失业”总会存在，市场机制本身没有力量使总需求与总供给相等，这样就不可避免地会出现萧条和失业。因此，政府有必要而且有可能发挥调节总需求与总供给以达到均衡的作用，来弥补市场缺陷，这个均衡手段就是财政政策和货币政策。凯恩斯理论指出的市场缺陷和政府干预经济、调节总量间均衡的必要性，无疑使人们对市场经济运动规律有了更深的认识。凯恩斯的主张虽一度获得成功，并在一定程度上刺激了危机中的经济复苏和景气，但却孕育着更大的失衡，其结果是国家财政赤字不断膨胀。凯恩斯理论发生了严重危机。

凯恩斯主义的失效，使资产阶级经济学家面临着两难境地：回到亚当·斯密那里去搞完全竞争，实践证明行不通；实行凯恩斯主义主张，又使财政赤字、通货膨胀居高不下。于是他们在“个量分析”和“总量分析”两个端点的连线上找出路，把手伸进社会再生产过程的中观层次——产业层次，进行产业分析，去寻找活跃市场机制和弥补缺陷的具体条件和途径。这样，就推动了产业分析理论的相继问世：出现了以产业部门之间关系结构为对象，以各产业部门之间一定的技术经济关联所发生的投入与产出量化关系为研究领域的“产业关联理论”；出现了以较粗产业分类为基础，寻求产业结构的演变规律为主线的狭义产业结构理论。

由此可见，产业分析的产生是经济分析向纵深发展的必然，是经济发展条件下人们认识经济规律程度不断提高的必然，这一切又必然推动产业分析的进一步发展，从而导致产业结构理论的形成与发展。

（二）产业结构政策的实践加速了产业结构理论的形成与发展

产业结构理论的兴起与产业结构政策的问世与实践有着密切关系。所谓产业结构政策，是指政府制定的有关干预产业部门之间资源配置过程以促进产业结构向合理化和高度化方向发展的经济政策总和。产业结构政策的概念首先出现在第二次世界大战后的日本，这绝非偶然。第二次世界大战后的日本经济濒临崩溃，如何医治战争创伤、加快重建和振兴经济、迅速赶超欧美发达国家的经济水平，是日本面临的严峻问题。日本政府通过规划产业结构高度化发展目标、设计产业结构高度化的途径、确定不同时期带动整个国民经济起飞的“主导产业”，并通过政府一系列的相应政策、措施来确保“主导产业”的崛起，从而诱导经济按既定目标发展。日本政府在不同时期实施各有侧重的产业结构政策，促进了该国经济的迅速崛起。在短短20年中，日本经济发展走完了西方发达国家花了一二百年才走完的路，这不能不使世人瞩目。一些经济学家和世界组织纷纷研究日本经济发展过程，探讨其成功的奥秘，结果他们大都认为日本经济发展的成功秘诀在于产业政策的实施。这样，产业政策的概念便在世界范围内流行起来。第二次世界大战后，有些国家尽管没有使用产业结构政策的概念，但实际上实施了产业结构政策。例如，韩国在1950年3月公布的《稳定经济的十五项原则》中，就明确规定日用消费品为重点发展产业；法国从1947年开始实行指导性计划，并采用一系列政策措施作为计划实施的保障等。

制定和实施产业结构政策的实践活动，促进了人们对产业结构理论的研究，从而推动了产业结构理论的形成与发展。因为行之有效的产业结构政策必然是建立在对产业发展、产业结构演化等客观规律的结构理论的认识基础之上的。

三、产业结构理论的思想渊源

产业结构理论的思想渊源可以追溯到17世纪。英国资产阶级古典政治经济学创始人配第早在17世纪就发现了世界各国国民收入水平的差异和经济发展的不同阶段，其关键原因是由于产业结构的不同。他于1672年出版的《政治算术》通过考察得出结论：工业比农业的收入多，商业又比工业的收入多，即工业比农业、商业比工业附加价值高。法国古典政治经济学的主要代表、重农学派的创始人魁奈分别于1758年和1766年发表了重要论著《经济表》和《经济表分析》。他根据自己创立的“纯产品”学说，提出了关于社会阶级结构的划分：生产阶级，即从事农业和创造“纯产品”的阶级，包括租地农场主和农业工人；土地所有者阶级，即通过地租和赋税从生产阶级那里取得“纯产品”的阶级，包括地主及其仆从、君主、官吏等；不生产阶级，即不创造“纯产品”的阶级，包括工商资本家和工人。他在经济理论上的突出贡献是在“纯产品”学说的基础上对社会资本再生产和流通所做的分析。[①] 可以说，配第和魁奈的发现和研究是产业结构理论的重要思想来源之一。

四、产业结构理论的形成与发展

一代又一代经济学家对理论研究的不懈努力，推动了产业结构理论的形成与发展，他们对产业结构理论研究的贡献，与产业结构理论的形成、发展的历史进程是紧密联系在一起的。

（一）产业结构理论的形成

20 世纪三四十年代是现代产业结构理论的形成时期。这时期对产业结构理论的形成作出突出贡献的主要有日本经济学家赤松要、美国经济学家库兹涅茨、列昂惕夫和英国经济学家克拉克等人。

赤松要早在 1935 年就提出了产业发展的“雁行形态理论”。该理论主张，本国的产业发展要与国际市场紧密地结合起来，使产业结构国际化。他认为，后起的国家可以通过四个阶段来加快本国工业化进程；产业发展的政策就是要根据雁行形态的特点来制定。

库兹涅茨在他 1941 年的著作《国民收入及其构成》一书中阐述了国民收入与产业结构之间的重要联系。他通过对大量历史经济资料的研究得出重要结论：产业结构和劳动力的部门结构将随着经济增长而不断发生变化；劳动收入在国民经济中所占的比重趋于上升，财产收入的比重则趋于下降；政府消费在国民生产总值中的比重趋于上升，个人消费比重趋于下降。

列昂惕夫是美国著名的计量学家、投入产出分析法的创始人、1973 年的诺贝尔经济学奖获得者。他在产业结构方面的研究具有相当大的影响力。早在 1941 年，他就对美国的经济结构进行了深入和系统的分析。他的《1919—1929 年美国经济结构》一书是产业结构理论的经典之作。

克拉克在 1940 年出版的《经济发展条件》一书中，通过对 40 多个国家和地区不同时期三次产业劳动投入和总产出资料的整理和比较，认为劳动力在三次产业中的结构变化与人均国民收入的提高存在着一定的规律性。

这些经济学家和学者对产业结构的研究从最初的实证分析逐步转到理论研究方面，促进了产业结构理论的形成。

（二）产业结构理论的发展

产业结构理论在 20 世纪五六十年代得到了较快的发展。这一时期对产业结构理论研究作出突出贡献的代表人物包括列昂惕夫、库兹涅茨、刘易斯、赫希曼、罗斯托、钱纳里、霍夫曼、希金斯等人。

列昂惕夫在原来研究的基础上对产业结构进行了更加深入的研究。他于 1953 年和

① 李善明，等．外国经济学家辞典．深圳：海天出版社，1993.

1966年分别出版了《美国经济结构研究》和《投入产出经济学》两本书，建立了投入产出分析体系，包括投入产出分析法、投入产出模型和投入产出表等。他利用这一方法分析经济体系的结构与各部门在生产中的关系，研究经济的动态发展以及技术变化对经济的影响，分析对外贸易与国内经济的关系，分析国内各地区间的经济关系以及各种经济政策所产生的影响。现在世界上有100多个国家和地区运用这一方法编制了本国的投入产出表。库兹涅茨在经济增长与产业结构的关系方面也有进一步的研究，出版了《现代经济增长》《各国经济增长》等重要论著。

美国发展经济学创始人之一、1979年诺贝尔经济学奖获得者刘易斯于1954年在《曼彻斯特学报》发表了著名论文《劳动无限供给条件下的经济发展》，提出了用以解释发展中国家经济问题的理论模型——二元经济结构模型，即整个经济由弱小的现代资本主义部门与强大的传统农业部门所组成。经济的发展就是要扩大现代资本主义部门，缩小传统的农业部门。发展中国家可以利用劳动力丰富这一有利条件，加速经济的发展。他于1958年又出版了《经济增长理论》一书，全面分析了影响经济发展的经济因素和非经济因素，包括资本积累、技术进步、人口增长、社会结构、经济制度、宗教、文化历史传统、政治、心理等。他对经济结构特别是产业结构的论述比较多，内容丰富，论述深刻。

美国发展经济学家、著名的“不平衡”增长学说的创建者赫希曼于1958年出版了对经济发展问题最有影响的著作之一——《经济发展战略》。他在这部著作中否定了当时流行的观点——发展中国家必须按照一个谨慎控制的平衡增长路线发展，而设计了一个不平衡增长的模型。他的这一理论是用大量的拉丁美洲的发展经验来阐述的。他突破了早期发展经济学家限于直接生产部门和基础设施部门发展次序的狭义论证，而代之以对国民经济计划制定是否应优先、重点发展某些部门的广义探讨。其中，“关联效应”（包括前向关联效应和后向关联效应）理论和“最有效次序”理论，已经成为发展经济学中的重要分析工具。

美国经济学家、经济史学家罗斯托提出了著名的主导产业扩散效应理论和经济成长阶段理论。他认为，产业结构的变化对经济增长具有重大的影响；在经济发展中要重视发挥主导产业的扩散效应。他同时还认为，决定社会经济发展的最终动因是人的主观倾向：发展科学的倾向、把科学应用于经济目的的倾向、创新的倾向、寻求物质进步的倾向、消费的倾向、生儿育女的倾向。他的这些理论有着广泛的影响力，反映他在这方面突出贡献的主要著作有《经济成长的过程》和《经济成长的阶段》等。

美国著名的发展经济学家钱纳里对产业结构问题也进行了深入的研究，对产业结构理论的发展有很大的贡献。他认为，经济发展中资本与劳动的替代弹性是不变的，从而发展了柯布—道格拉斯的生产函数学说。他指出，在经济发展过程中产业结构会发生变化，对外贸易中初级产品出口将会减少，逐步实现进口替代和出口替代。他的研究成果有《产业关联经济学》《发展计划研究》《发展的模式》《结构变化与发展政策》和《工业化和经济增长的比较研究》等。

英国经济学家邓宁对产业结构也做过一些研究。他的研究成果反映在他出版的《20

世纪英国工业的变化与发展》以及其他关于工业经济学、区域经济学和城市经济学方面的著作中。①

德国发展经济学家拉尼斯对二元经济发展学说作出了贡献。他与美籍华人学者费景汉（又称约翰·费）一起对刘易斯的二元经济发展学说作了进一步的补充和发展。他们把二元经济结构的演变分为三个阶段：在第一阶段，农业部门存在着隐性失业，劳动的边际生产率为零，劳动力的供给弹性无限大。在此后的两个阶段中，农业部门逐渐形成生产剩余，可以用来满足非农业部门的消费，从而有利于农业部门的剩余劳动力向工业部门转移；当工业部门能够以农业生产资料装备农业生产的时候，农业和工业这两个部门就可以得到共同的发展。拉尼斯还认为，农业劳动生产率作为一种技术改进的重要函数，它的提高将会减少农业工人人数和总劳动剩余。他不仅认为在收入分配变化及与之相关的经济增长之间存在着直接的联系，而且认为在二元经济体系中农业部门与非农业部门之间的相对规模以及储蓄、教育、劳动力市场等有关因素之间也存在直接联系。

德国经济学家霍夫曼对在工业化进程中产业结构的演进问题进行了开创性的研究。他把结构型变量引入需求方程式，并成功地论证了它在统计学中的实际意义；同时也对进口替代在经济发展中的作用进行了重点研究，在产业结构理论方面作出了重要的贡献。例如，他提出的霍夫曼比例和霍夫曼工业化经验法则具有很大的应用价值和广泛的影响力。他在这方面的主要成果有《发展中国家的进口替代和经济增长——以阿根廷、巴西、智利和哥伦比亚为重点》和《马来西亚半岛的工业增长、就业与外国投资》等。②

荷兰经济学家、经济计量学的创始人之一丁伯根的关于制定经济政策的理论包含有丰富的产业结构理论。例如，他认为，经济政策就是要有意识地运用一些手段以达到某种目的，其中就包含了调整结构的手段。他把经济政策区分为数量政策、性质政策和改革三种。其中，性质政策就是要改变结构（投入产出表）中的一些元素，改革就是改变基础中的一些元素。又如，他在他的发展计划理论中所采用的大型联立方程式体系，就是凯恩斯、哈罗德—多马及列昂惕夫等人多种模型的混合物；另外，他所采用的部分投入产出法，就是一种产业关联方法，它直接从投资计划项目开始，把微观计划简单地加总成为宏观计划。

加拿大经济学家希金斯对二元经济结构进行过一些研究。他描绘了不发达国家的二元经济结构的特征。他认为，先进部门和原有部门的生产函数完全不同。原有部门的生产函数属于可替代型的，这一部门因为资金的绝对不足而选择劳动密集型的技术；先进部门存在固定投入系数型的生产函数，这一部门采取的是资本密集型的技术。反映他研究成果的主要论著包括《印度尼西亚的经济稳定与发展》《经济发展：原则、问题与政策》等。③

日本经济学家筱原三代平是日本研究经济周期理论和产业结构问题的著名专家。他的研究成果包括《日本经济的成长和循环》《收入分配和工资结构》《消费函数》《日本经济

①②③　李善明，等．外国经济学家辞典．深圳：海天出版社，1993.

之谜——成长率和增长率》《产业构造论》《现代产业论（产业构造）》。[①] 在日本，对产业结构理论有比较深入研究的学者还有：马场正雄、宫泽健一、小宫隆太郎、池田胜彦、佐贯利雄、筑井甚吉等人。经营管理学者马场正雄在这方面的研究成果有《现代产业论（产业构造）》（与筱原三代平合著，1973 年）、《经济预测》《景气变动的分析与预测》等；经济学家宫泽健一的研究成果有《产业经济学》《日本的经济循环》等[②]（他从经济循环的角度论述产业结构问题）；国际经济学学者小宫隆太郎的研究成果有《日本的产业政策》；经济学者池田胜彦的研究成果有《产业构造论》；经济学家佐贯利雄的研究成果有《日本经济的结构分析》；著名经济学家筑井甚吉等人提出了著名的“大道定理”等，均具有广泛的影响。

五、产业结构理论的研究对象及基本体系

（一）产业结构理论的研究对象

产业结构理论以产业之间的技术经济联系及其联系方式为研究对象。这里的技术经济联系主要是指按照投入产出的技术矩阵关系划分的联系方式，例如，前向关联、后向关联、侧向关联等，它们的量度指标相应为前向关联系数、后向关联系数等。此外还有按照各种数量比例关系划分的联系方式，例如，资本占用关系、劳动力占用关系、产值比例关系、能耗比例关系、进出口比例关系、效益关系等，它们的量度指标相应为资本结构指标、就业结构指标（劳动力结构指标）、产出结构指标、能耗结构指标、进出口结构指标等。

（二）产业结构理论的基本体系

产业结构理论的基本体系由产业结构形成理论、产业关联理论、产业结构演变理论、产业结构影响因素理论、产业结构效应理论、产业结构优化理论、产业结构分析理论、产业结构政策理论、主导产业选择理论以及产业结构研究方法论等几部分组成。

产业结构形成理论包括产业结构的一些基本概念和研究范畴，以及产业结构的形成条件、机理和过程等。产业关联理论包括产业关联方式、投入产出表、投入产出模型、投入产出分析、产业波及效果等理论。产业结构演变理论包括产业结构演变与经济增长、经济发展的内在联系，产业结构演变的一般趋势，产业结构演变的动因及结构因素分析；关于不同理论流派、不同国家产业结构演变的实证考察等理论。产业结构影响因素理论包括影响产业结构演变的需求总量与需求结构、生产总量与生产结构、供应总量与供应结构、国际贸易总量与国际贸易结构、国际投资总量和国际投资结构等因素的有关理论。产业结构效应理论包括政策效应、关联效应、扩散效应、需求效应、供给效应、国际贸易效应、国际投资效应等理论。产业结构优化理论包括产业结构调整及其作用机制、产业结构高度化

① 方甲，等．产业结构问题研究．北京：中国人民大学出版社，1997.

② 李善明，等．外国经济学家辞典．深圳：海天出版社，1993.

及其作用机制、产业结构合理化及其作用机制、战略产业的选择及转换等理论。产业结构分析理论包括产业结构的现状分析、机理分析和趋势分析等理论。产业结构政策理论包括产业结构调整、发展和优化政策，产业技术政策等理论。主导产业选择理论包括主导产业判别理论和选择理论。产业结构研究方法论包括静态分析方法、动态分析方法、实证分析方法和产业关联分析方法等。

第三节　产业经济学的其他理论基础及其发展

一、中国产业经济学的思想渊源

虽然产业经济这一概念的正式出现是在20世纪50年代以后，但若从产业经济学是研究调节产业间和产业内的资源配置的经济学科这一现代角度来看，则早在人类最古老的产业（农牧业）的出现和最早的国家政府建立以来，某种具有现代产业经济学特征的思想就已经出现了，从某些思想的演变和据此具体实施的经济政策来看，甚至已达到了相当成熟的地步。特别在中国，由于其中央集权的统一国家政权建立时间之早、延续时间之长在人类历史上是罕见的，故国家政府对经济发展加以控制、扶持等的各种经济思想及相应的政策由来已久，而这些经济思想及政策对中国特定的社会发展走向也产生了十分重大的影响。所以从现代产业经济学的角度对这些经济思想和相应的政策加以研究、分析和重新认识是十分有意义的。

中国最早的具有产业经济思想的经济政策在春秋战国时期就已经出现，有的甚至可以追溯到商、周时期，所以有些学者甚至认为“中国产业政策实施的广度和深度甚至远远超过了以成功推行产业政策而著称的日本”。当然制定这些政策的根本目的不可能与现代意义上的产业经济学提出的目标完全一致，更不可能正式提出“产业政策”这样的现代概念，但是无论是从指导这些政策制定的思想还是从具体的政策内容来看，其对各产业间和同一产业内资源配置的影响都是客观存在的，这无疑已具有了现代产业经济学的根本特征。

中国的封建统治自秦汉以来一直到晚清第一次鸦片战争以前，长达两千余年，虽几经更迭，但其社会经济结构却几乎从未受到外来势力的冲击，这与中国封建统治时期与其社会经济结构特征相适应的经济思想及在此思想指导下制定的经济政策不无关系。中国的传统社会特征始终表现为小农经济、家族制度、中央集权官僚体系三者的结合与统一，而与其相互适应的经济思想及相应的政策虽反复变动，但其主要的内容却明显地表现为农本思想、工商业思想和水利基础设施建设思想这三个方面。

（一）农本思想

在古代社会中，人们经济生活的物质需求主要依靠农业，统治阶级实施其政治统治的物质基础也主要产生于农业，农业是“整个古代世界的决定性的生产部门”。因此，在古代人们的思想观念上首先产生对农业的重视，这是符合人类认识发展的基本规律的。从商、周时代遗留下来的甲骨卜辞和一些文献中保存着不少有关农业方面的记载，反映出从上古时期就已开始了对农业的重视。但从另一方面的有关文献记载来看，春秋及其以前社会对当时的商业的态度也是肯定的，并无明显的重农抑商倾向，所以当时的经济思想和政策对商贾以及商业活动都没有过多的干预。而真正开始对农业的偏重是从战国初期开始的。战国初期李悝在魏国推行“尽地力之教”，其理论基础就是重农思想，认为农业是财富产生的唯一根源。他从重农的角度提出“农是国之本，农伤则国贫”的观点。以后商鞅、荀况、韩非等更进一步将这种观点推向了极端，明确提出了“农本工商末”的口号。重农轻商思想在战国时期形成有其客观原因。战国时期是从春秋时期的分封制经过各种形式的兼并，演进到地区性的统一及地区性的君主集权制，最后发展到全国性的统一及君主中央集权制的过渡时期，这一过程通过激烈的军事行动才得以完成。为了保障在兼并战争中有足够的兵员与财力，统治阶级必然要求动用国家行政的力量来最大限度地保护易于控制的小农经济，并对社会财富（包括商人的财富）进行掠夺式的征调。战国时期正是中国封建经济确立的时期，土地的私有化和自由买卖已经出现，这就给商业资本向土地投资开辟了途径。而商业资本向土地投资最初必然是对自耕农进行兼并，这就势必造成军事官僚实体赖以进行的军事兼并的物质基础发生动摇。因此，为了保证兼并战争的顺利进行，地主阶级政治家便在传统的重农思想的基础上发展形成了重本抑末的理论，从此偏重农业的农本政策开始确立。在其后封建时代的演进中，封建统治者不断地认识到商业资本的过度膨胀会造成农业生产的萎缩，阻碍封建经济的稳定发展，因此重农轻商思想一直受到地主阶级的重视。从西汉初的贾谊、晁错，直到唐代中叶的刘晏、杨炎，以及北宋时期的王安石，他们的经济理论都和重农轻商思想有一定的联系，而其经济活动都不同程度地涉及重本抑末政策。直到清朝中叶，封建政府仍以坚持重本抑末为治国之策，例如，雍正皇帝明令宣布：“农为天下之本务，而工商皆其末也。”故以重农轻商思想为特色的农本政策在中国封建时期虽历经两千多年，却经久难衰，一直到鸦片战争前后才受到真正的挑战。

农本政策，从现代产业经济学的角度来看，体现的是一种产业结构政策，即如何看待农业在社会产业结构中的地位以及国家应相应采取什么样的产业思想。所以中国封建时期是将农业放在整个产业结构中一个最重要的位置，农业实际上成为整个封建时期的“支柱产业”。农本思想的目的是维护农业的再生产，其在政策上就要保证农业有充分的劳动人手，农业人口不能随意向其他行业转移。春秋战国时期，群雄纷争，各国推行的农战政策、农耕政策都是农本思想的具体体现。而从先秦到明清，历来的农本政策，其目标都在于如何将尽可能多的社会劳动人手固定在土地上，其进一步的政策目标是要实现劳动人手与土地资源的合理结合，故调整人、地结合的比例就成为土地政策思想的重要内容。

从为达到上述农本思想目标的具体政策来看，大致有土地政策、赋役政策和人口政策三类。

从上古时代起，封建的理想土地形式就是“井田制”，即一种“有田者皆耕”或“耕者皆自有田”的理想目标。因为中国封建社会的土地所有制，从终极所有权意义上来讲，应该是归封建王朝所有，所谓“普天之下，莫非王土”。故对封建政府来说，如果生产者与土地直接结合，农业产品就可以只在国家与生产者之间分配，否则农产品就必定要在国家、地主、生产者三者之间进行分配和再分配。但从春秋战国时期开始，井田制作为一种理想化的土地制度已失去了现实的可能性，封建地产制的统治已是不可避免的历史事实。于是此后历代便提出了较井田制后退一步的限田、占田、均田等抑制土地兼并的土地政策。这些政策都是将一部分土地交给农民直接耕种，以保证皇朝的收入；同时又将一部分土地以官田、职田等形式赏赐给皇室、贵族、官吏等归其占有和支配；这些人又把土地分成小块，由佃农来进行生产。从西汉起，抑制土地兼并成为一项最为普遍、存在时间最长久的经济思想，其表现形式即为抑商贾、抑豪强以及提倡均田三大抑制兼并的政策。

与土地政策紧密联系的是赋役政策，它们可以被视为同一个问题的两个方面：有均田制，就有与均田制相对应的府兵制和租庸调；均田制崩坏，就有相应的两税制的兴起等。总之，有什么样的土地政策就有什么样的赋役政策。历代赋役政策思想最具共性的一点是对赋敛程度的关心，因为征收过少难以维持国家机器，而征收过多又会阻碍社会再生产。一般说来，其主流思想大多认为“征不能废”，但应“征之有度”“征之有常”。

既然农本思想的目标是使劳动力与土地资源合理配置，故不可避免地要有人口政策。在地广人稀的古代，其根本措施就是鼓励人口增殖，企图以未来人口的增加来加快土地资源的开发，进而加强国家的经济实力。典型的如越王勾践、唐太宗李世民等都推行过相应的人口鼓励政策。而当用人口增殖手段难以解决燃眉之急的当前问题时，则往往采用“移民屯边”，鼓励流民复业垦荒、屯田甚至直接掠夺人口和迁民等。

总之，农本思想是中国封建时期最重要的一项产业思想。封建政府根据其制定的经济政策已经相当的完备和成熟，有各种具体的配套政策与保障措施。从现代产业经济学的观点看，这些政策就是一种产业结构政策，将农业作为“支柱产业”加以扶持。

（二）工商业思想

从前面对农本思想的介绍可知，几乎伴随农本思想提出和依此实施政策的同时，抑商的思想和政策即已开始提出和实施。但封建政府推行抑商政策并不是说其认为工商业是“末技”，是不重要的，而是在充分认识到工商、手工业力量的基础上，为维护其封建统治而推行的政策。因为商品货币关系的发展必然造成商人势力的增大，导致土地兼并加剧，从而破坏小农经济的生存基础，对封建王朝的统治构成威胁，因此重农抑商就成为各个封建王朝的基本国策。但是实际上“抑商”远不是在封建王朝工商业思想中占主导地位的思想。在工商业思想中占主导地位的是扶持官营工商业的思想，其表现在经济政策上即是国家专营或专卖的政策。这是因为在中央集权的统治形式之下，为满足宫廷、政府和军队的需要，国家必须将有关国计民生的重要产品掌握在自己手里。因此，自秦汉以来、中央集权制形成之后，对手工业的管理和控制就成为历代王朝进行统治的一项重要内容。大致从秦汉开始，国家便垄断了对盐和铁的生产和经营。其后历代，纺织、陶瓷、造纸业等行业也陆续由国家控制，这种垄断制度使重要的工商业活动都为国家所独占。它一方面在几乎一切重要的领域成功地封闭了传统工商业发展的机会和道路，另一方面则表现出对民间财富极大的掠夺性。与对官营工商业极力扶持相对应的就是对民间工商业的抑制。从前面我们已经知道，中国社会自秦汉建立起封建大一统的国家体制后，中央政府无疑已成为社会的政治中心，故其决不会放任民间工商业自由成长为一支能与之抗衡的经济力量，否则对其一元化的封建专制统治是一种极大的威胁。因此，从社会再生产以及封建国家的经济、政治利益出发，一方面民间私人工商业不能没有，但另一方面又决不能让其自由成长到会影响小农经济的农业生产方式，甚至成长为能与中央政权相抗衡的潜在的威胁力量。故对封建国家来说，其理想目标就是既允许它存在，但同时又将它控制在一定的水平上，处于永远依附于国家的地位。所以秦统一六国后，就开始运用国家政权直接对商人进行控制和打击。汉朝从汉武帝开始更是大规模实施抑商政策，一方面运用政权力量直接对商人进行政治压迫和严厉打击，另一方面又运用封建伦理宣扬“贱商”“轻商”，致使商人处于一种被人轻视的低下社会地位，其直接影响波及整个封建时期。其主要手段有对民间工商业课以重税；利用均输、平准等手段干预市场，控制物价，对城市市场进行严格管制，防止商人从中牟利；利用行会强化对工商业活动的控制，并设立专门的机构严格控制和垄断海外贸易，甚至闭关锁国、实行海禁等。

（三）水利基础设施建设思想

在一个以农为本、以农业为主要生产部门的社会里，人们的安居、迁徙、生产无不与水利息息相关，水利是农业社会中的基础产业。但在中国古代封建王朝的小农经济下，其分散孤立的状态和低下的生产能力，排斥分工以及由此产生的社会经济联系，使得一切公共工程及设施的建设只能由中央集权的政府来组织完成。故从上古的夏、商、周起历代国家政权及地方政府无不视水利为命脉，其对水利事业在社会经济生活中地位和作用的重视的言论在各朝各代都屡见不鲜。

水利思想以其关注的对象和具体内容而言，大致可分为以治理黄河为中心内容的治理大江大河的“河工”思想和以维护漕运水道为主要内容的漕河思想。自秦汉以来，历代都城先为关中，后移洛阳、开封、北京，多在北方之地，一切时政皆赖漕河运输接济，故对漕运水道的维护整治自然成了国家的首要政策。隋炀帝时，就开凿了迄今为止最大的运河。而治理河工以保漕为中心的思想也日趋明显，到明清时，治理黄河的首要目标就是为了保证南北运河的畅通。

总之，为了维护封建政权财政收入的稳定，在封建小农经济无力承担大规模水利工程的情况下，水利基础设施的建设就成为历代封建王朝尤为重视的头等大事。

综上所述，中国封建时期自秦汉封建大一统的国家政权体制建立以后，就已经具有了十分成熟的具有现代产业经济学特征的经济思想，在实践中，已开始了对社会经济各个领域的直接干涉和控制，其赖以进行的相应政策就是农本政策、工商业政策和水利基础设施建设政策。从现代的观点来看，这反映了一种产业结构政策的思想，而在工商业政策中则更闪烁着产业组织政策的思想，即扶持官商、国家垄断经营和抑制私商。可见，产业经济学的思想渊源在中国是十分久长的。

二、产业经济学的其他思想渊源

正如前面所分析的那样，由于产业经济学是研究产业、研究中间产品再生产过程的经济学科，这使得经济学的领域拓展到了一个新的更深入的层次。因为现实经济运行所遇到的问题，要求经济学不仅要回答单个经济主体在单个市场上是怎样运作的、国民收入的总需求与总供给是怎样达到均衡的，而且还要回答社会再生产过程中，产业之间的中间产品的复杂的生产、分配、流通和消费状况，从而使人们对社会经济运动有一个从个别到中间、再从中间到整体的完整的了解。由于各种经济现象本身是相互联系、相互交织在一起的，因此作为研究某一特定经济现象的某一经济理论，自然也不是完全孤立的，必然与相关的经济理论有联系。产业经济学也是这样，尽管它的研究对象既不同于政治经济学，也不同于微观经济学和宏观经济学，但无论是从它的起源，还是从它的研究方法等方面来看，其都是以这几门经济学科为基础的。

（一）马克思主义政治经济学

政治经济学是研究人类社会基本经济规律的学科，是最基础的理论经济学。它所揭示的关于人类社会的一般经济规律和基本原理，是研究其他经济学科的理论基础。特别是马克思主义政治经济学，是我们研究、建立和发展社会主义产业经济学的理论基础。马克思主义政治经济学关于社会主义生产目的的理论、关于商品经济和垄断与竞争的理论、关于社会再生产的理论等，不仅是指导社会主义国家进行产业经济分析和制定产业政策的重要理论依据，而且还是构成社会主义产业经济学理论体系的重要内容。

首先，马克思主义政治经济学的两大部类再生产理论实际上就是产业关联理论中投入产出分析法的直接理论基础之一，曾经有经济学家对此做过论证。列昂惕夫既通晓马克思主义经济学著作又熟悉苏联的经济研究文献，而且列昂惕夫在 1925 年提出他的最初想法时，他还在苏联工作，所以从历史的角度来看，认为列昂惕夫提出的投入产出分析方法受到马克思的再生产理论和苏联的物资平衡的做法的影响是有依据的。事实上列昂惕夫投入产出表的横行分配方程式与马克思主义经济学的基本关系，即国民经济最终产品等于国民收入是一致的。

其次，马克思主义政治经济学在理论上将整个社会经济抽象地划分为两大部类的基础上，进一步认为在社会主义的实际经济生活中，社会生产是按部门来组织和管理的，因此必须进一步分析国民经济各部门的主要比例关系，这与现代产业经济学中十分重视对产业结构的分析是完全一致的。马克思主义政治经济学认为国民经济各部门的比例关系首先是农业与工业的比例关系，正确处理好农业与工业之间的比例关系，不仅有利于工业和农业这两个部门的扩大再生产，而且也有利于国民经济其他部门的发展；其还认为在农业和工业经济部门内部也要保持恰当的比例关系，必须强调全面发展的观念，这是保证国民经济全面增长的关键，各种产需平衡工作做得越细、调节得越合理，再生产进行得就越顺利。同时马克思主义政治经济学也强调工农业和交通运输业、商业等其他各个部门经济的合理的比例关系，认为各部门经济一定要按比例协调地发展。这些观点与现代产业结构理论中一再强调的第一、二、三产业结构要合理，产业结构要优化的观点更是完全一致的。

再次，马克思主义政治经济学也强调地区经济之间要有合理的比例关系，认为在社会分工和商品经济发展的条件下，一国内各个或大或小的经济区域都不可能孤立地发展，各地区只能根据地区的条件生产某些产品，而不可能生产本地区所需要的一切产品，它必然向其他地区购进一些本地区不能生产的产品。同时，本地区生产的产品，超出其自身需要的部分，还应该出售给其他地区。这样，地区之间就必然相互提供产品和市场，因而它们之间也必须建立一种协调的比例关系。建立地区之间合理的比例关系，要求生产力有合理的布局，要求建立工业企业时，要靠近原料、燃料产地，要靠近产品的销售市场，要注意发展边境地区的经济等。这些都可以看作是现代产业布局理论的理论来源之一。

最后，马克思主义政治经济学也十分强调社会主义国家的对外经济交往，认为它是社会化大生产的需要，是有计划、按比例地协调国民经济比例关系的需要，是利用国际分工、节约社会劳动的需要，也是促进科学技术进步的需要。这和现代的产业发展理论、产业技术进步理论等也是十分一致的。事实上，完全可以说，正是马克思主义政治经济学第一次针对一个国家的全产业从理论上系统地提出了进行规划和有计划、按比例发展的必要性和具体的方法，并在实际经济生活中进行了有效的实践。所以，马克思主义政治经济学是产业经济学的理论基础之一。

（二）邓小平产业经济思想

邓小平理论是马克思主义普遍原理同中国国情相结合的产物，是在总结我国历史经验和当代社会主义实践的基础上逐步发展和丰富起来的优秀理论成果，是当代中国的马克思主义。其关于社会主义本质的论述，关于怎样建设社会主义的观点以及建设有中国特色社会主义市场经济的理论必然对社会主义市场经济体制下的产业经济的研究有重要的指导作用，与中国的产业政策有着清晰可辨的内在联系，是中国经济发展的理论指南，也是有中国特色产业经济学的理论基础。邓小平的产业经济思想不仅直接指导了我国最近 40 余年的产业政策和产业经济实践，而且也为中国 21 世纪产业发展的实践提供重要的理论指导。因此，我们应当高度重视邓小平产业经济思想在中国产业经济学理论中的基础地位。下面，我们依据有关文献，对这部分内容作一初步的归纳、整理。

1. 邓小平的农业思想

正确认识农业的地位，是制定科学的农业政策的基础。邓小平从世界经济发展实践中认识到，发达的农业是发达国家的共同特征，“美国早先工业发展快，靠农业有个强大的基础。日本第二次世界大战后也因为先解决了农业问题，工业发展得很快。现在我们的弱点基本在农业”。① 他还从中国是一个农业大国的国情出发，强调“农业是国民经济的基础”“农业是根本，不能忘掉”。② 他主张把农业放在全党工作的首位，要求各行各业都要

① 邓小平文选．第 1 卷．北京：人民出版社，1989.

② 邓小平文选．第 3 卷．北京：人民出版社，1993.

为农业服务，还提出“农业的发展一靠政策，二靠科学”、[①]“要大力加强农业科学研究和人才培养，切实组织农业科学重点项目的攻关”。[②]他坚决主张运用政策充分调动农民群众的积极性，强调“我国百分之八十的人口是农民。农民没有积极性，国家就发展不起来”。

2. 邓小平的产业布局思想

在改革开放政策的背后，我们不难透视出邓小平的产业布局思想。在安排四个经济特区布局时，他“主要是从地理条件考虑的。深圳毗邻香港，珠海靠近澳门，汕头是因为东南亚国家潮州人多，厦门是属于知名的侨乡，同海外侨胞有广泛的血肉联系，容易吸引外资的流入。首批的四个经济特区在地理上都十分有利于通过港、澳、台发展对外经济关系”。“海南岛和台湾的面积差不多，那里有许多资源，有富铁矿，有石油天然气，还有橡胶和别的热带亚热带作物。海南岛好好发展起来，是很了不起的”。根据邓小平的设想，我国在海南设立了最大的经济特区——海南省，并计划建立以工业为主，工、农、贸、旅游并举，第三产业协调发展，实行社会主义市场经济的新型特区。1992 年，邓小平在视察深圳等地时提出了特区布点应当北移的设想，主张在我国最大的工业城市——上海加快建设好长江三角洲开发和开放的龙头——浦东新区。

邓小平明确支持首先在沿海地区发展外向型经济，再通过联营和市场的传递作用，带动内地企业的外向型发展。这一发展战略的宗旨，是利用发达国家的产业向资本密集型和技术密集型转化的机遇，充分发挥我国劳动力资源丰富的优势，首先发展劳动密集型产业，扩大国际经贸合作，加速资本积累。在此基础上，积极引进高新技术成果，实现跳跃式发展，促进沿海地区的技术进步和产业结构升级。沿海地区发展起来之后，可以通过技术、资金、人才和信息的转移，对中部和内陆地区的产业发展起示范和推动作用，从而实现全国的对外开放与共同发展。[③] 他反对平均主义，主张有条件的地区经济发展可以比全国快一点，“比如广东，要上几个台阶，力争用二十年时间赶上亚洲四小龙”。

3. 邓小平的产业结构和产业关联思想

邓小平曾经尖锐地指出，产业结构不合理是制约我国经济发展的关键因素；我们的基础工业薄弱，缺少电和原材料；对于国民经济发展中的“瓶颈”制约问题，要用快刀斩乱麻的方法解决，不能拖，当断不断要误事。他建议组织一个专门班子，研究 21 世纪最初 50 年的发展战略与规划，重点制定一个基础工业和交通运输的发展规划；要采取有力措施，实现产业结构的合理化，使我们的发展能够持久、有后劲。[④] 在邓小平主持下，我国确定的调整产业结构的基本方针是：大力加强第一产业，调整提高第二产业，积极发展第三产业。

关于产业关联，早在 1975 年 8 月，他就明确指出：工业发展要“确立以农业为基础，

---

①② 邓小平文选．第 3 卷．北京：人民出版社，1993.

③ 顾宝孚，陈自芳．邓小平经济思想研究．成都：四川人民出版社，1994.

④ 顾海良，张雷声．邓小平的经济思想．北京：中国经济出版社，1996.

为农业服务的思想。工业支援农业，促进农业现代化，是工业的重大任务。"[①]他认为，如果没有发达的农业，就没有发达的工业，没有农业的现代化，就不可能有整个国民经济的现代化。

关于经济与科技的关系，邓小平提出"要进一步解决科技与经济结合的问题……新的经济体制，应该是有利于技术进步的体制。新的科技体制应该是有利于经济发展的体制"。[②]"高科技领域的一点突破，带动一批产业的发展"。[③]

4. 邓小平的产业发展思想

邓小平针对中国同发达国家之间的差距，谆谆教导我们"发展是硬道理"，主张抓住机遇，力争隔几年上一个新台阶，并对产业发展的任务、条件和对策提出了一系列战略构想。

产业发展需要以生产力的发展为基础，以生产力水平的提高为尺度。始终如一地强调"生产力标准"，是邓小平经济思想的内核和显著特征。他明确认为，"要坚持社会主义制度，最根本的是要发展社会生产力，这个问题长期以来我们并没有解决好。社会主义的优越性最终要体现在生产力能够更好地发展上"，"社会主义的本质是解放生产力，发展生产力"。

邓小平尤其重视科学技术在当代经济发展中的作用，认为"科学技术的发展和作用是无穷无尽的",[④]"四个现代化，关键是科学技术的现代化。没有现代科学技术，就不可能建设现代农业、现代工业、现代国防。没有科学技术的高速发展，也就不可能有国民经济的高速度发展"。"马克思说过，科学技术是生产力，事实证明这话讲得很对。依我看，科学技术是第一生产力。"[⑤]他强调要用先进技术和管理方法改造企业，"日本年产六百万吨钢的企业，行政人员只有六百人。鞍钢现在的年产量是六百多万吨，行政人员有两万三千人，这肯定不合理。引进先进技术设备后，一定要按照国际先进的管理方法、先进的经营方法、先进的定额来管理，也就是按照经济规律管理经济"。[⑥]

邓小平还强调实现四个现代化，"教育是基础"。他在1985年提出："我国的经济，到建国一百周年时，可能接近发达国家的水平。我们这样说，根据之一，就是在这段时间里，我们完全有能力把教育搞上去，提高我国的科学技术水平，培养出数以亿计的各级各类人才。""一个十亿人口的大国，教育搞上去了，人才资源的巨大优势是任何国家比不了的。"

关于改革与发展的关系，邓小平简明地概括道，"我们所有的改革都是为了一个目的，就是扫除发展社会生产力的障碍"，改革是解放和发展生产力的必由之路。

5. 邓小平的对外开放思想

对外开放思想是邓小平经济思想的精华部分之一，它对中国的经济发展战略、产业政策和产业发展实践都有直接而深远的影响。

---

①⑥ 邓小平文选．第2卷．北京：人民出版社，1983.

②③④⑤ 邓小平文选．第3卷．北京：人民出版社，1993.

邓小平关于对外开放的重要论点有“中国长期处于停滞和落后状态的一个重要原因是闭关自守。经验证明，关起门来搞建设是不能成功的”，① “任何一个国家要发展，孤立起来，闭关自守是不可能的，不加强国际交流，不引进发达国家的先进经验、先进科学技术和资金，是不可能的”，② “现在的世界是开放的世界”，“中国的发展离不开世界”，“社会主义要赢得与资本主义相比较的优势，就必须大胆吸收和借鉴人类社会创造的一切文明成果，吸收和借鉴当今世界各国包括资本主义发达国家的一切反映现代社会化生产规律的先进经营方式、管理方法”。③邓小平强调要发展生产力和改善人民生活就“必须开放……拿中国来说，五十年代在技术方面与日本差距也不是那么大。但是我们封闭了二十年，没有把国际市场竞争摆在议事日程上，而日本却在这个期间变成了经济大国”。④

邓小平不仅论证了对外开放的必要性，而且还指明了开放应当是长期的、全方位的。“对外经济开放，这不是短期的政策，是个长期的政策。最少五十到七十年不会变”。下世纪中叶基本实现现代化时，就“更不会改变了。即使是变，也只能变得更加开放”。⑤他的对外开放思想囊括了对世界所有类型国家的开放，“一个是对西方发达国家的开放”，“一个是对苏联和东欧国家的开放”，“还有一个是对第三世界发展中国家的开放”，包括了“三个方面的开放”。⑥在邓小平对外开放思想的指导下，中国从创办经济特区开始，逐步推进，现已形成“经济特区—沿海城市—沿江城市—沿边城市—内陆地区”的多层次、全方位的对外开放格局。邓小平主张以多种形式扩大对外开放，在改革开放之初就提出要“大胆使用外资”，⑦以便引进国外的先进技术和设备，发展和推动我国的外贸出口，拓宽出口创汇渠道，改善我国的国际收支状况。他还积极倡导引进国外智力和管理经验，要求改变以往对外国专家客套多、宴会多，但缺乏信任、不敢委以重任的做法，尽可能为外国专家的生活、工作提供良好的条件，使他们能愉快地、一心一意地投入工作。

所以，邓小平产业经济思想是当代有中国特色产业经济学的理论基础之一。

（三）西方宏、微观经济学

产业经济学在其形成和发展的过程中，广泛地吸收了西方经济学的研究成果及相关理论。从产业经济学形成的历史渊源看，产业经济学的许多原理和方法都是从西方经济学中衍生出来的，尤其是产业经济学中的产业组织理论。在 20 世纪 50 年代末由美国的梅森和贝恩创立的产业组织理论体系中，市场结构理论源于微观经济学中的市场理论；市场行为理论源于微观经济学中的厂商理论和均衡价格理论；市场绩效理论综合反映了微观经济学中消费和生产的优选行为理论和分配理论等。总的来看，产业组织理论以企业与市场的关系结构为研究对象，实质上无非是微观经济学中关于价格理论、特别是垄断价格理论的深入分析和进一步发展。实际上，在现代经济学体系中，已很难明确地划分产业组织理论与微观经济学的界限，这也从一个侧面体现了产业经济学在宏、微观经济学之间的桥梁作用。

产业经济学的研究也广泛吸收了宏观经济学中的分析方法和理论成果。例如，产业经

①②③④⑤⑥⑦ 邓小平文选．第 3 卷．北京：人民出版社，1993.

济学中的产业关联理论，是在列昂惕夫所建立的投入产出分析方法的基础上创立的，它填补了微观经济学和宏观经济学未能涉及的有关各产业的中间投入和中间需求变化关系的研究空白。但是，他的投入产出分析理论受启于微观经济学中瓦尔拉斯的“一般均衡理论”，同时引进了宏观经济学中凯恩斯的“国民收入理论”中关于最终产品总值与国民收入相等的观点，只是进一步使这种均衡关系多部门化而已。

（四）新制度经济学

产业经济学重视市场绩效的研究，而分析市场绩效一般普遍假设厂商是一个掌握完备信息的“经济人”，厂商的业主拥有绝对的决策权和经营权，同时对市场绩效的研究也没有重视交易成本。但是现实世界并不完全符合此种假设，一方面，寡头垄断企业的市场结构下，所有权和经营权日益分离，经理普遍进行日常决策，决策时无法掌握全部信息；另一方面，无论市场机制还是运用组织来协调生产，都存在交易成本。获取市场信息需要支付费用，进行交易谈判、签订交易契约也要支付费用，这些都构成交易成本。而新制度经济学关于交易成本对于市场绩效的分析主要体现在威廉姆森的交易成本理论。威廉姆森指出，在交易过程中，由于经济主体和经济客体所具有的特性，交易成本无处不在，在某些情况下，还有可能因为过高的交易成本使得市场失效。而导致过高的交易成本的主要因素包括经济主体的机会主义行为、交易过程的不确定性和垄断的存在。对于垄断的存在，新制度经济学认为，如果市场是充分竞争的，交易的一方对另一方的依赖性就小，竞争的压力会较少地诱发机会主义行为。当市场处于垄断状况时，对于非垄断的一方，市场的交易成本将是高昂的，而当交易成本过高使得市场绩效很低时，就需要实施企业的纵向一体化。因此，在市场、企业、企业的纵向一体化相互替代的变更中，产业组织也将不断变化、不断更新，形成低交易成本的产业内企业间的关系。这对于解释现实的产业组织以及制定适宜的产业政策具有重大的现实意义。

三、管理文化对产业经济的作用

产业经济的思想渊源中也包含了丰富的管理文化的内容，事实上管理文化对产业经济的作用是巨大的。

（一）管理文化对产业经济的作用机理①

1. 管理文化在产业经济中的地位

（1）管理文化与产业运行的同步性。产业运行过程，既是物质财富创造的过程，也是管理文化功能发挥与管理文化创造的过程。产业经济发展的最终目的在于人的全面发展，这也是管理文化的目的。产业经济产品是人造物，凡是人造物都隐含着人的不同的管理文化需要，因而具有不同的意义和价值。人们的需求又突出地反映了管理文化模式和管理文化意识，需求既是产业（生产）的动机与目的，又是产业运行的出发点。随着时代与社会

① 参阅王恒富，石争．文化经济论稿．北京：人民出版社，1995.

的发展，人们的管理文化需求总是由低层次向高层次发展；随着人们协调自然、社会关系能力的增强，人们的管理文化需求的内涵也越来越丰富，越来越呈现多样性，因此产品更需集实用性、智慧性和娱乐性于一体，从而使人们获得真善美的满足。

（2）管理文化对产业发展的先导性。以高新科技为代表的管理文化逐渐变成产业发展的先导，科学技术越来越成为生产力发展的基础、源泉和动力。科技的发展，不仅促进了劳动生产率和产品数量的迅速增长，也促进了产品质量和功能的完善。同时，科学技术的发展，促进了对传统产业的改造和新产业的兴起，使产业结构和劳动力结构发生了巨大变化。当今的经济战主要是科技战，科技战对人的现代化提出了挑战。

（3）管理文化在产业经济中的动力性。知识经济浪潮的到来，表明智力和知识能力是产业发展首要的、能动的因素。在人的体力因素和智力因素中人并非以体力见长，而是以智力分高低。智力就是价值，有智力的人才就有产业竞争力。日本在新一轮高新技术竞争中败走麦城，美国则进一步争取了战略主动，高技术创新管理文化在产业经济中的动力性由此可见一斑。

（4）管理文化在产业发展中的创造性。管理文化的创造功能表现为对产业资源的组合、调节、控制和扩张作用。组合作用就是根据生产的客观要求，把分布在不同空间位置、处于不同时间序列上的可能产业要素，按一定的数量比例和质量要求、按一定的时间顺序放在一定的空间位置上，使各要素之间相互联结，组成一个具有实际效能的产业体系，把可能的产业变成现实的产业。调节作用就是在动态、变化的情况下，管理主体依据一定的标准，通过调节，使产业系统的组织状态在新的条件下和新的水平上实现，以维持产业系统中各因素之间质的适应性和量的均衡性、时间的有序性和空间的聚合性。在调节作用基础上，对该弱化的夕阳产业进行控制，对朝阳产业进行扩张。管理文化正是通过发挥其组合、调节、控制和扩张功能，有力地促进着产业的发展，在产业系统中发挥创造性作用。

2. 管理文化对产业经济作用的方式

从广义上看，管理文化一般通过价值观念、技术形态、生活方式和精神的物化等方面，从不同层次和角度，对产业经济活动和实践的主体发挥其特有的功能作用。其作用方式，归纳起来有：渗透式、导向式、桥梁式、转化式等。这些方式相互交叉、辐射和促进，使管理文化体现出产业经济功能。

（1）渗透式。人类的智力是精神生产力，这由一切能够直接或间接地物化和促进物质生产力发展的精神力量所组成。它以人脑为载体，以大脑神经细胞活动为运动机制，存在于人的大脑神经系统中，带有主观性、精神性的一面。但当它转移到语言、符号、书籍、图纸、音像制品和计算机等外在实体性的载体上时，便成为不以人的意识为转移的客观实在，并作为一种客体影响制约人们的主观意识，同人们的主观意识发生信息传递和反馈联系，对产业经济主体活动产生积极或消极影响。这就是管理文化的渗透方式。

（2）导向式。现代管理文化对产业经济具有强烈的导向作用。这种导向包括舆论导向、政策导向和价值导向等。它可以是心理上的、意识情感上的，也可以是观念思想和行为方式等。正确的导向，不仅具有动员、鼓舞、组织、指导和推动作用，而且在一定时期和条件下，对人们的观念和行为的改变，还具有某种决定作用。另外，管理文化的导向同样具有正负两面的双向性，它既可以使渗透方式强化、凝固，也可使之扭曲或变形。因此，文化观念及观念指导或影响下的产业导向如何，将直接影响一个国家或民族的产业运行机制。全球化时代全球意识对产业经济的导向可以是全方位的。

（3）桥梁式。管理文化是人类对应自然、经济生活，在发展生产力过程中适应多种需要而创造和继承下来的业绩。这种业绩的积淀、扩散或创新，又使文化成为联结不同地域、不同民族相互交往和促进的桥梁和纽带。这种桥梁式作用突出地表现在管理文化与经济贸易联姻，即通过文化活动“架桥”，招商引资，经贸“唱戏”，形成新的管理文化，使民族和地区的文化事业和经贸事业相得益彰，拓展广度和深度。如潍坊风筝节、淄博陶瓷琉璃艺术节、洛阳牡丹节等。管理文化的桥梁作用方式，反映了时代的特征。

（4）转化式。科学技术纯粹是“人造”的文化。科技的创新使经济社会面貌日新月异，但科学技术本身只有通过转移、转化、扩散到产业经济诸要素和经济活动领域中，才能发挥它的威力和功能。从某种意义上而言，加速转化与扩散比创新发明更重要。科学技术的这种转化，主要是通过科研与生产的紧密结合、科研人员与生产单位的紧密联合来实现，它同时导致了科学技术和产业部门的发展、经济效益的大幅度提高。日本第二次世界大战后通过转化、扩散科学技术，迅速实现了现代化，其管理文化对产业经济的转化作用是明显的。

（二）管理文化对产业组织的影响

以下我们探讨管理文化对产业经济的影响，均从东西方比较角度进行论述。

1. 网络经济

东方社会管理文化取向是关系型的，西方管理文化的本质是契约型的，前者形成网络经济，后者形成法制经济。现代管理文化特征之一就是网络经济基础上的网络管理，这也说明了西方管理文化发展的一种路向。现代网络经济与古老的东方网络经济除空间和技术手段不同外，其本质都是相同的。

（1）东方网络经济。东方管理文化是讲求社会关系本位的，社会关系主要可以归结为“五缘”。“五缘”就是亲缘、地缘、文缘、商缘、神缘。“五缘”的本质就是具有东方特质的关系。东方特质关系可形象地描述为，人们“日常交往的圈子就像一个由用有弹性的橡皮紧密连在一起的竹竿构成的网，这个网精心保持着平衡。拼命拉出一根橡皮带，整个网就散了。每一根紧紧连在一起的竹竿就是我们生活中交往的每一个人，如抽出一根竹竿，我们就会痛苦地跌倒，整个网便立刻松弛”。① 由于人的需要具有多样性，多样性的需要完全靠契约经济关系是难以满足的。而且经济交往更多的是满足生理的需要，其他的各种需要更多地是以社会网络来满足的，社会网络可以为人提供各种各样的社会支持。这是一种总括性的资源，它源于社会网络。社会网络可以提供情感支持、服务支持、伙伴关

① 转引自张其仔．社会资本论：社会资本与经济增长．北京：社会科学文献出版社，1997.

系支持、经济支持以及工作和住房信息支持。网络建立的目标可能不是追求最大化的经济利益，但最终可能有利于经济目标的实现，从而变成一种影响个人经济行为、国家经济行为及产业经济运行的重要因素。不但一系列的重要经济资源通过社会网络的渠道流向了个人和经济单位之手，而且社会网络被“资本化”，市场经济大潮把关系纳入了经济体系，以节约交易费用，提高经济效率。东方的经济在某种意义上就是社会网络经济，例如，日本的官产学经济、韩国的财阀经济、华商的家庭经济、温州的小企业网络以及整个东亚的儒家资本主义。

我们以亲缘企业加以说明。亲缘关系包括家庭、宗族、姻亲关系等。除正式亲缘关系以外，还存在着准亲缘关系，它实际上是血缘关系扩大了的形式，例如，师生关系、同村街坊关系和朋友关系等。亲缘关系是一种多线的、具有持久特征的社会关系。相互之间的权利、责任和义务确定，不像西方，主要不是通过法律或明确的规章制度建立的，相互之间的信任也主要不是通过法律来保证，而是通过习惯或传统得以确定和保证。相反，亲缘关系和法律关系具有反向的趋势。亲缘关系在中国的农业活动中一直发挥着重要作用。中国几千年以来农业生产中的家庭经营为主的分散化经营特点一直没有变，中华人民共和国成立后实行土地公有制，到改革开放后全国农村实行了以家庭经营为主的联产承包责任制。农业中的家庭经营的重新导入引起了农业的极大发展，以此为基础，亲缘网络大范围地渗透到非农业企业之中去，对中国的经济资源配置产生深刻的影响。

依据亲缘企业中所有者的关系，亲缘企业可以分为：第一，家庭网络型。这种企业属于家庭成员共同所有，家庭成员共同管理。第二，家族网络型。这种企业是由同一宗族不同家族合作构成的企业。构成企业基础的家庭通常由一个人在企业中作代表，参与对企业的管理和控制。第三，姻亲型。这种企业建立在姻亲的基础上，由具有姻亲关系的家庭共同出资构成。第四，准亲缘网络型。这种企业是由不具有亲缘关系的家庭共同出资构成。这种企业或者是建立在业缘或者是建立在朋友的感情之上的。

再以地域经济组织为例说明。地缘关系是继亲缘关系之后的另一种重要关系。它指的是由于居住在同一地域而形成的相互关系，关系涉及的对象有一定的空间界限。建立在地缘关系基础上的地域经济组织有两种类型。第一种类型是和血缘组织相分离的地域经济组织。这些组织作用的发挥既经常地依托于家族网络，同时又是家族功能的补充。第二种类型是和血缘重合的地域经济组织。这种组织更经常地采用非正式组织的形式。研究表明我国目前的乡镇企业大多数建立在地缘关系基础上。20 世纪晚期，中国社会中的很多村庄变成了较有凝聚力的共同体，不仅表现为出现了诸如由各族中最有威望的人组成的非正式委员会、宗族势力的发展、庙会村庄和宗族婚丧时的聚集等，而且还表现为村庄中共同体经济的发展和村庄中可提供公共物品的增加；使村庄不仅变为社会单位、生产单位，同时变为一个生活单位；村庄干部不仅是社会生活的组织者，同时是经济生活组织人；村级组织不仅是行政体系的一个环节，同时变成村庄共同体利益的代表。河南巩县竹林村、江苏江阴市华西村、天津市大邱庄都是典型的例子。

（2）合作共赢的人为决策。东方网络社会的网络化的企业、全球化时合作博弈的企业都需要合作竞争，求得多赢。当今企业的决策体现出从单赢决策向共赢决策转化、从刚性决策向柔性决策转换、由半脑决策向全脑决策转化、由单脑决策向多脑决策转化、由经验型决策向学习型决策转化、由集中决策向分散决策转化、从孤立决策向协调决策转化、从事为决策向人为决策转变的特点。人为决策超越了自为、事为决策的局限性，坚持激励兼容、合作竞争、超优共赢、主客体互为的原则。这是网络化企业组织的全新决策文化。

（3）企业追求的目标是社会效益第一、经济效益第二，这与西方企业追求利润最大化的假说是有差别的。西方企业追求的目标是经济效益第一、社会效益第二，这是西方经济学的前提。企业在追求自身利益最大化的前提下，对社会稀缺资源进行配置，其产业经济效果常常是突进的而非协调的，产业经济的内部关系不协调，产业经济与宏观经济、微观经济关系均不协调。东方企业则与之相反，东方企业追求的是社会效益第一、经济效益第二，即追求自身利益的适度化。在这个前提下，对社会稀缺资源进行配置，其产业经济效果常常是协调的而非突进的，产业经济内部关系较为协调，产业经济与宏观经济、微观经济关系都较为协调。

2. 行政经济（官文化经济）

（1）官文化。在东方社会，一端是社会网络，另一端是行政权力支配一切。中国官文化是在特殊历史阶段上、特殊阶级的管理文化，即中国历史上存在 2 000 余年的官僚地主阶级利益和意识的表现。官僚地主阶级在土地国有制基础上形成这个阶级特有的管理意识，其特点是在维护个体官僚的地位、级别、权力和利益的同时强化整个阶级的统治，从而形成集权管理制。官文化的积淀，形成东方社会区别于西方社会的重要管理文化资源——以行政权力驱动经济发展。官文化的主要形式是："人治"和"德主刑辅"相统一；官本位和官至上；"内圣"与"外王"的统一；"学而优则仕"；为官有道；重农抑商。以官文化为背景形成的官本位经济社会，对生产力具有负面影响。

（2）官文化的运用。官文化运用的主要表现是东亚国家的儒家资本主义经济。日本"企管精神"主要体现在：义利并举的经营方针；以人为中心的经营理念；家族主义的组织形式；以和为贵的人际关系；道德导向的领导方式；行政主导产业价值。新加坡的经验是：国家至上，社会为先；家庭为根，社会为本；关怀扶助，同舟共济；求同存异，协商共识；种族和谐，宗教宽容。新加坡由国家管理当局大规模地推广儒家伦理，以医治现代社会发展所带来的种种弊病。正因为如此，新加坡的经验更加具有典型意义。东亚地区经济起飞的原因，有人归结为行政主导实施儒家资本主义，有一定的道理。官文化的传统为东亚的产业现代化和全球化创造了条件。

3. 全球产业竞争

全球产业竞争有以下特点：

（1）全球产业竞争是综合实力与核心能力的竞争。核心能力是指企业在激烈的竞争中，具备某种根本的、关键的、决定性的特殊技能，具备某些特优的能力，如拥有其他竞争者不可匹敌的管理文化，或企业对某项作业的处理能够优于其他竞争者等。

（2）合作共赢的跨国购并战略联盟是全球产业竞争的重要现象。从 1994 年起新的一轮购并浪潮兴起，1994 年美国企业购并总金额为 3 360 亿美元。1995 年企业购并 9 170 起，金额达 7 591 亿美元。美国第一联合银行和第一忠诚银行的合并、迪士尼公司收购美国 ABC 广播公司、波音公司和麦道公司的合并都是例证。20 世纪 90 年代美国的企业购并大多着眼于企业的长远发展和生存，希望能够以更精干的人力、更低廉的成本，创造更大的经济利益。因此，一些企业与过去的竞争对手结成战略联盟。这种新伙伴关系，能提供必要的经济规模和市场能力，以致能与占优势的竞争者抗争，而单个企业无法向其挑战。依据各方势力的互补性，战略联盟可以分为传统的风险互补战略联盟和竞争性合作战略联盟；依据各方使用的优势力量，战略联盟分为资源推动型战略联盟和能力推动型战略联盟。

4. 中小企业繁花盛开

不论是在契约式的西方管理文化背景下还是关系型的东方管理文化背景下，中小企业如繁花盛开。科学技术是第一生产力，科技创新的主体又大多是中小企业。东西方国家都不约而同地整合其管理文化的优势资源并进行全球较量，这样，中小企业，尤其是越来越多的小企业网络日益滋生，形成全球性跨国大公司和中小企业联结而成的全球企业网络。

（三）管理文化对产业结构的影响

1. 资本的来源与运用

（1）东方社会资本来源与运用。东方社会现代化的资本来源主要是储蓄。高储蓄推动着高投资，高投资驱动着高增长，从局部来看，结构效益实现优化。

（2）西方社会资本来源与运用。西方社会资本主要来源于消费转化为投资，在以物为中心、崇拜金钱的个人主义管理文化中，以经济增长作为单一目标的前提下，总体结构效益实现优化。

2. 产业资源的差异与运用

（1）东方产业资源的构成与运用。东方产业资源有四要素，即政府、市场、企业和社会。其运行特征体现较多的是政府意志和社会网络特征，而市场、企业相对弱化。

（2）西方产业资源的构成与运用。西方产业资源主要有三要素，即政府、市场、企业的资源。其运行特征体现在较强的市场、企业作用方面，而政府相对弱化。

3. 产业关联差异及运用

（1）东方产业关联及运用。东方产业关联的标准不是企业的经济效益，主要是出于关系的考虑。其主要特征是以社会关系的平衡为要务，海外华商的产业关联主要考虑社会关系。

（2）西方产业关联及运用。西方产业关联主要是基于理性的经济效率的考虑，即对投入产出进行分析。其主要特征是纯粹经济理性。

4. 产业布局差异及运用

（1）东方产业布局及运行。东方产业布局主要考虑国家和社会的作用。国家的作用体现在产业布局的决策以政府为主导；社会的作用则主要考虑地缘的社会关系。地方保护主义、产业结构趋同、官产学的密切联系、资金运用的经济效益不高都与此有关。但东方管理思想中的“四民分业”“天人合一”等与现代管理文化条件下产业生态布局的思想相吻合。

（2）西方产业布局及运行。西方产业布局主要依从市场的力量和企业的作用。市场的力量体现在西方有发达的市场经济，“看不见的手”的作用渗入社会经济的各个角落。企业则是在市场运作的基础上，以利润最大化目标进行经营，所以西方的产业布局是一种自组织式的产业布局。

5. 产业结构优化动力差异及运用

（1）西方产业结构优化动力及运用。西方产业结构优化的动力主要是科学技术，在当代尤其是高新技术优化的西方产业结构，形成了西方世界的全球性政治、经济、文化优势，当然也造成了全球环境污染、物种灭绝、温室效应等全球产业问题。

（2）东方产业结构优化动力及运用。科学技术作为产业结构优化的动力，在古代中国较为明显，如四大发明大大促进了当时经济的发展。但到近现代，科技的优化动力作用未能得到充分发挥，究其原因主要是积贫积弱、长期对外封闭，不能发挥东方社会的整体创新优势所致。到了现代经济全球化、知识化时代，高新科技优化产业结构是谁也不能改变的铁律。

（四）管理文化对产业政策的影响

1. 产业政策主导模式方面

（1）东方社会的产业政策主导模式。东方社会的产业政策主导模式是政府主导辅以社会配套，是一种非市场化的主导方式。如日本、韩国、新加坡和我国台湾及香港的政府主导产业政策模式。

（2）西方社会的产业政策主导模式。以美国为代表的产业政策主导模式主要是发挥市场的主导作用。这是一种市场化的自发的主导模式。现代市场经济是把政府和市场的作用有机结合。

2. 产业组织政策方面

（1）东方产业组织政策。东方产业组织政策官本位化，这是与东方的官文化相关的，实际上是政府决定企业的生死存亡、兴衰荣辱。另一方面，东方网络社会对其产业组织政策有质的规定性——企业组织网络化。所以政府一般采取企业网络化组织政策，适当扶持大企业，在政企关系方面形成“官、产、学”相结合的咨询体制，在产业发展目标上，政府、企业、社会达到高度的共识，而且这些产业组织政策主要不是通过法律进行的，它体现的是东方式的集体主义精神。

（2）西方产业组织政策。传统意义上西方产业组织政策主要体现为政府的反垄断法等，对垄断大企业采取分解的办法；主要重视对中小企业的平等竞争环境的维护，任由单一的企业在市场上进行殊死的竞争。这种产业组织政策主要是与其个人主义管理文化相一致的。

（3）全球化时代产业组织政策。全球化时代产业组织政策的主要特征是大与小并行，效率为主兼顾公平，企业组织网络化、柔性化，且主要以法律手段作为管理企业的方式。

3. 产业结构政策方面

（1）东方产业结构政策。东方产业结构政策历来是重农轻商的。中华人民共和国成立后，大力实行工业化，整个东亚地区在第二次世界大战后都实现了经济的超常发展，但是由于过去长期重农轻商，在与西方工商社会的竞争中，处于十分不利的地位，因而制定了工业化的赶超策略。在科技优化产业结构方面，有些国家如日本已与美国并驾齐驱，甚至其产业竞争力领先全球，但在集中优势资源、形成高新科技的产业国际竞争力方面仍远远落后于西方。东方国家，如中国具有优越的管理文化资源、庞大的人口形成的市场优势，在一定时期内以市场换技术是改善产业结构的政策思路。当然，从长远看，我国政府还需在高新技术人才培养与文化建设上下功夫。

（2）西方产业结构政策。从本质上而言，西方不存在政府意义上的产业结构政策，因为政府在这方面的作用是消极的。西方社会不断地通过市场化的高科技创新调整产业结构，新的会得到发展、旧的会不断地遭到淘汰，所以能形成一种新陈代谢机制。由此可以说明西方产业结构、关联、布局为何不同于东方国家的原因。

（3）全球化深化各国产业结构调整，在世界范围内形成生产体系。20 世纪 80 年代以来亚太地区国家实现了产业结构的升级和换代，这是全球产业结构调整的缩影。随着发展中国家经济高速发展和经济全球化的发展，发达国家与发展中国家的国际分工将进一步加深，形成国际生产体系，且分工越来越细微、联系越来越紧密、协作越来越频繁，从而使各国的生产活动逐步形成一种相互依赖、互为一体、共同发展的状态，以至于曾是局部的、分散的生产被有机地组成为国际生产体系中不可或缺的部分。所以，各国产业结构政策应是适应这一趋势的。

4. 产业技术政策方面

（1）东方产业技术政策。前已说明，东方社会网络有助于节约交易费用和降低机会成本，所以在农业社会，农业作为经济增长的主导，网络促进了农业的发展；在工业社会和后工业社会，在农业技术创新方面，网络的促进作用不甚明显，但在消化吸收创新技术方面，它可以降低营销成本。这是网络营销、关系营销的秘诀所在。事实上，中国政府在考虑制定技术政策时，只要增大投入资本，在营销方面则不必像西方社会那样考虑那么大的广告、营销成本，因为传统上中国人从心底里相信关系而不轻信广告。又如，日本人的民心是外国产品进入日本的最大障碍。

（2）西方产业技术政策。西方产业经济是三要素结构，社会网络不健全。个人主义的创新有利于新技术开发，在营销方面也与东方社会大不相同。从政府角度看，技术开发阶段恐怕投入要小一些，而在营销阶段的费用则要大大增加了，因为西方企业要销售，先要建一个适合其销售关系的小型网络，然后销售，所以西方企业营销成本高。同时西方社会对外国产品进入也主要是设置技术和法律壁垒，而东方主要是社会网络壁垒。

（3）全球化时代产业技术政策。科学技术是当今社会竞争的焦点。从日、美科技创新政策比较来看，美国政府把握了高新技术产业的战略先机。中国是发展中国家，如何借鉴日本的成功经验与失败教训，如何兼顾发展中国家的经济实力并形成全球化的高新技术产业政策，是一个值得研究的问题。中国的产业技术政策既要有高创新，又要有高消化，这应当是新世纪中国的追求。

5. 产业规制方面

西方国家产业规制能充分发挥市场作用、企业作用，政府配合市场和企业作用。东方国家产业规制除了市场作用和企业作用，更突出政府和社会的规制功能。在政企关系方面，日本的政府主导和美国的民间主导模式形成鲜明的对照。美国的产业规制模式更加市场化，例如，美国本来对民用航空业有一主管机构，后来放松规制，竟连这个主管机构本身都被取消了。这在东方国家是难以想象的，这本身也说明了美国产业规制中市场自律的强大作用。日本的产业规制模式的市场化特征就不如美国明显。以行业规制为例，日本行业规制更多地体现了“官僚主导、官民协调”的特色，更加突出了政府和社会的规制功能。

（五）管理文化对产业发展的影响

1. 经济增长的社会资源基础

美国等西方发达国家的经济增长主要是依赖物的投入和个人主义的作用，社会资源相对较为薄弱，这种经济增长忽视了社会的作用，因而是片面的增长，全球问题是片面增长的结果。以中国、日本为代表的东方社会拥有丰富的网络资源，这种社会网络资源，对西方人来说是新的经济增长的动力，可是对东方人来说，是促进产业发展的固有的管理文化优势。东亚经济现代化成功地运用了儒家管理文化，而儒家管理文化就是建立在社会网络之上的。

2. 产业可持续发展的管理文化基础

产业可持续发展通过社会网络进行有效组织，扩展人类的选择机会和能力，以期尽可能平等地满足当代人的需要，同时又不损害后代的需要。产业可持续发展观通过与社会网络相联系的方式扭转传统发展观，人们应抛弃个人利益而代之以为其所在的群体利益服务。它不仅把人类置于发展的中心位置，而且把人们之间的关系置于一切之首。它使民众参与意识增强，鼓励社会各部门的长期合作。社会网络的概念使满足后代需要的思想变得易于实现，也有利于可持续发展项目的实施。现代全球网络与传统社会的网络重叠，真正体现现代社会是高技术、高情感的社会，这种社会亦迫切需要可持续发展的管理文化。

3. 知识作用

在东方管理文化中起主要作用的是社会性知识、人文性知识和非编码性的意会性知识，所以东方管理文化在某种意义上是低文本文化。而在西方管理文化中起重要作用的是理性知识、科学知识和编码性的可传播、复制知识，所以西方管理文化是高文本文化。在现代全球化的网络经济中，知识发挥着越来越大的作用。西方国家法律的作用巨大，所以其管理文化可以称为契约型管理文化。

4. 产业发展的生态战略

西方发达国家追求片面的经济增长，造成了全球问题。在全球化的今天，产业经济具有网络化、全球化、知识化和市场化的特征，东方管理文化“天人合一”的生态经济观对指导全球产业发展具有重要意义。

思考题

1. 简述产业结构理论的思想渊源。
2. 什么是“马歇尔冲突”？
3. 简述产业组织理论的渊源。
4. 何谓“有效竞争”？它有哪些判断标准？
5. 哈佛学派是如何将市场结构作为分析重点，来构筑他们的结构主义政策论的？
6. 试述产业组织理论的芝加哥学派的主要观点。
7. 简述可竞争市场理论的主要内容。
8. 产业组织理论的新奥地利学派的主要观点有哪些？
9. 博弈论在产业组织理论中有哪些应用价值？
10. 如何理解管理文化对产业经济的作用？

思考题参考答案

第二篇

产业组织

第三章　企业

产业组织理论的研究始于对企业行为和市场结构的研究，主要涉及在各种不同的市场结构下，企业对价格和质量、产品定位和产品系列、生产能力或规模、广告和分销结构以及研究和开发等策略变量的选择。企业是现代社会中一种重要的组织和制度形式。研究并了解企业，搞清楚它的性质和目标及具体运行方式，是研究并理解其他组织和制度，尤其是市场的基础。因此，我们可以说，企业是产业组织理论的基本研究对象。企业理论是经济学的一个极为重要的主题，也是产业组织理论一个必不可少的组成部分。本章首先系统、全面地介绍西方主流经济学中关于企业的理论；其次，作为比较，介绍以日本为主要代表的东方企业理论及东方企业的特点；最后，探讨企业在现代经济社会及产业经济中的地位和作用方面的问题。

第一节　西方观点：什么是企业

一、新古典企业理论①

在过去大约一百年的时间里建立起来的新古典经济学，主要从技术的角度开始对企业的研究。它把企业和消费者作为微观经济分析的基本单位，认为消费者的行为准则是在收入和价格的约束下追求效用最大化；企业则是在技术和市场的约束下追求利润最大化。因此，在新古典经济学中，消费者被理解为效用函数，企业被理解为生产函数②。所谓生产函数（production function）是描述在生产技术状况给定的条件下，生产要素的投入量与产品的产出量之间的物质数量关系的函数式，一般记为：

$$Q=f(x_1,\cdots,x_n)$$

其中，x_1，…，x_n表示生产某种产品所需各种生产要素的投入量，Q 表示任一给定数

① 正如一些经济学家所指出的那样，在西方古典经济学中，企业只是"一个模糊不清的实体，古典经济学没有企业理论"。因此，我们首先从新古典经济学开始探讨有关企业的理论，这是所有教科书中都可看到的标准做法。

② Williamson O E. The Economic Institutions of Capitalism. New York：Free Press，1985.

量的各种生产要素投入品组合在既定生产技术条件下所能生产出来的该产品的产量。

新古典经济学对企业行为的分析是在下述两个前提条件下展开的：

（1）厂商（firm）被认为具有经济理性，它们具备有用的信息，精于计算，孜孜不倦地追求利润最大化目标（即所谓“经济人”假定）；

（2）企业或厂商被看作是在市场经济中业已存在的、完全有效运转的、为赚取利润而从事商品生产活动的一个完整的经济单位，它可以是一个个体生产者，也可以是一家规模巨大的公司。

下面，为了便于分析，我们考虑一种最简单的情况。假定一家生产单一产品的企业由一位具有理性并且完全无私的经理 A 来经营，那么他对投入要素的组合和产出水平的选择就是为了实现利润最大化目标。这就意味着在目标产出水平给定的情况下，他将使成本实现最小化。假定在完全竞争的要素市场上 A 按既定的价格 w_1，…，w_n 购买生产所需的 x_1，…，x_n 种投入要素，那么他的总成本可表示为 $\sum_{i=1}^{n} w_i x_i$。于是，在目标产量 Q 既定的条件下，A 可以通过求解下列问题而使总成本达到最小化：

$$\min \sum_{i=1}^{n} w_i x_i$$

$$\text{s. t.} f(x_1, \cdots, x_n) \geqslant Q$$

对 Q 的每一个给定的值求解上述问题，将产生一条总成本曲线 $TC(Q)$，由此又可推导出一条平均成本曲线 $AC(Q)=\dfrac{TC(Q)}{Q}$ 和一条边际成本曲线 $MC(Q)=\dfrac{\mathrm{d}TC(Q)}{\mathrm{d}Q}$。可以推断，后两条曲线的形状如图 3-1 所示。

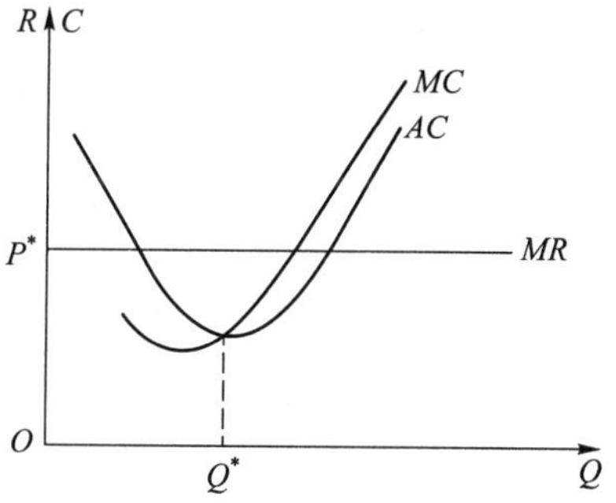

图 3-1 平均成本曲线和边际成本曲线

我们再假定 A 所处的产品市场也是完全竞争的，那么他只能是市场价格 P^* 的接受者。为了使利润 $\pi(Q)$= 总收益 $TR(Q)$-总成本 $TC(Q)=P^*Q-TC(Q)$ 实现最大化，我们可以导出熟知的边际成本与边际收益相等的条件①。在完全竞争的市场条件下边际收益 MR 就等于市场价格 P^*②。我们知道，产业组织理论的一个久远的主题是，一个产业中的

① 因为 $\pi(Q)=TR(Q)-TC(Q)$，π、TR 和 TC 都是 Q 的函数。故 π 有极大值的必要条件是 π 对 Q 的一阶导数为零，即 $\mathrm{d}\pi(Q)/\mathrm{d}Q=\mathrm{d}TR(Q)/\mathrm{d}Q-\mathrm{d}TC(Q)/\mathrm{d}Q=0$，所以 $\mathrm{d}TR(Q)/\mathrm{d}Q=\mathrm{d}TC(Q)/\mathrm{d}Q$。又因为 $MR=\mathrm{d}TR(Q)/\mathrm{d}Q$，$MC=\mathrm{d}TC(Q)/\mathrm{d}Q$。所以当 $MR=MC$ 时，π 有极大值。从以上的推导过程看，厂商利润最大化的必要条件 $MR=MC$ 适用于任何市场条件。另外，利润最大化的充分条件还要求 $\pi(Q)$ 的二阶导数是负数，即 $\mathrm{d}^2\pi(Q)/\mathrm{d}Q^2=\mathrm{d}^2TR(Q)/\mathrm{d}Q^2-\mathrm{d}^2TC(Q)/\mathrm{d}Q^2<0$，或 $\mathrm{d}^2TR(Q)/\mathrm{d}Q^2<\mathrm{d}^2TC(Q)/\mathrm{d}Q^2$。

② 边际收益是最后增加一个单位的销售量所引起的总收益的增加量，它与需求的价格弹性 E_{d} 及价格 P 有关，即 $MR=P(1+1/E_{\mathrm{d}})$。在完全竞争的市场条件下，$E_{\mathrm{d}}=-\infty$，所以 $MR=P(1-1/\infty)=P$。故对完全竞争企业而言 $MR=P^*$。

企业规模和数量是与规模报酬程度相关的①。下面，我们首先简要探讨一下在完全竞争的市场条件下生产单一产品的行业（或市场）均衡和厂商最优规模是如何决定的。这可以分为短期和长期两种不同的情况。

（一）短期行业均衡和企业最优规模的决定

所谓短期是指在这样一段时期内，企业的厂房设备的规模（即固定成本）是固定不变的。他只能通过调整可变要素（即可变成本）的使用量来调整其产销量（即生产规模）。从整个行业看，在短期内，不仅该行业现有企业的厂房设备的规模是固定不变的，而且该行业的企业的数量也是固定不变的。原因是由于时间较短，现有企业来不及调整其厂房设备等固定资产，而其他企业也无法建造出新的厂房设备从而进入到该行业中来。

如图 3-2 所示，在短期内当一个行业的需求状况和供给状况基本稳定时，行业的产量和价格将保持稳定，该行业处于短期均衡状态。在图 3-2（a）中，*DD* 表示市场需求曲线，*SS* 表示市场供给曲线，它们相交于 *E* 点，从而决定了市场均衡价格为 P_e，市场均衡数量为 Q_e。在前面我们已经指出，在完全竞争的市场上每个企业只能是价格的接受者（price takers），而不是价格的决定者（price setters）。因此，其需求曲线是一条与横轴平行的直线，并且它与横轴之间的距离就等于市场均衡价格 P_e。同时，我们也已证明此时：$MR=P_e$，所以企业的需求曲线 $d=MR=P_e$。在图 3-2（b）中，*e* 点是企业的边际成本曲线 *MC* 与边际收益曲线 *MR* 的交点，它所对应的产量 q_e 就是该企业最优的生产规模。

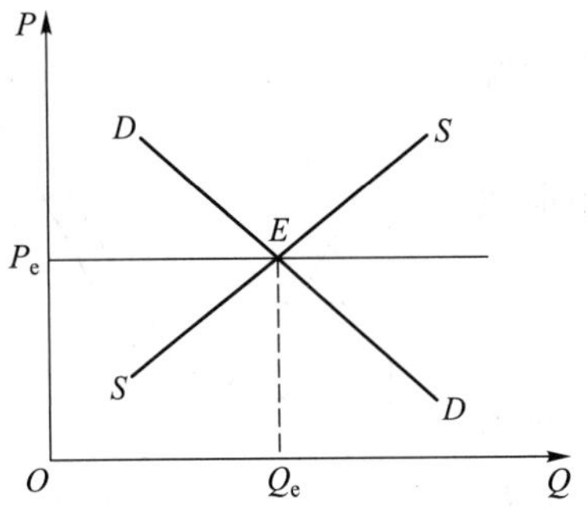

(a) 行业均衡

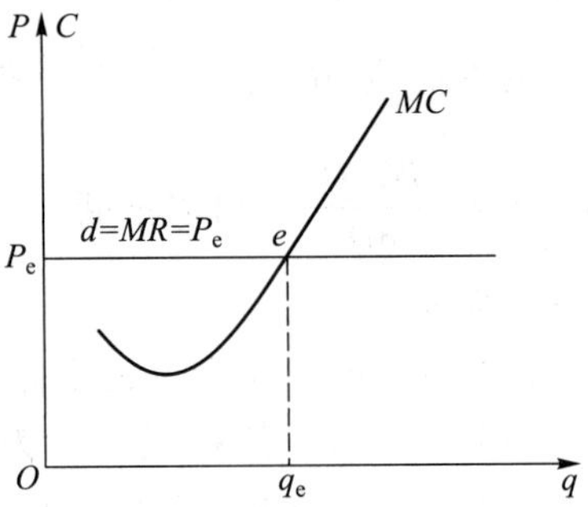

(b) 企业均衡

图 3-2　短期行业均衡和企业最优规模的决定

（二）长期行业均衡和企业最优规模的决定

所谓长期是指在这样一段时期内，企业有足够的时间调整其厂房设备的规模，即企业能够根据其准备提供的产量选择一个所需总成本（从而平均成本）为最低的厂房设备规模；而且整个行业的企业的数量也有足够的时间发生变化，即只要现有企业可获得超额利润，就会吸引新的企业进入该行业，从而引起企业数量的增加，反之，不能赚得正常利润而蒙受亏损的企业势必退出该行业，从而引起该行业企业数量的减少。

① （法）泰勒尔．产业组织理论．马捷，等译．北京：中国人民大学出版社，1997.

和短期均衡一样，在长期竞争性调整过程中，行业和企业的长期均衡是相互依存、相互作用、同时决定的。在这里，行业的供给和需求决定该产品的市场均衡价格和产量。各企业根据该产品的市场均衡价格调整其厂房设备的规模，并使其所提供的产量的边际成本等于既定的产品价格。同时不断有新的企业进入该行业和亏损的企业退出该行业。这种调整过程会一直进行，直到企业进入或退出该行业的刺激不存在时（只能获得正常利润）才会停止。此时该产品的价格、产量和留存下来的企业数量将不再发生变化，该行业达到均衡状态。与此同时，留存下来的每家企业都具有最大的经济效率，只能赚取正常利润，所选用的厂房设备的规模是在当时技术条件下的最优规模，并且所提供的产量是对应该厂房设备平均成本为最低点时的产量。对此可简单说明如下：在行业长期均衡状态下，每个企业提供的产量不仅必然位于其短期平均成本曲线 *SAC* 的最低点（因新企业进入该行业竞争的压力，总会迫使产品价格下降到等于其平均成本，以消除超额利润的存在），而且必然也位于其长期平均成本曲线 *LAC* 的最低点（见图 3-3（a））。也就是说，每家企业所选用的厂房设备的规模必然是在当时技术条件下效率最高的最优规模，并且他们提供的产量也必然是该厂房设备规模平均成本为最低点时的产量，如图 3-3（b）所示。这是因为，在开始时，效率最高的企业选用的厂房设备的规模的效率小于最优规模的效率，意味着该企业的规模在其 *LAC* 最低点的左上方的一点，例如 *B* 点。若开始时的价格为 P_0，则该企业可获得超额利润。由于只要 *LAC* 曲线还处于递减阶段，那么企业选用规模更大从而平均成本更低的设备规模，就会获得更多的利润，这会驱使该企业充分利用规模经济的效益，选择效率更高即平均成本最低的设备规模。因此，当企业达到长期均衡时，它选用的厂房设备的规模必然位于 *LAC* 曲线之最低点（*A* 点），该点所对应的产量即是该企业在长期中的最优产量。又因为只要存在着超额利润，竞争的压力会引起市场供给增加，由此迫使价格下降到超额利润完全消失，即 $P_1 = LAC$ 的最低点。总之，完全竞争的长期均衡理论具有很大的经济意义。因为它表明，在行业达到长期均衡时，留存下来的每家企业都选用在当时技术条件下效率最高的规模，用最低的成本（即所费各种生产资源的数量为最小）生产产品，并且只能赚取正常利润。也就是说，在完全竞争的假定前提下，市场机制能够使一个社会的生产资源实现最有效率的配置。

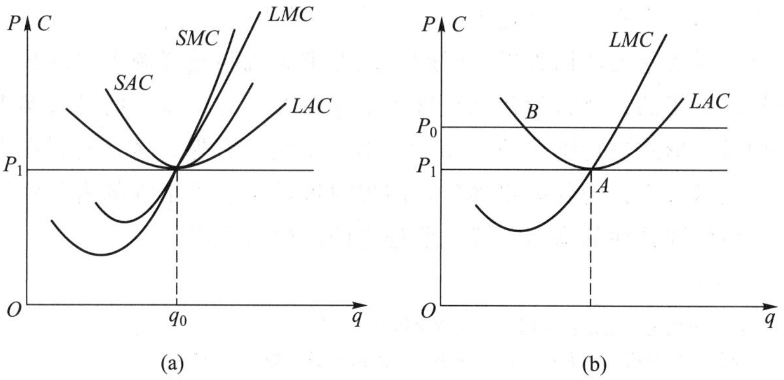

图 3-3 长期内企业最优规模的决定

企业规模的一个主要决定因素是它能够利用规模或范围经济的程度①。技术观点注重界定企业的规模（在上面的讨论中我们已经看到，企业的规模是如何界定的）。与单一产品的生产数量相联系的规模经济鼓励集中活动，而对规模的限制来源于平均成本曲线在一定的高产出时会出现上升的事实。接下来我们考察一下有关范围经济的问题。范围经济存在于单个企业的联合产出超过两个各自生产一种产品的企业所能达到的产量之时（假定两个企业得到的投入物相等）。如果企业的联合生产低于独立企业所能达到的产量，那么其生产过程就涉及范围不经济。这种情况在一种产品的生产与另一种产品的生产有冲突时可能会发生。当然范围经济也可以一般化到多产品企业。假设$\vec{q}$表示生产向量或计划，对 m 种产出，$\vec{q}=(q_1, \cdots, q_m)$。令$\vec{q}^1$，…，$\vec{q}^n$代表 n 个这种向量（上标指生产计划，下标指商品种类）。如果成本函数 C 是严格次可加的，即对于所有的$\vec{q}$，若 $\sum_{i=1}^{n} \vec{q}^i \neq 0$，有

$$\sum_{i=1}^{n} C(\vec{q}^i) > C\left(\sum_{i=1}^{n} \vec{q}^i\right)$$

若令 $m=2$，$i=1$，即 q_1和 q_2代表两种不同的商品的数量。代入上式，则有

$$C(q_1,0)+C(0,q_2)>C(q_1,q_2)$$

其中 $C(q_1, 0)$ 和 $C(0, q_2)$ 被称为独立成本（stand-alone cost）。这就证明了只要成本函数是严格次可加的，那么就必然存在单个企业联合生产两种产品比两个企业各自生产一种产品更有效率（成本较低）的范围经济。例如，一家独家的既经营客运又经营货运的铁路公司，在技术要比专门进行其中一种经营的两家公司更有效。

从以上的分析中可以看出，新古典企业理论不把企业看作一种组织，而是把它看作一个可行的生产计划集。它主要从技术角度出发，运用边际分析的方法，研究了在完全竞争的市场条件下一个产业最佳产出水平和市场均衡价格的决定问题，还研究了与此相应的企业最优生产规模和最佳生产范围的决定问题。它在一般意义上强调技术的作用，在特定意义上强调规模经济和范围经济作为企业规模的重要决定因素，这无疑是正确的。② 另外，在利润最大化目标和完全竞争的假定下，该理论在分析企业最优生产选择如何随着投入和产出价格的变动而变动方面、在理解一个产业（或企业）的整体行为方面、在研究企业之间策略相互作用的结果方面，一直是十分有用的。③ 但是与此同时，新古典企业理论也存在着很大的弱点。因为它无法回答以下问题：既然市场机制是资源配置的最有效方式，也就是说市场交易是最优的，那么为什么在现实中存在大量的企业，而且事实上有很多资源是通过企业这种组织形式进行配置的（即为什么在现实中有那么多交易要在企业内进行）？如果企业规模由技术决定，为什么很多公司的规模远远超过了工程的需要？对这些问题的回答，导致了下面将要论述的众多现代企业理论的产生与发展。

① 泰勒尔．产业组织理论．北京：中国人民大学出版社，1997.

② 费方域．企业的产权分析．上海：上海三联书店，上海人民出版社，1998.

③ 哈特．企业、合同与财务结构．上海：上海三联书店，上海人民出版社，1998.

二、现代企业理论

现代企业理论是在对新古典企业理论的反思和批评中发展起来的。科斯于 1937 年发表的著名的《企业的性质》一文，被公认为是现代企业理论的开山之作。在此文中，科斯明确指出，新古典企业理论存在着非常明显的缺陷。第一，它在关注价格体系的时候，忽略了市场，或者说是忽略了制约交换过程的制度安排，忽略了与交易相关的（如获得信息），对贸易条件讨价还价的费用。而经济学的研究已经表明，如果没有适当的制度安排，任何意义上的市场经济都是不可能的。第二，它在强调企业功能的同时，忽略了企业的制度结构，所以不能解释生产活动为什么和如何被组织在企业内进行，许多社会经济资源为什么和如何在企业内按行政决策配置使用等这样一些问题。第三，它并未令人满意地解决企业的边界及其决定的问题。设想有两家企业，它们具有相同的生产函数 Q 和成本函数 C，在完全竞争市场上两者都面临相同的市场均衡价格 P^*。按照新古典企业理论，在行业和企业达到均衡状态时，每家企业的产出水平（生产规模）都将是 Q^*。那么为什么不可以设想让上述两家小企业都作为一家大型企业的一个部门进行运作，而总的产出水平为 $2Q^*$ 呢？这个例子说明，新古典企业理论既能适用于世界上只有一家巨大的企业，而每一家现有企业（如通用电器、埃克森、英国石油等）都是这家企业的一个部门的情况，也能适用于现有企业的每一个工厂和部门都成为相互独立的企业的情况。这时，企业边界及其决定问题就被完全忽略了。

为了克服新古典企业理论的不足，科斯把交易成本的概念引入经济分析，将生产的制度结构纳入经济理论，提出并且讨论了什么是企业的基本特征、为什么市场经济中要有企业存在、为什么企业的边界不能扩大到整个经济这样一些至关重要的有关企业的基本问题。他认为：

第一，市场和企业是执行相同职能因而可以相互替代的配置资源的两种机制，企业最显著的特征就是对价格机制的替代。他说："在企业之外，价格变动指挥生产，对生产的协调是通过一系列市场交易来实现的。而在企业内部，这些市场交易不存在了，与这些交易相联系的复杂的市场结构被企业家这种协调者所取代，企业家指挥生产。显然，十分清楚的是以上二者是可以相互替代的协调生产的方式。"① 也就是说，在市场体系中，专业化的经济活动由"看不见的手"协调，分散的资源由价格信号配置。而在企业内部，专业化的经济活动由"看得见的手"协调，分散的资源由行政指令配置。企业实质上是一个小的统制经济，市场体系不应该也不能够排除或消除诸如企业组织这样的统制经济，相反它保证了它们只能在比其他企业或者比市场运行的结果更有效率的时候才能够生存下去。

第二，无论运用市场机制还是运用企业组织来协调生产，都是有成本的。科斯指出，企业组织之所以存在是因为"利用价格机制是有成本的"。新古典经济学假设在市场交换

① R. H. Coase The Nature of the Firm. Economics, 1937 (11).

的过程中不存在交易摩擦，因而也不存在交易成本。而实际情况是市场交换存在着交易摩擦，从而也存在着交易成本。这主要是因为：① 发现相关价格即获取有关的市场信息是要支付一定费用的；② 进行交易谈判、签订交易契约也要支付一定的费用。例如，雇主到市场上采购原材料、招聘工人，需要花费时间，需要发现价格，需要讨价还价，需要冒花费成本而购买不到原材料和劳动力或虽已购买到却不适用的风险，当然他还需要签订交易合约并对合约的执行进行监督，等等，这一切都构成交易成本。

第三，市场经济中之所以存在企业的原因在于有些交易在企业内部进行比通过市场所花费的成本要低。原因主要有以下三个方面：① 若不存在企业，各生产要素的所有者通过市场机制进行合作生产，必须签订一系列相互交易、合作的契约。而当由企业来组织合作生产时，这一系列契约就被一个契约所替代。这无疑可大大降低交易成本。② 企业较稳定的长期契约可以降低有些重复交易发生的频率，也可以减少不确定性，从而节省一部分交易成本。③ 企业内部契约具有这样的特征，即生产要素尤其是劳动力的所有者为获得一定报酬而同意在一定限度内服从企业家的指挥。这就使企业家有可能指挥其雇用的生产要素在最有价值的用途上运作，从而提高效率，减少生产费用。我们还以前面的例子来说明，如果这个雇主长期固定雇用所需要数目的工人，就能减少他时常需要去市场购买工人的费用；如果他能以较少的花费为自己置办生产所需的原材料，那么他自己就会组织供给原材料而不必去市场购买；如果他生产所得的效益远远大于他组织资源的费用，那么这种资源的组织方式就是较优的方式。于是，交易成本的比较使一个资源的组织形式产生了，这个组织形式就是企业。由此可见，企业产生的原因在于市场交易成本大于企业组织成本，企业的产生取代了市场上价格机制对生产要素的调节，而代之以企业内部的组织协调。也就是说，“企业是价格机制的替代物”。

第四，市场机制被替代是由于市场交易有成本，企业没有无限扩张成世界上只有一家的巨大企业则是因为企业组织也有成本。市场与企业的界限是由以下原则决定的：当一个企业扩张到如此规模，以至于再多组织一项交易所引起的成本既等于别的企业组织这项交易的成本，也等于市场机制组织这项交易的成本时，静态均衡就实现了，企业与市场的界线也就划定了。据此，也就可以说明动态因素的效应和动态均衡的实现，从而说明企业边界的扩张与收缩。①

在科斯对企业性质所做探讨的基础上，张五常提出了一个关于企业性质的更透彻的解释，从而改进和发展了科斯的企业理论。张五常认为，企业与市场的不同只是一个程度的问题，是契约安排的两种不同形式而已。企业是在下述情况下出现的：私有要素的所有者按合约将要素使用权转让给代理者以获取收入；在此合约中，要素所有者必须遵守某些外来的指挥，而不再靠频频计较他也参与其间的多种活动的市场价格来决定自己的行为。企业并非为取代市场而设立，而仅仅是用要素市场取代产品市场，或者说是“一种合约取代另一种合约”。市场的交易对象是产品或商品，而“企业交易”的对象则是生产要素。由

① R. H. Coase. The Nature of the Firm. Economics. 1937 (11).

于估价某产品的有关信息通常需支付成本，通过对某些投入品代替物进行估价的定价方式，其成本通常小于对产出物的直接定价。然而对代替物的定价并不能获得像直接对产品定价那样充分的信息。因此，对这两种合约安排的选择取决于由对代替物定价所节约的交易费用是否能弥补由相应的信息不足而造成的损失。

从 20 世纪 70 年代开始，科斯开创的现代企业理论主要沿着两个分支发展，一是交易成本理论，着眼点在于企业与市场的关系；二是代理理论，侧重于分析企业内部组织结构及企业成员之间的代理关系。这两种理论的共同点是都强调企业的契约性，故一般将现代企业理论又称为“企业的契约理论”。

(一) 交易成本理论与企业的纵向一体化

如上所述，科斯把交易成本的概念引入经济分析，有助于我们正确理解什么是企业、为什么市场经济中要有企业存在以及为什么企业的边界不能扩大到整个经济这样一些有关的企业基本问题。然而，他却没有能够指出交易成本本身的起因和性质，因而不能使我们全面、系统地理解这些问题。在这方面，威廉姆森等作了进一步的开拓性研究，使关于企业、市场等经济组织研究的交易成本理论成为一个相当严密的体系。

1. 交易和交易成本的概念

威廉姆森给交易下的定义是：“当一项物品或劳务越过技术上可分的结合部而转移时，交易就发生了。”[①]技术上可分的结合部指的是技术上不可分的实体之间发生联系的区域。而且，交易被认为是通过某种明确或不明确的契约进行的。所以，交易成本也就是从契约的角度定义的“运用经济体制的成本”。具体来说，交易成本包含事前的成本和事后的成本两个部分。事前的成本包括协议的起草、谈判的成本和保障协议被执行所需的成本。事后的成本包括四种形式：① 当交易偏离了与“契约转换曲线”相关联的序列时所引起的错误应变成本；② 当交易双方都作出努力来校正事后的错误序列时所引起的争议成本；③ 纠纷发生需要诉诸某种治理结构时，这种治理结构的建立和运转成本；④ 为了使承诺完全兑现而引起的约束成本。[②]

2. 契约人行为的基本假定

与古典和新古典经济学的“经济人”行为假定相区别，威廉姆森提出了“契约人”的概念，并将它作为研究企业等经济组织的出发点。“契约人”的行为特征不同于“经济人”的理性行为，主要体现在以下两个方面：一是有限理性；二是机会主义。按照西蒙的定义，有限理性是指“主观上追求理性，但客观上只能有限地做到这一点”[③] 的行为特征。“契约人”有限理性行为假定的意义在于：首先，它表明人们对交易过程中有可能出现的每种偶然事件进行考虑和订约是有代价的。也就是说，设计或制定合同的事前成本可能是很高的，以致人们无法在合同中为各种偶然事件确定对策，或者许多偶然事件根本就

①② Williamson O E. The Economic Institutions of Capitalism. New York: Free Press, 1985.

③ （美）赫伯特·西蒙. 管理行为：管理组织决策过程的研究. 杨砾，等，译. 北京：北京经济学院出版社，1988.

无法预测，也无法在合同中列出。其次，事先没有考虑到的偶然事件会增加事后成本，因为当这些事件出现时就需要重新进行谈判和缔约。再次，由于预料到一定会有某些偶然事件事前没有想到，所以交易各方可能在初始合同中订立如何“善后”的具体措施，从而使交易成本增加。这充分说明，现实生活中在可行的范围内所有的合同都是不完全的，这一点有着非常重要的经济意义。①

机会主义行为假定是由威廉姆森提出来的，意指人们以欺诈手段追求自身利益的行为倾向。它可分为事前和事后两种，前者以保险学中的“逆向选择”为典型，是指投保人尤其是风险较大的投保人不愿意坦率地披露与自己的真实风险条件有关的信息，甚至还会制造扭曲的、虚假的或模糊的信息；后者以保险学中的“道德风险”为典型，是指已经取得保险的投保人往往不以完全负责的态度行事、不采取应当采取的降低风险的行为。由于机会主义行为，一种经济组织或治理结构必须保障交易不受机会主义行为的损害，交易才能够顺利进行。“契约人”行为的这两个基本假定的重要意义在于当二者同时存在时，严重的契约困难才会产生，从而使治理结构或经济组织的选择成为必要。②

3. 描述交易性质的三个维度

上述两个行为假定说明在各种经济组织或治理结构之间（主要指企业和市场）进行选择的必要性，但还不能说明什么样的交易应在哪种治理结构中进行。为此，威廉姆森提出了描述交易性质的三个维度：第一个，也是最重要的一个维度是交易所涉及的资产专用性。所谓资产专用性是指当一项耐久性投资被用于支持某些特定的交易时，所投入的资产就具有专用性。这时假如交易过早地终止，所投入的资产将全部或部分地无法改作其他用途，使得投资中的成本里包含部分或全部的“不可挽救成本”或“沉没成本”。因此，契约关系的连续性意义重大。契约双方中有一方投入专用资产时，一旦另一方采取机会主义行为而提前终止交易，则投资方就可能蒙受损失。所以，契约或组织的保障可大大降低交易成本。非市场治理结构（主要指企业）替代市场治理结构的基本原因，就在于前者比后者能为这类交易提供更有效的保障。③第二个维度是交易所涉及的不确定性。其意义在于使应变性的、连续的决策成为必要。当交易受制于不同程度的不确定性时，对治理结构的选择就很重要，因为不同的治理结构有不同的应变能力。第三个维度是交易发生的频率。一种治理结构的确立和运转是有成本的，这些成本在多大程度上能被所带来的利益抵消，取决于在这种治理结构中所发生的交易的频率。多次发生的交易，较之于一次发生的交易，更容易使治理结构的成本被抵消。

据此，威廉姆森根据两种交易频率类型和三种资产专用性程度，通过将具有不同性质的交易分派给不同的治理结构，提出了六种交易类型及必须与之相匹配的各种治理结构，以使交易成本达到最小化。换句话说，这就为不同的交易分别找到了与之最相适宜的、使

① 20世纪80年代后期，出现了格罗斯曼（Grossman）、哈特（Hart）和穆尔（Moor）的“不完全合同理论”，这一理论现在已成为研究企业的经典理论之一。由于它强调所有权的重要性，因此又被称为“现代产权理论”。

②③ Williamson O E. The Economic Institutions of Capitalism. New York: Free Press, 1985.

交易成本最小化的组织形式，即从节约交易成本的角度，解释并确定了各种经济组织（主要指企业和市场）的性质和存在的理由及其边界或作用的范围。另外，威廉姆森还用资产的专用性解释了企业纵向一体化现象。他认为资产专用性对于认识企业纵向一体化有十分重要的意义，只有懂得了资产专用性对于交易成本的影响，才能理解为什么有些市场采购会让位给企业自己生产。他把企业看成是连续生产过程之间不完全合约所导致的纵向一体化实体，指出企业之所以会出现，是因为当合约不可能完全时，纵向一体化能够消除或至少减少资产专用性所产生的机会主义问题。其阐述大致如下：如果交易中包含一种关系的专用性投资，则事先的竞争将被事后的垄断或买方独家垄断所取代，从而导致将专用性资产的准租金攫为己有的机会主义行为。这种机会主义行为在一定意义上使合约双方相关的专用性投资不能达到最优，并且使合约的谈判和执行变得更加困难，因而造成市场交易的高成本。当关系的专用性投资变得更为重要时，用传统市场去处理纵向关系的交易费用就会上升，因此，企业的纵向一体化就被用来替代市场。因为在纵向一体化的企业组织内，机会主义要受到权威（企业家）的督察，从而大大降低了相应的市场交易成本。

（二）代理理论与古典和现代企业组织的形成

当大部分交易成本理论把重点放在对市场和企业（纵向一体化）的选择方面时，以阿尔钦和德姆塞茨为先导的代理理论却更加关心企业内部结构（横向一体化）的问题。① 他们同意科斯关于在其他条件不变的情况下通过市场交易的费用越高，在企业内部组织资源的比较优势就越大的观点。但是，他们认为企业也可以不通过市场，而是更容易地通过企业的管理费用来确立，即在其他条件不变的情况下，管理的费用越低，在企业内部组织资源的比较优势就越大。他们通过说明企业的意义是什么（尤其是指古典企业），并解释在怎样的环境下，管理资源的成本低于由市场交易来配置资源的成本，从另一路径将科斯的理论向前推进了一步。为此，他们提出了团队生产、测度、监控、偷闲、剩余权利等一系列概念，从而对现代企业理论的发展做出了贡献。其主要内容是：

1. 计量问题（the metering problem）

阿尔钦和德姆塞茨认为经济组织有两个至关重要的计量需求，即对投入的生产率以及对报酬的计量。其重要性在于如果计量正确，就能使报酬的支付与生产率相一致，从而促进所有投入所有者的合作，发挥其各自在专业化分工与协作中的比较优势，提高整个组织的生产率。如果报酬的支付是随机的，也不考虑生产者的努力，这种组织就没有提供努力生产的激励；如果报酬与生产率负相关，则这种组织就具有破坏性。在许多情况下，市场机制可以很好地解决计量问题，前提条件是产出可以被直接计量。但问题在于有些产出无法被直接计量（如团队生产），使得市场对生产率的计量发生困难或费用很高，从而导致那些能节约计量费用的经济运行方式（企业）的产生。阿尔钦和德姆塞茨正是以此为切入点来解释为什么会有企业存在以及古典企业具有怎样的结构等问题。

---

① 张维迎．企业的企业家契约理论．上海：上海三联书店，上海人民出版社，1995.

2. 团队生产（team production）

阿尔钦和德姆塞茨给出了团队生产的定义：产出属于一个团队，而且它不是每个分成员的分产出之和。即团队生产 Z 至少包括两种投入 X_i 和 X_j，而且 $\partial^2 Z/\partial X_i \partial X_j \neq 0$。① 这里的关键在于如果通过团队生产所获得的产出大于 Z 的分生产之和加上约束团队生产成员的成本，组织就会使用团队生产。也就是说所谓团队生产是指这样一种生产：使用几种类型的资源；产出不是每种合作资源的分产出之和，由一个追加的因素创造了组织问题；团队生产所使用的所有资源不属于同一个人。由此可见，正因为团队生产向市场提供的产品是联合产品，而且不是每个成员边际产品之和，使得对参与合作生产的成员的边际产品无法直接地、分别地、便宜地观察和计量，从而必然导致搭便车的问题（free ride problem），即团队成员因为能将偷闲（shirking）的成本转嫁给别人，而获得偷闲的激励，结果使团队生产的效率受到损害。当然，如果对这类行为的监察没有费用，就没有人会产生偷闲的激励，因为此时谁也无法将他偷闲的成本强加给别人。但实际情况是进行监督必然要支付费用。因此，就有必要寻找监察费用尽可能低的组织方式来进行生产。可以证明，完全依靠市场不能解决有效监督的问题。②

3. 古典企业

减少偷闲的一种方式是由某人专门作为监督者来检查团队成员的投入绩效。但是，由谁来监督监督者呢？或者，凭什么保证监督者不偷闲呢？这是一个激励机制的设计问题，也是一个产权制度的安排问题，有效的解决办法是将剩余索取权赋予监督者。由此导致了由监督者充当中心代理人的合同安排形式的产生，而众所周知的古典资本主义企业就是一种有这样合约安排的组织。它具有以下特征：联合投入的生产；有几个投入的所有者；有一个团体对所有联合投入的合约是共同的；享有这些权利的人可以独立于其他投入所有者的合同，而与任何投入合约进行再谈判；他有剩余索取权；他可以改变团队成员的资格；他可以出售这些用来定义古典企业的所有制的权利。

总之，通过上面的讨论可知，古典企业的实质是一个合约结构，它的形成必须具备以下两个前提条件：第一，通过团队导向的生产可以提高生产率，并且它所使用的生产技术在直接衡量合作性投入的边际产品时是有费用的，使得合作性投入之间通过简单的市场交换难以对偷闲行为加以限制；第二，通过观察或确定投入的行为来估计边际生产率是经济的。换言之，正是因为不具备关于投入者的边际生产率和努力程度的完全信息，或者获得这些信息的成本很高，所以才需要企业这样一种特殊的“监督装置”来组织生产，这就是企业为什么存在的原因。在企业中，雇主利用监督诸多投入的机会，以比市场远为廉价的代价获得投入的生产技能等方面的信息。因此，它可以更有效地发布指令，向团队成员提供比在企业外更加有利的机会，使投入资源得到更经济、更优良的组合。从这个意义上

① 这是生产函数 Z 不能分解为仅包括投入 X_i 或 X_j 的两个生产函数的条件。因此，不能将 Z 的两个分生产函数之和作为团队生产函数 Z，也就是说由于一些生产技术的不可分性，故只能采取合作生产的方式。

② 科斯，阿尔钦，等．财产权利与制度变迁．上海：上海三联书店，上海人民出版社，1994.

讲，我们又可以把企业看作是一种专门收集、整理和出售信息的市场制度。①

另外，詹森和梅克林 1976 年发表的《企业理论：管理行为、代理成本和所有权结构》一文，② 是一篇被视作代理理论经典之作的论著。他们的理论可以看作是阿尔钦和德姆塞茨理论的一个"管理者论"翻版。③ 在他们看来，企业的本质是合同关系，不仅有与雇员的，而且还有与供给商、客户和贷款人的合同关系。阿尔钦和德姆塞茨强调监督重要是对的，但是监督不仅在团队生产中需要，实际上，所有这些合同关系中都存在代理成本和监督问题，联合生产只能解释一小部分与企业有关的个人行为。他们认为"代理成本"是企业所有权结构的决定因素，而代理成本则来源于管理人员不是企业的完全所有者的这样一个事实。他们通过说明公司形式为什么和如何产生代理成本，引申出了企业的所有权结构理论，从而比较完整地回答了为什么作为现代企业组织形式的公司会大量存在的问题。

第二节　东方观点：什么是企业

一、东方人本主义企业理论

众所周知，东西方文化存在着很大的差异，④ 这不仅使东西方对企业的看法截然不同，而且经营企业的方式也有很大的差别。上一节我们论述了注重理性分析、主要从技术的角度研究企业的西方的企业观。在本节中我们主要探讨注重人的因素，主要从现实的角度研究东方的企业观。由于日本是东方最早进入工业化的国家，同时又是工商企业最发达的国家，因此，我们在这里主要介绍日本学者具有东方特色的企业理论。

日本一桥大学伊丹敬之教授认为，在日本企业经营实践的各种具体方法的背后，有一种潜在的、超越文化与国界的企业经营原理。他把此原理称为"人本主义"。伊丹敬之教授对人本主义的界定是："人本主义是与资本主义相对的广义词，它体现于企业的经营方法之中。如果说，资本主义是以钱为根本的东西的话，人本主义则是以人为根本来组织经济和经营活动的。"他还特别强调，这里的人本主义不是指西方中世纪"humanism"一词中所讲的尊重人、博爱等一般性的含义，而是强调在经济体制中最重要的资源是人，而不是钱与物。为了与通常意义上的人本主义相区别，伊丹敬之教授将自己提出的人本主义概

① 详细内容请参阅：阿尔钦，德姆塞茨．生产、信息费用与经济组织//诺斯，等．财产权利与制度变迁．上海：上海三联书店，上海人民出版社，1994.

② 陈郁．所有权、控制权与激励．上海：上海三联书店，上海人民出版社，1998.

③ 张维迎．企业的企业家契约理论．上海：上海三联书店，上海人民出版社，1995.

④ 东西方不同的文化背景造成了思维方式的差异：东方文化以人文精神和非理性主义为特点，十分注重人的因素，道德评判高于一切。而西方文化崇尚理性主义和科学精神，忽视人性，重视理性，不主张道德评判，重视事实评判。因而，东西方对企业的认识和看法也有很大差异。

念，用“peoplism”这样一个新词来表达。他指出，人本主义原理的核心内容之一，就是它独特的企业概念。西方“资本主义”企业观认为：“企业乃股东（资本家）的私有物，经营者只对股东负责，企业的从业人员只不过是出卖劳动力的特殊商品而已。”企业的运行理所当然地以维护股东的利益为轴心，所以，西方的企业总是追求高比率的股息分配、坚持短期利益优先，遵循的是“股东主权”模式。企业一旦不景气，经营者首先会解雇员工。这与日本企业的实际运行状况形成了鲜明的对照。日本“人本主义”的企业观明确认为，企业是属于从业人员的，是为从业人员的长远利益而运营的。因此，它自然采取低比率的股息分配、坚持长期利益优先。股东大会在日本只是一个简短的仪式，董事会议也简化成一种形式，董事在日常业务上服从总经理的领导，总经理对他们具有人事控制权。日本企业选择股东多于股东选择企业，股东不控制公司，而是企业控制着股东的意志，企业从资本所有者那里获得了几乎完全的独立。企业经营者在企业盈利之后，“首先想到的是设备投资，其次是研究开发费用的增加、财务状况的改善，最后是员工的奖金，很少有重视提高股金分红比率的”。故可以说，日本企业虽有股份公司的框架和法律形式，但实际上已名存实亡。所以，日本经营者对从业员工比对股东怀有更强烈的责任感。一旦企业经营不景气，迫使他们在不计较股息和解雇员工之间作出选择，几乎所有的经营者都会选择前者。若要减少员工的工资，经营者也会减少自己的报酬，以共渡难关。

日本“人本主义”企业观的产生，有着深刻的文化和历史背景。一方面，它深受中国儒家文化民本主义思想的影响；另一方面，日本是一个自然资源极其匮乏的岛国，第二次世界大战后又面临着必须在废墟上白手起家的严峻现实。正如日本的有识之士常指出的那样，日本列岛上唯一的资源是能吃苦耐劳、勤奋工作的日本人。人本主义企业观将人视为企业经济活动中最根本、最具有决定意义的资源，正是抓住了问题的要害，才找到了日本经济发展最为可靠的立足点，从而为第二次世界大战后日本经济的腾飞和发展开辟了正确的航道。下面，我们概要介绍一下日本人本主义企业理论的主要观点。

（一）企业的性质

伊丹敬之教授以更广的视角来把握企业的内涵，他给企业下的定义为：企业是以财货、服务的提供为主要功能的人与资源的集合体，是被置于一个管理组织之下的社会性存在。该定义主要包含以下四个要点：第一，企业的根本属性是一种社会性存在；第二，企业的功能是向社会提供财货或服务；第三，企业是由人与资源共同构成的；第四，企业作为人与资源的集合体是处于一个管理组织的支配之下的。

（二）企业经济活动的本质特征

从上述的定义中我们可知，企业的功能是向社会提供财货或服务，但这种“提供”并不是轻而易举的，企业在“提供”财货或服务的过程中伴随着某种生产难度，解决这种生产困难所必需的技术转换过程才是企业经济活动的本质内容。否则，也就没有必要成立企业这种组织专门为社会提供财货或服务了。这种“技术转换过程”不但在制造业中存在，例如，炼钢就需要专门的机器设备和工艺技术，而且在商业、金融等服务行业中也存在，因为“服务”也是一种生产活动，需要专业化的知识和技能。当然，企业为了组织生产就必须从市场上购入原材料，并在市场上出售其产品，它必须依靠市场才能生存。因此，它必须从事市场交换。但从事市场交换本身并不是企业的根本所在，因为在市场经济中政府和消费者个人等也经常在进行市场交换。企业的本质特征只能是从事技术性转换。所以说，掌握并运用特定的生产技术，才是企业的立足之本。正是通过技术性转换过程和市场交换，企业才能获得“附加价值”。企业就是靠技术性转换过程向社会提供财货或服务，并以此为凭从社会得到作为技术性转换“报酬”的附加价值的。

（三）企业生存的依据

日本经营学界认为，企业之所以生存的原因有二：一是该企业所从事的技术性转换比其他企业或非企业的组织方式（如行政命令）有更高的效率，即效率优势乃企业生存的首要依据；二是该企业所提供的财货或服务是符合社会需求的，倘若它所提供的财货或服务不是社会所需，企业就将失去生存的资格。也就是说，在市场经济的条件下，真正的企业将时刻面临着生存能力与生存资格的挑战和考验，企业能否生存主要取决于消费者的货币“选票”和同行业企业间的竞争。当然，企业的生存除需满足“效率性”和“社会性”这两个前提条件之外，还存在一个国家权力的外在制约问题。例如，毒品的生产和贩卖就为世界上所有的国家所禁止，这样的“企业”就极难生存下去。因此，可以说，效率性与社会性的统一既是企业生存的主要依据，也是市场经济对企业的本质要求。

二、东方企业的特点

由于文化背景的不同，东西方不但有着截然不同的企业观，而且企业的经营方式也有着很大的差别。除效率性和社会性的统一是东西方企业共同拥有的特性外，东方企业还具有许多完全不同于西方企业的特点。我们仍以日本企业为例来讨论这一问题。概括起来讲，日本企业主要具有以下三个方面的特点。

（一）家庭风格与超血缘意识共存

现代日本企业并不是由纯血亲成员集合构成的，但其经营方式却带有浓厚的家庭风格。首先，企业内部实行温情主义的家长制管理。所谓温情主义主要表现在工资制度中的年功序列制、组织人事制度中的内部提拔制和终身雇用制、民主管理制度中的企业内部工会制以及各种福利待遇制度。所谓家长制管理主要表现在企业内部上司对下属家长式的绝对权威、员工对其所属企业或集团的忠诚以及对“家长”（企业经营管理者）的服从。其次，日本人不仅把企业看作是谋生场所，更重要的是把其当作一种生活共同体，从中寻求个人生存的价值，使得企业（集团）与成员之间具有一种超越一般职能组织的家庭式亲近感。例如，员工甚至员工的妻子生病，上司会亲自去探望；员工家里有喜事，上司会亲自登门祝贺；平时上司还经常与下属一起聚餐，等等。这些习惯和做法使得企业内部成员有一种强烈的家庭式归属感。

然而，日本家庭式的管理风格，并不完全等同于中国封建制狭隘的血缘意识。日本人有一种对血缘家庭淡漠、对集团家庭（如企业）依附的超血缘意识。如日本人兄弟之间的关系是他人关系，只要成年了就各走一方，很少联系。而对生活在同一集团（企业）中的成员的依赖性却比较强，联结集团成员之间的纽带不是“血缘”意识，而是日本德川幕府时代思想家铃木正三所提出的那种“缘分”观念。这一点与华人社会及华人企业有很大的差别，在华人企业中“血缘”往往是联结成员之间关系最重要的纽带。总之，日本人这种以“缘分”为基础的超血缘集团主义思想，冲破了把信用关系仅仅局限于家人、亲属及熟人之间（如华人社会）的弊端，使得大规模发展社会信用关系成为可能。

（二）企业目标与个人利益相融

在日本，企业的集团目标与企业成员的个人利益能够很好地、有机地结合起来。日本的企业文化并不否认员工个人的利益和愿望，也不简单地强调“个人服从组织”。它使每个成员都时刻意识到，自己与企业休戚相关、生存与共，主要体现在以下两个方面：

（1）企业追求的是双重经营目标。一个目标是利润，表明企业是一个利益集团；另一个目标是企业的持续性，这表明企业同时又是一个共同体。企业在分配利润时，经营者往往把员工的利益放在重要位置，就像一个家长总是把家庭其他成员的利益放在首位一样，带有浓厚的家庭色彩。企业员工的个人利益能够通过“企业家庭”的发展而得到满足和实现，因此，他们对“企业家庭”的依附性很强，可以为这个“家庭”付出一切。

（2）利益一体感使企业内部成员之间有着一种共同的纽带。企业成员一旦选择了一个企业后，就把自己的利益和企业集团的利益、个人的使命和企业的目标融合在一起，有着一种强烈的参加集体活动的愿望和自发的主人翁意识。这种意识和愿望使日本人的行动自觉向企业集团靠拢。在这种意识的指导下，企业内部成员个人的成就，会被看作集团成员全体的荣誉；集团内部一旦有人做了违背社会公德的事，他所属集团内所有其他成员都会有如同自己违背了社会公德的感觉。因此，集团成员都能够自觉地把集团的发展和集团的利益放在首位。当然，个人和集团利益的融合也减少了劳资双方的对立以及管理者与工人的对立。

（三）儒家伦理与制度理性并用

在日本企业中，儒家伦理与制度理性兼收并用、相得益彰。企业经营者利用儒家文化的“和”“忠”“仁”“信”等思想来强化企业的内部凝聚力和企业集团成员之间的信用感与协作精神；同时又利用正式规章制度的建设和完善，实现管理科学化，提高企业运作效率。例如，企业的经营者可能会因员工的妻子生病而带着礼品专程驱车去探望，也可能会因为发现某个员工利用办公电话向家里的妻子询问病情而将其开除。前者是可调节的伦理，后者则是刚性的制度，两者的合理结合，构成了日本企业管理的综合优势。

总之，日本企业经营管理的方式以个人利益、权利、地位、规则为基础，它对个体行为的影响是刚柔相济、恩威并重。家庭风格与超血缘意识共存，营造了企业成员间相互信任、共同发展的良好氛围；企业目标与个人利益相融，保证了个体利益在集团目标中的应有地位；儒家伦理与制度理性并用，规范了企业经营者与员工各自的正确行为。这三个显著特点，是构成日本企业成功经营方式的奥秘之所在。

三、中国当代企业理论的形成与发展

中国经济学界对企业理论的研究是伴随着中国经济体制的改革而展开的。长期以来，在高度集中的计划经济体制下，我国企业只是政府机构的附属物，国家运用行政手段直接管理企业、直接参与企业的经营活动。因此，在传统体制下，只有宏观经济、国民经济、部门经济的概念，而没有企业经济的概念。1978 年我国开始经济体制改革以来，尤其是《中共中央关于经济体制改革问题的决定》发布以后，如何搞活企业的问题日益成为人们关注的焦点。因而，以企业本身为对象的研究，即中国当代企业理论开始形成并逐步发展起来。例如，1982 年出版的《简明社会科学词典》将企业定义为“从事生产和经营活动的独立核算的经济组织”。这个定义是对我国原来体制下“企业”的概括，它表明在原来的体制下企业只是进行独立核算的生产和经营单位，不能自负盈亏，更谈不上自主经营。随着经济体制和企业改革的不断深入，我国企业的自主权逐步扩大、主体地位逐渐增强，理论界对企业的认识和研究也有了进一步的发展。如蒋一苇在他提出的“企业本位论”中指出，“社会主义企业是经济细胞，是独立的商品生产者”，企业“在国家统一领导和监督下，实行独立经营、独立核算，一方面享受应有的权利，一方面确保完成对国家应尽的义务”，“企业不仅是社会生产力的直接发挥者，而且也是社会主义制度的直接体现者”。这里，他主要强调了企业应享有一定的权利并进行独立经营。1984 年出版的《中国企业管理百科全书》给企业下的定义是：“从事生产、流通等经济活动，为满足社会需要并获取盈利、进行自主经营、实行独立核算，具有法人资格的基本经济单位。”这进一步揭示出企业的一些基本特征，即企业是进行自主经营、具有法人资格的经济单位。这些概念着力于说明我国现实的企业是什么，而未说明企业本来是什么。它们清楚地表明我国企业（指国企）浸透着浓厚的社会、政治色彩，反映了我国企业的社会性和历史性。同时，这些概念还表明，我国经济学界关于企业的概念是不断发展的，由原来单纯的生产、经营单位渐渐加上了独立经营、自主经营、法人资格等本质规定性。当然，这些概念有的虽然在当时的条件下具有一定的开创性，并对后来的研究具有一定的启发和借鉴作用。但是总的来讲，它们都是我国企业研究过程中的一些阶段性概念，还没有准确地揭示出企业的本质内涵。

进入 20 世纪 90 年代以后，随着我国社会主义市场经济体制的确立和发展，国有企业开始了建立现代企业制度的改革，标志着我国对企业的认识和研究上升到了一个新的高度。企业也开始逐步恢复其本来面目，即作为国民经济的基本单位，企业是以盈利性为目的的经济组织，是自主经营、自负盈亏、自我约束和自我发展的经济实体，是最终将彻底走向市场的市场经济主体。市场经济的基本特征就是竞争。当前，随着我国加入世界贸易组织以及国内、国际两个市场的对接，我国企业面临的市场竞争将愈发激烈。在竞争激烈的市场环境下，企业要生存和发展就必须在竞争中赢得优势。因此，现阶段及今后一段很长的时期内，我们研究市场经济条件下企业的运行和发展规律以及企业内部的经济关系，大力推进我国企业理论的发展，具有十分重要的意义。这是因为只有深刻认识了企业运行的客观规律，才能寻求竞争的优势和合理配置企业的生产要素，从而达到提高企业运营效率和企业经济效益的目的。

企业改革的现实需要，使中国的企业理论从一开始就具有相当的广泛性和贴近实践的实用性。综观我国已有的企业理论研究，大体可概括为以下四个方面：

(1) 以企业整体为对象，研究经济现实中企业的性质、地位、作用，企业的形成和发展规律，企业和政府及社会之间的关系，以及企业在经济运行中的行为和规则等。如蒋一苇提出的“企业本位论”、吴家骏在《中日企业比较研究》中谈到的企业的概念和企业的机制等，都可看作是这方面研究的代表。

(2) 以企业行为为对象，借鉴微观经济学的“厂商理论”，从管理经济学的角度研究企业的经营管理活动。这方面的代表作主要有：陈章武编著的《管理经济学》、毛蕴诗编著的《公司经济学》和陈佳贵等编著的《企业经济学》。

(3) 以企业制度比较为研究对象，对不同国家市场经济条件下的企业制度进行比较研究，探讨适合中国经济现实的企业制度，其中主要对现代企业制度进行了广泛而深入的研究。这方面研究的论著很多，广泛见于各种学术期刊及著作之中。

(4) 从宏观的层次上，从宏观和微观相结合的角度，从经济学和管理学相结合的角度来研究企业。它既研究在一定宏观条件下，企业的运行机制和规律及企业制度形式的变化对经济社会的影响，又研究企业的内部组织和管理对企业发展的能动作用，强调文化对企业经营管理的重要性，重视人在企业管理系统中的作用。这方面的代表作主要有苏东水的《中国国民经济管理学》《中国企业管理现代化研究》及《管理心理学》。

当然，这四方面的研究不是截然分开的，而是相互交叉、有时还是混合的。甚至可以说，在改革之初这些研究的起点和角度都是很接近的。伴随着我国企业改革的实践发展，有关企业的研究和理论也在不断发展，并开始向不同的方面发展起来，从而不断丰富了我国关于企业的研究，形成并发展了我国当代的企业理论。

第三节 企业在产业经济中的地位和作用

一、企业的地位

企业是一个历史的范畴，在它出现以前相当长的历史时期，人类的生产活动是以个体或群体为单位进行的，是以生存为目的、与自然界进行斗争并创造出生活资料的活动。那时的生产单位显然不是企业。当社会生产力有了一定程度的发展，当人类的生存有了一定的保障和稳定性的时候，更多的生产活动开始以家庭为单位或小的手工业作坊的形式进行，而且以交换为目的的生产活动逐渐成为主流，追求价值的增值逐步取代了一般生活资料的生产，价值规律在这个过程中逐步确立了它对社会经济活动的支配和调节作用。严格地讲，那些家庭手工工场或手工业作坊并不是真正意义上的企业，但真正的企业却是在它们之中萌发诞生的。企业产生的根本动因是追求更多的价值增值。正如西方制度学派的主要代表人物凡勃仑在其《企业论》一书中精辟地指出："企业的动机就是金钱利益……它的目的和通常的结果是财富的积累。"① 日本东京大学富永建一教授也认为，企业的动机就是以一定的投入换取最大的利润。② 其实，企业以追求最大利润为动机的思想在我们前面提到的新古典企业理论中早有表述，在它们那里企业是作为以追求利润最大化为原则的经济人而存在的。企业的这一特性可以类比于资本。马克思在《资本论》中曾引用英国一位学者托·约·登宁关于资本的评论："资本害怕没有利润或利润太少，就像自然界害怕真空一样，一旦有适当的利润，资本就胆大起来。如果有10%的利润，它就保证到处被使用；有20%的利润，它就活跃起来；有50%的利润，它就铤而走险；为了100%的利润，它就敢践踏一切人间法律；有300%的利润，它就敢犯任何罪行，甚至冒绞首的危险。"③ 这就是资本（或资本家）的本性，从某种意义上讲企业或企业主也有类似的本性或内在冲动。

正是由于企业可以把更多的要素合理的组合在一起，可以通过合理的分工协作产生更大的生产力，同时又减少了社会交易成本，从而可以获得更大的利润，因此迎合了企业主的组织冲动。当社会经济条件具备，即生产力有了一定程度的提高、商品经济有所发展、资本和劳动力市场开始出现时，企业就自然而然地应运而生。因此，可以说企业组织产生的最根本动因来自它本身发展的冲动，而它能够产生则归功于一定的社会经济条件的具备。

企业一经建立，就显示出了强大的生命力，较之其他形式的经济组织，它们能够进行更有效率的设备投资，不断采用新技术，生产、销售新的和更好的产品，满足社会的需要。它们还能决定使用何种经济资源于何种生产活动中，可以使资源得到更加合理和有效的配置。并且，它们已成为现代经济社会中职业和收入的主要源泉。尤其在现代市场经济条件下，企业担当起了为整个社会提供商品和服务的主要媒介，正如图3-4所表明的那样，企业已成为现代社会大多数经济活动的直接参与者以及生产经营活动的主体。而且，在现代社会中企业的经济地位和作用是如此关系重大，以致它开展活动的效果已经成为整个社会经济繁荣关键性的决定因素。

正是因为企业在现代社会的经济活动中具有不可或缺的重要地位，所以，现代经济学尤其是微观经济学把企业作为最基本的分析单位和研究对象。而在介于微观经济学和宏观经济学之间的产业经济学中企业也有着十分重要的地位。主要表现在以下两个方面：

（1）企业是产业分析和研究的出发点。我们知道产业经济学的研究对象是产业，而所

① 凡勃仑．企业论．北京：商务印书馆，1959.

② 富永建一．经济社会学．天津：南开大学出版社，1984.

③ 马克思．资本论．第1卷．北京：人民出版社，2006.

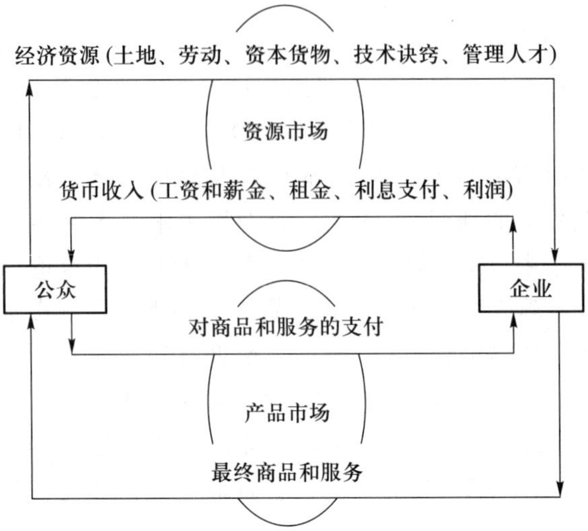

图 3-4 企业在现代经济活动中的地位与作用

谓产业简单地说就是指具有某类共同特性的企业群或企业集合。这样，不同企业所具有的某类共同特性就成了划分产业的基准。而不同产业究竟由具有什么样共同特性的企业群来构成，则取决于具体经济分析的需要。例如，产业组织中的“产业”以“生产同类或有密切替代关系的产品、服务”这一特性，作为划分不同企业之“产业”归属的基准。之所以选择企业的上述特征作为划分“产业”的基准，是因为只有生产同类或有密切替代关系的产品、服务的企业群，彼此之间才会发生竞争或垄断的关系。只有以这类企业集合为研究对象，才有可能对竞争和垄断进行经济分析，而这正是产业组织理论所需要的经济分析。同样，为了将经济分析深入到社会生产、再生产过程内部，研究各种具体生产和具体需要之间、中间需求和中间供给之间、最终需求与最终供给之间，以及各部门之间“搭配”的均衡状态，来寻找总量失衡的具体原因，必然选择“具有使用相同原材料或相同生产技术、工艺或相同产品用途”这一特性，作为划分不同企业之“产业”归属的基准。而这正是产业结构理论中对“产业”的界定。

（2）企业行为本身就是产业组织理论研究的对象。同一产业内企业的数量和规模是划分不同市场结构的重要依据。而在不同的市场结构下，处于不同地位的企业具有不同的市场行为，各个企业不同的市场行为又是决定其各自市场绩效的决定性因素。所有这些正是产业组织理论研究的主要内容。

二、企业的作用

正如上面所分析的那样，企业在现代经济社会中具有不可替代、非常重要的地位，这与它所发挥的作用是密切联系在一起的。在现代经济社会中，企业发挥着巨大的作用，主要表现在以下三个方面：

（1）企业是社会财富的创造者。企业的生产过程就是创造新价值的过程，整个社会的收入都依赖于企业的生产活动。在现代经济社会中，企业一方面为整个社会提供其所必需的商品和服务，另一方面又是职业和收入的主要源泉。也就是说，在当今社会，企业是整个人类社会赖以生存和发展的物质资料的生产者，是社会财富的主要创造者。

（2）企业是推动社会生产力发展和人类进步的主要力量。追逐利益最大化的内在动机与优胜劣汰的外在竞争压力要求企业必须不断采用新技术和设备，扩大生产规模，提高生产效率，这样才能在日益激烈的市场竞争中求生存、求发展，从而推动整个社会生产力不断向前发展。

（3）企业是经济增长、经济发展的主要动力。现代经济增长主要依靠投入的增加和技术的进步。而今企业是整个社会投资的主体，也是研究与开发的主体。投入的增加主要靠企业，技术进步（尤其是将先进的科学技术知识转化成现实的生产力）也主要是靠企业。因此，我们可以说企业是推动现代经济增长的主要动力。

上面概要论述了企业对整个经济的作用。具体到产业领域，企业对产业的发展也发挥着非常重要的作用。以我国今后产业的进一步发展为例，主要体现在以下两个方面：

（1）企业将成为我国产业发展的主体和突破口。这是因为：第一，要从根本上解决我国资源利用效率低下的问题，最终还要靠企业来完成；第二，企业能否适应国内外市场需求的变化、不断创新，是产业能否不断发展的关键；第三，企业是国家宏观调控的微观基础，国家优化资源配置的措施如果没有企业的呼应，就不能落到实处；第四，现代企业制度的建立，很大程度上取决于企业自身的努力；第五，由于银行不良债权主要是企业经营不善或相互拖欠造成的，因此防范金融风险，企业也负有很大责任。

（2）企业是产业结构升级和增长方式转变这一系统工程的中心环节。提升产业结构、改变增长方式主要依靠提高投入生产要素（资金、劳动、知识和技术）的使用效率，把实现生产力质的飞跃作为发展经济的首要任务。实现生产力质的飞跃，是一项系统工程，应从教育开始，构成一个链条：即教育（人才培养）—研究与开发（R&D）—科技成果转化（基本建设、技术改造、技术引进、技术市场等）—企业技术进步—产业技术进步—经济增长质量提高和经济增长方式转变。我国必须相应建立起国家技术创新体系，充分发挥政府、企业、科研机构、大专院校及中介组织的作用，以推动产业技术进步。在这里企业是主体和突破口，这是因为企业不仅是提高生产效率、提升产业结构的主体，而且是研究与开发、进行知识和技术创新的主体。进入知识经济时代，企业将是一所大学校，是教育、研究、生产的重要阵地。

思考题

1. 试论述在完全竞争的市场条件下，短期与长期行业均衡及企业最优规模分别是如何决定的。
2. 什么是范围经济？试证明只要成本函数是严格次可加的，则必然存在范围经济。
3. 按照科斯的观点，试简要论述什么是企业。

4. 描述交易性质的三个维度分别是什么？如何解释企业纵向一体化现象？
5. 古典企业具有哪些特征？它之所以产生必须具备哪两个前提条件？
6. 简述东方人本主义企业理论的主要观点。
7. 与西方企业比较，东方企业具有哪些特点？
8. 简要论述企业在产业经济中的地位和作用。

思考题参考答案

※ 本章案例 ※

我国公用企业与铁路改革

公用事业是生产力发展到一定阶段，人类生活和经济社会化的产物，在现阶段是指具有各企业、事业单位和居民共享的基本特征的，为城市生产、流通和公众生活提供产品和服务的各项事业的总称。在我国国家工商行政管理总局发布的《关于禁止公用企业限制竞争行为的若干规定》中，将公用企业定义为供水、供电、供热、供气、邮政、电讯、交通运输等行业的经营者。公用事业的基本特征在于以下方面：

第一，公共利益性。公用事业提供的产品、服务为公众日常所需，没有足够的替代选择，需求弹性很小。如火车虽有相应的替代品，可由长途汽车、飞机、轮船等替代，但替代品在品质、价格等方面差别较大，实际上可替代性仍较小，这从每年春运时提高火车票价并不能真正减少火车乘客的数量可以看出。因此，公用事业如发生短缺、质次价高等情形，容易引起社会恐慌、民怨、民愤，影响社会的安定团结。

第二，不同程度的自然垄断性。公用事业的产品、服务往往要通过线路、管道、公路、铁道等网络来提供，网络建设耗资费时，同样的网络难以重复建设以开展平等竞争，因而具有自然垄断特性。自然垄断使公用事业处于独占或寡占地位，加上产品和服务的需求弹性较小，处于垄断地位的企业可能会提高价格或降低质量以谋求垄断利润，寡头企业则有合谋提价的倾向。

第三，不适用反垄断法。在自然垄断和公共利益的名义下，形成了公用事业由国家或政府投资经营的某种传统，并由特别法规对其加以规定和调整。又由于一国公用事业的发达程度反映着该国的技术水平、经济实力和文明程度，使它披上了一层神圣的光环。即使将其委托给私人经营，法律对它的调整也是庇护、关爱有加而不是有效的监管。自19世纪末公用事业开始大规模发展以来，在其经营中长期难以形成有效的竞争机制。反垄断法一般将它列入适用除外的范畴。

第四，公用事业所提供的产品或服务有时质次价高，消费者权益得不到有效保护。垄断或限制竞争的初衷，是为了提高效益、维护公众利益，然而事与愿违，高成本、低效率构成了传统公用事业经营模式的基本特征。从我国多年来的实际情况看，电信、铁路、电力等行业乱收费现象屡禁不止，官商作风严重，同时由于其所处的垄断地位，往往对其自身损害消费者权益的行为几乎不承担什么责任。对此，公众越来越难以忍受，公用事业的改革日益成为社会关注的热点问题。据报道，国家计委会同信息产业部和国家电力公司开展专项检查的结果表明，仅 1998 至 2000 年的三年内，电信行业违法收取资费达 21.7 亿元，电力行业违法收取的金额更高达 27.4 亿元。据国家工商行政管理总局公布的统计资料，公用事业服务质量差和收费透明度低成为消费者投诉的众矢之的，其中以电信、邮政、供水、电力、煤气部门居多。另据国家统计局中国经济景气监测中心的抽样调查，在老百姓的心目中，最应该破除垄断的行业，电信排第一，其次是铁路、邮政和电力。与此同时，职工年均工资收入额最高的电力、邮电、煤气、水生产与供应等行业与年均工资收入最低的行业之比不断拉大，1991 年为 1.24：1，1997 年达到 2：1。而近年经济发展平稳，人们明显感到这些行业提供的产品或服务的价格不降反升或者很少下降，开支有增无减的，恰是电信、水电、邮政等消费支出。

这些并不完全是中国特色，发达国家的公用事业也存在同样的弊端，只是不同国家的程度不同而已。自 20 世纪 70 年代末以来，以英国电信的改革为标志，发达国家开始了在公用事业及自然垄断行业中引进竞争机制的改革，改革的方针和目标是“打破垄断、引入竞争、提高效率”，并取得了成效。例如，英国电力工业改革之后，1991 年到 1993 年发电企业的税前利润增长了 56.25%，劳动生产率提高了 59.3%，改变了电力供不应求的局面，电价呈下降趋势，服务质量改善。

在我国，公用企业的改革如铁路运输改革成果显著。2018 年是改革开放第 40 年，这 40 年也是中国铁路主动求变、突破藩篱，改革传统体制，由国民经济“瓶颈”成为国民经济“引擎”，由落后时代到引领创新，由追赶先进到世界领先的历史进程，由以下我国铁路运输改革的历程可见一斑。中国铁路改革从时间点上可分为三大过程。

1. 初步市场化（1991—2002 年）

在“八五期间”，铁路改革初步尝试市场化方向，部分试点单位进行政企分离尝试。铁道部希望通过融入市场经济改革解决对国家财政依赖的现状。党的十四大召开后，社会主义市场经济体制逐渐建立，改革开放和现代化建设进入新阶段，1993 年 1 月，铁道部全国铁路领导干部会议确立了铁路改革的基本思路，核心是把铁路传统的计划经济体制转换成市场经济体制。为了深化铁路改革，铁道部制定了《关于贯彻党的十四届三中全会决定，深化铁路改革若干问题的意见》，确立了铁路深化改革的总体目标：“在国家宏观调控下，发挥市场对铁路运力等资源配置的基础性作用，建立适应社会主义市场经济的铁路管理体制和运行机制，加快铁路建设，扩大运输能力，改善经营管理，提高经济效益，更好地为国民经济和社会发展服务”。

1993 年 2 月，经国务院批准，在原广州铁路局基础上成立了广州铁路（集团）公司

（以下称广铁集团），广铁集团是全路第一家铁路运输企业集团。1996 年广铁集团创建了全路第一家股份制运输企业——广深铁路股份有限公司，并在香港和纽约成功发行 H 股，2006 年 12 月 22 日在上海证交所成功发行 A 股。

2. 主辅分离（2003—2010 年）

铁路改革的第二阶段围绕着“主辅分离”的思想展开。2003 年年底，中国铁路剥离了集装箱、特种货物、行包行邮等资产，成立了中铁集装箱、中铁特货和中铁快运三大专业运输公司。至 2005 年年底，铁道部已将下属的 826 所中小学、65 所职业学校、208 所医院和 225 所幼儿园全部移交地方政府管理。2005 年铁道部撤销了铁路分局，实行铁路局直接管理站段体制，2009 年“主辅分离”改革继续推进，铁路开始将公、检、法部分移交地方政府。虽然大部分职能机关拥有了独立法人，但是从本质上并没有充分的独立自主权，“主辅分离”改革方向并未从实质上改变政企合一的状况。

前两阶段改革的失败，主要都是铁道部的自我改革为主，并未真正从根源上做到政企分离，对铁道部的核心体制并未触及。

3. 政企分离为起点，多重改革并行（2011 年至今）

随着铁路财务状况不断恶化，进行体制化改革不但是提高铁路效率的最优选择，也是在强大的财务压力下不得不做的动作。2011 年以来，政府不断提出铁路改革的总体方案，确立铁路的市场地位，使改革进入突破性阶段。

2012 年国务院发布《关于改革铁路投融资体制加快推进铁路建设的意见》，该文件主要从推进铁路投融资体制改革、多方式多渠道筹集建设资金、不断完善铁路运价机制、建立铁路公益性政策性运输补贴的制度安排、加大力度盘活铁路用地资源、强化企业经营管理提高资产收益水平、加快项目前期工作形成铁路建设合力等方面提出具体要求。文件对于推进铁路市场化有着标志性的作用。2016 年年初，发改委公布全面放开高铁公车票价定价权，改由中国铁路总公司自行定价，这是铁路票价市场化的一个重要标志。

2013 年政企分开后，改革开放以来困扰铁路多年的“政企不分”问题开始进入实质性解决与实施阶段，后铁道部阶段，铁路改革的重点逐步转向深化运输供给侧结构性改革。

2018 年 12 月，中央经济工作会议指出要加快国资国企改革，坚持政企分开、政资分开和公平竞争原则，做强做优做大国有资本，加快实现从管企业向管资本转变，改组成立一批国有资本投资公司，组建一批国有资本运营公司，积极推进混合所有制改革，加快推动中国铁路总公司股份制改造。2019 年 1 月，中国铁路总公司工作会议提出，加快推进铁总股份制改造为牵引，深化以经济效益为导向的制度改革。股份制是有效的资产组织形式，可以快速集聚社会资本，可以改善公司的资产基本面状况。同时，针对当前投融资问题，股份制改革将拓宽融资渠道、纾解融资压力。股份制改革在 2019 年成为改革重头戏。

腾讯（深圳市腾讯计算机系统有限公司）、吉利控股（浙江吉利控股集团）、顺丰入局铁路混改，基于推动股份制改造之上的混改试点有序推进。2018 年 4 月，腾讯和吉利控股组成的联合体成功拿下动车网络 49% 股权，成交价为 43 亿元，吉利控股占股 39%，腾讯占股10%，中铁总公司占股51%。7月5日，国铁吉讯科技有限公司正式揭牌成立。2017年12月，动车网络成立，是中铁总公司确定的下属企业中唯一经营动车组WiFi的企业。2018年8月29日，中铁顺丰国际快运有限公司在深圳揭牌成立，中铁快运占股55%，顺丰占股45%。

京沪高铁启动上市，铁路资产证券化有望提速。2019年2月26日，北京证监局官网公布了《中信建投证券关于京沪高铁首次公开发行股票并在主板上市辅导基本情况表》，这意味着中国铁路总公司控股企业京沪高速铁路股份有限公司正式启动A股上市工作。京沪高铁被誉为“世界上最赚钱的高铁”，2015年至2017年，已连续三年盈利，每年盈利分别为65.81亿元、95.27亿元、127.16亿元，2020年1月成功上市。京沪高铁全长1 318公里，纵贯北京、天津、河北、山东、安徽、江苏、上海七省市，连接“京津冀”和“长三角”两大经济区，是我国“八纵八横”高速铁路主通道的重要组成部分。京沪高铁的成功上市，有利于优化负债结构，进一步增强盈利能力，有望出现中国铁总、铁路旅客、民间资本三方共赢的局面，会为优质国有基础设施资产证券化改革探路。

未来混改力度加大，助力铁路建设。中国铁路总公司有望继中国联通之后，成为又一家在集团层面引入非国有资本、组建混合所有制股权结构的中央企业。按照《中长期铁路网发展规划》，到2020年，铁路网规模达到15万千米，其中高速铁路3万千米；到2025年，铁路网规模达到17.5万千米左右，其中高速铁路3.8万千米左右。我们可以预见未来十年仍是铁路建设的高峰期，资金需求仍然巨大。通过混合所有制改革引入非国有资本，是解决铁路建设尤其是支线铁路建设资金来源的一条重要途径。混改有利于稳定铁路的总负债和杠杆率，也有利于引入市场化运营机制，提升运营管理效率。

问题：

1. 你认为我国公用企业的改革方向是什么？
2. 国外公用企业改革进程对我国有什么借鉴意义？
3. 我国国家铁路局铁路运输业改革的目标模式是什么？
4. 我国国家铁路局铁路运输各个时期的改革特点是什么？

第四章 市场

本章主要根据经典的 SCP 理论框架介绍了市场结构、市场行为和市场绩效的有关内容，并尽可能对内容做了系统的归纳和整理。读者可以从中发现一个既能深入产业组织的具体环节，又有系统的逻辑框架的分析体系。

第一节 市场结构

一、市场结构的含义和基本类型

所谓结构，一般是指构成某一系统的各要素之间的内在联系方式及其特征。在产业组织理论中，产业市场结构是指企业市场关系的特征和形式。主要有以下四种市场关系：

（1）卖方（企业）之间的关系；

（2）买方（企业或消费者）之间的关系；

（3）买卖双方的关系；

（4）市场内现有的买方、卖方与正在进入或可能进入该市场的买方、卖方之间的关系。

从根本上说，市场结构是反映市场竞争和垄断关系的概念。在西方微观经济学发展的过程中，自张伯伦、罗宾逊夫人提出垄断竞争理论，并根据不同产业的市场垄断与竞争程度划分为四种不同类型的市场结构后，贝恩、植草益等著名学者在对本国产业市场不同的生产集中度作实证分析研究的过程中，将不同垄断和竞争程度的市场结构进一步具体化为实用性更强的不同等级的竞争型和寡占型市场结构。

（一）四种基本类型的市场结构

罗宾逊夫人在《不完全竞争经济学》中将市场结构分为完全竞争、完全垄断、寡头垄断、垄断竞争四种基本类型。

1. 完全竞争的市场结构

完全竞争也称为“纯粹竞争”，也就是说市场上不存在任何垄断因素。这种市场结构的特点是：

（1）产业集中度很低。市场拥有众多的买者和卖者，每个卖者提供的产品数量与每个买者购进的产品数量在市场总量中所占的比例很小，因此市场集中度很低，没有一个买者或卖者对市场价格有显著的影响力。价格是由市场总供给和总需求决定的，对于每个买者或卖者而言，他只能是价格的接受者，而不是影响者。

（2）产品同一性很高。产业市场内每个企业生产的产品几乎是同质的无差异产品，产品之间具有完全的可替代性，因此如果其中一个企业提高产品价格（无论幅度多大），所有的消费者都会转而购买其他企业的产品，用微观经济学的术语描述就是，该产品的需求价格弹性趋于无穷大。

（3）不存在任何进入与退出的壁垒。产业市场中不存在资金、技术或法律的进入和退出壁垒，新的企业进入该市场或原有的企业退出这个市场都是完全自由的。换句话说，在该产业的预期利润率很高的情况下，就会有许多企业试图进入，而如果产业的利润率下降到低于正常水平时，企业也会不断退出。

（4）完备信息。所有的买者和卖者都掌握与交易有关的一切信息。例如，顾客和生产企业全都知道各个企业的价格，企业不仅知道自己的销售收入和成本函数，而且也知道其他企业的销售状况和成本函数等。完备信息使交易双方能够充分比较、择优淘劣，促进竞争。同时，完备信息还使买卖双方都能作出最优的决策。

大多数农产品市场接近于完全竞争的状态，除此之外，现实社会中几乎没有一个行业市场真正具备以上四项条件。所以，完全竞争其实是一个理想的经济模型。当然，也可能有一些例外，例如发达工业经济中的期货市场。在这个市场上，交换的商品都是标准化的，例如“一级大豆，1 000 千克，于 5 月 1 日交货”就是一单元商品。期货交易的价格随时出现在交易所的电子屏幕和计算机网络中，交易所外没有资格连通计算机网络的交易人可以通过代理人询价。在发达的期货市场上，一般有大量的买者和卖者，每天的交易量相当大，个别买者和卖者要想操纵市场也是很困难的。

2. 完全垄断的市场结构

与完全竞争相对的另一个极端的市场结构是完全垄断，即只有一个买者或卖者的市场。垄断有卖方垄断和买方垄断，但是在经济学中通常只分析卖方垄断，并且总是假设买方是价格接受者，毫无市场力量，这样做可以把注意力全部集中到垄断方的行为上。但是在单一买方对单一卖方的双边垄断的情况下，双方均会施展策略，可以用博弈论分析其中的行为。完全垄断的市场结构的特点是：

（1）产业的绝对集中度为 100%，因为市场上只有一家提供产品的企业。

（2）没有替代产品。完全垄断企业出售的产品没有直接替代产品，所以它的产品的需求交叉弹性为零。

（3）进入壁垒非常高。如果某个行业市场的进入壁垒高不可越，它就成了垄断市场。首先是资本壁垒，即完全垄断企业的起始资本量很大，因此一般的企业难以进入；其次是技术性壁垒，即垄断者掌握了某种生产技术和诀窍，其他企业则没有，这个市场也就自然成了垄断市场，规模经济是一种被研究得最多的技术性壁垒；再次还有法律壁垒，有些独家经营的特权是由法律所规定并受到法律保护的，专利和版权就是法律特许的垄断；最后是策略性壁垒，企业即使没有上述三种壁垒，也可以通过其他方式高筑壁垒，例如巨额的广告投入。

完全垄断和完全竞争一样，是一种非常罕见的市场结构，在市场经济中尤其如此。一种产品往往有多种替代品，这些替代品也将构成竞争威胁。例如，在美国，邮政是联邦政府经营的仅有的几项商业之一。法律规定，任何私营企业不得从事一等邮件的传递业务（即平信业务），但不少私营企业开办了不受法律限制的快件邮递、包裹邮递等业务，由于服务质量较高，这些业务发展很快，从而对联邦政府的邮政垄断造成了相当大的竞争压力。

3. 寡头垄断的市场结构

寡头垄断市场是指少数大企业控制着产业市场大部分产品的供给，它们具有较高的市场份额。这是一种介于完全竞争和完全垄断之间、以垄断因素为主同时又具有竞争因素的市场结构。它的主要特点是：

（1）产业集中度高。由于产业市场被少数大企业所控制，它们生产和销售的产品在产业总生产量和总销量中占据了很高的比例，因此产业的集中度很高。

（2）产品基本同质或差别较大。这存在两种情况：一种是几个大企业提供的产品基本同质，没有大的差别，相互之间依存度很高；另一种是产品有较大差别，彼此相关度较低。

（3）进入和退出壁垒较高。产业内的少数大企业在资金、技术、生产和销售规模、产品知名度和美誉度、销售渠道等方面占有绝对优势，因此新企业很难进入这个行业市场与之抗衡，同时，由于垄断企业的生产规模大、投入资本量也很大，所以企业退出市场的壁垒很高。

寡头垄断是一种很普遍的市场结构形式，许多国家的汽车、钢铁、铝业、石油化工、电子设备和计算机行业都属于寡头垄断的市场结构。寡头垄断是产业组织理论重点研究的市场结构。

4. 垄断竞争的市场结构

垄断竞争是一种比较接近现实经济状况的市场结构，它介于完全竞争和完全垄断之间，且偏向于完全竞争。它的主要特点是：

（1）产业集中度较低。产业市场内企业数量较多，因此每个企业的市场占有率较低，没有市场力量。这是垄断竞争市场和完全竞争市场的共同点。

（2）产品有差别。这是垄断竞争与完全竞争市场结构的主要差别。产业市场内不同企业生产的产品是“不同质”的，它们销售在质量、外观、商标、售后服务和声誉等方面有差异的品牌产品，并且各家企业是它自己品牌的唯一生产者。由于这些产品差异的存在，使得企业能够在一定程度上排斥其他产品，享有一定的定价自主权，它所具有的垄断势力的大小取决于它在将自己的产品区别于其他竞争企业的产品方面获得的成功。因为实际上不同企业的差别产品之间仍具有较高的替代性（需求的交叉弹性大但不是无穷大），所以这种垄断性非常有限。

（3）进入和退出壁垒较低。新企业带着某种新品牌的产品进入市场和原有企业在它们的产品无利可图时退出市场都比较容易，这一点可是垄断竞争和寡头垄断市场结构一个很重要的差异。垄断竞争市场内企业的规模都不大，原始投入资本也比较低，因而新企业进入或原有企业退出的资本壁垒和技术壁垒都比较低，寡头垄断市场则与此相反。

（二）贝恩的市场结构分类

贝恩依据产业内前四位和前八位的行业集中度①指标，对不同垄断、竞争结合程度的产业的市场结构进行了分类，如表 4-1 所示。

表 4-1　贝恩的市场结构分类　　%

市场结构＼集中度	C_4值②	C_8值
寡占Ⅰ型	$85 \leqslant C_4$	—
寡占Ⅱ型	$75 \leqslant C_4 < 85$	或 $85 \leqslant C_8$
寡占Ⅲ型	$50 \leqslant C_4 < 75$	$75 \leqslant C_8 < 85$
寡占Ⅳ型	$35 \leqslant C_4 < 50$	$45 \leqslant C_8 < 75$
寡占Ⅴ型	$30 \leqslant C_4 < 35$	或 $40 \leqslant C_8 < 45$
竞争型	$C_4 < 30$	或 $C_8 < 40$

资料来源：J. S. 贝恩．产业组织．丸善出版社，1981：141-148.

（三）植草益的分类方法

由于各国国情不同，各国学者对本国产业垄断、竞争分类的具体标准不尽相同，但与贝恩的划分基本一致。日本著名学者植草益运用本国 1963 年的统计资料，对不同的市场结构所作的分类如表 4-2 所示。

表 4-2　植草益的市场结构分类

市场结构		C_8值（%）	产业规模状况（亿日元）	
粗分	细分		大规模	小规模
寡占型	极高寡占型	$70 < C_8$	年生产额>200	年生产额<200
	高、中寡占型	$40 < C_8 < 70$	年生产额>200	年生产额<200
竞争型	低集中竞争型	$20 < C_8 < 40$	年生产额>200	年生产额<200
	分散竞争型	$C_8 < 20$	年生产额>200	年生产额<200

资料来源：植草益．产业组织论．筑摩书房，1982：16.

① 行业集中度是指行业内规模最大的前几位企业的有关数值 X（可以是产值、产量、销售额、销售量、员工人数、资产总额等）占整个市场或行业的份额。具体可参见下文介绍。

② C_4 就是行业集中度指标，CR_4 指行业中规模最大的前 4 位企业的集中度，同理，C_8 就是行业中规模最大的前 8 位企业的集中度。

二、决定市场结构的主要因素

根据前文对市场结构的分类，我们不难发现一些决定市场结构的因素。应该说，决定市场集中度的因素很多，主要包括：

（1）市场集中度；

（2）产品差异化；

（3）进入和退出壁垒；

（4）市场需求的价格弹性；

（5）市场需求的增长率；

（6）短期成本结构。

上述因素是相互影响的，当其中一个因素改变时，也会导致其他因素的变化，从而使整个市场结构的特征发生改变。我们将主要讨论前三项因素。

（一）市场集中度

1. 含义

市场集中度是用于表示在特定产业或市场中，卖者或买者具有怎样的相对的规模结构的指标。由于市场集中度是反映特定市场的集中程度的指标，所以它与市场中垄断力量的形成密切相关，也正因为如此，产业组织理论把市场集中度作为考察市场结构的首要因素。

由于市场是由买方、卖方组成的，所以市场集中度也可以分为买方集中度和卖方集中度，但是买方集中的现象只出现在某些特殊的行业，产业组织理论研究的主要是卖方集中度。

2. 衡量指标

（1）行业集中度（concentration ratio）。行业集中度是最常用、最简单易行的绝对集中度的衡量指标。它是指行业内规模最大的前几位企业的有关数值 X（可以是产值、产量、销售额、销售量、员工人数、资产总额等）占整个市场或行业的份额。计算公式为：

$$CR_n = \sum_{i=1}^{n} X_i / \sum_{i=1}^{N} X_i \tag{4-1}$$

式中：CR_n——产业中规模最大的前 n 位企业的行业集中度；

X_i——产业中第 i 位企业的产值、产量、销售额、销售量、员工人数或资产总额等数值；

n——产业内的领先企业数；

N——产业的企业总数。

公式（4-1）中 n 的取值可以根据计算的需要确定，通常取 $n=4$ 或 $n=8$。贝恩是最早使用产业集中率指标对产业的垄断和竞争程度进行分类研究的学者。

行业集中度综合反映了企业数量和规模这两个决定市场结构的重要方面。但是，行业集中度也有一些不足：首先，行业集中度反映的只是最大的几个企业的总体规模，却忽略了其余企业的规模分布情况，因此是不全面的；其次，行业集中度无法反映最大的几个企业之间的相对情况；最后，这个指标难以反映市场份额和产品差异程度的变化情况。

由于不同行业或同一行业不同时期的特点不同，需要以不同的数值为基础计算产业集中率。例如，对于资本密集型的行业而言，使用以资产总额为计算基础的集中率进行比较意义就不大；对于劳动密集型的行业而言，使用以员工人数为计算基础的集中率进行比较也无法反映图 4-1 洛伦兹曲线真实的情况。销售额是最常用的计算基础，但是对于纵向一体化的企业而言，使用它就可能低估该企业在行业中的地位。

（2）洛伦兹曲线（Lorenz curve）。洛伦兹曲线是一种表明相对集中度的指标，它表明市场占有率与市场中由小企业到大企业的累计百分比之间的关系，见图 4-1。

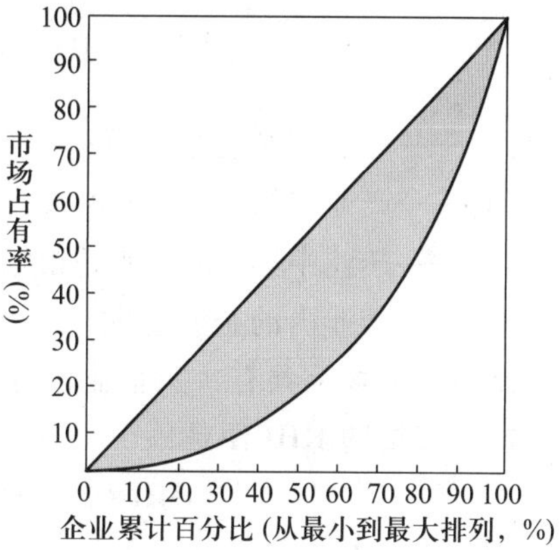

图 4-1 洛伦兹曲线

图 4-1 中横轴表示按规模从最小企业到最大企业数目的累积百分比，纵轴表示这些企业的销售额占市场销售总额的百分比，即市场占有率。洛伦兹曲线反映产业内全部企业的市场规模分布情况。当行业内所有企业的规模都相同时，洛伦兹曲线与图中的对角线重合，因此这条对角线又被称为均等分布线；当企业的规模不完全相同时，洛伦兹曲线是对角线（均等分布线）下方的一条曲线。一般来说，曲线越偏离对角线凸向右下角，就表明企业规模分布的不均匀度越大，换句话说，就是市场集中程度越高。当然，有一种情况洛伦兹曲线反映不出来，那就是当行业中只有极少数几个规模相同的企业时，使用洛伦兹曲线无法反映出这种寡头垄断的市场结构。

（3）基尼系数（Gini coefficient）。基尼系数也是一种相对集中度的指标，它建立在洛伦兹曲线的基础上，等于均等分布线（对角线）与洛伦兹曲线之间的面积（图 4-1 阴影部分的面积）与以均等分布线为斜边、以横轴为直角边构成的三角形面积之比，用公式表示为：

$$\text{基尼系数}=\frac{\text{均等分布线与洛伦兹曲线围成的面积}}{\text{均等分布线以下的三角形面积}} \tag{4-2}$$

洛伦兹曲线和基尼系数原来是经济学家用来反映收入分配不均的一对指标，产业组织学者利用它们来反映行业内部企业规模的不均。基尼系数的值在 0 与 1 之间变动，当基尼系数等于 0 时，表明洛伦兹曲线与均等分布线重合，即所有企业规模完全相等；当基尼系数趋向 1 时，表明企业的规模分布越来越不均等。

与产业集中率指标相比，洛伦兹曲线和基尼系数作为相对集中度指标，可以反映出某一特定行业市场上所有企业的规模分布状况，但是它也有一定的局限性。第一，洛伦兹曲线和基尼系数是对特定市场中企业规模分布情况的一种相对度量，而不是绝对度量，所以，由两家各自拥有 50%市场占有率的企业组成的市场，会与 100 家各自拥有 1%市场占有率的企业组成的市场具有相同的洛伦兹曲线，即均等分布线，它们的基尼系数都等于0，但是显然，这两种情况下的市场结构的性质是完全不同的。第二，当两条不同形状的洛伦兹曲线所围成的面积大小相等时，所计算出来的基尼系数的大小也就相等，因此，基尼系数并不能代表某一特定市场中唯一的一种企业规模分布的状况。由于洛伦兹曲线和基尼系数存在这样的缺陷，所以在使用它们衡量市场集中度和判断市场结构时，必须非常小心。

（4）赫芬达尔—赫希曼指数（Herfindahl-Hirschman index）。由于以上三个指标都有一些不足和缺陷，产业组织学者又引入了赫芬达尔—赫希曼指数，简称 HHI 指数。它是某特定行业市场上所有企业的市场份额的平方和，用公式表示为：

$$\mathrm{HHI}=\sum_{i=1}^{n}(X_i/X)^2=\sum_{i=1}^{n}S_i^2 \qquad (4-3)$$

式中：X——产业市场的总规模；

X_i——产业中第 i 位企业的规模；

S_i——产业中第 i 位企业的市场占有率；

n——产业内的企业总数。

比如，市场上共有 4 家企业，每家企业的市场份额分别为 0.4、0.25、0.17 和 0.18，那么这一市场的 HHI 便是：

$$\mathrm{HHI}=0.4^2+0.25^2+0.17^2+0.18^2=0.2838$$

HHI 值越大，表明市场集中度越高。当市场处于完全垄断时，HHI=1；当市场上有许多企业，且规模都相同时，HHI=$1/n$，n 趋向无穷大，HHI 就趋向 0。

同前面三个指标相比，HHI 有明显的优势。第一，HHI 包含了所有企业的规模信息，能够反映出行业集中度所无法反映的集中度的差别。例如，假定有两个市场，一个由 6 家企业组成，另一个由 8 家企业组成，这两个市场规模最大的前四个企业的市场占有率是相同的，这样当我们用 4 家最大企业规模计算的产业集中率 CR_4 来衡量两个市场的集中度时，就会发现它们是一样的，而如果使用 HHI，却可以反映出这两个市场集中程度的差别。第二，由于“平方和”计算的“放大性”，HHI 对规模最大的前几位企业的市场份额的变化反应特别敏感，因此 HHI 能够真实地反映市场中企业之间规模的差距大小。例如，对于两个由相同数量的企业组成的市场而言，企业间（尤其是最大的几个企业）市场份额的差距越大，HHI 的值就越大，表明市场的集中度越高，而产业集中率则可能无法反映这种差异。但是，我们也要看到，HHI 的优越性并不是没有代价的，为了计算某个特定市场的 HHI，必须收集到该市场上所有企业的市场份额信息，必须承认，这项工作的成本是比较高的。

1980 年日本公正交易委员会公布的分类方法就是以 HHI 为依据进行市场结构分类的，见表 4-3。

表 4-3　以 HHI 值为基准的市场结构分类　　单位：家

市场结构	寡占型				竞争型	
	高寡占Ⅰ型	高寡占Ⅱ型	低寡占Ⅰ型	低寡占Ⅱ型	竞争Ⅰ型	竞争Ⅱ型
HHI 值（0/10 000）	HHI≥3 000	3 000>HHI≥1 800	1 800>HHI≥1 400	1 400>HHI≥1 000	1 000>HHI≥500	500>HHI

资料来源：日本公正交易委员会编．日本的产业集中．

（5）熵指数（entropy index，EI）。熵指数借用了信息理论中熵的概念，其定义公式为：

$$EI=\sum_{i=1}^{n}S_i\log(1/S_i) \tag{4-4}$$

式中：S_i——产业中第 i 位企业的市场份额；

n——产业内的企业数。

比较公式（4-3）和公式（4-4）可以看出，HHI 和 EI 这两个指数之间有共同点，也有不同点。共同点在于这两个指数都反映了市场中所有企业的规模情况，并且都是企业的市场份额之和；不同点在于这两个指数分配给各个企业市场份额的权数不同，两者都对大企业分配了较高的权数，但重要程度有所不同。

3. 影响市场集中度的因素

产业市场内的企业规模和市场容量是影响市场集中度的两个主要因素。

（1）企业规模。在某个特定的产业的市场容量不变的情况下，少数企业的规模越大，市场的集中度就越高。那么，主要有哪些因素会导致企业的规模发生变化呢？

首先，是企业自身追求规模扩展的动机。对于追求利润最大化的企业而言，为了获得规模经济的效益，会力求把规模扩展到单位产品的生产成本和把销售费用降到最低水平；企业通过扩大规模，提高市场占有率，就可以在行业市场上获得一定的垄断力量，也就因此具备了谋取垄断利润的条件；此外，企业的经营者也会出于自身利益的需要而追求扩大企业的规模，因为企业的规模往往被视为经营者能力和成就的一种信号。

其次，技术进步为企业扩大规模提供了条件和可能。随着生产技术的发展，许多大型生产设备和生产线的出现，使产品生产经营的规模扩大，企业的规模也因此相应地扩大了。

最后，政府的政策和法律也会对企业规模产生影响。一方面为了防止垄断损害社会资源配置效率和市场竞争活力，许多国家都制定了反垄断法，限制大规模企业的联合和合并行为；另一方面，为了提高本国企业在国际市场上的竞争力，政府又会放宽对企业大规模合并和联合的限制，甚至采取一些优惠政策鼓励企业扩大规模。

（2）市场容量。市场容量缩小或不变会促进集中度的进一步提高，因为大企业会试图加强兼并来争取更大的市场垄断力量，获得更多的利润；反过来，市场容量扩大虽然可能有利于降低市场集中度，但是因为在市场容量扩大时，处于更优越的竞争地位的大企业常常率先发展，只有当市场容量的增长率很高且超出大企业扩张的速率时，才有可能降低市场集中度。导致市场容量发生变化的原因很多，包括经济发展速度、国民收入水平和消费结构的改变，以及国家的宏观经济调控政策等。

（二）产品差异化

1. 产品差异化的含义

所谓产品差异化，是指企业在其提供给顾客的产品上，通过各种方法造成足以引发顾客偏好的特殊性，使顾客能够把它同其他竞争性企业提供的同类产品有效地区别开来，从而达到使企业在市场竞争中占据有利地位的目的。

根据以上定义，我们不难发现，产品差异化是一种有效的非价格竞争手段。它的意义在于通过让顾客感知企业产品独特的差异性而影响他们的购买行为，使顾客对本企业提供的特定的产品产生偏好和忠诚，甚至不惜为此支付更高的价格。企业制造产品差异的途径非常多，例如，设计与众不同的产品外观、包装，赋予不同的品牌，提供特殊的服务，创造不同的分销渠道，或者是开展新颖独特的产品广告和促销活动。但是无论如何，企业的产品差异化行为都必须以顾客能够确实感知这种差异为目标。

2. 产品差异程度和市场结构

通过产品差异化，企业就可以寻找到属于自己的稳定的目标市场，它所生产的产品被其他竞争性产品替代的可能性也降低了，结果自然破坏了完全竞争的局面，使市场结构向着垄断竞争的趋势发展，最终甚至可能导致寡头垄断和完全垄断的市场结构。产品差异化主要是从两个方面对市场结构产生直接的影响：

（1）影响市场集中度。市场上规模较大的上位企业（即市场占有率领先的企业）通过扩大产品差别化程度，可以保持或提高企业的市场占有率，从而保持或提高市场集中度水平；市场上规模较小的下位企业也可以通过产品差异化提高自身的市场占有率，从而降低市场的集中度水平，或改变行业市场的规模分布结构。

（2）形成市场进入壁垒。现有企业的产品差异化可以使顾客对该企业的产品形成偏好甚至一定的忠诚度，这对于意图进入市场的新企业而言，无疑构成了一定程度的进入壁垒，也就是说，这些试图进入市场的企业也必须通过自己的产品差异化行为，寻找新的目标市场的顾客或者争取原有企业的顾客转换品牌。要做到这一点，需要付出更大的努力，因此，市场的产品差异化程度越高，新企业进入市场的壁垒也就越高。

3. 产品差异化的基本度量方法

（1）需求的交叉弹性。之所以可以采用需求的交叉弹性来测量产品差异程度，是因为产品差异化会导致产品的可替代性降低，而微观经济学正是用需求的交叉弹性来表示产品之间可替代性的大小。需求交叉弹性的定义公式为：

$$\theta_{ij}=\frac{\mathrm{d}q_i/q_i}{\mathrm{d}p_j/p_j} \tag{4-5}$$

式中：θ_{ij}——i 产品需求量对 j 产品价格的交叉弹性；

$\mathrm{d}q_i/q_i$——i 产品的需求变化率；

dp_j/p_j——j 产品的价格变化率。

对于同一产业市场上的 i 产品和 j 产品而言，当 j 产品的价格变化而 i 产品的价格不变时，如果 i 产品的需求量有较大的变化，说明 i 产品与 j 产品有较高的可替代性，也说明这两种产品的差别不大；反之，则说明这两种产品的差别较大。由于收集计算需求交叉弹性所需要的数据的难度较大，所以这个指标的实用价值相当有限。

（2）广告密度。为什么可以使用广告的有关数据来衡量产品差异化的程度呢？这是因为广告能够向顾客传递有关产品的价格、质量、功能、服务等多方面的产品特性信息，因此对于顾客感知产品差异、扩大顾客的心理偏好作用很大，尤其是消费品的广告，对顾客的购买决策有很大程度的影响。可以说，广告是企业用来传递产品差异信息最重要和最常用的手段。也正因为如此，研究产业组织学的学者很重视企业的广告活动，并用广告费用的绝对额和广告密度两项指标来衡量产品差别程度。广告密度的计算公式为：

$$\text{广告密度} = AD/SL \tag{4-6}$$

式中：AD——产品广告费用的绝对金额；

SL——产品销售额。

日本著名产业组织学者植草益对日本 31 个产业 1997 年的广告费用和广告密度进行了实证研究，并用广告费用的绝对额和广告密度两项指标对衡量产业市场的产品差别程度的标准作了如下分类：

① $AD/SL \geqslant 3.5\%$ 或 $AD \geqslant 20$ 亿日元，为很高产品差别产业，并且产业市场中存在重要的非广告性的产品差别因素；

② $1\% \leqslant AD/SL < 3.5\%$ 或 10 亿日元 $\leqslant AD <$ 20 亿日元，为高产品差别产业，并且产业市场上存在较为重要的非广告性的产品差别因素；

③ $AD/SL < 1\%$ 或 $AD < 10$ 亿日元，为中产品差别产业。

当然，除了上述两种定量的测量产品差异化程度的指标，还可以将形成产品差别的原因分解成多项可测定、可比较的因素，来比较同类产品的差别程度。例如，可以使用技术指标来表示产品性能的差别，用销售网络的状况来表示企业销售能力的差异，可以用顾客对服务的评分来表示产品服务质量的差别，等等。

由于广告对产品差异化程度影响较大，同时也由于广告活动的数据相对比较容易收集，因此在产业组织研究中，主要是通过广告费用的有关指标来分析产品差异化程度。

4. 产品差异化决策

我们已经说过，企业进行产品差异化的方法很多，归纳起来，有以下六个方面：

（1）产品主体差异化。根据营销学对产品的定义，产品包括核心产品、中间产品和延伸产品这三个层次。一般而言，同类竞争性产品的核心产品部分是基本一致的，也正是这种一致性使这些产品相互之间形成了一定的可替代性。然而，它们的中间产品和延伸产品部分却给企业提供了一个很大的产品差异化的空间，比如企业为其各自的产品赋予不同的品牌，设计不同的外观和包装，还可以通过提供不同的服务让顾客对产品产生不同寻常的感觉。产品主体差异化是企业最经常使用的差异化手段，也往往是最有效的一种手段。

（2）品牌差异化。品牌差异化也可以被看成是产品主体差异化的一个部分，但是由于近年来企业普遍对品牌策略给予了更高程度的重视，所以我们把它作为一种独立的差异化手段。所谓品牌差异化，不仅仅是企业要给自己的产品设计和注册一个不同的品牌名称，而且更要强调这个品牌名称必须能够让顾客对企业或企业的产品产生有效的联想，因此企业必须通过各种促销活动宣传产品品牌，丰富产品品牌的内涵，提高产品品牌的定位，树立良好的产品品牌形象，不断提高产品品牌的知名度和美誉度。我们甚至可以毫不夸张地说，在消费者的眼里，产品的品牌几乎就是产品所具有的全部差异的浓缩和象征，因此，企业必须重视产品的品牌差异化。

（3）价格差异化。价格差异化也是一种非常普遍而易操作的差异化手段。企业通过为自己的产品制定不同的价格，即高于或低于竞争性产品的价格，来提示顾客本企业产品差异的存在。比如，有的企业把自己的产品定位于高档产品，它的价格往往就始终高于其他同类竞争性产品，这个高价格传递给顾客的信息就是：这个企业（品牌）的产品质量比其他产品更好。而有的企业采取市场跟随者的竞争策略，在模仿领先者产品主体特征的同时，它的产品价格始终与市场领先者产品的价格保持一定的距离，这个低价格传递给顾客的信息则是：我们的产品与市场领先者的产品差别不大，但是我们的价格更便宜。通过实施这样的价格差异化策略，企业能够有效地把自己的产品同其他竞争者的产品区别开来，从而吸引不同偏好的目标顾客。

（4）渠道差异化。渠道就是分销产品的路径，企业通过为自己的产品选择不同的分销途径，也可以实现一定程度的产品差异化。比如，有的企业通过第三方中间商（包括批发商和零售商）销售产品；而有的企业通过自己建立的零售店直接把产品销售给顾客；有的企业采用的是无店铺销售，即没有零售网点，通过企业的销售人员直接与顾客打交道；有的企业采用特许经营的分销网络，等等。随着技术的发展，又出现了许多新的分销渠道，比如互联网，美国著名的计算机公司 DELL 就是一个利用网络分销产品的成功的例子。

（5）促销差异化。所谓促销差异化，就是企业通过利用独特的促销手段，包括广告、销售促进、人员推销和公共关系等，建立顾客对产品差异化的认知。有的企业非常重视广告媒体宣传，有的则重视人员推销，有的企业在利用公共关系方面获得了很大的成功，有的则擅长开展各种形式的销售促进。即便对于同样使用广告宣传的企业而言，也可以在所利用的具体媒体种类上形成差别，比如电视媒体、电台媒体、报纸和杂志媒体，还有各种各样的为企业所有的媒体。企业所有这些对不同促销手段的利用，都可以让顾客感知到企业与众不同的特色。

（6）服务差异化。服务可以被看作是产品的延伸部分，但是近年来，随着技术进步和激烈竞争的优胜劣汰，企业核心产品的差异化空间不断缩小，人们普遍对服务这个能为产品提供附加值的要素产生了高度的重视。尤其是对于与有形商品相对的服务产品而言，服务差异化通常是一种更为重要的差异化手段。

5. 产品差异的传播与沟通广告

（1）产品信息不对称问题。企业需要向消费者传播有关产品的信息，因为对于产品的提供者企业和产品的购买者、使用者顾客而言，存在着经济学中所说的信息不对称问题。广告就是一种非常有效的传播与沟通信息的方式。但是，对于不同的产品，企业的广告策略并不相同。如果消费者能够在购买之前通过检查确定产品质量，说明该产品具有“搜寻性品质”，比如家具和服装，我们称这种产品为“先验品”；如果消费者必须在消费产品后才能确定它的品质，说明该产品具有“经验性品质”，比如食品，我们称这种产品为“后验品”。研究表明，提供后验品的企业应该多做一些广告，而先验品则不必，因为消费者很容易鉴别它的质量。

如果市场上所有企业提供的产品没有很大的差异，那么对于单个企业而言，也没有做广告的必要。相反，对于产品差异程度较高的市场而言，广告几乎是必不可少的。美国学者格罗斯曼和萨波罗通过研究证明，有差别商品的市场上存在过度的信息型广告。在他们的模型中，企业出售有差别的商品，消费者只能通过广告知道某一特定品牌的存在。① 为了得到更多的消费者，企业必须做更多的广告来提高品牌的知名度和诉求重要的产品差异点。

（2）广告与绝对成本优势。一些经济学家认为，行业中现有企业做广告会对新企业进入市场造成进入壁垒。因为，企业做广告就是为了影响需求，消费者在广告的刺激下，会逐步培养起对某特定品牌产品的偏好和忠诚度。这样，新企业试图进入市场、获得新顾客或者争取原有企业的老顾客，都不得不花费更多的广告费用以影响消费者。为了成功地实现产品差异化，它所付出的代价往往比原有企业更高。新企业的市场渗透成本会造成新进入的企业不得不制定较高的价格，否则它就要承担不同程度的亏损。从这个意义上说，广告的确能够为原有企业创造出绝对成本优势。换一个角度看，原有企业通过广告进行的产品差异化沟通，构筑了一种进入障碍，而产品差异化本身确实是可以使原有企业保持并运用市场力量的基础之一。

当然，这种绝对成本优势的大小，或者说是进入壁垒的高低程度，主要取决于广告效果的持续时间。尽管产业组织学者对这个问题做了大量经济计量的研究，但结果并不一致。一些研究者发现某些商品的广告效果持续数年，而另一些研究者发现某些商品的广告效果仅在一年内有效。②

6. 不同产业市场的产品差异程度

由于不同产业的产品特征和性质的不同，企业进行产品差异化的空间和能力也有很大的差异，根据产品的差异化程度，可以对产业进行分类，即高度产品差异化产业、中度产品差异化产业、轻度产品差异化产业和产品差异化程度可以忽略的产业。③ 贝恩曾就美国经济中产品差别对不同产业部门影响程度的大小进行分析研究。其研究结果表明：产品差别一般对消费资料产业，尤其是耐用消费品产业较为重要，而对生产资料产业不那么重

① 丹尼斯·卡尔顿，杰弗里·佩罗夫．现代产业组织．黄亚钧，等，译．上海：上海人民出版社，1998.

② 丹尼斯·卡尔顿，杰弗里·佩罗夫．现代产业组织．黄亚钧，等，译．上海：上海人民出版社，1998.

③ 邬义钧，邱钧．产业经济学．北京：中国统计出版社，2001.

要。后来，日本学者植草益在贝恩研究的基础上做了进一步的研究，把产业分为中间品、投资品、耐用消费品和非耐用消费品四大类，并分析了这四类产业的差异化程度和原因。我们对这个研究成果做了进一步的归纳，结果如下：

（1）消费品产业。消费品产业包括耐用消费品和非耐用消费品两个产业市场。对于耐用消费品而言，消费者购买决策比较慎重，但是多数消费者又不具备鉴别产品物理特性差异的知识和条件。因此，这类商品在质量、广告、售中和售后服务等方面存在较大的产品差异化空间。除了部分低价产品外，产品差异化程度处于中等水平到高等水平之间。

对于非耐用消费品而言，多数产品的差异化程度在中等水平和高等水平之间，尤其是价格较高的消费品，其产品差异化程度更高。广告宣传对于非耐用消费品的顾客作用非常显著，往往可以造成消费者对某个品牌产品强烈的主观偏好。因此，非耐用消费品的产品差异化程度一般比耐用消费品还要高。

（2）工业品产业。所谓工业品，是指主要以企业为销售对象的用于生产的商品。根据植草益的分类方法，可以把工业品产业分为中间品产业和投资品产业两大类。中间品主要是用作各产业的工业消耗品及原材料等，投资品一般为生产设备和装置。对于前者而言，产品比较标准化和规格化，物理差异性较小，而且购买者多为企业，其具备鉴别产品物理特性差异的知识和测试手段，主观偏好不强烈，也不易受广告的影响，因此中间品产业的产品差异化程度都较小。对于后者而言，产品本身比较复杂，并且常常是根据客户的需要定制的，因此产品的物理差异比较显著，同时客户需要得到有关产品性能、使用方法的信息服务和售后维修服务，也容易形成产品的服务差别，广告宣传对投资品消费者的偏好也可以产生一定影响。所以说，投资品产业的产品差异化程度高于中间品产业。但是，从总体上看，工业品产业的产品差异化程度要比消费品行业低很多。

（三）进入和退出壁垒

在影响市场结构的诸多因素中，市场进入和退出壁垒是与集中度和产品差异化并列的一个重要因素。对进入和退出壁垒的分析，主要是从新企业进入市场的角度考察产业内原有企业和准备进入的新企业之间的竞争关系，以及最终反映出来的市场结构的调整和变化。一般产业组织研究更加重视研究进入壁垒，考虑到研究的完整性，本书对退出壁垒也做了相应的介绍。

1. 进入壁垒

（1）进入壁垒的定义。产业组织学中，关于进入壁垒有两个定义。一个定义是贝恩较早提出的。他在《对新竞争者的壁垒》一书中指出，进入壁垒（barriers to entry）是“和潜在的进入者相比，市场中现有企业所享有的优势。这些优势是通过现有企业可以持久地维持高于竞争水平的价格而没有导致新企业的进入反映出来的”①。从另外一个角度讲，进入壁垒也是指“潜在企业”或新企业在同原有企业竞争中所遇到的不利性障碍因素。另一个定义是施蒂格勒在其著作《进入壁垒、规模经济和厂商规模》中提出的，他认为进入

① G. J. 施蒂格勒. 产业组织和政府管制. 潘振民译. 上海：上海人民出版社，1996.

壁垒是新企业比老企业多承担的成本。

把这两个定义进行比较，可以发现施蒂格勒的定义更狭窄一些。根据施蒂格勒的定义，规模经济、资本需要量、产品差异化程度等在贝恩看来是进入壁垒的因素不再构成壁垒，而突出了政府管制（进入控制）构成壁垒的作用。施蒂格勒把规模经济排除在进入壁垒之外的观点，对 20 世纪 70 年代发展起来的“可竞争性市场”理论有很大的影响。“可竞争性市场”的理论家根据施蒂格勒的定义，认为既然新、老企业成本和需求条件相同，或实行“打了就跑”的策略，即以自身的最佳规模生产，如果价格下跌到无利可图甚至亏本的程度，就可以退出，因此问题不在最佳规模的大小，而在进退是否方便，即沉没成本的大小。根据这个理论，一个自然垄断产业也可以是“可竞争的”①。本书所采用的是贝恩所定义的广义的“进入壁垒”的概念，根据这个定义，构成进入壁垒的因素就包括很多，比如绝对成本优势、规模经济、产品差异化、政策法律制度、阻止进入策略行为等。

（2）进入壁垒的构成因素。

① 绝对成本优势。根据贝恩的观点，绝对成本优势就是，在特定的产量水平上，现有企业比潜在要进入的企业通常具有的以较低成本进行生产的能力，由于这种能力的存在，使得潜在的企业或新进入的企业在试图进入市场的过程中或进入市场以后与原有企业相比处于一种竞争的劣势。贝恩和曼恩分别通过对美国 20 个制造业和 13 个其他行业的案例研究，发现绝对成本优势壁垒的主要成因与现有企业对原材料的控制有关。而施蒂格勒认为，绝对成本优势壁垒的成因包括：

- 现有企业通过拥有主要专利来控制优异的生产技术；
- 现有企业相对于新企业而言，可以优先获得包括管理在内的高级稀缺资源；
- 现有企业常常能够从供应商那里以更优惠的价格得到批量的投入要素。

② 规模经济。根据规模经济的规律，新进入市场的企业只有在取得一定的市场份额之后才能获得生产和销售的规模效益，在这之前，新企业的生产和销售成本一定高于原有企业，从而处于竞争劣势。当然，为了获得生产的规模经济效益，新企业也可能试图以最低经济规模进入市场，但是那样会引起行业总供给量的大大增加，从而导致产品市场价格的大幅度下跌，甚至降到单位成本之下，结果很可能是得不偿失的。根据以上分析，规模的经济性确实是构成进入壁垒的一个重要方面。

③ 产品差异化。在产品差异化程度较高的行业市场中，产品差别往往是构成进入壁垒的一个更为重要的因素。原有企业通过长期的产品差异化努力，已经建立起了一定的产品（品牌）知名度和美誉度，在保证质量的前提下，企业只需通过少量的广告投入就可以维持顾客对本企业产品的忠诚度。但是对新进入的企业而言，为了寻找新顾客或争取原有企业的老顾客，通常会制定更低的价格，或者投入更大量的促销活动，无论是哪一种方式，成本都很高。这种成本劣势越明显，原有企业的产品差异化所造成的进入壁垒就越高。当然，这其中也有例外，即有些新进入市场的企业掌握着能够淘汰原有企业所提供的

① G.J. 施蒂格勒．产业组织和政府管制．潘振民译．上海：上海人民出版社，1996.

产品的新技术，对于这些新企业而言，进入壁垒就低很多。

④ 政策法律制度。政府在经济管理的过程中所制定的政策法律制度也是构筑进入壁垒的一个重要方面。德姆塞茨等学者认为，在某些产业中，企业经营需要获得批准和执照，企业进出口需要获得有关的许可证，资金筹措也要受到政府的限制，还有差别性的税收壁垒、专利制度等，都成为阻碍新企业进入的壁垒。并且，这种壁垒是很难用降低成本或增加广告费用等手段加以克服的。

⑤ 阻止进入策略行为。这是指寡头垄断行业中，现有企业通过相互协调，实施控制产业利润率、形成过剩供给、针对新企业的歧视性价格等一些阻止进入的策略和行为，由此形成阻碍新企业进入的壁垒。①

(3) 市场进入壁垒程度的度量。产业市场进入壁垒的高低可以使用两大类指标来衡量：

① 描述性指标。描述性指标主要指根据经济规模与市场总规模的比例、必要资本量、产品差异化程度、绝对费用、产业和企业的专利特许数量、交易和批准等各方面的制度规定等指标衡量产业市场的进入壁垒。

② 阻止进入价格指标。一个特定产业的进入壁垒的高低，可以用该产业的最高阻止进入价格高于该产业平均成本的百分比的大小来测定。所谓最高阻止进入价格，是指能阻止新企业进入的价格的最高值。当企业把价格定在完全垄断下利润最大化的价格水平（边际成本=边际收益）时，新企业还是无能或无意进入这个市场，那么这个产业市场的进入壁垒很高；如果企业把价格定在略高于完全竞争条件下的竞争价格水平（边际成本=边际收益），就能有效阻止新企业进入，那么这个产业市场的进入壁垒就很低。

(4) 贝恩的实证研究总结了不同行业进入壁垒的规模。贝恩根据上述两大类指标对美国不同行业的进入壁垒进行了实证研究，他的研究结果如表 4-4 和表 4-5 所示。

表 4-4　贝恩的进入壁垒（1）

行业	经济规模	产品差别	绝对成本	资本要求
汽车	3	3	1	3
卷烟	1	3	1	3
汽油	1	3	1	2
鞋	2	1~2	1	0
肥皂	2	2	1	2
钢铁	2	1	3	3
拖拉机	3	3	1	3
轮胎、导管	1	2	1	2

① 植草益．产业组织论．卢东斌译．北京：中国人民大学出版社，1988.

续表

行业	经济规模	产品差别	绝对成本	资本要求
肉类加工	2	2	2	0~1
水泥	2	1	1	2
面粉	1	1~2	1	0

注：数值越高，表明进入壁垒也越高。

表 4-5　贝恩的进入壁垒（2）

行业	总体壁垒	行业	总体壁垒
汽车	很高	面粉	中等偏低
卷烟	很高	水泥	中等偏低
汽油	很高	肉类加工	中等偏低
肥皂	高	轮胎	中等偏低
钢铁	高	人造丝	中等偏低
拖拉机	很高		

注：壁垒很高的行业可以使价格比竞争水平高 10%以上，高和中等偏低的进入壁垒分别允许价格超过竞争水平 7%和 4%。

2. 退出壁垒

（1）退出壁垒的定义。所谓退出壁垒（barriers to exit），就是企业在退出某个行业市场时所遇到的阻碍。对行业市场退出壁垒的深入研究比较晚，研究退出壁垒之所以也很必要，是因为行业市场退出壁垒的高低也会影响企业进入市场的决策：如果退出行业的成本高昂，企业进入市场的动机就会削弱。假定企业要进入一个特定的行业必须拥有专用性程度很高的资产，企业如果发现在该行业中获取非正常利润的机会很短暂，深思熟虑后它就可能决定不进入这个市场，但是如果进入和退出成本都很低，新企业就可以迅速进入，然后迅速退出，也就是所谓的“打了就跑”。

（2）退出壁垒的构成因素。如果企业主动或被迫要退出某个行业市场，却又难以退出，就表明这个市场上存在退出壁垒。退出壁垒的成因主要有以下三点：

① 资产专用性和沉没成本。如果企业投资的资产专用性很强，那么在企业退出这个行业时，这些巨额资产往往很难出售和变现。如果这些资产根本无法转卖或只能以相当低的价格转卖，那么出售价格和企业投资额扣除折旧后的剩余价值之间的差价就是沉没成本。沉没成本越大，企业退出市场的壁垒也就越高。

② 解雇费用。企业在退出某个市场时，必然会解雇员工。根据合同或国家劳动法律法规的规定，解雇工人可能必须支付退职金、解雇工资，企业如果需要转产，为了让原来的员工继续在企业里工作，就必须培训他们从事新工作的技能，培训费用就此发生，这些费用越大，企业退出某个市场的障碍也就越大。

③ 政策法律的限制。政府为了一定的目标，经常通过制定政策和法规限制某些行业的企业从市场上退出。比如，在电力和煤气等公用事业部门，政府出于确保稳定服务的目标，对有关企业的退出往往是加以限制的；对于某些非公益性的行业，如果实行的是特许经营制，政府也可能会阻止企业的退出。在一些发展中国家，政府为了控制价格总体水平，对某些基础行业实行限价政策，从而导致这些行业的政策性亏损，在这种情况下，如果企业想要退出这个行业，政府也可能会进行干预。

研究表明，构成进入壁垒的因素往往同构筑退出壁垒的因素紧密相关，因此在一般情况下，进入壁垒低的行业，退出壁垒也可能较低，这种行业的竞争性就比较强；相反，进入壁垒高的行业，退出壁垒也可能较高，这种行业的垄断性就比较强。当然，也会存在一些特例。

第二节　市场行为

一、市场行为的定义

市场行为是指企业在市场上为实现其目标（如利润最大化、更高的市场占有率等）而采取的适应市场要求不断调整其行为的行为。企业的市场行为（也可以简称为企业行为）受到市场结构的状态和特征的制约，反过来，市场行为也作用于市场结构，影响和改变市场结构的状态和特征。

产业组织理论主要研究的是寡头垄断（亦称寡占）型市场结构中企业的市场行为，原因在于：

第一，完全竞争和完全垄断形态的市场在现实经济中非常少见，并且这两种类型的市场结构中企业的市场行为通常可以忽略。对于前者而言，因为存在着大量的买者和卖者，所以单个企业是价格的接受者，而不是价格的制定者，任何一个企业的市场行为都无法对其他企业的行为产生有效的影响；对于后者而言，市场上只有一家企业，它就是价格的制定者，并且它的行为不受任何竞争行为的影响。

第二，寡头垄断是介于完全竞争和完全垄断之间的一种市场形态，由于市场上存在几个规模较大的相互依存、相互竞争的企业，所以每一家企业的市场行为都会对其他企业的行为产生有效的影响，研究这种市场中的企业行为就非常有意义。

我们把企业的市场行为分为两大类：市场竞争行为和市场协调行为。

二、市场竞争行为

市场竞争行为又可以分成三种具体的行为：定价行为、广告行为和兼并行为。

（一）定价行为

由于寡头垄断市场的情况非常复杂，经济学家对寡头企业定价行为的研究结果并没有形成完全一致的结论。在使用有关理论模型求解时，都需要严格的假定，不同学者的假定不同，由此得出的答案不同，也就不足为怪了。

寡头企业在决定均衡价格和产量时，不仅要考虑自己的决策对市场的影响，还要考虑竞争者对自己的决策的反应，然后再根据这种反应进行决策。推测竞争对手的反应时，通常有两种假定：第一种是假定竞争对手不会做出反应，继续保持原有的价格和产量；第二种是假定竞争对手认识到相互间的利害关系，采取了比较明智的反应。下面我们介绍几种有代表性的定价行为。

1. 掠夺性定价

（1）特征。掠夺性定价又称驱逐对手定价，是指企业为了把对手挤出市场和吓退试图进入市场的潜在对手，而采取降低价格（甚至低于成本）的策略。这种策略性行为有三个重要的特征：

① 在掠夺性定价中出现的价格下降，一般是暂时性的。如果价格降低到成本水平以下，发起企业就要承担亏损，但是在把竞争对手驱逐出市场之后，发起企业往往会再度把价格提升到可获经济利润的水平上，这个过程通常是“先亏损后盈利”的，因此掠夺性定价是企业以长期利润最大化为目标的策略性定价行为。

② 在掠夺性定价中企业发动暂时性降价，其目的是要缩减供给量，而不是扩大需求量，这一点非常重要，因为只有在有效控制供给量的前提下，发起企业在驱逐对手之后才能提高价格。

③ 一般情况下，采用掠夺性定价策略的都是市场上实力雄厚的大企业，因为对手可能不相信企业发出的威胁信号，或者采取“硬拼”的对策，发起企业就必须具备比对手更长时间地忍受低价造成的亏损的能力，这样才有可能获得最后的成功。

（2）后果和影响。掠夺性定价行为一般发生在大企业和小企业之间，大企业采用这种策略的目的主要在于驱逐或消灭现有的竞争对手或是教训不合作的竞争对手，但是同时它也向意欲进入市场的新企业发出了警告。对于现实经济而言，掠夺性定价并不是经常发生的，大企业可能更愿意通过兼并来消灭竞争者，因为兼并既能使企业免受短期甚至更长时期降低价格造成的利润损失，又有利于增强企业的实力和竞争力。但是，如果兼并成本太高，企业可能就会采用掠夺性定价的手段。

掠夺性定价对市场结构的竞争性将产生极为不利的影响，这是显而易见的。因此，有些国家的法律规定这种行为是非法的，但是困境在于：如何确定企业是否采用了掠夺性定价策略？为此许多经济学家和法学家进行了研究，有的认为应当以长期边际成本为标准，有的则建议用平均成本，但不幸的是，大多数用来确定掠夺的标准都难以付诸实践，主要原因有：第一，用来确定短期边际生产成本或平均可变生产成本的数据常常难以获取；第二，其他与价格掠夺无关的因素会对检验标准产生干扰。①

2. 限制性定价（阻止进入定价）

（1）短期限制性定价。限制性定价又被称为“阻止进入定价”，它是指寡头垄断市场上的卖主将价格定在足以获得经济利润、但又不至于引起新企业进入的水平上。早期的限制性定价模型归功于贝恩、莫迪格里安尼和西洛斯—拉比尼。在他们建立的模型中，有这样几个前提假设：

① 原有企业和潜在进入企业都谋求长期利润最大化；

② 潜在进入者相信，新企业进入后原有企业不会改变它的产量，因此它进入以后，行业的总产量等于它的产量和原有企业的产量之和，超出需求的供给将导致价格下降；

③ 原有企业很容易串通起来采取限制性定价的行为，并且通常是由占有优势地位的寡占企业与其他企业协调、并率先实施的。

我们可以发现，企业采用限制性定价的直接目的是阻止新企业进入市场，但实质上这是一种牺牲部分短期利润以追求长期利润最大化的行为，因此限制性定价同掠夺性定价一样，都是企业长期定价的策略性行为。有所不同的是，采用限制性定价的企业在短期内仍有“微利”可获，而采用掠夺性定价的企业在短期内处于亏损状态。

（2）动态限制性定价。一方面，如果一家企业在长期内确定价格（或产量）来减少或消除招致新企业进入它所在市场的动因，那么这家企业采取的就是动态限制性定价策略。比如，作为该行业价格制定者的一家大型主导型企业会限定价格以减少或消除一些作为价格接受者的竞争的小型从属企业。虽然主导企业有能力制定一个很高的价格并在短期内维持这个价格水平，但是它们往往并不愿意这样做，因为市场外潜在的进入企业看到的利润越高，它们就越可能迅速进入，如此最终将导致价格的下降。另一方面，如果主导企业为了阻止新企业进入而把价格定得很低，那么它自身在短期和长期里的盈利将极为菲薄。所以，市场主导企业经常采取的一种做法是先定一个高价，然后随着新企业的进入逐渐降低价格，这样做最符合企业追求长期利润最大化的目标。现实经济中，我们经常看到的情况正是如此，新产品刚刚导入时价格定得很高，然后迅速回落到竞争性价格水平；新兴产业发展初期，一家或几家企业占有很大的市场份额且竞争者很少，然后随着新企业的逐步进入，价格开始下降，最后一些新进入的跟随型企业由于无法承受低价造成的亏损，又不得不退出这个市场。

（3）影响限制性定价的主要因素。贝恩认为，影响限制性定价的主要因素有：

① 市场进入壁垒的高低。壁垒高，阻止进入的价格也高，因为壁垒高，新企业难以进入，所以阻止进入价格可高一些；壁垒中等，阻止进入价格就低一些；壁垒很低，新企业容易进入，要阻止其进入，必须按平均的甚至更低的利润水平来定价。

② 经济规模。在经济规模是主要的进入壁垒时，原有企业制定阻止进入价格的原则通常为：第一，使在非经济规模条件下生产的新企业无利可图，被迫退出市场；第二，适

① 丹尼斯·卡尔顿，杰弗里·佩罗夫．现代产业组织．黄亚钧，等，译．上海：上海人民出版社，1998.

当增加产量，减少新企业可能的市场份额，使新企业由于市场份额不足而无法进行规模生产，导致成本上升，最终退出市场。

（二）广告行为

广告行为是企业在市场上经常采用的一种主要的非价格竞争的方式。产业组织理论重点研究广告对市场结构与市场绩效的影响以及广告在不同行业的特点等问题。

1. 广告与信息披露

对于企业而言，广告最直接的作用就是信息披露。当然，广告既可以传达一些确凿的事实，也可以让受众形成一些模糊的认识，还能试图为企业本身、企业的产品和品牌创造良好的公众形象。

广告的信息内容取决于消费者能否在购买之前确定产品的质量。我们在前文中已经谈到，在产业组织学中，商品有“先验品”和“后验品”之分。所谓先验品，就是消费者能够通过检查在购买之前确定产品质量，我们说这种商品具有“搜寻性品质”，因此先验品也被称为“搜寻商品”，例如家具、服装以及其他主要性质可通过视觉或触觉检查而确定的商品；所谓后验品，就是消费者必须在消费产品之后才能确定它的质量的商品，这种商品具有“经验性品质”，因此也被称为“经验商品”，例如加工食品、软件设计和心理治疗。

对于不同种类的产品，企业所采取的广告策略是不同的。研究表明，搜寻商品的广告应提供有关产品性质的直接信息，比如实物图像（动态或静态）和相关的文字描述，并且不能包含虚假信息，因为消费者很容易鉴别。对于经验商品而言，广告本身就是所要传递的最重要的信息。企业往往不向消费者介绍产品本身，而是通过反复强调企业名称和品牌名称来加深消费者的印象，以提高企业和品牌的知名度为主要目的。研究还发现，如果从数量上加以比较，为经验商品所做的广告远远超过为搜寻商品所做的广告。

2. 广告行为对市场结构的影响

企业的广告行为对市场结构的影响表现在以下两个方面：

（1）广告与产品差异。广告是企业向消费者传递产品差异信息最重要的手段，因此企业通过广告中的有效诉求，可以让消费者深刻认知其产品与众不同的特点，从而与竞争者的产品区别开来。同时，我们也看到，广告本身也可以被看成是产品差异的一个组成部分。即使企业提供的产品与竞争者相比并没有突出的不同之处，它也可以通过做一个创意独到的广告而在众多产品广告中脱颖而出，为消费者所认知。

（2）广告与进入壁垒。广告会增强进入壁垒。我们在前文中已经讨论过，产业内原有企业通过大量的广告投入影响消费者的主观偏好，建立本企业及其产品品牌的知名度，甚至可以说他们所投入的广告费用已经变成了无形资产，潜在的进入者必须广泛地做广告，以克服原有企业所建立的商誉而形成的壁垒，并且它的投入将更大，这无疑使新进入的企业在竞争中处于成本劣势，所以说市场中原有企业所做的广告造成了一定程度的进入壁垒。当然，这种进入壁垒作用的强度取决于广告效果持续的时间。

从以上两个方面看，企业的广告行为将导致产业市场集中度的提高。当所有竞争性企业都从事广告活动时，它们的市场份额将随广告活动的成败而变化。成功的广告会使企业拥有更多的消费者，市场份额就会提高；失败的广告会使企业失去顾客，甚至不得不退出市场；此外，市场上原有企业所做的大量广告对意图进入市场的潜在企业构成了一定程度的进入壁垒，使它们“望而却步”。所有这些方面作用的结果就是产业市场的集中度提高。实证研究也表明，广告活动是竞争企业市场份额差距扩大的重要原因。

3. 广告在不同产业市场上的作用与特点

广告在不同产业市场上的作用和特点各不相同，美国著名的产业组织学者凯维斯对非耐用消费品、耐用消费品和中间产品这三种行业市场上企业的广告行为进行了研究。

（1）非耐用消费品行业。在非耐用消费品行业，广告对消费者形成的主观偏好影响很大，有利于形成产品差异，因此市场上的企业常常试图通过大量的广告投入来影响消费者的选择和建立品牌忠诚度。

（2）耐用消费品行业。在耐用消费品行业，由于产品差异程度主要由产品的性能、质量和销售服务水平决定，消费者在购买决策的过程中相当谨慎，受广告活动影响的程度相对非耐用消费品小，因此市场上的耐用消费品生产企业往往把广告费用占总销售费用的比例控制在一个很小的范围内，而把大部分的销售费用用于销售组织的建立和完善方面。

（3）工业品行业。在工业品行业市场上，产品或者比较标准化和规格化，或者是根据客户的需要定制，产品的购买者一般都是富有经验和鉴别能力的专家，因此消费品市场上的广告行为就不适用。工业品企业投入的广告费用很少，主要是做企业和品牌的宣传广告，而把大量的销售费用用于人员推销活动。

4. 广告的福利效果

广告对社会福利的影响一直是经济学界争论颇多的一个问题。在产业组织学中，对广告福利效果的褒贬主要体现在以下五个方面：

（1）广告能够降低消费者的搜寻成本。消费者通过广告可以迅速、方便地了解什么是他们需要的产品、在哪里可以买到这些产品和以什么价格购买。广告所传递的这些信息无疑可以降低消费者和企业之间交易成本中的一种——搜寻成本。

（2）价格广告能够增进社会福利。大量经验表明有关相对价格的广告会增加竞争并促进福利。提供相对价格信息的广告倾向于降低市场价格，并让顾客了解在哪里可以更低的价格购买他们需要的商品。如果价格较低的商店为它们的价格做广告并吸引了更多的消费者，这些商店的规模就会增加，市场平均价格也会因此下降。许多实证研究表明有关价格的广告降低了消费者支付的平均价格。①

（3）非价格广告能够克服劣质品问题。在某些市场上，消费者可能并不具备鉴别高质量产品和低质量产品的能力，由此企业就会感到出售高质量产品无利可图。但是如果企业通过广告显示了高质量，就可以吸引顾客试用并引致反复购买。因此，高质量产品的生产企业有更大的做广告的动机，因为这种广告能够导致反复销售，而低质量产品的广告只能

① 丹尼斯·卡尔顿，杰弗里·佩罗夫．现代产业组织．黄亚钧，等，译．上海：上海人民出版社，1998.

导致当期销售。从这种意义上看，广告的确具有优胜劣汰的作用。

(4) 广告过度问题。一些研究试图证明某些行业市场上企业做了过量的广告以诱使消费者购买产品，有的甚至是他们根本不需要的商品。企业为此投入的大量广告费用和消费者所购买的"没有效用"的产品都是对社会资源的一种浪费。

(5) 广告导致市场集中度提高。广告的确会导致不同程度的市场集中，有学者就此认为广告会损害行业市场的竞争性，从而最终导致垄断势力的形成，使社会总福利水平下降。

事实上，对所有这些方面的研究仍在继续，无论是通过理论模型的推导还是实证研究，学者们都没有能够得出一致的结论。可能我们不得不承认，广告的福利效果确实是正负兼有的。

(三) 兼并行为

1. 企业兼并的定义

企业兼并是指两个或两个以上的企业在自愿基础上依据法律通过订立契约而结合成一个企业的组织调整行为。由于组织调整行为是对市场关系影响最大的市场行为，因此产业组织理论对企业兼并行为的研究非常重视。

企业兼并是资本集中的一种基本形式。它的特点是：

(1) 伴有产权关系的转移。

(2) 通过兼并，原有企业的业务将集中到合并后的新企业中。

(3) 多家企业的财产变成一家企业的财产，多个法人变成一个法人。

2. 企业兼并的类型

企业兼并有如下三种类型。

(1) 横向兼并 (水平兼并)。横向兼并又称水平兼并，是指进行兼并的企业属于同一产业、生产同一产品或处于同一加工工艺阶段，例如，两家都生产化妆品的企业之间的兼并就是横向兼并。

(2) 纵向兼并 (垂直兼并)。纵向兼并又称垂直兼并，是指进行兼并的企业之间存在着垂直方向 (前向或后向) 的联系，分别处于生产和流通过程中的不同阶段。例如，生产整车的企业和生产汽车零部件的企业之间的兼并就是纵向兼并。

(3) 混合兼并 (复合兼并)。混合兼并又称复合兼并，是指分属不同产业、生产工艺上没有关联关系、产品也完全不同的企业之间的兼并。例如，生产个人计算机的企业和房地产企业之间的兼并就是混合兼并。

3. 企业兼并的动机

企业兼并的动机多种多样，主兼企业和被兼企业的动机也不相同，下面介绍的是主兼企业和被兼企业的几种主要动机。

(1) 主兼企业的动机。

① 获得规模经济的效益。这是企业兼并的一个非常重要的动因。企业通过兼并可以扩大生产和销售的规模，从而降低平均生产成本和销售成本，获得更高的利润。兼并后获

得的规模经济效益表现在以下方面：首先是技术上的规模经济效益。由于生产规模扩大了，设备专业化、生产自动化和连续化的水平也就可以提高，从而可以降低生产成本。其次是财务上的规模经济效益。企业兼并后由于大量购买原材料而可以获得更大的折扣；规模大、实力强的企业更容易向银行融资，贷款利率也往往更低。最后，还有一种所谓的“协同效应”，联合进行的互补性经济活动可以产生协同效应。比如，一家计算机硬件生产企业通过兼并一家开发能力强大的软件生产企业就可以获得协同效应。

② 提高市场竞争力和市场支配力量。对于企业而言，市场竞争能力的提高非常重要。企业希望通过削弱和消灭竞争者来获取更大的市场支配力量更符合常情。通过兼并，企业的竞争对手减少，市场占有率提高，企业影响和控制市场的能力也得到了加强，也就越有可能获得垄断的超额利润。我们在前面有关掠夺性定价的讨论中曾经提到，相对于通过掠夺性定价驱逐竞争对手这种方法而言，企业往往更愿意采用兼并的方法，因为这样可以避免企业短期内承受亏损。

③ 降低市场进入壁垒。在进入一个新的市场时企业通常会遇到一定程度的进入壁垒，兼并可以有效地降低这种壁垒。如果企业采用新建企业的方式进入一个市场，它必须在所有方面投入大量的资本，而且需要面对来自原有企业的全方位的抵抗，同时由于总供给水平的提高，产业市场的供求平衡将被打破，这样就可能会导致价格下降，引发价格战。但是，如果企业通过兼并产业市场中已有的企业进入该市场，所需投入的资本量相对较少，并且由于不对产业的总供给水平产生很大的影响，短期内产业内部的竞争结构仍将保持不变，因此，引发竞争者报复和价格战的可能性就大大减少了。

④ 降低资产经营风险。对于主兼企业而言，通过混合兼并可以实现多元化经营，这样自然可以分散企业的经营风险。

⑤ 单纯扩大规模，提高经理人员的声望。对于职业经理人员，企业规模的扩大往往可以给他们带来很大的个人成就感，有利于提高他们在市场上的声望，并最终影响他们的权力、收入和社会地位。从这个角度看，企业的经理人员具备单纯追求企业规模扩大的动机和倾向。

（2）被兼企业的动机。

① 减少资产经营风险。在经济不稳定时期，小企业总是最先受到不利影响的企业，因此如果能被一个实力雄厚的多元化经营的大企业兼并，就可以大大降低经营风险。

② 避免破产。为了避免破产而同意被其他企业兼并是一个非常重要的被兼并动机。企业的所有者和经营者通常对自己或自己经营的企业怀有深厚的感情，不愿意看到辛苦建立起来的企业毁于一旦，如果其他企业有足够的资金和丰富的管理经验使濒临破产的企业“起死回生”，该企业就可能选择被兼并。

③ 回收资本。通过兼并，被兼并企业的所有者就可以抽回全部或部分投入资本。

4. 企业兼并对市场结构的影响

研究表明，企业兼并是一把“双刃剑”，它所产生的效应既有积极的一面，又有消极的一面。就积极的方面看，兼并是推动产业存量结构调整的重要手段，通过企业兼并，生产要素得以向优势企业集中，社会资源配置得到优化，新兴产业中的企业通过兼并衰退行业中的企业而使自身发展壮大，衰退行业中的企业通过被兼并顺利退出这个行业。从消极的方面看，兼并导致的市场集中如果超过一定的限度，就会产生垄断势力，并由此带来垄断的低效率和社会总福利的损失，因此市场经济国家都非常重视通过适当的产业组织政策来调节企业的兼并行为，使其保持在一个适度的水平上。下面考察的是企业兼并行为对市场结构的影响，这种影响主要表现在两个方面：

（1）市场支配力量的加强和垄断的出现。大企业之间的横向兼并很可能使兼并后的企业获得更强大的市场支配力量。这种市场支配力量表现在提高产品价格、采取行动阻止新企业进入或驱逐竞争对手，从而最终形成垄断势力，同时在原材料供给方面大企业又会形成买方垄断。

（2）进入壁垒的形成。兼并还会导致进入壁垒的形成。比如，纵向兼并导致市场上产品的生产过程高度一体化，这样试图进入该产品市场的新企业也就必须在多个生产阶段同时进入，否则就不足以同现有企业竞争，但是这样无疑会大大提高新企业进入市场的资金投入和经营风险，实质上就是一种阻止其进入的壁垒。对于实现了混合兼并的企业而言，可以利用多产品和多市场的有利条件，实施限制性定价和掠夺性定价，从而巩固自己在市场上的垄断地位，这对意图进入市场的潜在企业而言，也构成了一种进入壁垒。当然，从另一个角度看，如果企业通过混合兼并可以进入一个新的市场，并且具备承担短期亏损的实力，这无疑有利于降低该市场的集中程度，促进竞争。

综上所述，企业兼并对市场结构的影响还是以加强集中度为主，尽管在某些情况下也会有利于促进竞争。

三、市场协调行为

（一）市场协调行为的定义

所谓市场协调行为，是指同一个市场上的企业为了某些共同的目标而采取相互协调的市场行为。竞争和合作是两种最基本的市场关系。在某些情况下，企业之间存在激烈的竞争而势不两立，但是在某些情况下，企业之间不得不相互妥协以求实现共同有利的目标。企业之间的市场协调行为通常并不是以明确的协定和契约来加以规范的，而是采取暗中共谋的形式，因为许多市场经济国家都制定了相应的法律来约束垄断势力的形成。市场协调行为可以分为两大类，即价格协调行为和非价格协调行为。非价格协调行为又以产品共谋为主，比如汽车产业中占支配地位的寡头企业作为车型变换的领导者，把自己设计的车型作为市场流行强加给消费者，其他企业为了避免产品竞争导致两败俱伤，就追随支配企业，开发款式相近的车型，这就是典型的产品共谋行为。

下面我们将主要讨论价格协调行为。所谓价格协调，就是企业间关于价格调整的协定和共同行为。最基本的价格协调形式是卡特尔和价格领导制。

（二）卡特尔

1. 卡特尔的定义

在寡头垄断市场上，某一企业的利润不仅取决于其自身的决策和行为，而且受到其他企业决策和行为的影响。这种相互依赖的关系使得追求利润的企业认识到他们可以通过结成同盟来避免竞争。若干个企业为达到稳固地垄断市场的目的而结成联盟，这样的组织就是卡特尔。

卡特尔在大多数发达工业国家是非法的。其中，美国对反托拉斯的立法、执法都比较严格，尽管如此，暗中的、策略性的价格合谋还偶有发生。在国际上，最有影响的卡特尔要数石油输出国组织（OPEC），这是一个 1960 年成立的由阿拉伯主要产油国家组成的卡特尔。

2. 卡特尔的经济学分析——合作型的寡头垄断模型

前提假定：产业市场的总需求函数为 $P=A-Q$。市场上有 A、B 两个企业，它们的成本函数同为 $C(q)$。

推导和分析：如果 A、B 结成卡特尔，它们的决策就等同于一个拥有两个工厂的垄断企业的决策，即边际收益与每一个企业的边际成本相等，即：

$$MR(q_1+q_2)=MC_1(q_1)=MC_2(q_2)$$

结论：在这样的产量决策下，卡特尔实现了最大的垄断利润。

3. 卡特尔的不稳定性分析

根据以上的经济学分析，我们看到，对于整个卡特尔来说，在最优垄断产量条件下，边际成本等于边际收益，一旦产量超出垄断产量的水平，卡特尔的利润就会降低。但是对于个别卡特尔成员来说，当一个成员增加产量而其他成员的产量不变时，由于增产导致的收益增加全部由该成员取得，而增产导致降价所带来的收益损失却是由全体成员分担。这样，尽管增产对整个卡特尔组织而言，将导致边际收益小于边际成本，但是对于某个增产的卡特尔成员而言，却是边际收益大于边际成本，因而是有利可图的。

在卡特尔里，谁背离合同，谁就能够得到更多的利润，相反，谁忠于合同，谁的利益就会受损。意识到这一点，每个成员都会偷偷违背合同，进行超量生产。如果每个成员的产量都超过限额，卡特尔也就失去了垄断市场的作用，卡特尔就会崩溃。如果没有成文契约或其他制约机制，卡特尔将非常不稳定。但是，恰恰在许多国家，卡特尔是非法的，因此卡特尔只能利用不成文的默契来监督成员、惩罚违约行为。在成员较少的情况下，监督成本比较低，但是如果成员众多，就很难实行监督了，因此卡特尔也就更加不稳定。

有学者认为，卡特尔成功必须具备两个条件：第一，一个稳定的卡特尔组织必须要在其成员对价格和生产水平达成协定并遵守该协定的基础上形成。但是，由于不同的成员可能有不同的成本，有不同的市场需求，甚至有不同的目标，所以它们想要制定的价格水平并不完全一致。此外，如前所述，卡特尔的成员还受到增加产量以获取更大的收益和市场份额的“背叛”卡特尔组织的诱惑，因此卡特尔组织必须通过发出某种威胁（如长期价格将回到竞争性市场的水平）来阻止成员发生背叛。第二，取决于垄断势力的潜在可能。

即使一个卡特尔能够解决组织上的问题，如果它面临的是一条高度弹性的需求曲线，它提价的余地也很小。因此，潜在的垄断势力可能是成功最重要的条件，如果获取潜在的垄断势力的可能性很大，卡特尔成员将有更大的意愿来解决组织上的问题。①

（三）价格领导制

1. 价格领导制的定义

所谓价格领导制，是指在某一产业市场中，一家企业首先改变价格，其他企业则跟随这个企业采取相应的行动。由于不同产业的市场结构条件不同，价格领导的形式也各不相同，主要有以下三种模式：

（1）主导企业领导定价模式。主导企业通常规模很大，甚至占据50%至95%的市场份额。在这种情况下，小企业会自愿或被迫采取跟随策略。

（2）串谋领导定价模式。适用于这种定价模式的产业的市场集中度（CR_4）大多处于中等以上，其中规模较大的主导企业的市场份额多在20%至30%之间，寡头垄断企业之间成本结构大体相同，它们共同决定适宜的价格水平，并得到其他小企业的追随。

（3）晴雨表式领导定价模式。由于产业的集中度较低，所以这种定价模式更接近于竞争市场，其中的领导企业只是最先宣布价格变化，因为它对市场条件的变化更具有敏感性和预测能力。由于实力差距不大，企业之间的行动无法很好地协调，领导者也经常发生变换。

2. 主导企业模型（斯塔克尔伯格模型）

在某些寡头垄断市场上，一家大企业拥有总销量的主要份额，而一组较小的企业则供给市场的剩余部分。在这种情况下，这家大企业就会以主导企业的身份确定一个能够实现其最大利润的价格，而其他的那些单独对价格影响力很小的企业就会像完全竞争中的企业那样，把主导企业所确定的价格作为给定，并据此安排自己的产量。这就是主导企业模型。

（四）市场结构与价格协调行为

市场结构对企业之间的价格协调行为有很大程度的影响。一般而言，集中度越高的市场，企业之间价格协调就越容易。如果市场上企业数量众多、实力相差不大，由于各个企业对未来预期的差别很大，就容易发生调整利润的各种摩擦，目标价格难以协调。另外，产品差别小的产业容易进行价格协调，产品差别程度越高的行业，市场价格协调的难度也越高。原因在于：首先，当不同企业的产品之间存在较大的实质性差异时，企业之间的独立性较强、相互依赖性较弱，价格协调就更困难；其次，如果产品差异主要由地理差别和消费习惯的差异造成，那么价格协调的难度就更大；最后，由于产品差别度大，不同企业的生产成本就有很大的不同，能够接受的价格水平也不同，因而价格协调就非常困难。

① 周惠中．微观经济学．上海：上海人民出版社，1997.

第三节 市场绩效

一、市场绩效的定义

市场绩效是指在一定的市场结构中，由一定的市场行为所形成的价格、产量、成本、利润、产品质量和品种以及技术进步等方面的最终经济成果。市场绩效反映了在特定的市场结构和市场行为条件下市场运行的效果。

产业组织理论对市场绩效的研究主要从两个方面进行：第一，对市场绩效本身进行直接的描述和评价；第二，研究市场绩效与市场结构和市场行为之间的关系。本节的主要内容就是第一方面的研究，第四节将从第二方面展开讨论。

二、绩效指标

如何定量地反映市场绩效？这是产业组织学者长期以来一直非常关注的问题。下面介绍三个常用的指标。但是必须记住，这些指标并不是完美的，因为它们本身无法同经济活动的目标完全吻合；其次在计算的过程中，还会存在基础数据的不足和偏差。

（一）利润率（收益率）指标

这是一个比较常用的重要指标。利润率的一般计算公式是：

$$R=(\pi-T)/E \quad (4-7)$$

式中：R——税后资本收益率；

π——税前利润；

T——税收总额；

E——自有资本。

之所以可以使用利润率指标来描述市场绩效，是因为微观经济学理论认为，在完全竞争的市场结构中，资源配置实现最优，该市场上的所有企业都只能获得正常利润，且不同产业的利润率水平趋向一致。也就是说，产业间是否形成了平均利润率是衡量社会资源配置效率是否达到最优的一个最基本的定量指标。我们在下文中将对社会资源配置效率做进一步的讨论。

根据以上理由似乎可以推断，利润率越高，市场就越偏离完全竞争的状态，因此利润率也被作为研究市场结构对市场绩效影响的一个指标。以贝恩为代表的产业组织学者相继对不同产业的长期利润率同市场结构的若干要素（如市场集中度）之间的相关关系进行了实证研究。贝恩的研究结果表明，随着集中度的提高，产业长期利润率也有所提高，但是这两个指标之间的正相关度并不显著（相关度系数=0.28）。综观而言，所有这些研究都未能证实理论上关于市场集中度与行业长期利润率正相关的结论。其中有些研究发现了两者之间微弱的正相关，有些则根本没有发现，还有一些研究本身存在着严重的数据缺陷或概念错误。①

如何解释这些研究的结果呢？首先，不同行业、不同企业计算成本及利润的方法和口径常常可能不同，即使是很微弱的基础数据的偏差都会使结论产生很大的偏差。其次，我们也必须认识到导致行业、企业利润率偏高的因素很多，绝不仅仅是垄断势力引起的。引起超额利润的因素至少还有：第一，作为风险性投资报酬的风险利润；第二，由不可预期的需求和费用变化形成的预料外的利润；第三，因成功地开发和引入新技术而实现的创新利润。因此，在考察垄断因素引致的资源配置非效率的时候，必须从特定产业的利润中扣除上述利润后才能作出判断。②

（二）勒纳指数

勒纳指数（Lerner index）度量的是价格与边际成本的偏离率。其计算公式为：

$$L=(P-MC)/P \tag{4-8}$$

式中：L——勒纳指数；

P——价格；

MC——边际成本。

勒纳指数的数值在 0 到 1 之间变动。在完全竞争条件下，价格等于边际成本，勒纳指数等于 0；在垄断情况下，勒纳指数会大一些，但不会超过 1。从直接的角度观察，勒纳指数越大，市场的竞争程度就越低。必须了解的是，勒纳指数本身反映的是当市场存在支配能力时价格与边际成本的偏离程度，但是却无法反映企业为了谋取或巩固垄断地位而采取的限制性定价和掠夺性定价行为（在这两种情况下，勒纳指数接近 0，但是却不表明该市场是竞争性的）。此外，在实际计算过程中，由于边际成本的数据很难获得，常常要使用平均成本代替边际成本，从而可能使结论失真。

（三）贝恩指数

贝恩指数（Bain index）是著名的产业组织学学者贝恩提出的一个指标。他把利润分为会计利润和经济利润两种，它们的计算公式分别是：

$$\pi_a=R-C-D \tag{4-9}$$

式中：π_a——会计利润；

R——总收益；

C——当期总成本；

D——折旧。

$$\pi_e=\pi_a-iV \tag{4-10}$$

式中：π_e——经济利润；

① 周惠中．微观经济学．上海：上海人民出版社，1997.

② 植草益．产业组织论．北京：中国人民大学出版社，1998.

i——正常投资收益率；

V——投资总额。

于是贝恩指数为：

$$B=\pi_e/V \tag{4-11}$$

实际上，贝恩指数代表的是行业的超额利润率。它的理论依据是，市场中如果持续存在超额利润（或者说经济利润），那么一般情况下就表明该市场上存在垄断势力，且超额利润越高，垄断力量越强。

与勒纳指数相比，由于贝恩指数所要求的基础数据相对比较容易取得，产生系统偏差的可能性就减少了。但是，这两个指标与利润率指标一样，都建立在不完全的理论假定基础上，因为企业或行业所获得的高利润并不一定是通过垄断力量实现的，而确实存在垄断力量的市场的这些指标也不一定就表现得更高，因为垄断企业往往会出于驱逐竞争对手和阻止新竞争者进入的目的而制定低价格，使行业市场显得无利可图。

三、市场绩效的综合评价

我们曾经定义过，市场绩效反映了在特定的市场结构和市场行为条件下市场运行的实际效果。但是，从另外一个角度看，市场绩效也表示最终实现经济活动目标的程度。由此可见，绩效的衡量同经济活动的目标密不可分。在产业组织学中，我们指向的经济活动目标，主要不是企业层次上的，而是产业和整个国民经济层次上的。那么，在对市场绩效进行评价之前，就必须首先了解产业和国民经济层次上的目标具体是什么。毋庸置疑的是，这个目标本身是多元化的，但是从经济学的角度看，社会福利是最主要、也是最具综合性的目标。当然，社会福利目标本身也包括社会经济活动的效率、公平、稳定和进步等多层次、多方位的内容，这就决定了对市场绩效的评价必然是多层次、多方位的。下面将从产业的资源配置效率、产业的规模结构效率、产业技术进步等方面直接或间接地展开评价。

（一）产业的资源配置效率

1. 衡量资源配置效率的直接指标

规范的微观经济学认为，市场机制的正常运行能保证资源的最佳配置，表现为社会总效用或社会总剩余的最大化，即社会福利的最大化。经济学家们一般用消费者剩余、生产者剩余和社会总剩余这三个指标来全面分析和衡量社会资源配置的效率状况。消费者剩余是指消费者从按某一特定价格购买一件商品所获得的效用中减去为此所支付的价格之后的净得利益；生产者剩余是销售收入和生产费用的差额；社会总剩余是消费者剩余和生产者剩余之和。对于这些内容，微观经济学做了很详细的讨论。

在产业组织学的研究中，常常会使用利润率作为衡量行业市场资源配置效率的指标。我们提到过，微观经济学的研究表明，在完全竞争的市场结构中，通过资源在产业间和企业间的自由流动，各产业、各企业的长期利润率趋于平均化，所有的产业和企业都只能获得正常利润，因此可以使用利润率作为衡量产业资源配置效率的指标。至于利润率指标，我们在前文中已经做了较为深入的讨论。

2. 产业的市场结构和资源配置效率

微观经济学的理论研究表明，一般情况下，市场竞争越充分，资源配置的效率就越高；与此相反，市场垄断程度越高，资源配置效率就越低。福利经济第一定理表明：完全竞争市场经济的一般均衡是帕累托最优的。一般均衡表明整个经济处于效率状态，因此，所有的消费活动都是有效率的，所有的生产活动也都是有效率的，并且消费和生产活动是协调一致的，即对于任何两种资源，所有消费者的边际消费率全部相等，所有生产者的边际技术替代率都相等，而且边际消费率与边际技术替代率也相等。尽管这个定理本身也有某些不严密性，受到了某些学者的质疑，但是对于完全竞争的市场结构能够实现资源配置的最优状态这一点，绝大部分的经济学家是深信不疑的。

与理想的完全竞争市场相比，垄断市场的供应量比完全竞争市场低，而垄断价格通常比竞争价格高。经济学的分析表明，与完全竞争的市场相比，垄断企业通过以较高的价格和较低的产量提供商品，攫取了一部分消费者剩余，使消费者剩余减少；但是同时，还导致了一部分剩余的永久性损失，即所谓的社会福利的净损失，或称效率损失。

当然，垄断所导致的社会福利的损失不仅仅表现在上述一个方面，我们知道，垄断企业为了谋取和巩固垄断地位经常需要采取一些特殊的手段并为此支付巨额的费用，比如广告和特殊的产品差异化、设置人为的进入壁垒等。经济学家认为，只要是为竞争市场所不必要的手段及其开支，都可以看作是一种社会资源的浪费。

3. X 非效率

所谓 X 非效率，是指在垄断企业的大组织内部存在着资源配置的低效率状态。这一概念是由美国哈佛大学教授莱宾斯坦首先提出的。莱宾斯坦提出这个概念的目的，“就是要说明，免受竞争压力的保护不但会产生市场配置的低效率，而且还会产生另外一种类型的低效率：免受竞争压力的企业明显存在超额的单位生产成本。因为这种类型的低效率的性质当时尚不明了，所以称作 X 低效率”①。

莱宾斯坦、弗朗茨以及日本产业组织学者马场正雄等人的研究表明，大企业内部普遍存在 X 非效率的主要原因有：

(1) 企业内不同集团的利益目标的不一致。企业是由股东、职业经理、一般雇员等不同集团共同组成的。当企业处于垄断地位时，企业没有外患，内部集团的行为目标就会发生分化，各集团都试图追求各自利益的最大化，从而导致企业效率的下降；尤其是职业经理，他们除了关心利润以外，对企业规模同样很关注，因为企业规模的大小同他们在市场上的声誉和形象息息相关，这样他们就可能会置效率于不顾而追求单纯的企业规模的扩大。

(2) 企业规模扩大导致组织层次增加、信息沟通的速度和质量下降，从而使企业的管理成本上升、效率下降。此外，从团队工作的角度观察，企业越大，成员“搭便车”的动

① 罗杰・弗朗茨 . X 效率：理论、论据和应用 . 上海：上海译文出版社，1993.

机也往往越强烈，因此必须加强监督和激励。但无论是有效的监督还是有效的激励，成本都是很高昂的。

(3) 垄断企业在没有竞争压力的条件下，缺乏成本最小化的动机。这样，就很难避免产生低效率的选择和行为。

尽管学者们对X非效率的成因做了深入的探讨，但是对于如何测量企业或产业的X非效率，却没有给出一个令人满意的答案。

(二) 产业的规模结构效率

规模经济通常是指产品的单位成本随规模即生产能力的提高而逐渐降低的规律。规模经济可以分为四个层次，即产品规模经济、工厂规模经济、企业规模经济和行业规模经济。在产业组织理论中，规模经济是一个很重要的指标。不过，它考察的对象通常不是某个具体的企业，而是整个产业。下面首先介绍与产业组织学研究最相关的两个层次的规模经济：企业规模经济和行业规模经济。

1. 企业规模经济和行业规模经济

企业规模经济是指企业自身通过横向一体化或纵向一体化所实现的规模效益。形成企业规模经济的主要原因是，企业规模的扩大可以大大增强企业的竞争能力以及承担亏损和抗风险的能力，同时还可以大量减少采购成本和销售费用。

行业规模经济是指，当某个行业总产量扩张时，如果能使行业内部的企业提高专业化程度，降低单位成本，表明行业的长期供给曲线是向下倾斜的，该行业就是一个规模报酬递增的行业。行业的规模效益与行业内企业的外部经济和不经济相关。

2. 产业规模结构效率的衡量

产业的规模结构效率反映了产业经济规模和规模效益的实现程度，是市场绩效的重要方面。产业规模结构效率既与产业内单个企业的规模经济水平密切相关，还反映出产业内企业之间的分工协作水平的程度和效率。衡量某个特定产业的规模结构效率可以从三个方面进行：

(1) 用达到或接近经济规模的企业的产量占整个产业产量的比例来反映产业内经济规模的实现程度；

(2) 用实现垂直一体化的企业的产量占流程各阶段产量的比例来反映经济规模的纵向实现程度；

(3) 通过考察产业内是否存在企业生产能力的剩余来反映产业内规模能力的利用程度。

3. 产业规模结构效率的三种状态

产业内企业规模经济性的实现可分为三种状态：

(1) 低效率状态。低效率状态即市场的主要供应者是未达到获得规模经济效益所必需的经济规模的企业。这种状态表明该产业未能充分利用规模经济效益，存在着低效率的小规模生产。

(2) 过度集中状态。过度集中状态即市场的主要供应者是超过经济规模的大企业。由于过度集中，无法使产业的长期平均成本降低，在这种情况下，大企业的市场力量得到了过度的增强，反而不利于提高产业资源配置效率。

（3）理想状态。理想状态即市场的主要供应者是达到和接近经济规模的企业。这表明该产业已经充分利用了规模经济效益，产业的长期平均成本达到最低，产业的资源配置和利用效率达到了最优状态。

在市场经济发达的国家，如美国、欧洲各国和日本，多数产业（贝恩对美国的研究结果是70%~90%）已经实现了产业规模经济水平的理想状态，即主要生产企业都是达到经济规模的企业，尤其是那些规模经济性显著的产业，如钢铁、石油化工、汽车、家电等。而在另外一部分产业中，存在着超经济规模的过度集中。贝恩发现，许多过度集中的产业中大企业的生产成本比规模较小的企业高，可见过度集中实际上降低了产业的规模结构效率。

与此同时，研究也表明有一部分产业尽管长期处于产业规模结构的低效率状态，但市场中的企业却仍然能够获得一定的利润。日本学者越后和典认为造成这种现象的主要原因可能有：

（1）产品差异化。小企业通过有效的产品差异化，可以找到自己的目标市场顾客，即使价格比较高，顾客也会愿意购买自己所喜欢的有特色的商品，此外企业还积极行动以有效地保持这些顾客对他们的企业及其产品、品牌的忠诚度。

（2）廉价劳动力。小企业可以通过雇用低工资的劳动力来转嫁小规模生产导致的成本上升，这种状况在劳动密集型的产业中非常多见。

4. 影响产业规模结构效率的主要因素

（1）产业内的企业规模结构。产业内的企业规模结构是影响产业规模结构效率的重要因素。企业规模结构是指产业内不同规模企业的构成和数量比例关系，它同时反映了大型企业和中小型企业所占的比例。根据不同产业的特点，形成大、中、小型企业按照一定的比例组合的规模结构，有利于整个产业实现生产的协同效应。其中，大企业担负开拓市场、设计新产品、使用大型自动化生产线完成产品总装的工作，中小型企业则通过专业化为大企业提供零部件等配套产品，这样的协作可以从整体上发挥产业的规模经济水平。

（2）市场结构。市场结构是影响产业规模结构效率的直接因素。大量实证研究表明，产业市场的过度集中和分散都会降低产业的规模经济水平。一方面，在市场集中度过高的产业中，处于垄断地位的大企业的生产成本常常高于规模较小的企业，因为存在着X非效率，同时垄断还会导致整个产业市场的效率损失，使产业无法实现规模经济效益。另一方面，在市场集中度过低的产业中，存在许多未达到最低经济规模要求的企业，它们之所以会长期存在于市场上，从外部原因看，可能是由于该产业存在很高的退出壁垒，导致资源要素无法合理流动，或者是因为得到了政府的扶持；从内部原因看，可能是企业有效的产品差异化和使用廉价劳动力。从产业总体上看，大量不规模经济企业的存在导致了产业规模结构的低效率，但是如果从其他目标的角度评价，结论却不尽如此。比如，从社会就业和稳定的目标角度看，政府必须扶持一些小企业，以降低失业率；从消费者效用的满足角度看，小企业能够提供消费者所需要的差异化产品，使他们得到了效用的满足，而这些产品常常是大企业不屑于提供或无法实现大规模生产的。因此，对于这个问题，必须加以综合考虑。

（三）产业技术进步

产业技术进步是指产业内的发明、创新和技术转移。产业技术进步渗透于产业的市场行为和市场结构的方方面面，并且最终通过经济增长表现出来。可以说产业技术进步反映了一种动态的经济效率，所以成为衡量经济绩效的一个重要指标。

1. 技术进步的三个阶段——发明、创新和技术转移

技术进步表现为一个过程，美国著名经济学家熊彼特把技术进步分成三个阶段。

第一阶段，发明。从一般意义上说，发明就是构思对人类生活或生产活动有用的新产品或新的生产方法以解决相关的技术问题。产业技术进步的这一阶段相当于研究开发。

第二阶段，创新。创新是指发明第一次应用并导致一种新产品或新的生产方法出现。对于产业而言，就是企业家通过市场调查等可行性研究并筹集资本，将发明成果付诸实施，提供新产品和可应用的新的生产工艺。

第三阶段，模仿。或者说扩散和技术转移，是指新产品或新的生产方法被广泛应用。对于产业而言，就是指新产品或新的生产方法被广泛采用时，所伴随的新技术的模仿和扩散过程。

2. 企业规模与技术进步

不同规模的企业在技术进步过程中的作用和地位，是研究产业组织和技术进步关系的重要内容。对于这个问题，不同经济学家的研究结论不尽相同。

（1）熊彼特等人认为，大企业对技术进步的作用最大。理由是：① 技术创新的成本巨大，只有大企业才能承担。反过来说，一旦创新失败，也只有大企业才有能力承担亏损，并用其他成功项目的利润加以弥补，可见大企业更有能力承担技术进步过程中的风险。② 研究与开发中也存在着规模经济，大企业比小企业更有能力利用和发挥这种规模经济的效益。③ 由于大企业拥有的市场份额更高，并且多从事多元化经营，因此大企业能够从发明和创新活动的成果中获取更高的收益。④ 维护和巩固垄断地位的需要迫使大企业开展更多的技术发明和创新活动。

（2）谢勒等人的观点完全相反，他们认为小企业在推动技术进步方面的作用更大，理由有：① 大企业在试图形成垄断力量的过程中确实会从事技术进步活动，但是垄断地位一旦形成，技术进步的动力和行为就会逐渐消失，市场支配能力反而成为限制技术进步的障碍，因此竞争才是技术进步的原动力；② 大企业所拥有的大规模在技术进步的过程中也会成为劣势，比如决策过程的低效率、技术开发人员之间的相互倾轧、管理层对某些独特的创新活动的忽略和不支持等；③ 实践表明，在许多产业中，小企业能对技术进步作出重要的贡献。

我们认为，学者们之所以各执一词，是因为他们看到了问题的不同方面，企业对技术进步的贡献大小不仅取决于它们的能力，还取决于它们的意愿和实际执行的效果，因此我

们必须同时从这三个方面展开理论和实证的研究才能得出全面而客观的结论。应该说，在研究和开发的投入能力方面，大企业确实比小企业强。经济学家所做的部分研究数据表明，大企业在发明和创新的投入中所占的比重大于其规模的比重，可见在研究与开发的实际投入方面大企业的确占据了主导地位。这不仅证明了大企业投入的能力，而且也无可否认地表明了大企业技术进步投入的意愿。就实际贡献而言，实证研究表明，大、中、小型企业在发明和创新方面的作用与产业类别、技术进步阶段的特点、专业化分工程度以及政府政策这些因素有着密切的关系。甚至可以说，大企业和中小企业的作用经常是互相补充和联系的，尤其需要指出的是，正是小企业的技术发明和创新对处于垄断地位的大企业构成了一定程度的挑战和竞争压力，从而加快了技术进步的进程。因此，我们的结论是，技术进步并不限于某个特定规模的企业，所有规模的企业在技术进步上都可以有所作为。

3. 市场结构与技术进步

产业的市场结构与技术进步之间的关系究竟如何？这也是产业组织理论所关注的问题。我们首先运用经济学的方法分析完全竞争和完全垄断这两种市场结构中的企业的创新收益（由此可以推断出这两种市场上企业创新动力的强弱），然后再研究寡头垄断市场中企业技术创新行为的特点。

（1）竞争性市场和垄断性市场的创新收益比较——一种经济学的分析。

前提假定：一个产业，其产业需求曲线为 D，该产业内单位产品成本不变，创新前单位产品成本曲线与边际成本曲线重合为 C_1，创新后单位产品成本曲线与边际成本曲线下降为 C_2，MR 为完全垄断企业的边际收益曲线。此外，假定创新前后的总产量不变。下面分别分析完全竞争和完全垄断条件下发明和创新前后利润的变化情况。见图 4-2。

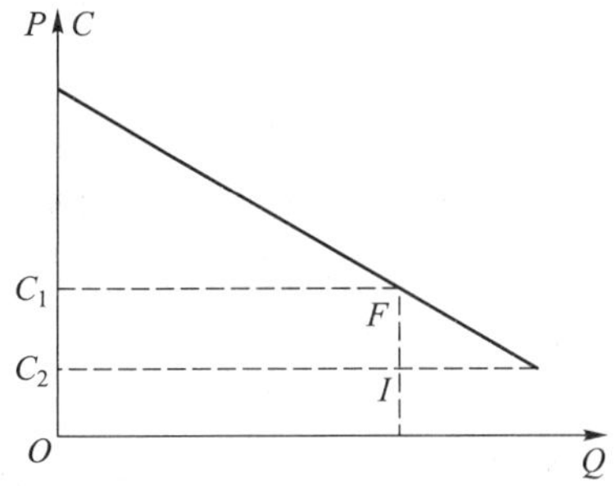

(a) 完全竞争

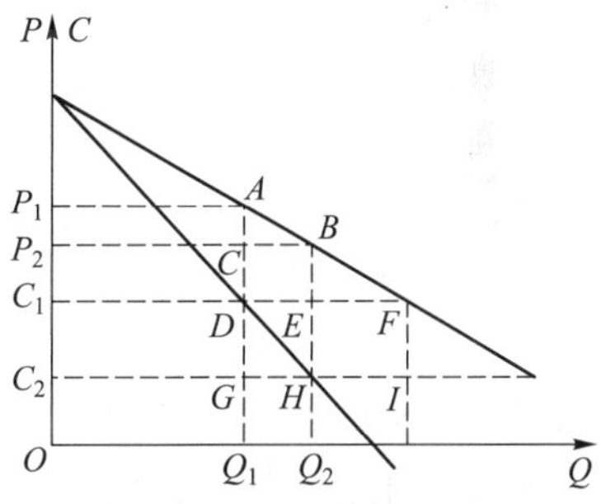

(b) 完全垄断

图 4-2　完全竞争和完全垄断市场结构中的创新收益比较

推导和分析：

① 对于完全竞争的市场而言，根据利润最大化的条件 $MR=MC=P$，企业没有超额利润。创新后，成本下降到 C_2，在产量不变的情况下，创新所导致的成本节约额为图 4-2（a）中 C_1C_2IF 的面积。创新企业可以以收取专利费的形式把创新扩散到所有的竞争企业，它所能获得的转让费最高额也正是图 4-2（a）中 C_1C_2IF 的面积，这意味着其他竞争企业

把它们因成本节约而获得的超额利润作为专利转让费全部给了创新企业，因此图 4-2（a）中 C_1C_2IF 的面积就是创新企业的创新预期收益。

② 对于完全垄断的市场而言，根据利润最大化的条件 $MR=MC$，创新前的价格为 P_1，超额利润为图 4-2（b）中 P_1C_1DA 的面积。创新后，成本下降到 C_2，价格下降到 P_2，超额利润为图 4-2（b）中 P_2C_2HB 的面积。所以，创新前后的超额利润的差额是图 4-2（b）中 P_2C_2HB 面积与 P_1C_1DA 面积之差。如果创新企业就是垄断者，那么这个差额就是创新的预期收益；如果垄断企业不是创新者，那么这个差额就是创新者可以收取的专利转让费的最高金额。

③ 比较完全竞争市场结构和完全垄断市场结构中的创新预期收益的大小，就是比较图 4-2（a）中 C_1C_2IF 的面积和图 4-2（b）中（$P_2C_2HB-P_1C_1DA$）面积之差额是否大于 0，即：

$$
\begin{aligned}
& S(C_1C_2IF)-S(P_2C_2HB-P_1C_1DA) \\
&= S(C_1C_2IF)-S(P_2C_2HB)+S(P_1C_1DA) \\
&= S(C_1C_2IF)-S(C_1C_2HE+EBP_2C_1)+S(P_1C_1DA) \\
&= S(EHIF)+S(P_1C_1DA)-S(EBP_2C_1) \qquad (4-12)
\end{aligned}
$$

因为图 4-2（b）中面积 P_1C_1DA 和面积 EBP_2C_1 可以看成是垄断企业在创新前（成本为 C_1 时）两个不同的产量和价格组合下的超额利润（$[P_1, Q_1]$ 和 $[P_2, Q_2]$），且前者为利润最大化的解，因此面积 P_1C_1DA 一定大于 EBP_2C_1，也就是说上述（4-12）式大于 0，即：

$$S(C_1C_2IF)>S(P_2C_2HB-P_1C_1DA)$$

结论：在成本和需求等初始条件相同时，完全竞争产业的创新预期收益高于完全垄断产业的创新预期收益。换言之，完全竞争企业比完全垄断企业有更强的创新动力。

（2）寡头垄断的市场结构中的技术创新。一般认为，在寡头垄断条件下，产品创新更快。原因主要是，具备了一定市场支配力量的寡头垄断企业更着眼于长期目标，它们愿意通过创新巩固垄断地位，它们所占据的高市场份额足以将创新后技术扩散的收益内部化。但是，我们也必须看到，如果一个寡头垄断企业在市场上已经处于支配地位，那么它通过加速技术创新所能得到的市场份额的潜力就很小，自然这种企业就不大可能成为积极的创新者。当然，还有一种情况是，如果处于支配地位的寡头企业受到积极创新的小企业的威胁，它们将不得不加速技术创新以保持自己的领先地位。我们得出的结论是，在寡头垄断的市场结构中，企业数量较多有利于加快技术创新的速度，占有较小市场份额的企业很可能是创新的推动者，尽管处于支配地位的寡头垄断企业的创新速度通常更快。总的来说，较为紧密的寡头垄断不如松散的寡头垄断更有利于推动技术进步，当然一般情况下，寡头垄断的市场结构比完全垄断更有利于技术进步。

4. 新技术在产业中的扩散

技术进步的第三阶段是新技术的转移和扩散，我们关心的主要问题是新技术扩散的过程和影响新技术在产业内扩散速度的因素。

一般而言，产业内新技术扩散表现出三个阶段的特征：第一阶段，扩散初期。多数企业无法肯定创新的价值而不愿意承担新技术投资的风险，因此采取“观望”的态度，致使新技术的扩散速度缓慢。第二阶段，扩散中期。随着新技术在某些企业中证明了它的价值并且创造了更大的收益，其他企业就加紧了模仿的速度，希望通过迅速跟进来分享创新收益，致使新技术的扩散速度加快。第三阶段，扩散晚期。没有采用新技术的企业越来越少，而剩下的这些企业通常缺乏采用新技术的实力，致使新技术扩散的速度再次缓慢下来。图 4-3 显示了这样一个过程。

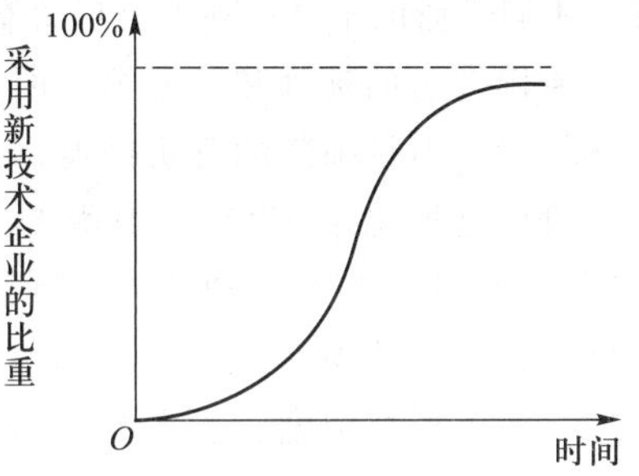

图 4-3　新技术在产业中的扩散模式

影响产业内技术扩散速度的因素很多，归纳起来主要有：

（1）技术创新的预期收益和实际收益。这两种收益越大，企业自发创新和创新跟进的动力也就越大。

（2）产业市场容量的扩张。产业市场容量扩张越快，技术创新的空间和动力也就越大。

（3）产业的劳动密集程度。一般而言，产业目前的劳动密集程度越高，表明用新技术替代劳动生产的空间越大。

（4）企业的数量。一方面，企业数量越多，新技术传播的时间就越长；另一方面，企业数量越多，竞争压力也就越强，有利于促进企业加快创新跟进的步伐。

（5）企业规模的差异。一般而言，在企业数量较多的市场上，不同企业之间的规模差异越大，新技术扩散的难度就越大，因为不同规模的企业在目标和行为方面存在着较大的差异。

5. 专利与技术进步

专利是政府依法授予企业或个人的在一定时限内生产或销售某种产品，或者使用某种生产过程或工艺的排他性的权利。排他性的权利意味着不经专利所有权持有者的同意，任何其他的个人或企业生产或销售专利产品的行为都是非法的。但是，专利权又具有商品的性质，即可以按一定的价格（专利转让费）买卖，也可以按一定的价格（专利使用费）租用。政府制定专利制度的目的是促进和推动新产品和新工艺的发明。但是，在许多经济学家看来，专利却是一种合法化的垄断行为，这似乎与政府制定反垄断政策的宗旨背道而驰。的确，分析专利制度作用的机制，不难发现，专利制度正是通过赋予专利权所有者在一定时期（不同国家的专利权保护期长短不一，一般为 15～20 年）内的技术垄断权来鼓励更多的企业和个人进行发明活动，否则将不会有很多的企业或个人愿意从事发明活动。但是问题在于，如果不能获得与新产品或新工艺相近的替代品，这一新产品或新工艺就会帮助所有者形成垄断。要解决这种困境，首先在于专利制度本身的制度安排，即专利的保护期和保护程度必须适当；其次还要对滥用专利权的行为加以限制和惩罚，从而使专利制度最大限度地发挥其积极作用、削弱其消极作用。

第四节　市场结构、市场行为与市场绩效

市场结构、市场行为与市场绩效是产业组织理论的三大主题。如果说市场结构是经济运行的环境，市场行为是经济运行的方式，那么市场绩效就是经济运行的效果。对于市场结构、市场行为和市场绩效这三者之间的关系，产业组织理论的研究经历了一个不断发展的过程，不同学派的学者在观点上尽管有一定的差异，但都作出了各自的理论和实证贡献。

哈佛大学的梅森和贝恩等人所创立的正统产业组织学体系在理论上构造了市场结构—市场行为—市场绩效的分析框架（SCP 框架）。这一理论模式的形成大致经历了两个阶段。第一阶段是贝恩于 1959 年出版的《产业组织》一书中提出从市场结构推断竞争效果的"结构—绩效"模式。他认为，判断一个行业是否具有竞争性，不能只依据市场行为（如定价行为）或市场绩效（如是否存在超额利润），而要同时根据该行业的市场结构的若干要素，如市场集中度、进入壁垒等来判断。贝恩对产业组织研究分析的框架，通常是假定市场结构决定市场行为，市场行为再决定市场绩效，其中大多数的分析直接从效果到效果，或从结构到行为、效果的组合。可见贝恩十分强调市场结构对市场行为及市场绩效的决定作用，而忽视市场行为对市场绩效的影响，所以当时人们将贝恩称为结构主义学派。

第二阶段是谢勒在 1970 年出版的《产业市场结构和市场绩效》中，提出了完整的"市场结构—市场行为—市场绩效"的模式。他认为市场结构首先决定市场行为，继而市场行为又决定市场绩效。他对产业组织理论的发展的贡献在于，在看到市场结构对市场绩效的意义的同时，更强调了市场行为的重要性，认为只有通过对不同市场结构的市场行为的具体分析，才能确定市场的效果。

SCP 模式的形成标志着产业组织理论已趋于完善。但是，对于市场结构、市场行为和市场绩效三者之间关系的探讨并没有就此停止。到目前为止，产业组织学者不再简单地认为结构决定行为、行为决定绩效，他们发现这三者之间的相互关系是非常复杂的。从短期考察，可以把市场结构看成是既定的要素，作为企业市场行为的外部环境，市场结构从某种程度上决定了企业的市场行为，而产业内所有企业的市场行为又决定了市场绩效。归纳起来，在短期内，市场结构、市场行为和市场绩效之间的关系是，市场结构从根本上制约市场行为，市场行为又直接决定了市场绩效。从长期考察，市场结构也在发生变化，而这种变化正是企业市场行为长期作用的结果，有时市场绩效的变化也会直接导致市场结构发生变化。所以，在一个较长的时期内，市场结构、市场行为和市场绩效之间是双向的因果关系。

思考题

1. 影响市场结构的因素主要有哪些？试分析每一种主要因素对市场结构的影响。

2. 试对完全竞争、垄断竞争、寡头垄断和完全垄断这四种市场形态的市场结构进行分析。
3. 产品差异化的主要方式有哪些？产品差异化是如何影响市场结构的？
4. 简述进入壁垒和退出壁垒的构成因素。
5. 试述掠夺性定价和限制性定价行为的主要特征及其对市场结构的影响。
6. 简述广告行为对市场结构的影响。
7. 试述企业兼并的主要动机及其对市场结构的影响。
8. 试分析不同规模的企业在产业技术进步过程中的作用和地位。
9. 试采用经济学的方法对竞争性市场和垄断性市场的创新收益进行比较。
10. 试论述市场结构、市场行为与市场绩效之间相互作用的关系。

思考题参考答案

※ 本章案例 ※

我国纺织业退出援助政策

我国有着悠久的纺织工业历史，是当今世界上纺织品的生产和贸易大国。新中国成立以来，特别是改革开放以来，纺织工业获得了快速发展。1978—1996 年，纺织工业累计创汇 2 800 亿美元，纺织品和服装出口额占全部商品出口总额的比重一直保持在 1/4 左右，成为我国重要的出口产业；18 年累计实现利税 3 700 亿元，产值占全国工业总产值的 16%，为国家经济建设做出了突出贡献。但与此同时，国有纺织工业长期积累下来的矛盾和问题也日益突出，主要表现在：① 困难持续时间长，亏损额不断扩大。纺织工业从 1993 年开始，连续多年亏损，全行业国有企业净亏损最初为 19 亿元，而 1996 年已达 106 亿元。② 困难涉及面广。1996 年国有纺织工业亏损面达 42%，比全国国有工业的平均水平高出 8 个百分点，亏损企业职工人数约占国有纺织工业企业职工总数的一半。③ 国有纺织工业已经成为全国国有工业中经营最为困难的行业。1996 年，国有大中型纺织亏损企业数占全国国有大中型亏损企业总数的 18%，亏损额占 19%，涉及职工人数 180 万人，占全国大中型企业亏损人数的 20%，均居全行业第一位。在纺织工业全行业长时间效益低下的情况下，其生产能力并未见缩减，仍有约 1/4 的生产能力过剩，纺织工业靠自身力量进行结构性调整举步维艰。

为了使纺织工业在改革和解困方面取得重大突破，国务院及有关部门先后确定了一系列有力的政策措施，其中援助退出政策是其重要组成部分，主要包括：① 为搞好压缩淘汰落后棉纺锭工作，每压 1 万锭给予 300 万元补贴，提供贴息贷款 200 万元，补贴由中央和地方财政各承担一半，贴息由地方财政承担。② 1998 年国家核销银行呆账坏账准备金将重点向纺织工业倾斜，各地在安排1998年计划时，纺织核销规模应不低于1997年水平，新增的100亿元规模，主要用于解决棉纺织企业的压锭重组项目。③妥善安排下岗职工。下岗职工要进入再就业服务中心，保证下岗职工的基本生活费和养老、医疗保险的支付。

以上情况表明，我国政府对纺织行业的退出援助，是基于大量亏损的国有纺织工业企业无法克服高退出壁垒这一背景做出的政策安排。

近年来，为了更快地提高国民向更高端的消费层次迈进，不断提升中国品牌的质量水平、文化品位和消费规模，增强中国品牌的市场竞争力和影响力，纺织产业的发展不可或缺。为此，在纺织产业国有企业退出援助政策施行后，又发布了一系列有助于纺织产业可持续发展的产业政策，对纺织产业进行了一系列改革，助推纺织产业快速、健康发展。如2009年9月工业和信息化部、国家发展和改革委员会、财政部、商务部等七个部委发布了《关于加快推进服装家纺自主品牌建设的指导意见》，其主要内容是支持自主品牌服装、家纺企业提高研发设计能力，建立公共研发设计平台，在信息、人才等方面向企业提供帮助，提高企业核心竞争力鼓励符合条件的自主品牌服装、家纺企业上市、发行债券，利用资本市场直接融资；鼓励企业以自主品牌为纽带进行并购重组。2016年9月工业和信息化部发布的《纺织工业发展规划（2016—2020年）》，其主要内容是优化产品供给结构，扩大中高端纺织服装产品供给，大力推进品牌建设利用现有资金渠道，支持纺织行业科技创新、技术改造、智能制造、绿色制造、品牌建设、行业服务平台建设等。2016年5月中国服装协会发布的《中国服装行业“十三五”发展纲要》瞄准国际服装制造先进水平，积极推动服装制造向服务化转型，加强科学技术与文化艺术的融合创新，倡导品牌专业化、精细化发展，提升自主品牌竞争力等。这些后续的产业发展政策为我国纺织业健康、稳定、可持续发展提供了很好的政策支撑。

问题：

1. 我国国有纺织企业的制度性退出壁垒有哪些？
2. 造成我国国有纺织企业制度性退出壁垒的因素是什么？
3. 我国近年来所施行的一系列政策对我国纺织产业的可持续发展发挥了怎样的作用？

第五章　竞争

在现代经济学中，博弈论的应用几乎遍及经济学的各个领域，如微观经济学、产业组织理论、企业理论和宏观经济政策分析等，并逐步成为西方主流经济学的基础。特别是在产业组织领域对企业的策略性行为的研究中，博弈论几乎重新改写了整个产业组织的理论框架。① 本章主要介绍博弈论的应用，在此基础上着重介绍在寡头垄断市场上企业的策略性行为。

第一节　博弈论的应用

一、市场竞争中的博弈

在一个产业市场上具有大量的生产企业时，如在完全竞争市场模型或垄断竞争市场模型所描述的产业市场中，任何一个企业的行为对市场环境乃至其他企业行为的影响都很小，所以此时企业所面临的环境反而是比较简单的。当其做各种决策如定价、决定产量时，基本上就是单个当事人的最优化决策问题，当事人之间几乎不存在策略的相互作用。

事实上，在现实经济生活中，许多产业市场是寡头垄断市场，少数几家大企业生产一个产业中的全部或大部分产品，从而形成对一个产业的控制。寡头垄断市场是一种常见的市场结构，如汽车、钢铁、石油化工、家用电器、大型计算机产业等都是典型的例子。它们生产的产品可以是无差异的，如钢材；也可以是有差异的，如汽车。寡头垄断的产业大都集中在基础产业和制造业中，这些产业的经济产值在整个国民经济中往往占有举足轻重的地位，因此进一步研究寡头垄断市场上的企业行为具有重要的现实意义。

在寡头垄断的市场上，只有少数几家企业在相互竞争，且新进入的企业是受到阻碍的，此时企业不再处于被动的环境中。寡头们面对的市场环境或者说竞争对手的行为将随他们本身的决策行为而变动，即寡头们的决策是相互作用的。每一个企业做决策时都意识

① 如泰勒尔的《产业组织理论》（中国人民大学出版社 1997 年版）第二篇对寡头相互作用的分析即是全部以博弈论为基础的。

到竞争对手的存在，所做的决策都要建立在对竞争对手行为的猜测或者对竞争对手行为做出反应的基础上。所以每个企业的得益和利润不仅取决于自身的决策，也取决于其他企业的决策，即部分地取决于企业决策之间的相互作用。这种情况下，各企业面临的市场环境是十分复杂的，其行为表现也相当不确定。寡头企业之间可能有激烈的竞争，这些竞争涉及价格、产量、广告、投资等许多方面的决策，而且每一项竞争决策都要考虑到其将怎样影响竞争者以及竞争对手将如何作出反应，这些决策十分复杂。另外，为了减少决策中的不确定因素以及为了共同的利益，现实生活中企业间确实也会合作以赚取更大的利益。为了弄清楚为什么会这样，在分析寡头垄断市场中的企业决策行为时，就必须把各种决策者策略之间的相互作用纳入经济模型中，这就是一种博弈分析。所以在分析寡头市场上的企业竞争行为时，博弈论是极为有效的手段。

二、现代经济学与博弈论

从现代的观点来看，某种意义上经济学是研究人的决策行为的学问。这里的人是指市场主体，包括自然人和各种企业组织。在经济学中，将这样的人定义为理性人。理性人是指有一个很好定义的偏好、在面临给定的约束条件下能最大化自己偏好的人。由于偏好的多样性，所以理性人可能是利己的，也可能是利他的。这也就是有些经济学家要将 self-interested behavior 译成自为行为而不是自利行为的原因。[①] 在产业组织研究中，这样的人显然主要是指企业，而企业的偏好，我们定义为利润。在本章中，我们将以企业的利润最大化假定为出发点来研究产业组织内企业与企业之间的相互作用关系，而不去涉及企业的内部组织模型或讨论该假定的合理性。[②]

人为什么要决策？是因为现实生活中存在着许多两难问题。这些两难问题包括面对稀缺的资源，在各种产品的生产之间如何分配资源；或者在专业分工提高生产力的同时又怎样降低协调各种分工之间的交易费用；或者如产业组织研究中在规模经济和竞争活力之间如何加以平衡等诸如此类的各种冲突。在现代经济学中，这类冲突常常被称为消长律(trade off)。消长律是指在一个问题中有两种以上的因素互有替代性、你消我长，即不能两全其美。当理性人面对这些两难矛盾要“最大化自己的偏好”时，就需要权衡、折中，以选择最佳的平衡点。这些抉择往往是很困难的，这也就是经济学中所要研究的人的决策行为。

一旦个人[③]作出了决策，这些决策行为就会相互影响作用，产生出一个全社会的后果。可以说正是理性个人决策的总体相互作用的结果形成了现实经济生活中的现存局面，如各种产业组织的结构形态和整个国民经济的产业结构状况等。所以经济学研究的决策行

① 杨小凯. 经济学原理. 北京：中国社会科学出版社，1998.

② 关于产业组织内企业模型合理性的一个简要讨论可参见本章。

③ “个人”在这里指“市场主体”，既可以是自然人，也可以是“企业”“组织”等这类机构，甚至是企业集团等，只要其是作为一个整体与外界发生作用即被作为“个人”来处理。

为不但包括个别决策人如何权衡各种两难冲突而作出的决策，更要研究不同个人的决策之间如何交互作用从而产生出某种全社会的结果。这种全社会的结果可能是一种各参与决策人都愿意或不得不接受的某种均衡，也可能是一种不定的更高层次的两难冲突。为了找到和实现这种均衡或协调解决这些冲突以实现潜在的利益，理性人发明了各种制度来规范、协调其行为。价格制度（或称市场制度）是其中最重要的制度之一。传统的新古典经济学就是以价格制度为研究对象的，故又称为价格理论。价格理论有两个基本假定，即：第一，市场参与人的数量足够多，从而市场是竞争性的；第二，参与人之间不存在信息不对称问题。这样在价格理论中，当谈到个人的决策时，就是在给定的一个价格参数和收入条件下，最大化他的偏好或效用。个人的效用函数只依赖于他自己的选择，而不依赖于其他人的选择；个人的最优选择是其价格和收入的函数，而不是其他人选择的函数。这实际上也就是个体最优化的问题。而同时，经济作为一个整体，所有其他人的决策对这单个人决策的作用影响，都被总结在一个参数——价格中了。这样，一个人在作出决策时他所面临的似乎是一个非人格化的东西，而不是面临着另外一个人、另外一个决策主体。这在价格理论的两个基本假设情况下当然是对的。因为当参与人数足够多时，没有一个单个主体的行动能对整个经济的均衡格局有足够大的影响，所以作为一个整体，整个经济对其中的每一个个体的影响被平均化为一个参数——价格是合适的。这时，决策主体所面临的决策环境反而是比较简单的。然而在现实生活中，这两个假设在许多情况下是不能被满足的，特别是在寡头垄断的市场上。这时，市场上买卖双方的参与人数常常是非常有限的，市场不是完全竞争的。在不完全竞争的市场中，人们的决策行为是直接相互影响的，而不是通过价格来间接作用，所以一个人在决策时就必须考虑对方的反应。对这种情况的研究，要求重点考察人和人之间的直接相互关系，价格理论对此就无能为力了，因为价格理论本质上是研究人和价格的关系的。所以在传统经济学中，寡头市场是一个例外，而从 20 世纪 40 年代开始兴起的博弈论正是研究这一问题的有力工具。与价格理论相对照，在博弈论里，个人效用函数不仅取决于他自己的选择，而且依赖于他人的选择；个人的最优选择同时取决于其他人的选择，是其他人选择的函数。① 从这个意义上讲，博弈论研究的是存在相互外部效应条件下的主体的决策问题。所以对寡头市场上企业行为和最终市场结构的研究也就成了博弈论最主要的应用领域之一。现在，博弈论已经基本上成为产业组织理论中占据主导地位的研究方法。

1994 年诺贝尔经济学奖授予了三位博弈论专家纳什、泽尔腾和海萨尼，这是对博弈论在经济学发展中的贡献和作用的充分肯定，确立了博弈论在现代主流经济学中的地位。这三位科学家的贡献也分别代表了博弈论的不同发展阶段。对具有博弈性质的决策问题的零星研究可上溯到 18 世纪初甚至更早。但一般认为，系统的博弈理论的建立和发展始于

① 根据这个说明，可以看出，如不给定其他人的选择，单个人的选择是无所谓优劣的。只有在给定了他人的选择后，某个人的选择才有了优劣之分。不过实际上在某些情况下，也可能存在一些特殊的选择，不管别人的选择是什么，其总是最优的，此即是占优策略。

1944年由冯·诺依曼和摩根斯坦恩合作的《博弈论和经济行为》一书的出版。到20世纪50年代，合作博弈发展到鼎盛期，包括纳什和夏普里的“讨价还价”模型等，以及其他一些人的贡献。纳什在1950年和1951年发表了两篇关于非合作博弈的重要文章，在非常一般的意义上定义了非合作博弈及其均衡解，并证明了均衡解的存在。该均衡后被称为“纳什均衡”，成为博弈论分析的基础。图克于1950年定义了著名的“囚徒困境”(prisoner's dilemma)。这两个人的贡献基本上奠定了现代非合作博弈论的基石。60年代，泽尔腾将纳什均衡的概念引入了动态博弈的分析，提出了“子博弈精炼纳什均衡”的概念，将不可置信的威胁策略从纳什均衡中剔除了出去，从而解决了完全信息动态博弈的均衡求解问题；海萨尼在1967—1968年则把不完全信息引入了博弈论的研究，用“海萨尼转换”将不完全信息转变为完全但不完美信息，从而使不完全信息博弈变为可分析了。20世纪七八十年代，在包括克瑞普斯、威尔逊等许多科学家的推动下，博弈论在经济理论中的应用得到迅速发展，并逐步成为西方主流经济学的一部分，在现代微观经济学、产业组织理论和宏观经济政策分析等诸多领域得到广泛的应用。作为一种专门研究参与人之间相互依赖、相互影响的决策行为及其结果的方法，博弈论特别强调参与人的理性行为及其相互关系，强调决策信息和决策时序对决策行为及其后果的影响，这与现代经济学发展的趋势是一致的，其严密的逻辑结构和分析方法更是为现代经济学的理论研究提供了一个有效的分析工具。

第二节 静态竞争策略

在寡头垄断的市场上，企业可以使用多种手段在市场上进行竞争，所以与经济学家们对完全竞争模型和完全垄断模型有着广泛的一致意见不同，在非合作的寡头垄断市场模型上难以有一个可以达成共识的模型。这当然也是由于现实中寡占的市场特性差别极大，从而不同的市场有着不同的模型。关于寡头垄断理论的最早研究集中于静态的或单时期的市场模型。这些模型适用于仅持续一个较短期限的市场，如来自全国各地的企业在一次大型交易会上相遇的情况，这时作为竞争对手的企业是同时作出决策并只竞争一次的，以后在相当长一段时期内不再相遇。在这种情况下，即使各企业对彼此可能有的产量、价格等策略以及其对各自的影响和收益是完全清楚的，但由于在市场上只相遇一次，所以大家都没有机会事先观察对手的行动，知道其确切地会作出哪种决策，除非使用商业间谍。所以每个企业都必须在相遇之前就根据这种市场结构的特点同时作出决策，而且决策一旦作出，那么在以后相当长的一段时间内都没有机会再改变，因为只相遇一次或者以后的再次相遇也将遇到与此时完全不同的市场情况，而且下次的相遇对现在的影响几乎为零。我们可以看出，这种市场中的竞争行为与完全信息静态博弈是完全一致的。事实上，所有的寡占模型都可视作是博弈论的一个特例，在以后的各节中我们将用各种博弈模型来分析不同类型寡头垄断市场上的竞争行为。本节我们分析静态竞争策略，这里，我们根据完全信息静态博弈的概念，给出静态竞争的正式定义。

所谓静态竞争，是指在寡头垄断市场上，各竞争参与人只竞争一次，同时作出决策且对各参与人可能有的策略和相应的得益都完全了解的竞争模式。

为使讨论尽可能简单，对本章中所分析的模型先作五个比较强的假设：

(1) 消费者是价格接受者。

(2) 所有企业生产同质的（完全相同的）产品，消费者从中察觉不出任何差异。

(3) 没有其他企业进入该行业，这样在观察期内企业数目保持不变。在本章分析中一般假设市场上只有两家企业。

(4) 企业集体地拥有市场力量，它们能将价格设定于边际成本之上。

(5) 每一企业仅设定其价格或产量。

在特定的具体模型中，我们将放松其中的某些假定。

一、产量决策——古诺模型

现在我们来分析在两寡头市场上的两个寡头决策行为之间的相互依存关系及其最后能够达到的均衡状况。这里我们先介绍著名的“古诺模型”——两寡头的产量决策。

（一）问题的提出

古诺 1838 年提出的古诺寡头竞争模型可以说是纳什均衡的最早版本，它比纳什 1950 年给出纳什均衡正式定义要早 100 多年。古诺模型是寡头市场的经典例子，对该模型的博弈研究是产业组织理论的重要基础。

设在市场上有代号为 1、2 的两家寡头垄断企业，他们生产相同的产品，消费者从中察觉不出任何差异。市场出清价格由两家企业的总产量决定。设企业 1 的产量为 q_1，企业 2 的产量为 q_2，则市场的总产量 $Q=q_1+q_2$。设 P 为市场出清价格，则 P 是市场总产量 Q 的函数，即反需求函数。在本例中，假定反需求函数为：

$$P=P(Q)=8-Q \tag{5-1}$$

再假设两企业的生产都无固定成本，且每增加一单位产量的边际生产成本相等，$C_1=C_2=2$，即他们分别生产 q_1 和 q_2 产量的成本为 $2q_1$ 和 $2q_2$。最后，这两家企业是同时决定各自的产量以达到各自的利润最大化的，即在决策前是不知道另一方的产量的。

（二）模型的建立与求解

在上述问题构成的博弈中，显然博弈的参与人是企业 1 和企业 2。他们的策略空间 Q_1 和 Q_2 是由各自不同的产量 q_1 和 q_2 组成的。这里 q_1 和 q_2 是连续的，因此他们各自都有无限多种可选择策略，故这是个非有限博弈。该博弈的两博弈方的得益 u_1、u_2 自然是各自的利润，即各自的销售收益减去各自的成本，根据给定情况应分别为：

$$\begin{aligned} u_1 &= q_1p(Q)-c_1q_1=q_1[8-(q_1+q_2)]-2q_1 \\ &=6q_1-q_1q_2-q_1^2 \end{aligned} \tag{5-2}$$

$$u_2=q_2p(Q)-c_2q_2=q_2[8-(q_1+q_2)]-2q_2$$
$$=6q_2-q_1q_2-q_2^2 \tag{5-3}$$

双方都要使自己利润最大化，从（5-2）、（5-3）式中可以看出两参与人的得益也都取决于对方的决策（产量）。

由于本博弈是个非有限博弈，故无法用博弈矩阵来表示该博弈，自然也无法用前面所用的任何一种方法来解该博弈。这里，我们介绍利用纳什均衡的思想来解此类博弈的“反应函数”法。根据纳什均衡的概念，如果两参与人有一个策略组合（q_1^*，q_2^*），其中 q_1^* 和 q_2^* 相互是对应对方策略的最佳策略，那么这就是一个纳什均衡。这样，对某个参与人来说就是先要在假定其他参与人策略确定的情况下寻找使自己得益最大化的最优策略。这里我们先考察企业 1 选取 q_1 的最佳策略，企业 1 可以根据企业 2 的每一个可能的产量 q_2 找到自己的最佳反应策略 q_1^*，即企业 1 有一个最佳反应函数 $q_1^*(q_2)$，在数学上就相当于假定 q_2 不变，对 q_1 求 u_1 的最大值。这里可以简单地通过求 u_1 对 q_1 的一阶偏导数，使之等于 0，得到 $q_1^*(q_2)$。对企业 2 也有同样的方法，可以求得企业 2 对企业 1 的每一个可能的策略 q_1 的最佳反应函数 $q_2^*(q_1)$。这样这两个函数的交叉点就一定是两个参与人都不想再变动的纳什均衡点。

根据上述思想，模型的规范数学表示及其解法就是：

$$\begin{cases}\max\limits_{q_1} u_1(q_1,q_2)=\max\limits_{q_1}(6q_1-q_1q_2-q_1^2)\\ \max\limits_{q_2} u_2(q_1,q_2)=\max\limits_{q_2}(6q_2-q_1q_2-q_2^2)\\ \text{约束条件}\qquad q_1\geqslant 0,q_2\geqslant 0\end{cases} \tag{5-4}$$

为求得反应函数 q_1^*（q_2），假设 q_2 不变，将（5-4）式中的 u_1 对 q_1 求一阶偏导并令其等于 0 得：

$$\frac{\partial u_1}{\partial q_1}=6-q_2-2q_1=0 \tag{5-5}$$

解得：
$$q_1^*=3-\frac{q_2}{2}$$

所以得到反应函数：

$$q_1^*=R_1(q_2)=3-\frac{q^2}{2} \tag{5-6}$$

q_1^* 与 q_2 的关系曲线如图 5-1 所示。

图 5-1 表示了对每一个 q_2，企业 1 相应的最佳策略为 q_1^*。如企业 2 生产 6 个单位时，企业 1 的最佳策略是生产 0 个单位。而当企业 2 产量选择 0 时，企业 1 的最佳策略是生产 3 个单位，同样其他中间的产值可由曲线一一求出。为什么会有这样的结果？我们稍后再做分析。

我们也可以同样求得企业 2 的最佳反应函数，将式（5-4）中 u_2 对 q_2 求偏导，使之等于 0 得：

$$\frac{\partial u_2}{\partial q_2}=6-q_1-2q_2=0$$

解得：
$$q_2^*=3-\frac{q_1}{2}$$

所以得到反应函数：

$$q_2^*=R_2(q_1)=3-\frac{q_1}{2} \tag{5-7}$$

同样有 q_2^* 的反应曲线如图 5-2 所示。

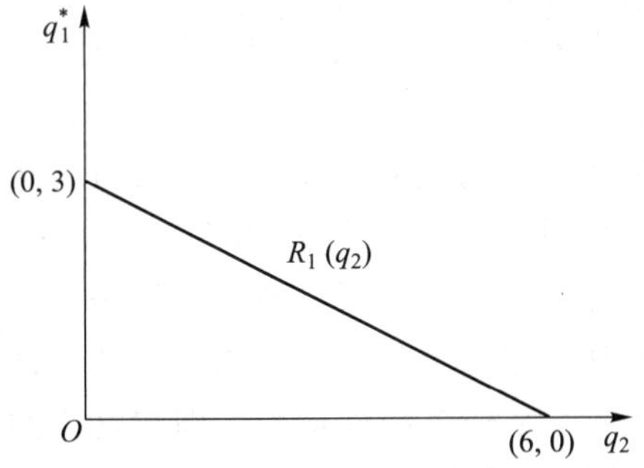

图 5-1　q_1^* 与 q_2 的关系曲线

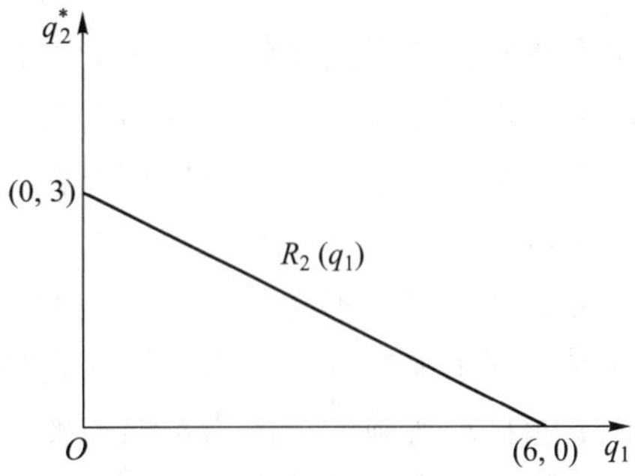

图 5-2　q_2^* 的反应曲线

为求得纳什均衡点，将式（5-7）代入 q_1^* 的反应函数式（5-6）得：

$$q_1^*=3-\frac{q_1^*}{2}=3-\frac{3-\frac{q_1^*}{2}}{2}$$

则
$$q_1^*=2$$

代入式（5-7）得：
$$q_2^*=2$$

这就是本博弈的唯一纳什均衡组合（2，2），即两企业同时决策都生产 2 个单位产量，是这个博弈中的最佳策略。我们可以将两条反应曲线画在同一个坐标，得到更直观的印象，如图 5-3 所示。两条反应曲线的交点（2，2）就是所求的纳什均衡点。反应函数法的概念和思路可以应用到一般的无限多种策略博弈的求解中，使得这些博弈问题的解法简洁明了。

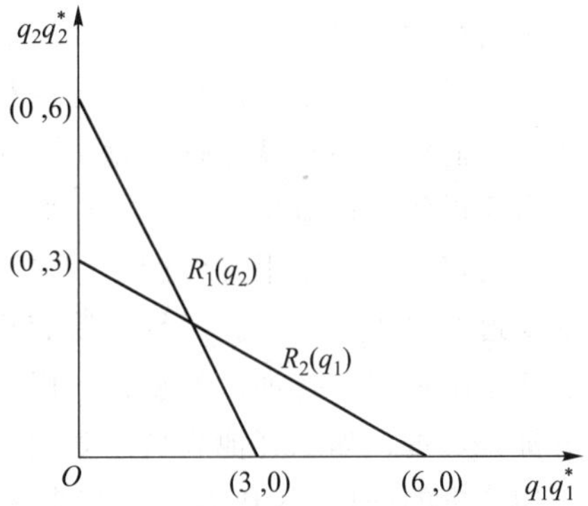

图 5-3　古诺模型的纳什均衡

（三）结果分析

我们来讨论一下这两家企业根据自身利益最

大化原则同时独立作出产量决策的古诺模型均衡结果。这个结果有没有使两企业真正实现自身利益的最大化？从社会总体的角度来看效率又如何？我们首先来看古诺模型的结果。在上述例子中，社会的总产量 $Q=q_1^*+q_2^*=4$；此时两家企业的利润 $u_1=u_2=6\times2-2\times2-2^2=4$，两企业利润总和为 8；市场出清价格 $P=8-4=4$。

我们再从另外一个角度来考察这个问题。如果两家企业联合起来像一个垄断者一样在市场上行动，以总体利益最大化为目标来考虑市场的最佳产量，结果会如何呢？首先我们根据市场条件求得实现最大总得益（总利润）的总产量。设总产量为 Q，则总得益 $u=QP(Q)-CQ=Q(8-Q)-2Q=6Q-Q^2$。令 u 对 Q 求一阶导数并使之等于 0，容易求出使得总得益最大的总产量 $Q^*=3$，最大总得益 $u^*=9$。将此结果与两企业独立决策、只追求自身利益时的博弈结果相比，总产量较少，而总利润较高。从这个结果，我们也可以知道，在前面为什么当一家企业产量为 0 时，另一家企业的最佳策略应是 3，因为此时实际上就是其一家在垄断，其当然要将产量压低，保持最大垄断利润。而只有当对方产量大于等于 6 时，其最佳策略才应是停产，因为此时市场已饱和，再生产已无任何利润，所以理性的厂家应停产。从这一结果，我们还可以得出结论，从两企业构成的总体来看，进行合作、联合起来决定产量，对其效率更高。此时双方各生产使总体利益最大化的产量 3 的一半1.5，而可以分享到比双方不合作、只考虑自身利益独立决策时更高的利润 4.5。但是，这种合作尽管双方都了解其好处，但如没有足够强制力的话，这种合作是不可能实现的，即这个合作是不能自动实施的。因为策略均衡（1.5，1.5）不是一个纳什均衡，即在这样的策略组合下，任何一个理性的参与人都有足够的积极性通过提高自己的产量来增加自己的得益。在这个例子中，假定有一方采取合作态度，固定产值 q_1 为 1.5，那么根据反应函数，另一方有足够的积极性将自己的产量定在 $q_2=3-1.5/2=2.25$ 上，此时其可得到更大的得益 $u_2=6\times2.25-1.5\times2.25-2.25^2=5.0625$，大于遵守协议的得益；而此时另一方的得益只有 $u_1=6\times1.5-1.5\times2.25-1.5^2=3.375$，小于不合作的得益 4。所以尽管双方都知道合作的好处，但最终都不得不接受不合作的结果。这里再次呈现集体非理性。但这个不合作的结果对整个社会来说是有效率的，因为其增加了产量，降低了价格。这也就是为什么传统的西方国家的产业规制政策要严格限制垄断的原因。

古诺模型在现实中有很多例子。如在一个偏远的农产品市场上的两大西瓜垄断种植商之间的产量竞争。西瓜产量必须在种植前就决定，一旦决定作出，投入种植，就几乎无法改变。他们整个一年就在夏季竞争一次，在两个种植园主无法或不愿共谋的情况下，价格显然由西瓜的总供应量决定，对他们来说，其每年的西瓜种植量只能通过进行典型的古诺博弈来决定。另一个很好的例子就是石油输出国组织（OPEC）的限额被突破。OPEC 成员都知道各自为政、自定产量的博弈结果必定是使油价下跌、利润受损，因此有共同磋商制定产量限额以维持油价的意愿。但一旦规定各成员的生产限额且按此限额生产时，每个成员都会发现，如果其他成员遵守限额而自己偷偷突破限额，则肯定能独享更多利益。结果正如分析的一样，OPEC 没维持多久，各成员就普遍突破限额，油价严重下跌，各成员只能得到不是最满意的纳什均衡解，这就是现实中 OPEC 的发展状况。

二、价格决策——伯特兰德模型

在古诺模型中，两寡头的决策变量是产量，其提出后的第45年即1883年，伯特兰德指出，如企业不设定价格，就难以弄清在寡头市场上是谁制定了价格。古诺模型考虑的是企业选择产量而不是价格，从而无法明白地解释价格决定的机制（事实上这个问题在完全竞争模型中也存在）。所以伯特兰德提出了另一种两寡头的垄断模型，在伯特兰德模型中，企业选择的是价格而不是产量。为使讨论有意义，这里我们考虑产品有一定差别的伯特兰德价格博弈，即消费者能够感受到产品的微小差别而且有一定的特殊偏好，不会将两种产品当作完全替代品，从而不会当两产品的价格稍有差异时便会造成价格稍高的产品完全销售不出去①。除此以外基本上还是假定两产品是大致可替代的，比如两产品是在品牌、质量、包装等方面有所不同的同类产品。

设在一个市场上，企业1和企业2的产品标价分别为 p_1 和 p_2，此时，它们各自的需求函数分别为：

$$q_1=q_1(p_1,p_2)=a_1-b_1p_1+d_1p_2 \tag{5-8}$$

$$q_2=q_2(p_1,p_2)=a_2-b_2p_2+d_2p_1 \tag{5-9}$$

其中 d_1，$d_2>0$ 表示两企业产品有一定替代性的替代系数。我们同样假定两企业无固定成本，边际生产成本分别为 c_1 和 c_2，两企业是同时决策的。

在该博弈中，参与人是企业1和企业2，它们各自的策略空间是 $S_1=[0,\ p_{1\max}]$ 和 $S_2=[0,\ p_{2\max}]$，其中 $p_{1\max}$ 和 $p_{2\max}$ 是企业1和企业2还能卖出产品的最高价格；两博弈方的得益就是各自的利润，是双方的策略，即双方价格的共同函数：

$$\begin{aligned}u_1&=u_1(p_1,p_2)=p_1q_1-c_1q_1=(p_1-c_1)q_1\\&=(p_1-c_1)(a_1-b_1p_1+d_1p_2)\end{aligned} \tag{5-10}$$

$$\begin{aligned}u_2&=u_2(p_1,p_2)=p_2q_2-c_2q_2=(p_2-c_2)q_2\\&=(p_2-c_2)(a_2-b_2p_2+d_2p_1)\end{aligned} \tag{5-11}$$

我们同样可以用反应函数法来解此博弈。首先求 p_1^* 对 p_2 的反应函数。令式（5-10）对 p_1 求一阶偏导并令其等于0得：

$$a_1-2b_1p_1^*+d_1p_2+c_1b_1=0$$

$$p_1^*=R_1(p_2)=\frac{1}{2b_1}(a_1+b_1c_1+d_1p_2) \tag{5-12}$$

令式（5-11）对 p_2 求一阶偏导并令其等于0得：

$$p_2^*=R_2(p_1)=\frac{1}{2b_2}(a_2+b_2c_2+d_2p_1) \tag{5-13}$$

纳什均衡点即两反应曲线的交点，将式（5-13）代入式（5-12）得：

① 这是为了避免所谓的“伯特兰德悖论”，参见泰勒尔. 产业组织理论. 北京：中国人民大学出版社，1997.

$$p_1^* \frac{1}{2b_1}[a_1+b_1c_1+d_1 \frac{1}{2b_2}(a_2+b_2c_2+d_2p_1^*)] \tag{5-14}$$

所以得：

$$p_1^*=\frac{d_1(a_2+b_2c_2)+2b_2(a_1+b_1c_1)}{4b_1b_2-d_1d_2}$$

将之代入式（5-13）得：

$$p_2^*=\frac{d_2(a_1+b_1c_1)+2b_1(a_2+b_2c_2)}{4b_1b_2-d_1d_2} \tag{5-15}$$

这样我们就得到了伯特兰德博弈的唯一纳什均衡解（p_1^*，p_2^*），将 p_1^*，p_2^* 代入两得益函数则可得到两企业的均衡得益。

如果我们有 a_1，a_2，b_1，b_2，c_1，c_2，d_1，d_2 的具体数字，代入上述各式，即可得到具体的结果。可以看出这种价格决策与古诺模型中的产量决策一样，其纳什均衡也不如各博弈方通过协商、合作所达到的最佳结果，不过这种合作同样也是不能自动实施的。这也是囚徒困境的一种。

三、产品决策——豪泰林模型

前面我们讨论的两个模型，产品或者是同质的，或者是具有很强的替代性的。事实上，许多情况下即使在一个同种产品的市场上，两个企业的产品也不会是有很强的可替代性的。相反，各企业总是想方设法使自己的产品区别于其他企业，以保证自己的一块细分市场，产品的差异性正成为现代企业竞争核心能力很重要的一部分，用产品的差异性来作为主要的竞争战略是现代企业竞争战略的重要手段。[①] 这种情况下，不同的消费者对不同企业的产品有着不同的偏好，价格不是其感兴趣的唯一变量。

产品差异性有多种形式。这里我们考察一种特殊的差异，即空间上的差异，这就是豪泰林 1929 年提出的豪泰林模型。在豪泰林模型中，产品在物质性能上是相同的，但在空间位置上有差异。不同位置上的消费者要支付不同的运输成本，他们关心的是价格与运输成本之和，而不单是价格。假设有一个长度为 1 的线性城市，消费者均匀地分布在[0，1]的区间内，

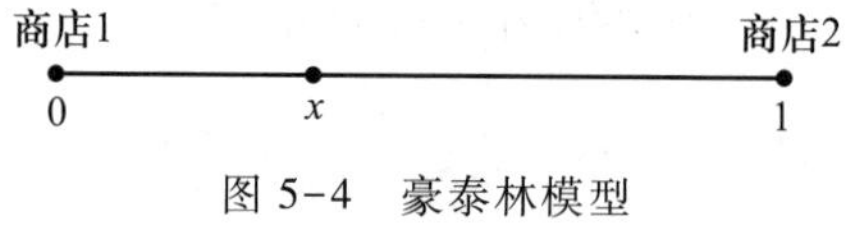

图 5-4 豪泰林模型

分布密度为 1。假定有两个商店，分别位于城市的两端，商店 1 在 $x=0$ 处，商店 2 在 $x=1$ 处，两商店出售物质性能完全相同的产品，如图 5-4 所示。每个商店提供单位产品的成本为 c，消费者购买商品的运输成本与离商店的距离成正比，单位距离的运输成本为 t。

① 迈克尔·波特. 竞争战略. 北京：华夏出版社，1997.

这样，一个住在 x 处的消费者如果去商店 1 采购要花费 $t \cdot x$ 的运输成本；如果去商店 2 采购，要花费 t $(1-x)$ 的成本。现在假定消费者具有单位需求，即要么消费 1 个单位，要么不消费。

我们考虑两商店之间的价格竞争博弈，假定两商店同时选择自己的销售价格。假定该城市区域内的每一个消费者都要购买这样一个单位的产品。显然这个博弈的两个参与人为商店 1 和商店 2，其各自的可选择策略为各自的价格 p_1，p_2。设 $D_i(p_1, p_2)$（其中 $i=1, 2$）是对两个商店的需求，则两参与人的得益分别为：

$$u_1 = D_1(p_1, p_2) \cdot (p_1 - c); u_2 = D_2(p_1, p_2) \cdot (p_2 - c)$$

为了得到两商店的需求函数，我们考虑如果有一个在特定的 x 点处的消费者，对其来说到商店 1 与到商店 2 购物是无差别的，即该消费者到商店 1 的旅行成本加上商店 1 的产品价格与到商店 2 的旅行成本加上商店 2 的产品价格是相同的，即该 x 点应满足：

$$p_1 + t \cdot x = p_2 + t \cdot (1-x) \tag{5-16}$$

显然，住在 x 点左边的居民都将到商店 1 购物。由于居民分布密度为 1，每个消费者都消费 1 个单位产品，所以商店 1 的消费函数 $D_1 = x \cdot 1 \cdot 1 = x$；同样道理，住在 x 点右边的居民都将到商店 2 购买，商店 2 的需求函数 $D_2 = 1 - x$。x 满足式（5-16），故从式（5-16）可求得 x，从而得到 D_1，D_2 如下：

$$D_1(p_1, p_2) = \frac{p_2 - p_1 + t}{2t} \tag{5-17}$$

$$D_2(p_1, p_2) = \frac{p_1 - p_2 + t}{2t} \tag{5-18}$$

所以商店 1 与商店 2 的得益函数分别是：

$$u_1(p_1, p_2) = (p_1 - c) \cdot D_1 = \frac{1}{2t}(p_1 - c)(p_2 - p_1 + t) \tag{5-19}$$

$$u_2(p_1, p_2) = (p_2 - c) \cdot D_2 = \frac{1}{2t}(p_2 - c)(p_1 - p_2 + t) \tag{5-20}$$

我们同样用反应函数求该博弈的均衡。令 u_i 对 p_i 求偏导并使之等于 0 得：

$$\frac{\partial u_1}{\partial p_1} = p_2 + c + t - 2p_1 = 0 \tag{5-21}$$

$$\frac{\partial u_2}{\partial p_2} = p_1 + c + t - 2p_2 = 0 \tag{5-22}$$

联立式（5-21）、式（5-22）得最优解为：

$$p_1^* = p_2^* = c + t \tag{5-23}$$

则两个商店的均衡得益均为：

$$u_1 = u_2 = \frac{t}{2} \tag{5-24}$$

这里我们将消费者的位置差异解释为产品差异，这个差异进一步可解释为消费者购买产品的旅行成本。一方面旅行成本越高，产品的差异就越大，均衡价格从而均衡利润也就越高。原因在于，随着旅行成本的上升，不同商店出售的产品之间的替代性下降，每个商店对附近消费者的垄断力加强，商店之间的竞争越来越弱，消费者对价格的敏感度下降，从而每个商店的最优价格更接近于垄断价格。另一方面，当旅行成本为 0 时，不同商店的产品之间具有完全的替代性，没有一个商店可以把价格定得高于成本。

豪泰林模型是个抽象的例子，但在实际应用中有很强的实用性。我们可以将两商店之间的距离解释为任何一类产品中，不同消费者关心的某一特性的差异程度。如同样的彩电不同尺寸大小之间的偏好差异，或者同类商品不同品牌之间的偏好差异等，可以灵活应用。

第三节　动态竞争策略

前一节我们讨论了寡头垄断市场上静态竞争策略的几个典型模型。在静态竞争的情况下，寡头们同时作出决策并且互不知道对方的选择；而在现实中，更多的情况是参与竞争者的行动是有先后的，且后行动者一般都能在自己的行动之前或多或少地观察到竞争对手在此之前的行动信息并以此为依据来修正自己的决策，所以这种竞争情况的模型与前一节模型的结构是不同的，必须用动态博弈的语言来描述。在动态博弈中各博弈方在关于博弈进程方面的信息是不对称的，后行动者有更多的信息来帮助自己作出选择。一般来说，这是后行动者的有利条件，因为其可以帮助减少决策中的不确定因素，此即所谓后动优势或后发制人；但拥有较多信息的一方在动态博弈中一定占有优势这一结论并不总是对的，有时先行动者能够利用后行动者的“理性”，采取一些行动并发出一定的信号让后行动者知晓，迫使后行动者不得不作出一些在不知道这些信号前不会作出的选择，此即先动优势或先发制人。

参与动态竞争的各竞争方可以是具有完全信息的，即竞争各方对其他竞争对手的得益函数是完全了解的；也可以是不具有完全信息的，这种情况我们在博弈论中已经知道可以利用海萨尼转换将“不完全信息”转换成“完全但不完美信息”，即可以将对竞争对手得益函数的不了解转换成对竞争对手“类型”的不了解，从而可以用不完全信息博弈来分析。在本节中，我们先讨论具有完全信息的动态竞争，再讨论不完全信息条件下的动态竞争。

一、产量领先策略——斯坦克尔伯格模型

现在我们用动态博弈来分析产业市场上更为现实的动态竞争的竞争策略问题。在动态竞争中，产业市场上的两个寡头往往一强一弱，无论是决定产量还是制定价格，弱者往往跟在强者后面，观察强者的实际行动，随后决定自己的策略。我们称先行动者为领导者，

而后行动者为跟随者。由于整个产业市场的大小在一定时间内总是一定的，跟随者的加入要改变整个产业市场的供应，故对领导者的收益也是有影响的。所以领导者在决定自己的策略时要充分考虑到跟随者可能有的策略，将之包括到自己的最优化策略中，否则会造成两败俱伤。对产业市场上这种行为的分析最早是由斯坦克尔伯格作出的，当然他那个时候不是从博弈论出发来研究的，以后就称此类市场竞争的模型为斯坦克尔伯格模型。正如古诺模型可看作是纳什均衡的最早版本一样，斯坦克尔伯格模型也可看作是子博弈精炼纳什均衡的最早版本。

在斯坦克尔伯格模型最早的版本中，企业选择的也是产量，当然产品是同质的。模型中领导者企业 1 首先选择产量 $q_1 \geqslant 0$，跟随者企业 2 观察到 q_1，然后选择自己的产量 $q_2 \geqslant 0$，因此这是一个完全信息博弈。我们来讨论一个具体的模型。

设两寡头企业 1 和企业 2：他们的策略空间都是（0，Q_{max}）中的所有实数（其中 Q_{max} 是整个产业市场能容纳的最大产量）；企业 1 是领导者，首先选择 q_1，企业 2 观察到 q_1 后选择 q_2；整个市场的价格反需求函数设为 $P=P(Q)=8-Q$，其中 $Q=q_1+q_2$；两企业固定成本为 0，边际成本 $C_1=C_2=2$，所以两企业的得益（利润）函数分别为：

$$\begin{aligned} u_1 &= u_1(q_1,q_2)=q_1P(Q)-q_1C_1=q_1[8-(q_1+q_2)]-2q_1 \\ &= 6q_1-q_1^2-q_1q_2 \end{aligned} \tag{5-25}$$

$$\begin{aligned} u_2 &= u_2(q_1,q_2)=q_2P(Q)-q_2C_2=q_2[8-(q_1+q_2)]-2q_2 \\ &= 6q_2-q_2^2-q_1q_2 \end{aligned} \tag{5-26}$$

由于这个博弈的策略——产量是一个连续变量，不是一个有限博弈，故我们不可能画出这个博弈的博弈树，但我们还是可以考虑用逆向归纳法的思路来解这个博弈的子博弈精炼纳什均衡。我们首先从博弈的第二阶段开始，考虑假定 q_1 给定的情况下，企业 2 的最优选择。此时企业 2 的问题就是：

$$\max_{q_2 \geqslant 0} u_2(q_1,q_2)=\max_{q_2 \geqslant 0}(6q_2-q_2^2-q_1q_2) \tag{5-27}$$

最优化条件意味着上式对 q_2 求一阶偏导并使其等于 0，得：

$$6-2q_2-q_1=0 \tag{5-28}$$

即

$$q_2=S_2(q_1)=3-q_1/2 \tag{5-29}$$

这实际就是古诺模型中企业 2 的反应函数，不同的是这里 $S_2(q_1)$ 是当企业 1 选择 q_1 时企业 2 的实际选择，而在古诺模型中，$R_2(q_1)$ 是企业 2 对于假设的 q_1 的最佳反应。

再考虑企业 1 第一阶段的反应，因为企业 1 知道企业 2 在第二阶段将会如此选择，即有反应 $S_2(q_1)$，所以企业 1 在第一阶段的问题就是：

$$\max_{q_1 \geqslant 0} u_1(q_1,S_2(q_1))=\max_{q_1 \geqslant 0}[6q_1-q_1^2-q_1(S_2(q_1))]=\max_{q_1 \geqslant 0}\left(3q_1-\frac{1}{2}q_1^2\right) \tag{5-30}$$

同样令上式对 q_1 求一阶导数并使其等于 0 得：

$$3-q_1^*=0$$

即 $$q_1^* = 3$$

代入 $S_2(q_1)$ 得：
$$q_2^* = 3 - 3/2 = 3/2$$

分别代入各自得益函数得：
$$u_1 = 4.5$$
$$u_2 = 2.25$$

所以该博弈的子博弈精炼纳什均衡结果为：企业 1 选择产量单位 $q_1^* = 3$，企业 2 选择产量 $q_2^* = 3/2$，各自得益分别为 $u_1 = 4.5$，$u_2 = 2.25$。

我们来比较一下斯坦克尔伯格均衡与古诺均衡。回忆上一节市场情况与此类似的古诺均衡是 $q_1^* = q_2^* = 2$，$u_1 = u_2 = 4$。我们发现这里斯坦克尔伯格的均衡总产量 4.5 大于古诺均衡总产量 4，而产业总利润 6.75 小于古诺均衡的产业总利润 8。不过这里企业 1 的产量和利润都大于其在古诺均衡中的产量和利润，而企业 2 无论是产量和利润比在古诺均衡中都少多了。这当然是由于该模型中两企业所处地位不同的结果，企业 1 具有先行的主动，它把握住企业 2 的理性心理，从而选择较大的产量获得了优势。这就是所谓的"先动优势"。

这个模型也说明了在博弈中，拥有信息优势的一方反而可能处于竞争劣势（当然前提是竞争对手知道它拥有该信息，而它也知道竞争对手是知道其拥有该信息的，如此等等，即双方是完全理性的），而这在单人决策中是不可能的。这里企业 2 之所以处于劣势，是因为它在决策前就已知道企业 1 的产量，或者是企业 1 有意让其知道，如抢先投产造成既定事实等。但如果即使企业 1 先行动但其不能有效地让企业 2 知道或相信其产量的真实性，那它就只能回到古诺竞争了，此时企业 1 的先动优势就不复存在。所以我们这里看到在这种动态竞争中，企业怎样发布一个能让人置信的有效信息是十分关键的。在斯坦克尔伯克模型中可以期望每一个企业都希望做一个领导者，至于哪一个企业能成为领导者，大概地依赖于历史因素，如哪一个企业先进入市场。

最后还要指出的是，在斯坦克尔伯格模型中，除上述均衡外还有其他的纳什均衡，比如说古诺均衡也是它的一个纳什均衡（读者可以自行验证），但古诺均衡不是子博弈精炼纳什均衡，因其并不在所有的子博弈上构成纳什均衡。只有斯坦克尔伯格均衡是上述模型的唯一子博弈精炼纳什均衡。

二、长期竞争策略——无限次重复古诺模型

在现实经济生活中，寡头垄断市场往往是一种相当稳定、维持很长时间的市场类型。因此，寡头们会年复一年地进行着有关产量、价格等相同的竞争，而且看来这种竞争不会在可预计的时期内结束。比如可口可乐公司和百事可乐公司就会认为它们之间争夺市场的竞争会年复一年地一直延续下去，而且每次竞争似乎都十分类似。可以预计这样的长期竞争的最终结果与一次性的竞争是不同的，这种竞争的格局需要用"重复博弈"来描述。

我们来分析在无限次重复的古诺产量博弈下会出现什么新的情况。我们用第二节讨论过的古诺博弈作原博弈。为了方便，这里将这个博弈的主要参数和均衡结果再次给出：市场总产量 $Q = q_1 + q_2$，其中 q_1、q_2 分别是原模型中的两博弈方企业 1 和企业 2 的产量，即它

们的策略，市场出清价格 $P(Q)=8-Q(Q<8$，若 $Q\geqslant 8$，则 $P=0)$，两企业无固定成本，边际成本都为 2。我们知道该博弈的原博弈有唯一的纳什均衡策略组合（2，2），即两企业的产量都为 2，我们称为"古诺产量"，用 q_c表示。由于纳什均衡的总产量 4 大于垄断产量 $q_m=3$，因此如果两企业都改为生产垄断产量的一半 1.5，则双方的收益都会增加。当然，我们前面已讨论过（1.5，1.5）不是纳什均衡，在一次性博弈中是不可能出现的。那么我们是否能找到一种策略，期望其在无限次重复古诺博弈中出现呢?

我们考虑双方采用如下的触发策略：第一，在第一阶段生产垄断产量的一半 1.5；第二，一直生产 1.5 直到有一方不生产 1.5，则以后一直生产古诺产量 $q_c=2$。这种触发策略实际上同样是一开始试图合作，选择符合双方共同利益的产量，而一旦发现对方不合作，偏离对双方有利的产量，则以选择纳什产量进行报复。可以证明当贴现率 δ 满足一定要求时，上述触发策略构成子博弈精炼纳什均衡，均衡结果是每期大家都生产 1.5，大家得益都为 $\pi=4.5$。这是一个帕累托最优。

给定企业 1 已采用该触发策略，如果企业 2 也采用该触发策略，则每期得益 4.5，无限次重复博弈的总得益现值为：

$$4.5(1+\delta+\delta^2+\cdots+\delta^n)=4.5/(1-\delta) \tag{5-31}$$

如果企业 2 在某一期偏离上述触发策略，则其在背叛的第一阶段所选产量就是给定企业 1 产量为 1.5 的情况下，最大化自己的利润的产量，即满足：

$$\max_{q_2}[(8-1.5-q_2)q_2-2q_2]=\max_{q_2}(4.5-q_2)q_2 \tag{5-32}$$

解之得：$q_2=2.25$。此时其利润为 $2.25^2=5.062\ 5$，高于不背叛的第一阶段所得4.5。但是这也导致企业 1 从第二阶段开始的永久性生产古诺产量 $q_c=2$，这样企业 2 也被迫选择古诺产量 q_c，得收益 4。因此，第一阶段背叛的无限次重复古诺博弈的总得益现值为：

$$5.062\ 5+4(\delta+\delta^2+\cdots+\delta^n)=5.062\ 5+4\delta/(1-\delta) \tag{5-33}$$

因此，只要当

$$4.5/(1-\delta)\geqslant 5.062\ 5+4\delta/(1-\delta) \tag{5-34}$$

即：

$$\delta\geqslant 9/17$$

时上述触发策略是企业 2 对企业 1 采用触发策略的最佳反应。实际上，在上述情况下，该博弈已可认为等同于在两种产量 $q_m/2=1.5$ 和 $q_c=2$ 之间进行选择的无限次重复囚徒博弈。因此根据我们已得到的结论，当 $\delta\geqslant 9/17$ 时，双方都采用上述触发策略构成子博弈精炼纳什均衡。

当然，当 $\delta<9/17$ 时，偏离是企业 2 对企业 1 实行触发策略的最佳反应。这一种情况说明未来得益折算成现在值太小，即博弈方相对不太看重未来利益或由于某种原因未来同样大小利益对现在影响太小，如恶性通货膨胀等，这样博弈方就会较多看重眼前利益而不会为长期利益打算，也不害怕对方在未来阶段的报复。在这种情况下，无限次重复博弈也不会提高原博弈的效率。

$\delta<9/17$ 时上述触发策略不可能是无限重复古诺博弈的纳什均衡。但这也并不是说当 $\delta<9/17$ 时，两企业就一定要生产古诺产量。虽然 δ 较小时，长期利益的重要性不足以促使两企业维持 $q_m/2=1.5$ 这样低的产量，但长期利益毕竟还是存在的，有一定影响。这时两企业会维持在一个介于古诺产量 q_c 和 $q_m/2$ 之间的产量 q^*，q^* 是与 δ 有关的。我们来求解 q^* 与 δ 的关系，考虑如下触发策略：在第一阶段生产 q^*；在 t 阶段，如果 $t-1$ 阶段两企业都是生产（q^*，q^*），则继续生产 q^*，否则生产古诺产量 q_c。

如果采用该触发策略后双方都合作的话，每阶段大家都生产（q^*，q^*），大家都得益 $\pi=(8-2q^*)q^*-2q^*=(6-2q^*)q^*$，那么该无限重复博弈的总得益现值为 $\pi^*/(1-\delta)=(6-2q^*)q^*/(1-\delta)$。如果有一企业在某一阶段背叛，则此阶段它应生产 q_2 满足：

$$\max_{q_2}(8-q_2-q^*-2)q_2 \tag{5-35}$$

解之得：$q_2=(6-q^*)/2$，相应得益为 $\pi_d=(6-q^*)^2/4$，但从背叛第二阶段起，其只能被迫永久性地选择古诺产量 q_c，每阶段得益为 4，这样无限阶段的总得益现值为：

$$\frac{6-q^*}{4}+\frac{\delta}{1-\delta}\pi_c=\frac{(6-q^*)^2}{4}+\frac{4\delta}{1-\delta} \tag{5-36}$$

故只有当

$$(6-2q^*)q^*/(1-\delta)\geqslant(6-q^*)^2/4+\frac{4\delta}{1-\delta} \tag{5-37}$$

时，各企业才有积极性采用触发策略，并不首先背叛。解式（5-37）得：

$$q^*\leqslant\frac{2(9-5\delta)}{9-\delta}$$

取一定的 δ 支持的最大的 q^* 值，即生产上式取等号的 q^* 产量，均衡结果为每阶段大家都生产（q^*，q^*）。

这里我们看到，不同的 δ 支持不同的 q^*。当 δ 接近 9/17 时，q^* 接近 $q_m/2$；当 δ 接近 0 时，q^* 接近古诺产量 2；当 $0<\delta<9/17$ 时，$q_m/2<q^*<q_c$。δ 接近于 0 的经济意义是将来的得益对参与人来讲几乎无意义，当然博弈者会只顾眼前利益。δ 越大，将来利益越重要，就越能支持较低的 q^*，当 $\delta\geqslant9/17$ 时，就能支持最大效率的垄断产量。

在无限次重复古诺模型中，上述的分析还只是十分初步的，实际还可以构造其他形式的策略，同样也能达到高效率的子博弈精炼均衡，而且还可以考虑合作后背叛、背叛后又合作等复杂情况，这里就不再介绍。从这个基本的分析出发，如果考虑更多的因素、不同的情况和条件，还能发展出更多的有用的模型。

三、米尔格罗姆—罗伯兹垄断限价模型①

在我们前面所讨论的市场竞争模型中，都假设寡头企业均已在市场上，即在该产业市

① 泰勒尔. 产业组织理论. 北京：中国人民大学出版社，1997.

场上已经有了相当的垄断势力的两个寡头之间的竞争战略的相互作用。事实上，市场在位者对潜在进入者的威胁始终十分注意。他们会想方设法发出各种威胁以遏制潜在进入者的进入；而潜在的进入者也会殚精竭虑地想要探得欲进入市场的真实情况，如在位者的实际赢利、市场的大小、在位者的反应等，以决定是否进入。所以市场在位者与潜在进入者的遏制与反遏制竞争战略是十分重要和复杂的，在波特著名的竞争模型中就把潜在进入者的威胁列为一个重要因素。

一般来说，在市场进入博弈中有两个参与人，即在位者和进入者。在位者的成本函数等情况一般有很多种，在位者自己知道，而进入者是不知道的。进入者只能对之有一个大致的判断，同时可以观察在位者的市场行为来修正自己的判断。在位者预测到这一点，就要设法在自己的行为中掩饰自己的真实类型或者发出足够有力的威胁信息，遏制进入者的进入。这可以用一个标准的信号传递博弈来描述。我们这里要介绍的米尔格罗姆和罗伯兹在 1982 年提出的垄断限制性定价模型就是信号传递博弈在产业组织理论中的第一个应用。

垄断限制性定价模型（垄断限价模型）试图解释现实中观察到的这样一种现象：垄断企业规定的产品价格一般低于微观经济学定义的最优垄断价格。对这一现象贝恩的解释曾流行了 30 多年，其大致意思是：如果价格等于垄断价格，其他企业看到有利可图，就会进入；而价格低于它的话，其他企业看到无利可图，就不会进入。但经济学家对此解释并不十分满意，问题的关键是要能解释为什么低价格能阻止其他潜在进入者的进入。米尔格罗姆和罗伯兹在其 1982 年提出的模型中对此问题的解释是：垄断限价可以反映这样一个事实，即其他企业不知道垄断者的生产成本，垄断者试图用低价格的信息告诉其他企业自己是低成本的，从而进一步威胁潜在进入者，如果进入与其进行寡头竞争的话将是无利可图的。

假定这个博弈有两个阶段，两家企业。第一阶段企业 1（在位者）是垄断生产者，选择其第一阶段的价格 P_1。在第二阶段，企业 2（进入者）选择进入或不进入。接下去的过程是如果企业 2 进入，则两企业进行双寡头完全信息静态博弈，如果不进入则继续保持垄断。企业 1 有两个可能类型：高成本或低成本；高成本（H）的概率为 $\mu(H)$，低成本（L）的概率为 $1-\mu(H)$。令 $M_1^t(p_1)$，$t=H$，L 为企业 1 在第一期选择价格 P_1 时它的短期垄断利润，令 P_m^L 和 P_m^H 分别代表在位者是低成本和高成本时的垄断价格，明显应有 $P_m^L<P_m^H$。令 M_1^H 和 M_1^L 为在位者依据自己的类型最大化的短期垄断利润即 $M_1^t=M_1^t(P_m^t)$，显然也有 $M_1^L>M_1^H$。假定 $M_1(P_1)$ 是严格凹函数①。

在第一阶段，企业 1 知道自己的类型 t，企业 2 不知道 t，不影响讨论的主要结果，我们假定，在第二阶段，企业 2 一旦进入，就得知 t，因此第二阶段进行寡头竞争最后达成的价格与第一阶段的价格 P_1 是无关的。我们用 D_1^t 和 D_2^t 分别代表当企业 1 为类型 t 时，企

① 一个严格凹的单变量函数 $f(x)$ 的定义是：一个单变量函数是严格凹的，如果对于所有 x 及所有满足 $0\leqslant t\leqslant 1$ 的 t，有 $f(tx_1+(1-t)x_2)>tf(x_1)+(1-t)f(x_2)$。参见哈尔·瓦里安. 微观经济学（高级教程）. 3 版. 北京：经济科学出版社，1997.

业 1 和企业 2 在第二阶段的寡头利润（如果有进入成本的话，D_2^t 是剔除进入成本后的净利润）。为了使分析有意义，我们假定 $D_2^H>0>D_2^L$，即若企业 2 知道企业 1 是低成本的话，就不会进入，只有在知道企业 1 是高成本时，它才会进入。我们用 δ 代表共同贴现因子。

企业 1 希望保住垄断地位（$M_1^t>D_1^t$），它想发出信息让企业 2 认为自己是低成本的，问题是它没有办法直接达到该目的，即使它真的是低成本。间接的办法之一就是定一个低的价格 P_1^L，所以即使企业 1 是高成本的，它也可能会选择 P_1^L，以期望第一阶段的最优垄断利润的损失可能被第二阶段继续保持垄断地位的收益所弥补。我们希望找到这样一个 P_1^L，使得高成本的企业 1 不敢选择它，因为选择 P_1^L 会使其掩饰成本太大。从而根据利润最大化原则，高成本的企业在第一阶段只有选择其垄断价格 P_m^H。这实际上就是一个分离均衡的问题，不同类型的发送者发送不同的信号。

我们首先找出分离均衡的两个必要条件，即类型 H 的在位者不愿选择类型 L 的均衡价格 P_1^L，类型 L 的在位者也不愿选择类型 H 的均衡价格 P_1^H；然后，我们描述在进入者非均衡路径上的后验概率使得没有任何类型的在位者有兴趣偏离均衡价格。我们将看到，分离均衡的必要条件同时也是充分条件，即必要条件决定的价格即是均衡价格①。

在分离均衡中，进入者能推断出在位者的真实成本，因此类型 H 的在位者在第一阶段的最优选择是 $P_1^H=P_m^H$，即短期垄断价格。因此，类型 H 的在位者的两阶段总利润为 $M_1^H+\delta D_1^H$。假定低成本类型 L 的在位者第一阶段选择 P_1^L 阻止进入者的进入，那么如果高成本的在位者也意图选择 P_1^L 去阻止进入者，则它的总利润是 $M_1^H(P_1^L)+\delta M_1^H$。因此，只有当下列条件满足时，高成本在位者才不会选择低成本在位者的均衡价格 P_1^L：

$$(\mathrm{A})\quad M_1^H+\delta D_1^H\geqslant M_1^H(P_1^L)+\delta M_1^H \tag{5-38}$$

即

$$(\mathrm{A}')\quad M_1^H-M_1^H(P_1^L)\geqslant\delta(M_1^H-D_1^H) \tag{5-39}$$

就是说，高成本在位者选择 P_1^L 导致的第一阶段的利润减少额要大于第二阶段保持垄断地位得到的利润增加额的贴现值。

类似地，当低成本在位者选择 P_1^L 从而阻止进入时，它的总利润为 $M_1^L(P_1^L)+\delta M_1^L$；另外，如果它选择任何其他 $P_1\neq P_1^L$，从而会导致进入者进入的话，那它第一阶段的 P_1 定为 P_1^L 是最优的，故其总利润不会低于 $M_1^L+\delta D_1^L$。因此，只有当下列条件成立时，P_1^L 才是低成本在位者的均衡价格：

$$(\mathrm{B})\quad M_1^L(P_1^L)+\delta M_1^L\geqslant M_1^L+\delta D_1^L \tag{5-40}$$

即

$$(\mathrm{B}')\quad M_1^L-M_1^L(P_1^L)\leqslant\delta(M_1^L-D_1^L) \tag{5-41}$$

就是说，选择短期垄断价格 P_m^L 从而促使进入时的第一阶段利润增加额小于选择均衡价格 P_1^L 从而阻止进入时的第二阶段利润增加额的贴现值。

为了使分析有意义，我们假定不存在 $P_1^L=P_m^L$ 的分离均衡，即：如果 $P_1^L=P_m^L$，高成本

① 注意：这里的均衡价格是指将价格作为策略手段进行博弈，最后达到均衡时的价格，而不是一般意义上的市场均衡价格。

的在位者也会选择 P_1^L，故要满足以下条件：

$$(C)\quad M_1^H - M_1^H(P_m^L) < \delta(M_1^H - D_1^H) \tag{5-42}$$

现在我们可以来找满足条件（A）和（B）的 P_1^L 了。可以设想，在合理的条件下，条件（A）和（B）应定义了一个价格区间 $[\tilde{\tilde{p}}, \tilde{p}]$，使得任何该区间内的价格都满足（A）和（B）这两个分离均衡条件，即 $P_1^L \in [\tilde{\tilde{p}}, \tilde{p}]$。条件（C）意味着 $\tilde{p} < P_m^L$，即 P_1^L 不会高于低成本在位者的最优垄断价格，这与实际观察到的现象是一致的，也正是我们要解释的。因此为了得到分离均衡，低成本在位者必须定一个足够低的价格（低于自己的垄断价格 P_m^L），使得高成本的在位者要模仿时成本太高。

可以证明，如果下列条件满足，上述区间 $[\tilde{\tilde{p}}, \tilde{p}]$ 一定存在：

$$(SM)\quad \frac{\partial}{\partial p_1}(M_1^H(p_1) - M_1^L(p_1)) > 0 \tag{5-43}$$

即
$$\frac{\partial M_1^H(p_1)}{\partial p_1} > \frac{\partial M_1^L(p_1)}{\partial p_1} \tag{5-44}$$

此即"斯宾塞—莫里斯分离条件"（Spence-Mirrles sorting condition，又称单交叉条件）。对此定理的证明超出了本书的范围，我们这里对这个条件作一解释。这个条件说的是，改变价格对不同类型企业的利润的影响是不同的，高成本企业通过提价增加的利润要比低成本企业提高同样的价格增加的利润要多；当然，高成本企业减价所减少的利润也比低成本企业降低同样的价格减少的利润多。所以低成本企业比高成本企业更"勇于"降价，能够经得住长期的低价格，这与现实生活中的现象是一致的。容易证明，对一般成本函数来说，分离条件是容易满足的。比如，假设边际成本是不变的，两类企业分别为 C_H 和 C_L，$C_H > C_L$，需求函数为 $Q(P_1)$。那么

$$\frac{\partial M_1^H(p_1)}{\partial p_1} = \frac{\partial}{\partial p_1}[(p_1 - C_H)Q(p_1)] = Q(p_1) + (p_1 - C_H)\frac{\partial Q(p_1)}{\partial p_1} \tag{5-45}$$

$$\frac{\partial M_1^L(p_1)}{\partial p_1} = \frac{\partial}{\partial p_1}[(p_1 - C_L)Q(p_1)] = Q(p_1) + (p_1 - C_L)\frac{\partial Q(p_1)}{\partial p_1} \tag{5-46}$$

因为 $C_H > C_L, \frac{\partial Q(p_1)}{\partial p_1} < 0$，所以 $\frac{\partial M_1^H(p_1)}{\partial p_1} > \frac{\partial M_1^L(p_1)}{\partial p_1}$，满足分离条件。

分离条件保证了曲线 $y = M_1^L - M_1^L(p_1^L)$ 和 $y = M_1^H - M_1^H(p_1^L)$ 在以 p_1^L 为横轴、以 y 为纵轴的坐标空间中只相交一次（所以又称单交叉条件），如图 5-5 所示。

在图 5-5 中，$\tilde{p}$ 对应条件（A′）的等式，$\tilde{\tilde{p}}$ 对应条件（B′）中的等式，$\tilde{p} < P_m^L$ 对应条件（C），也是实际生活中观察到的现象。从图 5-5 中可以看出所有 $P_1^L \in [\tilde{\tilde{p}}, \tilde{p}]$ 的价格都满足分离条件（A′）和（B′）。其中 $\tilde{\tilde{p}}$ 是最低垄断限价，$\tilde{p}$ 是最高垄断限价。当类型 L 企业在第一阶段将价格 P_1^L 定在 $\tilde{p}$ 上时，既能阻止进入者进入，又能使利润最大、付出成本最小，是最优点。

可以证明上述条件（A）、（B）也是分离均衡的充分条件。假定高成本在位者选择

P_m^H，低成本在位者选择 $P_1^L \in [\tilde{\tilde{p}}, \tilde{p}]$，进入者观察到 P_m^H 时，可认为在位者是高成本的概率是1，选择进入；当观察到 P_1^L 时，认为在位者是高成本的概率为0，选择不进入，当观察到的价格不属于这两个价格时（非均衡路径），进入者关于在位者是高成本的后验概率可以是任意的，但其必须要保证所假定的策略组合（P_1^L，P_m^H）构成均衡。最简单的办法是令 $\tilde{\mu}(H \mid p_1 \neq P_m^H,\ p_1 \neq P_1^L) = 1$，即当进入者观察到价格不是 P_m^H 或 P_1^L 时，就认为在位者是高成本的，即选择进入。这样就使得没有任何类型的在位者有兴趣偏离所假定的均衡策略。

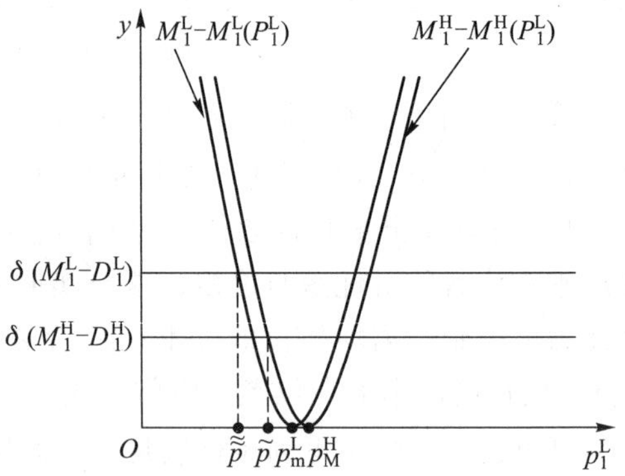

图 5-5　垄断限价模型

这样，我们得到了在满足条件（A）、（B）、（C）和（SM）的情况下有连续的分离均衡（有无穷多个均衡），即高成本在位者选择 P_m^H，低成本在位者选择任何$P_1^L \in [\tilde{\tilde{p}}, \tilde{p}]$；进入者观察到 P_1^L，就判断 $\tilde{\mu}(H \mid P_1^L) = 0$，选择不进入，观察到任何$P_1 \neq P_1^L$时就认为 $\tilde{\mu}$（$H \mid P_1 \neq P_1^L$）$= 1$，选择进入。应该强调的是，对于任何先验概率$\mu(H) > 0$，这样的连续均衡都是存在的。对比之下，如$\mu(H) = 0$,进入者不管接受到什么信号，修正后的 $\tilde{\mu}(H \mid p_1) = 0$，即始终不会进入，那么不管什么类型的在位者都乐于选择垄断价格 P_m^t。这一点表明，信息结构的小小变化会导致均衡结果的很大不同：只要进入者认为在位者是高成本的先验概率$\mu(H)$大于0，低成本的在位者就不得不非连续地降低价格直到高成本在位者吃不消（即 $\tilde{p}$ 点），不能跟进继续模仿，以将自己与高成本者区分开，显示出自己是低成本的，遏制进入者的进入。可以看出，不完全信息博弈对信息结构是非常敏感的。

这样，我们就证明了在现实中观察到的以低价格（小于垄断价格）来阻止潜在市场进入者进入的策略的有效性。这也提供了潜在市场进入者决策是否进入市场的一个标准，即观察到低于垄断价格的定价就最好不要进入；观察到定价等于垄断价格，就大胆进入。这个博弈当然还有许多其他均衡，可得到不同的市场进入与遏制策略，这里就不做介绍。

第四节　竞争的人为为人观

一、当今市场竞争新趋势

在前两节中，我们分析了典型的寡头垄断市场上几种经典的竞争模型。这些模型都作了某些方面的简化，强调了竞争的不同影响因素，可以作为我们分析现实产业市场上竞争行为的基础。在这些竞争环境中，我们可以发现由于参与竞争的各企业策略是相互依存的，每个企业的利润都受到其他企业行为的影响，故每家企业一方面都会想方设法去探知其竞争对手的决策，猜测竞争对手对自己行为的反应；另一方面又要运用各种策略尽量掩饰自己的真相，如散布对自己有利的消息、制造假象、先发制人等，不一而足，企图去影响对手的策略。这些竞争策略涉及价格、产量、品种、时机、广告等方面，无一不是以尽量扩大自己的利润、减少对手的得益为出发点。在一次性竞争中，竞争对手之间基本无合作的可能性。但是，在现实生活中，诸多竞争对手当然不会仅仅只交手一次，而会多次相遇，并在很长一段时间内共存；另外，竞争企业经过多次交手后也会发现，从完全利己的角度出发，完全不予合作对双方的利益都无好处，对社会也会是一种效率损失。所以，从双方的共同长远利益出发，如“重复的古诺博弈”中所指出的那样，寡头们也会考虑合作的可能性。这在当今世界经济迅速全球化、技术发展速度不断加快的今天，在一些竞争日趋剧烈的高技术产业领域内尤为明显，以协作为基础的竞争已成为当今一些跨国企业集团的首选战略。如在一些网络经济效应明显的信息产业领域内，由于有正反馈机制的存在，以往常常呈现出一边倒的市场结构形态，获胜企业占据绝大部分市场，其技术成为产业标准；而失败企业则血本无归，风险极大，信息产业极需要制定产业标准。然而现在信息产业领域已发展到如此之大，任何一家企业都已无法加以全部控制，任何一家意欲独建标准的企业都将面临极大的风险，所以经常可见企业合作开发某项新技术的案例出现。

所谓战略联盟（strategic alliance）是指两个或两个以上的独立企业（主要是大型集团化企业）在自愿的基础上为实现一定的战略目标而组建的松散企业联盟。这是一种企业间暂时的组织形式，所以又有人称为虚拟组织或中间组织。由于所加盟的各个企业之间没有一个稳定的中心，所以在组织结构形态上呈现出一种团状结构；所加盟的各个企业可以充分发挥自己的竞争优势，共同开发一种或几种产品，并迅速地将共同开发的产品推向市场；所加盟的各个企业共同分担所有的成本费用，共同享有开发产品所研制的高技术。一旦联盟的目标实现，先前所组建的战略联盟即告解散，而为了新的战略目标，又可经过重新组织，创建新的战略联盟。战略联盟可以大大增强加盟各企业的市场竞争力已成为众多企业的共识，在国外已有越来越多的企业在生产、销售、技术创新等方面开展了各种形式的战略联盟，如 IBM、东芝、西门子等公司在半导体产品领域；英特尔、微软、通用仪器在信息技术领域；奔驰与三菱在汽车制造领域建立的联盟等。以战略联盟为代表的协作型竞争正在成为当今产业市场上竞争的新趋势。战略联盟本身虽是企业为了合作、协同获得共同竞争优势而组建的，但这并不是说在联盟内部就没有相互之间的控制和竞争，甚至在联盟的运作过程中，就有可能出现联盟内企业为了私利，对其他企业作出背叛的行为，从而损害了其他加盟企业和整个联盟的共同利益。如我们曾举过的 OPEC 的例子就是一个典型。这里的关键问题是在一个没有外在强制力的情况下，怎样的合作或联盟会出现，又怎样才能存续下去？在没有外在强制力的情况下，只有一种达到博弈均衡的制度才会被自动实施。怎样才能使战略联盟中各企业都采取合作的策略并维持下去正是本节所要讨论的问题。下面我们从博弈论的角度对这个问题做进一步的讨论。

二、合作的基础

在前面几节中我们已经知道，在无限次的“重复博弈”中由于各博弈参与人要考虑到以后的长远利益，若以后的利益对现在来说影响足够大，参与人就会为了长远利益而作出“合作”的选择，从而达到一种更有效率的均衡，实现“集体理性”。事实上，重复接触和长远利益的存在正是合作的必要基础。所谓合作实际上就是一种长期的关系，若这个社会上每个人都只能接触一次，那还有什么合作会存在呢？事实上也不会有合作的必要。在前面我们曾详细介绍了“触发策略”导致合作的可能性和条件，事实上当有长远利益存在时，博弈各参与人可以有许多策略来促使合作的实现。美国密歇根大学的罗伯特·艾克斯罗德曾就“重复囚犯博弈”问题邀请博弈论专家提供各种策略的计算机程序进行竞赛，看哪一种策略的表现最佳。① 结果在来自 6 个国家的 62 个程序的反复较量中，一种被称为“针锋相对”（tit for tat，又译为“一报还一报”）的最简单的策略程序赢得了最高分。“针锋相对”策略的设计是这样的：第一步以合作开始；随后每一步都只是简单地模仿对手的前一步策略。也就是如果前一步对手也是合作，那就继续合作予以奖励；若前一步对手是背叛，那这一步也采取背叛以予惩罚。“针锋相对”策略是简单的，也是明了的，其核心是回报，即针对对手的行为进行相应的回报。基于回报的策略使用者其本性是宽容的，也是强硬的。他不像“触发策略”那样冷酷，一旦对手犯了错误就永不原谅，只要对手悔悟又开始合作，那他也就回报以合作；但他又是强硬的，只要对手出现背叛，就坚决给予相应回报以予惩罚。结果在“针锋相对”的周围产生了最多的合作。其建立过程一般分三个阶段：

（1）起始阶段。零散个体之间几乎没有过多交往的可能，此时合作也不会产生。然而一旦以相互回报“合作”为宗旨的小群体之间有了较多交往的可能，合作便出现了。

（2）中间阶段。基于回报的策略在许多不同类型的策略组成的环境中成长起来，脱颖而出。

（3）最后阶段。基于回报的合作一旦建立起来，就能防止其他不太合作的策略的侵入。因此合作的进化不可逆转。

“针锋相对”策略在现实中也是一个十分有效的行为规则，如第一次世界大战英德战场上出现的“自己活，也让别人活”的现象。

从对以上“针锋相对”的策略的分析中可以发现，合作产生的基础首先是竞争对手要有较多的接触，其次是要有长远利益的存在。但是应该指出的是，这两个条件虽然是合作的基础，但并不能保证合作一定出现并存续下去，也就是说这只是合作的必要条件而不是充分条件。因为这里还有其他两个方面的不定因素：一是“重复博弈”的策略多重性。由于在“重复博弈”中其他参与人过去行动的历史是观测得到的，一个参与人可以使自己在

① 罗伯特·艾克斯罗德. 对策中的制胜之道：合作的进化. 吴坚忠译. 上海：上海人民出版社，1996.

某个阶段的策略选择依赖于其他人过去的行动历史，因此参与人在重复博弈中的策略空间远远大于和复杂于在每一个阶段博弈中的策略空间。比如说，即使囚徒博弈只重复5次，每个囚徒的策略数量就要大于20亿个①，更不要说策略组合的数量了。在如此众多的策略中，究竟哪些策略会导致合作的均衡结果呢？虽然说博弈分析的目的是寻找博弈的均衡，但从如此众多的策略中去寻找有特定属性的策略显然超出了人的理性，更不要说博弈论本来的分析基础——人的完全理性一直就受到的批评。二是均衡的多重性。实际上绝大多数博弈都有多重均衡，即使用了“子博弈精炼分析”或“贝叶斯精炼分析”也还是存在。重复博弈的均衡就更多了。在这众多的博弈均衡中哪些会最终实现呢？博弈论本身并不能给出答案，而最多只能指出哪个均衡会以多大概率出现，这是不能令人满意的。所以仅有重复接触和长远利益的存在还不能保证合作的必然出现，因为参与人无法确切地知道哪些策略会导致合作的均衡或哪些合作均衡必然会实现。但是在现实生活中合作确实是产生了，而且是基于如此简单的策略，这用仅仅是偶然现象来说明是不能令人信服的。事实上，许多的合作策略或方法是如此的显而易见，以至于只要大家愿意，合作就容易实现。这究竟是基于什么原因呢？人们到底是根据什么来作出选择的呢？博弈论专家告诉我们，这是基于传统文化的影响。

研究表明，决策规则往往基于习惯或长期有效的简单法则。克瑞普斯和宾默尔曾详细讨论过纳什均衡的意义，他们的结论是：所谓“均衡”只不过是大家都认为显然的“游戏的一种玩法”②。那么是什么原因使大家都认为这样一种“玩法”是显然的呢？克瑞普斯在其《微观经济学教程》中列举了五种解释。总括来看，这些解释最终都是依赖于人们共享着的知识传统的特征，汪丁丁称为“知识结构”。实际上正如我们以前所指出的，任何一个博弈的推理都需要有一种“共同知识”的存在，如完全信息博弈中对各参与人得益函数的了解；在不完全信息情况下，博弈均衡更依赖于参与人对其他参与人类型的判断，所谓“先验概率”或“信念”就是这样一种共同知识。有什么样的共同知识就会有什么样的均衡实现。以克瑞普斯为代表的博弈理论家们长期以来一直在问的一个问题就是，这些共同知识是哪来的，即这些先验判断是哪来的，人们凭什么作这样的判断。他们发现这归根结底来自“经验”和“习惯”，即共同知识是由博弈者所在的文化环境提供的，这就是所谓的“焦点理论”。举个简单的例子，考虑一行人过马路的现象，在行人与车辆之间就是一种博弈，双方都在猜测对方的行为以决定自己的行为。这里有两个均衡，一个是行人进、车辆停，我们称为均衡1；另一个是行人停、车辆进，我们称为均衡2，而两个都停或两个都进都不是均衡。现在问题是这两个均衡究竟哪一个会出现。博弈论本身无法确切回答，也许它会指示你用这样一种“混合策略”，即以一定的概率选择进，以一定的概率选择停，当你的选择使得车辆司机无法判断你究竟是进还是停时，这就是你的最佳策略。但是，也许没有一个理智正常的人会选择这样的策略。那这种情况最终会怎样呢？这

① 张维迎. 博弈论与信息经济学. 上海：上海三联书店，上海人民出版社，1996.
② 汪丁丁. 在经济学与哲学之间. 北京：中国社会科学出版社，1996.

就只能靠你的文化传统了，在一个总是人先行的传统国度里，均衡1就会实现；而在一个总是让车先行的国度里，那么均衡2就会唯一地被实现。再比如在著名的“性别之战”例子里也是这样。这个例子讲的是一对夫妻，丈夫喜欢看球赛，妻子喜欢看芭蕾，但两人都不愿分开。若一起看球赛，丈夫得益比妻子大，反之妻子得益比丈夫大。若分开两人得益都为0。这里也有两个均衡：一起看球赛或一起看芭蕾。若在古代中国“夫为妻纲”文化的社会中，那只有一起看球赛才是唯一可实现的均衡，而在现代的上海一起看芭蕾的可能会更大。所以可以看出当一个博弈有众多均衡时，哪个均衡会最终实现，文化传统在这里起了决定性的作用。合作均衡的实现不仅需要多次接触和存在长远利益，更需要有一种促使合作的文化存在。那么在现代竞争社会中，怎样的文化才会促使协作型竞争的产生并存续下去，以实现社会的经济效益和竞争各方的共同利益呢？从“针锋相对”策略中我们得到启示，这样的文化应有这样的特征：首先是要简单明了，这能易于为大家所理解和接受并能准确地传授给后代；其次其核心是回报，即要为他人利益着想。苏东水将这种文化归纳为“人为为人”四个字。①

三、“人为为人”文化

苏东水认为中外历史传统所论述的管理本质可以用最简洁的方式表达为“人为为人”。首先是“人为”，每个人首先要注重自身的行为修养，“正人必先正己”，然后从“为人”角度出发，来从事、控制、调整自己的行为，创造一种良好的人际关系和激励环境，使人们能够持久地处于激发状态下工作，主观能动性得到充分发挥。这正是指出了“针锋相对”策略的本质，也即是具有了保证合作能够产生并延续的文化的全部特征。首先，“人为为人”这四个字十分简单明了，完全可以让牙牙学语的儿童朗朗上口，易于传播和传授。其次，其强调“人为”，这正与博弈论这一研究人的行为的学科和现代竞争依靠人的思想是一致的。更进一步，“人为”要求人的行为要“正人必先正己”，与“针锋相对”策略中第一步要先以“合作”待人是一样的，只有先示人以“合作”，先“正己”才能给对方以榜样和信心，使其相信你的承诺，因为这样的承诺是以行动来支持的。正如克瑞普斯指出的没有行动支持的承诺是无价值的，所以“人为为人”首先强调“人为”。再次，其强调“为人”，这也反映出“针锋相对”策略的“回报”本质，即要为了他人利益来行为，要为他人着想，他人好则自己也好，他人不好则自己也不好。更进一步，“为人”的含义不仅限于此，“为人”更强调要“为了人的全体”“为集体的整体”最优而行动，这就更指出了合作的本质。从“为人”的这个角度出发也能使我们更全面地认识“回报”的意义，回报不仅要对他人做出的对集体有益的行为进行回报、予以奖励，也要对他人做出的对集体有害的行为作出相应的“回报”——“惩罚”，因为唯有这样才能有效防止有损集体的行为发生。“惩罚”也是“为人”的另一方面，这是全面理解“为人”含义必须

① 苏东水．管理心理学．3版．上海：复旦大学出版社，1998.

认识到的。没有强硬的实力，也是不能有效“为人”的。可见“人为为人”一句话概括了所有促进协作型竞争产生和存续的文化本质，可以说“人为为人”是为了达到最优均衡中的合作而必须具有的文化或“知识结构”。

“人为为人”在市场经济中也有着根本的基础作用。市场经济的最重要的道德基础是“责任感”①，一种具有责任感的信誉对参与交换的双方都是十分重要的，可以说是最根本的竞争力。无须再过多分析，我们都可以看出，“人为为人”的文化正是培养“信誉”这种根本竞争力的最有效手段。罗伯特·艾克斯罗德曾提出过促进合作五项原则②：① 增大未来的影响；② 改变收益值；③ 教育人们相互关心；④ 教育人们要回报；⑤ 改进辨别力。我们不难发现，这五条原则也可以用“人为为人”一言以概之。

综上所述，“人为为人”正是现代市场竞争新趋势中的核心竞争力之一，唯有其才能保障竞争的有序和有效，促进社会效益的最优。这就是竞争的根本原则。本章讨论了寡头垄断市场结构中的企业策略性行为的不同模型。从这些模型中可以看到，当处于一种能够直接相互作用的市场结构中时，企业的行为是十分复杂的，有斗争也有合作，一般要用博弈论来分析。而在当今产业市场中，协作型竞争已越来越为各大企业集团所重视。协作型的竞争需要参与其中的企业都有一种文化的支持，“人为为人”文化正是协作型的竞争所需要的、有效的合作型文化。

思考题

1. 博弈论在分析市场竞争中有何作用？

2. 简述静态竞争策略性行为。

3. 简述动态竞争策略性行为。

4. 论述“人为为人”观在竞争策略行为中的运用。

5. 某一市场需求函数如下：$p=100-0.5(q_1+q_2)$，在该市场上只有两家企业，它们各自成本函数为：$c_1=5q_1$，$c_2=0.5q_2^2$。

（1）在斯坦克尔伯格模型中，谁会成为领导者？谁会成为追随者？

（2）该市场的最后的结局是什么？为什么？

思考题参考答案

① 汪丁丁. 在经济学与哲学之间. 北京：中国社会科学出版社，1996.

② 罗伯特·艾克斯罗德. 对策中的制胜之道：合作的进化. 吴坚忠译. 上海：上海人民出版社，1996.

※ 本章案例 ※

海尔集团的合并并购案例——整体兼并红星电器公司

一、背景

1991年由青岛电冰箱总厂、青岛电冰柜总厂和青岛空调器厂组建而成的琴岛海尔集团公司，1993年9月更名为海尔集团，产品以制冷设备为主。1993年7月集团与意大利梅洛尼设计股份有限公司合资创办琴岛海尔梅洛尼有限公司，开始生产滚筒洗衣机。1994年集团实现销售收入25.65亿元，利润2.1亿元，生产洗衣机71.3万台。1995年5月海尔洗衣机“玛格丽特”被评为1995年中国市场十大畅销洗衣机。

青岛红星电器公司曾是我国三大洗衣机生产企业之一，拥有3 500多名员工，年产洗衣机达70万台，年销售收入5亿多元。但从1995年上半年开始，其经营每况愈下，出现多年未有的大滑坡现象，而且资产负债率高达143.65%，负债1.33亿元，前景堪忧。为了盘活国有资产和3 500多名员工的生计，1995年7月4日，青岛市政府决定将红星电器股份有限公司整体划归海尔集团。这是一次旨在盘活国有资产而在政府牵线搭桥下进行的产权交易，其成败引人注目。

二、并购目的

中国家用洗衣机行业快速发展始于20世纪70年代末，1995年总产量达到约950万台。一般而言，家用洗衣机可分为单桶、双桶半自动洗衣机及全自动洗衣机，而全自动又可分为波轮、滚筒及搅拌式。单桶洗衣机为原始类型，1995年时大多数厂商已不再生产。双桶半自动较全自动便宜，是当时中国市场的主流，而滚筒在欧洲较为普遍，但在亚洲以波轮更为常见。对于当时总容量达900多万台的洗衣机市场，海尔70多万台显然只是一个不大数目。而且海尔洗衣机当时以滚筒为主，产品系列比较单一，要想扩大自己的市场份额，它必须扩大生产能力，提高产品线的长度。

红星作为一个老牌的洗衣机生产厂，其设备、技术以及工人的熟练程度在当时都是相当好的，它所缺乏的主要是科学的管理和市场导向的生产经营模式，而海尔正是以管理和出色的市场观念而著称，因此它们的结合有着极大的合理性。市政府的出面使得这一并购进行得十分的顺利，而且由于是由市政府将红星整体划归海尔，不需海尔出资，这大大降低了并购成本，这恐怕也是海尔认为红星并购案例是它所进行的最成功的并购的原因之一。通过这一并购，新成立的海尔洗衣机有限公司不仅将原有的生产能力提高了一倍，产生了规模经济，并且极大地丰富了自己的产品线，大大增强了自己在洗衣机市场上的竞争能力。

三、并购经过

（一）组织结构的变化

1995年7月4日青岛红星电器股份有限公司整体划归海尔集团后，更名为青岛海尔洗衣机有限总公司，从而使它成为海尔梅洛尼洗衣机有限公司之后海尔集团下属的第二个洗衣机子公司。

（二）接管过程

1. 文化先行

1995 年 7 月 4 日，海尔电冰箱股份有限公司副总经理柴永森奉命来到由红星电器公司更名的海尔洗衣机有限总公司，就任党委书记兼总经理。划归之初，海尔集团总裁张瑞敏便确定一个思路，海尔的最大优势是无形资产，注入海尔的企业文化，以此来统一企业思想，重铸企业灵魂，以无形资产去盘活有形资产，是最重要的一着。

海尔集团副总裁杨绵绵首先率海尔企业文化、资产管理、规划发展、资金调度和咨询认证五大中心的人员，在划归的第二天便来到红星电器公司，开始贯彻和实施"企业文化先行"的战略。"敬业报国，追求卓越"的海尔精神，开始植入并同化着"红星"的员工们。

随后，张瑞敏又亲自到"红星"，向中层干部们讲述他的经营心得，解释"80/20 管理原则"，灌输"关键的少数决定非关键的多数"这个"人和责任"的理念。

"企业最活跃的因素就是人，而在人的因素中，中层以上管理干部虽是少数，却在企业发展中负有 80%的责任。"

令"红星"中层干部们耳目一新的"80/20 原则"，关于解决例行问题和例外问题要用不同方法的"法约尔跳板原则"，以及引用的中华民族的古训："德，才之帅也；才，德之资也"，唤起了"红星"广大中层干部的进取心，鼓起了他们奋发向上争一流的风帆。

张瑞敏进而从分析企业亏损引申出海尔 OEC 管理，要求大家从我做起，从现在做起，从我出成果，从今天出成果，全方位地对每天、每人、每件事进行清理、控制，日事日毕，日清日高。

他提出，当前要群策群力，从三方面做起：① 以市场为中心，卖信誉，不是卖产品，一切工作都要围绕顾客需要和市场满意来做；② 降低成本，增加盈利能力，用最小投入得到最大产出；③ 从现在起，每天作出计划，目标量化分解到人，抓紧抓死，要在 2~3 年内争创中国洗衣机第一名牌，最终在国际上创名牌。

2."范萍事件"

应该说，3 500 多名红星电器公司员工，对企业划归"海尔"表示了欢迎和拥护的态度，但由于企业文化、企业管理、员工素质等方面的差异，人们对海尔的管理方法，在理念上存在着认识偏差。

海尔的管理指导思想立足"以人为本"。对此，以柴永森为首的新领导班子，没有简单地采用单纯说教的方式，而是抓住发生在员工身边的典型事例来引导人们自觉地进行观念上的转变。

一天，洗衣机生产车间发生了这样一件事，质检员范萍由于责任心不强，造成选择开关插头插错和漏检，被罚款 50 元。这本是一件小事，因为过去企业发生质量问题从来都是罚一线工人，但若是用海尔的管理观念来看这件事，则不应该如此简单处理，当事者周围的干部们更应当逐级承担责任，针对这件事，他们利用集团主办的《海尔报》，开展了《范萍的上级负什么责任》的大讨论，并配发了评论《动真格的，从干部开始》。

以此为出发点，柴永森督促下级部门迅速处理企业数年来的洗衣机存库返修问题，但拖拉惯了的下级部门认为此事无关紧要，并没有按期照办，柴永森据此引咎自罚了500元。

全新的海尔管理，使原红星人受到震撼，尤其是广大干部，开始认识到管理的差距与不足了。

干部红黄榜迅速设立，先后有10位干部对自己工作的失误进行了自罚，许多长期难以根除的质量、供货、干部作风等问题由此得到解决。

抓住员工观念已有所转变的时机，柴永森组织全体员工分批参观海尔电冰箱等企业，使他们亲眼目睹海尔科学有序的管理现场，集团OEC管理，寻找自身差距。海尔现场管理的精髓是“责任到人”“人人都管事，事事有人管”，除去生产环节，哪怕是车间里一扇窗户的玻璃，其卫生清洁也有指定员工负责。而该公司现场管理最大的弊病就是责任不清，出了问题谁也不负责任。

参观回来后，公司各分厂都把严抓现场管理，落实每人、每事、每天的责任，作为开展工作、上水平的突破口，各分厂领导每天至少有6小时“靠”在现场，抓薄弱环节，解决实质问题，促使现场管理水平每天都有提高。过去现场管理较差，各种物品乱堆乱放的总装分厂，现场面貌从此变得整洁而有条理，崭新的《现场管理区域图》挂在车间大门处；最优、最差车间主任、员工及评比缘由，提醒大家注意的当日工作重点，工整地书写在黑板报上；日清栏内质量、生产、物耗管理、设备、文明生产、工艺、劳动纪律等条目标注清晰，一目了然；车间地面上新画的区域黄线，将各种物品的设置，界定了归位明确的界限。

从此，该公司各分厂均改变了过去那种从投入到产出的无序状态，形成了系统管理思维与流程。

3. 市场理念的导入

“我们一切工作的效果，最终是通过市场来反映的。”海尔集团这个经营理念，在海尔洗衣机有限总公司得到再次印证。

在新理念的导向下，该公司一切工作都围绕市场展开：

——建立健全了质保体系，建立了行之有效的奖罚制度，使产品走向市场有了可靠保证。

——建立高效运作机制，全面调整内部机构。撤销34个处室，成立销售部、财务部、制造部、技术质量部、综合部和科研所，实行5部1所管理。按照“公开竞争、择优上岗”原则，中层干部105人减至45人。

——改革干部制度，变“相马”式的干部提拔制度为“赛马”式的竞争制度。公开招聘、选拔一流人才，充实各部门干部岗位，仅销售部门就招聘了50多位大专学历以上的营销人员。崭新的用人观念，调动了干部的积极性，给企业人才市场注入了活力，也使洗衣机营销系统寻找到新的启动点。

——调整销售战略，重塑市场信誉。根据国内市场和消费者需求，克服种种困难，加大产量，将过去单纯面向国际市场的全自动洗衣机，在出口的同时投放国内市场，并冠以朗朗上口的“小神童”新品牌；新开发了一种适销对路、大容量的气泡双桶洗衣机，起名为“小神泡”。两种新品牌产品投放全国各地市场后，一炮打响，供不应求，使失去的洗衣机市场重回“怀抱”。

海尔集团还有条营销理念是：“只有淡季思想，没有淡季市场，越是淡季越应该做工作，越是淡季做工作越能收到效果”。过去，该公司营销人员在夏季前后的洗衣机销售淡季，常常是待在企业里轧账囤积。为改变营销人员的旧观念、旧习惯，该公司临时筹措出差资金，发动营销人员在淡季走向全国各地市场，强大的“淡季攻势”，果然使沉寂的洗衣机市场红火起来了。

1995 年底，该公司又根据争创中国洗衣机第一名牌这个目标要求，进行了力度较大的产品结构调整，下马了一批商场滞销产品，同时确立了加速开发市场畅销的“小神童”“小神泡”系列洗衣机目标，保证每月开发一种新产品。

（三）整合的成效

企业在划归后不久，通过引进海尔竞价模式，使每台海尔 5 千克洗衣机的配套成本降低 15.3 元，按每年 60 万台产量计算，1 年可降低成本近 1 000 万元。在划归后的第三个月里，公司实现扭亏为盈；9 月盈利 2 万元，10 月盈利 7.6 万元，11 月盈利 10 多万元，12 月一个月盈利 150 多万元，企业出现了越来越好的发展态势。据国家权威部门最近统计，该公司洗衣机销量，已从 1995 年 7 月份的全国第 7 位上升为 1995 年年底的第 5 位；全国市场占有率增长 3.7%。截至 1995 年 12 月底，该公司 1995 年出口洗衣机 8.2 万台，创汇 1 230万美元，位居全国洗衣机行业首位。

1996 年海尔洗衣机发展势头更猛，一次性顺利通过了 ISO 9001 国际质量认证，并囊括了洗衣机行业几乎所有的最高荣誉：荣获中国洗衣机“十佳品牌”第一名；出口量全国第一，仅一个品种出口日本就占日本进出口总量的 61%，占中国出口日本的 91%，中国每出口两台全自动洗衣机就有一台是海尔出口的；国家质量抽检连续两年荣登榜首，其中全自动洗衣机无故障运行突破了 7 000 次大关，达到国际新水准。

问题：

1. 海尔集团并购红星电器的目的是什么？
2. 海尔集团在并购红星电器的过程中主要运用了哪些并购策略？

第三篇

产业结构

第六章　演变

产业结构与经济增长有着非常密切的关系。产业结构的演进会促进经济总量的增长，经济总量的增长也会促进产业结构的加速演进。这已经被许多国家经济发展的实践所证明。特别是在现代经济增长中，产业结构演进和经济发展的相互作用越来越明显。因此，对产业结构的分析和研究越来越受到许多国家的重视。发达国家和一些新兴工业化国家在产业结构理论研究和实际应用方面已经积累了大量的成果和丰富的经验，产业结构理论发展到今天其体系日臻成熟。本章将从产业结构的演进及其规律、产业结构变动的影响因素等方面来介绍产业结构理论。

第一节　产业结构的演变及其规律

一、产业结构演变与经济增长的内在联系

产业结构演变与经济增长具有内在的联系。产业结构的高变换率会导致经济总量的高增长率，而经济总量的高增长率也会导致产业结构的高变换率。虽然许多经济学家对经济增长理论进行过非常深入和系统的研究，但在相当长的时期内，产业结构演变与经济增长的内在联系都没有被发现。随着技术水平的进一步提高，这两者之间的内在联系日益明显。社会分工越来越细，产业部门增多，部门与部门之间的资本流动、劳动力流动、商品流动等联系也越来越复杂。这些生产要素在部门之间的流动对经济增长的影响，逐渐引起了许多专家、学者的注意。他们开始重视研究生产要素在不同产业之间的这些变化与经济增长之间的内在联系。他们注意到，大量的资本积累和劳动投入虽然是经济增长的必要条件，但并不是充分条件，因为大量资本和劳动所产生的效益在很大程度上还取决于部门之间的技术转换水平和结构状态。不同产业部门对技术的消化、吸收能力往往有很大不同，这在很大程度上决定了部门之间投入结构、产出结构的不同。

要了解产业结构演变与经济增长之间的内在联系，得先从分析传统的经济增长理论开始。

（一）传统经济增长理论

传统经济增长理论观点认为，经济总量的增长是在竞争均衡的假设条件下资本积累、劳动力增加和技术变化长期作用的结果。需求的变化和资源在产业部门之间的流动被看作是相对不重要的，因为所有部门的资本和劳动都能带来同样的边际收益。

古典增长理论就其增长模型本身来说是完全将结构因素排斥在外的。亚当·斯密、李嘉图等人的古典经济理论归纳起来无非就是：剩余的出现产生了资本积累，资本积累的增加又产生了对劳动力需求的增加，劳动就业的增加又带来了生产规模的扩大和产量的增加；这样，剩余再次出现，并刺激资本积累的进一步增加和对劳动力的进一步需求，以及生产规模的进一步扩大和产量的进一步增加，这样的循环过程在下一阶段又将重新出现。他们的增长理论没有把部门之间的资源流动等诸多结构变化当作经济增长的重要因素，因而排斥结构因素在经济增长中的作用。

哈罗德—多马模型（Harrod-Domar model）在假定资本和劳动处在固定的技术关系的前提下通过储蓄率和资本产出率（每单位产出所需要的资本投入）把产出和全部实际资本联系起来，从而证明了经济增长率与储蓄率、资本产出率三者之间的关系，即储蓄率（积累率）越高，经济增长率也越高；资本产出率越高（即投资效果越好），经济增长率就越高。哈罗德—多马模型强调了经济增长的原动力是投资，在考虑经济增长率时不仅要注意储蓄率（积累率）的高低，也要注意资本产出率的高低，即投资效果的好坏。投资在这一模型中起着双重作用，既创造需求又创造生产能力。哈罗德和多马在古典增长模型的基础上，吸收了凯恩斯的思想，发展了经济增长理论，为经济增长理论的发展作出了贡献。但是，这一经济增长模型也没有将技术进步因素和结构变化因素考虑进去，从而也排斥了结构因素在经济增长中所起的重要作用。

索洛将哈罗德—多马模型进行了修正，提出了新古典经济增长模型。他采用总量生产函数来建立经济增长模型，其一般表达式为：

$$Q=f(K,L,t) \tag{6-1}$$

式中，Q 是国民经济总产出，K 和 L 分别为资本总投入和劳动总投入，t 为时间。这一模型考虑了时间变量 t，即技术进步因素。这里的技术进步被假定为希克斯中性，即源于既定的资本和劳动组合的技术进步可以提高产出，但并不影响资本和劳动的相对边际产出。①

新古典增长模型对于揭示经济增长的源泉比以往的增长模型前进了一大步，它非常清楚地显示了技术进步因素对经济增长的巨大作用。丹尼森和肯德里克等人也对经济增长源泉进行过深入研究，但他们同样没有把结构因素作为一个变量放进他们的模型。

很明显，这些传统的经济增长理论始终把结构因素排斥在经济增长源泉之外。

（二）经济增长的结构主义观点

关于经济增长的另一种更为广泛的观点——结构主义观点认为，经济增长是生产结构

① H. 钱纳里. 工业化和经济增长的比较研究. 上海：上海人民出版社，1995.

转变的一个方面，生产结构的变化应适应需求结构变化；资本和劳动从生产率较低的部门向生产率较高的部门转移能够加速经济增长。

传统增长理论与结构主义对结构因素的观点有如此之大的区别，其原因是它们各自的理论分析的假设前提有很大的差别。传统增长理论的假设前提是均衡竞争，即经济制度有足够的灵活性以维持均衡价格，从而无论从生产者的观点还是从消费者的观点来看，资源都存在着长期的有效配置，即达到了帕累托最优（资源配置最优）状态。这就意味着各个部门的要素收益率都等于要素的边际生产率。这样，在任何既定的时点上，部门之间资本和劳动的转移都不可能增加总产出，资源的重新配置仅仅发生在经济扩张时期。结构主义观点没有资源配置最优的假设前提，而认为资本和劳动在不同部门的使用，其收益可能出现系统的差别。结构主义属于“次优论”的范畴。由于种种原因，帕累托最优状态是无法获得的，结构主义的观点是放弃追求最优化的企图，转而追求“次优”。

许多经济学家如克拉克、罗斯托和钱纳里等人对经济增长中的结构因素都作过深入的研究，对丰富产业结构理论作出了重大贡献。他们的研究都表明，产业结构的转变和人均收入增长有着密切的联系。例如，克拉克还提出了著名的“克拉克法则”。他们的研究还表明，认识产业结构的变动和资源再分配的作用对于发展中国家比对于发达国家来说更重要，因为发展中国家要素市场的非均衡现象比发达国家表现得更为突出，供给结构、生产结构和需求结构的变化速度更快。

（三）库兹涅茨与罗斯托对现代经济增长本质问题的争论

产业结构演进与经济增长的内在联系已经被许多专家、学者所认同。但对于如何分析和研究这一内在联系其方法却有很大不同。有些人从经济总量的角度出发，把产业结构置于总量框架之内，从总量的变化过程来研究产业结构的变化趋势；有些人则从部门的角度出发，强调部门结构变化对经济总量增长的作用，从部门的变化过程来分析经济总量增长的规律。针对这两种分析角度和研究方法的重大区别，许多经济学家曾经进行过热烈的争论，库兹涅茨与罗斯托就是其中突出的代表。库兹涅茨的观点属于前者，而罗斯托的观点则属于后者。

库兹涅茨认为：“经济增长是一个总量过程；部门变化和总量变化是互为关联的，它们只有在被纳入总量框架之中才能得到恰当的衡量；缺乏所需的总量变化，就会大大限制内含的战略部门变化的可能性。”① 在他看来，在结构变化与经济增长的关系中，首要的问题是经济总量的增长，只有总量的高速增长才能导致经济结构的快速演变。没有总量足够的变化，经济结构变化的可能性就会大大受到限制。库兹涅茨的主要依据是：消费者需求结构的变动直接拉动生产结构的转换，而消费者需求结构的变化是和经济总量的变化直接联系的。同时，人均产值的增长率越高，消费者需求结构的改变也就越大。根据他的论述，我们可以得出这样的结论：经济总量的高增长率引起消费者需求结构的高变化率，消费者需求结构的高变化率又拉动了生产结构的高转换率。

① W. W. 罗斯托. 从起飞进入持续增长的经济学. 成都：四川人民出版社，1988.

与库兹涅茨的观点相反，W. W. 罗斯托则认为，现代经济增长本质上是一个部门的过程。虽然他无意要否定总量的概念，而只是强调，部门分析是解释现代经济增长原因的关键。关于这一点，他说："增长在一定意义上并按其定义来说当然是一个总量概念，它表明人均产出有规则地上升。"①他认为，现代经济增长根植于现代技术所提供的生产函数的累计扩散之中，这些发生在技术和组织中的变化只能从部门角度加以研究。各个部门当然是相互紧密联系的；收入流动的变化也是有意义的；总量指标与其他任何指标一样，不过是部门活动的总结罢了。罗斯托的依据是：第一，新技术的吸收本来就是一个部门的过程。在他看来，吸收新技术并不是出现在我们所说的国民生产总值或投资这类指数抽象物中，也不是出现在我们称为农业、工业或服务业这类指数抽象物中。技术创新的出现总是与某一特定部门经济上、制度上和社会上的所有问题相联系的。第二，引进新的重要技术或其他创新于某个部门之中，是一个与其他部门以及与整个经济运转纵横交错的极其复杂的过程。他认为，经济增长是主导部门依次更迭的结果。他说："增长的进行，是以不同的模式、不同的主导部门，无止境地重复起飞的经历。"②

在产业结构分析中，W. W. 罗斯托还把经济部门分解为主导增长部门（即主导部门）、辅助增长部门和派生增长部门，并进一步分析了各种不同部门在经济增长中的作用。

二、产业结构演变的一般趋势

考察和把握产业结构演进的一般规律是研究产业结构问题的首要课题。产业结构作为以往经济增长的结果和未来经济增长的基础，成为推动经济发展的主要因素。产业结构是同经济发展相对应而不断变动的，这种变动主要表现为产业结构由低级向高级演进的高度化和产业结构横向演变的合理化。这种结构的高度化和合理化推动着经济的向前发展。从许多发达国家和新兴工业化国家的实践来看，产业结构的演进（主要是产业结构的高度化和合理化）从不同角度来看有如下的规律性：

（一）从工业化发展的阶段来看

产业结构的演进有如下五个阶段：前工业化时期、工业化初期、工业化中期、工业化后期和后工业化时期。在前工业化时期，第一产业占主导地位，第二产业有一定发展，第三产业的地位微乎其微。在工业化初期，第一产业产值在国民经济中的比重逐渐缩小，其地位不断下降；第二产业有较大发展，工业重心从轻工业主导型逐渐转向基础工业主导型，第二产业占主导地位；第三产业也有一定发展，但在国民经济中的比重还比较小。在工业化中期，工业重心由基础工业向高加工度工业转变，第二产业仍居第一位，第三产业逐渐上升。在工业化后期，第二产业比重继续下降，第三产业继续快速发展，其中信息产业增长加快，第三产业产值比重在三次产业中的地位占有支配地位，甚至占有绝对支配地位。在后工业化阶段，产业知识化、信息化、智能化成为主要特征。产业结构的发展就是

①② W. W. 罗斯托. 从起飞进入持续增长的经济学. 成都：四川人民出版社，1988.

沿着这样一个发展进程由低级向高级走向高度现代化的。

（二）从主导产业的转换过程来看

产业结构的演进有以农业为主导、轻纺工业为主导、原料和燃料动力等基础工业为重心的重化工业为主导、低度加工型的工业为主导、高度加工组装型工业为主导、第三产业为主导、信息产业为主导等阶段。在不同阶段产业结构演进的一般规律有：

（1）在农业为主导的阶段，农业比重占有绝对地位，第二、三产业的发展均很有限。

（2）在轻纺工业为主导的阶段，轻纺工业由于需求拉动、技术要求简单、从第一产业分离出来的劳动力便宜等有利因素得到较快发展；第一产业的发展速度有所下降，地位有所削弱；重化工业和第三产业的发展速度较慢。这时轻纺工业取代农业成为主导产业。

（3）在原料和燃料动力等基础工业为重心的重化工业为主导的阶段，农业产值在国民经济中的比重已经很小；轻纺工业继续发展，但速度逐渐放慢下来；而以原料、燃料、动力、基础设施等基础工业为重心的重化工业首先得到较快发展，并逐渐取代轻纺工业的位置成为主导产业。这些基础工业都是重化工业的先行产业或制约产业，必须先行加快发展才不至于成为制约其他重化工业发展的瓶颈产业。

（4）在低度加工型的工业为主导的阶段，传统型、技术要求不高的机械、钢铁、造船等低度加工组装型重化工业发展速度较快，其在国民经济的比重越来越大，并成为主导产业。

（5）在高度加工组装型工业为主导的阶段，由于高新技术的大量应用，传统工业得到改造。技术要求较高的精密机械、精细化工、石油化工、机器人、电子计算机、飞机制造、航天器、汽车及机床等高附加值组装型重化工业有较快发展，成为推动国民经济增长的主要推动力。其在国民生产总值（GNP）中的比重占有较大份额，同时增幅较快，成为国民经济的主导产业。

（6）在第三产业为主导的阶段，第二产业的发展速度有所放缓，比重有所下降，特别是传统产业的下降幅度较快，但内部的新兴产业和高新技术产业仍有较快发展。整个第二产业的内部结构变化较快，但比重在 GNP 中已不占有主导地位。第三产业包括服务业、运输业、旅游业、商业、房地产业、金融保险业、信息产业等的发展速度明显加快，并在 GNP 中占有较大或主要份额，成为国民经济的主导产业。

（7）在信息产业为主导的阶段，信息产业获得长足发展，特别是，近些年来，云计算、大数据、人工智能等新型技术逐步进入生产过程，实现了生产过程的自动化、虚拟化、信息化和智能化，商品生产逐步由以物质商品生产为主开始过渡到以信息、技术和智能产品生产为主的阶段。这一时期，信息产业已成为国民经济的支柱产业和主导产业。人们也常把这一阶段称为后工业化社会或工业化后期阶段。

（三）从三大产业的内在变动来看

产业结构的演进是沿着以第一产业为主导到第二产业为主导，再到第三产业为主导的方向发展的。

在第一产业内部，产业结构从技术水平低下的粗放型农业向技术要求较高的集约型农业，再向生物、环境、生化、生态等技术含量较高的绿色农业、生态农业发展；从种植型农业向畜牧型农业、野外型农业向工厂型农业方向发展。

在第二产业内部，产业结构的演进朝着轻纺工业—基础型重化工业—加工型重化工业方向发展。从资源结构变动情况来看，产业结构沿着劳动密集型产业—资本密集型产业—知识（包括技术）密集型产业方向演进。从市场导向角度来看，产业结构朝着封闭型—进口替代型—出口导向型—市场全球化方向演进。

在第三产业内部，产业结构沿着传统型服务业—多元化服务业—现代型服务业—信息产业—知识产业的方向演进。

产业结构由低级向高级发展的各阶段是难以逾越的，但各阶段的发展过程可以缩短。从演进角度看，后一阶段产业的发展是以前一阶段产业的充分发展为基础的。只有第一产业的劳动生产率得到充分的发展，第二产业的轻纺产业才能得到应有的发展。第二产业的发展是建立在第一产业劳动生产率大大提高的基础上的，其中加工组装型重化工业的发展又是建立在原料、燃料、动力等基础工业的发展基础上的。同样，只有第二产业的快速发展，第三产业的发展才具有成熟的条件和坚实的基础。产业结构的超前发展会加速一国经济的发展，但有时也会带来一定的后遗症。例如，韩国第三产业的增长十分迅速，所占比重一直较大，早在1962年，第三产业比重就高达45.6%；1970年韩国第三产业的产值比重就超过了50%；到1989年，第三产业比重已上升到59.4%，超过了同期日本、联邦德国、法国、英国等国水平。韩国这种早产型的第三产业又主要是以传统的流通和服务业为主，为现代工业服务的金融、通信和信息产业尚未成熟，现代化水平不高。这种超前发展而现代化水平不高的第三产业对韩国未来经济发展带来了后遗症，这种后遗症近年已经显露出来了。

三、产业结构演变规律的理论考察

产业结构的变动总是和经济发展联系在一起的，研究经济增长不能不研究产业结构的演进。国内外学者对产业结构的变动规律进行了大量研究，总结出了产业结构变动的许多理论依据。现在就对这些理论做一些介绍。

（一）配第—克拉克定律

早在17世纪，配第就第一次发现了世界各国的国民收入水平的差异及其形成的不同的经济发展阶段，其关键在于产业结构的不同。他通过进一步考察后得出结论：比起农业来，工业的收入多；而商业的收入又比工业多，即工业比农业、服务业比工业的附加价值高。后来，克拉克重新发现并第一次研究了产业结构的演进趋势，得出了产业结构演进的规律性结论：随着全社会人均国民收入水平的提高，就业人口首先由第一产业向第二产业转移；当人均国民收入水平有了进一步提高时，就业人口便大量向第三产业转移。人们称这种由人均收入变化引起产业结构变化的规律为配第—克拉克定律。

（二）库兹涅茨人均收入影响论

库兹涅茨在继承配第和克拉克等人研究成果的基础上，仔细地研究了各国的历史资料。他利用现代经济统计体系，对产业结构变动与经济发展的关系进行了较彻底的考察。他依据人均国内生产总值份额基准，考察了总产值变动和就业人口结构变动的规律，揭示了产业结构变动的总方向，从而进一步证明了配第—克拉克定律。他发现的这种变动规律，即产业结构的变动受人均国民收入变动的影响，被称为库兹涅茨人均收入影响论。

（三）罗斯托主导产业扩散效应理论和经济成长阶段论

罗斯托通过长期研究首先提出了主导产业及其扩散理论和经济成长阶段理论。他认为，无论在任何时期，甚至在一个已经成熟并继续成长的经济体系中，经济增长之所以能够保持，是因为为数不多的主导部门迅速扩大的结果，而且这种扩大又产生了具有重要意义的对其他产业部门的作用，即产生了主导产业的扩散效应，包括回顾效应、旁侧效应和前向效应。罗斯托的这些理论被称为罗斯托主导产业扩散效应理论。

他还根据科学技术和生产力发展水平，将经济成长的过程划分为五个阶段：一是传统社会，包括牛顿之前的整个世界。当时不存在现代科学技术，生产力水平低下。二是为“起飞”创造前提的阶段。此时，近代科学技术开始在工农业中产生作用，占人口75%以上的劳动力逐渐从农业转移到工业、交通、商业和服务业。投资率的提高明显超过人口增长的水平。三是“起飞”阶段，相当于产业革命时期。积累率在国民收入中所占的比率由5%增加到10%以上，有一种或几种经济主导部门带动国民经济的增长。四是向成熟挺进阶段。这时已经把一系列现代技术有效地应用于大部分资源，投资率达到10%~20%。由于技术的不断改进和新兴工业的迅速发展，经济结构也发生了变化。五是高额大众消费阶段。这时的工业已经高度发达，主导部门已经转移到耐用消费品和服务业部门。后来他又于1971年出版了他的《政治与成长阶段》一书，在上述五个阶段的基础上又增加了一个“追求生活质量”的阶段。他认为，在这个阶段主导部门已经不再是耐用消费品工业，而是为提高生活质量的产业，包括教育、保健、医疗、社会福利、文娱、旅游等部门。

（四）钱纳里工业化阶段理论

钱纳里从经济发展的长期过程中考察了制造业内部各产业部门的地位和作用的变动，揭示了制造业内部结构转换的原因，即产业间存在着产业关联效应，为了解制造业内部的结构变动趋势奠定了基础。他通过深入考察，发现了制造业发展受人均GNP、需求规模和投资率的影响大，而受工业品和初级品输出率的影响小。

他进而将制造业的发展分为三个发展时期：经济发展初期、中期和后期；将制造业也按三种不同的时期划分为三种不同类型的产业，即：初期产业，指经济发展初期对经济发展起主要作用的制造业部门，例如食品、皮革、纺织等部门；中期产业，指经济发展中期对经济发展起主要作用的制造业部门，例如非金属矿产品、橡胶制品、木材加工、石油、化工、煤炭制品等部门；后期产业，指在经济发展后期起主要作用的制造业部门，例如服装和日用品、印刷出版、粗钢、纸制品、金属制品和机械制造等部门。他的这些在不同经济发展阶段的不同产业具有不同特点的理论被统称为钱纳里工业化阶段理论。

（五）霍夫曼工业化经验法则

德国经济学家霍夫曼对工业化问题进行了许多富有开创性的研究，提出了被称为“霍夫曼工业化经验法则”的工业化阶段理论。他根据自己提出的霍夫曼比例，即消费品工业净产值与资本品工业净产值的比例，把工业化划分为四个发展阶段：

第一阶段：消费品工业占主导地位，霍夫曼比例为（5±1）；

第二阶段：资本品工业快于消费品工业的增长，消费品工业降到工业总产值的 50%左右或以下，霍夫曼比例为（2.5±0.5）；

第三阶段：资本品工业继续快速增长，并已达到和消费品工业相平衡的状态，霍夫曼比例为（1±0.5）；

第四阶段：资本品工业占主导地位，这一阶段被认为实现了工业化，霍夫曼比例为 1 以下。

在实际应用中，霍夫曼比例往往用轻工业品净产值与重工业品净产值的比例来表示。霍夫曼的工业化阶段理论阐述的主要是工业化过程中重化工业化阶段的结构演变情形。

（六）赤松要雁行形态理论

产业结构演进的一个重要趋势就是与国际市场相适应。一国的经济发展需要有完善的内贸与外贸相结合的全方位的产业结构。日本经济学家赤松要对此提出了一个著名的“雁行形态理论”。这一理论要求将本国产业发展与国际市场密切联系起来，使产业结构国际化。他认为后起的工业化国家可以通过如下四个阶段来加速本国工业化进程。

第一阶段：从研究开发新产品到国内市场形成；

第二阶段：从国内市场饱和到产品出口，开拓国际市场；

第三阶段：从国外市场形成到输出技术设备，就地生产和销售；

第四阶段：国外生产能力形成，产品以更低价格返销，迫使本国该产品减少生产，并促使新产品开发。

雁形形态理论亦被称为产业结构的候鸟效应。其最初的基本形态是以日本为雁头，继而为亚洲四小龙，中国和东盟各国再继之。该理论的局限性在于：各国产业结构的差距是动态变化的，后进国为摆脱“雁尾”的落后局面，往往会采取赶超战略而打破原有的“均衡”；另外，雁形中梯次结构和 FDI 资本的专用性，决定了后进国在新产品和新技术的引进过程中对先进国家及其市场具有依赖性。更严重的是，后进国为实现“赶超”而过度依赖海外 FDI，将可能导致本国资本的缺位，加大危机爆发的可能。①

当然，产业结构的理论远不止这些，以上只是较常见的、反映产业结构演变规律的一些基本理论。

第二节　产业结构变动的影响因素

了解和研究产业结构变动的影响因素可以帮助我们认识产业结构的现状、产业结构变

① 车维汉.“雁行形态”理论研究评述. 世界经济与政治论坛，2004（03）：88-92.

动的趋势和规律以及产业结构变动的内在原因，进而制定相应的产业结构政策来改变产业结构变动的影响因素，以调整产业结构，促进产业结构向合理化、高度化演进。

一、供给因素对产业结构变动的影响

供给因素从广义上来说包括自然条件和资源禀赋、提供劳动力的人口、投资（包括国内资金供应和外来投资）、商品供应、进口、技术进步等，也包括国内和国际的政治、经济、法律等环境，还包括体制和人的思想、观念等因素。这些因素的变动也往往会引起产业结构的变动。下面，我们从总量与结构、静态与动态等多视角来考察各供给因素对产业结构变动的影响。

（一）自然条件和资源禀赋

一国的自然条件和资源禀赋对该国产业结构的形成与变化有重要的影响。一般而言，那些自然资源丰富的国家的产业结构或多或少地具有资源开发型的特性。当然，如果该国国土辽阔、资源丰富，那么该国也可能形成资源开发、加工和利用全面发展的产业结构；而资源匮乏的国家就不可能形成资源开发型的产业，最多只能形成资源加工型的产业结构。由于自然条件和资源禀赋一般是人力因素难以改变的，同时资源禀赋又是一国经济发展的基础因素，因而对一国的产业形成和经济发展具有重要的影响。受资源制约的国家也可以借助科技的发展和贸易来克服其资源匮乏的弱点。

（二）人口因素

从供给的角度来说，人口因素影响着劳动力的供给程度和人均资源拥有量以及可供给能力的程度。从人口—资源的平衡角度来讲，过度的人口增长会过度地把国内的有限资源转化为衣食供给，以满足人们基本的生活需要。其结果，一方面减少了其他资源的供给，另一方面又减慢了农业人口向第二、三产业的转移，从而延缓了工业化的进程，阻碍了产业结构的高度化和合理化。所以，依据一国经济发展的条件和水平，保持适当的人口增长率，提高人口素质，对产业结构的高度化、合理化有着重要的影响。

国内外经济发展的历史证明，劳动力丰富且价格低廉、资金又缺乏的国家应该多发展劳动密集型产业；劳动力不足而资金比较充裕的国家应该多发展资本密集型的产业。从这个角度来说，劳动力资源的多寡和劳动力素质的高低也决定了一国产业结构调整的方向和产业的发展战略。

（三）技术进步

科技进步是推动一国产业结构变化的最主要因素之一。一国的产业结构表现为一定的生产技术结构，生产技术结构的进步与变动都会引起产业结构的相应变动，一旦技术发生变革，产业结构将会发生与之相适应的改变。科学技术的日益现代化促使各产业部门发生变革，并通过主导产业扩散效应的作用推动相关产业部门不断高度化；技术进步不断拓宽劳动对象，使产业部门不断细化、新的产业部门不断产生；技术进步还不断地引发人们的新需求，从而使新需求成为新产业部门成长的动力。

技术水平的不同决定了比较劳动生产率的不同，技术进步又引起比较劳动生产率的变化。产业结构转换的动力来自比较生产率的差异，它表现为生产要素从比较生产率低的部门向比较生产率高的部门转移；产业结构的转换和升级，主要取决于部门之间生产率增长速度的差异。不同的部门由于创新和技术进步速度的不同，其生产率增长速度也是不同的。那些研究与开发投入强度大、能够最先吸收新技术的部门，往往也是生产率提高最快和产出增长最快的部门，这是由部门内在技术经济特征所决定的。

（四）资金供应状况

资金供应对产业结构变动的影响，一方面包括资金的充裕程度对产业结构的影响，另一方面包括资金在不同产业部门的投向偏好对产业结构的影响。前者主要受经济发展水平、社会发展水平、储蓄率、资本积累等诸多因素的影响；后者主要受投资倾斜政策、投资者的投资偏好、利率、资金回报率等方面的影响。前者主要是资金总量方面对产业结构变动的影响，后者主要是投资结构方面对产业结构变动的影响。投资结构决定了资源向不同产业部门的配量与再配量，因而对产业结构的形成和变化产生影响。可以说，资金供应总量和资金供应结构的变化是产业结构改变的直接原因。

（五）商品供应状况

对产业结构变动产生较大影响的商品包括原料品、中间投入品、零部件、进口品等。一般来说，后向关联系数越大的产品对产业结构的影响就越大。从广义的角度来说，商品供应还可以包括电力、原料、燃料的供应，服务的提供，技术的供应等更广的范围。这些商品的供应在很大程度上受制于基础工业、上游工业、后向关联产业的技术水平和产业发展水平。这些产业的技术水平和发展水平影响着产业结构的变动。从发达国家的实践来看，产业结构的高度化也是在基础产业、上游产业或后向关联系数较大的产业得到了一定程度的发展以后，下游产业或前向关联系数较大的产业才能得到比较大的发展。

（六）环境因素

环境因素包括国内环境因素和国际环境因素，或称作政治、经济、社会、法律、文化等环境因素。一国的国际政治环境对该国的产业结构变动有重大的影响。例如，美国在建国初期受到英国的经济封锁，重要的工业产品不允许输往美国，并在 1812 年与英国发生战争。这一系列事件促使美国重要工业快速发展，并比较早地摆脱了农业国的落后地位。又如，1972 年的世界石油危机迫使美国石油工业的快速发展。

文化环境对产业结构的影响也很大。例如，美国人崇尚个人主义、经济自由的文化环境，一方面刺激人们的高消费、超前消费和个性消费，促进奢侈品、个性产品的快速发展；另一方面也使政府在制定经济政策的时候更多地奉行自由经济的思想。制定限制垄断、扶持小企业发展、营造自由竞争市场环境等方面的政策，从而影响产业结构的变化。又如，在日本，日本文化受典型的东方儒家文化的影响，日本人的消费观念属于节俭型，比较偏向于滞后消费。这一文化取向影响了日本内需市场的发展，也刺激了日本产品向海外市场的快速发展，并形成了严重依赖海外市场的产业结构。

法律环境对产业结构的影响也相当大。良好的法律环境会促进投资的增加，加速产业结构的快速演进。法律环境还对科学技术等其他活动有重要影响。良好的法律环境可以使知识产权得到很好的保护，这必然刺激科技进步，从而刺激产业结构的加速高度化和合理化。经济等其他环境也同样对产业结构的变化产生这样或那样的影响。例如，良好的经济环境能刺激消费和投资的增加，因而资金供应也会增加，包括境外资金的加速流入。又如，从 1997 年 7 月开始的亚洲金融危机使许多国家的国内经济环境和国际经济环境恶化，它导致了许多国家的经济危机和社会危机。一方面，由于出口导向型产业受到国外恶劣环境的打击，许多国家只有调整产业结构，适应这种形势的变化；另一方面，这些国家的经济问题在很大程度上是本国经济的结构性因素和体制性因素所造成的，因此，它们自身也迫切需要进行产业结构的调整和经济体制的完善。可以看出，经济环境的变化对产业结构演变的影响是显著的。

二、需求因素对产业结构变动的影响

对产业结构变动产生影响的需求因素很多。下面，主要从消费需求和投资需求两方面来分析需求对产业结构变动的影响。

（一）消费需求

消费需求变动与人口数量、人均收入水平、经济发展周期、经济发展水平、社会发展水平和技术水平等因素密切相关。需求变化包括两方面：一是需求总量的增长，二是需求结构的变化。需求总量与结构变化都会引起相应产业部门的扩张或缩小，也会引起新产业部门的产生和旧产业部门的衰落。从总量角度来考虑，人口数量的增加和人均收入水平的提高都会扩大消费需求；经济发展水平、社会发展水平和技术水平的不同，消费水平通常也会不同；在不同的经济发展周期，各种消费需求也会出现波动。从结构角度来考虑，需求结构对产业结构变化的影响最为直接，需求结构的变化促使生产结构和供给结构发生相应变化，从而导致产业结构的相应变化。需求结构包括人口的增加和人均收入水平的变化、个人消费结构、中间需求和最终需求的比例、消费和投资的比例等。

1. 人口的增加和人均收入水平的变化

一般来说，人口愈多，消费需求的绝对量就愈大。但在经济比较落后的国家，人口的增加将会降低一国的人均国民收入水平，阻碍该国产业结构的高度化；而在一些发达国家，由于其经济和国民收入都处于一个比较高的水平上，产业结构已经进入高度化阶段，人口的适度增加将会有助于稳定现有的产业结构并使其进一步合理化。人均收入水平的变化对产业结构的影响也是巨大的。随着人均收入水平的提高，必然促使需求总量的增长；需求总量的变化又引起产业结构的变化。

2. 个人消费结构

在需求结构中，对产业结构变动影响最大的是个人消费结构。有经济学家曾经说过，最优的经济增长率就是最优的消费增长率。这是因为个人消费结构不仅直接影响着最终产品的生产结构和生产规模，而且间接地影响中间产品的需求，进而影响中间产品的产业结构。随着收入水平的提高，不仅消费的需求总量会扩大，而且消费结构也会发生变化，消费物品的档次更加趋于高度化，个人需求趋向多层次和多样化。多层次的消费需求结构将会带动多层次的产业结构的递进升级。

3. 中间需求和最终需求的比例

中间需求和最终需求的比例是一种重要的需求结构。所谓中间需求是指对中间产品的需求，最终需求是指对最终产品的需求。而中间产品是指尚需继续投入生产过程，并在生产过程中一次转移其全部价值的产品，如原材料、零部件等；最终产品是指不再需要进入生产过程，即可供人们消费或投资的产品。中间产品的需求结构决定着生产中间产品的产业的内部结构；最终产品的需求结构决定着生产最终产品的产业的内部结构。自然，中间需求和最终需求比例变动将会使社会生产的产业结构发生相应变动。决定中间需求与最终需求比例的主要因素有：一是专业化协作水平。专业化程度越高，相同产出的最终产品对中间产品的依赖程度越大。二是生产资源利用率。生产资源利用率越高，相同产出的最终产品对中间产品消费需求越少；反之，就越大。三是最终产品的性能和制造技术的复杂程度。越复杂则对中间产品的需求量越大。

4. 消费和投资的比例

消费和投资的比例关系直接决定了消费资料产业和资本资料产业的比例关系；消费和投资比例的变化直接引起消费资料产业与资本资料产业的比例变化。霍夫曼工业化经验法则很好地说明了消费和投资比例的变化对产业结构变化的影响。

（二）投资需求

投资是企业扩大再生产和产业扩张的重要条件之一。资金向不同产业方向投入所形成的投资配置量的比例就是投资结构。不同方向的投资是改变已有产业结构的直接原因：对创造新的需求投资，将形成新的产业而改变原有的产业结构；对部分产业投资，将推动这些产业比未投资的那部分产业以更快的速度扩大，从而影响原有产业结构；对全部产业投资，但投资比例不同，则会引起各产业发展程度的差异，导致产业结构的相应变化。由于投资是影响产业结构的重要因素，所以，政府往往采用一定的投资政策，通过调整投资结构，来达到产业结构调整的目标。

三、国际贸易因素对产业结构变动的影响

社会分工打破国家界限，导致了国与国在资源、产品、技术、劳务等方面的交换，即国际贸易。国际贸易是通过本国产品出口刺激本国需求增长和外国产品进口增加国内供给来影响本国产业结构的。进出口贸易有利于各国发挥自己的比较优势，获得比较利益。进出口贸易对产业结构的主要影响有：资源、商品、劳务的出口，对国内相关产业的发展起推动作用；国内紧缺资源、劳务的进口，可以弥补本国生产该类商品的产业不足，同时进口某些新产品、新技术还对开拓本国市场、为本国发展同类产业创造有利条件，有利于推

动本国产业结构的高度化。当然，有些商品的出口，也可能会对本国某些产业的发展起抑制作用。

四、国际投资因素对产业结构变动的影响

国际投资也是影响产业结构变动的一个重要因素。国际投资包括本国资本的流出（即本国企业在外国的投资）以及外国资本的流入（即外国企业在本国的投资）。对外投资会导致本国产业的对外转移，外国投资则促使国外产业的对内转移。这两方面都会引起国内产业结构的变化。特别是，外国直接投资对国内产业结构的影响更为直接和深远，表现在三个方面：一是外资企业直接决定生产什么，生产多少。产品品种的变化和数量的变化会直接改变原来的产业结构。二是外资企业中间产品的供应结构和最终产品的销售结构的变化会直接影响到国内产业结构的变化。外资企业进入国内市场以后，其中间产品的供应可以来自国内，也可以来自国外；其最终产品可以在国内销售，也可以在国外销售。这样，外资企业的经营活动导致国内供应结构和需求结构的改变，从而促使国内产业结构的变化。三是外资企业的技术创新间接地影响一国或一地区的产业结构。

五、其他因素对产业结构变动的影响

产业结构的变化除了受到上述各种因素的影响外，还受到政府经济政策和市场等因素的影响。

产业结构的变化受到政府产业政策的影响最直接。产业政策是指导产业发展和产业结构调整最主要的依据。为了实现政府制定的经济发展目标，政府通过制定产业发展战略和政策来鼓励或限制某些产业的发展，产业结构因此而相应变动。政府对产业结构的调整主要就是通过产业政策来实现的。政府可以对影响产业结构变动的诸因素进行调整，包括通过政府投资、管制等措施，通过制定财政、货币等政策，通过立法、协调等手段来调整供给结构、需求结构、国际贸易结构和国际投资结构，进而影响产业结构。

市场是社会资源配置的重要手段，市场给出的信号直接引导人们的投资与消费行为，进而影响产业结构的变动。因此，市场法规与机制的完善程度也成为影响产业结构的因素之一。

以上我们考察了经济因素，即资源供给结构、需求结构和对外贸易结构对产业结构的影响，也考察了一个国家的历史、政治、军事、文化、社会以及国际环境等非经济因素对该国的产业结构产生的影响。经济因素与这些非经济因素都不是孤立存在的，而是相互联系、相互作用、相互交织在一起，综合地影响和决定现有产业结构及其未来的发展变化。

第三节 经济全球化背景下产业结构发展新趋势

一、经济全球化①

（一）经济全球化的含义与特点

经济全球化泛指贸易、投资、金融活动的全球化，生产资本向全球流动以及由它所带动的全球贸易和金融活动。主要包括以下五个特点：

（1）生产的全球化。生产全球化最显著的特征是跨国公司越来越成为世界经济的主导力量。

（2）市场的全球化。市场全球化表现为各国市场越来越呈现相互开发、融为一体的趋势。

（3）资本的全球化。资本的全球化体现为各国之间的直接投资（FDI）持续增长，资本在各国之间频繁地自由流动。

（4）科技开发和应用的全球化。科技开发和应用的全球化主要表现为科技活动的全球化、科技传播的全球化、科技目标的全球化和科技影响的全球化。

（5）信息生产和传播的全球化。信息生产和传播的全球化主要表现为随着互联网技术的日趋成熟，信息的生产和传播速度突飞猛进。

（二）经济全球化的演进过程及推动因素

经济全球化的演进主要经历了三个阶段，具体而言，第一阶段为第二次世界大战初期至20世纪70年代初的迅速发展时期，这一时期主要表现为经济互助委员会、欧洲经济共同体和欧洲自由贸易联盟等集团的组建和发展。第二阶段为20世纪70年代初期至80年代中期的缓慢发展甚至停顿时期，主要表现为欧共体一体化进程的放慢，发展中国家的国际经济一体化也大多处于停顿状态，有的甚至分化或解体。第三阶段为20世纪80年代中期以后，在自由化政策的推动下，经济全球化进入了加速发展的快车道，主要表现为西欧、北美、亚太等地区的区域性一体化获得了实质性的发展。

其背后的推动因素可能是多方面的，但是最重要的是以下三种：一是分工的深入和市场的扩大，分工的深入和细化直接导致了生产力的提高，增加了商品的供给，市场的扩大为生产力提高后的新增商品寻找了新的需求，使得整个社会生产在更大的范围内得以平衡；二是科学技术的进步，是生产力得以提高的基础和源泉；三是跨国公司的发展，这是生产关系适应生产力的一种变现形式，促使商品在更广的地域范围内实现低成本、高效率的生产。

---

① 张小梅、王进．产业经济学．成都：电子科技大学出版社，2017．

然而，近年来出现逆全球化浪潮，主要表现为：其一，自由贸易理念逐渐式微，贸易保护主义在全球范围内不断升级，出现以绿色壁垒、技术壁垒、反倾销和知识产权保护等非关税壁垒为主要新的表现形式，如 2018 年 7 月美国总统特朗普公然违反世贸规则，对中国挑起了迄今为止规模最大的贸易摩擦；其二，部分发达国家政府干预加重，内顾式保守主义朝极端化发展，例如，美国总统特朗普将美国面临的问题归结为外部因素，上任即通过行政力量发布“禁穆令”，限制来自叙利亚、伊拉克、伊朗等 7 个主要伊斯兰国家的公民进入美国，并将 2017 年接收移民上限减少为原有上限的一半；其三，欧美发达国家参与区域合作的意愿下降，国际组织被边缘化，如 2016 年 6 月，英国举行脱离欧盟公投并获过半票数支持，暴露出欧盟发展的多重困境。① 但是，逆全球化并不能阻止全球化的大趋势，而且随着科学技术的发展，特别是以信息通信技术为代表的新一轮科技革命和产业变革的兴起，客观上加速突破各种贸易保护主义的壁垒，进一步推动了全球化的发展。②

2020 年，新型冠状病毒疫情在全球范围造成的巨大伤害，不仅破坏了全球化的价值循环，减少了国际货币、商品和人员的流动，也“感染”了连接制造商和消费者的全球价值链，使得包括美国在内的许多发达国家开始重新审视全球化背景下其产业结构在应对重大疫情危机时是否能“熬”下去，从而造成全球价值链脱钩（decoupling）风险加大。然而，正如习近平在第二届中国国际进口博览会开幕式上指出的那样，开放合作是促进人类社会不断进步的时代要求，奉行单边主义、赢者通吃，只能“越走越窄”，而“包容普惠、互利共赢，才是越走越宽的人间正道”。相信随着世界各国人类命运共同体意识的不断增强，人们一定能够通过全球价值链的再耦合、柔性化，并借助数字化的转型发展，化危为机，重新找到相向而行，开放、合作、互利、共赢的世界经济新局面。

二、产业结构发展的新趋势③

如今，经济全球化、新科技革命浪潮和产业结构的新一轮大调整已成为世界经济发展的必然趋势。各个国家通过开放国内市场、开拓国际市场，使本国经济与国际经济联系日益密切，加速了产业资本跨国的流动，增强产业技术跨国转移和扩散效应，加快信息跨国界传播的速度，使产业发展路径不再单纯依赖本国的资源禀赋结构、技术进步状况和国内市场需求，而是更多地取决于国际贸易、产业转移、外国直接投资所产生的各种渗透和扩散效应。这种全球化进程促使产业结构具有新的形式和内容。

（一）产业转移全球化

在经济全球化的趋势推动下，各个国家的产业体系逐步深入到全球范围内，促使其建

① 欧走余，彭思倩. 逆全球化背景下东亚区域经济共生发展研究. 东北亚论坛，2019（4）：59-70.

② 熊光清. “逆全球化”阻挡不了全球化进程. 人民论坛，2019（14）：40-41.

③ 李悦. 产业经济学. 大连：东北财经大学出版社，2015.

立和维持其竞争优势不再仅仅取决于本国产业的经济实力，也在一定程度上取决于上下游产业的跨国界关联互动关系。此外，产业的分工也从不同产业的全球分工，发展到产业内的全球分工，又发展到企业内的全球分工，当这种产业分工所引起的要素转移效应累积到一定程度时，必然会发生产业结构革命性的转换，形成产业转移全球化的趋势。由于各国技术经济发展的不平衡，同时受到国际贸易追逐利益的影响，国际资本不断从高成本国流向低成本国家，由此带动了产业其他资源的转移，使一国的分工格局发生变化，并直接关系到国家的国际竞争地位。如发达国家控制信息产业、新材料产业、生物技术产业和新能源产业的核心技术时，采用多种方式向发展中国家转移成熟和过剩的生产能力，虽然广大发展中国家在国际分工和国际贸易中处于不利的地位，但是可以在充分发挥自身资源禀赋优势的基础上，积极吸收发达国家转移的一般制造业，加快本国产业结构优化升级步伐。

（二）产业升级全球化

在经济全球化背景下，国家间通过跨国公司相互交叉投资，把国际直接投资和国际贸易结合在一起，使产业资源的跨国流动相互融合，形成了一个互相渗透、互相联通、相互制约的全球产业网络体系。通过这种国际产业一体化网络，使产业的每个环节随技术进步而调整，从而实现全球资源配置的优化。随着这一过程的推进，产业结构也日益优化，不断升级。

经济全球化条件下，产业升级的契机来自世界性的产业调整和产业转移，而这种调整和转移主要体现在产业资源大规模跨国配置以及高新技术产业的不断崛起和传统产业的大规模更新改造两个方面。另外，很多发展中国家搭上发达国家产业升级的便车，在承接发达国家转移的产业过程中，积极参与高新技术的研发中，并逐步将某些技术转化成拥有自主知识产权的高新技术，从被动地承接发达国家产业技术转向主动谋求与发达国家的技术合作，成为发达国家技术研发中不可或缺的合作伙伴。以上都促成和加剧了产业升级全球化的趋势。

思考题

1. 简述传统的经济增长理论与经济增长的结构主义观点之间的区别及原因。
2. 关于现代经济增长本质问题，库兹涅茨与罗斯托的分歧点是什么？
3. 从主导产业的转换过程来看，产业结构演进的一般规律性有哪些？
4. 简述配第—克拉克定律、库兹涅茨人均收入影响论、罗斯托主导产业扩散效应理论和经济成长阶段论、钱纳里工业化阶段理论、霍夫曼工业化经验法则、赤松要雁行形态理论。
5. 影响产业结构变动的因素有哪些？
6. 简述经济全球化的概念、特点、演进过程、推动因素以及逆全球化的表现形式。
7. 简述产业结构发展的新趋势。

思考题参考答案

※ 本章案例 ※

中华人民共和国成立 70 年（1949—2019）产业结构的演化

2019 年适逢中华人民共和国成立 70 周年，从不能生产一架飞机、一辆汽车的贫穷落后农业国，成长为国内生产总值世界第二、制造业增加值世界第一的名副其实的“世界工厂”，中国经历了曲折艰辛的发展历程，探索出一条传统农业国成长为新兴工业化国家的中国道路。其产业结构的演化主要经历了以下四个阶段：

第一阶段：1949 年至 1960 年，苏联援建，自力更生，基本完成工业化原始资本积累。在当时我国工业处在近乎于无的状态下，由于受到西方发达国家的敌视和封锁，学习苏联的赶超型经济发展战略成为必然选择。在此背景下，我国提出尽快建立大致完整的工业体系，并于 1953 年启动第一个五年计划，实施大规模建设，工业化被简化为大力发展钢铁工业。在此期间，尽管工业保持了较高的增长速度，但一、二、三次产业之间的关系极不协调，1960 年重、轻、农之比达到 52.4∶25.8∶21.8，导致国民经济因结构矛盾而缺少稳定、持续的增长动力。虽然传统工业化道路产生了很多问题，但为我国建立了较完整的工业经济体系，工业化水平有了较大的提升。

第二阶段：1961 年至 1978 年，农、轻、重比例调整阶段。为解决“大跃进”时期遗留下来的产业结构失衡问题，我国从 1961 年开始调整经济结构，加大对农业的扶持力度。同时，出于对“战争不可避免”的估计，很多地方出现了“大办五小”“三线建设”的工业化高潮。1976 年，第五个五年计划开始执行。但是由于急于求成，导致产业结构再次失衡，农、轻、重之比为 24.8∶32.4∶42.8。

第三阶段：1979 年至 1999 年，一、二、三产业协调发展阶段。以 1978 年末安徽凤阳小岗村“包产到户”为起点的家庭联产承包责任制改革赋予了农民在集体经济中的经营自主权，极大调动了农民生产积极性，显著提高了农业生产水平，刺激了第一产业增长。受农业快速发展以及解决农轻重比例失调的政策导向影响，第二产业占比由 47.71%逐渐下降至 45.03%。整个 20 世纪 80 年代下半期和 90 年代上半期，我国产业结构调整的特点是强化农业的基础地位，培育扶持高新技术产业，大力发展第三产业，加快产业结构转型升级。

第四阶段：2000 年至 2019 年，着眼外向，融入全球，走新型工业化道路阶段。2001 年 11 月 10 日，中国正式加入世界贸易组织（WTO），中国经济步入全球化发展阶段。加入世界贸易组织之后，我国依托出口拉动、投资拉动、消费拉动“三驾马车”，成为全球制造大国。自党的十六大提出走新型工业化道路以来，我国工业化在前进的道路上又行走了十余年，整体进入工业化建设的后期或者完成阶段。能源、原材料供应紧张，交通运输、邮电通信落后的状况大大缓解。三次产业结构向合理化方向发展。在国内生产总值中，一、二、三产业之比由1985年的28.4∶43.1∶28.5变为2019年的7.1∶39.0∶53.9。

问题：

1. 请用配第—克拉克定理及库兹涅茨理论分析中国产业演变的规律及原因。
2. 立足现在，试谈我国产业结构调整的机遇。

第七章　关联

上一章论述产业结构理论，主要从“质”的角度动态揭示了产业间技术经济联系与联系方式发展变化的规律及其影响因素。本章论述的产业关联理论，将从“量”的角度，静态考察国民经济各产业部门间技术经济联系与联系方式，即产业间的“投入”与“产出”的量化比例关系，主要介绍产业关联分析的方法、基本工具和主要内容。

第一节　产业关联概述

要揭示产业间联系与联系方式的量化比例，就必须首先了解产业关联方式、类型以及产业关联分析的方法与原理。

一、产业关联的含义

产业关联是指产业间以各种投入品和产出品为连接纽带的技术经济联系。这里，各种投入品和产出品可以是各种有形产品和无形产品，也可以是实物形态或价值形态的投入品或产出品；技术经济联系和联系方式可以是实物形态的联系和联系方式，也可以是价值形态的联系和联系方式。由于实物形态的联系和联系方式难以用计量方法准确衡量，而价值形态的联系和联系方式可以从量化比例的角度来进行研究，所以，在产业关联分析的实际应用中使用更多的是价值形态的技术经济联系和联系方式。

二、产业关联方式

产业关联方式是指产业部门间发生联系的依托或基础，以及产业间相互依托的不同类型。

（一）产业间联系的纽带

所谓产业间联系的纽带是指不同产业之间是以什么为依托连接起来，这种产业间连接的不同依托就构成了产业间联系的实质性内容。

1. 产品、劳务联系

所谓产品、劳务联系是指在社会再生产过程中，一些产业部门为另一些产业部门提供产品或劳务；或者产业部门间相互提供产品或劳务。产品、劳务联系是产业间最基本的联系，原因在于：第一，产业间其他方面的联系，如生产技术联系、价格联系、劳动就业联系等都是在产品、劳务联系的基础上派生出来的联系；第二，各产业部门间协调发展最本质地表现为产业间相互提供产品、劳务的数量比例要均衡；第三，社会劳动生产率和经济效益的提高，最终归纳为产业间提供产品或劳务的质量提高和成本节约。

2. 生产技术联系

不同产业部门的生产技术有不同的要求，其产品结构的性能也不同。因此，在生产过程中，一个产业部门不是被动地接受其他相关产业部门的产品或劳务，而是依据本产业部门的生产技术特点、产品结构特性，对所需相关产业的产品和劳务提出各种工艺、技术标准和质量等特定要求，以保证本产业部门的产品质量和技术性能。而这一要求使得产业之间的生产工艺、操作技术等方面有着必然的联系。一般来说，这种生产技术联系是与各产业间产品和劳务的供求联系紧密联系在一起的。生产技术作为产业间联系的重要依托，其发展变化不仅将直接影响产业间产品和劳务的供求比例关系，而且还会使在生产过程中与某一产业发生产品和劳务联系的产业发生变换，或者依存度发生变化。例如，在工业化初期，纺织工业对棉花种植业的依赖程度很大，后者直接制约着前者的发展。随着技术进步、化纤产业的产生和发展，在与纺织工业发生联系的产业中又加入了化纤业，自然使纺织工业的发展对棉花种植业的依存度减少了。因此，技术进步是推动产业联系方式，即产业结构变动最活跃、最积极的因素。

3. 价格联系

产业间的价格联系，实质上是产业间产品和劳务联系的价值量的货币表现。产业间产品与劳务的“投入”与“产出”联系，必然表现为以货币为媒介的等价交换关系，即产业间的价格联系。产业间的价格联系有着重要作用。首先，使不同产业间不同质的产品劳务联系，可用价格形式来统一度量和比较，从而为投入产出价值模型的建立铺平了道路；其次，产业间的价格联系，使得生产具有替代性能产品的产业引入了竞争机制，为产业间的联系注入了竞争活力，从而有利于成本费用的节约和社会劳动生产率的提高；最后，以价格来度量产业间的联系，为产业结构变动分析、产业间比例关系分析等提供了有效的计量手段。

4. 劳动就业联系

社会化大生产使得产业间的发展相互制约、相互促进。虽然不同性质的产业，其发展受其他产业发展的影响、制约程度不一样，但是某一些产业的发展依赖于另一些产业的发展，或某一产业的发展可以导致另一些产业的发展，这种各产业发展的“关联效应”是客观存在的。这样，产业间的劳动就业机会也就有了必然联系。某一产业的发展会相应地增加一定的劳动就业机会，而该产业发展带动相关产业的发展，也就必然使这些相关产业增加劳动就业机会。产业间的这种劳动就业联系，在西方经济学中被描述为投资乘数在就业中的作用。

5. 投资联系

社会再生产是在各产业产品或劳务按一定比例的供需关系为联系的基础上进行的。加快一国经济发展，不可能仅仅通过加快某产业部门的发展来实现，而是通过相关产业部门的协调发展来实现的。这种产业部门间的协调发展性，使得产业间必然存在着投资联系。例如，为促进某一产业发展，必须要有一定量的投资，但由于该产业发展受到相关产业的制约，因而必然增加投资以保证相关产业的发展。这种某一产业的直接投资必然导致大量的相关产业投资的现象，即产业间投资联系的表现。产业间投资联系集中反映在“投资乘数效应”上，即在增加的收入中，用于消费的比例越大，投资引起的产业间的连锁反应就越大，总收入增加就越多。

由于产业间存在着上述联系，因而某一产业的发展变化，必然会影响并波及与其相关的其他产业。

（二）产业间联系方式的类型

1. 单向联系与多向联系

单向联系是指 A、B、C、D 等一系列产业部门间，先行产业部门为后续产业部门提供产品，以供其生产时直接消耗，但后续产业部门的产品不再返回先行产业部门的生产过程。例如，棉花→棉纱→色布→服装这种产业间的联系是单向联系。

多向联系是指 A、B、C、D 等产业部门间，先行产业部门为后续产业部门提供产品，作为后续产业部门的生产性直接消耗，同时后续部门的产品也返回相关的先行产业部门的生产过程。比如，煤炭→钢铁→矿山机械部件→煤炭，这是多向循环联系；又如，煤炭←→电力，即煤炭产业部门为电力部门提供燃料，而电力部门也为煤炭部门的生产提供电力作为动力源，这是产业部门间的双向联系。

2. 顺向联系与逆向联系

所谓顺向联系是指某些产业因生产工序的前后，前一产业部门的产品为后一产业部门的生产要素，这样一直延续到最后一个产业的产品，即最终产品为止。例如，采矿→冶炼→机械加工→组装出成品，这些成品作为最终产品进入市场，这些产业部门间的联系便是顺向联系。

逆向联系是指后续产业部门为先行产业部门提供产品，作为先行产业部门的生产消耗。如机械设备行业生产的设备和零部件供冶炼业或采掘业使用，便是一种逆向联系。但在现实的经济运行中，产业部门间的联系方式是很复杂的。在一些产业部门间顺向与逆向往往是交织在一起的，在一些顺向联系产业部门间，同时存在部分产业间的逆向联系，如 A→B⇌C⇌D 或 A→B⇌C→D 等，有些产业部门间还形成蛛网式的联系。

3. 直接联系与间接联系

在现实社会再生产过程中，产业间存在着大量的直接联系和间接联系。所谓直接联系是指两个产业部门之间存在着直接地提供产品、提供技术的联系。所谓间接联系，是指两个产业部门本身不发生直接的生产技术联系，而是通过其他一些产业部门的中介才有联系。例如，汽车工业与采油设备制造业之间并无直接联系，但它们实际上仍有一定的联系，这种联系就是由于汽车需要汽油作燃料，而汽油与石油开采有关，石油开采又与石油采油设备制造有关，这样汽车工业的发展就会通过上述中介产业部门，最后影响到石油采掘设备制造业的发展，这就是汽车工业与采油设备制造业之间的间接联系。

国民经济运行中产业间错综复杂的联系，一般可最终划分为上述几种类型的联系方式，这样为产业间的关联分析提供了良好的出发点。

第二节　产业关联分析的基本工具

一、投入产出的含义

列昂惕夫作为产业关联理论的杰出贡献者，其创立的投入产出法有效地揭示了产业间技术经济联系的量化比例关系，因此，人们将产业关联理论称为投入产出理论。投入产出法成为产业关联分析的基本方法。

投入产出作为一种科学的分析方法和理论，在国内外曾有过各种名称，如投入产出分析、投入产出技术、产业关联分析方法、部门联系平衡法等。作为一种方法，它是研究国民经济体系中或区域经济体系中各个产业部门间投入与产出的相互依存关系的数量分析方法，然而它不仅仅局限于分析产业间联系，还可以利用产业间投入与产出的有关数量比例去研究国民经济中的其他方面的问题。

投入产出的“投入”是指产品生产所消耗的原材料、燃料、动力、固定资产折旧和劳动力；“产出”是指产品生产出来后所分配的去向、流向，即使用方向和数量，又叫流量，例如，用于生产消费、生活消费和积累。

投入产出法就应用于国民经济体系中的产业联系分析来说，是通过编制棋盘式的投入产出表（详见下文介绍）和建立相应的线性代数方程体系，构成一个模拟现实国民经济各产业部门产品的相互“流入”“流出”的社会再生产过程的经济数学模型，来分析各产业间的各种重要比例关系。

运用投入产出法是通过投入产出表、投入产出模型来对产业间“投入”与“产出”的数量比例关系进行分析。因此，投入产出表和投入产出模型是产业关联分析的基本工具，包括实物型和价值型两种类型，使用最广泛的是价值型分析工具。

二、投入产出表

（一）实物型投入产出表

实物型投入产出表是以产品的标准单位或自然单位计量的，用于显示国民经济各部门主要产品的投入与产出关系，即这些主要产品的生产、使用情况，以及它们之间在生产消耗上的相互联系和比例关系。

1. 实物型投入产出表的一般形式

表 7-1 是一张简化的一般实物型投入产出表。

表 7-1　简化的一般实物型投入产出表

产出	单位	中间产品							最终产品	总产品
		产品1	产品2	…	产品 j	…	产品 n	合计		
产品 1		x_{11}	x_{12}	…	x_{1j}	…	x_{1n}	U_1	Y_1	X_1
产品 2		x_{21}	x_{22}	…	x_{2j}	…	x_{2n}	U_2	Y_2	X_2
⋮		⋮	⋮		⋮		⋮	⋮	⋮	⋮
产品 i		x_{i1}	x_{i2}	…	x_{ij}	…	x_{in}	U_i	Y_i	X_i
⋮		⋮	⋮		⋮		⋮	⋮	⋮	⋮
产品 n		x_{n1}	x_{n2}	…	x_{nj}	…	x_{nn}	U_n	Y_n	X_n
劳动力		L_1	L_2	…	L_j	…	L_n	L	—	L

表 7-1 中 x_{ij}是指第 j 种产品生产时所消耗第 i 种产品的数量，或者是第 i 种产品提供给第 j 种产品生产时的需要量。例如，x_{12}既表示生产第二种产品所需要第一种产品的投入数量，又表示满足第二种产品生产所需要第一种产品的产出数量。其中：Y_i是指第 i 种产品用作最终使用的数量；X_i是指第 i 种产品的生产总量；L_j是指 j 部门生产产品的劳动力需要量；L 是指各种产品所需劳动力数量之和。

表 7-1 的横行反映了各类产品和劳动力的分配使用情况，其中包括作为中间产品的分配使用和作为最终产品的分配使用。表 7-1 的纵列反映了各类产品在生产过程中所消耗的各种产品数量和劳动力数量，反映了整个社会主要最终产品的构成和各种产品的总量。由于采用实物单位计量，表 7-1 的纵列各项元素不能相加，也就不能反映产品的价值运动。

2. 实物型投入产出表中的平衡关系

实物型投入产出表中的平衡关系式主要有两个：

（1）总产品=中间产品+最终产品。用公式表示：

$$X_i = \sum_{j=1}^{n} x_{ij} + Y_i \quad (i = 1,\ 2,\ \cdots,\ n)$$

（2）劳动力总量=各产品生产所需劳动力数量之和。用公式表示：

$$L = \sum_{j=1}^{n} L_j \quad (j = 1, 2, \cdots, n)$$

两个平衡式就构成下列一个方程组：

$$\begin{cases} \sum_{j=1}^{n} x_{ij} + Y_i = X_i \quad (i = 1, 2, \cdots, n) \\ \sum_{j=1}^{n} L_j = L \end{cases}$$

（二）价值型投入产出表

1. 价值型投入产出表的一般形式

最常用的是用统一货币单位计量的价值型投入产出表，其简化的一般形式如表 7-2 所示。

表 7-2 各元素的经济含义是：

x_{ij}表示第 j 产业部门生产中所消耗第 i 部门产品数量的价值；

X_i表示第 i 产业部门的年产品价值总量；

Y_i表示第 i 产业部门所提供的年最终产品的价值；

D_j表示第 j 产业部门全年提取的折旧基金；

C_j表示第 j 产业部门全年生产中的价值转移总量；

N_j表示第 j 产业部门在一年内所创造的国民收入；

V_j表示第 j 产业部门劳动者一年内的劳动报酬；

M_j表示第 j 产业部门劳动者在一年内创造的纯收入。

在表 7-2 中，纵列数字是各个产业的投入结构，即各产业为了进行生产，从包括本产业在内的各个产业购进了多少中间产品（原材料），以及为使用各生产要素支付了多少费用，包括工资、利息等。因此，每一纵列反映了相应产业部门的投入构成，其总计就是总投入。

横行数字是各行业的产出结构，包括中间产品和最终产品的产出，并反映了这些产品的销路或分配去向。每一横行的总计即为相应产业部门一定时期内（一年）的总产出。

纵列包括物质消耗的价值转移和新创造价值两部分，反映了社会总产品的价值构成；横行包括中间产品和最终产品两大部分，反映了社会产品的分配和使用流向。纵横交叉，构成了相互联系的三大部分（即表 7-2 中用双线隔离的三部分），可用图 7-1 表示。

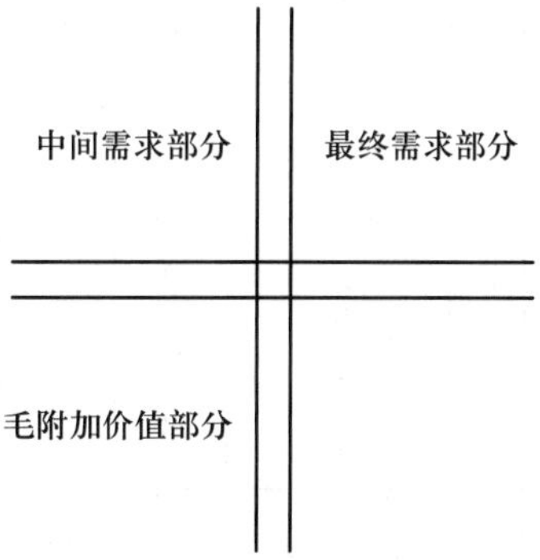

图 7-1　投入产出表的构成示意简图

表 7-2 价值型投入产出表

需求部门 / 供给部门		中间使用（中间需求）					最终产品 Y（最终需求）								总计：总产值（总产出）
		部门 1	部门 2	…	部门 n	小计	固定资产更新与大修	积累 K			消费 W			合计	
								生产性积累	非生产性积累	小计	个人消费	社会消费	小计		
物质消耗	部门 1	x_{11}	x_{12}	…	x_{1n}	$\sum_{j=1}^{n} x_{1j}$	G_1	$K_1$①	$K_1$②	K_1	$W_1$①	$W_1$②	W_1	Y_1	X_1
	部门 2	x_{21}	x_{22}	…	x_{2n}	$\sum_{j=1}^{n} x_{2j}$	G_2	$K_2$①	$K_2$②	K_2	$W_2$①	$W_2$②	W_2	Y_2	X_2
	⋮	⋮	⋮		⋮	⋮	⋮	⋮	⋮	⋮	⋮	⋮	⋮	⋮	⋮
	部门 n	x_{n1}	x_{n2}	…	x_{nn}	$\sum_{j=1}^{n} x_{nj}$	G_n	K_n①	K_n②	K_n	W_n①	W_n②	W_n	Y_n	X_n
	小计（不包括折旧）	$\sum_{i=1}^{n} x_{i1}$	$\sum_{i=1}^{n} x_{i2}$	…	$\sum_{i=1}^{n} x_{in}$	$\sum_{i=1}^{n}\sum_{j=1}^{n} x_{ij}$	$\sum_{i=1}^{n} G_i$	$\sum_{i=1}^{n} \overset{①}{K_i}$	$\sum_{i=1}^{n} \overset{②}{K_i}$	$\sum_{i=1}^{n} K_i$	$\sum_{i=1}^{n} \overset{①}{W_i}$	$\sum_{i=1}^{n} \overset{②}{W_i}$	$\sum_{i=1}^{n} W_i$	Y	X
	固定资产折旧：合计（包括折旧）	D_1 C_1	D_2 C_2	…	D_n C_n	D C									
新价值创造	劳动报酬 社会纯收入合计	V_1 M_1 N_1	V_2 M_2 N_2	…	V_n M_n N_n	V M N									
总计：总产值（总投入）		X_1	X_2	…	X_n	X									

这三部分的经济含义是：

(1) 中间需求部分，亦称为内生部分，是投入产出表的核心部分。它反映在一定时期内（如一年）一个国家（或地区）社会再生产过程中各产业之间相互提供中间产品的依存和交易关系。因此，这一部分横向各产业和纵向各产业的排列是相互对应的。横向的数据表示某一产业向包括本产业在内的所有产业提供其产出的中间产品的状况，也就是所有产业生产中所需该产业产品的情况，亦即中间需求情况。例如，包括第 i 产业在内的所有产业生产中所需第 i 产业的中间产品的产出总量为 $\sum_{j=1}^{n} x_{ij}(i=1, 2, \cdots, n)$。纵向的数据表示某一产业生产中向包括本产业在内的各产业购进中间产品的状况，也就是所有产业向该产业的中间投入情况。例如，第 j 产业向包括本产业在内的所有产业“投入”中间产品的总量为 $\sum_{j=1}^{n} x_{ij}(j=1, 2, \cdots, n)$。

(2) 最终需求部分，亦称“外生部分”。它反映各产业生产的产品或服务成为最终产品的那部分的去向。最终产品的去向，即最终需求，大致分为三部分流向：一是消费部分，具体可分为个人消费与社会消费两部分，前者是指家庭消费的总和，后者是指公共福利、社会保障、政府等行政性支出的各种社会性消费；二是投资部分，是由固定资产更新与新增固定资产两部分构成，其中新增固定资产又可分为生产性固定资产和非生产性固定资产；三是出口部分。表 7-2 中未设置出口栏目，必要时可增设这一栏。

(3) 毛附加价值部分，也是一种“外生部分”。这部分包括两块：一块是各产业部门提留的折旧；另一块是各产业部门在一定时期内，如一年内实现的净产值（附加价值），亦即新创造的价值。净产值又可分为劳动者报酬和社会纯收入两部分。所以，毛附加价值部分反映了各产业提取折旧基金的价值及其创造的国民收入的价值构成，以及国民收入额在各产业部门间的分布比例。

2. 价值型投入产出表中的均衡关系

价值型投入产出表可以按行、按列以及在行与列之间分别建立起平衡关系，这些平衡关系主要有：

(1) 各行的平衡关系是：各行的中间产品+各行的最终产品=各行的总产品。其数学表达式为：

$$\begin{cases} x_{11}+x_{12}+\cdots+x_{1j}+\cdots+x_{1n}+Y_1=X_1 \\ x_{21}+x_{22}+\cdots+x_{2j}+\cdots+x_{2n}+Y_2=X_2 \\ \qquad\qquad\vdots \\ x_{n1}+x_{n2}+\cdots+x_{nj}+\cdots+x_{nn}+Y_n=X_n \end{cases}$$

即：
$$\sum_{j=1}^{n} x_{ij} + Y_i = X_i(i = 1, 2, \cdots, n)$$

这些平衡关系反映了各产业部门产品的流向。

(2) 各列的平衡关系是：各列的生产资料转移价值+各列新创造价值=各列的总产值。

其数学表达式为：

$$\begin{cases} x_{11}+x_{21}+\cdots+x_{i1}+\cdots+x_{n1}+D_1+N_1=X_1 \\ x_{12}+x_{22}+\cdots+x_{i2}+\cdots+x_{n2}+D_2+N_2=X_2 \\ \vdots \\ x_{1n}+x_{2n}+\cdots+x_{in}+\cdots+x_{nn}+D_n+N_n=X_n \end{cases}$$

即：
$$\sum_{i=1}^{n} x_{ij} + D_j + N_j = X_j(j = 1, 2, \cdots, n)$$

各列的平衡关系说明了各产业部门的价值形成的产出过程，反映了每一产业部门的产出与各产业部门为之投入的平衡关系。

(3) 行与列之间还存在如下平衡关系：

第一，横行各产业部门的总产出等于相对应的同名称的纵列各产业部门的总投入。其数学表达式为：

$$\sum_{i=1}^{n} x_{i'j} + D_{j'} + N_{j'} = \sum_{j=1}^{n} x_{i'j} + Y_{i'}(\text{当 } i' = j' \text{ 时})$$

第二，最终产品总量等于国民收入总量和固定资产折旧总量之和，即最终需求部分和毛附加价值部分相等。其数学表达式为：

$$\sum_{j=1}^{n} D_j + \sum_{j=1}^{n} N_j = \sum_{i=1}^{n} Y_i$$

三、投入产出模型

投入产出模型是由系数、变量的函数关系组成的数学方程组构成。其模型建立一般分两步：一是先依据投入产出表计算各类系数；二是在此基础上，再依据投入产出表的平衡关系，建立起投入产出的数学函数表达式，即投入产出模型。

(一) 各类系数的计算与确定

1. 直接消耗系数的计算与确定

直接消耗系数又称投入系数，其经济含义是生产单位 j 产品所直接消耗的 i 产品的数量。其计算方法是依据投入产出表的数据，将各产业部门的总产品去除它所消耗的各种投入要素分量。直接消耗系数的计算公式为：

$$a_{ij}=\frac{x_{ij}}{X_j} \quad (i, j=1, 2, \cdots, n)$$

用矩阵形式表示则为：
$$\boldsymbol{A}=\boldsymbol{Q}\hat{\boldsymbol{X}}^{-1}$$

式中：$\boldsymbol{A}=\begin{bmatrix} a_{11} & a_{12} & \cdots & a_{1n} \\ a_{21} & a_{22} & \cdots & a_{2n} \\ \vdots & \vdots & & \vdots \\ a_{n1} & a_{n2} & \cdots & a_{nn} \end{bmatrix}$；$\boldsymbol{Q}=\begin{bmatrix} x_{11} & x_{12} & \cdots & x_{1n} \\ x_{21} & x_{22} & \cdots & x_{2n} \\ \vdots & \vdots & & \vdots \\ x_{n1} & x_{n2} & \cdots & x_{nn} \end{bmatrix}$；$\hat{\boldsymbol{X}}^{-1}=\begin{bmatrix} \frac{1}{X_1} & 0 & \cdots & 0 \\ 0 & \frac{1}{X_2} & \cdots & 0 \\ \vdots & \vdots & & \vdots \\ 0 & 0 & \cdots & \frac{1}{X_n} \end{bmatrix}$。

矩阵 $\boldsymbol{A}$ 就是直接消耗系数矩阵，反映了投入产出表中各产业部门间技术经济联系和产品之间的技术联系。直接消耗系数是建立模型最重要、最基本的系数。

2. 直接折旧系数

直接折旧系数经济含义是某产业部门生产单位产品所提取的直接折旧费用的数额。其计算公式为：

$$a_{Dj}=\frac{D_j}{X_j} \quad (j=1,\ 2,\ \cdots,\ n)$$

式中：a_{Dj}——第 j 产业部门单位产品所提取的折旧费。

3. 国民收入系数

国民收入系数亦称净产值系数，表示某产业部门生产单位产品所创造的国民收入或净产值的数额。其计算公式为：

$$a_{Nj}=\frac{N_j}{X_j} \quad (j=1,\ 2,\ \cdots,\ n)$$

式中：a_{Nj}——第 j 产业部门生产单位产品所创造的国民收入数量。

4. 劳动报酬系数

该系数是指某产业部门生产单位产品需支付的劳动报酬数量。其计算公式为：

$$a_{Vj}=\frac{V_j}{X_j} \quad (j=1,\ 2,\ \cdots,\ n)$$

式中：a_{Vj}——第 j 产业部门生产单位产品所要支付的劳动报酬量。

5. 社会纯收入系数

该系数表示某产业部门生产单位产品所能提供的社会纯收入数量。其计算公式为：

$$a_{Mj}=\frac{M_j}{X_j} \quad (j=1,\ 2,\ \cdots,\ n)$$

式中：a_{Mj}——第 j 产业部门生产单位产品为社会创造的纯收入量。

上述 a_{Dj}、a_{Nj}、a_{Vj} 和 a_{Mj} 四个系数可用以下一个矩阵式表示，即：

$$\boldsymbol{A}_{\delta}=\boldsymbol{Q}_{\delta}\cdot\hat{\boldsymbol{X}}^{-1}$$

式中：$\boldsymbol{A}_\delta=\begin{bmatrix} a_{D1} & a_{D2} & \cdots & a_{Dn} \\ a_{V1} & a_{V2} & \cdots & a_{Vn} \\ a_{M1} & a_{M2} & \cdots & a_{Mn} \\ a_{N1} & a_{N2} & \cdots & a_{Nn} \end{bmatrix}$；$\boldsymbol{Q}_\delta=\begin{bmatrix} D_1 & D_2 & \cdots & D_n \\ V_1 & V_2 & \cdots & V_n \\ M_1 & M_2 & \cdots & M_n \\ N_1 & N_2 & \cdots & N_n \end{bmatrix}$；

$\hat{\boldsymbol{X}}^{-1}$与前述相同。

上述五个系数均依据价值型投入产出表计算而得。

6. 直接劳动消耗系数

该系数是表示某产业部门生产单位产品所需投入的劳动力数量，它是依据实物型投入产出表来计算的。其计算公式为：

$$a_{Lj}=\frac{L_j}{X_j}\quad (j=1,\ 2,\ \cdots,\ n)$$

7. 完全消耗系数

由于各产业的产品在生产过程中除了与相关产业有直接联系外，还与有关产业有间接联系，从而各产业的产品在生产中除了直接消耗外，还存在着间接消耗，完全消耗系数则是这种直接消耗联系与间接消耗联系的全面反映。完全消耗系数在投入产出分析中起着重要的作用，它能深刻地反映一个部门的生产与本部门和其他部门发生的经济数量关系，因此它比直接消耗系数更本质、更全面地反映部门内部和部门之间的技术经济联系，这对正确地分析国民经济、产业结构十分重要。除此之外，它对经济预测和计划制定也有很大的作用。

完全消耗系数的经济含义是指某产业部门单位产品的生产，对各产业部门产品的直接消耗量和间接消耗量的总和。也就是说，完全消耗系数等于直接消耗系数与间接消耗系数之和。用公式可表示为：

$$b_{ij}=a_{ij}+\sum_{k=1}^{n} b_{ik}a_{kj}\quad (i,\ j=1,\ 2,\ \cdots,\ n)$$

式中：b_{ij}——完全消耗系数，表示生产单位 j 产品所直接和间接消耗 i 产品数量之和（$i=1,\ 2,\ \cdots,\ n$）；

a_{ij}——直接消耗系数，其含义如前所述；

$\sum_{k=1}^{n} b_{ik}a_{kj}$——间接消耗系数，其中 k 为中间产品部门，$\sum_{k=1}^{n} b_{ik}a_{kj}$ 表示通过 k 种中间产品而形成的生产单位 j 产品对 i 产品的全部间接消耗量。

用矩阵表示，即：

$$\boldsymbol{B}=(\boldsymbol{I}-\boldsymbol{A})^{-1}-\boldsymbol{I}\text{（证明略）}$$

式中：$\boldsymbol{B}=\begin{bmatrix} b_{11} & b_{12} & \cdots & b_{1n} \\ b_{21} & b_{22} & \cdots & b_{2n} \\ \vdots & \vdots & & \vdots \\ b_{n1} & b_{n2} & \cdots & b_{nn} \end{bmatrix}$；

$(\boldsymbol{I}-\boldsymbol{A})^{-1}$是（$\boldsymbol{I}-\boldsymbol{A}$）的逆阵；

$\boldsymbol{A}$ 与前述同。

上述系数的确立，为建立一系列的投入产出模型做了准备。

（二）投入产出两个基本模型

1. 按行平衡关系式建立的投入产出模型

由直接消耗系数 $a_{ij}=\frac{x_{ij}}{X_j}$，得到 $x_{ij}=a_{ij}\cdot X_j$，并将其代入上文按行建立的平衡关系式，就得到如下投入产出模型：

$$\begin{cases} a_{11}X_1+a_{12}X_2+\cdots+a_{1n}X_n+Y_1=X_1 \\ a_{21}X_1+a_{22}X_2+\cdots+a_{2n}X_n+Y_2=X_2 \\ \vdots \\ a_{n1}X_1+a_{n2}X_2+\cdots+a_{nn}X_n+Y_n=X_n \end{cases}$$

用矩阵变换，上述投入产出方程组模型可转换成：

$$(\boldsymbol{I}-\mathbf{A})\ \boldsymbol{X}=\boldsymbol{Y}$$

其变换过程是：

用和式符号表示上述方程组即为：

$$\sum_{j=1}^{n} a_{ij}X_j + Y_i = X_i \quad (i=1,\ 2,\ \cdots,\ n) \tag{7-1}$$

由式（7-1）移项得：

$$X_i - \sum_{j=1}^{n} a_{ij}X_j = Y_i \quad (i=1,\ 2,\ \cdots,\ n) \tag{7-2}$$

将式（7-2）变换成矩阵，则得：

$$(\boldsymbol{I}-\boldsymbol{A})\ \boldsymbol{X}=\boldsymbol{Y} \tag{7-3}$$

式（7-3）中：

$$(\boldsymbol{I}-\boldsymbol{A})=\begin{bmatrix} 1-a_{11} & -a_{12} & \cdots & -a_{1n} \\ -a_{21} & 1-a_{22} & \cdots & -a_{2n} \\ \vdots & \vdots & & \vdots \\ -a_{n1} & -a_{n2} & \cdots & 1-a_{nn} \end{bmatrix};\quad \boldsymbol{X}=\begin{bmatrix} X_1 \\ X_2 \\ \vdots \\ X_n \end{bmatrix};\quad \boldsymbol{Y}=\begin{bmatrix} Y_1 \\ Y_2 \\ \vdots \\ Y_n \end{bmatrix};\ \boldsymbol{I}=\begin{bmatrix} 1 & 0 & \cdots & 0 \\ 0 & 1 & \cdots & 0 \\ \vdots & \vdots & & \vdots \\ 0 & 0 & \cdots & 1 \end{bmatrix};$$

$\boldsymbol{A}$ 与前述同。

（$\boldsymbol{I}-\boldsymbol{A}$）称为列昂惕夫矩阵，其经济含义是：矩阵中的纵列表明每种产品的投入与产出关系；每一列都说明某产业为生产一个单位产品所要投入各相应产业的产品数量；负号表示投入，正号表示产出，对角线上各元素则是各产业的产品扣除自身消耗后的净产出。显然，上述投入产出的变换矩阵式（7-3）通过矩阵（$\boldsymbol{I}-\boldsymbol{A}$）把 $\boldsymbol{X}$ 与 $\boldsymbol{Y}$ 的关系揭示了出来，即揭示了总产品与最终产品之间的相互关系。

2. 按列平衡关系式建立的投入产出模型

同理，将 $x_{ij}=a_{ij}X_j$ 代入按列建立的平衡关系式，可得如下投入产出模型：

$$\begin{cases} a_{11}X_1+a_{21}X_1+\cdots+a_{n1}X_1+D_1+N_1=X_1 \\ a_{12}X_2+a_{22}X_2+\cdots+a_{n2}X_2+D_2+N_2=X_2 \\ \qquad\vdots \\ a_{1n}X_n+a_{2n}X_n+\cdots+a_{nn}X_n+D_n+N_n=X_n \end{cases}$$

用矩阵可将该模型转换成：

$$(\boldsymbol{I}-\hat{\boldsymbol{C}})\boldsymbol{X}=\boldsymbol{N}$$

其转换过程是：

将直接折旧系数公式得到的 $D_j=a_{Dj}X_j$，代入上述方程组的和式符号表示的形式：$\sum_{i=1}^{n}a_{ij}X_j+D_j+N_j=X_j$（$j=1,\ 2,\ \cdots,\ n$），则得：

$$\sum_{i=1}^{n}a_{ij}X_j+a_{Dj}X_j+N_j=X_j \quad (j=1,\ 2,\ \cdots,\ n) \tag{7-4}$$

将式（7-4）整理得：

$$\left(\boldsymbol{I}-\sum_{i=1}^{n}a_{ij}-a_{Dj}\right)X_j=N_j \quad (j=1,\ 2,\ \cdots,\ n) \tag{7-5}$$

将式（7-5）写成矩阵形式便得：

$$(\boldsymbol{I}-\hat{\boldsymbol{C}})\boldsymbol{X}=\boldsymbol{N} \tag{7-6}$$

式（7-6）中：$\boldsymbol{I}$ 为单位矩阵；$\boldsymbol{X}$ 矩阵同前；

$$\hat{\boldsymbol{C}}=\begin{bmatrix} \sum_{i=1}^{n}a_{i1}+a_{D1} & 0 & \cdots & 0 \\ 0 & \sum_{i=1}^{n}a_{i2}+a_{D2} & \cdots & 0 \\ \vdots & \vdots & & \vdots \\ 0 & 0 & \cdots & \sum_{i=1}^{n}a_{in}+a_{Dn} \end{bmatrix};\quad \boldsymbol{N}=\begin{bmatrix} N_1 \\ N_2 \\ \vdots \\ N_n \end{bmatrix}$$

$\hat{\boldsymbol{C}}$ 矩阵各元素描述了转移价值系数，即直接物质消耗系数加直接折旧系数；$(\boldsymbol{I}-\hat{\boldsymbol{C}})$ 矩阵中的各元素则揭示了总产值与国民收入之间的函数关系。

除上述投入产出的两个最重要的基本模型外，根据分析需要，还可建立中间产品流量模型、劳动力流量模型和国民生产总值流量模型。

四、投入产出分析的主要内容

以整个国民经济社会再生产的均衡关系为基础所建立的投入产出表及其模型，为一国在一定时期内的社会再生产过程和产业之间的联系提供了有力的定量化分析工具。而且，利用这一分析工具更广泛、更有意义的作用在于，能为更深刻认识一个国家的经济现状、探索经济运动规律、预测经济变动结果和制定经济计划服务。以下主要运用这一工具对产业关联中有关的主要问题和内容做一阐述。

（一）各产业部门的投入结构和销路结构

社会化大生产是各产业部门相互联系、相互依存、相互作用的生产过程，任何一个产业部门的产品都不能离开其他部门产品的“投入”而独立进行；同样，任何一个产业部门的产品都不仅仅是自己消费，而是以中间产品或最终产品的形式销向其他产业部门。前者就是“投入结构”问题，后者就是“销路结构”问题。不同产业的这两种结构是不同的。

1. 投入结构

投入结构是指投入产出表的纵列的费用结构。它以中间产品的投入形式反映着各个产业部门之间的生产技术上的联系。这种生产技术上的联系是用“投入系数”，即“直接消耗系数”来衡量的。有了这个投入系数，我们就很容易找到该产业的产品实现某一增长程度时，其他各产业的中间产品应相应增长到某一程度的“量化”数据；这一系数也为现存的国民经济各产业部门的结构比例是否合理提供了判别准则、为这一结构比例的合理调整提供了依据；投入系数还为一国制定经济计划提供了重要的经济参数。同时，动态地看，某一产业的产品生产投入系数的变动也反映了产业间生产技术联系的变化，并在相应程度上反映了产业结构的变动。

2. 销路结构

销路结构是指各产业部门产品的分配去向，这是产业关联的重要方面。它通过各产业部门产品的分配系数来度量。各产业部门产品的分配系数是表示某一产业部门的产品（销往）分配使用在各产业部门的比例。此分配系数用 d_{ij} 表示，其计算公式为：

$$d_{ij}=\frac{x_{ij}}{X_i}\quad(i=1,\ 2,\ \cdots,\ n)$$

式中：d_{ij}——第 i 部门的产品 X_i，分配使用在第 j 产业部门生产用途上的比重；

x_{ij}——第 j 部门购入 i 部门的产品量。

通过分配系数 d_{ij}（$j=1,\ 2,\ \cdots,\ n$），可以清楚地看出第 i 产业部门的产品流向及其比重，从而反映出某产业部门的发展受其他产业发展的不同影响和制约程度。

（二）产业间的比例关系

依据投入产出表的数据，计算以产值为根据的产业间比例关系和计算以净产值或最终产品为根据的产业间比例关系都是轻而易举的。不仅如此，投入产出表及其模型还为以大类产业分类的比例关系提供了良好的数量分析基础，如两大部类的比例关系、农轻重的比例关系等。这种数量分析为判别产业之间比例是否协调、合理，以及如何调整提供了有力依据。

（三）各产业部门的“中间需求率”和“中间投入率”

“中间需求率”和“中间投入率”是反映各产业部门间互相联系、互相依存的两个指标。

1. 中间需求率

所谓中间需求率，即某一产业的中间需求率，是指各产业对某产业产品的中间需求之和，与整个国民经济对该产业部门产品的总需求之比。其计算公式为：

$$G_i = \frac{\sum_{j=1}^{n} x_{ij}}{\left(\sum_{j=1}^{n} x_{ij} + Y_i\right)} \quad (i = 1,\ 2,\ \cdots,\ n)$$

式中：　G_i——各产业部门对第 i 产业部门产品的中间需求率；

$\sum_{j=1}^{n} x_{ij}$——各产业部门对第 i 产业部门产品的中间需求之和；

$\sum_{j=1}^{n} x_{ij}+Y_i$——第 i 产业部门的产品总产出；

Y_i——第 i 产业部门产品中的最终需求部分。

这个指标反映了各产业部门的总产品中有多少作为中间产品，即作为原材料为各产业所需求。中间需求率越高，表明该产业部门就越带有原材料产业的性质。由于一个产业的产品不是作为中间产品，就是作为最终产品，也就是说，具有“中间需求率+最终需求率=1”的关系，因而如果一个产业部门的中间需求率低，最终需求率必高，则这个产业也就带有提供最终产品的性质，换句话说，这个产业的产品更多的是提供最终需求，或居民消费，或投资消费，或出口。依据中间需求率，就可比较精确地计算出各产业部门产品用于生产资料和消费资料的比例，从而较准确地把握各产业部门在国民经济中的地位与作用。

2. 中间投入率

某产业部门的中间投入率是指该产业部门在一定时期内（通常为一年），生产过程中的中间投入与总投入之比。其计算公式为：

$$F_j = \frac{\sum_{i=1}^{n} x_{ij}}{\left(\sum_{i=1}^{n} x_{ij} + D_j + N_j\right)} \quad (j = 1,\ 2,\ \cdots,\ n)$$

式中：F_j——第 j 产业部门的中间投入率；

D_j——第 j 产业部门的全部折旧费（一年）；

N_j——第 j 产业部门所创造的价值；

x_{ij}同前解释。

中间投入率指标反映各产业在自己的生产过程中，为生产单位产值的产品需从其他各产业购进的原料在其中所占的比重。由于某产业总投入=该产业的中间品投入+折旧+净产值（附加价值）=该产业的总产值（总产出），因此，某产业的附加价值率=附加价值/总产值，且有“附加价值率+中间投入率=1”这一恒等式。所以，某产业的中间投入率越高，该产业的附加价值率就越低，高“中间投入率”产业就是低附加价值率产业部门，反之亦然。

反映产业关联程度的中间需求率、中间投入率指标，其在产业关联分析中的作用在于：

第一，可较准确地确定按不同的中间需求率和中间投入率划分的不同产业群在国民经济中的不同地位。钱纳里、渡边等经济学家曾根据美国、意大利、日本、挪威等国的投入产出表，经计算整理，将具有不同的中间需求率和中间投入率的各产业作了如下划分（见表 7-3）。

表 7-3 所划分的四类产业群，用三次产业分类的准则看，若将矿业看成第一次产业，那么，第Ⅰ部分产业群，即中间投入率小、但中间需求率大的产业群大多为第一次产业；而中间投入率大（包括中间需求率大与小在内）的第Ⅱ、第Ⅲ部分产业群大体为第二次产业；中间投入率小、中间需求率也小的第Ⅳ部分产业群则多是第三次产业。

表 7-3　按中间需求率和中间投入率大小划分的不同产业群

	中间需求率小	中间需求率大
中间投入率大	Ⅲ最终需求型产业 日用杂货、造船、皮革及皮革制品、食品加工、粮食加工、运输设备、机械、木材、木材加工、非金属矿物制品、其他制造业	Ⅱ中间产品型产业 钢铁、纸及纸制品、石油产品、有色金属冶炼、化学、煤炭加工、橡胶制品、纺织、印刷及出版
中间投入率小	Ⅳ最终需求型基础产业 A. 渔业 B. 运输、商业、服务业	Ⅰ中间产品型基础产业 农业、林业、煤炭、金属采矿、石油及天然气、非金属采矿、电力

资料来源：杨治. 产业经济学导论. 北京：中国人民大学出版社，1985.

这四部分产业群在国民经济运行过程中形成不同地位与作用的主体结构。即第Ⅰ、Ⅱ、Ⅲ部分是一国经济的物质生产部门，提供中间物质产品和最终需求物质产品；第Ⅰ、Ⅱ部分是中间产品生产部门，它们的大部分产品是为第Ⅲ部分产业群的最终产品生产服务，且第Ⅰ部分产业群带有明显的基础产业属性；第Ⅲ部分产业群加工来自第Ⅰ、Ⅱ部分的中间产品，然后投放到最终需求中去；第Ⅳ部分产业群，除渔业外，是其他各部分产业群产品流动的中介部门。

第二，可较清楚地显示各产业间相互联系、相互依存的不同程度。如前所述，产业间的相互依赖关系可区分为单向联结关系和多向循环联结关系两种类型。如果我们用二维平面图按各产业中间投入率、中间需求率的大小，对投入产出表中的国民经济各产业部门重新排序，即用横轴从左至右按各产业的中间投入率由大至小排列，在纵轴上从上至下按各产业的中间需求率由小至大进行排列，则得到各产业部门联结关系的平面图，如图 7-2

所示。

图 7-2 表示：各产业之间的联结是单向联结型的，则这种调整过排列顺序的投入产出表上的 x_{ij}，其数字只出现在对角线以下三角形的阴影部分以内，对角线以上的三角形内就不出现 x_{ij} 不为零的数字。产业 1 的产品中间需求率等于零，中间投入率等于 1，这意味着产业 1 的产品没有任何中间需求，全部都是最终产品；同时还意味着它将从产业 2，3，…，n 的所有产业购进原材料。产业 2 只有产业 1 对其有中间需求，其他产业对它都没有中间需求，其产品大多为最终产品；同时产业 2 要从除产业 1 以外的其他所有产业购进原材料。以此类推，直至产业 n。产业 n 的中间需求率等于 1，中间投入率为零，表示该产业的产品全部是中间产品，同时，它无须从其他产业购进任何原材料。

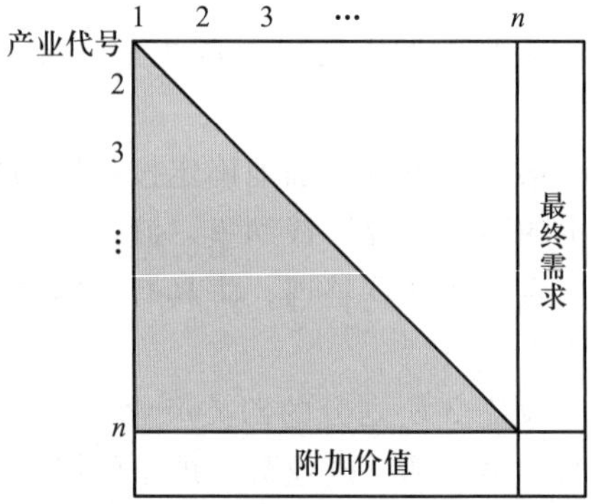

图 7-2　三角形配置投入产出图

从上述类推过程中，我们不难发现，相当多的产业部门间联结紧密，在生产过程中的相互促进、相互依存度很大；但也不难发现，有一些产业在生产过程中，其内部关系十分密切，同其他产业的联结不多，甚至没有。这些相对独立的产业群主要有：非金属系最终产品、金属系最终产品、金属系中间产品、非金属系中间产品、服务、能源等产业部门。

当然，任何国家的产业联结不可能都是单向型联结，但有研究表明，许多国家的产业单向型联结的交易量大大超过多向循环联结的交易量。据对美国、意大利、挪威、日本四国的投入产出表作三角形排列的计算结果表明，在对角线上方出现由多向循环联结而发生的交易量占全部交易量的比重很低：意大利占 4.3%，挪威占 8.8%，日本占 11.6%，美国占 12.7%。

利用中间需求率、中间投入率指标，对国民经济各产业部门按上述规则重新排序，不难发现与找出各产业部门之间相互依存的亲疏程度。无疑，这种“亲疏程度”为政府制定抑制或促进某一特定产业部门发展的政策，提供了可靠的依据。

第三，可揭示各产业部门协调发展的“有序性”。所谓产业发展的“有序性”，是指国民经济运行中，各产业有先有后的发展顺序。这种先后顺序是由产业之间关联的依存度决定的。结合表 7-3 和图 7-2，我们可以看到表 7-3 中第Ⅰ部分产业群，是处在三角形投入产出图 7-2 中带阴影三角形底部的产业，这些产业群对其他产业产品投入的依存度低（中间投入率小），但其他产业对它们的依存度最大（中间需求率大），它们为其他产业的发展提供原材料，是其他产业赖以生存和发展的基础，应先行发展。这就是国民经济发展中为什么要强调农业、采掘工业、能源等基础产业先行的根本原因。同样，在表 7-3 中的第Ⅱ部分产业群，诸如钢铁、有色金属冶炼、化学、石油产品、煤炭加工、纺织等产业因其中间需求率大，对其他产业的发展也有较大的制约性，因而也应较先行地发展。

（四）产业部门间的联系广度与深度

各产业部门间的关联程度，可从两方面考察：一是考察产业间的联系广度；二是考察产业间的联系深度。

前者可用直接消耗系数 a_{ij} 指标来考察与度量：当 $a_{ij}=0$ 时，表明 i 产业部门与 j 产业部门没有直接联系；当 $a_{ij}>0$ 时，且涉及 j（$j=1, 2, \cdots, n$）产业部门越多，则表明第 i 产业部门与其他产业部门的联系就越广，反之亦然。需要指出的是，当 $a_{ij}=0$ 时，不能断定 i 与 j 两个产业部门没有完全联系。事实上，任何两个或多个产业部门之间可以没有直接联系，但有无完全联系则要看包括间接消耗在内的完全消耗系数 b_{ij} 是否等于零来断定。

后者要通过计算投入产出表各列中各自的流量（即产业间的直接消耗）在总的直接消耗中所占比重的大小来度量，这一度量指标可用下列公式计算：

$$r_{ij}=\frac{x_{ij}}{\sum_{i=1}^{n}x_{ij}} \quad (i, j=1, 2, \cdots, n)$$

式中，分母为 j 部门生产过程中对各产业部门产品总的直接消耗量；分子为 j 部门生产时对特定的 i 产业部门产品的直接消耗量；r_{ij} 则为两者之比，亦可称 j 产业部门对 i 部门的联系深度。当 r_{ij} 值越大，则表明第 j 产业部门在生产过程中对第 i 产业部门产品的消耗量越大，进而说明第 j 产业与第 i 产业的联系深度越深，反之则联系深度就浅些。通过计算所有产业的 r_{ij}，便可从联系程度的深浅来反映产业间的关联程度。

此外，产业波及效果也是产业间关联程度分析的重要内容之一。对此，我们将在下一节作专门的分析。

第三节　产业波及效果分析

与上一节产业关联的方式、结构、比例的静态分析不同，本节的产业波及效果分析是一种产业关联的动态分析，即在特定的产业联系状态下，某些产业的发展变化如何通过这种联系影响到其他产业。

一、产业波及效果及其分析工具

（一）产业波及效果、波及源和波及线路

1. 产业波及效果

产业波及是指国民经济产业体系中，当某一产业部门发生变化时，这一变化会沿着不同的产业关联方式引起与其直接相关的产业部门的变化，并且这些相关产业部门的变化又会导致与其直接相关的其他产业部门的变化，依次传递，影响力逐渐减弱，这一过程就是波及。这种波及对国民经济产业体系的影响，就是产业波及效果。

产业波及效果分析就是分析某一些产业发展变化会导致其他产业部门怎样的变化与影响。这种变化与影响主要是通过投入产出表中某些数据的变化会引起其他数据的变化来反映。

2. 产业波及源

产生产业波及效果的原因是产业波及源。在投入产出分析中，产业波及效果的波及源一般有两类：一类是最终需求发生了变化。某一产业最终需求发生变化，必将导致包括本产业在内的各个产业部门各自产出水平的变化。这类波及效果反映在投入产出表中，就表现为表中第Ⅱ部分横行数据的变化及将要变化，并通过第Ⅰ部分的产业间的中间产品联系波及或将要波及各产业部门。另一类是毛附加价值（折旧费+净产值）发生了变化。当某一或某些产业的毛附加价值部分的构成项目，如折旧、工资、利润等发生了或将要发生变化时，会对国民经济各产业部门的产出水平发生或将要发生或大或小、或多或少的影响。这类波及效果，在投入产出表中，表现为表中第Ⅲ部分中的某一或某些数据的变化，通过表中第Ⅰ部分产业间的中间联系，而导致对国民经济各产业部门的影响。

3. 产业波及线路

某一或某些产业的变化按什么样的走向将这一变化波及各产业部门，这一走向就是产业波及线路。显然，产业间的联系方式就是产业波及的线路。由于产业波及效果总是通过已有的产业间的通道，即产业关联的联系状态来发生的，因而这些波及必然是依据产业间的联系方式和联系纽带所规定的线路一轮轮地影响下去的。这样，有一些波及沿着产业间的单向联系线路进行，有一些波及则沿着双向联系线路传递，还有一些可能逆向传递，即沿着产业间的逆向联系线路进行波及。可见，产业间的联系方式规定了产业间波及的具体线路及其波及总效果。某产业变化发生的波及效果，既与该产业和其他产业的联系方式有关，又与该产业和其他产业的联系程度和广度有关。产业间的波及效果必然也会在产业联系的各个纽带上反映出来。具体地说，当某一产业发生变化，不仅会使本产业部门生产技术、产品技术性能、成本开支、价格、就业等方面发生变化，哪怕是细微的变化，而且这些变化会通过产业间的生产技术、价格等方面的联系纽带，波及其他产业部门的生产技术、价格等方面，于是就有了技术波及效果、价格波及效果、就业波及效果、投资波及效果等。

（二）产业波及效果分析的基本工具

对产业波及效果进行分析，主要使用三个基本工具，除了使用实物型和价值型的投入产出表这一基本工具外，还要借助于以下两种基本工具。

1. 投入系数表

投入系数表是反映各个产业之间生产技术上的联系的一览表。这个表的着眼点是揭示投入产出表纵向的费用结构，即投入结构。投入结构以中间产品的投入形式来反映各产业部门之间的生产技术上的联系。投入系数 a_{ij} 又称生产技术系数、物质消耗系数，其计算方法如前所述。当所有产业部门的 a_{ij} 求出后，便得到如下一张投入系数表。

$$
\begin{matrix}
a_{11} & a_{12} & \cdots & a_{1n} \\
a_{21} & a_{22} & \cdots & a_{2n} \\
\vdots & \vdots & & \vdots \\
a_{n1} & a_{n2} & \cdots & a_{nn}
\end{matrix}
$$

有了投入系数表就有了进行产业波及效果分析的基本工具。例如，某一产业的最终需求要增长30%，则这个产业部门必须增加30%的生产量。为此，它需要增加30%生产量的相应原材料投入量，这样向该产业提供原材料、中间产品的产业就要遵循投入系数的比例增加生产，以满足该产业部门原材料增量新投入的需要。而这些产业的生产扩大又使得向它们提供中间产品的另一部分相关产业的生产相应扩大，依次以减弱态势波及下去，直至该产业最终需求增长引起的波及效果的连锁反应趋于消失。

显然，某一产业最终需求变化对各产业生产的波及与影响，是通过投入系数这一工具的指示功能的指向逐层跟踪推进，并随之确定各产业产出的相应变化量，如图 7-3 所示。

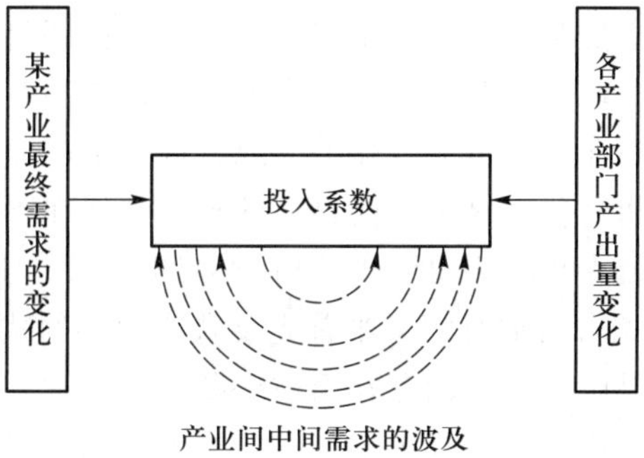

图 7-3　投入系数的功能

当然，投入系数表的指示功能并不止于此。通过投入系数表，能一目了然地得到各个产业每生产 1 单位的产品需要投入多少种原材料这个十分重要的经济信息。

从理论上说，这种波及效果将无限扩展和持续下去，直至趋向消失。那么有没有办法将这种由强到弱的各级波及效果的总量计算出来呢？也就是说，不论波及是单向还是多向循环，在已知某产业最终需求一定增长量后，能否用一种有效的工具或办法使受波及的各产业的最终产出量得以简明地显示或计算出来呢？回答是肯定的。这就是“逆阵系数表”。

2. 逆阵系数表

所谓逆阵，是指列昂惕夫矩阵 $(I-A)$ 的逆阵 $(I-A)^{-1}$。逆阵系数表就是指具体的 $(I-A)^{-1}$ 的矩阵，即：

$$
(I-A)^{-1}=\begin{bmatrix}
A_{11} & A_{12} & \cdots & A_{1n} \\
A_{21} & A_{22} & \cdots & A_{2n} \\
\vdots & \vdots & & \vdots \\
A_{n1} & A_{n2} & \cdots & A_{nn}
\end{bmatrix}
$$

逆阵系数表的系数就是 $(I-A)^{-1}$ 中的每个元素，逆阵系数表在这里是专门用来计算波及效果总量的系数表。逆阵系数的经济含义是，当某一产业部门的生产发生了一个单位变化时，导致各产业部门由此引起的直接和间接地使产出水平发生变化的总和。

利用投入产出表、投入系数表和逆阵系数表这三个基本工具进行产业波及效果分析时应注意以下两个问题：

第一，投入系数的稳定性和有效性问题。为什么会存在投入系数有效性的问题呢？这是因为，投入产出表只是依据过去某一时期产业间生产技术联系的数据而得到的，它反映的是过去某一时期的产业间的联系，故由此计算出的投入系数也只反映过去那个时期产业间的投入状况。随着国民经济的发展、生产技术水平的提高，投入系数必然会发生变化，而且还会随着经济规模的变化而变化。这种变化在短期内不大，但在较长时期里将有很大的变化。这样，依据过去投入系数分析将来短期的产业波及效果，并不影响分析的准确性和精度。而用于对将来长期的产业波动效果进行分析时，为保证分析的准确性，必须对现有的投入产出系数进行修正和预测，以保持其稳定性和有效性。修正时，要特别注意某些关键性产业部门的工艺技术变革，以及技术引进对有关产业部门“投入系数”的影响。

第二，波及效果的时滞现象。产业波及效果的时滞是指某产业最终需求的变动导致其他产业的变动并不立即反映在产出量的变化上。或者说，某产业最终需求变化引起其他产业产出量的变化有一个时间过程。这个时间过程的长短往往在不同的产业、不同的经济循环周期中的不同阶段，如繁荣时期和萧条时期有不同的表现。这种差异往往是由于“库存”的存在而发生的。在需求增加时，多半首先反映在库存的减少上。这样，由某产业最终需求变动导致的波及效果由于库存的存在而被中断或减弱。反过来，当库存不足以满足波及要求的需求增加，而生产又不能马上增加时，需求变动造成的波及效果可能表现为价格的上升。显然，上述库存的缓冲作用表现在投入产出表的最终需求的库存栏里，中间需求、中间投入矩阵是无法反映这种经济变动的。因此，在进行产业波及效果分析时，要考虑时滞现象，以免得出错误的结论。

二、产业波及效果现状分析

产业波及效果的现状分析是指对现时的产业间波及效果进行分析，它基本上不涉及未来情况的预测分析。其实质是运用逆阵系数从投入产出表提供的数据中引申出有关系数，来认识产业波及现状的有关规律。

（一）产业的感应度系数和影响力系数

任何一个产业部门的生产活动通过产业间的联系方式，必然要影响或受影响于其他产业的生产活动，这种相互影响就是波及。在这里，把一个产业影响其他产业的“程度”叫作该产业的影响力；把受到其他产业影响的程度叫作该产业的感应度。不同产业的感应度和影响力各异。产业的感应度和影响力的大小，分别用感应度系数和影响力系数来表示。那么，如何来计算产业的感应度系数和影响力系数呢？

1. 感应度系数

感应度系数的公式为：

$$S_i = \frac{\frac{1}{n}\sum_{j=1}^{n} A_{ij}}{\frac{1}{n^2}\sum_{i=1}^{n}\sum_{j=1}^{n} A_{ij}} \quad (i, j = 1, 2, \cdots, n)$$

式中：S_i——第 i 产业部门受其他产业部门影响的感应度系数；

A_{ij} —— $(I-A)^{-1}$中的第 i 行第 j 列的系数。

该公式的文字表述是：

$$某产业的感应度系数=\frac{该产业横行逆阵系数的平均值}{全部产业横行系数的平均值的平均}$$

某产业的感应度系数若大于 1 或小于 1，表明该产业的感应度系数在全部产业中居于平均水平以上或以下。

据我国国家统计局国民经济核算司对全国 2012 年投入产出表的有关数据计算，结果表明，开采辅助服务和其他采矿产品的感应度系数最大。其中感应度系数位于前 20 的产业分布状况如表 7-4 所示。

表 7-4　中国 2012 年感应度系数位于前 20 的产业分布状况

产业部门	感应度系数
1. 开采辅助服务和其他采矿产品	3.771
2. 石油和天然气开采产品	3.611
3. 有色金属矿采选产品	3.022
4. 黑色金属矿采选产品	2.640
5. 废弃资源和废旧材料回收加工品	2.593
6. 基础化学原料	1.986
7. 煤炭采选产品	1.947
8. 有色金属及其合金和铸件	1.847
9. 电子元器件	1.742
10. 林产品	1.722
11. 合成材料	1.663
12. 电力、热力生产和供应	1.652
13. 专用化学产品和炸药、火工、焰火产品	1.637
14. 炼焦产品	1.598
15. 金属制品、机械和设备修理服务	1.572

续表

产业部门	感应度系数
16. 精炼石油和核燃料加工品	1.566
17. 铁合金产品	1.461
18. 造纸和纸制品	1.446
19. 肥料	1.442
20. 仪器仪表	1.433

资料来源：国家统计局国民经济核算司. 中国投入产出表. 北京：中国统计出版社，2015：15.

2. 影响力系数

影响力系数公式为：

$$T_j=\frac{\frac{1}{n}\sum_{i=1}^{n}A_{ij}}{\frac{1}{n^2}\sum_{i=1}^{n}\sum_{j=1}^{n}A_{ij}}\quad(i,\ j=1,\ 2,\ \cdots,\ n)$$

该公式用文字表述为：

$$某产业的影响力系数=\frac{该产业纵列逆阵系数的平均值}{全部产业纵列逆阵系数的平均值的平均}$$

某产业的影响力系数大于 1 或小于 1，表明该产业的影响力在全部产业中居平均水平以上或以下。

依据国家统计局发布的 2012 年中国投入产出表计算，中国影响力系数位于前 20 的产业部门分布状况如表 7-5 所示。

表 7-5　中国 2012 年影响力系数位于前 20 的产业分布状况

产业部门	影响力系数
1. 计算机	1.333
2. 文化、办公用机械	1.307
3. 视听设备	1.301
4. 通信设备	1.299
5. 化学纤维制品	1.284
6. 家用器具	1.281
7. 其他交通运输设备	1.278
8. 电子元器件	1.275
9. 输配电及控制设备	1.267

续表

产业部门	影响力系数
10. 电线、电缆、光缆及电工器材	1.263
11. 其他电气机械和器材	1.253
12. 电机	1.239
13. 电池	1.236
14. 泵、阀门、压缩机及类似机械	1.234
15. 塑料制品	1.233
16. 广播电视设备和雷达及配套设备	1.233
17. 涂料、油墨、颜料及类似产品	1.231
18. 针织或钩针编织及其制品	1.223
19. 物料搬运设备	1.223
20. 汽车整车	1.222

资料来源：国家统计局国民经济核算司. 中国投入产出表. 北京：中国统计出版社，2015:14.

需要指出的是，各产业的感应度系数和影响力系数，在工业化不同阶段是不同的。但也有一种趋向，即在工业化过程中，一般重工业都表现为感应度系数较高，而轻工业大都表现为影响力系数较高。因此，经济增长率较高时，感应度系数较高的重工业一般表现为发展较快，而影响力系数较高的轻工业的发展对重工业及其他产业发展起推动作用。有些产业的感应度系数和影响力系数都大于1，表明这些产业在经济发展中一般处在战略地位，是对经济增长速度最敏感的产业。比如机械工业，不管经济增长还是下降，机械工业都有强烈的反应。

（二）生产诱发系数及生产的最终依赖度

生产诱发系数是用于测算各产业部门的各最终需求项目（如消费、投资、出口等）对生产的诱导作用程度。通过投入产出表计算得到的相应的生产诱发系数表可以揭示和认识一国各最终需求项目对诱导各个产业部门作用的大小程度。生产的最终依赖度用来测量各产业部门的生产对最终需求项目的依赖程度大小，也就是说最终需求对各产业生产的直接或间接的影响程度就是生产的最终依赖度。那么，如何来计算各产业部门的生产诱发系数和生产的最终依赖度呢？

1. 生产诱发系数的计算

所谓某产业的生产诱发系数是指该产业的各种最终需求项目的生产诱发额除以相应的最终需求项目的合计所得的商。用公式表示：

$$W_{iL}=\frac{Z_{iL}}{Y_L}\quad(i,\ L=1,\ 2,\ \cdots,\ n)$$

式中：W_{iL}——第 i 产业部门的最终需求 L 项目的生产诱发系数；

Z_{iL}——第 i 产业部门对最终需求 L 项目的生产诱发额；

Y_L——各产业对最终需求 L 项目的合计数额。

例如，农业的消费需求从投入产出表查出是 642，用逆阵系数表计算出生产诱发额为 1 862，然后，又从投入产出表中查出最终需求的消费项各产业合计是 21 374，那么，农业的消费需求的生产诱发系数：

$$W_{iL}=\frac{1\ 862}{21\ 374}=0.087\ 1$$

这个系数的经济含义是，当总的消费增加 1 个单位时，农业将诱发 0.087 1 个单位的生产。用同样的办法可以计算农业的投资生产诱发系数、出口诱发系数和农业各最终需求项目合计的生产诱发系数。通过求出每一产业的某项目的最终需求的生产诱发系数，便可得到有关该最终需求项目的一张生产诱发系数表。该表揭示了最终需求项目对各产业部门的生产"诱发"作用的大小。

2. 生产的最终依赖度的计算

生产的最终依赖度既包括该产业生产对某最终需求项目的直接依赖，也包括间接依赖。其计算方法是，将该产业各最终需求项目的生产诱发额除以该产业各最终需求项目的生产诱发额之和所得的商，便是该产业对各最终需求项目的依赖度，即依赖系数。用公式表示：

$$Q_{iL}=\frac{Z_{iL}}{\sum_{i=1}^{n} Z_{iL}} \quad (i，L=1，2，\cdots，n)$$

式中：Q_{iL}——第 i 产业部门生产对最终需求 L 项目的依赖度；

Z_{iL}——第 i 产业部门最终需求项目的生产诱发额。

用文字表述该计算方法则是：

$$\frac{\text{某部门的生产对各最终}}{\text{需求项目的依赖度}}\!\!\!\!\quad = \frac{\text{该产业各最终需求项目（消费、投资、出口等）的生产诱发额}}{\text{该产业各最终需求项目生产诱发额合计}}$$

通过计算每一个产业的生产对各最终需求项目的依赖度，便可得到各产业的生产依赖各最终需求项目的系数表，即最终依赖度系数表。

对最终依赖度系数表进行分析、归类，一方面我们可以发现，有些从直接关系上同消费似乎毫无关系的产业部门，最终通过间接关系，竟有相当部分生产量是依赖于消费的，比如钢铁，约有 10% 的生产量是间接依赖消费的；另一方面，使各个产业的生产最终依赖于消费还是投资，或是依赖出口这一问题一清二楚，据此，可将各产业部门分类为依赖消费型产业、依赖投资型产业和依赖出口型产业等。

（三）综合就业系数和综合资本系数

利用逆阵 $(\boldsymbol{I}-\boldsymbol{A})^{-1}$ 除了可以计算各最终需求变化诱发的最终产出额变化外，还可以计算出随着各产业部门生产的增长而最终需要投入的就业人数和资本量。这就需要计算综合就业系数和综合资本系数。

1. 综合就业系数的含义与计算方法

某产业的综合就业系数的经济含义是，该产业为进行 1 个单位的生产，在本产业部门和其他产业部门直接和间接需要的就业人数。显然，不同产业的综合就业系数是不一样的。

综合就业系数的计算要借助于逆阵系数表进行，其计算公式为：

$$\text{综合就业系数}=\text{就业系数}\times\text{逆阵中的相应系数}$$

其中，就业系数就是每单位产值所需就业人数，即：

$$\text{某产业的就业系数}=\frac{\text{该产业的就业人数}}{\text{该产业的总产值}}$$

表 7-6 是 1965 年日本劳动统计调查部发表的该国有关产业部门的就业（雇用）系数和综合就业（雇用）系数。

表 7-6 反映了三种趋向。首先，从劳动力就业系数和综合就业系数在第一、二、三次产业的分布情况看，第一次产业的就业系数最高，其次是第三次产业，最低的是第二次产业。其次，就各产业就业系数的动态变化看，随着经济的发展，各产业的就业系数都呈下降趋势。这是劳动生产率不断上升的结果，因为就业系数的倒数就是以产值计算的劳动生产率。再次，从综合就业系数看，各产业的综合就业系数的差距（从倍数看）同就业系数相比是缩小的。这是由于一般就业系数较高的产业，其中间投入率相对较低而附加价值率高，对其他产业的波及效果也相对较小；而就业系数较低的产业则正好相反。

表 7-6　日本雇用系数和综合雇用系数　　（单位：人/亿日元）

系数产业部门	雇用系数（直接劳动需要量）			综合雇用系数（直接、间接劳动需要量）		
	1955 年	1960 年	1963 年	1955 年	1960 年	1963 年
第一次产业	383.1	284.6	228.6	499.5	357.9	287.1
矿业	190.8	146.5	102.2	258.1	196.0	140.8
制造业	104.3	69.0	57.3	267.5	178.2	144.1
建筑业	124.3	87.9	72.5	267.0	197.8	159.8
运输、邮电、公共事业	136.6	87.1	67.5	230.6	130.6	101.2
商业、服务业	187.4	150.8	126.8	227.7	188.7	156.9
40 个部门平均	141.8	101.2	82.3	270.9	189.8	152.7

资料来源：宫泽健一. 日本的经济循环. 东京：春秋社，1960:196.

2. 综合资本系数的含义与计算方法

某产业的综合资本系数的含义是，该产业为进行 1 个单位的生产，在本产业部门和其他产业部门直接和间接需要的资本。

综合资本系数的计算也要借助于逆阵系数进行，其计算方法是：

$$综合资本系数=资本系数\times逆阵中的相应系数$$

其中，资本系数就是每个单位产值所需资本，即：

$$某产业的资本系数=\frac{该产业的资本量}{该产业的总产值}$$

从各产业的资本系数看，一般来说，电力、运输、邮电通信、煤气供应等公共性产业和基础性产业投资的资本系数都较大；在制造业中资本系数较高的产业多半是水泥、钢铁、化工、造纸等“装置型产业”。与综合就业系数的情况类似，一般在各个产业综合资本系数同资本系数的比较中可发现，其差距也是缩小的。

三、产业波及效果分析的其他应用

产业波及效果分析的应用领域较广，这里主要就特定需求、特定产业波及效果的预测分析，价格波及效果的预测分析，波及效果分析在计划编制中的运用做一阐述。

（一）特定需求、特定产业波及效果的预测分析

这些最终需求和产业之所以冠以“特定”字样，是因为这类最终需求和产业的生产或扩大，同一般最终需求与产业的生产或扩大不同，其不同点在于前者产生的波及效果强烈，对其他产业的生产和发展，乃至整个国民经济的发展都产生较大或重大影响。因此，要保持国民经济各产业部门按比例协调发展，必须搞好特定需求和特定产业波及效果的预测分析。

1. 特定需求波及效果的预测分析

这种特定需求往往是指特大型投资项目所造成的特殊需求，例如，高速公路、铁路、港湾、大型钢铁基地、巨型化工联合企业以及大规模住宅建设等投资项目。这些大型投资对国民经济的影响较大，而且一旦投资实施，就会增加大量需求，这些需求将直接或间接地影响到其他产业部门。如果受到较大波及的产业生产能力没有得到相应发展，那么该大型投资需求会导致物资供应严重短缺、价格上涨，甚至诱发和拉动通货膨胀，最终影响投资的预期效果。因此，在对大型投资项目进行可行性分析时，必须做好该项目对国民经济各产业部门的波及效果分析。

对某一大型投资项目的波及效果的预测分析并不复杂，其计算方法也较简单。一般来说，其预测分析过程是：首先，将该投资项目所需的最终产品按产业分类进行分解；其次，运用前述方法，将这些需求作为各产业的最终需求 X_{iL} 的增加额，再用波及效果分析模型 $\boldsymbol{Z}=(\boldsymbol{I}-\boldsymbol{A})^{-1}\cdot X_{iL}$，来分别计算各产业的生产诱发额 Z_{iL}。这些生产诱发额便是该投资项目对各产业将要发生的影响，即该投资项目波及效果的预测数据。

特殊需求项目的波动效果分析和预测在国民经济宏观控制中发挥了重要作用。例如，我国国家统计局曾运用上述方法，对 1989 年实行经济适度紧缩政策、压缩基本建设投资的不同方案所产生的波及效果作了预测分析（见表 7-7、表 7-8），为政府决策提供了

依据。

表 7-7　1989 年压缩基建投资 100 亿元的波及效果

波及产业部门	劳动报酬系数	每压缩 100 亿元固定资产投资（亿元）	
		各产业部门产值减少	居民消费总额减少
农业	0.575 98	7.56	4.35
轻工业	0.077 75	19.35	1.50
重工业	0.105 52	149.08	15.73
建筑业	0.211 63	67.83	14.35
邮电运输业	0.194 43	4.70	0.91
商业	0.339 45	9.65	3.28
服务业	0.284 98	7.12	2.03
合计		265.29	42.15

资料来源：国家统计局投入产出办公室. 投入产出宏观分析. 北京：中国统计出版社，1993：39.

表 7-8　1989 年压缩基建投资的不同方案的波及效果

压缩固定资产投资方案(亿元)	减少额				
	社会总产出(亿元)	工业总产出(亿元)	影响工业发展速度(%)	居民消费总额(亿元)	利税(亿元)
300	795.87	505.29	2.08	126.48	107.14
500	1 326.45	842.15	3.46	210.80	178.57
900	2 387.61	1 515.87	6.23	379.44	321.43
1 300	3 448.77	2 189.59	9.00	547.95	464.27

资料来源：国家统计局投入产出办公室. 投入产出宏观分析. 北京：中国统计出版社，1993:14.

2. 特定产业波及效果的预测分析

对特定产业波及效果的预测分析，实际上是解决应选择何种产业为主导产业，应扶植、发展什么样的产业为战略产业的问题。当某一产业部门产生或准备兴办某产业的时候，需要了解该产业部门的兴起会对各产业产生什么样的波及效果，以及对整个国民经济增长发生多大影响等。这种特定产业波及效果的预测分析，不仅包括投资本身的波及效果，而且还包括在投产以后产生的波及效果，也就是原材料的消费造成的生产波及效果。一般地说，对待定产业波及效果的预测分析分两种情况。

第一，如果这个国家（或地区）没有这一产业，这时需要根据这一新兴产业可能达到的生产水平，依据有关信息分解为投入各产业的产品，然后将它作为最终需求放到模型中进行计算，就可算出该产业的建立对原有各产业的波及效果。

第二，如果该国家有这一类产业或国家内某一地区有这类工厂，并且投入结构也是相同的，那么有一个简便的计算方法，即先从原有投入产出表的逆阵系数表 $(\boldsymbol{I}-\boldsymbol{A})^{-1}$ 上求出一个次逆阵系数。计算方法是用该产业的纵列各系数除以该产业横行和纵列交叉点的系数，其各商数值就是该产业生产 1 个单位时对各产业产生的波及效果。这种方法可以用来测定任何产业对其他产业的波及效果系数。

表 7-9 是一张日本汽车工业对其他产业的波及效果系数表。其中 $(\boldsymbol{I}-\boldsymbol{A})^{-1}$ 符号栏目下的系数并非一般的逆阵系数，而是将汽车工业部门下的纵列各系数除以汽车工业系数（即横、纵交叉点的逆阵系数）所得的商。

表 7-9　日本汽车工业的生产波及效果

波及产业部门	次序	$\boldsymbol{A}$	次序	$(\boldsymbol{I}-\boldsymbol{A})^{-1}$
铸、铸件	1	0.063	1	0.091
动力机械、锅炉	2	0.064	2	0.090
批发	3	0.039	3	0.084
橡胶制品	4	0.032	7	0.045
其他工业机械设备	5	0.029	6	0.048
其他轻电气机械设备	6	0.025	4	0.054
钣金及电镀产品	7	0.018	9	0.044
其他制造业	8	0.018	10	0.035
其他有色金属一次产品	9	0.018	—	0.026
其他金属制品	10	0.009	—	0.017
热轧钢材	—	0.009	5	0.053
粗钢	—	0.002	8	0.046
石油产品	—	0.002	—	0.030

资料来源：宫泽健一. 产业联系分析入门. 6 版. 东京：日本经济新闻社，1995：96.

（二）价格波及效果的预测分析

1. 价格波及效果的含义

价格波及效果有两层含义：

第一，是指某一产业或某些产业的产品价格变动对其他产业产品价格变化带来的全部影响（包括直接影响和间接影响），这就是该产业或该产业产品价格变化的波及效果。

第二，是指某一或某些产业的工资、利润、折旧、税金等变动对各产业部门产品价格变动带来的全部影响。那么，某产业的工资、利润、折旧、税金等因素中的某一或某些因素发生变动怎样产生价格波及的效应呢？

首先，工资、利润、折旧、税金等都是构成产品价格的重要组成部分。从投入产出表的每一纵列看，某产业部门的单位产品的价格由生产单位产品过程中直接消耗的中间产品价值和单位产品的毛附加价值两部分组成，后者包括单位产品中的固定资产折旧、劳动报酬和社会纯收入（即税金和产业利润）。根据投入产出表的纵向关系，可得到各产业部门产品价格的下列方程式：

$$\begin{aligned} p_1 &= \overline{a}_{11}p_1+\overline{a}_{21}p_2+\cdots+\overline{a}_{n1}p_n+D_1+V_1+M_1 \\ p_2 &= \overline{a}_{12}p_1+\overline{a}_{22}p_2+\cdots+\overline{a}_{n2}p_n+D_2+V_2+M_2 \\ &\vdots \\ p_n &= \overline{a}_{1n}p_1+\overline{a}_{2n}p_2+\cdots+\overline{a}_{nn}p_n+D_n+V_n+M_n \end{aligned}$$

式中：p_i——部门单位产品的价格；

$\overline{a}_{ij}$——实物型投入产出表的直接消耗系数；

D_i——第 i 部门的单位产品的折旧；

V_i——第 i 部门的单位产品的劳动报酬；

M_i——第 i 部门的单位产品提供的社会纯收入。

将上述方程式写成矩阵形式为：

$$\boldsymbol{p}=[(\boldsymbol{I}-\boldsymbol{A})^{-1}]^T\boldsymbol{p}+(\boldsymbol{D}+\boldsymbol{V}+\boldsymbol{M})=(\overline{\boldsymbol{A}})^T\boldsymbol{p}+\boldsymbol{D}+\boldsymbol{V}+\boldsymbol{M}$$

其中：$\boldsymbol{p}=\begin{bmatrix} p_1 \\ p_2 \\ \vdots \\ p_n \end{bmatrix}$；$\boldsymbol{D}=\begin{bmatrix} D_1 \\ D_2 \\ \vdots \\ D_n \end{bmatrix}$；$\boldsymbol{V}=\begin{bmatrix} V_1 \\ V_2 \\ \vdots \\ V_n \end{bmatrix}$；$\boldsymbol{M}=\begin{bmatrix} M_1 \\ M_2 \\ \vdots \\ M_n \end{bmatrix}$；$(\overline{\boldsymbol{A}})^T=\begin{bmatrix} \overline{a}_{11} & \overline{a}_{21} & \cdots & \overline{a}_{n1} \\ \overline{a}_{12} & \overline{a}_{22} & \cdots & \overline{a}_{n2} \\ \vdots & \vdots & & \vdots \\ \overline{a}_{1n} & \overline{a}_{2n} & \cdots & \overline{a}_{nn} \end{bmatrix}$

其次，从单位产品的价值看，存在着各因素的价值所占比重（即各因素的系数）之和恒等于 1 的关系。即：

$$\sum_{i=1}^{n}\overline{a}_{ij}+a_{Dj}+a_{Vj}+a_{Mj}=1$$

式中：$\overline{a}_{ij}$——实物型投入产出表的直接消耗系数；

a_{Dj}——折旧系数；

a_{Vj}——劳动报酬系数；

a_{Mj}——社会纯收入系数。

由此可见，从折旧、劳动报酬、利润、税金等因素作为单位产品价格的重要组成部分来看，任一因素的变动均会引起产品价格的变动；从系数关系看，任一因素的系数发生变化，如增加工资、劳动报酬系数增大，其他因素的系数必然相对减少，然而这些其他因素在单位产品中的绝对价值量并没有减少，这样就必然引起产品的价格上升。显然，某一或某些产业部门的这些因素的任何一项变动将直接引起该产业产品的价格变动，从而产生价格波动效应，导致各产业部门价格的相应变动。正是从这一角度出发，分析某一或某些产业部门折旧、劳动报酬、利润、税金等某一或某几个因素的变动对各产业部门产品价格的全面影响，是价格波动效果预测、分析的重要内容。

2. 某一或某些产业部门产品价格变动对其他产业部门产品价格影响的预测分析

假设第 n 部门的产品价格要提高 ΔP_n，通过下列公式可以计算其对其他$n-1$个产业部门产品价格的全面影响。

$$\begin{bmatrix}\Delta P_1\\ \Delta P_2\\ \vdots\\ \Delta P_{n-1}\end{bmatrix}=\left[\begin{pmatrix}1-a_{11} & -a_{12} & \cdots & -a_{1,n-1}\\ -a_{21} & 1-a_{22} & \cdots & -a_{2,n-1}\\ \vdots & \vdots & & \vdots\\ -a_{n-1,1} & -a_{n-1,2} & \cdots & 1-a_{n-1,n-1}\end{pmatrix}^{-1}\right]^T\cdot\begin{bmatrix}a_{n1}\\ a_{n2}\\ \vdots\\ a_{n,n-1}\end{bmatrix}\cdot\Delta P_n=\begin{bmatrix}\dfrac{b_{n1}}{b_{nn}}\\ \dfrac{b_{n2}}{b_{nn}}\\ \vdots\\ \dfrac{b_{n(n-1)}}{b_{nn}}\end{bmatrix}\cdot\Delta P_n$$

式中：ΔP_1，ΔP_2，…，ΔP_{n-1}是由于第 n 产业部门产品价格提高 ΔP_n，而使其他 $n-1$ 个产业部门产品价格相应提高的幅度；b_{n1}，b_{n2}，…，b_{nn}为（$\boldsymbol{I}-\boldsymbol{A}$）$^{-1}$逆阵中第 n 行的各系数值；$\begin{bmatrix}a_{n1}\\ a_{n2}\\ \vdots\\ a_{n,n-1}\end{bmatrix}\cdot\Delta P_n$ 表示由第 n 产业产品价格提高 ΔP_n 后，对其他 $n-1$ 个产业部门价格的直接影响（因为是通过直接消耗系数计算出来的）；再乘上 $[(\boldsymbol{I}-\boldsymbol{A}_{n-1})^{-1}]^T$，则表示对$n-1$个产业部门产品价格直接与间接的全部影响。

3. 应用举例

例 1：某国某年的价值型投入产出表如表 7-10 所示。

表 7-10　投入产出表　　单位：亿元

		中间产品					最终产品			总产品 X_i
		农业	轻工业	重工业	其他	小计	消费	积累	小计	
物质消耗	农业	192	448	358	320	1 318	1 788	94	1 882	3 200
	轻工业	32	1 344	154	320	1 850	2 236	394	2 630	4 480
	重工业	640	672	2 048	640	4 000	440	680	1 120	5 120
	其他	96	672	512	320	1 600	960	640	1 600	3 200
	小计	960	3 136	3 072	1 600	8 768	5 424	1 808	7 232	16 000
新创造价值	劳动报酬 V	1 904	538	922	800	4 164				
	社会纯收入 M	336	806	1 126	800	3 068				
	小计	2 240	1 344	2 048	1 600	7 232				
总产值合计 X_j		3 200	4 480	5 120	3 200	16 000				

试求：当农业部门产品价格提高 25%时对其他产业部门产品价格的影响。

解：首先，求出各产业部门的直接消耗系数$\overline{a}_{ij}$和完全消耗系数 b_{ij}，结果如表 7-11、表 7-12 所示。

表 7-11 直接消耗系数表（用矩阵 *A* 表示）

$$
\begin{array}{c} \\ 农业 \\ 轻工业 \\ 重工业 \\ 其他 \end{array}
\begin{array}{cccc} 农业 & 轻工业 & 重工业 & 其他 \end{array}
$$

$$
\begin{matrix} 农业 \\ 轻工业 \\ 重工业 \\ 其他 \end{matrix}
\begin{bmatrix} 0.06 & 0.1 & 0.07 & 0.1 \\ 0.01 & 0.3 & 0.03 & 0.1 \\ 0.2 & 0.15 & 0.4 & 0.2 \\ 0.03 & 0.15 & 0.1 & 0.1 \end{bmatrix} = \boldsymbol{A}
$$

（列依次为：农业、轻工业、重工业、其他）

表 7-12 完全消耗系数表

$$
\begin{matrix} 农业 \\ 轻工业 \\ 重工业 \\ 其他 \end{matrix}
\begin{bmatrix} 0.109\ 0 & 0.235\ 6 & 0.172\ 5 & 0.187\ 7 \\ 0.046\ 4 & 0.501\ 8 & 0.113\ 4 & 0.197\ 2 \\ 0.411\ 4 & 0.560\ 8 & 0.828\ 4 & 0.514\ 3 \\ 0.090\ 4 & 0.320\ 5 & 0.227\ 8 & 0.207\ 4 \end{bmatrix} = \boldsymbol{B}
$$

（列依次为：农业、轻工业、重工业、其他）

其次，将表 7-12 转换成新的排列次序 $(\boldsymbol{I}-\boldsymbol{A})^{-1}$表，即将该表农业的第一部门转至第四部门，把农业系数转至第四行、第四列，并将对角线系数加上 1，得表 7-13。

表 7-13 $(\boldsymbol{I}-\boldsymbol{A})^{-1}$表

轻工业	重工业	其他	农业
1.501 8	0.113 4	0.197 2	0.046 4
0.560 8	1.828 4	0.514 3	0.411 4
0.320 5	0.227 8	1.207 4	0.090 4
0.235 6	0.172 5	0.187 7	1.109 0

最后，套用本节公式计算，便可得对其他产业部门产品价格的影响。

$$
\begin{bmatrix} \Delta P_1 \\ \Delta P_2 \\ \Delta P_3 \end{bmatrix} = \begin{bmatrix} b_{41}/b_{44} \\ b_{42}/b_{44} \\ b_{43}/b_{44} \end{bmatrix} \cdot \Delta P_4 = \begin{bmatrix} 0.235\ 6/1.109 \\ 0.172\ 5/1.109 \\ 0.187\ 7/1.109 \end{bmatrix} \times 0.25 = \begin{bmatrix} 0.053\ 1 \\ 0.038\ 9 \\ 0.042\ 3 \end{bmatrix}
$$

计算结果表明，当农业部门产品价格提高 25%时，轻工业产品价格将上升 5.31%，重工业产品价格将上涨 3.89%，其他部门产品价格将提高 4.23%。

例 2：以表 7-10 的投入产出表为例，在假定其他条件不变的情况下，如果轻工业部门和重工业部门的工资各提高 5%，试计算其对各部门价格带来的影响。

解：其计算步骤如下：

第一，计算各产业部门的劳动报酬系数 a_{Vj}，与社会纯收入系数 a_{Mj}，结果如表 7-14

所示。

第二，通过$[(\boldsymbol{I}-\boldsymbol{A})^{-1}]^T$，计算各产业完全劳动报酬系数与完全社会纯收入系数，结果如表 7-15所示。

第三，当工资提高 5%时，经计算，该重、轻工业部门的直接劳动报酬系数分别提高到 0.189 和 0.126。

表 7-14 劳动报酬系数与社会纯收入系数

	农业	轻工业	重工业	其他
劳动报酬系数 a_{Vj}	0.595	0.12	0.18	0.25
社会纯收入系数 a_{Mj}	0.105	0.18	0.22	0.25

表 7-15 劳动报酬、社会纯收入的直接系数与完全系数

	$[(\boldsymbol{I}-\boldsymbol{A})^{-1}]^T$				直接系数		完全系数		
	农业	轻工业	重工业	其他	劳动报酬系数	社会纯收入系数	劳动报酬系数	社会纯收入系数	合计
农业	1.109 0	0.046 4	0.411 4	0.090 4	0.595	0.105	0.762 1	0.237 9	1.0
轻工业	0.235 6	1.501 8	0.560 8	0.320 5	0.12	0.18	0.501 5	0.498 5	1.0
重工业	0.172 5	0.113 4	1.828 4	0.227 8	0.18	0.22	0.502 3	0.497 7	1.0
其他	0.187 7	0.197 2	0.514 3	1.207 4	0.25	0.25	0.529 8	0.470 2	1.0

第四，用公式$[(\boldsymbol{I}-\boldsymbol{A})^{-1}]^T \cdot AV$，计算重、轻工业提高 5%后，各产业部门的完全劳动报酬系数，结果是：农业为0.818 7，轻工业为0.515 5，重工业为0.519 4，其他为0.535 6。

第五，将各产业部门由于重、轻工业部门提高 5%得到的完全劳动报酬系数 B_V，相应加上工资提高前各产业部门的完全社会纯收入系数 B_M 之和，再减去 1，所得之差即为各产业部门的价格上升幅度，即 $\Delta P/P=[(B_V-B_M)-1]\times100\%$，这样：

农业部门价格提高幅度为$[(0.818\ 7+0.237\ 9)-1]\times100\%=5.66\%$；

轻工业部门价格提高幅度为$[(0.515\ 5+0.498\ 5)-1]\times100\%=1.4\%$；

重工业部门价格上升幅度为$[(0.519\ 4+0.497\ 7)-1]\times100\%=1.71\%$；

其他部门价格上升幅度为$[(0.535\ 6+0.470\ 2)-1]\times100\%=0.58\%$。

若某些产业部门的税收增加，同样可计算出其对各产业部门产品价格的影响。

（三）波及效果分析在计划编制中的应用

编制国民经济中、长期计划，是对国民经济进行宏观控制和计划指导不可缺少的重要手段，无论是社会主义国家还是资本主义国家均可运用这种手段。而将波及效果分析应用于计划编制，有助于增强所编制计划的科学性和有效指导性。波及效果分析应用于计划编制的基本思路是，先预测出计划目标年份的最终需求量，然后依据投入产出模型和波及原理，计算出这些最终产品需求量对各产业部门生产的波及以及相应产出量的影响。这种从最终产品出发编制计划的简要过程是：第一，预测计划期内国民消费总需求；第二，依据计划期生产的增长情况确定积累总额；第三，确定计划期的直接消耗系数，对短期计划可参照使用报告期的直接消耗系数，而对于中长期计划，则要使用R·A·S法等进行预测；第四，利用$X=(\boldsymbol{I}-\boldsymbol{A})^{-1}$计算计划期内各产业部门的总产出，并与各产业部门实际生产的可能进行反复平衡；第五，选择一个比较合理的计划。

思考题

1. 简述产业关联的含义、产业关联方式和类型。

2. 简述投入产出的含义。

3. 简述实物型、价值型投入产出表及其平衡关系。

4. 简述投入产出表中“中间需求部分”“最终需求部分”“毛附加价值部分”的经济含义。

5. 什么是直接消耗系数、直接折旧系数、国民收入系数、劳动报酬系数、社会纯收入系数、直接劳动消耗系数以及完全消耗系数？其经济含义分别是什么？

6. 投入产出的基本模型有哪些？$(\boldsymbol{I}-\boldsymbol{A})$矩阵、$\hat{\boldsymbol{C}}$矩阵以及$(\boldsymbol{I}-\hat{\boldsymbol{C}})$矩阵的经济含义是什么？

7. 简述投入产出分析的内容。

8. 简述“中间需求率”“中间投入率”的概念以及在产业关联分析中的作用。

9. 如何衡量各产业之间的关联程度？

10. 简述产业波及、产业波及源以及产业波及线路的概念。

11. 产业波及效果分析的基本工具有哪些？应该注意哪些问题？

12. 什么是产业的感应度效率、影响力效率、生产诱发系数、生产的最终依赖度、综合就业系数以及综合资本系数，应该如何进行计算？

13. 简述价格波及效果的含义，怎样进行价格波及效果的预测分析？

思考题参考答案

※ 本章案例 ※

上海市文化创意产业的产业前向和后向关联分析

上海是中国最大的经济中心城市，有雄厚的产业基础、丰富的文化资源和良好的文化环境。上海文化创意产业起步较早，近年来发展较快。截至2014年年末，上海有文化创意产业园区 130 个，形成了“一轴、两河、多圈”的空间布局；2015 年，上海文化创意产业实现增加值 3 020 亿元（人民币，下同），占上海 GDP 的比重为 12.1%。文化创意产业有明显的关联性广和波及力强的产业特征，其产业功能在促进经济增长、增加就业和推动产业结构转型升级中起到了重要的作用。深入分析文化创意产业对经济发展的影响以及对经济发展的感应度、对于把握经济的整体运行状况、制定促进文化创意发展的政策以及推动文化创意产业的健康发展具有重要意义。

投入产出分析法是通用的借助于投入产出模型来研究产业间经济技术联系、产业在国家经济中的地位及其宏观经济效应等问题的重要方法。我们运用投入产出法测算直接消耗系数、完全消耗系数等指标以分析上海文化创意产业的产业关联效应。

1. 上海文化创意产业的后向关联分析

产业后向关联分为直接后向关联和完全后向关联，一般使用直接消耗系数（又称直接投入系数）和完全消耗系数（又称完全投入系数）进行分析

由表 7-16，可以看出，上海文化创意产业对第二产业和第三产业（除文化创意产业外）的直接消耗系数和间接消耗系数均比较高。在 2012 年，上海文化创意产业对第二产业和第三产业（除文化创意产业）的直接消耗系数分别为 0.231 5 和 0.262 9，即上海文化创意产业每产出一万元产品或服务分别需要直接消耗第二产业和第三产业的产品或服务为 2 315 元和 2 629 元；上海文化创意产业对第二产业和第三产业（除文化创意产业外）的完全消耗系数为 1.205 3 和 0.733 2，即上海文化创意产业每产出 1 万元产品或服务需要完全消耗第二产业和第三产业（除文化创意外）的产品或服务分别为 12 053 元和 7 332 元。

表 7-16　2012 年上海各产业与文化创意产业的后向关联度表

产业类型	产业名称	直接消耗系数	完全消耗系数
三大产业	第一产业	0.000 2	0.008 4
	第二产业	0.231 5	1.205 3
	第三产业(除文化创意产业外)	0.262 9	0.733 2

2. 上海文化创意产业的前向关联分析

由表 7-17，可以看出，上海文化创意产业与第二产业和第三产业（除文化创意产业外）直接前向关联度较高。在 2012 年，直接消耗系数分别为 0.060 1、0.130 8。在 2012 年，上海文化创意产业与第三产业中的“金融业”以及“批发和零售业”的直接消耗系数及完全消耗系数分别为 0.057 5 和 0.037 6 以及 0.071 9 和 0.060 2。由此可知，上海文化创意产业的发展与其他产业对文化创意产品及其服务的需求紧密相关。非文化创意产业的发展对上海文化创意产业的发展具有重要的拉动作用；同时也表明，上海文化创意产业供给能力的增强，对上海各产业发展的直接和间接推动作用日益明显。①

① 资料来源：李建军，任静一. 文化创意产业的产业关联与波及效应研究——基于上海市投入产出表的实证分析[J]. 上海经济研究，2016（11）：90-101.

表 7-17　2012 年上海各产业与文化创意产业的前向关联度

产业类型	产业名称	直接消耗系数	产业名称	完全消耗系数
三大产业	第一产业	0.000 5	第一产业	0.001 1
	第二产业	0.060 1	第二产业	0.143 7
	第三产业（除文化创意产业外）	0.130 8	第三产业（除文化创意产业外）	0.217 2
第二产业子行业	建筑业	0.010 1	建筑业	0.019 2
	交通运输设备制造业	0.007 9	交通运输设备制造业	0.019 6
	通用、专用设备制造业	0.007 4	通信设备、计算机及其他电子设备制造业	0.018 6
第三产业子行业	金融业	0.057 5	金融业	0.071 9
	批发和零售业	0.037 6	批发和零售业	0.060 2
	卫生、社会保障和公共管理	0.008 9	租赁和商务服务业	0.020 3

问题：

1. 根据表 7-16 可知，上海文化创意产业对哪个产业消耗最大？其经济含义是什么？
2. 结合案例和实际情况，请说明如何更好地发展文化创意产业。

第八章　优化

产业结构优化理论是产业结构理论的重要内容之一，是一国实现经济持续、稳定、可持续快速发展的重要经济理论。本章将从产业结构高度化、合理化、生态化和地区产业结构优化等方面，并侧重于从理论上对产业结构优化问题做一阐述。有关政府如何应用产业结构优化理论制定正确的产业政策来推动产业结构优化，将在第十章产业政策中展开阐述。

第一节　产业结构优化概述

一、产业结构优化的含义与主要内容

（一）产业结构优化的含义

产业结构优化是指推动产业结构合理化、高度化和生态化发展的过程。合理化主要依据产业关联技术经济的客观比例关系，来调整不协调的产业结构，促进国民经济各产业间的协调发展；高度化主要遵循产业结构演化规律，通过创新加速产业结构的高度化演进。生态化则是主要通过提高各产业废弃污染物的循环利用和调整其能源资源配置结构，实现新旧动能转化，以达到提高产业生态要素生产率的目的。产业结构优化过程就是通过政府的有关产业政策调整影响产业结构变化的供给结构和需求结构，实现资源优化配置与再配置，来推进产业结构的合理化、高度化和生态化发展。

（二）产业结构优化的主要内容

产业结构优化的主要内容包括产业结构优化的目标、产业结构优化的对象、产业结构优化的措施或手段、产业结构优化的政策等。产业结构优化的目标就是要实现产业结构的高度化、合理化和生态化，最终实现经济的持续快速增长。从产业结构优化的对象角度来说，产业结构优化主要包括如下五个方面：

1. 供给结构的优化

供给结构是指在一定价格条件下作为生产要素的资本、劳动力、技术、自然资源等在国民经济各产业间的可以供应的比例，以及以这种供给关系为联结纽带的产业关联关系。

供给结构包括资本（资金）结构、作为供应因素的投资结构、劳动力供给结构、技术供给结构，以及资源禀赋、自然条件和资源供应结构等。产业结构优化就是要对这些因素进行结构性调整。

2. 需求结构的优化

需求结构是指在一定的收入水平条件下，政府、企业、家庭或个人所能承担的对各产业产品或服务的需求比例，以及以这种需求为联结纽带的产业关联关系。它包括政府（公共）需求结构、企业需求结构、家庭需求结构和个人需求结构，以及以上各种需求的比例；它也包括中间（产品）需求结构、最终产品需求结构，以及中间产品需求与最终产品需求的比例；还包括作为需求因素的投资结构、消费结构，以及投资与消费的比例等。产业结构优化也要对这些因素进行结构性调整。

3. 国际贸易结构的优化

国际贸易结构是指国民经济各产业产品或服务的进出口比例，以及以这种进出口关系为联结纽带的产业关联关系。国际贸易结构包括不同产业间的进口结构和出口结构，也包括同一产业间的进出口结构（即进口和出口的比例）。产业结构优化也要对国际贸易结构进行优化。

4. 国际投资结构的优化

国际投资包括本国资本的流出，即本国企业在外国的投资（对外投资），以及外国资本的流入，即外国企业在本国的投资（外国投资或外来投资）。对外投资会导致本国产业的对外转移，外国投资则促使国外产业的对内转移。这两方面都会引起国内产业结构的变化。国际投资结构就是指对外投资与外国投资的比例结构，以及对外投资在不同产业之间的比例和外国投资在本国不同产业之间的比例及其各种派生的结构指标。产业结构优化也要对国际投资结构进行优化。

5. 能源结构的优化

能源结构主要指各产业生产过程中投入消耗的一次能源（包括可再生能源和非可再生能源及其他新能源）和二次能源占能源总消耗量的比重。根据能源消耗后是否造成环境污染可分为污染型能源和清洁型能源，污染型能源包括煤炭、石油等，清洁型能源包括水力、电力、太阳能、风能以及核能等。能源结构的优化一方面是要求降低产业生产中能源消耗总量，特别是污染型能源的消耗；另一方面则要求调整产业生产中的能源消费结构，推动能源多元化发展，加快可再生能源和新能源对常规化石能源的替代，实现产业经济可持续发展。

二、产业结构效应

产业结构效应是指产业结构变化的作用对经济增长所产生的效果，即对经济增长发挥的一种特殊的作用。产业结构的高变换率之所以能够导致经济总量的高增长率，是因为产业结构的特殊功能，即产业结构效应在起作用。促进产业结构优化有利于发挥产业结构效应，推动和保持经济的增长率。

（一）产业的关联效应

赫希曼在其《经济发展战略》一书中详细分析了产业之间的前向关联、后向关联，以及关联效应、前向关联效应和后向关联效应①。产业的关联效应就是指一个产业的生产、产值、技术等方面的变化通过它的前向关联关系和后向关联关系对其他产业部门产生直接和间接的影响。前向关联效应就是指一个产业在生产、产值、技术等方面的变化引起它前向关联部门在这些方面的变化，或导致新技术的出现、新产业部门的创建等。后向关联效应就是指一个产业在生产、产值、技术等方面的变化引起它后向关联部门在这些方面的变化。例如，由于该产业自身对投入品的需求增加或要求提高而引起提供这些投入品的供应部门扩大投资、提高产品质量、完善管理、加快技术进步等变化。

（二）产业的扩散效应

罗斯托在其《从起飞进入持续增长的经济学》一书中阐述了主导产业的扩散效应的概念。根据他的阐述，扩散效应是指某些产业部门在各个历史间歇的增长中，"不合比例增长"的作用对其他关联产业产生的影响。具体表现在三个方面，即回顾效应、旁侧效应和前向效应。②

1. 回顾效应

回顾效应是指主导部门的增长对那些向自己供应投入品的供应部门产生的影响。罗斯托认为，根据主导部门或新部门的技术特点，它们在处于高速增长阶段时，会对原材料和机器设备等投入品产生新的投入要求。这些投入，反过来又要求现代设计观念和方法的发展。这些投入可能是物质的，如近代棉纺织业刺激了纺织机械和蒸汽动力机的制造，并在广泛的领域促进和改进了冶炼技术。但是，新吸收的投入也可能是人力，例如，棉纺织业需要新型的工厂工人、领班和经理。而且，新的要求还可能是制度方面的，如铁路的发展刺激了以更大的规模从小额储蓄者那里动员进行长期投资的方式。

2. 旁侧效应

旁侧效应是指主导部门的成长还会引起它周围地区在经济和社会方面的一系列变化，这些变化趋向于在广泛的方面推进工业化进程。现代工业活动围绕在城市人口、服务和各种制度等方面。这些制度加强了工业成为一个不断发展的过程的基础：即由技术决定的等级制度建立起有纪律的劳动力队伍；处理法律问题及投入和产出市场各种关系的专业人员；城市先行资本投资；银行和商业制度；满足驾驭新工业结构的人的需要而存在的建筑业和服务业。这样，新主导部门的出现常常改变了它所在的整个地区。例如，棉纺织业革命改变了曼彻斯特、波士顿；汽车工业改变了底特律，并引起了老都市中心的改造和新城市中心的产生。这些不仅仅是为了维持铁路，而且还为了经营管理铁路，使之成为有利可图的产业。这些旁侧效应，即以起飞期间城市化的加速为标志，扩大了现代人在总人口中

① Hirschman A O. The Strategy of Economic Development. Yale University Press, 1958.

② 罗斯托. 从起飞进入持续增长的经济学. 贺力平，等，译. 成都：四川人民出版社，1988.

的比例，并且强化了关于生产过程的现代观念，这种影响远远超出了新活动本身和投入的直接影响。

3. 前向效应

前向效应是指主导部门的成长诱导了新兴工业部门、新技术、新原料、新材料、新能源的出现，改善了自己供应给其他产业产品的质量。罗斯托认为，现代工业活动创造了能够引起新的工业活动的基础，或者通过削减其他工业部门的投入成本，提供吸引企业主管们进一步开发新产品和服务的条件，或者产生一个瓶颈问题。这个瓶颈问题的解决肯定是有利可图的，所以它能吸引发明家和企业家。这样，主导部门产生了一种刺激力，并为更大范围的经济活动提供了可能性，有时候，甚至为下一个重要的主导部门的出现建立起台阶。英国 18 世纪棉纺织业的扩张，不仅直接而有力地增加了刺激力，使棉纺制造业摆脱了对水力的依赖，而且还有助于奠定一个基础。棉纺织业的扩张甚至更直接地增加了寻求新运输途径的刺激力，以更便宜的方式在港口和工厂之间运输棉纺织品材料和最终产品；而且，由此加速了曼彻斯特—利物浦或波士顿—罗威尔的铁路建成。这些铁路的建成又导致了在更广泛的经济前沿中开办新的铁路线。类似地，铁轨的迅速消耗，对解决廉价钢的问题产生了有力的刺激，廉价钢又反过来对改进造船、建筑和机器制造技术产生了刺激。主导部门不仅在技术上，而且在原材料供给上，都具有前向效应。

罗斯托认为，经验已经证实了经济增长中主导部门概念的合理性，即这三种来自迅速增长部门的扩散效应的组合促进了经济的快速增长。

（三）产业结构的其他效应

周振华在其论著《现代经济增长中的结构效应》一书中把产业结构效应分为结构关联效应、结构弹性效应、结构成长效应和结构开放效应。他在分析这些结构效应的时候先设定了一些假定条件。他按照“同质性”原则对产业进行定义，即一种产品由一个产业来生产，诸多产品和诸多产业处于一对一的对应关系中。①

当然，产业结构还存在其他一些结构效应，如供给效应和需求效应等。

三、产业结构优化的机理

产业结构优化的最终目的是实现国民经济的持续快速增长。但是，从产业结构优化到国民经济的持续快速增长是如何转化的呢？以下就来分析产业结构优化的机理。

产业结构优化的机理就是通过四步过程实现国民经济的持续快速增长，即：

第一，调整影响产业结构的决定因素。这些决定因素从供求的角度来说包括供给因素和需求因素；从投入产出的角度来说包括投入结构和产出结构。调整产业结构的决定因素就是要调整供给结构和需求结构，也就是要调整投入结构和产出结构，其中包括调整国际贸易结构和国际投资结构，从而改变产业结构。

---

① 周振华. 现代经济增长中的结构效应. 上海：上海人民出版社，1996.

第二，产业结构得到优化。产业结构优化既是产业结构调整的目的，也是产业结构调整的结果。产业结构优化的结果一方面是产业结构的高度化，另一方面是产业结构的合理化、生态化。

第三，产业结构效应发挥作用。产业结构效应是指产业结构的变化对经济增长的影响程度。产业结构的优化必然对经济增长产生积极的作用。

第四，国民经济在产业结构效应的积极作用下取得比正常增长速度快得多的增长。

第二节　产业结构的高度化

一、创新与产业结构的高度化

（一）产业结构高度化的含义

产业结构高度化主要是指产业结构从低水平状态向高水平状态的发展，是一个动态的过程。根据产业结构演进的一般规律，产业结构的高度化具有如下四个特征：

（1）产业结构的发展顺着第一、二、三产业优势地位顺向递进的方向演进。

（2）产业结构的发展顺着劳动密集型产业、资本密集型产业、技术（知识）密集型产业分别占优势地位顺向递进的方向演进。

（3）产业结构的发展顺着低附加价值产业向高附加价值产业方向演进。

（4）产业结构的发展顺着低加工度产业占优势地位向高加工度产业占优势地位方向演进。

（二）创新对产业结构高度化的影响

在封闭经济条件下，产业结构的变化是需求结构变动和供给结构变动相互作用的结果。在开放经济条件下，应该再加上国际贸易和国际投资因素。因此，可以说需求结构、供给结构、国际贸易结构和国际投资结构这四种因素是决定产业结构变动的基本因素。然而，在这里起核心作用的是创新。所谓创新，按照熊彼特的观点，是指引入一种新的生产函数，以提高社会潜在的产出能力。创新具体表现为三个方面：即创造出新的商品和服务；在既定的劳动力和资金的情况下，提高原有商品和服务的产出数量；具有一种扩散效应的功能，这种扩散效应能促进经济的快速发展。因此，创新不仅可以提高生产商品和服务的能力，而且可以增加品种；同时，创新的出现在产业结构效应的作用下引起关联产业的一系列的积极变化。创新对产业结构的影响既有直接的，也有间接的。

1. 创新对产业结构的直接影响

在一个资源可以自由流动的社会里，当创新可以带来潜在产出能力的提高时，人们将面临这样一种选择，即，是主要以增加本产业产出的形式来获得创新的收益呢？还是把本产业的资金、劳动力等要素转移到其他产业，以增加其他产业产出的形式来获得创新的收益呢？这主要取决于具体的创新方式。一般来说，当创新带来的是新产品开发或原有产品的改善时，由于新产品的需求弹性较大，会吸引生产要素流入该部门。这是因为新产品刚上市时，其价格对成本的反应、需求对价格的反应都比较敏感，从而使其产量的提高能获得较高的收益。当该部门能够获得高于一般产业部门平均水平的收益时，其他部门的生产要素就会向它转移。因而，这种方式的创新将倾向于该产业部门的扩张，如 20 世纪 20 年代汽车工业的发展就是如此。与此相反，当创新仅仅是导致了原有产品的生产效率提高时，如果这些产品的需求弹性较小，那么这将促使该部门的生产要素向外流出。这是因为原有产品已趋于成熟，其价格对成本的反应、需求对价格的反应已不再特别敏感，从而其产量的大幅度提高将大幅度降低该产品的价格，使其收益下降。所以，这种方式的创新更倾向于使该产业部门收缩，尤其表现为该部门劳动力数量的锐减，如 20 世纪 50 至 60 年代农业的创新就是如此。由此可见，不论哪一种方式，创新都将引起生产要素在产业部门之间的转移，导致不同部门的扩张或收缩，从而促进产业结构的有序发展。

2. 创新对产业结构的间接影响

创新对产业结构变化的间接影响也有两种方式：一是创新通过对生产要素相对收益的影响而间接影响产业结构的变化。经济学家希克斯认为，创新会通过改变各种生产要素，尤其是劳动和资本的相对边际生产率，来改变其收益率之间的平衡。当然，一项创新有可能以相同的比例，同时提高劳动与资本的边际生产率。然而，这种情况是十分罕见的。更常见的是创新对它们的非平衡影响，即资本边际生产率的提高比劳动边际生产率的提高更快。在这种情况下，就会刺激生产要素之间的替代，即资本替代劳动或劳动替代资本。前者就是所谓的“劳动节约型创新”，后者就是“资本节约型创新”。显然，这种要素之间的替代会影响产业结构的变动。二是创新通过对生活条件和工作条件的改变而间接影响产业结构的变化。创新往往会创造新的或某些潜在的巨大需求（最终或中间需求），并且有可能通过连锁反应对需求产生更广泛的影响。当然，这些需求结构的变动无疑会影响产业结构的变化。

因此，可以说，创新是产业结构高度化的动力。一个国家的创新活动和创新能力是其产业结构有序发展的核心动因。唯有创新，才能从根本上提高产业结构的转换能力，推进产业结构的高度化。

二、产业结构高度化的机制

产业结构的高度化是通过产业间优势地位的更迭来实现的。产业结构的高度化是各个产业变动的综合结果。它是以单个产业部门的变动为基础的，因为只有单个产业部门的变动才会引起并导致整个产业结构的变化。因此，我们首先从单个产业部门的变动入手，通过分析单个产业部门扩张与收缩的运动过程，来考察产业结构高度化的机制。

从单个产业部门的变动来看，一般会经历一个“兴起—扩张—减速—收缩”的运动过程。产业的兴起，往往与新产品的开发相联系。随着新产品的优点逐渐被人们所认识，对它的需求将日益增大；同时创新又成功地大幅度降低了该产品的成本，使该产业迅速扩张，进入一个高速增长阶段。但是，当这种高速增长达到一定临界点之后，就会出现减速增长的趋势。库兹涅茨通过对大量资料的分析，发现了这种产业部门增长速度终究要减缓的现象，并且认为从长期看其存在着一定的规律性。正如他指出的那样，总生产中大多数部门的增长率过了一段时间后的确下降了，从而它们在全国总产值中所占的份额也随之下降了。因此，虽然对于总产值和人均产值来说，没有出现增长减速的趋势，这是典型的，但对一国经济中许多部分来说，它就不是典型的。产出部门增长之所以会发生减速趋势一般是由于以下原因引起的：

（1）技术进步速度缓慢。

（2）增长较慢的产业对其增长的阻尼效应和增长较快的产业对其竞争的压制。

（3）随着产业增长，可利用的产业扩张资金的相对规模下降。

（4）受到新兴国家相同产业的竞争性影响。①

可见，从一个产业较长的生命周期看，任何一个产业部门的增长减速趋势都不是偶然的，都或多或少显示出一定的规律性。我们再从影响产业部门变动的最主要因素——创新来看，由于创新使该产业的产品成本大幅度下降，从而推动该产业迅速增长。但当产品价格已降至新的创新很难再使其成本下降时，换句话说，创新对于降低成本的潜力已趋枯竭时，便会发生创新减缓，因而迫使该产业增长速度降低下来。

既然任何一个产业部门的发展都与创新相联系，表现出扩张与收缩的规律性，那么一个国家的各个产业部门就可以依据其距离创新起源的远近来确定各自不同的相对地位。库兹涅茨经过研究发现，从较长的时间序列看，产业增长速度随着该产业成长、成熟到衰落而处于高速增长、均速增长和低速增长的变动中。如果从任何一个时点看，总会看到多种处于不同增长速度的产业，即低增长部门、高增长部门和潜在高增长部门同时存在。一般高增长部门由于距离创新起源更近而处于相对优势地位，在总产值中占有较大的份额，并支撑着整个经济的增长。随着时间的推移，由于新的创新与创新的扩散，产业结构的变动呈现为高增长优势产业间的更迭。这是一个连续变动的过程，当原有高增长产业因创新减缓而减速，便会为新的高增长产业所取代。在随后递进的发展过程中，潜在的高增长产业又会转化为现实的高增长产业，以代替原来高增长产业的位置。因此，我们可以得出这样的结论，即产业结构的变动是通过产业间优势地位的更迭实现的。②

衡量产业优势地位主要有三种标准：一是附加价值高低，附加价值高的产业就是占有优势地位的产业；二是产业产值，产值比重大的产业就是优势产业；三是产业关联效应，受原材料供应影响较大的产业如果后向关联效应大就说明它是具有优势地位的产业，受最终需求影响较大的产业如果前向关联效应大就说明它是具有优势地位的产业。附加价值标准强调利润率的高低，产值标准强调产值规模的大小，关联效应标准强调产业的影响力。

---

① 西蒙·库兹涅茨. 各国的经济增长. 北京：商务印书馆，1985.

② 周振华. 产业结构优化论. 上海：上海人民出版社，1992.

附加价值的提高、产值规模的扩大、产业影响力的增强都有赖于创新。也就是说，正是创新引起了附加价值、产值规模和产业影响力在不同产业间的变化。这种变化推动了产业结构的高度化。

三、主导产业的选择

（一）主导产业的作用

产业结构高度化与主导产业的转换有着特殊的关系。罗斯托认为，不论在任何时期，甚至在一个已经成熟并继续成长的经济中，经济发展的冲击力之所以能够保持，是由于为数不多的主要成长部门迅速扩张的结果，而且这些部门的扩张又产生了对其他产业部门具有重要意义的作用。① 他把主导产业的作用概括为如下三个方面：

（1）依靠科学技术进步，获得新的生产函数。

（2）形成持续高速增长的增长率。

（3）具有较强的扩散效应，对其他产业乃至所有产业的增长有决定性的影响。

这三个作用反映了成为主导产业必备的条件，即它们是一个有机整体，缺一就不成为主导产业。根据罗斯托的阐述，只有少数同时兼备创新和较强扩散效应的高增长产业，才能成为主导产业。

罗斯托认为，正是主导产业扩散效应“不合比例增长”的作用推动着经济的发展。同时，这种扩散效应不局限于产业间技术经济联系的效果，还包含着对经济社会发展更为广泛的影响。当然，随着科学技术进步和生产力发展，特别是社会分工日益深化，带动整个产业发展的已不是单个主导产业，而是几个产业共同起作用。罗斯托将此称为“主导部门综合体”。他认为，主导部门综合体是由主导部门和与主导部门有较强后向关联、旁侧关联的部门共同组成的，如钢铁、机械、电力和化学工业共同构成了一个主导部门综合体。

（二）主导产业形成的条件

罗斯托认为，主导产业的形成必须具备如下条件：

1. 足够的资本积累

主导产业的形成需要有足够的资本积累和投资。一国对主导产业的净投资率（投资额在国民生产总值中的比重）从5%左右提高到10%，同时要和鼓励储蓄、限制消费和引进外资结合起来。

2. 充足的市场需求

主导产业的形成要有充足的市场需求。这样，该产业才有可能不断扩大。

3. 创新

创新包括技术创新和制度创新。只有创新，才能使本产业和其他产业不断节约成本，提高劳动生产率，提高产出，满足潜在的市场需求。同时还要有制度创新，才能使一大批

① W. W. 罗斯托. 经济成长的阶段. 北京：商务印书馆，1963.

具有创新意识的企业家、工程师涌现出来，并为企业的发展提供技术、制度、管理等方面的保证。

此外，罗斯托还提出了主导增长部门、辅助增长部门和派生增长部门三个概念。主导增长部门是指与技术进步相联系、能引入新的生产函数并在经济增长中真正起主导作用的产业，它对其他产业的增长具有较强的前向拉动和后向推动作用。辅助增长部门或派生增长部门都不能成为主导产业。

（三）主导产业的实现形式

从世界各国的实践来看，主导产业的实现形式有如下两种：

1. 市场自发调节

采取这种形式的国家认为，市场竞争和供求关系足以促进具有竞争能力的产业的发展。产业结构的高度化也可以通过市场供求和价格机制来实现，没有必要制定产业规划和为对某些主导产业进行扶持而制定产业政策。同时认为，政府对选择主导产业的认识不如市场力量更有权威性。在过去，许多西方国家就是采取这种形式的。它们一般不追求产业结构的优化问题，而强调产业的自我调节，只在经济发展过程中出现问题时，才被动地采取一些补救措施和制定一些相应的产业政策。但是在今大，许多国家都加强了对产业发展的干预。例如，美国从 20 世纪 90 年代开始就制定了一系列产业技术政策，加快高科技产业的发展。

2. 政府积极干预

采取这种方式的国家通过制定产业政策，选择主导产业和确定产业发展序列，不断促进产业结构的高度化。日本是比较早采用这种形式的国家，它没有沿袭欧美发达国家发展产业的经验，而是选择了一条超常规发展的道路。日本主要根据“收入弹性基准”和“生产率上升基准”选择主导产业和确定产业发展顺序。

近年来，越来越多的国家开始重视第二种形式。西方发达国家采取政府积极干预的形式促进主导产业（如信息产业）的发展。发展中国家由于市场经济不发达，对主导产业采取倾斜政策显得尤为重要。这样，它们可以使主导产业获得较快发展，并不断促进产业结构的高度化，从而实现“追赶型”国家“后发性利益”和持续、快速发展本国经济的目的。

（四）主导产业的转换和发展

实践表明，主导产业的转换和发展经过五个不同的历史发展阶段，见表 8-1。

表 8-1　主导产业发展的五个历史阶段

阶段	主导产业部门	主导产业群体或综合体
第一阶段	棉纺工业	纺织工业、冶炼工业、采煤工业、早期制造业和交通运输业
第二阶段	钢铁工业、铁路修建业	钢铁工业、采煤工业、造船工业、纺织工业、机器制造、铁路运输业、轮船运输业及其他工业

续表

阶段	主导产业部门	主导产业群体或综合体
第三阶段	电力、汽车、化工和钢铁工业	电力工业、电器工业、机械制造业、化学工业、汽车工业，以及第二个主导产业群各产业
第四阶段	汽车、石油、钢铁和耐用消费品工业	耐用消费品工业、宇航工业、计算机工业、原子能工业、合成材料工业，以及第三个主导产业群各产业
第五阶段	信息产业	新材料工业、新能源工业、生物工程、宇航工业等新兴产业，以及第四个主导产业群各产业

上述主导产业发展的五个历史阶段说明，在经济发展的历史长河中，产业结构的高度化是主导产业及其群体不断更替、转换的一个历史演进过程，是一个产业结构由低级到高级、由简单到复杂的渐进过程。在这个过程中，主体需要的满足和主体发展中不同阶段的不可逾越性，以及社会生产力发展中技术的不同阶段之间的不可间断性，决定了发展中国家在选择和确定主导产业及其群体以及进行主导产业及主导产业群的建设时，一方面必须循序渐进；另一方面也可以兼收并蓄，综合几次主导产业及其群体的优势，在整个产业的某些领域实现“跳跃式”发展，在起点低、发展时点晚的情况下，用较短的时间走完发达国家产业结构高度化所走过的近300年的历程，实现经济社会的现代化。

第三节 产业结构的合理化

一、产业结构合理化的含义和内容

（一）产业结构合理化的含义

产业结构合理化主要是指产业与产业之间协调能力的加强和关联水平的提高，它是一个动态的过程。产业结构合理化就是要促进产业结构的动态均衡和产业素质的提高。因此，产业结构的合理化要解决的问题包括：供给结构和需求结构的相互适应问题；三次产业以及各产业内部各部门之间发展的协调问题；产业结构效应如何充分发挥的问题。

产业结构合理化要求在一定的经济发展阶段上，根据消费需求和资源条件，对初始不理想的产业结构进行有关变量的调整，理顺结构，使资源在产业间合理配置，有效利用。衡量产业结构是否合理的关键在于判断产业之间是否具有因其内在的相互作用而产生的一种不同于各产业能力之和的整体能力。如果产业之间相互作用的关系越协调，结构的整体能力就会越高，则与之相应的产业结构也就越合理。相反，如果结构关系不协调，结构的整体能力就会降低，那么与之相应的产业结构就不合理。

产业结构不协调，其主要原因有两个：

第一，供给结构的变化不能适应需求结构的变化。其表现形式又分三种：

一是需求结构变化，供给结构不变，造成供应不足。这是因为供给结构的刚性导致对市场的灵敏性不够，供给结构在需求结构变化以后的一定时期内继续保持不变。在市场不完善、信息不对称的条件下经常会出现这样的情况。

二是需求结构变化，供给结构的变化滞后，造成供应滞后。这主要是由时滞造成的。从需求结构的变化到供给结构的变化之间存在一个时滞问题，但时滞的长短有一个适度性问题。时滞过长必然造成产业结构的不协调。

三是需求结构变化，供给结构的变化过度，造成供应过剩。

第二，需求结构的变化不能适应供给结构的变化。其表现形式有三种：

一是供给结构变化，需求结构不变，造成需求不足。例如，由于人均收入水平不高，高档商品的出现无法吸引低收入阶层的光顾。又如，经济发展处于低潮时期，利率降低、资金供应量增加，但它仍然没有刺激投资需求的增长。

二是供给结构变化，需求结构的变化滞后，造成需求滞后。从供给结构变化到需求结构变化也同样存在时滞问题，但时滞过长必然造成供给结构和需求结构的不相适应，进而造成产业结构失调。

三是供给结构变化，需求结构的变化过度，造成需求过度。例如，新技术促成了新产品的出现，但一时生产能力还不足，或者还没有形成规模的生产能力，或是资金不足的原因，或是人才的原因，短时期内满足不了快速膨胀的需求。对紧俏商品的抢购风潮就是典型的例子。

改变以上两种不良状况的关键是促使供给结构的变化和需求结构的变化互相适应。只有这样，才能使产业结构得到协调发展。因此，产业结构调整既包括对供给结构的调整，也包括对需求结构的调整，当然还包括对开放条件下的国际贸易结构和国际投资结构的调整。

产业结构趋于合理化的标志是：能充分有效地利用本国的人力、物力、财力以及国际分工的好处，使国民经济各部门协调发展，社会的生产、交换和分配顺畅进行，社会扩大再生产顺利发展；使国民经济持续稳定地增长，社会需求得以实现；能实现人口、资源、环境的良性循环。

（二）产业结构合理化的内容

从上面的分析中可知，协调是产业结构合理化的中心内容。产业结构的协调不是指产业间的绝对均衡，而是指各产业之间有较强的互补和谐关系和相互转换能力。只有强化产业间的协调，才能提高其结构的聚合质量，从而提高产业结构的整体效果。[①] 产业结构的

① 周振华. 产业结构优化论. 上海：上海人民出版社，1992.

协调涉及产业之间各种关系的协调，如生产、技术、利益和分配等。我们这里主要从产业间生产和技术相互关系的角度来考察协调问题。产业之间是否处于协调状态，一般可以从以下几个方面进行观察和分析：

1. 看产业素质之间是否协调

看产业素质之间是否协调即观察相关产业之间是否存在技术水平的断层和劳动生产率的强烈反差。如果存在着断层和强烈反差，产业之间就会产生较大的摩擦，表现为不协调。我们可以用比较劳动生产率，即产业部门的国民收入份额与该部门的劳动力份额之比，来大体衡量产业间的协调程度。一般而言，如果各产业的比较劳动生产率数值分布得比较集中而又有层次性，则说明各产业的素质比较协调；如果各产业的比较劳动生产率数值分布得很离散而无序，则说明各产业的素质不协调。

2. 看产业之间的联系方式是否协调

产业之间存在着投入与产出的联系，表明了产业之间相互依赖和相互影响的关系。协调的产业之间的相互联系方式有两个基本特征：一是相互服务，即各产业部门在投入产出联系的基础上互相提供帮助，如农业的发展为工业提供劳动力和原材料，工业反过来又为农业的发展提供机械装备和技术；二是相互促进，这意味着一个产业的发展不能以削弱另一产业的发展为代价。如果各产业之间能够做到相互服务和相互促进，那么它们之间的这种联系方式就是协调的；反之，则是不协调的。

3. 看各产业之间的相对地位是否协调

在一定的经济发展阶段上，各产业的经济作用以及相应的增长速度是不同的，因而各产业在产业结构中所处的地位也是不同的，从而形成了各产业之间有序的排列组合。各产业相对地位的协调就是指产业结构内部各产业的排列组合具有比较丰富的层次性，各产业之间的主次与发展的轻重缓急关系比较明确和适宜。如果各个产业主次不分，轻重无序，甚至出现产业的结构逆转，则说明各产业之间的相对地位是不协调的。

4. 可以从供给是否与需求相适应来判断产业之间是否处于协调状态

在需求正常变动的前提下，产业结构的协调将使其具有较强的适应性和应变能力，即通过自身结构的调整适应新的需求变动，使供给和需求之间无论是在数量上还是在结构上的差距都逐渐缩小，并且使供需之间的矛盾弱化。相反，如果对于需求的正常变动，供给迟迟不能作出反应，造成长时间的供需不平衡，则说明产业间的结构是不协调的。

（三）产业结构的合理化是经济协调发展的客观要求

产业结构的合理化是经济协调增长的客观要求。所谓经济的协调增长，就是要使经济在不平衡增长的过程中达到平衡增长的目的，最终使国民经济的各个部门得到全面的发展。在经济从不平衡增长向平衡增长转变的过程中，产业结构的不断合理化是至关重要的。只有产业之间具有相互协调的联系方式，各产业之间的关联效应才可以合理展开，某些产业部门的优先发展才能带动其他产业部门的发展，从而带动整个经济系统的发展。如果各个产业之间不具备相互服务和相互促进的关系，则个别部门的优先发展只能导致产业部门之间增长关系的不协调，从而不能使经济协调增长，也不能实现国民经济平衡增长的目的。

产业结构的合理化是经济持续增长的客观要求。一般而言，经济的持续增长取决于资源（资本、劳动力、技术等）的不断投入及其有效配置，而产业结构的合理与否在很大程度上决定了资源配置的效果。如果产业结构比较合理，与国内和国际市场需求相适应，与技术的发展水平相适应，则资源配置是有效的，投入的不断增长就能保证产出的不断增长，经济就得以持续增长。如果产业结构扭曲，则会严重降低资源配置的效果，即使短期的高增长能够发生，最终也会由于结构的制约而不能持续下去。

由此可见，只有使各产业间保持协调状态，即在一定经济条件下实现产业结构的合理化，才能保证经济增长的协调性和持续性。

二、产业结构合理化的基准

（一）关于产业结构合理化基准的评说

目前我国理论界在论证产业结构是否合理方面，主要有以下三个判断标准：

1. 国际基准

国际基准即以钱纳里等人倡导的标准产业结构为依据，来判断经济发展不同阶段上的产业结构是否达到了合理化。以大量的历史数据进行统计回归所得出来的产业发展的标准产业结构，确实能够反映产业结构变动的一般规律，从而可以被用来作为认识和判断各国产业结构变动是否合理的参照系。但是，这种“标准结构”的参照系，至多只能作为判断产业结构是否合理的一种粗略的依据，而不能成为一种绝对的判断标准。原因是标准产业结构是通过各国同一发展阶段上产业结构的统计资料进行回归分析得出的，而各国在不同经济时期和经济发展环境变化较大的情况下，所处的国际经济环境、国内资源禀赋、劳动力的素质和技术水平，以及所选择的发展战略是各不相同的，因而很难有统一的发展模式和产业结构，所以很难用一种标准模型来判断不同时期各国的产业结构是否合理。

2. 需求结构基准

需求结构基准即以产业结构和需求结构相适应的程度作为判断产业结构是否合理的标准。两者适应程度越高，则产业结构越合理；相反，两者不适应或很不适应，则产业结构不合理。如前所述，畸形的产业结构意味着它同需求结构的严重背离。在此意义上，此基准有其合理性。但是，单纯以此基准来判断产业结构是否合理具有一定的片面性，因为我们首先要确定需求是否正常，在需求正常的前提下，才可以对产业结构是否合理进行判断。若需求畸形，则供需之间发生差距是正常的；若产业结构适应畸形的需求而发生变动，则这种变动恰恰是不合理的。

3. 产业间比例平衡基准

产业间比例平衡基准即以产业间的比例是否平衡作为判断产业结构合理与否的标准。从理论上说，经济增长是在各产业协调发展的基础上进行的，产业之间保持比例平衡是经济增长的基本条件。但是，不能将此基准绝对化，认为无论何时何地产业结构都要保持这种比例平衡才是合理的。事实上，在经济的非均衡增长情况下，各产业部门的增长速度是不同的，有的高速增长，有的低速增长，从而导致相互之间的比例发生变化，出现结构不平衡。一般情况下，这是正常的。只有那种超越了一定界限的结构失衡，才会导致经济不能正常运行，才是真正的结构不合理。

上述三种判断基准从不同角度来考察产业结构是否合理，既有其科学性，又有其各自的局限性。国际基准忽视了经济条件的不同，需求结构基准将供需的适应性作为唯一的判断标准，产业间比例平衡基准忽略了经济非均衡增长对产业间比例的积极影响。因此，不能将其中某一基准作为判断产业结构是否合理的绝对基准，而应全面考察、综合运用。

（二）产业结构合理化的比较与评价

目前在比较和评价产业结构是否合理及产业结构的变化方向时，通常采用以下分析方法：

1. 国际比较法

国际比较法即以钱纳里的标准产业结构为基础，将某一国家的产业结构与相同国民生产总值下的标准产业结构加以比较，偏差较大时即认为此时的产业结构是不合理的。① 前面已经说过，此种方法只能大致判断，而不能最后以此认定产业结构是否合理。

2. 影子价格分析法

按照西方经济学的理论，当各种产品的边际产出相等时，就表明资源得到了合理的配置，各种产品供需平衡，产业部门达到最佳组合。因此，可用各产业部门的影子价格与其整体影子价格平均值的偏离程度来衡量产业结构是否合理，偏离越小，产业结构就越趋于合理。

3. 需求判断法

需求判断法即判断各产业的实际生产能力与相应的对该产业产品的需求是否相符，若两者接近或大体接近，则目前的产业结构是较为合理的。

4. 需求适应性判断法

需求适应性判断法即判断产业结构能否随着需求结构的变化而自我调节，使产业结构与需求结构相适应，实现社会生产的目的。其判断方法为：分别计算每一产业产品的需求收入弹性和生产收入弹性；若两者相等，则说明此产业与社会需求有充分的适应性；若每一产业的需求收入弹性和生产收入弹性都相等，则说明整个产业结构与需求结构是相适应的，产业结构是合理的。

5. 结构效果法

结构效果法即以产业结构变化引起的国民经济总产出的变化来衡量产业结构是否在向合理的方向变动，若结构变化使国民经济总产出获得相对增长，则产业结构的变动方向是正确的。

① 毛林根. 产业经济学. 上海：上海人民出版社，1996.

三、产业结构合理化的调整

(一) 产业结构合理化调整的过程及其收益

从产业结构趋于合理化的调整过程来看，主要有如下两个过程：一是在部门、行业之间不断进行调整、协调，使之趋于均衡的过程；另一过程则是这种均衡被打破的过程。除去特殊情况不论，均衡被打破的原因主要来自两个方面，一是需求和需求结构发生变化，产业结构随之发生调整；二是由于技术进步，某些产业供给能力发生变化，则产业结构需要做出调整以适应相对不变的需求和需求结构。

在短期内技术水平不发生重大变化的情况下，产业结构由不合理向合理转变的过程中，其边际收益是递减的。这是由于结构调整的过程也是结构扭曲程度不断缩小的过程。随着产业结构逐渐趋于协调，由于产业结构扭曲所造成的经济损失也逐渐减少，从而纠正这一扭曲所获得的收益也将越来越少。然而，将整个产业结构的变化和发展放在较长时间段内考察，可以看出，由于技术进步而一次次进行的结构调整，其边际收益并不表现出递减的规律。技术的进步使满足一定需求所需的劳动力和各种物质生产要素得到节约，生产效率成倍提高，从而促使人类生活不断达到更高的水平。如果将由于技术进步造成的每一轮产业结构调整视为整体产业结构变化的“边际”，则边际收益并不是递减的。

(二) 产业结构合理化调整的机制和动力

产业结构之所以从不合理向合理化的方向发展，其动力是结构调整过程中收益的存在。但在不同的结构调整机制中，结构调整动力的表现形式是不同的。产业结构调整机制是一种根据现有产业结构状态，通过输入某种信号和能量，引起结构的变动，从而形成新的产业结构状态的作用过程。根据输入信号的性质和调整方式的类型，理论上可以把产业结构的调整机制分为市场机制和计划机制。

1. 产业结构调整的市场机制

市场机制调整产业结构在很大程度上是一种经济系统的自我调整过程，即经济主体在市场信号的引导下，通过生产资源的重组和在产业部门间的流动，使产业结构尽可能适应需求结构变动的过程。由于种种原因，需求结构发生了变化，从而破坏了原有的供需结构，使某些产品供给大于需求，而某些产品需求大于供给，从而引起这些产品的价格发生相应的波动。当价格波动幅度大到一定程度，即大到部门间生产资源转移的临界点（转移后收益=转移成本+机会成本）时，产品价格下降部门的资源就会转移到产品价格上涨的部门，直到形成供给结构和需求结构之间新的平衡点为止。在这一产业结构调整过程中，产业结构变动的信号就是市场价格，动力是无数分散的经济主体对增加利润和避免损失的追求。

2. 产业结构调整的计划机制

产业结构调整的计划机制是一种对经济系统的调控过程，即政府向经济系统输入某种信号，直接进行资源在产业间的配置，使产业结构得以变动的过程。政府机关根据现有产业结构的状况和对产业结构变动的预测，从经济发展的总体目标出发，通过纵向等级层次向经济主体发布指令，以调整产业部门间的供求关系。这些指令通常有两种类型：一类是直接对企业的生产数量加以要求；另一类是通过变动各部门的投资计划来调整资产增量在产业间的配置，从而变动产业结构。在这一产业结构调整过程中，结构变动的信号是政府的计划数量或指令，动力是政府对经济持续、稳定、协调增长的追求。

产业结构调整的市场机制和计划机制各有其优点及局限性：市场机制比较准确、稳妥，又比较灵敏，但却是事后调节，成本较大，时滞较长；计划机制具有事前主动性，调整成本较小，却欠准确，市场摩擦较大。因此，单独使用其中一种调节方式，难于达到产业结构合理化的目的。只有把两者很好地结合起来，才能使产业结构向合理化的方向调整。目前，世界各国基本没有哪个国家采用单一的市场机制或计划机制，而是两种形式结合使用，只是侧重点有所不同而已。

第四节 产业结构生态化

产业结构作为资源的转换器，其最终目的是将各种投入要素转化为产品和服务以满足社会需求，而产业结构优化的实质是在各产业之间合理配置资源，不断提高资源使用效率，增强结构转换能力。传统的产业结构优化理论假设自然资源的存量是充足的，将资源禀赋作为前提条件，也很少考虑产业结构变动对环境的影响，这显然有悖当前的可持续发展经济目标。由此可见，传统的产业结构优化理论仅从产业结构合理化和产业结构高级化两个维度来解释产业结构优化的目标及评价标准，在环境状况日益严峻、资源相对缺乏的形势下存在一定的局限性。因此，本书新增产业结构生态化作为产业结构优化理论的另一维度①。

一、产业结构生态化的含义及特征

（一）产业结构生态化的含义

产业结构生态化是指通过不同生态绩效水平产业的交替发展、产业间生态关联程度和协调能力的提高，促进生态要素在产业间合理配置与流动，提高生态要素生产率及其增长率，既包括产业间结构的生态化，又包括产业内结构的生态化。生态要素生产率及其增长率的提高是产业结构生态化的核心内容，受到生态要素配置结构、技术进步和产业关联程度等的影响。生态要素配置结构的作用可以从污染物与能源资源两个方面来考察。废弃污染物角度的配置结构变化主要在于以废弃污染物为主的非合意产出能够再次进入生产循环，以及进入再循环的废气污染物所占总量的比重。如果废弃污染物不能再次进入生产循环，将会直接投放

① 赵玉林. 产业经济学原理及案例. 北京：中国人民大学出版社，2017.

进生态环境中，破坏生态环境；而如果能够进入循环且比重不断上升，则将会减少向生态环境的直接排放，并间接减少对能源资源的获取，促进生态要素生产率的提高。能源资源的配置结构的变化则主要体现在生产过程中传统的非可再生资源、高碳能源与可再生资源、清洁能源等在能源投入总量中的比重变化，以及不同产业部门的能源消费量在能源消费总量中所占比重的变化。非可再生资源与高碳能源比重的降低和可再生资源与清洁能源比重的提高，以及第三产业能源消费量的增加都有利于促进生态要素生产率的增长。

概括而言，产业结构生态化就是从传统产业结构向生态型产业结构演进的过程。生态型产业结构是指同时符合生态经济发展与产业结构演进规律的产业结构形态，既能够保证正常经济增长，同时又能节约资源与保护环境的产业结构。产业结构生态化并不是要为了保护和改善生态环境而放弃经济增长，而是要将经济增长造成的生态压力降低到生态环境可承受范围内，既不妨碍经济产出应有的增长水平，也不会对生态环境造成严重破坏，并逐渐修复和改善被破坏的生态环境。①

（二）产业结构生态化的特征

基于产业结构生态化的内涵，产业结构生态化的特征表现为以下几方面：

1. 环境适应性

产业发展与当地生态环境相适应，产业发展离不开当地资源禀赋与生态环境条件，而当地资源和环境条件也往往是产业及其企业、产品的比较优势之所在。只有适应地域生态环境特点，充分发挥自然资源与经济资源优势的产业结构才具有较强的生存力、拓展力与竞争力。

2. 产业多样化

产业系统内产业的多样化能提高产业系统的稳定性。产业的发展必然受到外在因素的干扰，但是只要产业系统能够尽快恢复到相对协调的状态，那么我们可以称这样的系统是稳定的。在自然生态系统中，热带雨林比极地苔原具有更高的稳定性，是因为它有丰富的物种，形成复杂的生态系统，因此，产业的多样化能填补产业系统内的空缺，从而增加产业系统的复杂性，以提升产业系统的恢复力和稳定性。

3. 产业间有机联系

要使产业系统实现如自然生态系统一般的资源→产品→再生资源→再生产品的闭环模式，从而降低对自然界资源、能源的索取，减少对环境的污染，这就要求产业之间除了基本的物质投入产出关系之外，还需要包含产业间废物及副产品的循环再利用，同时还应考虑系统内各产业的资源需求程度和废物量的接纳能力。任何一个环节不协调，都可能造成产业系统“食物链”的失控。

二、产业结构生态化的评价方法

产业共生模式就是判断产业之间这种有机联系的有效方法。总体而言，产业共生模式

① 吕明元，陈维宣. 产业结构生态化：演进机理与路径. 人文杂志，2015（4）：46-53.

分为共栖互利型产业共生、寄生型产业共生、偏利型产业共生和混合型产业共生。其中，共栖互利型产业共生是指两个或多个产业之间不直接竞争或相互抑制，而是通过优势互补、互利共存的方式组成利益共同体。寄生型产业共生是指一种产业依附于另一种产业的模式，前者称为寄生产业，后者称为寄主产业，寄生产业寄居在寄主产业的系统之内，与其组成一个有机联系的系统。偏利型产业共生是指从寄生型共生向互利型共生转换的类型，在这种产业共生中的产业具有明显的利他倾向，并且这种利他倾向并不影响其自身的成长与发展。偏利型产业共生与寄生型产业共生的区别在于偏利型产业共生产生新的价值，并且所产生的价值基本由一个产业全部获得，而寄生型产业共生不存在新价值的创造，而是对已有物质、价值进行重新分配。值得一提的是，产业系统内的产业共生与自然界的物种共生有一定的区别。自然界物种的共生具有直观性，容易观测和分析，而当产业之间形成共生关系时，通常我们能够感觉到两者之间存在共生关系，但其具体的共生模式及共生程度不易从直观上判断，因此，可以借助于共生度的计算得知。其计算公式如下：

$$\eta_{ab}=\frac{dZ_a / Z_a}{dZ_b / Z_b}$$

其中，a，b 为两个产业，其主质参量分别为 Z_a和 Z_b，则 η_{ab}表示产业 a 和产业 b 在主质参量的影响下的共生度，其含义是产业 b 的主质参量的变化引起产业 a 的主质参量的变化。这样的共生度反映出产业 a 对产业 b 的共生依存度。同理，η_{ba}（将上式分子和分母对调）反映出产业 b 对产业 a 的共生依存度。那么可以用共生度来反映产业共生模式，如表 8-2所示。

表 8-2　不同产业共生模式的共生度

共生度	共生模式
$\eta_{ab}=\eta_{ba}=1$	对称互利型共生模式
$\eta_{ab}>1>\eta_{ba}$	非对称互利型共生模式，a 获利比 b 获利多
$\eta_{ba}>1>\eta_{ab}$	非对称互利型共生模式，b 获利比 a 获利多
$\eta_{ab}=0$，$\eta_{ba}>0$	偏利型共生，b 获利，a 不获利
$\eta_{ab}>0$，$\eta_{ba}=0$	偏利型共生，a 获利，b 不获利

三、产业结构生态化的实践路径①

（一）树立生态发展理念

产业结构生态化转型应推行绿色 GDP 核算，摒弃单纯强调经济业绩的考核体系，树立起全新的生态考评体系和生态政绩观，实行生态环境问责制度，把产业发展中的生态环

① 吴琼. 产业结构生态化转型路径探析. 理论视野，2014（1）：79-81.

境指标纳入考核体系，探索建立绿色国民经济核算体系。充分发挥政府的宏观调控作用，把握产业机构生态转型的主体方向，运用价格、财政、金融等政策激励激发企业、公众的主动性，形成科学管理的合力，推动形成生态经济管理的运行机制，在全民中树立生态环保意识和主动转变生产生活思想观念，使生态道德深入人心。

（二）构建生态产业体系

1. 发展生态农业

生态农业是对传统农业的更新升级，我国现有的生态农业示范区的面积只有一亿亩①，仅占全国耕地总面积的 7%。因此，需要加强农业生态规划、研发与推广现代化农业新体系，提升农业新技术，深化生态农业科研，推广现代循环农业、精准农业、休闲农业、有机农业等生态高效的生产模式。建立起生态农业的高新科技支撑的政策体制机制，加快生物工程等高新研究与应用，改良品种，增强抗逆能力，提高农业单产和质量，凸显生态农业的科技优势，减少农业污染，共同促进生态农业发展。

2. 发展生态工业

推行产业生态管理，以低碳技术和循环经济改造传统工业，通过信息技术、生物技术、现代管理技术与制造业的融合，运用高新技术和先进适用技术改造传统工业，以低排放、低能耗、低污染为标准，着力发展电子信息、生物、新能源和新材料等新型工业，针对现有企业、新生企业，在生产设计、制造、物流废弃等环节推行低碳技术改造。通过生态工业园区的建设管理，促进产业聚集、行业集中、用地集约，推动产业发展从粗放外延式向集约内涵式转变，提高生态产业体系的区域核心竞争力。

3. 发展生态服务业

随着知识经济、生态经济和高科技经济的发展，知识、智力、信息、科技、生态将是经济社会发展的依赖所在，在这样一种基本的经济社会现实里，人们对美好生活的追求，是由物质第一向精神第一过渡。人们之间通过学习、娱乐、文化交往交流，充实自己的人生和生活，成为当今社会人们新的生活风尚。这样一种新的生活生存状态必然离不开消费，而生态消费是一种绿色的生态化的消费模式，它既符合物质生产的发展水平，又符合生态生产生存的发展；既能满足人性的消费需求，又对生态环境起着很好的保护作用。把“生态消费”理念贯穿在人们吃穿用住行等各个消费环节，发展好生态服务业，推动消费结构向绿色化低碳化转型升级已经引起国家层面和广大民众的高度关注，当前兴起的生态旅游热表明了生态消费的这一发展趋势。

（三）完善生态转型制度建设

完善生态经济政策法规是可持续发展的一个重要指标。任何时代，经济社会发展的基础都取决于自然资源。人类为了追逐利益，无视理性的行为很有可能发生。现代生态理论以预防为主要手段来克服和解决环境问题。通过预测有可能发生的破坏环境的行为提前制定政策法规，强制限制非理性行为，保证生态长久健康发展。通过立法量化生态环保行

① 1 亩≈666.67 平方米。

为，建立完善的生态法规体系，明晰权利、责任、利益，对违法行为警告惩治，使之成为日常生活的行为准则，才能有效根除破坏生态的行为。

（四）提高产业生态科技创新能力

高科技是推动生态经济发展的主力军。运用先进的高科技，是促进经济结构转型升级的倍增器，是人类创造物质财富的同时，维持了生态系统的平衡。科学技术的进步、创新、运用，对于自然资源的保护、环境污染的控制、生态建设的提高发挥着积极作用。提高劳动者的素质带动高科技创新，利用技术创新带动产业创新，更有效地减少污染的发生和废弃物的排放。在生产、消费、技术、产业等多方面开展以保护资源环境为目的的创新，重点开发科技含量高、防治污染的高新设备。

第五节　地区产业结构优化

一、地区产业结构优化与经济发展

（一）地区产业结构的含义

产业结构具有层次性。地区产业结构是指一个国家或地区按照一定标准划分的经济区域内产业与产业之间的技术经济联系和数量比例关系。地区产业结构按照不同标准可以划分为地区三次产业结构、农轻重结构、原材料与加工工业结构、要素密集型产业结构等。地区产业结构既是地区经济结构的主要内容，又是国家总体产业结构的子系统。实践证明，地区产业结构优化对任何一个大国的经济发展都是至关重要的。

（二）地区产业结构的特点

地区产业结构不仅是全社会生产分工的产物，也是地域分工的产物。各个地区自然条件、要素禀赋等的不同，形成了地区比较优势的不同，产生了地域分工，使各种产业在不同地区的分布情况不同。在地区层次上，地域分工表现为以地区专门化生产为中心的社会再生产各环节、各部门的组合；在国民经济层次上，地域分工表现为各地区之间的生产协作。因此，地区产业结构也可以说是资源有效配置的经济结构与空间结构的结合。一国的地区间由于不存在国界问题，地区间的生产要素和商品具有较强的流动性，区际分工和联系也远比国家之间生产要素和商品的流动性要强，所以，地区产业结构往往各具特色，不能自成统一体系。一般来说，地区产业结构具有以下特点：

（1）地区产业结构中往往并不具备一国国民经济的所有部门；

（2）地区产业结构中一般都具有若干个在全国具有专业化分工优势的产业部门；

（3）各地区比较优势不同，专业化部门各异，产业结构往往存在明显差异；

（4）地区产业结构之间互补性、依存性较强。

（三）地区产业结构优化与经济发展

合理与协调的地区产业结构是地区经济增长的重要保证。一方面，当地区产业结构出现不合理或不协调时，非常有必要进行地区产业结构调整，优化地区产业结构；另一方面，为了促进地区经济的持续快速发展，也非常有必要促进地区产业结构的高度化和合理化。所以，地区产业结构优化将会促进经济的快速发展，经济的快速发展也会促进地区产业结构的高度化和合理化，从而促进地区产业结构的优化。

地区产业结构优化与地区经济增长都是地区经济发展的重要方面。经济增长从总体规模方面反映了地区经济发展的数量扩张；而结构优化则从产业技术水平方面反映了地区经济发展的质量演进，其实质是通过结构改善来提高产出和效益水平。两者在地区经济发展过程中密切联系、相互制约。经济增长引起产业结构演进，而结构演进又进一步推动经济增长。因此，地区产业结构的优劣是一个地区经济发展质量和水平的重要标志，地区产业结构的转换和演变决定着地区工业化、现代化的进程，合理、高效的地区产业结构是地区经济大发展的必备条件。要实现地区经济持续、快速的增长和发展必然要求地区产业结构的良性演变，就必须努力促进地区产业结构的高度化和合理化。优化地区产业结构是每个国家，特别是国土较大的国家经济发展过程中必须重视的大课题。我国是一个幅员辽阔的大国，地区差异很大，经济发展又极不平衡，地区产业结构优化问题显得格外突出和重要。

二、地区产业结构的影响因素

影响地区产业结构的主要因素是地区性的特殊条件，其中包括以下四个方面。

（一）地区要素禀赋

地区生产要素的特殊性决定了地区产业结构与其他地区产业结构的不同。劳动力资源丰富的地区有利于发展劳动密集型产业，形成劳动密集型产业为主导的地区产业结构；劳动力素质较高的地区则有利于发展技术密集型或知识密集型产业，形成技术或知识密集型产业为主导的地区产业结构；矿产资源较丰富的地区有利于发展资源型产业，形成资源型产业为主导的地区产业结构；当然，资金较丰富的地区也有利于形成资金密集型产业为主导的地区产业结构。地区拥有的劳动力、资金、技术和资源等生产要素是地区产业结构的决定性因素。发展地区经济一定要根据地区要素禀赋条件来安排。地区产业结构的现实水平脱离不了地区生产要素供给的状况，地区产业结构的优化也必须从地区生产要素供给的现实条件出发。

（二）需求结构导向

需求结构是产业结构演进的推动力。旺盛的消费需求为地区产业的发展提供了广阔的市场，为产业的扩张提供了市场保证。需求结构的变化又会引起产业结构的变化。地区消费水平的提高将促使消费结构的升级，从而促进产业结构的高度化。同时，在存在区际分工协作的条件下，地区产业结构还会受到其他地区需求结构的影响，特别是消费水平较高地区的影响。在存在国际分工的条件下，地区产业结构还会受到国际市场需求结构的影响，尤其是消费水平较高国家的影响。一个地区的经济开放度越高，其他地区和国际市场的需求结构与该地区产业结构相互关联和影响的程度就越高。实践证明，地区经济对其他地区和国际市场开放度越高，就越有利于地区产业结构的优化，就越有利于地区经济的发展。

（三）地区间的经济联系

地区间的经济联系越紧密，产业的结构效应就越能发挥作用。地区间的经济联系主要是地区间商品的区际贸易和生产要素的区际流动。区际贸易是实现地区间比较利益的必由途径。它通过比较各地区的经济优势，形成地区产业结构之间的分工；它还沟通了地区间的产业关联，使地区产业结构受到其他地区需求结构和供给结构的影响。生产要素的区际流动将改善地区生产要素的供给状况，进而优化地区产业结构。在开放经济的条件下，地区产业结构还受到区外和国外市场的较大影响。国际的商品贸易和要素流动最终要落实到一国的某些地区，直接影响这些地区的产业结构，并通过区际联系间接影响其他地区的产业结构。

（四）生产的地区集中度

生产的地区集中度是指一个国家某产业产品在某地区的生产规模在全国中的比重。它可以用区位商来表示。生产的地区集中度主要受国家的产业布局战略、经营环境、市场规模、生产要素等多种因素的影响。不同产业之间生产的地区集中度的不同就决定了不同的地区产业结构。

除以上因素外，地区的政治法律环境、经济政策环境、交通条件、历史文化背景等都会不同程度地影响地区产业结构。这些因素互相联系、互相作用，共同决定了地区产业结构的现状和发展方向，同时也构成了地区产业结构优化的基础和途径。

三、地区产业结构分析的经济指标

优化地区产业结构、促进地区产业结构的高度化和合理化，必须进行大量的论证工作。这样，论证体系的建立还必须借助一些定量分析的方法，包括多种指标体系和经济模型。以下主要介绍一些常用的有关地区产业结构分析的经济指标。

（一）反映地区产业结构专业化的经济指标

地区产业结构的专业化是指某地区某一个或几个产业的生产相对于全国水平的集中程度。专业化水平的衡量可以从产值、产量、劳动力数量、固定资产额、产品输出量等几方面来考察。反映地区产业结构专业化的经济指标主要有：

1. 区位商

区位商（location quotient，LQ），也称生产的地区集中度指标。区位商通过各产业部门在各地区的相对专业化程度间接地反映了区域间经济联系的结构和方向。常用的测定指标可以是产值、产量、就业人数、固定资产等。其计算公式如下：

$$区位商（LQ）=\frac{某地区A部门就业人数/某地区全部就业人数}{全国A部门就业人数/全国总就业人数}=\frac{某地区A部门就业人数/全国A部门就业人数}{某地区全部就业人数/全国总就业人数}$$

以上公式中的就业人数可以用产值、产量和固定资产额分别代替来计算各自的区位商。用就业人数、产值、产量和固定资产额分别计算出的区位商，分别称为地区劳动力集中度、产值集中度、产量集中度和固定资产集中度。

$LQ>1$，表明 A 产业在该地区专业化程度超过全国，属于地区专业化部门。$LQ<1$，说明该地区 A 产业的专业化水平低于全国，还必须从区外输入产品。$LQ=1$，表明该地区 A 产业专业化水平与全国相当，基本自给自足。LQ 值越大，专业化水平越高。

区位商的计算简便易行，却是较为粗略的经济指标。地区劳动力集中度、产值集中度、产量集中度和固定资产集中度都无法准确表示地区内产业部门的生产率与全国同类产业生产率的差异，都有可能发生偏差。

2. 人均产量系数和人均产值系数

其计算公式为：

人均产量系数=某地区 A 产业产品的人均产量÷全国 A 产业产品的人均产量

人均产值系数=某地区 A 产业产品的人均产值÷全国 A 产业产品的人均产值

这两个系数反映了该地区某产业与全国同类产业相比的劳动生产率。人均产量系数、人均产值系数大于 1 的产业，说明该地区该产业的劳动生产率水平高于全国平均水平，同时也往往是该地区的专业化部门。

3. 地区产业区际输出指标

在地区经济开放的条件下，本地区生产的产品必然要输出到外地和外国。这样，就存在地区产业区际输出的问题。这一指标也能反映地区产业的专业化水平，主要指标有：

区域商品率=某地区 A 产业产品输出量÷该地区 A 产业产品生产总量

区际商品率=某地区 A 产业产品输出量÷全国各地区 A 产业产品输出总量

一般来说，地区专业化产业的区域商品率和区际商品率在全国各地区中位居前列。区域商品率越高，说明输出商品越多，也说明该地区该产业的专业化水平越高。区际商品率越高，说明该地区该产业的输出在全国的地位越重要，该产业的地区专业化程度也越高。

4. 区域产业输出系数

区域产业输出系数计算公式如下：

区域产业输出系数=某地区 A 产业输出÷该地区各产业输出

这一指标有时也被用来说明地区产业的专业化程度。它涉及多个产业，因而常用输出产值来计算。价格的换算要统一，否则就缺乏可比性。

（二）反映地区产业结构趋同化的经济指标

不同地区间的产业结构会有很大差异，也会有相似之处。这种差异性越大，表明地域分工水平越高，地区经济互补性越强，区际联系越密切；相反，地区产业结构之间越相似，地域分工水平就越低，地区经济互补性就越弱，区际联系就越少。地区产业结构的趋同化程度或差异程度，可以用常用的相关系数和联合国推荐的相似系数来衡量。

1. 相关系数

相关系数公式如下①：

$$r_{ij}=\frac{\sum_{k=1}^{n}(X_{ik}-\overline{X}_i)(X_{jk}-\overline{X}_j)}{\left[\sum_{k=1}^{n}(X_{ik}-\overline{X}_i)^2\sum_{k=1}^{n}(X_{jk}-\overline{X}_j)^2\right]^{\frac{1}{2}}}\quad(-1\leqslant r_{ij}\leqslant 1)$$

式中：r_{ij}——i 地区和 j 地区的相关系数；

X_{ik}、X_{jk}——k 部门在 i 地区和 j 地区产业结构中所占的比重；

$\overline{X}_i$、$\overline{X}_j$——i 地区和 j 地区各个部门在其产业结构中比重的平均值。

当 $r_{ij}=-1$ 时，说明地区 i 和地区 j 产业结构截然相反；当 $r_{ij}=1$ 时，说明地区 i 和地区 j 的产业结构完全相同；r_{ij}越接近于 1，说明这两个地区产业结构的趋同化程度越高。

2. 联合国工业发展组织推荐使用的相似系数

联合国工业发展组织推荐使用的相似系数公式如下②：

$$S_{ij}=\frac{\sum_{k=1}^{n}X_{ik}X_{jk}}{\left(\sum_{k=1}^{n}X_{ik}^2\sum_{k=1}^{n}X_{jk}^2\right)^{\frac{1}{2}}}\quad(0\leqslant S_{ij}\leqslant 1)$$

式中：X_{ik}、X_{jk}——k 部门在 i 地区和 j 地区产业结构中所占的比重；

S_{ij}——i 地区和 j 地区产业结构的相似系数。

S_{ij}值为从 0 到 1，系数越大，表明两地区产业结构越相似。S_{ij}为 1 表示两地产业结构完全趋同；S_{ij}为 0 则表示两地产业结构完全不趋同。

（三）反映地区商品流通的经济指标

我们可以将里昂惕夫的投入产出理论和投入产出表应用于地区产业结构分析，建立地区投入产出模型和地区间投入产出模型。这些投入产出模型庞大复杂，数据繁多，计算量大，目前多借助计算机来进行处理，人工难以完成。

1. 地区投入产出模型

地区投入产出模型与全国性的投入产出模型不同，它既要与整个国民经济的投入产出表相衔接，又要体现地区的特点。一般来说，由于地区间的分工协作，地区模型的部门分类要比全国模型少，但地区之间商品流动量大，地区投入产出模型有必要设置专门反映调出调入情况的象限。地区投入产出表由简单到复杂，可以有多种类型。表 8-3 是全面反映某地区商品输入输出情况的投入产出表。

①② 方甲. 产业结构问题研究. 北京：中国人民大学出版社，1997.

表 8-3 某地区型投入产出表（全面反映输入输出情况）

<table>
<tr><td colspan="2" rowspan="3">项目</td><td colspan="2" rowspan="3">产出
投入</td><td>中间产品</td><td colspan="3">最终产品</td><td rowspan="3">总产品</td></tr>
<tr><td rowspan="2">1，2，…，j</td><td rowspan="2">本区使用
消费积累</td><td colspan="2">输出方向</td></tr>
<tr><td>输往外地
1，2，…，k</td><td>出口</td></tr>
<tr><td colspan="2">输入</td><td rowspan="3">本地生产</td><td rowspan="3">1
2
⋮
i</td><td rowspan="3">Ⅰ</td><td rowspan="3">Ⅱ</td><td rowspan="3">Ⅲ</td><td rowspan="3">Ⅲ</td><td rowspan="3"></td></tr>
<tr><td>输入来源地区</td><td rowspan="2">进口</td></tr>
<tr><td>1，2，…，k</td></tr>
<tr><td>Ⅳ</td><td></td><td>外地输入</td><td>1
2
⋮
m</td><td>Ⅴ</td><td>Ⅵ</td><td></td><td></td><td></td></tr>
<tr><td></td><td></td><td colspan="2">折 旧</td><td></td><td></td><td></td><td></td><td></td></tr>
<tr><td></td><td></td><td>新创价值</td><td>V
M</td><td>Ⅶ</td><td>Ⅷ</td><td></td><td></td><td></td></tr>
<tr><td></td><td></td><td colspan="2">总产值</td><td></td><td></td><td></td><td></td><td></td></tr>
</table>

表 8-3 分为八个部分：第Ⅰ部分反映本地生产的中间产品用于本地中间消费的情况；第Ⅱ部分反映本地产品用于本地最终消费的情况；第Ⅲ部分反映本地产品输往外地和出口的情况；第Ⅳ部分反映本地输入和进口产品的情况；第Ⅴ部分反映输入（从外地）的中间产品在本地各部门之间分配使用的情况；第Ⅵ部分反映输入（从外地）产品用于本地最终消费的情况；第Ⅶ部分反映所创造价值的形成及国民收入的初次分配；第Ⅷ部分反映国民收入的再分配过程。

利用地区型投入产出表，可以分析地区的产业结构、经济效益等情况，还可以用来分析地区经济中商品的输入输出情况。利用地区型投入产出表，可以计算出某地区产业部门的各种产业关联系数指标，来反映地区产业结构水平。

2. 地区间投入产出模型

地区间投入产出模型是反映不同地区之间各经济部门投入和产出的数学模型。假设全国分为 m 个地区，每个地区有 n 个部门，地区间投入产出模型基本结构如表 8-4 所示。

地区间投入产出模型包括了多个地区，并把地区间输入输出量按一致的部门或产品分类。利用多个地区间的投入产出表，可以计算出区际产品的流量与流向，可以利用直接消耗系数分析地区间的经济数量联系及其紧密程度，还可以对比分析不同地区间的经济效益水平，较为准确和较为全面地反映各地区的产业结构及其关联状况（此表的详细解释需花大量篇幅，本书从略，这里仅供参考)。

表 8-4　地区间的投入产出表

项目			中间产品			最终产品					总产品
			地区 1	…	地区 m						
			部门…部门 $1\cdots n$		部门…部门 $1\cdots n$	地区 1	…	地区 m	全国 $m+1$	合计	
补偿价值	地区 1	部门 1	$X_{11}^{11}\cdots X_{1n}^{1i}$	…	$X_{11}^{1m}\cdots X_{1n}^{1m}$	Y_1^{11}	…	Y_1^{1m}	Y_1^{1m+1}	Y_1^{10}	X_1^1
		⋮	⋮	⋮	⋮	⋮	⋮	⋮	⋮	⋮	⋮
		部门 n	$X_{n1}^{11}\cdots X_{nn}^{11}$	…	$X_{n1}^{1m}\cdots X_{nn}^{1m}$	Y_n^{11}	…	Y_n^{1m}	Y_n^{1m+1}	Y_n^{10}	X_n^1
	…										
	地区 m	部门 1	$X_{11}^{m1}\cdots X_{nn}^{m1}$	…	$X_{11}^{mm}\cdots X_{1n}^{mm}$	Y_1^{m1}	…	Y_1^{mm}	Y_1^{mm+1}	Y_1^{m0}	X_1^m
		⋮	⋮	⋮	⋮	⋮	⋮	⋮	⋮	⋮	⋮
		部门 n	$X_{n1}^{m1}\cdots X_{nn}^{m1}$	…	$X_{n1}^{mm}\cdots X_{nn}^{mm}$	Y_n^{m1}	…	Y_n^{mm}	Y_n^{mm+1}	Y_n^{m0}	Y_n^m
	小计					ΣY_f^{01}		ΣY_f^{0m}	ΣY_f^{0m+1}	ΣY_1^{00}	X_n^m
新创造价值	固定资产折旧		$D_1^1\cdots D_n^1$	…	$D_1^m\cdots D_n^m$						
	劳动报酬 社会纯收入		$V_1^1\cdots V_n^1$ $M_1^1\cdots M_n^1$	… …	$V_1^m\cdots V_n^m$ $M_1^m\cdots M_n^m$						
总产品			$X_1^1\cdots X_n^1$	…	$X_1^m\cdots X_n^m$						

思考题

1. 从产业结构优化的对象角度来说，产业结构优化主要包括哪些？
2. 产业结构效应主要包括哪些？
3. 简述创新对产业结构高度化的影响。
4. 简述主导产业形成的条件和实现形式。
5. 简述产业合理化的内容、基准及测定的方法。
6. 简述产业生态化的特征及实践路径。
7. 地区产业结构优化与全国经济发展有什么联系？
8. 简述地区产业结构的特点及其影响因素
9. 如何反映地区产业结构专业化水平和相似性？

思考题参考答案

※ 本章案例 ※

高铁促进我国产业结构的优化升级①

自2008年修编《中长期铁路网规划》实施以来，我国高速铁路建设迅猛发展，取得了举世瞩目的成绩。截至2019年年底，中国运营高铁里程达3.5万公里，“四纵四横”高铁网络基本实现高铁运营，且里程约占世界高铁总里程的70%以上，成为世界上唯一高铁成网运行的国家，同时还是世界上拥有动车组列车最多、高铁在建规模最大、高铁运行最高效国家。高速铁路网基本连接省会城市和其他50万人口以上大中城市，实现相邻大中城市间1~4小时交通圈，城市群内0.5~2小时交通圈，进一步实现客运换乘“零距离”、物流衔接“无缝化”、运输服务“一体化”的长期目标。随着我国全面进入“高铁时代”，高铁将深刻影响我国区域经济发展格局和产业结构优化升级。

1. 高铁开通能够有效促进地区产业结构由低级向高级的动态转变

产业结构升级得益于要素资源的持续积累和高端化进程，而高铁建设可进一步强化区域特征优势，加速要素资源的跨区域流通及思维观念、生活方式的传播。这种要素市场结构的调整为本地产业转型升级创造了初始条件和机遇。就企业而言，由于高铁建设带来社会成本的改进，使得企业进行异地投资或跨地建厂成为可能，并提高地区资本结构合理配置及资本投资效率而形成产业集聚效应。就全社会资源配置而言，高铁建设强化了地区间的联动性及时空收敛效应，成为要素自由流动和交易成本下降的重要推动力，最终实现要素资源向配置效率更高的地区转移。另外，高铁建设可能带来经济溢出效应，对要素资源的跨地区流通产生乘数效应。一方面，高铁开通后中心地区经济辐射范围扩大可以获得更大市场和经济腹地，随之加速边缘地区要素资源向中心区集聚；另一方面，高铁建设加强边缘区与核心区的经济互动和要素往来，加速中心区新技术、先进管理经验和经营模式等向边缘区扩散。

2. 高铁建设对产业结构升级的影响力度存在区域异质性，东、中部地区城市的净效应要高于西部地区城市

由于各个地区市场化程度和资源禀赋都不尽相同，高铁开通后对其产业结构升级影响

① 节选自：黎绍凯，朱卫东，刘东. 高铁能否促进产业结构升级：基于资源再配置的视角［J］. 南方经济，2020（02）.

必然存在差异性。由于东部地区高速铁路网密度和总里程均远高于中西部地区，高铁开通大大增强东部地区经济辐射范围，加速中西部地区人才、资源等流入东部地区，东部地区则凭借大量要素流入加速现代产业和服务业发展，推进产业结构高度化进程。中部地区高铁建设日益完善且与东部发达地区接壤，更易获取东部地区新技术、先进管理技术等溢出效应，同时中部地区有着更大经济发展潜力，得以承接更多的东部产业转移和技术转移，甚至吸纳东部地区资本、人才回流。更为关键的是，中部地区可以凭借自身优势条件更好地消化吸收高铁开通后带来的各种利好，培育自身现代化产业和淘汰落后产业，实现产业升级换代以加速区域内一体化发展。而西部地区高铁开通前的初始条件及吸收能力远不如中部地区，并且区域内资本、劳动力资源相对匮乏，在无政策扶持前提下，高铁开通后反而会加速劳动力、资本外流，产业结构升级受限，甚至催生区域内经济不平衡发展。

3. 高铁建设通过要素资源再配置效应有效促进产业结构由低级向高级转变

高铁开通主要通过降低综合成本来整合区域内资源及提升资源利用率，进而加速本地要素资源的集聚及由低级向高级的动态转换，最终实现地区产业结构的高度化进程。由厂商理论可知，加速产业结构优化调整的可跨地区流动的基本要素为资本和劳动力。对于资本而言，资本流通表现出一定的市场化原则，不仅向投资回报率及生产效率更高的中心区集聚，同时还流向具有较高经济发展潜力的次中心区，中心区和次中心区的资本积累加速营造本地更好的融资环境，并提升区域内资本配置效率和对产业结构调整的贡献度。对于劳动力而言，高铁开通降低出行成本，使得跨地区人员往来更频繁、快捷。一方面，劳动者可以在区域内更高效地寻找与自身职业技能匹配的职业，降低区域内摩擦失业；另一方面，市场自由化流通使不同地区层面的劳动力得以与地区产业结构更加匹配。因此，可预期高铁开通后，将对区域内的资本、劳动力资源进行有效再配置，促进整个地区合理高效利用要素资源，从而实现产业结构由低级向高级转变。

问题：

1. 简述高铁在哪些方面促进了我国产业的结构优化升级。

2. 结合案例，为进一步做好产业结构优化升级，国家和地方政府还需要做出哪些努力？

第九章　布局

产业布局理论是产业结构理论的重要组成部分，自 19 世纪形成以来，它不断地丰富和发展。本章将分三节来阐述产业布局：首先阐述产业布局理论，包括产业布局理论的形成和发展，以及产业布局理论的研究内容；其次，研究产业布局的影响因素；最后，考察全球、全国和县域等不同层次的区域产业布局的实践。

第一节　产业布局理论概述

一、产业布局理论的形成和发展

产业布局是指一个国家或地区产业各部门、各环节在地域上的动态组合分布，是国民经济各部门发展运动规律的具体表现。产业布局理论是随着人类社会的进步和生存空间的扩展，以及生产活动内容和空间拓展到一定程度的必然产物。

（一）19 世纪初至 20 世纪中叶是产业布局理论的形成期

19 世纪初至 20 世纪中叶，资本主义生产力迅速发展，地区间的经济联系空前扩大，商品销售与原料地范围愈来愈大；同时，经济危机频繁爆发。如何合理布局产业已成为迫切需要回答的问题。最早从事这方面研究的德国学者杜能、韦伯等运用地租学说、比较成本学说等许多经济学研究成果，创立了古典区位理论。

1. 杜能的《孤立国》及其对产业布局理论的贡献

1826 年，德国经济学家杜能的《孤立国同农业和国民经济的关系》（简称《孤立国》）出版。在该书中，他提出了著名的孤立国同农业圈层理论。他认为：在农业布局上，并不是哪个地方适合种什么就种什么，农业经营方式也不是任何地方越集中越好。在这方面起决定作用的是级差地租，首先是特定农场（或地域）距离城市（农产品消费市场）的远近，亦即集中化的程度与离中心城市的距离成反比。为此，他设计了孤立国六层农业圈：第一圈层为自由农作圈，主要生产鲜菜、牛奶；第二圈层为林业圈，主要生产木材；第三圈层为轮作农业圈，主要生产谷物；第四圈层为谷草农作圈，主要生产谷物、畜产品，以谷物为重点；第五圈层为三圃农作圈，主要生产谷物、牧产品，以畜牧为重点；

第五圈以外即第六圈层是荒野。如图 9-1 所示。

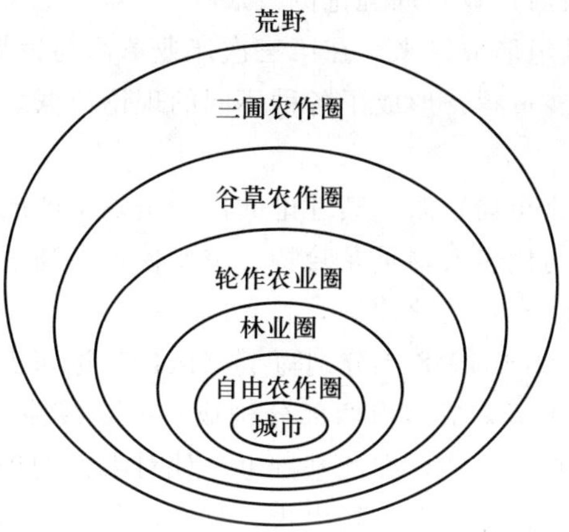

图 9-1　杜能农业圈层理论

尽管杜能的理论忽视了农业生产的自然条件，也没有研究其他产业的布局，但他的农业区位理论给西方许多工业区位理论的研究者以深刻的启发。杜能本人也因第一个研究区位问题而被誉为产业布局学的鼻祖。

2. 韦伯的工业区位论对产业布局理论的贡献

德国经济学家韦伯是古典区域理论的杰出代表，是工业布局理论的创始者。他在 1909 年撰写的《工业区位论》一书中系统地论述了工业区位理论。

韦伯认为，运费是对工业布局起决定作用的因素，工业的最优区位通常应选择在运费最低点上。他将龙哈特提出的“区位三角形”概念一般化为区位多边形，他假定有 n 个原料、燃料地，则工厂的最优区位必须满足的条件为：

$$\min F = f \cdot \min\left(\sum_{i=1}^{n} m_i r_i + r_k\right)$$

式中：F——单位产品总运费；

f——运费率；

m_i（$i=1$，…，n）——单位产品消耗的 i 原料、燃料重量；

r_i——i 原料、燃料的运距；

r_k——产品运距。

韦伯认为，劳动费和运费一样，也是影响工业布局的重要因素。对劳动费在生产成本中占很大比重或与运费相比在成本中所占比重大一些的工业而言，运费最低点不一定是生产成本最低点。当存在一个劳动费最低点时，它同样会对工业区位施加影响。韦伯还认为，聚集力也会对工业最优区位产生影响。聚集力是指企业规模扩大和工厂在一地集中所带来的规模经济效益和企业外部经济效益的增长。聚集经济效益，一方面取决于聚集的产业或企业的种类与结构，另一方面取决于聚集的规模。

韦伯是区位理论的奠基人。他第一个将工业区位理论系统化，提出了一系列概念、指标与准则等，其后的区位理论发展无不受其影响。

（二）第二次世界大战后产业布局理论的发展

产业布局理论自 19 世纪形成以来，在第三次产业革命与世界经济格局变化的影响下，经历了一个不同寻常的发展过程，形成了各种不同的理论流派。

1. 成本学派理论

成本学派是最早的产业布局学派，其理论的核心是以生产成本最低为准则来确定产业的最优区位。该学派最早的代表人物是龙哈特，主要代表人物是韦伯。韦伯之后成本学派的重要代表人物是胡佛、赖利、艾萨德等。

美国学者胡佛于 1931 年与 1948 年分别写了《区位理论与皮革制鞋工业》和《经济活动的区位》两本书。他提出运输成本由两部分构成：一是线路运营费用；二是站场费用。前者是距离的函数，后者则不一定。在此基础上，他对韦伯的理论做了修改：第一，若企业用一种原料生产一种产品，在一个市场出售，且在原料与市场之间有直达运输，则企业布局在交通线的起讫点最佳，因在中间设厂将增加站场费用。这就是胡佛的终点区位优于中间区位的理论。他认为这是大城市工业集中的重要原因之一。第二，如果原料地和市场之间无直达运输线，原料又是地方失重原料，则港口或其他转运点是最小运输成本区位。这就是转运点区位论，这一理论为人们在港口布局工业提供了理论依据。

赖利对产品交换的不同价格政策对运输的影响进行了深入研究。艾萨德则根据韦伯的理论，对运输指向的工业作了更详尽的分析。他认为，运费不仅取决于货物的重量及运距，而且还与货物本身的体积、易碎性、易燃性等属性有关。

2. 市场学派理论

市场学派产生于垄断资本主义时代。这一学派的主要观点是产业布局必须充分考虑市场因素，尽量将企业布局在利润最大的区位。在瓜分市场的激烈竞争中，还必须充分考虑到市场划分与市场网络合理结构安排。

研究市场划分的主要理论有谢费尔的空间相互作用理论，费特尔的贸易区边界区位理论，帕兰德的市场竞争区位理论，罗斯特朗的盈利边界理论，以及吉的自由进入理论等。其中，空间相互作用理论受到许多学者的关注。空间相互作用理论的基本原理是任何两地之间都存在一定的相互作用关系，两地的市场间的分界点为两地作用均衡点。

研究市场网络合理结构安排的理论主要有克里斯塔勒的中心地理论和廖什的区位经济学。克里斯塔勒通过对德国南部的城市和乡镇及其与四周的农村服务区之间的空间结构特征的研究，于 1933 年出版了《德国南部的中心地》一书，提出了中心地理论，首创了以城市聚落为中心进行市场面与网络分析的理论，很受学术界的重视。20 世纪五六十年代，荷兰填海造陆后曾按照中心地理论规划居民网点和交通图。廖什于 1940 年出版了《区位经济学》一书。他在该书中研究了区位平衡理论，建立与发展了工业区位理论、经济区理论与市场区位理论等。廖什认为，工业布局的原则是寻求最大利润，但如果把单个经济活动单位置于实际空间中去研究，其布局往往受多种因素影响。为此，他提出了区位的一般方程。在此基础上提出经济区理论。廖什是区位理论的集大成者，他的区位经济学涉及了农业区位理论、工业区位理论、交通运输布局理论等许多领域。而且他开创了产业布局学的新领域——区域产业布局。

3. 成本—市场学派理论

成本—市场学派是在成本学派与市场学派的基础上形成的。这一学派建立了一般均衡理论，而且探讨了区域产业布局与总体产业布局问题。这一学派的主要代表人物有艾萨德、俄林、弗农等。

艾萨德是区域科学的创始人，1954 年，他出版了《区位和空间经济》一书，试图在杜能、韦伯、克里斯塔勒和廖什等人的研究基础上建立一般区位理论。他详细讨论运输量、运费率、劳动力等对企业布局的影响，提出了著名的替代原则，通过对市场的分析提出了竞争布局模式。此外，他还讨论了工业的聚集、规模经济、经济区的规模、经济的地域特点和贸易理论等。

俄林于 1933 年出版了《区域间贸易和国际贸易》一书，在产业布局方面，建立了一般区位理论。他认为运输方便的区域经济能够吸引大量的资本和劳动力，并能成为重要市场，因而可专门生产面向市场、规模经济优势明显和难于运输的产品，而运输不方便的地区则应专门生产易于运输、小规模生产可以获利的产品。

弗农在俄林理论的基础上提出了产业生命周期理论，对处于不同生命周期的产业布局进行了探讨：第一，处于创新期的产业属于技术密集型产业，一般布局于科研信息与市场信息集中、人才较多、配套设施齐全、销售渠道畅通的发达城市。第二，处于成熟期的产业会从个别点向面上转移，出现波浪扩展效应。这是因为生产定型化使技术普及化，同时大城市的成本费用一般较高。第三，衰退期的产业完全沦为劳动密集型产业，经过长期生产，技术完全定型化，产品需求趋于饱和，生产发展潜力不大，于是从发达地区向落后地区转移。弗农的产业周期理论以技术发展为核心，事实上已道出了产业梯度转移理论的核心内容。

除上述三个学派外，区位理论发展到 20 世纪中期还产生了行为学派与社会学派。行为学派的主要思想是把人的主观态度及由其所决定的人的行为当作影响产业布局的主要因素。社会学派则着重研究各种社会因素对产业布局的影响。

4. 以后起国家为出发点的西方产业布局理论

第二次世界大战后，随着殖民地国家走上独立自主道路，落后地区产业布局理论开始受到重视。西方一些学者以后起国家为出发点提出了增长极理论、点轴理论、地理性二元经济理论等，大大丰富了产业布局理论的内容。

增长极理论是由法国经济学家佩鲁提出的，其核心内容是：在一国经济增长过程中，由于某些主导部门或者有创新力的企业在特定区域或者城市聚集，从而形成一种资本和技术高度集中、增长迅速并且有显著经济效益的经济发展机制。由于其对临近地区经济发展同时有着强大的辐射作用，因此被称为“增长极”。根据增长极理论，后起国家在进行产业布局时，首先可通过政府计划和重点吸引投资的形式，有选择地在特定地区和城市形成增长极，使其充分实现规模经济并确定在国家经济发展中的优势和中心地位，然后凭借市场机制的引导，使得增长极的经济辐射作用得到充分发挥，并从其邻近地区开始逐步带动增长极以外地区经济的共同发展。

点轴理论是增长极理论的延伸，从区域经济发展的空间过程看，产业、特别是工业先集中于少数点，即增长极。随着经济的发展、工业点的增多、点与点之间由于经济联系的加强，必然会建设各种形式的交通通信线路使之相联系，这一线路即为轴。这些轴线首先是为点服务而产生的，但它一经形成，对人口和产业就具有极大的吸引力，吸引企业和人口向轴线两侧聚集，并产生新的增长点。点轴理论就是根据区域经济由点及轴发展的空间运行规律，合理选择增长极和各种交通轴线，并使产业有效地向增长极及轴线两侧集中分布，从而由点带轴、由轴带面，最终促进整个区域经济的发展。

地理性二元经济理论是瑞典经济学家缪尔达尔在《经济理论和不发达地区》一书中提出的。他认为：在后起国家经济发展过程中，发达地区由于要素报酬率较高，投资风险较低，因此吸引大量的劳动力、资金、技术等生产要素和重要物质资源等由不发达地区流向发达地区，从而在一定时期内使发达地区与不发达地区的差距越来越大。另一方面，产业集中超过一定限度后，往往出现规模报酬递减现象。这样发达地区会通过资金、技术乃至人力资源向其他地区逐步扩散，以寻求不发达地区经济增长的机会，特别是对不发达地区产品和资源的市场需求会相应增加。

5. 其他相关理论

随着世界经济全球化趋势的加强，区域联合理论越来越成为研究产业布局理论时必须关注的主要理论，主要包括区域相互依赖理论和地域分工与贸易理论。

早在100多年前，马克思、恩格斯在《共产党宣言》中就明确地提出并分析了随着资产阶级开拓了世界市场，世界经济必然走向相互依赖的原理。西方经济学家在世界经济的相互关系方面也作了大量研究。区域相互依赖理论认为：生产力的扩展有助于世界范围内将各种生产要素进行新的组合，提高其利用率，并把各国从物质生产到精神生产都密切地联系起来；而商品经济的发展、交通通信手段的现代化、技术的空间推移和协作，以及资本的国际化流动等都使得相互依赖的程度不断加深。

地域分工与贸易理论是随着资本主义生产方式的发展，为适应自由贸易的需要而产生的经济学说，从亚当・斯密开始，经大卫・李嘉图到赫克歇尔、俄林等，经历了几个演变阶段。

斯密的绝对成本学说认为：分工可以提高劳动生产率，这一原则也适用于地域分工与国际分工。指导分工的是优势原理。各国为了本国利益都专业化地生产本国具有优势的商品，即实行国际分工，就能提高每个国家的劳动生产率和社会总产量，并在国际贸易中获得较大的利益。按照优势原理，富有国家应当专业化于制造业，而贫穷国家应专业化于农业，然后相互交换，两国都可以从节省劳动中得到好处。

李嘉图的比较成本学说认为：两国产品的交换取决于生产这两种产品的比较（或相对）成本，而不是由生产这两种产品耗费的绝对成本所决定。这是因为两国劳动生产率的差异并不是在任何产品上都等同。他主张每个国家都应把劳动用在最有利于本国的生产上，生产和出口对本国相对有利的商品，进口相对生产成本较高的商品。

赫克歇尔—俄林定理则把国际分工、国际贸易与生产要素差异（土地、劳动力、资本）联系起来，提出了“生产要素禀赋差异理论”这个概念。其主要观点是：第一，每个国家和区域，生产要素禀赋各不相同，各国各地区，在区域（国家）分工—国际贸易体系中，应专门利用自己相对丰富的生产要素从事商品生产，以发挥各自所拥有的生产要素的优势。第二，地域分工与贸易发生的直接原因，是生产要素供给的不同，它决定了生产要素的价格差异。第三，国际分工、国际贸易最重要的结果，是各国能够更有效地利用各种生产要素。如果各种生产要素能在国际间自由移动，就可以达到这一点。

（三）马克思主义产业布局理论

马克思主义经济学家，在研究社会一般分工基础上，吸取了比较成本学说的“合理内核”，形成了自己的劳动地域分工理论：第一，地域分工是在广阔的区域内，按商品分工实行生产的专门化。这一分工，把一定的生产部门固定在一定地区。第二，地域分工是生产力发展到一定阶段的产物。第三，地域分工可以节约社会劳动，促进生产力的发展。第四，地域分工的作用取决于社会生产方式及其变革。具有比较利益的产业，也不是一成不变的。中国和苏联以马克思主义的劳动地域分工理论为指导，开创了公有制条件下产业布局理论。

1. 苏联的地域生产综合体理论

苏联地理学家巴朗斯基早在 20 世纪 30 年代提出了“地域生产综合体”的概念。此后，H. H. 克洛索夫斯基和 H. H. 涅克拉索夫对这一概念作出了进一步的论述。地域生产综合体以开发特定区域丰富的自然资源为基础，其内部各部门企业是建立在对各种资源的合理综合利用，以及对于服务于生产、生活的各种基础设施的统一安排基础上的。地域生产综合体的理论在苏联被广泛接受，在产业布局中得到了广泛应用。从 20 世纪 50 年代中期以来，在西伯利亚，苏联通过对水利、煤炭、油气、铁矿、木材等资源的开发，建立了 10 多个大型的工业地域生产综合体，收到了明显的效果。

2. 马克思主义的劳动地域分工理论是指导我国产业布局的基本理论

中华人民共和国成立前，我国的产业布局极不合理。全国 80%以上的工业和交通运输设施集中在占全国面积不到 12%的东部沿海狭长地带。中华人民共和国成立后，毛泽东在《论十大关系》中提出了“平衡工业发展布局”的思想。以此为指导，之后的 30 多年里，国家将一半的基本建设资金投入内地，加速了内地和部分少数民族地区的经济发展，初步改变了旧中国遗留下来的产业畸形布局的不平衡状态。但是，由于对我国国情的认识不足、缺乏经验，以及“左”的思想干扰，在产业布局上也存在严重的教训：第一，轻沿海，重内地，人为地抑制了东部地区的发展。第二，片面强调建立“地方工业体系”，不注意发挥地区优势。第三，缺乏统一规划，过于分散，形不成生产能力。

党的十一届三中全会以后，我国对产业布局进行了调整：从强调“平衡布局”转而注重整体发展速度和宏观经济效益，充分发挥和利用各地区优势，尤其是沿海地区的经济技术区位优势，按东、中、西三大地带序列分阶段、有重点、求效益地展开布局，总体上实施了“非均衡布局战略”。这一战略的实施，加快了东部沿海地区的发展，并在一定程度上带动了中部和西部地区的开发和建设，我国的产业布局也因此跃上了一个新的台阶。

二、产业布局理论的研究内容

产业布局理论主要研究产业布局的条件、特点、层次、机制和区域产业结构等内容。

（一）产业布局条件

产业布局条件是指产业布局时的外部环境。它包括多种因素，既包括物质化的硬环境，也包括非物质化的软环境。除受当时生产力发展水平及社会物质财富的生产方式制约外，还受当时的自然条件、经济地理区位以及人口条件的强烈影响。

（二）产业布局特点

产业布局特点主要指以下内容：第一，各个产业由于自身的技术经济要求不同，而在布局上呈现出不同特征。第二，各地区根据自身条件，扬长避短，发挥优势，形成不同的产业结构，形成各具特色的多种产业的地域组合。

（三）产业布局层次

产业布局层次是指不同层次地域的产业布局具有不同的规模和规律。本书认为研究产业布局不仅要研究全国性产业布局和地区性产业布局，还要研究产业布局在全球范围内的特殊表现，即国际分工和国际产业转移。

（四）产业布局机制

产业布局机制是指各种影响和决定产业空间分布和组合的因素的相互制约和作用的内在机理。产业布局机制可分为两大类型：产业布局的市场机制、产业布局的计划机制。

产业布局的市场机制是随着资本主义制度的建立而逐步发展起来的。其主要特点是：第一，产业布局的主体是企业。企业有权选择自己的区位，而且不受国家产业政策和区域政策以外的非经济因素干扰。第二，产业布局的目标是利润最大化。企业在布局项目的选择上，总是倾向于风险小、利润大的项目；在布局区位的选择上，总是倾向于投资环境较好，能使资本边际产出效率高的区域。第三，产业布局的手段是经济利益导向。产业布局主体依据价值规律和市场价格信号，从自身利润最大化出发，自发地选择最优区位。

产业布局的计划机制是20世纪30年代由苏联首先确立的，第二次世界大战后，在中国和东欧一些国家比较流行。这种机制的主要特点是，第一，产业布局的主体是中央政府，产业布局的决策权、资产增量和建设项目在各个地区的分配权，乃至资产存量在各个地区之间的转移全都集中在中央政府手中。第二，产业布局的目标是国家整体利益，地区经济利益往往被忽视，或被置于次要地位。第三，产业布局的手段是行政命令，产业布局主要通过中央部门和各级地方政府执行中央政府的行政命令来实现。

产业布局的市场机制和计划机制各有长短，单纯依靠某一种机制都难以实现产业的合理布局。因此，世界各国先后认识到，在发挥市场机制基础作用的同时，必须有效利用由国家干预或宏观调控的计划机制。

（五）区域产业结构

影响产业布局的一定的社会经济和技术条件，要求有与之相适应的一定的部门经济结构。不同的部门经济结构反映着社会生产力的发展状况，反映着一个地区的经济发展水平。从区域的角度考察，一个区域如果取得经济增长，必须不断地进行产业结构的调整，适时地推动产业结构向高度化演进，因此，提高产业结构的转换能力是至关重要的。地区产业结构演进的过程同时也是人口与产业空间转移的过程，它深刻地改变着产业布局的面貌。

第二节　产业布局的影响因素

一、地理位置因素

地理位置是影响国家和地区经济发展的重要因素，它能加速或延缓地区经济的发展。因为地理位置不仅关系到自然条件，而且还关系到交通、信息和一系列社会经济条件。

（一）地理位置对第一产业布局的重要影响

第一产业主要是农业，由于受到光、热、水、土等条件的严格限制，因此，在地球上，处于什么样的地理位置，就决定了该地区第一产业的发展方向。同时，农业生产也受当地运输条件以及相应的市场供求制约。地理位置反映地区多种生产条件，地理位置的优越与否，即表现在这些方面的差异上。

（二）地理位置对第二、第三产业布局的直接影响

世界上许多地方的产业并非都分布在能源基地、矿产和其他原料地，而是分布在地理位置优越、交通方便的地方，如综合运输枢纽、海港、铁路沿线等，多为不同规模的加工中心，并汇集众多的第三产业部门。地理位置还可以直接影响到地区自然资源的开发顺序，那些交通方便、距离经济发展中心较近的地区资源，因其经济价值较大，总是首先得到开发。

二、自然因素

自然因素包括自然条件和自然资源两个方面。自然条件是人类赖以生存的自然环境，包括未经人类改造、利用的原始自然环境，也包括经过人类改造利用后的自然环境。自然资源是指自然条件中被人利用的部分。自然因素是产业布局形成的物质基础和先决条件。

（一）自然资源对第一产业的决定性影响

由于第一产业的劳动对象直接来自大自然，各种自然资源分布的地区，也就是相应的第一产业分布的地区。同时，各种农作物、不同种类的树木、禾草等的生存环境不同，对

自然条件的要求也各有不同，所以自然条件、自然资源直接制约着第一产业的布局。土地资源、气候资源、水资源与生物资源共同的综合作用，决定了大农业生产的地域分布。

（二）自然资源对第二、第三产业布局的间接影响

自然因素对第二、第三产业布局的影响，主要是通过第一产业发挥作用的。自然资源对第二产业的影响主要有重工业中的采掘业、材料工业、重型机械，以及以农产品为原料的轻工业和食品工业，它们多分布在工业自然资源或农业自然资源较丰富的地区。另外，工厂厂址的地形、面积、工业用水等也离不开自然条件，有些地区还深受这些条件的限制。自然因素对第三产业的影响，突出表现在对旅游业的作用。深山老林、高山峡谷、荒漠草原等，呈现了原始自然美，是不可多得的旅游资源。

（三）自然资源直接影响到产业布局的大格局

由于自然条件、自然资源对劳动生产率、产品质量等方面具有直接和间接的影响，在市场经济与竞争的条件下，产业活动势必首先向最优的自然条件与自然资源分布区集中，形成一定规模并各具特色的专业化生产部门，进而完成产业劳动地域分工的大格局。如世界大型重工业区，都是在当地丰富的煤或铁资源的基础上发展起来的；世界主要谷物产区，都分布在地势平坦、土壤肥沃、气候适宜的地区。

（四）自然条件各要素对产业布局的影响

稳固的地质基础是制造业、建筑业发展的前提。平原区利于大规模现代化耕作、灌溉，有开阔的场地供制造业、建筑业使用和发展各种运输线路，是最优的产业布局场地。山区、丘陵多地势起伏，影响对内、对外的经济联系，不宜发展需要保鲜的果品业和消耗原、燃料多的制造业。盆地地区空气流通差，不宜发展冶金、化工等工业。气候除对农业影响最大外，对水利枢纽、航海航空、露天采矿、飞机制造以及旅游业等影响也很大。水不仅影响农业布局，还可以直接用作工业原料，内河航运、海洋航运则直接使用水的浮力。动植物的分布也决定了某些产业的布局，如亚欧、北美大陆北部是温带针叶林带，该地区就成为世界木材的主要供应地和造纸业的集中分布区。

三、人口因素

人既是生产者，又是消费者。这两方面的属性对产业布局都产生深刻的影响。

（一）作为生产者的人对产业布局的影响

人口数量对市场规模和资源开发程度有较大影响。一般来说，充足的人口，特别是充足的劳动力资源可以充分开发利用自然资源，发展生产，在产业安排上，通常以劳动密集型产业为主；而在人口较少地区，大多布局可以有效利用当地自然条件、自然资源的优势产业，以利于提高劳动生产率，弥补开发地区的高投资。

人口质量或人口素质也对产业布局有重大影响。人口质量的高低是与一定的生产力水平相联系的，高质量的人口和劳动力是发展高层次产业，即技术密集型产业的基础。

（二）作为消费者的人对产业布局的影响

人口的消费状况对产业布局也有明显的影响。各个地区人口数量、民族构成和消费水平的差异，要求产业布局与人口的消费特点、消费数量相适应。例如，特大城市都分布着为本市人口消费服务的大城市工业（以针织、制鞋、玻璃、家具等工业为主）和城市农业（以蔬菜、花卉、牛奶等现代农业为主）。此外，人口的性别、年龄、民族、宗教差异，导致了市场需求特征的多样性，要求产业布局根据不同情况，有针对性地选择产业项目种类和规模，最大限度地满足各种层次人口的物质文化生活需要。

四、社会经济因素

影响产业布局的社会经济因素主要有历史基础，市场条件，国家的政策、法律和宏观调控，国内、国际政治条件，价格与税收条件等。

（一）历史基础

产业布局具有历史继承性，已经形成的社会经济基础对再进行产业布局具有重大影响。一般来说，在原有经济基础较好的地区，再进一步发展可以利用原有的基础设施，会对产业布局产生积极的影响。但同时还要看到，原有历史基础是在过去生产力水平下形成的，不可避免存在一些问题，比如结构不合理，或布局零乱，或设施落后、污染严重等。在进行产业布局时，就要根据具体情况，充分利用积极因素，改变其不利的方面，使产业布局合理化。

（二）市场条件

随着商品经济的发展，市场已成为影响产业布局的一个越来越重要的条件。首先，市场需求影响产业布局，无论是地区、地点布局，还是厂址的选择，都必须以一定范围内市场对产品的需求量为前提。其次，市场的需求量和需求结构影响产业布局的部门规模和结构，是形成主导产业、辅助产业，以及有地方特色的产业地域综合体的指南。再次，市场竞争可以促进生产的专业化协作和产业的合理聚集，使产业布局指向更有利于商品流通的合理区位。因此，产业布局时，必须首先通过市场调查、预测，了解市场需求状况，以便合理布局。同时，还要根据市场行情的变化趋势，及时调整产业结构，从而改变产业布局，以适应市场变化的需要。

（三）国家的政策、法律和宏观调控

正确的政策可以推动经济的发展和产业的合理布局；反之，则会对经济的发展带来消极后果。过去在特殊历史时期，我国曾片面强调“以粮为纲”的方针，于是毁林开荒、围湖造田。结果，粮食生产不但没有搞上去，还严重破坏了自然环境。党的十一届三中全会以后，我国实行了对外开放、对内搞活的经济政策，有力地推动了国民经济的发展和产业布局的深刻变化。

法律对产业布局的影响，可以从19世纪英国“谷物法”的典型例子看出。18世纪末以前，英国农业不发达，需从外国进口粮食。在英法战争期间，英国大力发展自己的农业。战后，英国为了使自己的谷物市场不受欧洲的影响，于 1814 年颁布“谷物法”，限制谷物进口，从而使英国谷物生产获得很快发展。到 19 世纪中叶，又修改了原来的法律，允许谷物自由输入英国，由于英国农业脆弱，经不起国际竞争，成了世界上的粮食进口市场。此外，当前世界各国普遍采用的土地法、渔业法、森林法、水资源法、环境保护法以及工业法等，均会对产业布局产生影响。

在市场经济体制下的产业布局，主要受市场需求控制，比较注重效益，但往往具有较大的盲目性，造成产业布局的波动性和趋同化。因此，第二次世界大战后，许多市场经济体制的国家都加强了对经济发展的干预。如日本战后为了全面发展经济，协调各产业部门间和各地区间的矛盾，以及解决一系列社会问题，政府先后制定了几次“全国综合开发计划”，相应地颁布了一系列法律。这些计划的实施，对日本国土的综合开发、新工业基地与农牧业基地的建立以及重工业基地的适当分散等，起到了积极的作用。

（四）国内、国际政治条件

任何一个国家的经济发展都必须有一个良好的国内、国际政治环境，一个政局不稳、动荡不安的国家，其经济很难获得发展，当然也就谈不上合理的产业布局。中华人民共和国建立初期，由于当时的国际环境，我国不得不把沿海的一些工业迁往内地，并重点进行东北工业基地的建设。改革开放以来，由于国际环境的变化，我国又将投资重点放在东部沿海一带，这一政策的变化，促进了我国东部经济的优先发展。

（五）价格与税收条件

价格对产业布局的影响主要体现在国家的价格政策、产品地区差价及产品可比价格等方面。价格政策体现了国家对市场经济的宏观调控，合理的价格政策对产业布局有积极的影响；反之，则干扰很大。产品的地区差价客观地体现了商品生产和消费在空间上的差异与矛盾，合理的地区差价有利于企业按价值规律选择最佳区位。另外，产品的各种比价关系对产业内部结构的调整和生产的地区分布有重要作用。

税收也对产业布局产生重要作用。合理的税制结构可以控制重复建设、以小挤大和地区封锁，从而促进产业布局合理化与地区经济的协调发展。对于某些产业在不同地区的发展，也可以用改变税率的方法来控制和调整。

五、科学技术因素

科学技术是构成生产力的重要组成部分，是影响经济发展与产业布局的重要条件之一。

（一）自然资源利用的深度和广度对产业布局的影响

技术进步不断地拓展人们利用自然资源的深度和广度，使自然资源获得新的经济意义。如由于选矿、冶炼技术的进步，使品位较低的矿物资源获得了工业利用的价值。这将使原料、动力资源不断丰富，各类矿物资源的平衡状况以及它们在各地区的地理分布状况不断改善，从而拓展产业布局的地域范围。同时，技术进步能提高资源的综合利用能力，使单一产品市场变为多产品的综合生产区，从而使生产部门的布局不断扩大。

（二）产业结构对产业布局的影响

技术进步不断地改变着产业结构，特别是随着新技术的出现，往往伴随着一系列新的产业部门的诞生。这些产业部门都有不同的产业布局的指向性，这就必然对产业布局状况产生影响。随着技术的进步，生产力的提高，三次产业结构也不断变化，使得人类生产、生活的地域和方式也出现了很大变化，这将导致城市化趋势，从而对产业布局产生影响。

第三节　产业布局的实践

一、国际分工与国际产业转移

国际分工和国际产业转移是产业布局在全球范围内的特殊表现，研究国际分工和国际产业转移的主要目的是考察世界各国，特别是发展中国家在此背景下的地位和经济发展战略。

（一）国际分工与国际产业转移的关系

国际分工是社会发展到一定阶段的产物，是国民经济内部的分工超越国家界线广泛发展的结果。国际分工的一个重要特点是不同国家的生产力水平不同，其中一部分国家的生产力发展水平较高。这在实际上就表现为国际的产业级差。由于产业生命周期的客观存在，发达国家便通过国际贸易和国际投资等方式将本国处于衰退期的产业向外扩散或转移。随着最先移入这些产业的发展中国家的工业化进程，这些产业也会转移到其他国家或地区，由此形成一个永不衰竭的产业转移浪潮。国际产业转移使发达国家与发展中国家之间的国际经济关系建立在一种新的国际分工基础之上，形成一种新的贸易与投资的利益分配的国际格局。因此，国际分工是国际产业转移的前提和基础，而国际产业转移也会对国际分工格局的演进起重大作用，并不断地改变着国际分工格局。

（二）产业革命以来国际分工格局和产业转移的演变

从产业革命到产业转移这样一个历史演进的过程中，若按照发达国家与发展中国家之间联系机制的显著变化来划分国际分工格局，则存在着两个历史阶段。

1. 18 世纪中叶至 19 世纪末：工业国与农业国

18 世纪中叶开始的产业革命标志着资本主义向新的技术基础的大机器工业过渡。大机器工业的建立、交通运输业的发展，以及电报和海底电缆的铺设使得资本主义国家的产品不仅供应本国，而且供应世界各地。大机器工业产品的低廉价格，成了征服国外市场的武器，也成了破坏国外的手工业生产，从而强迫外国变为自己的原料产地的武器。这样世界便分裂成两类国家：一是一些以农业为主或纯粹从事农业的农业国，二是由农业国围绕的少数几个工业国。

19世纪末20世纪初，主要资本主义国家通过资本输出，把资本主义生产日益扩大地移植到殖民地、半殖民地国家中去，从而使资本主义国际分工的主要形式，即工业国与农业国之间的分工更加深化。

2. 20世纪60年代至今后较长一段时期：劳动密集型产业国、资本密集型产业国、技术密集型产业国

20世纪60年代以来，由于第二次技术革命和国际生产关系的变化，传统的以自然资源为基础的分工逐步发展到各个产业部门内部的分工，进而发展到以产品专业化为基础的分工；由市场自发力量决定的分工，越来越向由跨国公司和国家所组织的分工方向发展。而且，发达国家中出现了以出口矿产品为主的工业制成品和以农产品为主的初级产品生产国以及主要出口以高精尖技术产品为主的工业制成品生产国；同时，发展中国家之间也出现了产业分化，新兴工业国和地区主要出口资本密集型产品和技术密集型产品，半工业化国家和地区主要出口劳动密集型产品，非工业化国家则仍然出口初级产品。这样，如果用要素结构的观点来研究国际分工格局，就可以发现各国的产业结构或是以劳动密集型产业为主体产业，或是以资本密集型产业为主体产业，或是以技术密集型产业为主体产业。因此，我们可以将当前和今后的国际分工格局描述为劳动密集型产业国、资本密集型产业国、技术密集型产业国之间的分工。

60年代以来，由于新的国际分工造成的大规模国际产业转移已经发生了三次：第一次是60—70年代，由于第二次世界大战后科学技术的发展，推动了西方发达国家的产业结构升级，它们开始转移资本有机构成低的劳动密集型产业；第二次是70年代以石油为主的能源危机，迫使发达国家向国外转移重化工业；第三次是80年代以来，新技术革命导致的技术密集型产业转移。进入20世纪90年代以后，发达国家开始由工业社会向知识社会转化，国际产业转移呈现出新的趋势和特征：第一，国际产业转移规模扩大化；第二，国际产业转移结构高度化，高技术产业、金融保险业、贸易服务业、电信业、信息业、房地产业等日益成为国际产业转移的重点领域；第三，国际产业转移区域内部化，区域内的资本流动和产业转移超过区域间的资本流动和产业转移；第四，国际产业转移方式多样化，逐步形成了独资、合资、收购、兼并和非股权安排等多样化投资和产业转移方式并举的格局；第五，跨国公司成为国际产业转移的主体，在世界经济中，特别是在研发投资等核心环节和高收益领域，跨国公司早已成为了技术、知识传递的主要载体。

（三）国际分工和国际产业转移背景下发展中国家的经济发展战略

对发展中国家来说，国际产业转移是柄双刃利剑，既具有促使产业结构成长、引起就业结构变化、提高社会资本有机构成、加速国民生产总值提高等正面效益，也会导致发达国家与发展中国家在技术、产业、社会平均资本有机构成等方面保持级差，以及污染产业的转移与有害产业的扩散等固有的负面效应，对发展中国家幼稚产业的成长和经济安全的保证也极为不利。因此，既不能完全依赖产业转移，也不能完全排斥产业转移。

发展中国家在国际分工和国际产业转移背景下应选择的经济发展战略是：第一，兼收并蓄走超常规发展之路。发展中国家要根据本地区和国际经济政治条件的变化，适时地转

换战略，有时实行进口替代为主的战略，有时实行以出口扩张为主的战略。第二，以内为主，内外联动。所谓以内为主，其核心是实行内生型的市场化发展，即在国内经济的内在结构中培育市场积极因素，加速国内统一的市场体系，建立现代市场经济制度。所谓内外联动，就是在内生型市场化发展的基础上，实现国内市场和国际市场的接轨。

在国内市场培育与发展过程中，发展起来的民族工业如何占领本国市场、如何适当控制外国商品占据本国市场主动权，是一个既复杂又困难，而且关系到民族工业生死存亡的大问题。这就需要发展中国家在制定有关产业转移政策时考虑以下六点：第一，强化中央政府，动员与集中成长资源；第二，防止寻租行为（rent seeking），实行权力运作的制度化和透明度，防止权力以及由权力制定的市场规则向寻租者倾斜；第三，加速产业成长，实施产业引进、消化、创新、扩散的全程控制；第四，浇筑产业支柱，形成寡头垄断的上层结构，以支撑和带动整个产业和整个市场；第五，重建产业基础，通过“多级承包”和“系列企业”等方式形成自由竞争的下层结构；第六，控制市场准入，实行对外开放与对内保护的均衡。

中国是个发展中国家，东、中、西部发展仍不平衡。经过 40 多年改革开放，东部地区产业结构水平明显提高，资本密集型产业和技术密集型产业已成为该地区的主导产业，目前已经进入稳定发展阶段，许多省市 GDP 的增速已经回落至与全国平均增速持平甚至低于同期全国增速的低速水平。而广大西部地区虽然靠成渝都市圈发展带来了一抹亮色，但整体的发展表现仍有待进一步突破。相比较而言，我国中部地区在国际分工和产业转移大背景下的加速崛起最为抢眼。“全国重要先进制造业中心、全国新型城镇化重点区、全国现代农业发展核心区、全国生态文明建设示范区、全方位开放重要支撑区”已经成为该地区未来努力的方向。

二、全国性产业布局

全国性产业布局主要是从全国规模考察产业的空间联系、产业结构的适时转换与经济成长，以及适应一国经济成长各阶段而进行的对产业布局总体框架的调整。

（一）全国性产业布局的总体目标

一个国家产业布局的总体目标是实现产业的合理布局和经济资源在空间上的有效配置。但从根本上讲，产业布局的目标可分为两个，即效率目标和公平目标。此外，生态平衡目标和国家安全目标也是非常重要的目标。

效率目标追求整个国民经济较高的增长速度和良好的宏观效益，公平目标要求不断缩小区域间的经济水平和收入水平的差距。一般说来，效率和公平是相对消长的。但从长远看，两者的目标又是统一的。没有一定的发展速度和经济效率，就不可能积累足够的资金，用以支持落后地区的开发；而没有落后地区的开发，发达地区发展所需的原料、燃料和市场也难以扩大，而且不利于社会的安定。所以国家在制定产业布局目标时，必须兼顾效率和公平，并根据社会经济的具体情况，确定两者的主从关系。同时，也要用生态平衡的观点作为原则来制定产业发展战略，看待和评价人类与环境有关的一项活动、目标。产业布局既要考虑生物种类（生物、植物、微生物）的组成和数量比例相对稳定，也要考虑非生物环境（包括空气、阳光、水、土壤等）的相对稳定。产业布局不能够破坏生态平衡。最后，国家安全是一个国家处于没有危险的客观状态，也就是国家既没有外部的威胁和侵害又没有内部的混乱和疾患的客观状态。国家安全目标是一个从国家层面思考的产业发展战略目标，就是说，国家的产业布局既要从国防角度进行战略考虑，也要从国家经济长期稳定健康发展的角度考虑。所以，我国产业布局的总体目标是实现产业的合理布局和经济资源在空间上的有效配置。

（二）全国性产业布局的调整

改革开放前，我国坚持平衡布局的思路，通过高度集中的计划机制，实现资源在产业和地域间的组合与再组合。这种产业布局方式在实践上产生了一系列不良后果。改革开放后，我国突出了效率优先、兼顾公平的布局政策取向，因而全国产业布局和投资重点东移，有力地刺激了区域经济的发展。但是，在由计划经济向市场经济过渡的过程中，全国性产业布局出现了一些新的亟待解决的问题。一是区域间发展不平衡，导致东部沿海地区与内陆中西部之间的差距明显拉大。二是区域产业结构在一种低层次上严重趋同，直接损害规模经济和聚集效益，并引发经济震荡。三是区域间不正当竞争、地区封锁、市场分割，引发资源大战，阻碍生产要素合理流动。解决这些问题的一个根本对策是必须坚持全国性产业布局非均衡协调发展的思路。

全国性产业布局非均衡协调发展的主旨，是在考虑产业在各地区布局非均衡的条件下，在把区域经济不断引向高水平的过程中，谋求在地区与地区之间、部门与部门之间、地区比较优势与国家综合优势之间，建立一种动态的协调关系，以此消除非均衡发展的副作用。全国性产业布局非均衡协调发展并不要求在短期内根本消除区域经济发展的差距，也不企求国家牺牲效率而迅速发展落后地区的生产力，而是要在考虑区域发展非均衡的前提下，在把区域经济不断推向高水平的过程中，逐步培植起落后地区持续发展的能力和潜力，并在条件成熟的情况下促进落后地区经济的超越发展。

全国性产业布局非均衡协调发展要求产业政策与地区政策相结合，既要坚持产业政策区域化，又要坚持区域政策产业化。前者要求国家从全局利益出发，制定全国产业重点发展战略，并对各产业，特别是对重点支持的主导产业在全国的布局有一个总体部署，按照地域优势的原则，将全国产业发展设想分解落实到各个区域，明确各个区域产业结构的调整方向和产业发展系列。后者是指在确定重点发展区域和各区域开发对策的同时，要求对各类地区的产业结构有一个轮廓性的规定，特别是对不同地区的主导产业和优势产业应有所规定，使重点区域的发展体现在其优势产业上。

三、地区性产业布局

地区性产业布局是地区产业运行在空间上的实现，它主要研究在地区经济发展的不同阶段，地区内部各产业空间组合的最佳形式和一般规律，以求合理地利用本地资源，求得最大的区域效益。

（一）地区性产业布局的依据

1. 自然环境上有一定的类似性和关联性

自然环境上的类似性是指区域内主要的资源条件、经济发展水平、发展的潜力与问题、面临的任务和发展方向等方面具有近似性，这是地区性产业布局的客观基础。自然环境上的关联性是指区域内主要的资源条件、经济发展水平、发展的潜力与问题、面临的任务和发展方向等相互牵连和影响的关系。自然环境上的类似性与关联性相适应，区内自然环境之间稳定、合理、密切的关联性可以使区内经济得以成为整体，为实现本地区的主要目标服务。

2. 经济发展与布局现状有相似性和互补性

地区性产业布局既要从历史上已经形成的社会劳动分工的特点出发，充分考虑本地区经济发展现状（产业结构与发展水平等），更要预测未来，兼顾未来发展方向的一致性，要保证经济发展与布局现状有相似性和互补性。

3. 拥有实力雄厚的经济中心

经济中心是组织和协调区域发展的核心，它可以把区域内各部门、各区域、各级城市的经济活动凝聚成一个整体。经济中心的规模和经济实力不同，对周围地区的辐射和吸引范围也不同，它决定该地区内产业的规模、级别和经济发展水平。

（二）地区性产业布局的基本走势

由于地区经济发展水平的每一次跃进都是通过产业结构的转化而实现的，因此，我们以产业结构水平的转化为基准来划分地区经济发展的成长阶段，并以此为线索来研究地区产业布局的走向。

1. 传统社会的产业布局

传统社会的产业布局问题实质上是农业布局问题。人们根据各地区农业生产的有利条件从事不同种类的种植业、林业和畜牧业的生产，以手工业和集市贸易为主的小城镇是地区经济活动的中心，并在一定程度上起着组织区内商品生产和流通的作用。

2. 工业化初期的地区性产业布局

处于工业化初期的地区，其产业结构逐步由落后的农业向现代化工业为主的工业化结构转变，工业以原料指数较高的劳动密集型初级产品的生产为主，大多趋向布局在劳动力丰富的原材料产区。

3. 工业化社会中期的地区性产业布局

处于工业化中期的地区，其产业结构由以轻工业为主体转向重化工工业迅速增长，工业劳动力开始占主体，第三产业开始迅速发展。这一时期地区产业布局的重要内容是重化工工业的布局以及与此适应的城市体系布局和地区产业结构的塑造。

4. 工业化社会后期的地区性产业布局

工业化后期产业结构运行的特征是在第一、第二产业协调发展的同时，第三产业开始由平稳增长转入持续的高速增长，最终成为国民经济的主导产业。这一时期的地区性产业布局是工业化中期产业布局的继续和完善，逆城市化过程比较明显。第二产业，特别是基础原材料工业不断从中心城市扩散，使中心城市以及原来比较落后的地区得到了大规模的开发和发展。第三产业，特别是现代化的新兴第三产业则向中心城市集中，中心城市的服务和管理机能大大加强，并通过现代化的交通通信和服务网络把分散的工业企业及其他生产者有机地联系为一个整体，促使区内经济协调有序地向前发展。

5. 后工业化社会和现代化社会的地区性产业布局

在后工业化社会，制造业内部结构进一步由以资本密集型产业为主导走向以技术密集型产业为主导，第三产业进一步分化，技术密集型和知识密集型产业开始从服务业中分离出来，并占主导地位。从发达国家的发展历程看，这一时期的地区性产业布局呈现出两种不同的趋势：第一，高速发展的交通通信和信息服务使产业布局和居民点布局呈现分散化趋势；第二，产业布局的集中化趋势及特大城市带进一步扩展。

（三）地区性产业生长点的选择

从产业运行规律的角度来看，地区经济发展的过程实质上是不断创造或引进新的产业、部门或产品，并在更大范围内扩散和发展的过程。是否不断有新产业或产品被创造和发展，是地区产业结构升级的关键，也是地区经济发展的关键。由于地区发展的不平衡性，创新活动集中在少数城市或地区，这些有能力创造或引进、吸收和发展新兴产业、部门、技术和产品的城市和地区就叫产业生长点。地区性产业生长点的选择主要考虑如下因素：第一，经济发展水平；第二，人才、技术水平；第三，基础设施水平。地区产业生长点选择的具体条件因地区条件的不同而千差万别。在经济发展比较落后的地区，根据上述因素选择的具体条件可能是很低的，选择出来的产业生长点也许就是个中小城市。但是，对于这些地区来说，新兴产业的技术层次也较低，因此中小城市也能胜任。相反，如果是在发达地区，作为产业生长点的就可能是发达的大城市或特大城市。

（四）地区性产业布局的主要模式及其在中国的应用

1. 增长极发展模式

改革开放后，我国借鉴增长极的理论指导产业布局。首先，主要在东部地区重点培育一批增长极，比如经济特区的设立、开放城市的确定、各类开发区的建设等，对我国区域经济的发展都起到了非常积极的作用，收到了明显的效果。现在，我国持增长极观点的学者认为，我国中西部地区同样可以推行这种增长极战略，通过多层次的增长极在不同点上带动经济发展，如在西部，大力培育三级增长极，具体而言，一级增长极为重庆、成都和西安三座城市；二级增长极为广西北部湾经济区、新疆乌鲁木齐市和云南昆明市；三级增长极为贵阳、兰州、西宁、银川、呼和浩特和拉萨等城市。而且我国地域辽阔，经济的内向型特征和资源分布的不平衡特征决定了中西部地区更适合采取这种战略。

2. 点轴布局模式

点轴布局模式是增长极布局模式的延伸。当前我国产业布局中比较公认的两种点轴模式是："T"形模式（以沿海与长江为轴线，以上海为首的包括轴线上的主要城市为点展开我国产业布局）和“弓箭形”模式（以沿海或京沪线为弓，京广线为弦，长江为箭，上海是箭头，以此为脉络展开我国的产业布局）。

3. 网络布局模式

网络布局是点轴发展与布局的延伸，是地区经济比较发达地区的一种布局模式。在经济发达地区，经济密度高，交通通信发达，地区产业布局根据区内城镇体系和交通通信网络系统逐次展开，把网络的中心城市和主导城市作为高层次的地区增长极，把网络中的主轴线作为一级轴线，布局和发展区内高层次的产业。我国东部的京津唐地区、长江三角洲地区、珠江三角洲地区都属于这种开发模式。

4. 区域梯度开发模式

这种理论的基本观点是：由于经济技术的发展是不平衡的，客观上存在一种技术梯度，有梯度就有空间推移。生产力的空间推移要从梯度的实际情况出发，首先让有条件的高梯度地区引进、掌握先进生产技术，然后逐步向处于二、三级梯度的地区推移，实现经济分布的相对均衡。20 世纪 70 年代末 80 年代初梯度开发和布局理论被引入我国，并很快运用到我国生产力的总体布局之中。梯度理论认为我国存在着东、中、西三大地带，根据其发展水平和创新能力，它们分别被认为是高梯度、中梯度和低梯度地区，因此可以成为我国产业结构升级、调整与产业扩散的基本脉络。

四、县域经济发展

地区性产业布局很重要的问题之一是县域经济的发展。县的历史在我国已有两千多年。古人云：“县积而郡，郡积而天下。郡县治，天下无不治。”又云：“民为邦之本，县乃国之基。安邦之难，难在固本；治国之难，难在强基。”县域是中国政治经济体系和社会系统中最基础的层次和最基本的单元，有为的政治家都把发展县域经济作为改善民生、巩固政权和维护国家社会稳定的重要基础。县域是目前我国城市和农村的结合点，是城乡联动的关节点，也是全面建成小康社会的基本载体。只有县域经济的充分发展，才能从根本上提高综合国力，也才能从根本上推动和加快现代化建设。我们倡导的新型工业化，也只有和县域经济的发展紧密结合，才能发挥其应有的历史作用和社会效应。党的十六大报告第一次明确指出“壮大县域经济”的概念，此后在党的十七大报告以及党中央一系列文件中都提出了“壮大县域经济”的要求。党的十七届三中全会通过的《中共中央关于推进农村改革发展若干重大问题的决定》明确提出要“增强县域经济活力和实力”。党的十八届三中全会报告中指出：“城乡二元结构是制约城乡发展一体化的主要障碍。必须健全体制机制，形成以工促农、以城带乡、工农互惠、城乡一体的新型工农城乡关系，让广大农民平等参与现代化进程，共同分享现代化成果……完善城镇化健康发展体制。”在此，县域经济既是城市经济与农村经济的结合部，也是城市经济向农村经济拓展与延伸的枢纽；县域经济既是国民经济的重要组成部分，也是统筹城乡发展和维护社会稳定的关键环节，具有极强的综合性和不可替代性。

根据《中国县域经济发展报告（2019）》（以下简称《报告》）显示，2019年，福清市、启东市、温岭市等8座城市GDP规模首次超过千亿元。此外，《报告》还显示，2019年全国综合竞争力百强县（市）分布在18个省份，江苏、浙江、山东三省份百强县（市）数目合计达62个，合计占据六成以上席位，百强县（市）排在前十位的依次是：昆山市、江阴市、张家港市、常熟市、太仓市、义乌市、长沙县、慈溪市、宜兴市和龙口市。

（一）县域经济的含义与特征

县域经济是在县级行政区划和空间内，以市场为导向优化配置经济社会资源而形成的区域经济，是以县城为中心、乡镇为纽带、农村为腹地的区域经济。中国目前县域经济的特征主要体现在以下四方面。

1. 综合性

县域是城市和农村的过渡地带，连接了城、乡两个经济网络。与乡和建制镇相比，县域经济是一个功能完备的综合经济体，它既有公有制经济，又有非公有制经济；既包括农业、工业、商业、交通、建筑和服务等产业部门，又包括计划、财政、金融、税务、物价、工商管理等职能部门。它不仅有生产经营性的企业和经济部门，还有经济社会管理结构，是一个“小社会”，是经济和社会功能比较齐全，综合各产业、各部门乃至各个社会单位于一身的国民经济小系统、小网络。但体制僵化下强调综合性容易造成产品雷同、“小而全”，从而形成“全能县”。实践证明，“全能县”的发展思路并不合理，只能造成什么也不专、什么也不精、什么也不大的县域经济。①

2. 薄弱性

由于历史和现实的多种原因，县域经济成为国民经济的薄弱环节。目前的县域划分主要是以地域为标准，根据不同县域所属的地区、地理条件等为尺度，而不同地区的资源条件和生产条件是有很大差异的。县内的资源结构和生产投入结构不对称；产业结构和产品结构与市场需求不对称，阻碍县域经济增长，造成县域经济薄弱。尽管县域经济是在县行政区域长期稳定的基础上逐步建立起来的，但县域经济不是封闭性的，县域经济应以市场为导向，可以突破人为划分的地域或边界，打破自然条件、地理交通等影响，在更大的区域内进行资源配置，形成跨县域的经济协作网络、贸易集散地或某一专业化生产中心。

3. 市场导向性

县域经济是以市场为导向。县域经济不是封闭的“诸侯经济”，具有开放性。县域经济虽然是在县级行政区划上形成的，但它又不同于县级行政区划，随着市场经济的发展，县域经济要突破县级行政区划的约束，在更大的区域内进行资源配置，获取竞争优势。同时，县域经济还要接受国家宏观经济政策的指导。

4. 国民经济的基本单元

县域经济是国民经济的基本单元。县域经济是功能完备的综合性经济体系，县域经济活动涉及生产、流通、消费、分配各环节，一、二、三产业各部门。但是，县域经济又不

① 戴宏伟，陈永国. 城乡统筹与县域经济发展. 北京：中国市场出版社，2005.

同于国民经济，县域经济不能“小而全”，要“宜农则农”“宜工则工”“宜商则商”“宜游则（旅）游”，注重发挥比较优势，突出重点产业。

（二）产业集群、县域经济与区域创新的内在联系

区域创新是基层组织的区域创新和网络组织的区域创新的有机结合，表现为城市和农村互为条件、相互依存、互动发展，实现以市代县、以城带乡、城乡协调发展，通过提高区域创新能力促进县域经济的发展。这里的区域创新能力是指一个区域能将知识转化为新产品、新工艺、新服务的能力。区域创新能力主要由以下要素构成：知识创造能力，即不断地创造新知识的能力；知识流动能力，即利用国内外一切可用知识的能力；企业创新能力，即企业应用新知识，推出新产品、新工艺的能力；创新的环境，即为知识的产生、流动和应用知识所提供的环境；最后是创新的经济绩效，即创新的产出能力。

区域创新网络作为企业空间集聚的有效载体发挥着重要的作用。培育和完善具有当地特色的区域创新网络，已经成为提高区域创新能力和实现区域经济崛起的重要方面。县域的工业园区一般都集聚在县域周围，重点发展县域有利于发挥产业以及企业集聚与城市发展的联动效应，也有利于区域创新基础网络的建设。

产业集群是区域竞争力的重要标志，通过要素之间和生产环节之间的整合建立以专业化分工网络为基础的产业集群，能强化地区经济增长核心能力。产业集群往往在特定区域出现，具有明显的地域性，成为目前区域经济发展中产业布局的新形式。在一定的地理区域内，以产业集群为基础，按照一定的制度安排组成的创新网络与机构，可以构成次一级的区域创新体系。产业集群体现特色产业与区域经济的有机结合，其目标是通过企业集聚形成外部经济，显著降低创新成本，提高产业和区域竞争力。产业集群是区域创新体系建设的基础和有效途径，产业集群的多样性和特色正是区域创新体系的活力所在。积极培育和推进地方产业集群已成为目前区域创新体系建设的重点和政府制定政策的着眼点。产业集群实际上是把产业发展与区域经济通过分工专业化与交易的便利性有效地结合起来，从而形成一种有效的生产组织方式。因此，县域内的产业集群是区域创新体系的重要载体，从某种意义上又构成县域的创新体系，成为规模变小的区域创新体系；县域内的产业集群已成为区域创新体系建设的基础和活力所在，区域创新体系如果没有本地化的产业体系为依托，就失去了根本的发展动力。按照区域创新体系的理论，产业与区域创新环境的整合度越高，越利于产业和区域的发展。因此，建设区域创新体系和县域经济互动发展的关键是促成产业集群形成和发展的制度条件。

（三）县域经济基本发展模式

中国县域资源差异性很大，县域经济发展不应该、也不可能有统一的发展模式。每一种模式的形成和演进都有其特定的历史背景和文化基础，在借鉴时，必须注意其形成过程的特殊性和偶然性，分析其所需要的条件，其中许多发展模式都是根植于区域文化。区域文化及其特有的精神品格成为县域经济发展的文化基础。

1. 工业为主导的发展模式

一般来说，随着经济的发展，在工业化初期，第一产业在国民收入中所占的比重持续

下降，第二、三产业在国民收入中的份额持续上升，当工业化达到一定阶段后，第二产业在国民收入中的份额也将逐渐下降，而以服务业为主的第三产业的地位将进一步提高，即在工业化后期，经济将开始步入“经济服务化”阶段。目前我国沿海发达地区的县域经济已进入工业化中后期阶段，而且这些以工业为主导的县域经济主要是来自民营经济的贡献。这固然和沿海发达地区县域率先实行市场化改革、具备体制优势有关，但区域文化的影响也同样非常重要。区域文化是在一个较长的时期内，在特定的生活区域和不同的自然地理环境下，所孕育出的具有特色的价值观念和个性特征。县域经济原本工业不发达，要形成工业为主导的县域经济，往往要求该区域的人有很强的商品意识，要具有敢为天下先的气魄以及敢于拼搏、不怕失败的精神。以福建省的泉州为例。福建是个具有悠久经商传统的地方，远在四千多年前，昙石山文化已显现出海洋文明的特征；宋元时期，泉州成为“海上丝绸之路”的重要发源地。闽人具有亦儒亦商的传统品格，讲究商业道德、诚信为本，南宋诗人刘克庄曾赋诗曰：“闽人务本亦知书，若不樵耕必业儒，惟有桐城南廓外，朝为原宪暮陶朱。”泉州人自古以来形成的商品意识、竞争意识和开放意识等深厚的历史文化积淀，凝练升华为具有鲜明时代特征的区域文化。泉州人敢闯，海外和港澳台同胞很多，泉州人非常认同敢为天下先、爱拼才会赢的信念，同时泉州人也具有团结、包容、诚信和谦恭的品格，这为泉州县域经济发展奠定了良好的文化基础。泉州县域经济总量占全市经济总量的80%，2009年，泉州有五县入选全国百强县，“泉州模式”是全国第一个以县域经济形成的模式，而后出现了其他以工业为主导的县域经济模式，包括“温州模式”与“苏南模式”。

1986年，苏东水在其承接的“泉州发展战略研究”课题中，首提“泉州模式”，率先提出企业要走“股份制的经济形式、外向型的市场经济、侨洋式的生产条件、灵活性的经营管理、国际化的发展道路”。

“泉州模式”强调的是以侨资侨力为依托、以外向型为特征、产业与市场互动、以产业集群为组织形态、以“五缘”网络聚合作用为基础的开放型县域经济。2007年苏东水撰写论文《再论泉州模式》，提出泉州在工业为主导的县域经济发展模式中，要注意推进中心城市与县域经济协调发展，应该把中心城市的体量做大，充分发挥中心城市对县域经济的带动力、辐射力、凝聚力和影响力。县域应该充分发挥各地的比较优势，接受中心城市的辐射和带动。

“温州模式”是通过发展个体、私营经济而带动县域经济快速增长的发展模式，“温州模式”从发展起点就建立了明晰、排他性的产权制度，以家族企业为主体，但存在城市化水平明显滞后于工业化发展水平的问题。

“苏南模式”的特点是通过大力发展乡村集体企业促进县域经济快速发展，是一种重点探索农村工业化道路的县域经济发展模式。“苏南模式”以鲜明特色和优势产业为主要特征的发展模式，地方政府掌握了积累的支配权，促进了农村各项基础设施和社会事业的发展，但一定程度上存在产权不清、政企不分的问题。

2. 专业市场发展为先导的发展模式

专业市场通过需求集聚作用使得对产品需求不断增长，使传统产业集群的规模不断扩张，并生成了以延伸的产业链为联系纽带的企业网络。县域产业集群在“根植”阶段和“集体学习”阶段，在专业市场这一重要的交易平台上，由于地域文化的作用，以及学习机制和学习能力（吸收能力）的形成，集群竞争力也不断增强。专业市场的发展带动了会展、中介、物流、金融等现代服务业的大发展，也为传统产业集群升级营造了良好的产业环境。以会展业为例，截至2019年一年一度的“中国义乌国际小商品博览会”已成功地举办了25届，已成为全国最具规模、最有影响的日用消费品类展会。另外，产业集群通过供给的集聚效应所带来的多品种和低价格的商品优势使专业市场的交易规模不断扩大，内部分工不断发展，交易效率不断提高。因此，产业集群的发展与专业市场的发展形成一种有效的互动模式，而且发达地区县域经济的产业集群发展往往是以专业市场发展为先导，最为典型的是“义乌模式”。改革开放前，义乌仅仅是一个经济落后、地瘠人贫的农业小县，没有工业基础。迫于生存压力，义乌人要翻山越岭、长途跋涉，外出“鸡毛换糖”，而利润又微乎其微，越是逢年过节，他们越是远走他乡，而且义乌人还非常懂得节俭。这培养了他们的经商技能，并养成了其不以利小而不为以及善于发现、挖掘、把握商业机会的品质，为此后小商品市场的萌芽、诞生和发展创造了必要的商业文化基础，这也是义乌市场从薄利多销的小商品起步的重要原因之一。义乌小商品市场以其品种齐、成本低、效率高和人流、物流、信息流汇聚等优势，成为广大企业、客商开拓国内、国际市场的窗口和从事小商品贸易的首选之地，也强有力地带动了周边地区乃至更大区域范围相关产业的快速发展。据《2018年义乌市国民经济和社会发展统计公报》显示，2018年，小商品市场实现交易额4 523.5亿元，同比增长8.9%。实体市场平稳发展。全市拥有有证市场建筑面积596万平方米，市场经营户数7.44万户，市场从业人员数23万人，全市有证市场总成交额1 593.1亿元，同比增长6.7%，其中中国小商品城成交额1 358.4亿元，同比增长10.8%。全年电子商务实现交易额2 368.3亿元，同比增长16.7%。同时，“义乌模式”不断增加国际内涵，半数以上的义乌企业和市场经营户在不同程度地开展国际商务，在巩固传统的欧美等出口市场的同时，也在不断开辟新的市场，对外贸易结构调整步伐加快，且效果显著。国际商贸城国际馆建设进展顺利，促进了市场的进口、转口与加工贸易业务的提升，使国际商贸城完成了从“买全国、卖全国”向“买全球、卖全球”的转型，为义务县域经济的发展注入了新的活力。

3. 农业产业化的发展模式

农业产业化是第二次世界大战后发达国家兴起的一种农业纵向组织经营形式，它主要依靠经济和法律关系将农业与其相关的工商服务等行业联合而成。在国外，产业化又称为一体化，主要包括完全一体化和合同制一体化。完全一体化是指主要由大的企业或公司直接介入市场，从事大规模的农业生产，并将农业同产品加工、储运、销售以及生产资料的生产与供应结合在一起，形成完整的经济体系。合同制一体化是农工商一体化最主要的形式，广泛存在于现代化农业国家中。农场或农户与有关工商企业通过合同联系起来，农场向工商企业提供农产品，企业向农场供给生产资料、技术和贷款。此外，还有由社会团体牵头把分散的农场或农户通过市场和服务等环节加以连接，形成利益联结、互相依赖的社会化生产和销售服务体系。如澳大利亚的全国羊毛协会、羊毛销售经纪人协会、羊毛出售商协会和羊毛加工者协会。目前中国农业产业化尤其要加强农业产业化龙头企业的带动作用，龙头企业与农户、合作社签订规范合同，发展订单农业，形成稳定的购销关系。据调查，2018 年，全国县级以上农业产业化龙头企业达 8.7 万家，国家重点龙头企业达 1 243 家，各类农业产业化组织辐射带动 1.27 亿农户，户年均增收超过 3 000 元。十九大以来，各地紧紧围绕乡村产业振兴目标，践行新理念、培育新业态、蓄积新动能，农业产业化取得了积极成效。队伍不断壮大，联农带农模式不断创新，利益联结机制不断健全。各地积极扶持由龙头企业带动、农民合作社和家庭农场跟进、广大小农户参与的产业化联合体，2018 年省级农业产业化示范联合体近 1 000 个，探索形成了契约型、分红型、股权型等利益联结方式，将更多小农户带入大市场，支持发展“龙头企业+合作组织+农户+贫困户”和“农产品行业协会+龙头企业+合作组织+农户+贫困户”的组织模式。

（四）县域经济区域协调、平衡发展对策

1. 中西部县域积极承接东部产业转移的同时积极开展循环经济

经济全球化和国际经济布局分工的重新调整，推动了资金、技术的流动和转移。目前东部地区经济已经进入工业化中后期阶段，土地、人力要素成本大幅上升，东部劳动密集型、资源密集型产业为了降低成本，开始大量西进寻找商机。受人民币升值、出口订单减少等多种不利因素影响，东部县域许多劳动密集型产业已逐步陷入微利甚至无利的困境。以纺织业为例，中国纺织服装研究院数据表明，2018 年，山东的纺织服装行业的利润水平，平均在 3%左右，而江苏和浙江平均在 8%左右。中西部县域有低成本和资源优势，应顺应国际产业转移大趋势，按照各自县域产业发展规划，积极承接东部产业转移，特别要加强产业链招商，将产业转移与中西部地区产业结构优化紧密结合。国家也出台多项措施积极扶持，这有助于我国县域经济的协调、平衡发展。此外，西部地区是油气、煤炭等资源富集区，国内大型企业西部转移的步伐也在加快，这将有力拉动西部县域经济增长，实现资金、技术、管理和人才等优势资源与县域经济的优化配置。但同时，承接产业转移要注意防治环境污染、节能降耗和提高产品档次的项目，淘汰关闭污染严重的落后工艺、设备和企业，发展工业循环经济，建设生态工业园，力求走出一条县域新型工业化的道路。与此同时，不能忽视发展循环型农业和服务业经济，以减轻环境污染的压力，特别是要提高农业生态系统中能量与物质运动的持久性，拉长农业生态链。例如通过生态农业、有机农业生产模式，提高禽畜粪便资源化率；通过秸秆制气、秸秆发电，提高秸秆利用率。县域经济往往有旅游资源，可以结合休闲农业、观光农业发展生态旅游业。

2. 积极把握国家宏观调控机遇，积极探索省县乡管理体制改革途径

中西部县域经济基础设施较为落后，穷困县多。2008 年下半年以来，我国政府强调要在保持国民经济较快增长的同时，更加重视民生问题，进一步加大对“三农”、教育、医疗、卫生等薄弱领域的支持力度，加大对中西部地区基础设施投资的支持力度。1999 年 3 月22 日，《国务院关于进一步推进西部大开发的若干意见》提出了进一步推进西部大开发的 10 条意见。同年 9 月，十五届四中全会通过《中共中央关于国有企业改革和发展若

干重大问题的决定》，明确提出“国家要实施西部大开发战略”。2000年10月，国务院将内蒙古和广西列入实施西部大开发战略的区域之中，至此该战略包括内蒙古、广西、重庆、四川、贵州、云南、西藏、陕西、甘肃、青海、宁夏、新疆12个省区市。如今，经过20年的艰苦奋斗，西部地区经济保持平稳较快发展，经济实力大幅提升。特别是2012年以来，西部地区生产总值年均增速达到8.9%，高出全国增速1.8个百分点，使得西部地区与其他地区之间的发展差距进一步缩小。在充分把握宏观调控机遇的同时，要积极进行体制改革，在一些省域面积适当、社会比较稳定、认识比较一致等具备条件的地方，积极探索省县直管形式，在不断总结和完善的基础上择机推广，赋予县域更多的经济发展空间。乡镇体制改革已经在部分省份全面推开，在精简机构和人员、创新事业站所运行机制等方面已经取得一定成效，还需要在转变乡镇政府职能、强化公共服务、严格依法办事、提高行政效率和化解债务、增强财政保障能力等方面进一步探索。2009年，中央一号文件强调要稳步推进扩权强县改革试点，鼓励有条件的省份率先减少行政层次，依法探索省直接管理县（市）的体制，依法赋予经济发展快、人口吸纳能力强的小城镇在投资审批、工商管理、社会治安等方面的行政管理权限。财政部指出，实行省直接管理县财政改革，就是在政府间收支划分、转移支付、资金往来、预决算、年终结算等方面，省财政与市、县财政直接联系，开展相关业务。也就是说，“省管县”将改变“省管市、市再管县”的三层结构，跳过市一级，建立省和县的直接财政关系。该改革实施以来，已取得阶段性的成果，充分发挥了深化改革、创新体制的核心推动力，为县域经济社会加快发展提供了优质的制度环境和稳定的政策支持。

3. 壮大民营经济，发展产业集群，加强区域创新能力培养

从东部县域经济发展经验来看，民营经济产权清晰，主体明确，机制灵活，有很强的创新能力，同时，产业集群环境非常有益于企业创新、产业升级和新兴关联产业的形成。在激烈的市场竞争压力下，企业间自觉地发展合作关系，集群内企业通过相互合作、相互学习，通过交互式作用过程，创新的基础和条件要优越于单个孤立的企业。因此，壮大民营经济和发展产业集群有助于县域经济平衡发展，要想缩小差距，必须建立有助于创新的组织模式。积极鼓励县域经济的制度创新，通过对农业生产制度、土地制度、产权制度和社会组织制度的调整和完善，清除阻碍市县经济和工农业一体化的体制障碍，加快推进城乡生产要素自由流动，形成城乡统一开放的市场体系。针对当前民营经济发展的实际情况，在组织引导上，特别需要按照“抓大促小带中间”的思路和方法①，促进民营经济的整体提升和群体拓展。“抓大”就是督促和引导规模企业，通过建立现代企业制度，实施强强联合，以龙头优势辐射带动民营经济整体水平的迅速提升。“促小”就是通过采取典型引路、示范带动、结对联谊、政策扶持等措施，鼓励支持更多的农户介入务工经商，壮大民营经济群体规模，扩大富裕面。“带中间”就是通过龙头企业带动小业主群体的发展，激励中小企业在现有基础上增强技术创新能力，发挥优势，扬长避短，在某一产品、某一

① 张秀生. 县域经济发展：现状、问题与对策. 武汉大学学报. 2007（7）.

环节上做优做强，提高市场竞争能力。通过“抓大促小带中间”有助于创新型产业集群的形成，缩小县域经济地区差距，提升县域经济竞争力。

4. 将小城镇建设与发展特色产业有机结合

县域经济发展的实践证明，推动县域经济的发展，必须以小城镇作为有效载体和支撑，把小城镇纳入县域经济发展的范畴，以此带动经济更好地发展。尤其是中西部大多数县还处于农业经济阶段，其主导产业仍为传统的农业，产业结构调整升级慢，工业化任务远没有完成。实施“工业兴县、工业强县”的战略，对中西部大多数县来说还有巨大空间。但这不等于小城镇建设过程中县域经济就一定要以发展加工业为主导产业，事实上我国中西部地区资源丰富，县域经济的发展应将资源优势转化为特色经济优势，既可以发展具有优势的工矿经济、旅游经济，也可以走农业产业化道路，大力发展农业龙头企业，使农业生产向品牌化、标准化、绿色化、规模化转变，全面提高农业综合生产能力，提高农业的比较效益。东部县域经济要积极推动产业结构优化和升级，提高产品附加值，在有条件的地区积极开展国际服务外包业务，同时将劳动密集型产业和初级产品工业向内陆转移，通过对内陆的技术转让，帮助内陆提高中低档加工品的技术水平，用资金投入、设备入股、产品分享等方式帮助内地开发资源和发展资源加工业；鼓励和加强对内陆贫困地区的对口支援，通过联合开发、合办企业等形式带动贫困县域经济的发展。

思考题

1. 概述产业布局的基本理论。
2. 产业布局主要研究的内容包括哪些？
3. 影响产业布局的主要因素有哪些？
4. 你如何看待国际分工与国际产业转移之间的关系？
5. 试分析我国在国际分工和国际产业转移中的战略和策略。
6. 我国产业布局的总体目标是什么？如何规划我国的总体产业布局？
7. 简述地区性产业布局的依据及基本走势。
8. 试分析地区性产业布局的主要模式及其在我国的应用。
9. 简述我国目前县域经济的主要特征及基本发展模式。
10. 如何理解产业集群、县域经济与区域创新之间的关系。
11. 简述县域经济区域协调、平衡发展的对策。

思考题参考答案

※ 本章案例 ※

粤港澳大湾区的产业分工与协作

粤港澳大湾区的地理范围包括珠三角的广州、深圳、珠海、佛山、惠州、东莞、中山、江门、肇庆9个城市和香港、澳门2个特别行政区。“粤港澳大湾区”第一次被明确提出是在2015年《推动共建丝绸之路经济带和21世纪海上丝绸之路的愿景与行动》文件中，目的在于更好地发挥粤港澳地区在一带一路建设和区域合作中的作用。2017年，中央《政府工作报告》中提出研究制定粤港澳大湾区城市群发展规划。2018年2月，《粤港澳大湾区发展规划纲要》发布。粤港澳大湾区肩负探索经济发展新模式，发挥引领作用的战略使命。

1. 粤港澳大湾区11个城市产业结构趋同指数

关于区域产业结构趋同的测度方法较多，相关研究大多采用联合国工业发展组织（UNIDO）国际工业研究中心提出的结构相似系数。本书使用这个产业结构相似系数（S_{ij}）判断粤港澳大湾区产业结构趋同的状态，结果见表9-1。由表9-1可知，粤港澳大湾区除香港、澳门以外，2016年珠三角9个城市的产业结构相似系数均大于0.8，说明从三次产业层面来看，珠三角9个城市三次产业结构存在高度趋同。香港、澳门、广州、深圳四个城市两两之间产业结构相似系数均大于0.85，也显示出区域产业结构趋同，但香港、澳门与珠三角其他城市区域产业结构趋同程度不明显。

2. 粤港澳大湾区11个城市各自的产业结构高级化指数

参考以往学者的做法，采用第三产业产值与第二产业产值之比（简称为产业结构高级化指数）来判断产业间结构升级情况。粤港澳大湾区11个城市各自的产业结构高级化指数如表9-2所示。2008—2016年香港和澳门的产业间结构指数呈不同幅度的波动，但大幅领先于珠三角地区。2016年香港这一指数为12，澳门为14.15，说明香港和澳门的服务业在地区经济中占比很高。在珠三角城市中，除肇庆以外，其余8个城市产业结构高级化指数在2008年以来均波动上升，朝着“经济服务化”方向发展。珠三角城市中，产业结构高级化指数上升幅度最大的两个城市是广州和深圳，升幅分别为55%和44%。2008年金融危机以来，制造业面临廉价劳动力短缺、商务成本上升、产业竞争力不足等困境，广州、深圳等珠三角城市在谋求制造业升级的同时，也通过提高第三产业比重实现制造业与服务业的协调发展，向“经济服务化”方向进行产业结构调整。珠三角9城市中，产业结构高级化指数唯一下降的是肇庆，因为肇庆是珠三角地区的欠发达城市，其近年来更注重制造业的发展壮大，致力于传统制造业的转型升级，第二产业比重大幅上涨，第三产业比重小幅下降，因而其产业结构高级化指数在2008—2015年连续下降，直至2016年有小幅上升。①②

① 节选自：覃成林，潘丹丹. 粤港澳大湾区产业结构趋同及合意性分析. 经济与管理评论，2018（3）：15-25.

② 节选自：覃成林，潘丹丹. 粤港澳大湾区产业结构升级及经济绩效分析. 经济与管理评论，2020（1）：137-147.

表 9-1　2016 年粤港澳大湾区三次产业结构相似系数

城市	广州	深圳	珠海	佛山	惠州	东莞	中山	江门	肇庆	香港	澳门
广州	1										
深圳	0.982 7	1									
珠海	0.931 0	0.982 0	1								
佛山	0.828 7	0.917 4	0.975 8	1							
惠州	0.867 8	0.902 3	0.988 6	0.995 8	1						
东莞	0.950 1	0.991 3	0.998 1	0.961 7	0.977 7	1					
中山	0.898 6	0.963 6	0.996 8	0.990 2	0.997 1	0.990 3	1				
江门	0.909 9	0.966 6	0.995 0	0.979 8	0.993 9	0.988 6	0.995 4	1			
肇庆	0.848 0	0.917 8	0.917 6	0.972 2	0.985 2	0.952 1	0.975 0	0.987 3	1		
香港	0.949 8	0.876 0	0.770 0	0.612 1	0.669 1	0.805 1	0.716 1	0.671 6	0.652 9	1	
澳门	0.945 9	0.870 0	0.762 1	0.602 3	0.660 0	0.797 8	0.065 0	0.728 9	0.643 8	0.999 9	1

表 9-2　2008—2016 年粤港澳大湾区产业结构高级化指数

城市	2008 年	2009 年	2010 年	2011 年	2012 年	2013 年	2014 年	2015 年	2016 年
广州	1.52	1.63	1.64	1.67	1.83	1.91	1.95	2.12	2.36
深圳	1.04	1.14	1.12	1.15	1.26	1.3	1.35	1.43	1.5
珠海	0.78	0.86	0.78	0.79	0.89	0.91	0.94	0.97	1.02
佛山	0.49	0.56	0.57	0.57	0.58	0.58	0.59	0.63	0.65
惠州	0.58	0.68	0.6	0.62	0.63	0.64	0.68	0.73	0.76
东莞	0.89	1.06	0.96	0.99	1.1	1.17	1.1	1.14	1.14
中山	0.6	0.68	0.68	0.75	0.76	0.76	0.77	0.8	0.87
江门	0.6	0.59	0.67	0.7	0.8	0.82	0.87	0.9	0.94
肇庆	1.11	1.18	0.96	0.87	0.83	0.77	0.71	0.7	0.77
香港	12.54	12.86	13.3	13.62	13.43	13.11	12.8	12.73	12
澳门	7.2	12.16	19.41	23.39	23.39	26.03	18.61	11.82	14.15

问题：

1. 粤港澳大湾区的产业分工与协作的深层原因是什么？

2. 如何进一步优化粤港澳大湾区的产业分工与协作？

第四篇

产业管理

第十章　产业政策

本章在介绍产业政策的内涵、起源、存在依据、作用和局限性的基础上，对产业政策的分类、目标和手段进行概括。然后，分析产业政策的一般特征、演变规律和产业政策趋同的可能性。最后，阐明产业政策评估的意义、原则和一般标准。

第一节　产业政策概述

产业政策通常是对以产业组织理论、产业结构理论、产业布局理论和产业发展理论为基本内容的产业经济学基本理论的应用，也是产业经济学理论价值的最终体现。因此，产业政策研究理应成为产业经济学的重要组成部分。

产业经济理论和产业政策实践是相互依存、相互促进的。一方面，产业经济理论对产业政策有直接指导作用；另一方面，产业政策实践又对产业经济理论不断提出新的要求、提供新的研究素材，以此推动产业经济理论的丰富和发展。

一、产业政策的内涵

（一）产业政策的定义

产业政策（industrial policy）一词最早出现的标志，是1970年日本通产省（现经济产业省）代表在经济合作与发展组织（OECD）大会上所作的题为《日本的产业政策》的演讲。此后，有关产业政策的研究不断扩展，并逐步在各国政界和学术界受到关注。

虽然在20世纪70年代以前，多数国家尚没有“产业政策”一词，但国家对产业活动实施政策干预的史实却可以追溯到人类文明的早期。如果把农业视为国民经济的基础产业，那么，东西方各国在封建时代大都出现过政府出面组织兴修水利设施、奖励处女地开垦、保护封建主土地和财产权，以及后来在组织市场交换、维护市场秩序、奖励发明创造等方面的实践。所有这些政府行为，都是广义产业政策实践的原型。概括地讲，产业政策是一个国家的中央或地区政府为了其全局和长远利益而主动干预产业活动的各种政策的总和。

（二）产业政策的构成要素

产业政策的构成要素通常包括：政策对象、政策目标、政策手段与措施、政策实施机构，以及政策的决策程序与决策方式。不同国家的产业政策体系特征总是建立在各要素的基础上。通过对这些构成要素的比较分析，我们就可以比较全面、准确地把握不同国家、不同部门产业政策的差异和共同点。

（三）产业政策同其他经济政策的关系

西方学者通常将产业政策、财政政策和货币政策并称为三大经济政策。这虽然大致反映了三种经济政策具有同等地位的事实，但并没有理清它们之间的相互关系。日本学者提出，产业政策与财政政策、货币政策不是并列关系，不应当将它们相提并论。因为三者不遵循统一的分类标准，其着眼点也有所不同。产业政策表明它的作用对象和范围是产业全体，而财政政策和货币政策则表明它们分别以财政手段和金融手段为政策工具，其影响范围则是超越财政和金融部门本身的。事实上，产业政策在多数情况下都需要财政政策和货币政策的配合才能付诸实施，也就是说，财政政策和货币政策经常充当实现产业政策目标的基本工具，它们之间是相互交叉、不可截然分离的。

二、产业政策的起源

产业政策的本质是国家对产业经济活动的主动干预。广义的产业政策原型，是随着国家政权的诞生，并开始具备履行经济职能、干预产业活动时出现的。严格意义上的产业政策则首先出现在西欧产业革命后开始工业化进程的资本主义国家。如萨缪尔森所言，“从19世纪后期开始，在几乎所有国家中，政府的经济职能都在稳步增加”。

德国和美国从19世纪开始，就对民族产业采取过关税保护与扶持政策。德国经济学家李斯特认为，在经济发展相对落后的国家，大多数产业都不具备同先进国家竞争的实力。在这种情况下，政府有必要以关税和扶持政策对本国的产业实行保护，待到经济实力增强之后，再实行积极的开放政策。欧美各国早期产业政策的重要目标，是维持竞争秩序。这集中表现为反垄断政策以法律形式在欧美各国的正式出台。例如，法国1791年的《沙彼利耶法》就有禁止卡特尔的内容。法学界公认，美国于1890年制定的《谢尔曼法》是世界第一部由国家主权保障实施的现代反垄断法。《谢尔曼法》的制定和实施，大大缓解了美国因长期的完全自由放任政策所导致的经济秩序危机①，因而该法被视为西方早期产业组织政策的缩影。

日本自明治开国时起，就明确提出了“殖产兴业，富国强兵”的口号，并由政府直接出面创办了一大批官营的近代产业，以期通过对民间产生示范和劝业作用，来加速日本的工业化和近代化过程。1870年工部省的设立，是明治政府开始有组织地执行产业技术政策的标志。工部省的核心职能是引进海外先进技术，它不仅被授权掌管明治政府的官营事

① 李昌麒．经济法学．北京：中国政法大学出版社，1994.

业，还负责聘请外国技师和培养本国技术人才。① 查默斯·约翰逊则在他的名著《通产省与日本奇迹》一书中，将日本政府有组织地全面介入近代产业发展的历史，追溯到1881年（明治十四年）农商务省（通产省的前身）的创立。1886年（明治十九年），日本政府颁布了长达30卷的《兴业意见书》，首次系统地提出了扶植和鼓励各产业发展的政策措施，其目标是加快工业化步伐。它是研究日本早期产业政策的重要史料。

中国的产业政策实践堪称源远流长。由于我国封建时代是“普天之下，莫非王土”，因而政府可以名正言顺地对工农业生产进行干预，政府行为成为影响封建经济运行的重要因素。马克思甚至提道：“我们在亚洲各国经常可以看到，农业在某一个政府的统治下衰落下去，而在另一个政府的统治下又复兴起来，收成的好坏在那里决定于政府的好坏，正像在欧洲决定于天气的好坏一样。”② 据我国史学家研究，三国时期曹魏的“屯田”政策、北魏的“均田”政策和唐初的“均田”政策都有力地推动了土地与农民的结合，促进了当时的农业生产。设专职官吏掌管水利事宜、兴修水利设施，是我国历代封建王朝农业政策的基本内容。这类政府行为较好地发挥了政府的权能，弥补了民间组织涣散的天然缺陷，改善了农业生产条件，促进了农业的发展。此外，推广先进生产工具、先进生产技术和优良品种，奖励垦荒和组织大规模移民垦殖的政策，也都对我国封建经济的发展起过促进作用。这些无疑都是我国早期产业政策实践原型的佐证③。

三、产业政策兴起与存续的理论依据

各国学者对产业政策兴起和存续的原因有各种各样的理论认识。归纳起来，产业政策兴起与存续的理论依据主要包括以下三种解释：

（一）“市场失灵”说

持这一立场的研究者强调，产业政策的兴起和存续是弥补市场缺陷、完善资源配置机制的需要。由于公共产品、外部性、规模经济等“市场失灵”领域的存在，仅仅依靠市场机制不可能实现产业资源的最优配置。于是，运用产业政策这一非市场调节的手段、发挥政府经济职能去弥补市场机制的缺陷便成为必要。“市场失灵”说对产业政策在发达市场经济国家兴起和存续具有显著的理论解释力。

（二）“赶超战略”说

该学说强调产业政策是政府在市场机制基础上更有效地实施“赶超战略”的需要。它是总结后发国家实现赶超目标的成功经验所得出的理论认识，因而较好地揭示了“为什么后发国家在实现赶超目标的过程中比发达国家更多地运用产业政策”的奥秘。事实证明，由于“后发优势”的存在，发展中国家完全可能通过制定和推行合理的产业政策，来实现

① 吉海正宪. 日本的产业技术政策. 东京：东洋经济新报社，1985.

② 马克思. 不列颠在印度的统治. 马克思恩格斯选集. 第2卷. 北京：人民出版社，1972.

③ 郭庠林. 中国封建社会经济研究. 上海：上海财经大学出版社，1998.

经济的超常规发展，缩短追赶先进国家所需的时间。

（三）“国际竞争”说

该学说强调产业政策是当今世界各国更好地参与国际竞争的需要。这是20世纪90年代以后在各国普遍兴起的理论主张，其基本共识是支持产业政策存续和适度强化。由于经济全球化趋势的出现，国际经济关系和国际分工体系正在经历前所未有的变化，各国经济都面临着新的机遇和挑战。在这种形势下，各国（无论是发达国家，还是发展中国家）政府都迫切需要以产业政策为基本工具，审时度势，充分发挥政府的经济职能，增强本国产业的国际竞争力，从而维持或争取本国产业在经济全球化过程中的优势地位。

国际竞争说较好地解释了当今发达国家和发展中国家都在致力推行不同形式的产业政策的深层原因。从功能学派的立场看，只要“市场失灵”现象继续存在，产业政策所承担的现实功能仍然符合经济发展和社会进步的需要，且不能被其他政策所取代。那么，作为一种有效的制度安排，它的存在基础便是牢靠的，不可能轻易退出历史舞台。

四、产业政策的作用

经验表明，产业政策的作用主要有以下五个方面。

（一）弥补市场失灵的缺陷

产业政策形成的逻辑起点，在于政府有责任弥补“市场失灵”的缺陷。由于规模经济、公共产品、外部性等市场失灵领域的存在，如果仅仅依靠市场机制，就无法避免垄断、不正当竞争、基础设施投资不足、过度竞争、环境污染、资源浪费等现象的发生与蔓延。历史经验表明，各国产业政策的最普遍作用，就是弥补市场失灵的缺陷。如通过推行产业组织政策和产业结构政策，政府可以限制垄断的蔓延，促进有效竞争的形成，加速产业基础设施的建设，治理环境污染与生态失衡，加快教育与科技的发展，等等。

（二）实现超常规发展，缩短赶超时间

产业政策形成的另一个逻辑起点，是充当贯彻国家经济发展战略的工具。例如，发展中国家在经济“起飞”的初期都会遇到基础设施（交通、电力、通信等）和基础工业（重工业和基础化学工业等）薄弱的“瓶颈制约”。这些部门的“外部性”较强，它们对整个经济发展具有重大的促进作用，而本身却投资巨大、盈利性低、资本回收期长，仅仅依靠市场机制肯定无法在短期内达到经济“起飞”所要求的条件。韩国效仿日本的做法，以产业政策为手段，运用政府的力量推动产业结构的优化，“在短短二三十年的时间里就走完了老工业国用了一二百年才走完的历程”①。此外，通过有秩序地扩大对外开放，制定和实施出口导向型产业政策，政府可以有效地促进本国产业参与国际分工，从而充分利用后发优势，在技术和管理领域较快地接近国际先进水平。实践证明，产业政策是后发国家实现超常规发展、缩短赶超时间的重要工具。

① 吴敬琏. 市场经济的培育和运作. 北京：中国发展出版社，1990.

（三）促进产业结构合理化与高度化，实现产业资源的优化配置

依靠市场机制虽然可以较好地实现资源的有效配置，但市场的力量往往是盲目的，其作用也主要是事后调节，因而不可避免地伴随着大量的资源浪费。产业政策作为政府行为，完全可以根据科学的预见实现事前调节，避免不必要的资源闲置和浪费。它在产业结构领域中的作用尤其显著。通过制定和实施产业结构政策，政府这只“看得见的手”可以有效地支持未来主导产业和支柱产业的发展壮大，可以有秩序、低成本地实现衰退产业的撤退和调整，从而加速产业结构的合理化和高度化，实现产业资源的优化配置。

（四）增强产业的国际竞争力

产业的国际竞争力是建立在本国资源的国际比较优势、骨干企业的生产力水平、技术创新能力和国际市场的开拓能力基础之上的。产业政策对增强企业创新能力和开拓国际市场能力等都有重要作用。例如，美国政府通过加强对研究开发活动的投资，以及采取多种配套措施加快高新技术研究开发和产业化进程，有效地促进了技术创新；通过从“自由贸易政策”向“战略贸易政策”的转变，开辟了以外贸、外交、军事等手段拓展海外市场的新路，等等。类似的产业政策为保持和增强美国产业的国际竞争力作出了不可低估的贡献。

（五）在经济全球化过程中趋利避害，保障国家的经济安全

这是产业政策在最近十几年间表现出来的全新功能。正如1997—1998年发生的亚洲金融危机、2008年世界金融危机所昭示的那样，经济全球化极有可能给没有任何防备的发展中国家造成深重的灾难。在经济全球化过程中，各国政府应当学会以产业政策为武器，尽可能地趋利避害，确保国家的经济安全。

五、产业政策的局限性

在探讨产业政策作用的时候，我们应当认识到产业政策有一定局限性，表现在以下几个方面：

第一，就促进产业发展的目标而言，产业政策并非对任何产业都具有同等的作用。有研究表明，“产业政策只对那些所得弹性值高，生产效率高，在国际贸易上有发展前途的产业有明显效果，而对其他产业则非如此”。[①] 前者如矿业、纤维、化学、金属、机械、电子、信息等产业，后者如农林、水产、建筑、运输等。因此可以说，产业的发展最终取决于产业本身的素质和发展潜力，而不是产业政策。产业政策对绝大多数产业的发展来说，都首先是一种外部变量，只有当产业政策对产业内部的技术、资金、人才等生产要素的投入和运作发生积极影响时，产业才能够更好地发展。

第二，产业政策本身并非是万能的魔杖，片面夸大产业政策作用是不可取的。日本的经验表明，产业政策的成功需要有高素质的公务员队伍、完备的法律体系以及健全的企业制度等相关条件，将日本经济的成功完全归结为产业政策的功劳显然是违背事实的。有研

① 李泊溪，钱志深．产业政策与各国经济．上海：上海科学技术文献出版社，1990.

究者指出，实际上，“日本最大的成功产业，即汽车和家用电器产业，并没有得到政府太多的优惠。此外，日本的工业机器人尽管已处于先导产业地位，通产省对确保它的研究开发资金却并没有作过多关照……唯国内外激烈的竞争，才是真正使其获得成功的原因”。①

第三，产业政策的实施是需要一定的成本和代价的。通常是产业政策的力度越大，就越需要有相应的政策投入（包括资金、人力等资源）作保障。要全面、客观地认识产业政策的作用，还有赖于产业政策评估机制的建立。

第四，产业政策作为政府行为，也存在失败的可能性。导致产业政策失败的主要因素包括：政策目标违背经济规律或违背产业界的愿望与要求、政策措施与政策目标不配套、政策执行不力、政策内容脱离具体国情、政策实施机构和人员失职、政策环境发生不可预见的巨变，等等。要防止产业政策失败，就必须对症下药，避免上述各个环节的问题发生。

第二节 产业政策的一般模式和演变规律

一、产业政策的分类

依据不同的标准可以对产业政策作不同的分类。根据功能定位的不同，产业政策可分为产业组织政策、产业结构政策、产业布局政策和产业技术政策；根据政策的对象领域的不同，产业政策还可以分为农业政策、能源政策、对外贸易政策、金融政策、环保政策、中小企业政策；根据政策目标的不同，还可以对产业政策进行细分，如产业结构政策就可以细分为战略产业扶植政策、衰退产业调整政策、新兴技术产业化政策等。现实当中各种具体的产业政策大多是综合性的。例如，农业政策和中小企业政策就是典型的综合性产业政策。

二、产业政策的目标和手段

（一）产业政策的目标体系

产业政策的目标体系可以分解为三个方面：

1. 实现经济振兴和经济赶超

以实现经济振兴和经济赶超为总目标时，产业政策的目标体系主要包括：

（1）形成最有利的产业结构形态。

（2）选择和扶植战略产业，通过重点发展来带动经济的全面繁荣。

① 李泊溪，钱志深. 产业政策与各国经济. 上海：上海科学技术文献出版社，1990.

（3）促进技术开发和应用推广，提高产业效率。

（4）促进生产集中，保障规模经济效益，防止大量小企业过度竞争。

（5）协调工业化过程中的各种社会、经济矛盾，缩小工农差别和城乡差异，等等。

2. 实现产业结构合理化和高度化

以产业结构合理化和高度化为总目标时，产业政策的目标体系包括：

（1）强化社会基础设施建设，改善投资环境。

（2）组织衰退产业的生产力转移，防止产业内部的过度竞争。

（3）协调经济发展与环境保护的关系，推行公害防治和环境保护政策。

（4）逐步将出口重点转向发达国家，力争在国际分工中获得更多的比较利益。

（5）强化对技术创新与科技成果产业化的支持力度，推动新兴产业的发展。

（6）重视产业布局的合理化。

（7）强化新兴技术对传统产业的渗透，推动传统产业的现代化。

（8）协调劳动密集型产业、资本密集型产业和知识密集型产业之间的利益关系，兼顾“充分就业”和“提高生产效率”双重目标，等等。

3. 增强本国产业的国际竞争力

这是21世纪各国产业政策的总目标。其目标体系主要包括：

（1）增加对新兴技术研究开发和成果产业化的投资，保证科研和产业技术领先。

（2）加强国家技术创新基地建设，支持科技型小企业的发展，增强经济活力。

（3）加强国家级信息基础设施建设，推动产业界的信息化。

（4）在信息化、网络化的基础上推动企业之间的战略联盟和企业内部组织的“扁平化”，提高整个产业界的组织效能。

（5）扩大知识资本的投入比重，确保经济的持续增长。

（6）扩大科技、经济和贸易领域中的国际交流与合作，更多、更好地利用国际市场和国际资源。

（7）在经济全球化过程中审时度势、趋利避害，确保国家经济安全，等等。

（二）产业政策的手段

产业政策的手段通常可分为直接干预、间接诱导和法律规制三大类型。

1. 直接干预

直接干预包括政府以配额制、许可证制、审批制、政府直接投资经营等方式，直接干预某产业的资源分配与运行态势，及时纠正产业活动中与产业政策相抵触的各种违规行为，以保证预定产业政策目标的实现。

2. 间接诱导

间接诱导主要是指通过提供行政指导、信息服务、税收减免、融资支持、财政补贴、关税保护、出口退税等方式，诱导企业在有利可图的情况下自主决定服从政府的产业政策目标。

3. 法律规制

法律规制通常适用于比较成熟和比较稳定的产业政策，以立法方式来严格规范企业行为、政策执行机构的工作程序、政策目标与措施等，以保障预定产业政策目标的实现。欧美各国大都采取法律规制的手段来实现反垄断和反不正当竞争等产业组织政策的目标。在实践中，法律规制也可能充当直接干预和间接诱导的共同依据。例如，日本的绝大多数产业政策都是以法律规制的形式出台的。随着法治原则的普及，越来越多的产业政策将以法律规制作为实现目标的主要手段。

三、产业政策的一般特征

产业政策的一般特征主要包括时代性、民族性、政治性、供给指向性以及市场功能弥补性五个方面。

（一）时代性

产业政策的时代性主要表现在：产业政策的内容、目标和手段必须符合时代特征，适应时代发展的需要，并与不同历史时期产业发展的实际需要相适应。工业化初期的产业政策必然有别于工业化时代或后工业化时代的产业政策。

不同时代的产业政策需要面对不同的课题。以日本为例，在工业化启动时期，由于民间缺乏足够的资金、技术和人才，明治政府以全额出资、官办官营的方式，在短期内创立了铁道、邮电、纺织、制铁、造船、金融等近代产业。可见，“殖产兴业”政策最初是以官业为主展开的。但随着官业的示范、“劝业”作用的发挥和民间产业的壮大，官业中经营粗放、效率低下，甚至普遍亏损的弊端逐步暴露出来。于是，以官业为主启动工业化的产业政策，开始被以民业为主、官民共同推进工业化的产业政策所取代，一大批近代官营企业被有偿下放到民间。第二次世界大战结束后，日本的产业政策经历了一系列重大变化：在战后初期，实行了“倾斜生产方式”，恢复电力、钢铁、煤炭、化肥等基础产业；20 世纪 50 年代中期开始对机械、汽车、电子等工业进行扶植，并推行“产业合理化”政策；60 年代中期采取了加强技术密集型和知识密集型产业的政策。其政策主题也经历了从产业恢复、合理化到现代化、结构高度化、产业高附加值化、国际化的演变。

当前，产业政策正面临一系列全新课题：各国尤其是发展中国家的政府都需要适应经济全球化的挑战，通过迅速调整本国的产业结构，更好地参与国际分工，在经济全球化过程中趋利避害，提高本国产业的国际竞争力，确保本国的经济安全。这表明产业政策是随时代的发展而演变的。所有这些现象表明，产业政策具有鲜明的时代性特征。

（二）民族性

产业政策的民族性突出地体现在以下两个方面：

1. 各国的产业政策都旗帜鲜明地维护自身的民族利益

以保护主义政策为例，德国、日本等后发国家在实现赶超目标的过程中，对幼小的民族工业普遍采用过保护和扶植的政策。即使到了今天，多数发达国家依然一方面将高能耗、高污染、低技术含量的传统产业转移到落后国家，另一方面又在高科技领域里对发展中国家实行技术封锁。大量事实证明：产业政策是维护民族利益的工具，不存在与民族经济利益相脱节的产业政策。任何一种世界性贸易规则，都只有当它符合所有成员国的利益时，才可能渗透到各国的对外贸易政策中去。在日益激烈的国际竞争中处于劣势地位的发展中国家，更应当运用产业政策来维护自身的民族利益。

2. 产业政策必须同具体国情相适应

首先，产业政策的目标和手段必须同本国的经济发展阶段相适应，否则就不可能发挥应有的作用。其次，产业政策的内容和效果总要受到一国具体国情的制约。例如，产业结构政策的制定必须从本国的资源禀赋、经济发展阶段、国际环境出发；产业组织政策总要带上本国政治经济体制、市场发育程度、文化传统的烙印。最后，决策者的偏好、利益集团的力量关系等国情因素都会对产业政策的制定和执行产生影响，从而形成各国产业政策的独特性。

（三）政治性

产业政策的政治性主要体现在以下几个方面：

（1）产业政策属于政府行为范畴，是特定政治体制和政治过程的产物，虽然它的影响力总是超出政治范畴，指向经济领域的。

（2）产业政策总要体现政治家的意志和愿望，总要受到政治理性的支配，因而必然具有鲜明的政治性。

（3）产业政策的目标总是追求国家与国民的全局和长远利益、政治利益的，而不能仅仅考虑局部和眼前利益、经济利益。产业政策总是要超越纯经济理性的局限性，兼顾效率和公平，谋求经济目标和社会目标、政治目标的协调。

（4）产业政策是一种政治性的制度安排。它的制定和执行总是以行政主权为基础、由政府主导，并致力于政府经济职能的发挥。因而产业政策在本质上是一种政治手段，它不同于自由放任理念下的一般制度安排。例如，在产业技术政策领域，国家可以为了巩固国防、提高本国国际地位等政治目的而直接投资于国防尖端技术领域；可以利用国家主权对妨碍国家利益的技术贸易活动实施必要的管制；还可以利用外交权，通过谈判、担保，使技术引进和技术贸易的成本与风险降到最低。这些现象都体现了产业政策的政治性特征。

（四）供给指向性

与财政政策、货币政策以需求总量调整为主要特征不同，产业政策总是着眼于供给能力的提高和供给结构的改善，因而被学术界称为供给指向型经济政策。无论是产业组织政策，还是产业结构政策、产业技术政策，都服务于资源配置的优化和产业效率的提高，从而有助于一国有效供给能力的增强。

（五）市场功能弥补性

尽管在计划经济时代曾经出现过排斥和否定市场机制的中央集权式“产业政策”，但它们毕竟未能成为产业政策的主流。日本“战时统制经济”和以苏联模式为原型的中央集权式计划经济实践的教训证明：排斥市场机制的政策干预往往是违背经济规律的，最终难以获得预期的成功。日本通产省官员曾经对日本产业政策的成功经验做过精彩的概括：“日本产业政策的基本理念，是以市场自由竞争原理为基础。所以，我们最关心的，是寻找如何通过最有效地保障市场功能，来充分发挥个人和企业的创造性与活力的方法。”①第二次世界大战后日本的产业政策之所以能够取得巨大的成功，是因为它是建立在维护企业的经营自主权和重视充分发挥市场功能的基础上的。可见，成功的产业政策都是注重维护市场功能和发挥民间经济活力的。产业政策的核心功能在于对市场失灵的弥补，而不是对市场功能的排斥和取代。这是总结各国产业政策实践正反两方面的经验所得出的重要结论，值得我国决策者高度重视。

在全球已经进入市场经济时代的今天，我们强调产业政策的“市场功能弥补性”特征，其本质含义是要求产业政策的实施应当以间接干预为主。无论任何时候，政府都应当自觉维护市场功能的正常发挥，并集中力量解决市场所不能解决的问题。在排斥和否定市场机制的条件下，产业政策即使可以在短期内取得一定效果，其作用也不可能稳定和持久。

四、产业政策的演变规律

总结各国的实践经验可以看出，产业政策的演变大致遵循以下四方面的规律：

(1) 政策内容从简单到复杂，从零星分散到系统化、规范化；政策对象从局部产业向全体产业发展。

(2) 政策手段从直接干预为主向间接干预为主转变；政策推行方式从日常行政为主向法治化方向转变。

(3) 政策目标从单一性向多元化转变，从局部向全局、从短期向长期、从纯经济领域向综合国力和生活质量领域扩展。

(4) 产业政策决策方式向民主化、科学化发展。

上述演变规律体现了经济发展和时代进步对产业政策的总体要求。

五、产业政策趋同的可能性

产业政策趋同的可能性主要体现在以下四个方面：

(一) 产业政策功能定位的趋同

产业政策功能定位趋同的制度基础，是各国经济体制的相互接近。冷战结束后，平等互利、等价交换的市场经济原则和优胜劣汰的市场竞争制度，已经超越意识形态的壁垒，开始在全球范围内成为各国共同采用的基本经济制度。在这种前提下，各国对产业政策的功能定位正在趋向一致，即都在向“弥补市场缺陷”的方向靠拢。我国也果断抛弃了传统的高度集权型计划经济模式，正在通过深刻的体制变革，逐步减少对产业活动的行政干预，恢复市场机制在资源配置中的基础作用。

---

① 克里斯托夫·弗里曼. 技术政策与经济绩效：日本的教训. 新田光重，译. 京都：晃洋书房，1989.

（二）产业政策对象的趋同

产业政策对象的趋同是指构成产业基础的企业制度正在趋于相互接近。这表现在东西方各国的主流企业，无论其所有制基础如何，都正在向所有权与经营权分离、由职业企业家按照现代企业制度的规范进行经营的共同方向演变。一方面，由于产业政策的作用对象的行为规范相似，那么，相同的政策干预就可能引起相似的反应，进而产生大致相同的效果。另一方面，由于各国企业的行为规范的彼此接近，为了实现类似的政策目标，各国在政策手段上可以相互借鉴的因素也在逐步增加。

（三）产业政策目标与手段的趋同

各国的产业政策都在不约而同地以维护本国的经济利益、促进产业资源的优化配置、实现产业结构的高度化、改善国民的生活质量，以及增强本国产业的国际竞争力为基本目标。为了这些目标的实现各国又纷纷采取大致相同的法律、行政与经济手段。随着经济全球化进程的展开，产业政策目标与手段的趋同程度还可能进一步加深。例如，世界贸易组织（WTO）的成员在对外贸易领域中的政策目标和手段也达成相当广泛的一致。而且，WTO 成员方的数量和多边协议的范围还在进一步扩展。

（四）产业政策内容的趋同

政府目标、企业制度等方面的彼此接近和利害关系上的一致性，是产业政策内容趋同的催化剂。通过多边磋商，不同国家在贸易、金融、科技等政策领域完全可以建立符合参与方共同利益的协议关系，从而为制定共同的贸易、金融、科技政策提供可靠基础。例如，欧盟成员国通过加强交流与合作，已经推行共同的农业政策、教育科技政策和信息化政策，大大加速了经济共同体的形成，并进一步推行共同的货币政策和使用统一的货币——欧元。这为产业政策趋同的可能性提供了局部条件。

应当指出，产业政策趋同的可能性只是表明各国产业政策中的共同因素有扩大的趋势，并不意味着将来各国的产业政策会完全一致。因此，它与产业政策的民族性特征并不矛盾。可以断言，只要各国的主权性质不变、行政疆界尚存，只要国情和国家利益的差异没有消失，那么，各国的产业政策就永远会带上自身的烙印。我们在探讨产业政策趋同可能性的同时，又应当认识到，世界上不可能存在适合于一切国家的产业政策理想模式。

第三节　产业政策评估

一、产业政策评估的意义

产业政策评估是指在全面掌握信息的前提下，依据特定的标准，对某项产业政策实施的影响、效果进行度量、分析和评价。从时间维度看，产业政策评估可分为事前评估、事中评估和事后评估。事前评估旨在正确制定出新的产业政策；事中评估旨在及时纠正政策偏差、合理调整政策目标与措施，从而改善政策效果；事后评估则以总结现有产业政策的经验教训为主要目的。

产业政策评估是现实需要的产物，也是理论发展的必然要求。实践证明，产业政策本身也有优劣之分，并非所有的产业政策都能够获得预期效果。一项正确的产业政策可以产生积极效果，促进产业资源的有效配置，而一项违背经济规律的产业政策则可能造成消极的后果，甚至阻碍产业的正常发展。

长期以来，人们习惯于相信“政府永远是正确的”，故而对政府的决策及其实施过程中出现的问题与失误未能给予足够的关注，更谈不上对产业政策的成本和收益进行客观、公正的评估。这种状况已经不能适应经济发展和时代进步的要求，学术界理应对此作出回应。随着政策科学的兴起，产业政策评估已经成为各国经济学家和政治学家共同关心的课题，并日益受到各国政府的重视。因此，产业政策评估理应成为产业经济学理论的有机组成部分。

产业政策评估的意义主要体现在以下三个方面：

第一，产业政策评估是客观、公正地评价产业政策效果的基本途径。产业政策评估通常是以资深专家和中立研究机构为主体，由决策者、实施者和政策对象共同参与完成的。由于产业政策评估是在全面、系统地收集与某项产业政策有关的各种信息的基础上，从多个角度对产业政策的实际（或可能）效果进行公正的分析和评价，所以它能够消除信息不足和立场分歧的影响，从而避免单一评估主体可能存在的主观性和片面性。

第二，产业政策评估是及时纠正产业政策偏差、合理调整产业政策目标和手段的前提条件。产业政策评估作为对产业政策实施当中的可靠信息反馈，显然有助于决策者全面了解和及时纠正某项产业政策在实施过程中所出现的偏差，并合理调整产业政策的目标和手段，以便实现政策收益的最大化。如果没有这一信息反馈环节，就难以及时发现政策偏差和减少政策失误的损失。例如，我国“大跃进”时期的全民大炼钢铁所造成的巨大资源浪费，便是在没有产业政策评估机制的情况下发生的，其教训极其深刻。

第三，产业政策评估是产业政策走向决策民主化和科学化的必由之路。在民主与科学意识淡薄的制度下是没有政策评估的存在空间的。重视产业政策评估正是遵循民主与科学精神的标志。产业政策决策的民主化和科学化必然要求建立完善的产业政策评估制度。总之，产业政策评估是实现决策民主化和科学化的必由之路。它有助于优化决策程序、保障决策质量，有助于提高行政效率和维护政府威信。

二、产业政策评估的原则和一般标准

（一）福利经济学原则：最大多数人的最大福利

福利经济学是产业政策评估的重要理论基础。福利经济学经历了旧福利经济学和新福利经济学两个发展阶段。以霍布森和庇古为代表的旧福利经济学认为：国民收入总量越大，国民收入分配越平等，社会经济福利也就越大。他们主张国家应该采取适当的干预经济的政策措施，以调节生产资源和国民收入的分配。新福利经济学以意大利经济学家帕累托为代表，他提出了判断社会经济福利最大与否的标准，即“帕累托最优状态”。它是指当资源在某种配置下不可能通过重新组合生产和分配，使一个人或多个人的福利增加而其他人的福利不至于减少的状态。

真正的“帕累托最优状态”在现实生活中并不存在，任何产业政策都只能接近帕累托最优状态，即只能达到“次优状态”。“帕累托最优状态”虽是一种抽象的理论，但可以作为产业政策评估的重要原则。当一项产业政策的实施使得大部分人受益，而使小部分人利益受损时，如果能够采取配套措施，对受损者的利益予以补偿，只要这一补偿明显低于受益者的福利量，那么社会福利总量仍可得到增加，并更加接近帕累托最优状态，也就可以断定该项产业政策是可取的。

长期以来，公平与效率的关系问题一直是福利经济学的核心问题。以庇古为代表的旧福利经济学强调公平，相信把富人的部分收入转移给穷人就可以增加社会福利总量。而新福利经济学则强调效率，并认为效率来自资源配置的最优化。大量产业政策的实践证明，在公平与效率关系中，“效率”通常是矛盾的主要方面。只有不断提高“效率”，才能为实现“公平”奠定可靠的物质基础。以公平为由限制追求效率的政策，往往会导致低效现象的蔓延，并最终使“公平”总是与低效、贫困为伍。而成功的产业政策则通常是遵循“效率优先、兼顾公平”的原则，并以增进最大多数人的最大福利为宗旨的。邓小平理论中的“先富致共富”思想便是体现这一原则的典范。

另外，由于“公平”原则强调机会的均等，因而符合公众利益。在产业组织政策实践中，过分容忍垄断和排斥自由竞争都是违背“公平”原则的，其结果极可能是失去竞争动力，致使产业整体效率下降，进而危及公众福利。

根据福利经济学的观点，产业政策作为公共意志的产物，应当努力追求最大多数人的最大福利。是否符合最大多数人的最大福利，应当作为衡量产业政策成败优劣的重要尺度。换句话说，有助于实现最大多数人的最大福利的产业政策就是成功的政策；相反，背离最大多数人的最大福利的产业政策肯定是失败的政策。

（二）生产力标准

生产力是社会发展的根本动力，是人类福利增长和生活质量提高的物质基础。在产业政策评估中，生产力标准是具有普遍意义的又一重要尺度。因为无论各国的政治经济体制如何不同，也无论各国的历史文化差异多大，生产力水平高低都可以成为统一的衡量标准。各国的产业政策虽然多种多样，但它们的共同目标都与“提高生产力水平”密切相关。是否有利于生产力水平的提高，理所当然可以充当衡量产业政策优劣与成败的标准。

当然，对生产力标准我们应有全面的认识。生产力既有量的区分，也有质的规定性。生产力的内核是科学技术，但科学技术的发达同人类福利的增长并不总是成正比例关系的。如果将高度发达的科技生产力用于制造高杀伤力的毁灭性武器，用于犯罪和非正义的战争，那么，这一部分科技生产力水平越高，人类的灾难可能就会越深重。因此，对生产力标准应当附加伦理尺度。

（三）综合效益标准

一项产业政策的实施，既有经济效益，也有社会效益、政治效益和生态环境效益；既有直接效益，也有间接效益；既有正效益，也有负效益；既有短期效益，也有长期效益。因此，在进行产业政策评估时，我们需要全盘考虑各种效益因素，只有这样才可以避免评估的片面和失真。这就是建立“综合效益标准”的主要根据。

综合效益标准是具有普遍意义的政策评估框架，其方法是通过对实施某一政策所涉及的各种“成本”和“收益”进行全面的综合性比较分析，最后以政策总成本和政策总收益的比率，来判别该项产业政策效果的优劣。

综合效益标准提示我们，成功的产业政策应该是以最小的投入获得最大的综合收益，或者等量的投入获得更大收益的政策。忽视环境和资源代价，片面追求产值增长的传统观念显然是不符合“综合效益标准”的。发展中国家应当努力避免那种为片面追求产值而不惜发展高能耗、高污染、低技术含量型企业的产业政策，因为它在生态环境效益和综合效益维度上是负值。

（四）国际竞争力标准

有学者认为，冷战结束后，产业国际竞争力已经成为各国政府在关注经济安全时首先要考虑的问题。在经济全球化趋势日益显著的今天，产业国际竞争力的增强已成为各国产业政策的核心目标。因此，是否有利于增强本国产业的国际竞争力，必将成为各国在未来衡量产业政策成败得失的重要尺度。

产业国际竞争力标准要求我们在制定产业政策时，不仅要注重对民族工业的保护和扶植，而且要充分考虑本国的资源禀赋，通过有选择地扩大对国际市场的参与，来发挥本国的比较优势，通过增强本国产业的国际竞争力来实现公众福利的最大化。

随着经济全球化进程的深化，国际竞争力标准将日益成为衡量产业政策优劣的最主要尺度。产业政策的决策者必须高度重视这一新趋势。只有更加自觉地从增强产业国际竞争力的角度出发去统筹安排整个产业政策体系，才能在战略上站稳脚跟，才不至于在21世纪的竞争中失利。总之，有利于增强产业国际竞争力的产业政策，才是适应时代要求的产业政策。

值得一提的是，上述标准是邓小平经济思想精华的具体应用，邓小平理论中的“三个有利于”思想是形成产业政策评估标准的重要依据。当然，上述原则和标准还只是进行产业政策效果评估的“一般标准”，实际的评估工作还需要运用相应的指标体系和计量分析技术。

三、产业政策效果评估体系

产业政策评估体系是由评估者、评估对象、评估方法和评估结论等要素共同构成。它涉及由谁评估（who）、如何评估（how），以及评估结论（what）。完整的产业政策评估体系，需要具备中立的评估主体、科学的评估工具、完备的信息收集渠道和可靠的评估结论等基本要素。

选择合格的评估机构、界定评估对象、掌握有关信息，是保障评估顺利进行的基本条件。在日本，产业政策的评估主体主要是各主管省厅所设的审议会、国会所设的各调查咨询机构和执政党下属的政策调查委员会。此外，四大经济团体、在野党、大众传媒和知名的政论家都会从各自立场对特定产业政策发表意见，并对政府的产业政策决策有较大的影响力。其中，审议会的成员通常是学术界、财界和政界的权威人士，并由首相或主管大臣任命，相对独立于行政机构，是直接主宰各项政策立案和调整的权威评估主体。

我国当前尚无类似日本“审议会”的政策调查与评估机构。充当产业政策评估主体的主要是政府主管部门的研究机构和政府授权的专题调研班子，县以上的各级人大、政协、党委和政府所设的政策研究机构，也承担着各项社会经济政策法规的调查研究和立案工作。我国虽然也成立了全国性的企业联合会，但总体上讲，产业界对产业政策决策的参与程度依然较低。

应当指出，产业政策评估是一项十分复杂的工作，实际的评估过程会遇到各种各样的困难。例如，定性评估难免发生结论的分歧，表现为不同利益主体对同一产业政策的效果褒贬不一，而定量评估则会遇到许多客观效果无法合理量化，或者无法准确测量的难题。尽管如此，我们仍然应当尽早建立一整套适应时代要求的产业政策评估机制和体系。

思考题

1. 什么是产业政策？如何理解产业政策的作用？
2. 产业政策有哪些特征？
3. 产业政策的常见目标和手段有哪些？
4. 为什么要重视产业政策评估？
5. 产业政策评估的原则和一般标准是什么？
6. 以中国某一产业为例，简述该产业的政策情况。

思考题参考答案

※ 本章案例 ※

日本产业政策的演进

日本产业政策主要包括：产业发展政策、产业结构政策、产业协调政策及产业组织政策。根据不同时期经济发展特点，产业政策的重点存在一定的差异，其演进经历了以下五个阶段（参见表 10-1）。

一、1946 年至 1960 年经济复兴时期

经过第二次世界大战，日本经济处于崩溃的边缘，基础产业落后，物质资源十分匮乏，经济发展面临许多瓶颈。面对战后严峻的社会现实，日本先后制定和实施了一系列产业政策，并把政策的重心放在产业发展政策方面，即通过直接参与产业间的资源配置，重点扶植基础产业的发展。具体包括：一是实施倾斜的财政政策，促进支柱产业的发展，重点是钢铁、煤炭两大产业。二是产业合理化政策，通过财政投资贷款、海运利息补贴等，促进设备和技术的更新，以降低基础工业成本。三是扶植与振兴新兴产业政策，重点扶持机械、电子工业与石油化工产业，培育与扶持出口先导产业与支柱产业。

二、1960 年至 1973 年的经济高速增长时期

随着国民经济的恢复，资源瓶颈相对缓和，国民经济进入快速增长的通道，但传统产业体制难以适应市场经济、国际竞争。这时期产业政策重点是向市场经济过渡过程中保护“幼稚产业”、优先发展主导产业。具体包括：第一，在尊重市场机制的前提下，政府保留适度进行政策干预；第二，促进产业结构向重化学工业发展，重点是干预钢铁、合成纤维、石油化工和纸浆等产业的设备投资规模，促进产业升级和实现规模经济；第三，制定并实施《中小企业现代化促进法》，协调大中小企业的发展。

三、1973 年至 1984 年的稳定增长时期

伴随着重化工业的迅猛发展，日本社会也出现了严重的生态环境与各类公害问题。同时，20 世纪 70 年代世界石油危机，使得日本国内投资资金相对过剩、国民经济增速下降。这个时期产业政策重点是全面放松政策规制的前提下，促进产业结构升级和知识密集型产业发展。具有包括：第一，依赖市场经济的前提下，对存在“市场失灵”的部分领域进行了必要的干预；第二，制定和出台了一系列防止各类公害、保护环境的政策，以此来解决“外部不经济”问题；第三，促进产业结构升级，调整高能耗衰退产业，促进产业结构转向高加工度化，发展节能技术和节能技术产业；第四，扶持发展以电子产业、信息业、汽车制造业、现代服务业等为主体的知识密集型产业。

四、1985 年至 2012 年的经济萧条时期

20 世纪 80 年代初期，美国财政赤字剧增，对外贸易逆差大幅增长，希望通过美元贬值来改善国际收支不平衡状况。1985 年 9 月 22 日，美国、日本、联邦德国、法国以及英国的财政部长和中央银行行长签订《广场协议》，五国政府联合干预外汇市场，诱导美元对主要货币的汇率有秩序地贬值。以 1985 年日元急剧升值为标志，日本经济开始全面进入泡沫化时期。1985 年 2 月至 1988 年 11 月日元名义汇率升值 111%，1990 年 4 月至 1995 年 4 月升值 89%，1998 年 8 月至 1999 年 12 月升值 41%。1987—1989 年是泡沫经济的极盛时期，1990 年泡沫破灭，股市和各类资产价格大幅下跌。之后，日本经济进入长期的萧条时期。这个时期产业政策的重点是结构调整和产业优化升级，以技术立国取代贸易立国。具体包括：第一，政府对于产业结构不再进行直接干预，而是通过发布长期预测报告和间接支持政策，引导产业发展，如 1986 年公布的《21 世纪产业社会的基本构想》。第二，

以尖端技术为中心的知识密集产业作为国家主导产业，重点扶持新能源、新材料、生物工程、信息和航空航天等技术开发，或“下一代产业基础技术”开发等产业。

五、2013 年以来的经济重整时期

面对内需不足、要素成本提高、全要素生产率增长缓慢、新经济增长点难以形成，2012 年安倍晋三开始执政，提出经济自由化和实施竞争政策。这时期产业政策的重点是逐渐淡化产业发展政策和产业结构政策，强化产业组织政策，致力于营造公平竞争的市场环境。具体包括：第一，实行宽松的货币政策、积极的财政政策，推动以经济自由化和公平竞争环境为导向的结构性改革。第二，对钢铁、原油、电力和各种管制产业，实施自由化政策。首先推动的是电力公司自由化和价格改革，通过竞争上网定价的方式，下调电力价格，实施分类定价。

表 10-1 第二次世界大战后日本各时期产业政策的要点

内容	经济复兴时期（1946—1960 年）		高速增长时期（1960—1973 年）	稳定增长时期（1973—1984 年）	经济萧条时期（1985—2012 年）	经济重振时期（2013 年至今）
产业政策重点	倾斜式生产方式（1946—1950 年）	产业合理化政策（1950—1960 年）	主导产业扶植政策、企业改组政策	“创造性知识密集型”产业扶植政策	作为公共政策的组成部分、产业结构政策、放松规制	进一步放松规制、促进竞争、产业组织政策
政策目标	解决基础产业领域的增长瓶颈	培育骨干产业、企业合理化	重化工业化	产业结构调整、增长方式转变	修正高速增长的缺陷、政策的国际协调	确保自由公平竞争的环境、构建全球有魅力的经济社会
经济体制	直接干预、战后统制经济	直接干预与间接干预并存	以市场机制为主、政府协调为辅	自由化进程中的市场经济	基本上以市场为导向	对内、对外进一步开放的市场经济体制
重点扶植产业	煤炭、钢铁	煤炭、钢铁、电力、造船等骨干产业	机械电子、石油化工、钢铁、有色金属	高新技术产业、知识密集型产业	新兴、成长型产业	高科技和高附加值产业、健康产业、高端保健服务业
政策手段	价格控制、银行融资、外汇管制	金融倾斜、税收优惠	扶植主导产业、推进企业间合并重组	发展规划、战略目标	发展规划、战略目标、信息服务	信息服务、改革税制、放松规制

资料来源：陈建安．产业政策的有效性：来自日本的实证．现代日本经济，2019（1）．

问题：

1. 为什么日本各个时期的产业政策重点是不同的？

2. 20 世纪 80 年代中期开始的经济泡沫及其破灭，对国民经济产生怎样的影响？为什么技术立国的产业政策没有使得日本早日摆脱经济萧条？

第十一章　政策类型

本章将以发达国家的大量经验事实为依据，分别阐述四类基本产业政策，即产业组织政策、产业结构政策、产业布局政策和产业技术政策的概念、内容、目标和手段。并根据我国国情和实际需要，特意选择农业政策和中小企业政策作为综合性产业政策的样本，进行实证分析和介绍。

第一节　产业组织政策

一、产业组织政策概述

（一）产业组织政策的概念界定

所谓产业组织政策，是指为了获得理想的市场效果，由政府制定的干预市场结构和市场行为、调节企业间关系的公共政策。产业组织政策的实质是协调竞争与规模经济之间的矛盾，以维持正常的市场秩序，促进有效竞争态势的形成。

产业组织政策是市场经济实践的产物，其产生的依据在于：市场力量本身并不能自发地避免过度竞争，也不能防止大规模企业凭借其垄断地位，采用共谋、卡特尔和价格歧视等不正当手段来获取高额利润、抑制竞争。在这种情况下，政府有必要以立法形式制定市场规则，规范企业的市场行为，从而提高市场效果。

（二）产业组织政策的分类

从政策取向看，各国已有的产业组织政策可分为两大类：一类是鼓励竞争、限制垄断的竞争促进政策（即反垄断、反托拉斯和反不正当竞争行为的政策），它着眼于维持正常的市场秩序；另一类是鼓励专业化和规模经济的产业合理化政策，它着眼于限制过度竞争。这两类政策虽然取向不同，但它们都有法律依据，且在法理上是相容的。例如，一般产业的产业合理化政策须符合《反垄断法》的原则精神，而自然垄断产业中的限制竞争政策则是适用《反垄断法》的“例外原则”范围的。两者并不存在法律上的冲突。

从政策对象看，产业组织政策可分为市场结构控制政策和市场行为控制政策两大类。前者是从市场结构方面禁止或限制垄断的政策，如降低市场进入壁垒、控制市场集中度等；后者是从市场行为角度控制各种妨碍竞争和不公正交易行为的发生。

（三）产业组织政策的目标

产业组织政策的目标可分为一般目标和具体目标。

产业组织政策的一般目标是促进市场的有效竞争，以提高产业内部的资源配置效率。所谓有效竞争，是指产业组织处于既能够保持产业内部各企业之间的适度竞争，又能获得规模经济效益的状态，即可以兼容竞争活力和规模经济效益的竞争。

产业组织理论体系的创始人贝恩曾经提出，产业组织政策的具体目标可以细化为六个方面：

（1）企业应达到并有效地利用规模经济，市场的供给主要应由达到经济规模的企业承担，企业应有较高的开工率。

（2）不应出现某些产业或企业长期获得超额利润或长期亏损的情况，从较长时间来看，各产业的资本利润率应是比较均等的。

（3）较快的技术进步，主要指技术和产品开发、革新活动有效且比较充分。

（4）不存在过多的销售费用。

（5）产品的质量和服务水平较高，并具有多样性，以适应提高大众福利和消费水平的要求。

（6）能够有效地利用自然资源。

上述六项具体目标可以作为产业组织政策制定和评估的理论依据。

（四）产业组织政策的手段

实现产业组织政策目标的手段主要有以下三类：

1. 控制市场结构

控制市场结构即对各产业的市场结构变动实行监测和控制，保障其合理性。具体措施包括依法分割处于垄断地位的巨型企业，降低市场集中度，降低市场进入壁垒，建立企业合并审批制度，对中小企业实施必要的扶持政策等。

2. 控制市场行为

控制市场行为即对企业的市场行为实施监督和控制，扼制垄断势力的扩大，保障公平竞争。具体措施包括禁止和限制竞争者的共谋、卡特尔及不正当的价格歧视；对企业的价格、质量实行全面监督，增加市场信息的透明度；对欺骗、行贿和中伤竞争者的各种不道德乃至非法的商业行为进行取缔和必要处罚。

3. 直接改善不合理的资源配置

这主要是指政府对“市场失灵”领域的直接干预。如政府直接投资于基础设施部门或“瓶颈产业”，对赢利不多或风险较大的重大技术开发项目提供资金援助，增加对教育、科研和技术推广的公共投资等。

从政策手段的属性看，还可以将产业组织政策的手段分为法律手段、经济手段和行政手段。在各国普遍实行法治原则的 21 世纪，法律手段的重要性将会得到维持或增强，经济手段也将主要以法律为基础得以实施。行政手段对于有计划经济传统的国家具有特殊意义，但不受监督的行政干预往往容易造成消极影响。

二、产业组织政策的核心内容

（一）反垄断和反不正当竞争政策

反垄断和反不正当竞争政策是发达国家产业组织政策的重点。这是因为发达国家的市场机制相对完善，主要问题是来自垄断势力对市场效率的破坏和由此造成的社会经济矛盾的激化。

在美国，反垄断政策通常是通过贯彻执行专门的反垄断法规，来限制集中和垄断。美国联邦最高法院是反垄断的最高仲裁机关，司法部则是政府反垄断的执行机构。此外还按行业设有许多独立于行政部门的专业委员会，负责在特定产业内执行反垄断政策。如联邦通信委员会、民用航空委员会就分别在通信和民航业承担反垄断政策的执行任务。

1. 反垄断和反不正当竞争政策的基本内容

反垄断和反不正当竞争政策的基本内容主要有：

（1）分割已经形成的垄断企业。

（2）限制企业的横向与纵向合并，以防止生产过度集中而形成新的市场垄断。

（3）限制价格共谋行为，鼓励竞争。

（4）禁止非法的价格歧视。

（5）禁止搭配销售和排他性交易。

（6）禁止欺诈行为，如虚假广告、盗用商标名称等。

（7）扶持小企业的发展，并为小企业营造公平的竞争环境。

2. 反垄断和反不正当竞争政策例外原则的适用范围

反垄断和反不正当竞争政策“例外原则”是产业组织政策必不可少的组成部分。由于国情的不同，各国反垄断政策的例外条款也各有特色。下面分别介绍美国、德国和日本的情况。

（1）美国反垄断政策的例外原则适用范围主要包括特殊行业、特殊组织和某些特殊活动。特殊行业包括：具有自然垄断性的公共事业，如通信、电力、自来水业等；容易波动和容易发生过度竞争的行业，如农业、零售业等；自然资源开采业。特殊组织主要是指工会组织。特殊活动包括政府批准的为了加强与外国企业竞争的企业协调活动，以及在紧急状态下（如战争期间）暂停执行反托拉斯法。

（2）德国拥有世界上最完备的反垄断的竞争促进政策法规——《卡特尔法（反对限制竞争法）》，其例外条款集中体现在对各种“合法卡特尔”的界定中，主要包括：

① 专业化卡特尔。即不同企业之间为了实现专业化分工而成立的卡特尔。

② 合理化卡特尔。即企业为了采用共同的技术成果或管理措施以便降低成本而成立的卡特尔。

③ 结构危机卡特尔。当市场需求持续萎缩、生产滑坡时，有关企业为了适应需求变

化而调整生产能力以摆脱危机而成立的卡特尔。

④ 中小企业合作卡特尔。这种卡特尔旨在加强中小企业之间的合作，以便更好地参与同大企业的竞争。

⑤ 采购协作卡特尔。即为了强化中小企业的竞争力，允许中小企业在自愿基础上进行合作采购。

⑥ 出口卡特尔。这是为保障和促进出口而成立的只涉及国外市场的卡特尔。

⑦ 进口卡特尔。即为了防止本国购货方在从国外进口商品时自相竞争而成立的卡特尔。

⑧ 部长特批卡特尔。即联邦经济部长基于整个国民经济和全民利益的考虑，批准成立的合法卡特尔。这种卡特尔是联邦卡特尔局管辖之外的特例。

(3) 日本反垄断政策的“适用除外”范围主要包括：

① 自然垄断所固有的行为。如具有自然垄断性质的铁道、电力、煤气等产业的生产和销售（但同时对这些产业实施严格的进入规制、价格规制、质量规制和退出规制）。

② 基于特定事业法令的正当行为。

③ 知识产权的行使行为。如专利权、著作权、商标权等知识产权可以行使排他性的垄断权。

④ 依法成立的各种合作社的行为。

⑤ 维持转售价格合同行为。

⑥ 不景气卡特尔行为。当某一特定商品供求严重失调、价格低于平均生产成本以下、相当一部分企业即使通过企业合理化也难以维持时，生产该产品的企业经主管大臣的同意并得到公正交易委员会的认可，可以为克服不景气而签订有关限制产量、销售量的卡特尔。

⑦ 合理化卡特尔行为。为了降低成本、提高效率需特别签订卡特尔时，经公正交易委员会的认可，可作为《禁止垄断法》的适用除外范围。合理化卡特尔的内容包括限制技术、限制生产品种、原材料的利用等。

日本禁止垄断法的规定是有完整的体系，也是很严厉的，尤其是关于垄断状态的规制，在各国反垄断法中独树一帜，作为执法机构的日本公正交易委员会也为实施该法做了大量的工作，对违法行为采取了严厉的措施。但是，日本禁止垄断法的实施情况并未得到日本国内外普遍的认可。由于关于反垄断的规定几乎没有实施过，因此有人戏称它是日本禁止垄断法上的“装饰品”。

(二) 产业合理化政策

产业合理化政策，是旨在促进规模经济形成、改善产业组织结构、建立大批量生产方式和增加产业利润、实现产业振兴的基本政策。产业合理化集中表现为产业组织的合理化和高效化，其基础是流通过程的改组，产品的规格化、标准化、定型化，以及加工的专业化。

“产业合理化”一词首先出现在1925年之后的德国、法国和英国。产业合理化政策不仅在一些工业化先行国家发挥过重要作用，更是广大后发国家实施赶超战略必不可少的基本政策之一。因为后发国家在国际竞争中面临的基本问题，就是企业规模较小、产业集中度过低、缺乏足够的竞争力。

日本的产业合理化政策是世界上最系统、最广泛和最富有成效的政策体系。据小宫隆太郎教授考证，日本在1983年之前就出台过55个比较重要的产业合理化法规①。在合理化政策中特别引人注目的，有推动企业合并与重组的《企业合理化促进法》《中小企业基本法》，有旨在协调产业内企业间关系、防止在萧条或出口时产生过度竞争的协调政策，有鼓励大批量生产体制建立的政策，等等。

日本政府在石化、汽车、钢铁、炼铝、造船和海运业都推行过旨在追求规模效益的产业合理化政策。通过引导和支持这些产业的骨干企业走向改组、联合和协作，扩大了生产规模，加强了专业化与协作的程度，从而增强了这些产业的国际竞争力。日本在产业合理化领域的实践，为后发国家提供了丰富的经验。

我国历来重视产业合理化政策，即要按照专业化分工协作和规模经济原则，依靠优胜劣汰的市场机制和宏观调控，形成产业内适度集中、企业间充分竞争，大企业为主导、大中小企业协调发展的格局。通过上市、兼并、联合、重组等形式，形成一批拥有著名品牌和自主知识产权、主业突出、核心能力强的大公司和企业集团，提高产业集中度和产品开发能力。实行鼓励中小企业发展的政策，完善中小企业服务体系，促进中小企业向“专、精、特、新”的方向发展，提高与大企业的配套能力。综合运用经济、法律和必要的行政手段，关闭产品质量低劣、浪费资源、污染严重、不具备安全生产条件的厂矿，淘汰落后设备、技术和工艺，压缩部分行业过剩和落后的生产能力。

实践表明，产业之间总是相互关联、相互制约、相互依存的。任何产业都不可能脱离其他产业的支持而得到持续、稳定的发展。上述“产业合理化”政策虽然主要属于产业组织政策，但它离不开“产业结构合理化”政策的支持和配合。

（三）直接规制政策

直接规制政策的对象主要是自然垄断产业，其目的是防止因重复投资与过度竞争所带来的资源低效配置，并确保产品的稳定供给、收入的公正分配、物价的稳定以及产业的健康发展。直接规制政策的主要内容包括：进入规制、数量规制、质量规制、设备规制、价格规制和退出规制等。

1. 进入规制

进入规制是直接规制政策的核心内容，即通过对申请者资格的审批程序，严格控制在特定自然垄断产业的执业权，其目的是限制过度竞争，确保规模经济效益、范围经济效益，以及所提供的产品与服务的质量。进入规制的主要手段是对申请者进行资格审查，合格者由政府颁发许可证和工商营业执照。

2. 数量规制

数量规制是指为了避免因投资过多（或过少）或产量过剩（或不足）而引起的价格波动和过度竞争所采取的规制措施。它包括投资规制和产量规制两个方面，主要规制方法

---

① 小宫隆太郎，等. 日本的产业政策. 东京：东京大学出版社，1986.

有：建立特定产业重大投资计划的审批制度；规定新进入企业的最低与最高投资规模；对固定资产与技术改造投资实行配额制；由政府制定产量指导计划，以配额制限制最高产量或以适当的扶持奖励措施刺激产量的增长。

3. 质量规制

质量规制是指为了防止由于自然垄断所带来的产品与服务质量的潜在下降趋势，避免消费者的正当权益受损所采取的规制措施。它的主要内容有：对自然垄断产业的产品与服务质量建立公开的质量标准体系，规定必须达到的最低质量界限，建立严格的短期检查、监督和消费者投诉制度，对达不到质量标准的企业实施责任追究和必要的处罚，直至取消其执业资格。

4. 设备规制

设备规制是指对自然垄断产业的关键设备的规格、技术性能、安全性能和环保标准实行的直接规制，目的在于消除自然垄断对设备更新的阻碍作用，满足质量规制和环境保护的要求，从而推动该产业的技术进步。

5. 价格规制

价格规制是指对自然垄断产业的产品和服务的价格水平和价格核定方法所实施的直接规制，其目的是使消费价格处于公正、合理的水平，从而保障合理的利润率，协调供应方的利润最大化取向与消费者利益的矛盾，维护双方的正当权益。价格规制的内容通常包括规定利润率、成本核定方法、价格的上下限以及价格变动的审批程序。

6. 退出规制

退出规制是政府为了保障公共产品与服务的稳定供给，而不允许自然垄断产业的经营者随意撤出原生产与服务领域的直接规制。例如，在电力、煤气、自来水由民间企业经营的情况下，政府需要以退出规制来防止这些直接关系到公众生活安定的公用事业行业出现供应中断的情况。

由于直接规制在相当程度上制约着企业的经营自主权，它不利于发挥经营者的创新能力，且需要一定的规制成本，还容易为政府官员滥用职权，乃至“权钱交易”留下隐患，不利于行政的廉洁与高效，所以，政府应当尽量缩小直接规制的对象范围，在不得不采用直接规制时必须充分注重行政的公正、廉洁和高效，否则就极易偏离公众利益最大化的目标。

第二节 产业结构政策

一、产业结构政策的含义与内容

（一）产业结构政策的含义

所谓产业结构政策，是指政府制定的通过影响与推动产业结构的调整和优化来促进经济增长的产业政策。

我们知道，经济现代化过程的核心内容是工业化和城市化，而工业化和城市化进程必然伴随着产业结构的变化。传统经济与现代经济的本质差别在于两者的结构变动速度不同、技术基础不同，以及分工与专业化的程度不同。在技术不断进步基础上的产业结构高度化是贯穿现代经济增长全过程的一条主线。日本经济学家认为，“产业结构未能实现及时转换，是历史上一些老牌的发达国家趋向衰落的基本原因之一”①。

产业结构政策既是现代经济增长的内在要求，又是各国经济发展战略的体现。积极制定和实施产业结构政策，不仅是发展中国家实现赶超目标的必由之路，而且也是发达国家保持自身优势地位的重要法宝。

（二）产业结构政策的基本内容

产业结构政策的宗旨是以技术进步来不断促进产业结构的优化。尽管产业结构政策的形式多种多样，但大致可以归纳为产业调整政策和产业援助政策两种基本类型。前者的目标是产业结构合理化，后者的目标是产业结构高度化。产业结构合理化是产业结构高度化的基础，而产业结构高度化又是产业结构合理化的高级表现形式。

各国产业发展的经验表明，技术创新是产业结构优化的根本动力。无论合理化还是高度化，都离不开技术创新的支持。没有持续的技术创新，产业结构的合理化和高度化就会失去动力和物质基础。因此，产业结构政策的核心和焦点无疑应当是推动技术创新。

从具体内容看，产业结构政策通常包括：幼小产业保护政策、主导产业选择政策、战略产业扶植政策和衰退产业调整政策等。其中战略产业扶植政策和衰退产业调整政策是最基本的产业结构政策内容，我们将在下文展开论述。

二、产业结构政策的重要性

各国的经济发展实践证明，一方面政府对产业结构的变迁并非无能为力。另一方面，只要顺应产业结构演变的规律，制定和推行出符合国情的产业结构政策，就有可能较好地减少结构性矛盾对经济发展的制约，促进产业结构和资源配置的优化。由于新兴产业的发展和衰退产业的调整与转换总会遇到巨大的困难和阻力，在市场本身无法自动排除这些困难和阻力的情况下，就迫切需要政府的有效介入。产业结构政策的重要性表现在：

第一，在工业化过程中，产业结构转换始终是不可回避的重要政策课题。产业结构转换的能力、速度与效率，是一国经济发展态势的内在制约要素。由于公共产品、外部性和规模经济现象的存在，自由放任的市场机制极易在产业结构转换过程中造成大量的资源闲置与浪费，因而无法自动实现产业资源的最优配置。这就要求政府以产业结构政策为手段，去弥补市场失灵的不足。

第二，世界经济发展的规律表明，“凡是依靠科技进步，不断注意产业结构的转换，

① 陈淮. 日本产业政策研究. 北京：中国人民大学出版社，1991.

不断使产业结构合理化、高度化的国家和地区，它们的经济就比较景气，也拥有更强的承受能力、适应能力和应变能力”①。产业结构政策集中体现着政府对产业结构优化的干预能力与效率。所以，产业结构政策的优劣，将在很大程度上决定一国经济的兴衰成败。

第三，在整个产业政策体系中，产业结构政策始终占有中心和主导地位。我国学者于20世纪90年代初在考察各国的产业政策之后总结认为，“产业政策的核心是促进产业结构的合理转换”②。从某种意义上讲，产业技术政策和产业布局政策都是产业结构政策的衍生形态，或者可以称为服从和服务于产业结构高度化目标的手段。由于产业结构政策具有这种本源性，日本学术界总是对产业结构政策给予特别的关注，甚至将它作为正统“产业政策”的代名词。发展中国家应当更加自觉地将产业结构政策作为最基本的产业政策，努力促成产业结构合理化、高度化目标的实现。

三、战略产业的扶植政策

战略产业是指能够在未来成为主导产业或支柱产业的新兴产业。它首先是一种新兴产业，但并非所有新兴产业都可以成为战略产业。要成为战略产业就必须具备三大基本特征：一是能够迅速有效地吸收创新成果，并获得与新技术相关联的新的生产函数；二是具有巨大的市场潜力，可望获得持续的高速增长；三是同其他产业的关联系数较大，能够带动相关产业的发展。

战略产业的扶植政策是产业结构政策中的主导方面和关键部分。它的特点是着眼于未来的产业优势，直接服务于产业结构的高度化。离开了战略产业的扶植政策，就不可能实现产业结构合理化、高度化的目标。而且，国际竞争越激烈，战略产业的扶植政策就越重要。这是总结世界经济发展规律所得出的基本结论。日益重视战略产业的选择和扶植，是21世纪各国产业政策的共同趋势。战略产业扶植政策的必要性来自它的上述三大特征。它对于经济新增长点的形成、传统产业的技术改造和整个产业结构的演进，都具有不容置疑的作用。战略产业扶植政策的宗旨，是通过政府强有力的介入，来增强对战略产业的生产要素投入，再通过战略产业的超常规发展来带动整个产业结构的高度化。该政策的背后，是一种非均衡发展和争取动态比较优势的战略思路。

日本的战略产业扶植政策始终是同占有核心地位的产业结构调整政策相联系的。其政策手段包括两大类：直接的行政干预（如配额制、技术引进管制、政府直接投资）和间接诱导（如税收减免、融资支持、信息与技术援助、行政指导）。

美国政府虽然不曾明确将某一产业指定为扶植对象的“战略产业”，但他们相信“技术是经济的发动机”且长期致力于改善企业研究开发和技术创新的环境条件，支持科学技

① 秦世俊，朱南如．国外产业政策研究及对我们的启示//李伯溪，钱志深．产业政策与各国经济．上海：上海科学技术文献出版社，1990.

② 李泊溪，钱志深．产业政策与各国经济．上海：上海科学技术文献出版社，1990.

术的发展，并始终谋求不断增强美国在科技与经济领域中的国际竞争力。美国扶植未来主导产业的基本手段有：建立高科技工业园区，加快高新技术的研究开发和成果应用；促进国防工业转产，规划军民两用技术的发展；以贸易、外交、金融、财政、税收等方面的配套政策与法规，支持高新技术的开发与产业化；要求各联邦机构、国家实验室和大学的研究机构同产业界结成密切的伙伴关系，共同推进高新技术的研究开发与推广应用；加速“国家信息基础设施”建设；增加对尖端军事技术、信息和通信技术、生物技术、新材料技术、环保技术等领域中关键技术的开发投资；从自由贸易政策转向有利于扶植高新技术产业成长的“战略贸易政策”，加大海外新兴市场的开拓力度，以多种手段促使其他国家开放市场，等等。美国政府从信奉“积极不干预”的自由放任原则转向积极扶植高技术产业的发展，给广大发展中国家留下许多耐人寻味的启示。

当然，并非所有战略产业扶植政策都能够取得预期的效果。在制定和实施战略产业扶植政策时，务必重视防止出现两类失误：

一类是战略产业的选择失误。在技术更替不断加速的今天，战略产业的选择比以往任何时候都更容易出现失误。因此，我们必须认真研究和借鉴发达国家的经验教训，并密切关注高新技术领域的前沿动态，根据最新信息从核心技术、核心产品的层面，及时对战略产业的定位进行反馈式修正，尽量避免全局性的选择失误。

另一类是效益低下、资源浪费的失误。国际经验表明，政府为扶植战略产业所作的投入，并不总是同其收益成正比，它往往伴随着一定程度的效益低下与资源浪费。避免这类失误的主要对策是：减少违背经济理性和效率原则的行政干预；尽可能发挥企业的活力与研究开发的自主性；发挥市场机制在政府资源投入中的调节功能；发挥专业机构对公共资金使用的指导、监督、咨询和评估作用。

四、衰退产业的调整政策

所谓衰退产业是指经历了幼小期、成长期、成熟期之后，进入了产业生命周期的最后一个发展阶段——衰退期的产业。其一般特征是：产品需求量和销售量大幅度下降，技术进步率下降且创新无望，而由另一新兴产业提供的替代品却同时出现需求与销售额上升的趋势。具备这些特征的产业就应当被视为“衰退产业”。在日本，煤炭、纺织、炼铝、钢铁等产业曾经先后沦为衰退产业，其中，纺织和钢铁业经过有效的技术改造，实现了产品的高附加值化。

衰退产业调整对策是产业结构高度化过程中具有重大现实意义的基本政策，其立足点是帮助衰退产业实行有秩序的收缩、撤让，并引导其资本存量向高增长率产业部门有效转移。这与消极地保护衰退产业的立场是不同的。多数经济学家对以“维持衰退产业的生存”为出发点的保护政策持反对意见，因为消极地维持衰退产业的生存必然会妨碍技术进步和产业结构高度化。

衰退产业往往与企业破产、员工失业现象密不可分，容易引起经济与社会的不稳定。

即使在信奉“适者生存”法则的资本主义国家，政府对衰退产业也不是撒手不管的。如美国政府对衰退产业的工人和企业就有依据《通商改革法》实施援助的做法；日本的《特定萧条产业安定临时措施法》和《特定萧条产业离职者临时措施法》对衰退产业的停产、设备报废和失业者再就业规定了政策措施。当前，我国正面临着转变产业结构的艰巨使命，因此，衰退产业的出现和相应的调整政策是不可或缺的。

衰退产业调整政策的主要措施包括：

（一）加速设备折旧

政府通过制定和实施衰退产业设备的报废量、报废时间表，采取促进折旧的特别税制，对因设备报废而产生的损失提供部分补偿等政策措施，来加速其设备折旧。

（二）市场保护、援助

政府通过限制竞争品进口剧增对衰退产业实施一定的保护，为其生产调整、资本与劳动力转移创造时机。政府还可以通过价格补贴和参与采购、促销活动，对衰退产业实施援助，但这类措施不宜长期采用，否则容易引发消极后果。

（三）促进转产

政府可以通过立法指定某个衰退产业部门减少或停止生产某些产品、协助其选择适宜的转产方向、提供转产所需的设备贷款、发放转产补贴等措施，加速其产业转换过程。

（四）技术与经营支持

政府通过协调专利与技术推广部门的工作，对衰退产业转产的目标领域提供及时的技术和经营上的指导、咨询与援助。这对衰退产业的调整是十分必要和有益的。

（五）转岗培训

转岗培训指利用政府所掌握的公共教育与培训设施，对不适应转产后新岗位技术要求的员工提供培训服务。经验证明，随着新兴产业对员工素质要求的提高，绝大多数转岗员工都需要接受转岗培训。而企业本身的培训设施和培训能力往往又不足以自立。总之，为了减少衰退产业调整引起的社会经济震荡，政府有必要建立完善的社会化援助体系。

五、中国现阶段产业结构政策

（一）产业结构调整、优化政策的原则

1. 坚持扩大内需，稳定外需

产业结构调整、优化要与产业增长和经济增长紧密结合，要与现实需求紧密对接。2019 年，我国人均 GDP 首超 1 万美元。国际经验表明，当一个国家和地区人均 GDP 超过 3 000 美元以后，城镇化、工业化进程会加快，进入到人民群众收入水平提高和消费结构升级的发展阶段，这对于我国在经济新常态下保增长、扩内需、调结构非常有利。扩大内需政策绝非权宜之计，而是一项长期的经济发展政策，是我国经济发展模式转变和保持未来经济长期增长的需要，同时也是促进区域经济协调发展、控制地区差距继续扩大的必然选择。既要继续扩大投资需求，保持固定资产投资以合理的规模和速度增长，更要注重扩大最终消费需求，进一步发挥消费对经济增长的拉动作用。同时，在当前逆全球化的背景下，要稳定国际市场，稳定国外需求；要把扩大国内需求和稳定国外需求很好地结合起来，实现区域协调发展，促进经济平稳较快增长，为产业结构调整、优化提供充分空间。

2. 坚持市场调节和政府引导相结合

充分发挥市场配置资源的基础性作用，加强国家产业政策的合理引导，实现资源优化配置。

3. 以自主创新提升产业技术水平

把增强自主创新能力作为调整产业结构的中心环节，建立以企业为主体、市场为导向、产学研相结合的技术创新体系，大力提高原始创新能力、集体创新能力和引进消化吸收再创新能力，提升产业整体技术水平。

4. 转变经济增长方式

以信息化带动工业化，以工业化促进信息化，走科技含量高、经济效益好、资源消耗低、环境污染少、安全有保障、人力资源优势得到充分发挥的发展道路，努力推进经济增长方式的根本转变。

5. 促进产业协调健康发展

发展先进制造业，提高服务业比重和水平，加强基础设施建设，优化城乡区域产业结构和布局，努力扩大就业，推进经济社会协调发展。

（二）产业结构调整、优化的方向和重点

坚持把经济结构战略性调整作为加快转变经济发展方式的主攻方向。构建扩大内需长效机制，促进经济增长向依靠消费、投资、出口协调拉动转变。加强农业基础地位，提升制造业核心竞争力，发展战略性新兴产业，加快发展服务业，促进经济增长向依靠第一、第二、第三产业协同带动转变。统筹城乡发展，积极稳妥推进城镇化，加快推进乡村振兴战略，促进区域良性互动、协调发展。

产业结构调整和优化的基本方向：坚持走中国特色新型工业化道路，适应市场需求变化，根据科技进步新趋势，发挥我国产业在全球经济中的比较优势，发展结构优化、技术先进、清洁安全、附加值高、吸纳就业能力强的现代产业体系。产业结构调整和优化具体包括以下方面：

1. 加强交通、能源、信息、水利等传统基础设施建设，以及新型基础设施建设，增强对经济社会发展的保障能力

以扩大网络为重点，形成便捷、通畅、高效、安全的综合交通运输体系。坚持统筹规划、合理布局，实现铁路、公路、水运、民航、管道等运输方式优势互补，相互衔接，发挥组合效率和整体优势。加快发展高速铁路、城市轨道交通，重点建设客运专线、运煤通道、区域通道和西部地区铁路。完善国道主干线、西部地区公路干线，建设国家高速公路网，大力推进农村公路建设。优先发展城市公共交通。有序开展煤制天然气、煤制液体燃料和煤基多联产研发示范，稳步推进产业化发展。加大石油、天然气资源勘探开发力度，稳定国内石油产量，促进天然气产量快速增长，推进煤层气、页岩气等非常规油气资源开

发利用。发展清洁高效、大容量燃煤机组，优先发展大中城市、工业园区热电联产机组，以及大型坑口燃煤电站和煤矸石等综合利用电站。加强水利建设，优化水资源配置。统筹上下游、地表地下水资源调配，控制地下水开采，积极开展海水淡化。加强防洪抗旱工程建设，以堤防加固和控制性水利枢纽等防洪体系为重点，强化防洪减灾薄弱环节建设，继续加强大江大河干流堤防、行蓄洪区、病险水库除险加固和城市防洪骨干工程建设，建设南水北调工程。加快推进新型基础设施建设，包括5G网络基站建设、特高压输变电、城际高速铁路和城市轨道交通、新能源汽车充电桩、大数据中心、人工智能、工业互联网等领域，推动产业数字化、网络化、智能化转型升级，促进传统基础设施与前沿科技产业的融合发展。

2. 调整利用外资政策，促进产业结构升级

产业结构调整需要解决和改善我国在国际分工体系中的地位，我国应当既坚持和发挥劳动力便宜的比较优势，同时要积极推进产业升级，提高自主知识产权的比重，提升出口贸易中附加值高的产业的比重。抓住新一轮国际产业转移的大好时机，结合我国实际情况，制定服务业加快开放政策，积极创造条件，鼓励跨国公司将中国作为其服务外包的重要承接地，使之成为转变贸易增长方式、优化出口结构、扩大服务贸易出口、创造更多就业机会的重要途径。结合国家产业结构调整方向和经济发展需要，适时修订《外商投资产业指导目录》。鼓励外资重点投向高新技术产业、先进制造业、现代服务业、现代农业和环保产业。注重引进高附加值、高辐射力、低能耗和处于产业高端的外商投资项目，鼓励外商投资企业加强原材料、零部件本地化配套，延长增值链条。严格限制高污染、高能耗和国内产能过剩的外资项目进入。稳步推进服务贸易对外开放，鼓励跨国公司来华设立地区总部、研发中心、采购中心和培训中心，在技术、信息、管理和营销等方面实现向现代服务业转变。推动外商投资加工贸易转型升级，促进传统产业的改造和技术升级。

3. 促进产业融合，充分利用新技术加快产业结构升级

努力拓宽劳动密集型产业与现代产业结合发展的空间，促进产业融合，培植新的产业。如把传统农业和花卉业结合起来，形成观赏性农作物产业；把动物保护和自然保护及旅游业结合起来，产生新型的旅游业，由此而派生的需求可带动相关的劳动密集型产业，如餐饮业、零售业的发展。加快发展复合型产业。以物流业为例，物流业是融合运输业、仓储业、货代业和信息业等的复合型服务产业，吸纳就业人数多，促进生产、拉动消费作用大。据有关资料显示，在美国和欧洲使用“第三方物流”服务的企业分别为57%和76%，其物流成本一般占GDP的10%，而我国的物流成本大多超过30%。因此，要大力推广集装技术和单元化装载技术，推行托盘化单元装载运输方式，大力发展大吨位厢式货车和甩挂运输组织方式，推广网络化运输，完善并推广物品编码体系，广泛应用条码、智能标签、无线射频识别（RFID）等自动识别、标识技术以及电子数据交换（EDI）技术。振兴物流业，促进产业结构优化，降低社会物流成本，优化资源配置，提高国民经济的运行质量。

4. 以振兴装备制造业为重点发展先进制造业，发挥其对经济发展的重要支撑作用

装备制造业要依托重点建设工程，通过自主创新、引进技术、合作开发、联合制造等

方式，提高重大技术装备国产化水平，特别是在高效清洁发电和输变电、大型石油化工、先进适用运输装备、高档数控机床、自动化控制、集成电路设备、先进动力装备、节能降耗装备等领域实现突破，提高研发设计、核心元器件配套、加工制造和系统集成的整体水平。坚持以信息化带动工业化，鼓励运用高技术和先进适用技术改造提升制造业，提高自主知识产权、自主品牌和高端产品的比重。根据能源、资源条件和环境容量，着力调整原材料工业的产品结构、企业组织结构和产业布局，提高产品质量和技术含量。加强铁、铜、铝等重要资源的地质勘查，增加资源地质储量，实行合理开采和综合利用。

5. 加快发展高技术产业和战略性新兴产业，发挥其对经济增长的带动作用

增强自主创新能力，努力掌握核心技术和关键技术，大力开发对经济社会发展具有重大带动作用的高新技术，支持开发重大产业技术，制定重要技术标准，构建自主创新的技术基础，加快高技术产业从加工装配为主向自主研发制造延伸。按照产业聚集、规模化发展和扩大国际合作的要求，大力发展高新技术产业，重点扶持节能环保、新一代信息技术、生物、高端装备制造、新能源、新材料、新能源汽车等战略性新兴产业，培育更多新的经济增长点。优先发展信息产业，大力发展集成电路、软件等核心产业，重点培育新一代移动通信、高性能计算机及网络设备等信息产业群，加强信息资源开发和共享，加快推进5G基础设施建设和商业化进程。充分发挥我国特有的资源优势和技术优势，重点发展生物农业、生物医药、生物能源和生物化工等生物产业。加快发展民用航空、航天产业，推进民用飞机、航空发动机及机载系统的开发和产业化，进一步发展民用航天技术和卫星技术。积极发展新材料产业，支持开发具有技术特色以及可发挥我国比较优势的光电子材料、高性能结构和新型特种功能材料等产品。

6. 提高国内服务业比重，优化服务业结构，促进服务业全面快速发展

坚持市场化、产业化、社会化的方向，加强分类指导和有效监管，进一步创新、完善服务业发展的体制和机制，建立公开、平等、规范的行业准入制度。发展竞争力较强的大型服务企业集团，大城市要把发展服务业放在优先地位，有条件的要逐步形成服务经济为主的产业结构。增加服务品种，提高服务水平，增强就业能力，提升产业素质。大力发展金融、保险、物流、信息和法律服务、会计、知识产权、技术、设计、咨询服务等现代服务业，积极发展文化、旅游、社区服务等需求潜力大的产业，加快教育培训、养老服务、医疗保健等领域的改革和发展。规范和提升商贸、餐饮、住宿等传统服务业，推进连锁经营、特许经营、代理制、多式联运、电子商务等组织形式和服务方式。依托工业物联网、大数据、人工智能等新一代信息技术，加快推动先进制造业和现代服务业深度融合。

7. 大力发展循环经济，建设资源节约和环境友好型社会，实现经济增长与人口资源环境相协调

坚持开发与节约并重、节约优先的方针，按照减量化、再利用、资源化原则，大力推进节能节水节地节材，加强资源综合利用，全面推行清洁生产，完善再生资源回收利用体系，形成低投入、低消耗、低排放和高效率的节约型增长方式。积极开发推广资源节约、替代和循环利用技术和产品，重点推进钢铁、有色、电力、石化、建筑、煤炭、建材、造

纸等行业节能降耗技术改造，发展节能省地型建筑，对消耗高、污染重、危及安全生产、技术落后的工艺和产品实施强制淘汰制度，依法关闭破坏环境和不具备安全生产条件的企业。调整高耗能、高污染产业规模，降低高耗能、高污染产业比重。鼓励生产和使用节约性能好的各类消费品，形成节约资源的消费模式。大力发展生态环境产业，减少源头污染，提高人民生活质量，也带动相关产业发展，促进就业。

第三节　产业布局政策

一、产业布局政策概述

产业布局政策一般指政府机构根据产业的经济技术特性、国情国力状况和各类地区的综合条件，对若干重要产业的空间分布进行科学引导和合理调整的意图及其相关措施。从本质上讲，产业布局合理化的过程也就是建立合理的地区分工关系的过程，两者分别从纵向和横向角度考察同一事物（产业空间分布）的两个具体方面。需要特别指出的是，产业布局政策既是产业政策体系中不可或缺的重要内容，同时又是区域政策体系中非常重要的组成部分，而且后者更加侧重于建立和完善地区间的产业分工关系。

从产业布局政策的内容上看，主要包括地区发展重点的选择和产业集中发展战略的制定。

从产业布局政策的目标来看，产业布局政策往往与特定的国家经济发展程度相关联。也就是说，在经济不发达阶段，政府通常更强调产业布局的非均衡性，即强调优先发展某些地区，通过这些地区经济的超常规增长，带动其他地区以及整个国家经济的增长。并且，政府也往往倾向于以建立开发区或在某些地区实行特殊政策的方式，将某些在政府经济发展战略中负有重要功能的产业（如出口加工业）和高新技术产业相对集中，以使其有较快的增长，进而提高其对经济增长的贡献度。而当经济较为发达之后，政府则从维护经济公平和社会稳定等目标出发，偏重于强调地区经济的均衡性。此阶段，除了个别特殊产业（如对环境保护有较大妨碍的产业）之外，政府已不倾向于通过重点扶持某一地区的经济发展来带动国民经济增长，而往往对不发达地区经济给予较多的支持，甚至在某些经济发达地区或产业高度集中地区实行一定程度的限制进入政策。

从产业布局政策的实施手段上看，产业布局政策主要是规划性的，同时也包括一定意义上的政府直接干预。在地区发展重点的选择上，产业布局手段主要有：制定国家产业布局战略，规定战略期内国家重点支持发展的地区，同时设计重点发展地区的经济发展模式和基本思路；以国家直接投资方式，支持重点发展地区的交通、能源和通信等基础设施，甚至直接投资介入当地有关产业的发展；利用各种经济杠杆形式，对重点地区的发展进行刺激，以加强该地区经济自我积累的能力；通过差别性的地区经济政策，使重点发展地区的投资环境显示出一定的优越性，进而引导更多的资金和劳动力等生产要素投入该地区的发展。在产业集中发展战略方面，可供采用的产业布局政策手段大致包括：通过政府规划的形式，确立有关具体产业的集中布局区域，以推动产业的地区分工，并在一定意义上发挥由产业集中所导致的集聚经济效益；建立有关产业开发区，将产业结构政策重点发展的产业集中于开发区内，既使其取得规模集聚效益，又方便政府扶持政策的执行。

二、发达国家的产业布局政策

（一）美国的产业布局政策

目前还很难看到美国的产业布局政策，这主要是由于美国的政体和经济运行机制有别于其他国家。美国是两党制政体，又实行三权分立，每一届政府对于经济发展的主张往往大相径庭，所以美国在两党轮流执政的不断颠簸中，很难形成一个系统、完整、内容明确并保持连续性的产业布局政策。不过美国伯克利大学的学者认为，美国虽然没有明显的产业政策，更没有具体的产业政策，但美国政府对产业的发展有隐性的、间接的影响，并认为美国非明确的产业政策在冷战结束后对高科技工业的发展起到了非常重要的支持作用。

美国产业布局政策实际上是利益集团相互冲突、相互摩擦的产物。表面上，决定产业政策的是国会和政府。实际上，它们背后起作用的是各不相同的利益集团，尤其是大企业、大财团。既然产业政策是资源配置的一种形式，那么，在美国现行的社会制度和现存的利益格局下，制定和实施产业政策的过程，往往就会成为各不相同的利益集团之间争夺资源的过程。塔夫茨大学的西蒙教授认为，这种争夺最终导致由政府来决定资源的分配，最终决定作出后，既有赢家，也有输家。所以在美国，产业发展政策不是一门科学，而是一个价值体系。按照上述产业政策的分类，美国的产业布局政策，主要是针对落后的流域地区和衰退的老工业制定的政府支持政策。

美国产业布局政策的实施主要是通过中央财政向发展地区或州政府进行补助或补贴的措施来增强这些地区经济实力，以促进其经济发展和生活水平提高。中央政府对地方政府的这种财政转移支付或称税收返还制度是美国实施产业布局政策的一项重要而有效的措施。在美国，根据有关法律规定，联邦政府支出的10%用于补助州与地方。

（二）德国的产业布局政策

在德国，确定未来的经济结构和调整经济政策不是联邦政府的任务，而是由企业来完成。产业结构的转化是由市场竞争来推动，而不是由政策进行直接干预。但不实施专门的部门政策，并不意味着不采取经济措施。在组织市场经济运营的管理中，德国政府把注意力的重点放在改善有利于产业发展的投资、技术改造、增加就业岗位、促进国家和企业特别是中小企业的技术研究与开发、规范市场竞争秩序等经济框架条件方面。这些政策措施，实际上形成了其产业发展和布局政策。

在实施产业布局政策方面，也主要是采取财政补贴促进产业布局合理化发展。德国既有由上而下的纵向财政转移支付制度，也有富裕州补助较贫穷州的横向财政转移支付制度，而且这种横向转移支付制度对产业布局均衡发展起到了重要作用。纵向财政转移支付是根据有关法律规定，联邦政府和州政府根据乡镇的人口、面积和财政状况向乡镇政府进行补助。较贫困的乡镇除得到州政府向较富裕的乡镇征收的某种平衡税补贴外，主要通过联邦政府和州政府的财政补贴达到与富裕州相均衡的结果。联邦和州政府的财政拨款约占乡镇财政收入的1/3。

（三）日本的产业布局政策

第二次世界大战以来，日本的产业布局政策是围绕尽快增强国力、适应外向型经济发展的需要、充分发挥沿海地带对外交通便利的区位条件、实现产业空间布局的合理化等目标而展开的。

日本在实施其产业布局的几十年中，不仅在不同的阶段都有明确的目标，而且制定了详尽的发展规划以保证目标的实现。第二次世界大战后到20世纪80年代，为了实现充分发挥沿海地带区位条件和促进国民经济高速发展的目标，通过“太平洋狭长地带区”的计划及必要的财政、金融措施，使其沿太平洋狭长带很快成为世界上最为重要的重化工业带之一，为日本经济的高速增长作出了贡献。20世纪80年代以后，为解决工业布局过密、过疏的不协调问题，日本先后制定了六个全国性的综合开发计划，而且后一个计划主要是针对前一个计划执行过程中出现的问题以及不同的发展阶段产生的问题而制定的，使得区域政策具有连贯性和针对性，能够顺利地达到预期目标。

三、中国现阶段产业布局政策

制定并实施产业布局政策，目的在于以尽可能少的资源消耗、尽可能小的环境代价，实现区域经济社会尽可能好的发展。推动形成主体功能区，对于加快转变经济发展方式、加大经济结构调整力度、促进经济社会和人口资源环境相协调、逐步实现各地区基本公共服务均等化、最终实现共同富裕，具有重要意义。

我国非常重视区域协调发展，根据资源环境承载能力、发展基础和潜力，按照发挥比较优势、加强薄弱环节、享受均等化基本公共服务的要求，加大力度支持革命老区、民族地区、边疆地区、贫困地区加快发展，强化举措推进西部大开发形成新格局，深化改革加快东北等老工业基地振兴，发挥优势推动中部地区崛起，创新引领率先实现东部地区优化发展，建立更加有效的区域协调发展新机制。

（一）鼓励东部地区率先发展

东部地区要率先提高自主创新能力，率先实现经济结构优化升级和增长方式转变，率先完善社会主义市场经济体制，在率先发展和改革中带动帮助中西部地区发展。回顾东部地区发展历史，早在1991年，苏东水通过八年研究，在《中国沿海发展战略》中，首次提出以上海为中心，南北两翼齐飞，以沿海为中轴，内外市场滚动的中国沿海发展战略总构思，得到政府的高度重视。长江三角洲地区是我国综合实力最强的区域，在社会主义现代化建设全局中具有重要的战略地位和带动作用，优先发展面向生产的服务业，加快以上海国际航运中心和国际金融中心为主的现代服务业发展。加快形成一批自主知识产权、核心技术和知名品牌，提高产业素质和竞争力。珠江三角洲地区充分发挥改革“试验田”的作用，率先在全国推行以市场为取向的改革，较早地建立起社会主义市场经济体制框架，成为全国市场化程度最高、市场体系最完备的地区，成为我国外向度最高的经济区域和对外开放的重要窗口，今后要坚持高端发展的战略取向，建设自主创新新高地，打造若干规模和水平居世界前列的先进制造产业基地，培育一批具有国际竞争力的世界级企业和品牌，发展与香港国际金融中心相配套的现代服务业体系，建设与港澳地区错位发展的国际航运、物流、贸易、会展、旅游和创新中心。环渤海地区包括辽东半岛、山东半岛、京津冀三省二市，处于东北亚经济区的中心地带，是中国北部的黄金海岸，是继珠三角、长三角之后中国经济的第三个增长极，在中国对外开放的沿海发展战略中占有极其重要的地位，今后要进一步完善以港口为中心的陆海空立体交通网络，发挥教育、科技的资源优势，建设成为全国重要的新型工业化基地、开放合作新高地和现代服务业中心。

20 世纪 90 年代开始实行的上海浦东新区开发开放是中央作出的重大战略决策，经过拼搏奋斗，浦东新区取得了举世瞩目的发展成就：经济保持快速增长，成为带动上海和长江三角洲地区现代化建设的重要增长极。2009 年，原上海南汇区并入上海市浦东新区。上海市浦东新区实施“大浦东”战略，突破行政区划，有助于突破土地、政策、资金、竞争等瓶颈，对于上海国际金融和航运中心建设、迪士尼项目运营也大有裨益。浦东模式为国家区域经济发展树立了典型的发展模式。浦东模式体现为“极化经济”①。“极化经济”是指高端要素、高端产业和高端技术在浦东集聚的现象。这种集聚不仅包括资源和人力资本的集聚和集中，而且包括转变经济增长方式、推动产业结构升级。建设上海经济、金融、贸易和航运中心及全球科技创新中心是中央的战略部署，“五个中心”的核心功能都在浦东新区，浦东要素和产业的集聚推动了功能的集聚，浦东新区将打造以陆家嘴为主的金融中央商务区（CBD）功能区，以张江为主的自主创新功能区，以浦东为功能载体、大小洋山港和外高桥港为物质载体的航运服务功能集聚区。

推进天津滨海新区开发开放，是在 21 世纪新阶段，党中央、国务院从我国经济社会发展全局出发作出的又一重要战略部署。2006 年，国务院发布《关于推进天津滨海新区开发开放有关问题的意见》，强调推进天津滨海新区开发开放，有利于提升京津冀及环渤海地区的国际竞争力。天津滨海新区的功能定位是：依托京津冀、服务环渤海、辐射“三北”、面向东北亚，努力建设成为我国北方对外开放的门户、高水平的现代制造业和研发转化基地、北方国际航运中心和国际物流中心，逐步成为经济繁荣、社会和谐、环境优美的宜居生态型新城区。

京津冀协同发展上升为国家战略。加强顶层设计，打破行政区划限制，做好首都经济圈一体化规划，明确三地功能定位、产业分工、城市布局、设施配套、综合交通体系等重

① 钱运春. 从多维视角看浦东模式. 文汇报，2008-08-27.

大问题，推进包括基础设施互联互通、产业转型升级与转移对接，实现创新驱动发展，统筹对接社会事业和公共服务，加强生态建设与环境保护，提升资源能源保障水平，扩大对内对外开放，加快走出一条科学的持续协同发展路子。加快雄安新区开发建设，成为统筹解决京津冀区域问题的重要突破口。

长江三角洲区域一体化上升为国家战略。长三角是我国经济发展最活跃、开放程度最高、创新能力最强的区域之一，在全国经济中具有举足轻重的地位。长三角一体化发展具有极大的区域带动和示范作用，上海、江苏、浙江、安徽要增强一体化意识，紧扣“一体化”和“高质量”两个关键，深入推进重点领域一体化建设，强化创新驱动，建设现代化经济体系，提升产业链水平，带动整个长江经济带和华东地区发展，形成高质量发展的区域集群。

加快粤港澳大湾区建设。粤港澳大湾区包括香港特别行政区、澳门特别行政区和广东省广州市、深圳市、珠海市、佛山市、惠州市、东莞市、中山市、江门市、肇庆市，是我国开放程度最高、经济活力最强的区域之一，在国家发展大局中具有重要战略地位。更加深入广泛推进粤港澳合作，建设成为活力充沛、创新能力突出、产业结构优化、要素流动顺畅、生态环境优美的国际一流湾区和世界级城市群。

（二）推进西部大开发

西部地区面积约占全国的 71.4%，人口约占全国的 25%，国内生产总值约占全国的 15%。西部地区自然资源丰富，市场潜力大，战略位置重要。2000 年 1 月，国务院成立了西部地区开发领导小组，召开西部地区开发会议，正式拉开西部大开发战略的序幕。实施西部大开发是一项长期艰巨的历史任务，也是一项规模宏大的系统工程，总的战略目标是：经过几代人的努力，到 21 世纪中叶全国基本实现现代化时，从根本上改变西部地区相对落后的面貌，努力建成一个山川秀美、经济繁荣、社会进步、民族团结、人民富裕的新西部。当前和今后一段时期，是西部地区深化改革、扩大开放、加快发展的重要战略机遇期。要重点抓好铁路、公路、机场、水利、能源通道和通信等基础设施，加强西北草原荒漠化防治区、黄土高原水土保持区、青藏高原江河水源涵养、西南石漠化防治区、重要森林生态功能区等重点生态区综合治理，增强涵养水源、保持水土、防风固沙和保护生物多样性等功能，加快构建生态安全屏障体系，每年新开工一批重点工程；坚持以线串点，以点带面，依托交通枢纽和区域中心城市，着力培育经济基础好、资源环境承载能力强、发展潜力大的重点经济区，包括成渝地区、关中—天水地区、北部湾地区、呼包银榆地区、兰西格地区、天山北坡地区、滇中地区、黔中地区、宁夏沿黄地区、藏中南地区、陕甘宁革命老区等；积极发展有特色的优势产业，实施以市场为导向的优势资源转化战略，坚持走新型工业化道路，大力提升产业层次和核心竞争力，建设国家能源、资源深加工、装备制造业和战略性新兴产业基地；发展科技教育，培育和用好各类人才；国家要在投资项目、税收政策和财政转移支付等方面加大对西部地区的支持，逐步建立长期稳定的西部开发资金渠道；着力改善投资环境，引导外资和国内资本参与西部开发。

（三）振兴东北地区等老工业基地

中华人民共和国成立后，东北老工业基地为我国形成独立完整的国民经济体系、为改革开放和现代化建设作出了历史性重大贡献。但随着改革开放的不断深入，老工业基地的体制性、结构性矛盾日益显现，多种原因使企业形成了难以归还的历史欠税。为减轻企业负担，加快产业结构调整和国有企业改革改组改造，国务院批准豁免东北老工业基地的历史欠税。《东北地区振兴规划》于 2007 年 8 月正式发布，标志着东北老工业基地振兴工作进入了一个新的阶段。该规划强调优化发展能源工业，有序开发煤炭资源；建设先进装备、精品钢材、石化、汽车、船舶和农副产品深加工基地，发展高技术产业；发展现代农业，强化粮食基地建设，推进农业规模化、标准化、机械化和产业化经营，提高商品率和附加值。国家专门设立财政转移支付专项，用以扶持东北地区资源型城市建设一批能够充分吸纳就业、资源综合利用和发展接续替代产业的项目。

（四）促进中部地区崛起

我国中部地区包括安徽、山西、江西、河南、湖北、湖南六个相邻省份，总面积 102.8万平方公里，总人口 3.61 亿。中部地区以 11%的土地生产了全国 31%的粮食，是我国重要的粮食生产基地，对确保我国粮食安全具有重要地位；中部地区是我国重要的能源和原材料基地，对支持我国经济可持续发展具有重要的战略意义。中部地区人口多、经济发展水平不高，加快中部地区发展、促进中部地区崛起、提高中部地区经济社会发展水平，是实现我国全面建设小康社会目标的必然选择。促进中部地区崛起，是我国继作出鼓励东部地区率先发展、实施西部大开发、振兴东北地区等老工业基地战略后，从我国现代化建设全局出发作出的又一重大决策，是落实促进区域协调发展总体战略的重大任务。2006 年，中共中央、国务院颁布了《关于促进中部地区崛起的若干意见》，是实施中部崛起战略的纲领性文件。中部崛起战略重点强调充分发挥中部区位、资源、产业和人才优势，加强现代农业特别是粮食主产区商品粮基地建设，加强能源和重要原材料基地建设，加强现代综合交通运输体系、现代流通体系和现代市场体系建设；支持老工业基地振兴和资源型城市转型，建设现代装备制造基地和高技术产业基地；增强中心城市辐射功能，带动周边地区发展。今后，要进一步加强基础设施建设，抓住国际与国内产业转移的重要机遇，推动本地区成为有竞争力的制造业和高新技术产业基地、能源和重要原材料基地、劳动力资源开发和输出基地，成为最佳的产业转移承接地。交通运输是中部地区经济社会发展的重要基础，加快中部地区公路水路交通建设，推动中部地区交通运输快速协调发展，是中部地区崛起和区域协调发展的重要举措。

推动长江经济带发展。长江经济带覆盖上海、江苏、浙江、安徽、江西、湖北、湖南、重庆、四川、云南、贵州 11 省市，横跨东部、中部和西部三大板块，占全国的 21%，人口和经济总量均超过全国的 40%。长江经济带战略是以共抓大保护、不搞大开发为导向，以生态优先、绿色发展为引领，依托长江黄金水道，推动长江上中下游地区协调发展和沿江地区高质量发展，将建设成为具有全球影响力的内河经济带、东中西互动合作的协调发展带、沿海沿江沿边全面推进的对内对外开放带，也是生态文明建设的先行示范带。

第四节　产业技术政策

一、产业技术政策概述

（一）产业技术政策的起源

产业技术政策，是指国家对产业技术发展实施指导、选择、促进与控制的政策的总和。它以产业技术为直接的政策对象，是保障产业技术适度和有效发展的重要手段。据日本产业技术政策问题专家吉海正宪考证，人类历史上技术与政策最早的结合源自古代统治者炫耀实力、开发兵器、积累财富等动机。与早期个别自发产生的技术不同，现代技术的发展主要是有组织地开发的结果。18 世纪首先发生在英国的产业革命，充分展示了技术对经济和社会的巨大影响力，并从质和量两方面给人类带来了划时代的变化。此后，政府对技术的直接和间接介入的机会大幅度增加，政策与技术的结合越来越密切，产业技术政策就是在这种背景下出现的。

此外，两次世界大战使各国当政者认识到了国家有组织地开发技术的重要性，美国原子弹的问世，便是国家政策介入技术开发的典型例证。20 世纪 70 年代的石油危机之后，西方各国普遍推行了以降低能耗、提高产品附加值为目标的高新技术开发政策。

（二）产业技术政策的地位

产业技术政策是产业政策体系的重要组成部分，它同产业组织政策、产业结构政策和产业布局政策是并列关系。如果说，产业组织政策和产业结构政策在任何产业的发展全过程中都不可或缺的话，那么，对特定产业而言，产业技术政策在产业的幼小期和衰退期便具有决定其前途和命运的影响力。发展中国家在实现赶超目标之前，以国外先进技术的引进、消化和国产化为基本内容的产业技术政策，显然具有极其重要的战略意义。发达国家为了维持技术领先地位而对关键技术的支持与保护政策也十分普遍。在未来的国际经济竞争中，能否运用政府职能弥补市场失灵的缺陷、有效地促进技术创新，将成为检验各国政府能力的尺度之一。总之，不善于运用产业技术政策的政府，必将在经济与政治上陷入被动。

日本学者强调，产业技术政策不同于国家科技政策，产业技术政策与国家科技政策之间的关系是应用与基础的关系。我们看到，在当代科技发展的实践中，重大的技术创新越来越依赖于基础研究的突破，科技政策也日益重视其成果的产业化，故而产业技术政策与科技政策的衔接将更加紧密。

（三）产业技术政策的重要性和必要性

在现代社会中，技术是实现多种政策目标的重要手段。无论是国防与国家经济安全的保障，还是高附加值产业的培养、国民生活水平的提高，乃至生态环境的改善，都越来越依赖于技术进步。日本、德国等后发国家的经验表明，在技术引进、消化、创新和高新技术开发领域里，政府的指导与支持是决定成功与否的重要因素。

在知识经济初见端倪的今天，产业技术政策的重要性已越发突出。其理由是：第一，产业技术正在日益高风险化和大规模化，所需的投资额度空前增加，其投资风险无法由企业来独立承担。从技术开发成本或技术安全看，国家对技术的管理和政策介入已经成为重要课题。第二，当今世界技术领域中的国际竞争日趋激烈，广大发展中国家的产业技术与发达国家之间的差距正在呈扩大趋势，如果政府不积极采取相应措施，这种差距将可能进一步扩大，从而严重影响 21 世纪国际新秩序的建立。

产业技术政策的必要性体现在：第一，由于技术成果具有公共产品的性质，技术开发的成本与技术的社会收益之间存在不对称关系，个人收益率总是低于社会收益率，其外溢效益十分明显。此外，基础研究的回报率往往极低，技术成果应用的收益率高而社会边际成本却接近于零，加上技术开发存在技术与商业双重风险，以及技术开发的难度增加、投资规模日趋扩大等因素，都不可避免地造成私人投资的不足。所以，国家必须制定和推行专利保护政策、风险投资促进政策（如批准设立风险投资基金，政府对研究开发投资实行信贷担保、贴息、按比例分担等）、基础研究支持政策等。第二，现代经济进步越来越依赖于连续、高效、大规模和有组织的技术创新。虽然市场竞争中的价格机制能够在一定程度上促进技术进步，但并不能自动实现技术开发领域中的资源最优配置。在缺乏政策介入的情况下，单靠市场机制将会导致技术开发投资不足或重复投资问题。为了实现技术资源的有效开发和最优配置，防止技术创新的中断，确保产业技术的持续进步，国家就必须以适当的政策手段对技术开发与推广应用进行有效的指导、组织、扶植和协调。实践证明，产业技术政策是有组织地推进技术创新的得力手段，凡是能够成功地实现产业结构高度化的国家，都较好地运用过产业技术政策。发达国家尚在以产业技术政策推动技术的持续进步，因此，对于技术相对落后的国家而言，推行产业技术政策的必要性更是不言而喻。

二、产业技术政策的内容和手段

一般而言，产业技术政策应当包括两方面的内容：一是确定产业技术的发展目标和具体计划，包括制定各种具体的技术标准、技术发展规划，公布重点发展的核心技术和限期淘汰的落后技术项目清单；二是技术进步促进政策，包括技术引进政策、技术扩散政策、技术开发扶植政策。技术引进政策是后发国家通过直接引进别国的成熟技术赢得后发优势的重要手段。但仅有引进技术是不足以摆脱技术落后状况的，必须在鼓励技术引进的同时，重视对引进技术的消化、改造和提高，这是日本的基本经验。

产业技术政策的手段可分为直接干预手段和间接干预手段两大类。前者包括政府依据有关产业技术进步的各种法规所实施的行政干预（包括政府对引进技术实施管制、直接投资于产业技术开发和应用推广、主持和参与特定产业技术开发项目等）；后者主要是政府对产业技术的发展前景、战略目标、项目重点等提供指导，以及对产业技术开发提供补助金、委托费、税制优惠和融资支持。

三、产业技术政策的发展趋势

产业技术政策是适应经济发展对技术进步的要求而产生的，技术的进步又会不断对产业政策提出新的要求。20 世纪 90 年代以来，各国产业技术政策发展总体上出现了三大趋势：一是政策的目标体系越来越丰富、完善；二是政策措施和手段越来越具体、务实；三是突出了增强产业国际竞争力的重要性。

产业技术政策目标体系的丰富和完善主要体现在可持续发展理念和环境保护意识已经普遍渗透到各国技术标准体系中，从而改变了以往单纯强调技术的经济效益、忽视技术的环境影响的旧模式。国际标准化组织（International Organization for Standardization，ISO）于 1987 年制定的 ISO9000 系列国际标准，是以质量管理和质量保证为核心的。随着 1992 年欧洲共同市场的建立，统一质量标准的呼声进一步高涨，ISO9000 认证的取得开始成为国际投标、交易的重要条件。1996 年，国际标准化组织将质量保证从产品本身扩展到产品全过程对环境影响的评估，进一步制定、推行了强调环境保护的 ISO14000 系列国际标准。ISO14001 作为环境管理体系标准，要求企业制定有利于环境保护与改善的经营方针与行动计划，并且每隔 3 年要对环境管理体制进行监督、修改和完善，以便保证行动计划的实施。1998 年，国际标准化组织又制定了从设计、原材料供应、制造、销售、消费或使用到回收或废弃的产品全过程对环境影响的评估体系。日本通产省工业技术院于 1996 年以 ISO14000 体系为依据制定了作为日本工业标准（JIS）的“环境 JIS”。ISO14000 作为国际性的环境管理体系标准逐步渗透到各国的产业技术政策之中。在以欧洲为中心的世界各国，ISO14000 认证的取得逐渐成为企业间交易和政府采购的条件。21 世纪，以质量保证和环境保护为宗旨的上述两个国际标准将成为各国广泛认同的技术标准。

在韩国，20 世纪 90 年代以来产业技术发展已经出现了两点重要转变：第一，在研究开发内容上，从以量的扩大为主转向以质的提高为主；从以大批量生产技术为主转向以创造性研究开发为主；从强调硬件技术领域的竞争力转向注重信息与知识领域的竞争力；从以推动经济增长为主转向同时追求生活质量的提高。第二，在研究开发方式上，从自主完成型研究开发转向网络协作型研究开发；从重视开发能力的培养转向重视技术扩散；从供给导向型研究开发为主转向以需求导向型研究开发为主。与此相应，韩国的产业技术政策也在经历新的重大变化，即从政府与企业的共同主导，转向企业主导、政府辅助；从以直接支援为主，转向加强结构性竞争力；从以产业为中心，转向以技术创新为中心，开始强调通用技术（如信息技术）对各产业的渗透。

为了赢得 21 世纪国际竞争的优势，韩国政府的产业技术政策，包括六个方面的具体内容①：

① 朴昌根. 韩国产业政策. 上海：上海人民出版社，1998.

（1）增加研究开发投资。韩国政府决定今后继续扩大研究开发投资，使之在国民生产总值（GNP）中的比重达到 4%，政府的研究开发投资比重从 1995 年起增加到投资总额的 20%。

（2）指定 14 项核心技术开发项目，其中包括 7 项产品技术项目和 7 项基础技术项目。被韩国政府指定为新一代产品技术开发项目的有超大规模集成半导体、宽带综合信息网、高清晰度电视、电动汽车、人工智能计算机、新医药与新农药、智能型尖端生产系统等。核心技术项目中的“基础技术开发项目”有新材料、生物工程技术、新能源技术、环境工程技术、微型机器人技术、新型原子能反应堆设计与制造技术、新一代发动机技术等。

（3）促成新技术的产业化。具体措施有集中扶植面向技术开发的金融机构，加强对技术开发的金融支持；搞活技术市场，扩充“新技术创业保育中心”；引进并运用“技术保险制度”，分散商品化风险。

（4）完善科技信息流通体制。韩国政府决定将目前的以信息提供者为中心的信息流通管理体制，转变为以最终需求者为中心的信息流通综合系统，并集中发展电子图书馆，强化国内外科技信息资料的收集和供给，建成具有发达国家同等水准、能够迅速向研究开发者提供所需信息的科技信息网络系统。

（5）加强产业界的科技队伍建设。韩国政府决定将韩国科学技术院（KAIST）建成世界级水平的研究中心和教育机构，并扩大由研究所、高等院校、产业部门合作培养硕士、博士的项目范围，强化对企业内大学的支援。

（6）加强国际科技合作。这包括聘请外国高级专家赴韩工作，鼓励韩国科技人员参加多国合作项目；通过联合国、WTO、OECD、亚太经济合作组织等机构积极展开双边或多边科技合作；在进一步加强与发达国家科技合作的同时，扩大与其他国家之间的技术合作与交流等。

韩国产业技术政策的新趋势在当今新兴工业化国家中具有代表性，值得我国关注和借鉴。

四、中国现阶段产业技术政策

随着经济社会稳定持续发展，我国的科学技术发展也迎来了一个蒸蒸日上、成果丰硕的时期。在这一时期，各项科技计划顺利实施，基础研究得到加强，高技术产业快速发展，科技投入持续增加，科技实力不断增强，我国已跻身世界科技大国之列。近年，我们取得了“嫦娥”探测器登月、“神舟”七号载人航天飞行、“神威 太湖之光”超级计算机等一系列举世瞩目的重要成就，奏响了自主创新、建设创新型国家的时代强音。

以国家高技术研究发展（863）计划、国家重点基础研究发展（973）计划、集中解决重大问题的科技攻关（支撑）计划等主体性计划，以及火炬计划、星火计划等产业化计划为代表的各项科技计划顺利实施，在节能与新能源汽车、先进钻井技术与装备、天然气水合物勘探开发关键技术、主要动植物功能基因组研究、信息技术、生物医药等领域取得了重大进展，部分领域达到国际先进水平。企业在技术创新中的主体地位越来越稳固，以建立企业技术中心为主要形式的企业技术创新体系建设不断加强。

（一）着重提升五个方面的自主创新能力

（1）面向国民经济重大需求，加强能源、资源、环境领域的关键技术创新，提升解决瓶颈制约的突破能力。突破节能关键技术，在若干重点行业和地区建立循环经济技术示范模式，提高资源综合利用效率；基本控制环境污染，初步遏制生态恶化的趋势。

（2）以获取自主知识产权为重点，加强产业技术创新，显著提升农业、工业、服务业等重点产业的核心竞争能力。增加农业科技含量，提高农业生产效益，提高粮食综合生产能力；掌握一批事关国家竞争力的装备制造业核心技术，发展高技术产业和战略性新兴产业；明显提高信息技术水平，不断增加服务业的技术含量，促进现代服务业发展。

（3）加强多种技术的综合集成，提升人口健康、公共安全和城镇化与城市发展等社会公益领域的科技服务能力。重点攻克重大疾病防治和新药创制的关键技术，提高人口健康水平；突破重大灾害和事故的防范与应急处理技术，为保障生产安全奠定技术基础；突破建筑工程和基础设施建设技术，促进城镇化和城乡统筹协调发展。

（4）适应国防现代化和应对非传统安全的新要求，提高国家安全保障能力。强化国家安全领域的关键技术创新，为提高应对非传统安全的能力提供支撑。

（5）超前部署基础研究和前沿技术研究，提升科技持续创新能力。在基础研究和前沿技术领域取得一批重大创新成果，建成若干世界一流的科研院所、研究型大学以及具有国际竞争力的企业研究开发机构，拥有一批具有世界水平的科学家和研究团队。

（二）加大资金投入力度和制度支持，形成自主创新的支撑条件

积极探索和实现产业技术研究开发资金的多元化投入形式，鼓励和支持企业加大技术开发投入，通过自主研发，掌握具有自主知识产权的核心技术，提高自主创新能力，增强产业的核心竞争力。通过调整政府投资结构和重点，设立专项资金，用于支持引进技术的消化、吸收和再创新，支持重大技术装备研制和重大产业关键共性技术的研究开发。引导和支持大型骨干企业开展竞争前的战略性关键技术和重大装备的研究开发，建立具有国际先进水平的技术创新平台，加强面向企业技术创新的服务体系建设。建立支持自主创新的多层次资本市场，支持有条件的高新技术企业在国内主板和中小企业板及科创板上市。大力推进中小企业板制度创新，缩短公开上市辅导期，简化核准程序，加快科技型中小企业上市进程。

（三）强化十个领域的前沿技术研究

信息技术、生物和医药技术、新材料技术、先进制造技术、先进能源技术、资源环境技术、海洋技术、现代农业技术、现代交通技术、地球观测与导航技术等高技术领域中的前沿技术，是高技术领域中具有前瞻性、先导性和探索性的重大技术，是未来高技术更新换代和新兴产业发展的重要基础。加大前瞻部署和研发力度，积极抢占前沿技术发展的制高点。围绕节能环保、新一代信息技术、生物、高端装备制造、新能源、新材料和新能源汽车等重点产业，推进实施一批科技重点专项。加强战略性新兴产业专业孵化体系建设，

建设面向产业集群的区域创新中心，加快培育高新技术企业，培育具有区域化的特色高新技术产业集群。

（四）鼓励引进国外先进技术，定期调整鼓励引进技术目录

对国内尚不能提供、且多家企业需要引进的重大装备，国家鼓励统一招标，引导外商联合国内企业投标；在进口装备的同时，应当引进先进设计制造技术，并支持国内企业尽可能多地参与分包和实现本地制造。限制盲目、重复引进国外技术。定期调整禁止进口限制进口技术目录。限制进口国内已具备研究开发能力的关键技术；禁止或限制进口高消耗、高污染和已被淘汰的落后装备和技术。

第五节 综合性产业政策

在现实经济生活中，具体部门的产业政策大多同时包含产业组织政策、产业结构政策、产业布局政策和产业技术政策的成分，具有明显的综合性。下面，我们从国情和实际需要出发，以美国和日本的经验为例，对两种常见的综合性产业政策，即农业政策和中小企业政策进行归纳介绍。

一、农业政策

（一）农业的产业特性

农业是人类历史上最早出现的物质生产部门，它是人类利用太阳能，依靠生物生长发育的机能以获取动植物产品的部门。农业不仅提供食物，而且还为工业提供原料等生产要素和产品，是人类赖以生存和发展的基础产业。世界经济发展的经验证明，农业的发展是整个国民经济发展的基础。农业越是发达，就越能够以较少的农业劳动力提供足够多的食物来源。几乎所有先进国家都拥有相对发达的农业，而广大发展中国家则多数受到农业落后的困扰。只要农业生产率得不到提高，工业化目标就不可能实现，这是产业发展的一般规律。

农业的特性在于：农业对土地、水等资源和自然环境具有较强的依赖性；农业的生产周期较长；农业生产者具有分散性；农产品价值低、体积大、易变质、难储运；农业生产易受自然灾害的影响而出现不稳定特征；农产品市场上大宗商品的需求弹性较弱；农业的主产品——粮食一旦出现严重短缺，就会引发严重的社会问题，甚至危及国家安全，等等。这些特征使得农业成为国民经济中的“弱质产业”。

（二）农业政策的重要性

由于农业是关系到社会生存和稳定的基础产业，又是“弱质产业”，所以，自古代起各国的当政者就对土地制度、水利设施、农业劳动力、农业技术、农产品价格与流通渠道等方面实施积极的政策干预。我国封建统治者早就懂得“无农不稳”的道理，“以农为

本”的思想可谓源远流长。“重农轻商”“固本抑末”几乎是我国历史上最持久的政策理念。

当前，世界农业的现代化程度不断提高，以种植业为主的传统模式正在转向以畜牧业为主，农产品加工和贸易在农业增加值中的比重得到稳步提高，出现了所谓“农业工业化”趋势。此外，随着各国农产品市场开放程度的扩大，农业的国际竞争将会加剧，世界农业将逐步走向一体化。在这种背景下，农业政策理应成为国家产业政策体系的重要组成部分。

我国是一个发展中的农业大国，也是农业弱国。除了运用市场机制充分调动农业生产者投身农业现代化的积极性，制定和推行有效的农业政策已经成为当务之急。可以说，农业政策在我国的产业发展格局中具有特殊的重要性。

（三）农业政策的一般目标与手段

虽然农业政策的具体目标会因经济发展阶段和国家的不同而有所区别，但各国也存在一些共同的农业政策目标。比较研究表明，农业政策的一般目标与手段有以下几个方面。

1. 提高农业生产效率

这是绝大多数国家共有的农业政策基本目标。实现这一目标的具体政策手段和措施是加强农业基础设施建设，促进农业科研和技术推广普及，改良品种，加强农业技术教育，提高农业劳动者的素质，实现农业生产要素的合理配置等。

2. 增加和稳定农业从业人员的收入

其政策手段除了上述提高农业生产效率的各种措施之外，还包括拓宽农产品的销售渠道，改善农产品的营销条件，提供适度的外贸保护，帮助国内农产品开拓海外市场，为农业新技术的开发、应用与推广提供资金和人才支持等。

3. 保障粮食的安全供给

其措施包括建立高效优质的商品粮生产基地，对粮食实行保护价和补贴措施，稳定粮食供销协议关系，扩大粮食领域的国际贸易等。

4. 建立发达、完善的农业社会化服务体系

这是使农业告别分散经营的传统形态和步入现代化轨道的重要前提，也是农业政策必须重点解决的课题之一。没有发达的农业社会化服务，就没有农业的现代化。现代化的农业必须以专业化分工为基础。农业社会化服务体系是一个庞大、复杂的系统。从服务内容看，可以包括农业的科技服务、市场信息服务、采购服务、销售服务、加工服务、信贷服务、生活服务等；从农业生产过程看，可分为产前服务、产中服务和产后服务。政府在农业社会化服务体系中的主要职能，是加强农业教育、农业科研和农业技术成果推广。

5. 为农村剩余劳动力创造非农就业机会

这是关系到农村发展前途的大事。随着农业生产效率的提高，必然分离出一大批剩余劳动力。完善的农业政策应当考虑如何为农村剩余劳动力创造非农就业机会，发展中国家的政府尤其要主动承担这方面的责任。

（四）完善农业支持保护制度

实施乡村振兴战略，要按照产业兴旺、生态宜居、乡风文明、治理有效、生活富裕的总要求，到 2035 年基本实现农业农村现代化。农业是农村产业兴旺的基础。农业是安天下、稳民心的战略产业，没有农业的现代化就没有国家的现代化，没有农村的繁荣稳定就没有全国的繁荣稳定，没有农民的全面小康就没有全国人民的全面小康。我国总体上已进入以工促农、以城带乡的发展阶段，进入加快改造传统农业、走中国特色农业现代化道路的关键时期，进入打破城乡二元结构、形成城乡经济社会发展一体化新格局的重要时期。要完善农业支持保护制度，健全农业投入保障制度，调整财政支出、固定资产投资、信贷投放结构，保证各级财政对农业投入增长幅度高于经常性收入增长幅度，大幅度增加国家对农村基础设施建设和社会事业发展的投入，大幅度提高政府土地出让收益、耕地占用税新增收入用于农业的比例，大幅度增加对中西部地区农村公益性建设项目的投入。拓宽农业投入来源渠道，整合投资项目，加强投资监管，提高资金使用效益。健全农业补贴制度，扩大范围，提高标准，完善办法，特别要支持增粮增收，逐年较大幅度增加农民种粮补贴。完善与农业生产资料价格上涨挂钩的农资综合补贴动态调整机制。健全农产品价格保护制度，完善农产品市场调控体系，稳步提高粮食最低收购价，改善其他主要农产品价格保护办法，充实主要农产品储备，优化农产品进出口和吞吐调节机制，保持农产品价格合理水平。完善粮食等主要农产品价格形成机制，理顺比价关系，充分发挥市场价格对增产增收的促进作用。健全农业生态环境补偿制度，形成有利于保护耕地、水域、森林、草原、湿地等自然资源和农业物种资源的激励机制。

（五）积极促进农民增收

随着国内经济进入新常态和国际逆全球化浪潮的兴起，我国保持农业稳定发展和农民增收困难加大。为促进农民增收，要实施以下两项措施：

1. 加大农业补贴力度

各地区要按规定落实好粮食直补、农资综合补贴、良种补贴、农机具购置补贴等政策，对中央已经提前拨付的各项补贴资金，要及时足额落实到位、兑现到户。实施马铃薯原种补贴和其他补贴。

2. 加快农业结构调整和发展方式转变

在稳定粮食、油料、糖料生产的基础上，支持优势产区发展棉花生产，避免棉花种植面积大幅缩减；发展农业产业化经营，加快发展规模化、标准化生产，提高蔬菜、水果质量和市场竞争能力。

（六）实例剖析：美国农业政策的内容体系

美国拥有世界上现代化程度最高的农业，它以不到 2% 的农业劳动力，不仅养活了本国的 3.2 亿多人口，而且还可以向国外大量输出农产品。从 20 世纪 40 年代起，美国就在科学技术的推动下开始了“第二次农业革命”，其具体内容包括全盘机械化、农业化学革命、生物技术革命和农场管理革命。如今，美国农业“已经成为资本和知识密集程度都很高的现代化产业部门”。[①] 在农业现代化过程中发挥过积极作用的美国农业政策，堪称全世界的成功典范，值得正在向市场经济转轨的发展中国家认真研究和借鉴。下面，我们将重点考察美国农业政策的内容体系。

美国的农业政策是一个内容非常丰富、复杂的政策体系，其农业立法和政策几乎涉及农业的每一个方面。归纳起来，其内容大致可以分为两类：一是农业资源保护与科技发展政策；二是农业经济与社会发展政策。

1. 农业资源保护与科技发展政策

在农业资源（主要是水资源和土地资源）保护方面，美国政府采取的政策措施有：以立法形式制定各种污染源的治理标准，并确立严格的执法程序，使违法者受到应有的处罚。为了保护土壤的肥力，美国自第二次世界大战之后，发明和推广了多种“保护耕作法”。

始终注重促进农业科技发展，是美国农业政策中最显著的特征之一。早在 1888 年，美国农业部就设有“农业试验站办公室”。1893 年，农场技术示范、农场管理、成人教育、产品销售研究等科技工作就被纳入农业部的职能范围。1978 年，美国农业部成立了科学与教育总局，首次将农业研究、推广和教育工作置于一个统一机构的协调管理之下。该总局下设 9 个局，包括农业研究局、州合作研究局、推广局、高等教育局和国家农业图书馆等。农业部不仅承担农业科研和推广工作，而且还负责全美的农业高等教育。美国政府组织了一个覆盖全国的“农业教育、科研和推广体系”，使农业教育、科研和推广三者融为一体。为了保证美国的农业生产技术稳居世界领先水平，政府每年都向农学院和农业科技研究、推广机构提供巨额拨款。以促使农业科研、推广和教学的紧密结合为着眼点，是美国农业政策在推动技术进步方面获得成功的重要秘诀之一。

2. 农业经济和社会发展政策

这方面的政策主要包括：农业价格和收入支持政策；农业信贷政策；农业税收政策；农产品对外贸易政策等。

农业价格和收入支持政策是第二次世界大战结束以来美国农业政策的核心部分。其基本目标是，通过制定农产品的最低保护价和补贴标准，使农场主在执行政府休耕计划的情况下获得稳定的收入和合理的利润，以便保障农场主的收入，控制和稳定农业生产。农场主可以根据政府补贴的高低，自主决定是否参加政府计划。为了防止因为农产品价格过高而损害消费者的利益，美国政府还设有农产品储备，来调剂市场供求关系和价格。

农业信贷政策主要是为了支持农场主适应农业现代化的要求，增加对生产设备、种子、化肥、农药、基础设施的投资而制定的。农业税收政策为农场主提供了一系列优惠，如延期纳税、减税、免税等。政策还规定了较低的农业遗产税税率，以维护农业生产的稳定性。

农产品对外贸易政策是美国农业政策的重要内容之一。美国农业是重要的出口产业，它越来越依赖国际市场。所以，政府采取了一系列措施来扩大出口。如向农产品出口商提供出口补贴，向进口国提供各种形式的贷款或贷款担保，以及通过谈判使贸易伙伴国降低

① 樊亢，戎殿新. 美国农业社会化服务体系兼论农业合作社. 北京：经济日报出版社，1994.

对美国农产品的关税和非关税壁垒，扩大出口渠道。

3. 美国的农业社会化服务体系

美国的经验证明，发达、完善的农业社会化服务体系是美国农业高度现代化的坚实基础。① 在美国，农业社会化服务体系由私人公司、农业合作社和公共服务系统三部分组成。政府是提供公共服务的主体，其职能主要是通过建立“教育—科研—推广”三结合的农业科技创新体系，使美国农业科学技术始终处于世界领先地位。

美国十分重视发展农业机械化，积极推动生物技术、化学技术和计算机技术在农业中的广泛应用。例如，计算机在美国被广泛用于农场管理和农业生产的工业化、自动化。这些都有力地促进了美国农业生产力的巨大发展和农业现代化的高度实现。

二、中小企业政策

（一）中小企业概述

1. 中小企业的概念

中小企业的概念是在大企业存在的前提下产生的，是一个企业规模的概念，其含义因时代、国家和所在产业的不同而有所区别。在现实经济生活中，大企业与中小企业之间并不存在一条绝对的界限。然而，作为政策对象的“中小企业”，其规模上限和下限又必须首先得到明确界定，否则，中小企业政策就会因为没有明确的政策对象而无法有效实施。

在日本的《中小企业基本法》中，“中小企业”是指：制造业，从业人员在 300 人以内或资本金在 1 亿日元以下的企业；批发业，从业人员在 100 人以内或资本金在 3 000 万日元以内的企业；零售与服务业，从业人员在 50 人以内或资本金在 1 000 万日元以下的企业。“小规模企业”是指：制造业，从业人员在 20 人以内的企业；商业、服务业，从业人员在 5 人以下的企业。该划分标准一直沿用到今天，只不过随着经济规模的逐年扩大，中小企业的资本金定额界限面临着上移的压力。日本从 20 世纪 80 年代中期以来，中小企业在全部企业中所占的比率一直维持在 99%以上。中小企业绝大部分属于第三产业。

根据国家统计局《统计上大中小微型企业划分办法（2017）》规定，不同行业的大中小型企业划分标准有所不同。例如，工业企业从业人员大于等于 1 000 人，而且营业收入大于等于 40 000 万元的为大型企业；从业人员小于 1 000 人大于等于 300 人，而且营业收入小于 40 000 万元大于等于 2 000 万元的为中型企业；从业人员小于 300 人大于等于 20 人，而且营业收入小于 2 000 万元大于等于 300 万元的为小型企业；从业人员小于 20 人，或者营业收入小于 300 万元的为微型企业。大型、中型和小型企业须同时满足所列指标的下限，否则下划一档；微型企业只需满足所列指标中的一项即可。

2. 中小企业的地位与作用

同发达国家相比，中小企业在发展中国家的地位和作用更加突出。据联合国工业发展

① 樊亢，戎殿新. 美国农业社会化服务体系——兼论农业合作社. 北京：经济日报出版社，1994.

组织经济学家 A. F. 伊泰的研究，“中小企业约占发展中国家企业总数的90%左右，它们雇用了50%以上的劳动力，提供30%以上的制造业增加值”①。实践证明，各国中小企业主要有以下八个方面的功能：

（1）创造就业机会，提高就业率。

（2）满足人们日益复杂化、个性化的消费需求，提高生活质量。

（3）作为大企业垄断的制约力量，促进市场竞争。

（4）加快技术创新与技术扩散，推动技术升级和产业结构高级化。

（5）缓解经济危机的冲击，为经济结构调整提供宽松的外围环境。

（6）扩大税基、税源，增加财政收入。

（7）充当新的经济增长点，增强国民经济的活力。

（8）促进农村发展与进步，缩小城乡差别，扩大农村市场，缓解城乡二元结构的矛盾。

中小企业的活力与它的高淘汰率密切相关。据日本《产经新闻》统计，日本只有不到5%的中小企业能够存活30年，8.5%的中小企业能存活20年，18.3%的中小企业能存活10年，而68.2%的中小企业都只能在几年之内“自生自灭”。

日本产业界有学者提出：中小企业的概念已开始显得过时，因为在世界经济从“求量”进入“求质”的阶段之后，企业规模的大小已不再是决定企业竞争力与地位的主要因素。微软、英特尔、谷歌等企业在较短时间内从小企业成长为行业巨头的事实表明，富有创新能力且市场前景广阔的中小企业，完全可能在销售额排名上超越技术趋于停滞的大企业。而一些超大规模的企业在主导产品的市场萎缩之后，出现了资产规模越大亏损就越不可避免的新情况。过于庞大的沉淀资产使得大规模企业难于灵活应对环境变化的挑战，而开始走向衰退。美国“工业竞争委员会”早在20世纪80年代就观察到，一大批创新型小规模企业逐渐成为美国经济新增长部分的主要来源。

3. 中小企业政策的性质和基本课题

从严格意义上讲，中小企业政策并不是一种独立形态的产业政策。日本学术界通常将中小企业政策的功能界定为“对正统产业政策的补充和完善”。

在中国，多数教科书将中小企业政策列为产业组织政策的一部分。这种理解虽有一定依据，但并不完全，也不够准确。在经济发展初期，由于中小企业是大企业垄断的制约因素，中小企业政策确实主要是作为旨在促进竞争的产业组织政策的重要环节而存在的。但在经济发展实践中，仅仅局限于产业组织政策已经不足以解决中小企业面临的现实问题。于是，产业结构政策和产业技术政策也逐步成为中小企业政策的基本内容。例如，日本的中小企业现代化政策就远远超出了单纯的产业组织政策的范畴。因此，日本经济产业省的权威资料明确将中小企业政策视为广义的产业结构政策的组成部分②。

一般认为，中小企业政策是一种综合性的产业政策，是包涵产业组织政策、产业结构

① 王延中. 中小企业与经济活力. 北京：经济管理出版社，1998.

② 通商产业省通商产业政策史编纂委员会. 通商产业政策史. 第1卷. 通商产业调查会，1994.

政策、产业布局政策和产业技术政策等多种成分的产业政策统一体。中小企业政策的综合性特征，是中小企业的跨行业、跨地域、跨技术层次性质以及中小企业问题的综合性的必然反映。

从起源上看，中小企业政策是国家为了缓和、解决同中小企业生存与发展相关的各种问题而采取的对策。从发达国家的经验看，中小企业必然会面临由“中小规模”特征所带来的一系列经济与非经济问题。其中，经济问题主要是中小企业在资金市场、劳动力市场和产品市场上相对于大企业处于不利的竞争地位，致使中小企业经常受到资金短缺、人才短缺、技术落后、产品质量低下、经营亏损等问题的困扰；非经济问题则表现为政治问题和社会问题，如对中小企业的救济、保护问题，中小企业的布局不合理问题，中小企业引起的环境污染、资源浪费、劳资纠纷问题等。这些问题会因时代、产业和地域的不同而有不同的具体表现方式，但各种问题之间存在着某些内在联系，经济问题有时候也会以政治问题或社会问题的形式表现出来。

中小企业政策的基本课题包括保护、扶植和指导三个方面。

（二）实例剖析：日本中小企业政策的内容体系

日本的中小企业政策是在《中小企业基本法》的指导下逐步形成的。据中小企业厅整理的资料①，日本的中小企业政策主要由三大部分构成：

1. 结构转换促成对策

结构转换促成对策的具体措施包括：扶植乡土特色产业的发展；对跨行业的新商品、新技术开发提供补助；促进不同行业中小企业主通过知识融合开拓新的事业领域；以低息融资方式鼓励地方优势产业的发掘；举办跨地域的承包洽谈会；对承包企业的技术开发提供补助和低息融资，帮助承包企业提高技术水平；由中小企业事业团提供信息、咨询指导、低息融资和部分信用担保，促进海外直接投资和国际化的顺利进行；贯彻《特定中小企业者事业转换对策临时措施法》，对同业协会的新技术开发提供补助，等等。

2. 经营基础强化对策

经营基础强化对策的主要措施包括：开展中小企业融资（由中小企业金融公库、国民金融公库和商工组合中央金库三家政府金融机构，在中小企业事业团协助下实施）；由信用保险公库和信用保证协会对中小企业融资提供必要担保；降低中小企业的法人税税率；执行《中小企业团体组织法》和《中小企业协会法》，提高中小企业的组织化程度；执行《中小企业指导法》，由各都、道、府、县对中小企业经营诊断和指导事业提供补助；建立中小企业大学校，为中小企业培养紧缺人才，由各都、道、府、县对在中小企业大学校研修者提供补贴；在各地建立中小企业信息中心，促进中小企业的信息化，由中小企业事业团等提供信息化支持；对中小企业的研发工作提供技术指导和资金补助，增强中小企业的技术实力；由中小企业事业团对濒临破产的中小企业提供咨询指导和互助性救济；贯彻有关法律，在政府和公共采购中确保中小企业获得订单，等等。

① 有田辰男. 战后日本的中小企业政策. 日本评论社，1990.

3. 小规模企业扶持对策

小规模企业扶持对策包括由商工会、商工会议所对小规模企业提供经营指导；由中小企业事业团组织建立小规模企业互助制度；为小规模企业建立无担保融资基金，提供设备贷款，促进其设备的现代化；建立国际性综合流通中心，增强中小零售商业企业的信息化和商品筹集能力，等等。

此外，日本政府还组织各种服务于中小企业的调查、研究与宣传活动。

（三）中国中小企业面临的问题

当前，我国中小企业存在的主要问题是：

第一，中小企业融资难问题仍为突出。我国中小企业短期资金融通难度降低，但长期权益性资本严重缺乏；中小企业间货款拖欠现象较为严重；中小企业投资规模逐年增加，资金筹集渠道单一。

第二，技术水平和产品的技术含量低，资金不足，设备更新困难，技术创新能力弱。具体表现为设备简陋，工艺落后，产品附加值低，盈利能力差。

第三，布局比较分散，用地浪费严重。这主要是有关部门缺乏管理经验、规划和组织不力的结果。布局分散，违背了经营学中的“成本节约”和“范围经济”原理，不利于土地资源和基础设施投资的节约，不利于社会化服务，不利于污染的监督和治理。参照发达国家的经验，解决布局不合理的出路在于：由统一的职能机构负责从基础设施、工业用水、污染治理的角度精心规划和协调，建立工业小区，否则就难以确保中小企业的区域布局合理化，提高集约化程度和资源使用效率。

第四，信息闭塞，经营粗放，管理落后，经济效益低。这与中小企业的经营人才匮乏、资金不足和企业制度落后等固有弱点直接相关。

第五，环境污染与资源浪费现象严重。这主要是环保意识、环保资金不足所造成的。

上述问题的解决，有赖于我国中小企业政策体系与政策执行机构的建立和完善。

（四）中国促进中小企业发展的政策措施

第一，营造有利于中小企业发展的良好环境。完善中小企业政策法律体系，完善政府采购支持中小企业的有关制度，加强对中小企业的权益保护。

第二，切实缓解中小企业融资困难。全面落实支持中小企业发展的金融政策，加强和改善对中小企业的金融服务，进一步拓宽中小企业融资渠道，完善中小企业信用担保体系。

第三，加大对中小企业的财税扶持力度。加大财政资金支持力度，落实和完善税收优惠政策，减轻中小企业社会负担。

第四，加快中小企业技术进步和结构调整。支持中小企业提高技术创新能力和产品质量，支持中小企业加快技术改造，推进中小企业节能减排和清洁生产，提高企业协作配套水平，引导中小企业集聚发展，加快发展中小企业生产性服务业。

第五，支持中小企业开拓市场。支持引导中小企业积极开拓国内市场，支持中小企业开拓国际市场，支持中小企业提高自身市场开拓能力。

第六，努力改进对中小企业的服务。加快推进中小企业服务体系建设，加快中小企业公共服务基础设施建设，完善政府对中小企业的服务。

第七，提高中小企业经营管理水平。引导和支持中小企业加强管理，大力开展对中小企业各类人员的培训，加快推进中小企业信息化。

思考题

1. 怎样理解产业组织政策的目标和手段？发达国家反垄断法规例外原则的适用范围主要有哪些？其作用是什么？

2. 如何从产业布局政策的内容、目标和实施手段上理解产业布局政策？

3. 如何看待产业技术政策的重要性和必要性？韩国的产业技术政策经验对我国有何启示？

4. 农业政策的一般目标是什么？美国农业政策有哪些特色？

5. 中小企业的地位和作用如何？日本中小企业政策的经验与启示是什么？

思考题参考答案

※ 本章案例 ※

韩国电影产业政策

韩国电影产业政策主要可以分为三类：第一类，20 世纪 60 年代早期到 1986 年的进口配额制度；第二类，1987 年持续到现在的放映配额制度，但其在 2006 年后就失去了主要作用；第三类，20 世纪 90 年代晚期开始的补贴及税收减免政策。

1. 进口配额制度

1958 年，韩国文教部颁布《为奖励国产电影制作和纯洁电影娱乐的补偿特惠措施》（第 53 号公告）规定，给予优秀国产电影、国际电影节获奖作品、出口电影的制作者、文化类电影和新闻类电影的进口者、优秀外国电影进口者一定的数量配额。1963 年，韩国电影法第一次修订，按修订后的电影法，只有制片公司才有权利进口电影。政府同意减少这些公司的关税，但实行“进口推荐制度”。1985 年韩美电影协定的签署，迫使韩国政府废除进口外国电影的价格上限和配额制度；1988 年韩美电影协定使得韩国进一步开放市场，好莱坞开始在韩国有权从事电影制作、发行、开设影院。

2. 放映配额制度

1966 年韩国开始设立电影放映配额制度，自从 1986 年进口数量配额取消后，放映配额制度成了韩国电影产业唯一使用的贸易保护政策。从 1986 年到 2006 年，放映配额制度强制性要求本土电影的放映天数最低为146天。但是，这一规定在执行方面并不严格，处于有法不依的状态。1995年，韩国通过了《电影振兴法》，之后对放映配额的天数和比例的规定被严格执行，不遵守规定的影院将受到严重处罚。2006年韩美自由贸易区协议签署后，放映配额天数减半，从原来的146天减少到73天。

3. 补贴及税收减免政策

1993年《侏罗纪公园》在韩国放映，政府意识到了电影产业的潜在经济收益。1993年，韩国政府制定了《影像专门投资制度》，给予电影产业补贴和金融税制的优惠待遇。一是不断增加公共财政补贴，主要是对电影产业的基础设施、生产过程或发行渠道等进行间接补贴；二是电影生产商可以获得银行贷款并且可以从税收豁免中获益。

韩国电影产业政策对韩国本土电影产业的发展发挥了重要作用，促进了韩国电影产业的发展壮大。从20世纪90年代初开始，韩国电影占据本国票房的份额就超过50%，高峰期60%~65%。1999年《生死谍变》分别在日本、中国香港、中国台湾以及新加坡等地上映后，赢得了无数专家和观众的好评。2000年《共同警备区》在日本成为最有影响力的电影之一。从此，韩国电影成为亚洲地区电影院里必不可少的一道风景线，韩国电影产业也由此走向了强劲的振兴之路。目前，韩国电影在北美和欧洲也已经随处可见，已经成为好莱坞影片的强劲竞争对手。

（本案例根据周明月《韩国电影产业政策及效果研究》改写，原文载《中国电影市场》2018年第6—7期）

问题：

1. 20世纪50年代到90年代韩国保护本国电影产业的主要政策有哪些？
2. 20世纪90年代以来韩国对电影产业实施哪些补贴和税收减免政策？
3. 如何评价韩国电影产业政策的作用？

第十二章 产业规制

本章围绕产业规制，主要探讨三方面的问题：即当代西方发达国家产业规制的三要素结构模式及其在不同背景下的运用形态与启示；政府规制的原因、分类，以及各种政府规制的运用；美、英、日、中自然垄断产业放松规制的实证分析。

第一节 产业规制模式

一、产业规制的概念

产业规制是政府或社会为实现某些社会经济目标而对市场经济中的经济主体作出的各种直接的和间接的具有法律约束力或准法律约束力的限制、约束、规范，以及由此引出的政府或社会为督促产业经济主体活动符合这些限制、约束、规范而采取的行动和措施。简要地说，产业规制是政府或社会对产业经济主体及其行为的规制。它是对市场失败的治理，目的在于维持正当的市场经济秩序，限制市场势力，提高资源配置效率，保护大多数社会公众的利益，使之不受少数人的侵犯。依照规制实施主体的不同，产业规制包含政府规制、社会规制和行业自律规制。

政府规制是政府为实现某些社会经济目标而对经济主体作出的各种直接的法律约束力的限制、规范，以及由此引出的政府为督促经济主体行为符合这些限制、约束、规范而采取的行动和措施。社会规制是指相对独立于政府规制，对经济主体作出的各种直接和间接的准法律的限制、规范，以及由此引出的社会为促进经济主体行为符合这些限制、规范而采取的行动和措施。行业自律规制又可称为行业管理，它介于政府规制和社会规制之间，主要是指行业协会对本行业企业的规划、协调，因而是一种综合性的自组织规制。

二、当代西方产业规制的三种模式

产业规制模式指的是具有代表性的规制类型。产业的本质是企业，企业的本质是市场，所以依照西方发达国家的不同的市场经济类型，当代西方产业规制可以区分为三种主要模式，它们分别是“民间主导型产业规制”“政府主导型产业规制”和“政府民间平衡型产业规制”。

（一）民间主导型产业规制

所谓民间主导型产业规制，是指在企业、市场、政府三者关系中，政府调节市场、市场引导企业的一种规制模式。它突出强调的是保障企业作为微观经济活动主体的权利，保证企业作为微观经济主体的有效性，政府这只“看得见的手”一般较少直接干预企业的经济活动，而是通过市场引导企业。政府的宏观活动主要通过各种市场可以容纳的手段与方法，将宏观计划意图转化为市场信号，通过改变市场秩序、市场环境和市场信号，来间接地影响企业决策。一般情况下，由市场与企业发生直接联系。企业基本上是面向市场来调整自己的活动态势。在微观层次上，市场与企业之间还保留着比较传统的联系方式。在这里，作为政府与企业两要素中介的市场，也更多地保持着其在运行过程和资源配置过程中的既有地位。

（二）政府主导型产业规制

所谓政府主导型产业规制，就是指在企业、市场、政府三者关系中政府既调节市场，同时也直接引导企业，并将侧重点放在后者上的一种产业规制模式。它突出强调的是企业与政府之间的协调，因而政府这只“看得见的手”往往直接伸向企业，宏观调控的受力点侧重于企业。企业同时面对市场和政府两个调节者，企业决策受政府的直接影响。市场也在政府宏观调控的范围内，但其在政府与企业两个要素之间的中介地位并不明显。

（三）政府民间平衡型产业规制

所谓政府民间平衡型产业规制，就是指在企业、市场、政府三者关系中政府保障市场、市场引导企业，同时又以社会因素相保证的一种产业规制模式。这种规制模式突出强调的是市场按其内在规律运行的重要性，并寻求其自由与有效的保证，从而保护产业的运行环境，提高企业的微观效率。它将宏观调控的重点放在保障市场自由与有效上，这与“民间主导型”将重点放在企业自由上有所不同。这种模式的另一引人注目之处是，在强调市场自由原则的同时，又突出强调了社会均衡原则，试图将这两个原则有效地结合起来。其指导思想在于：市场的力量是社会进步的基础，而社会安定又使市场充分、有效地发挥作用成为可能并得到保证。

三、民间主导型产业规制的特征及其例证分析

（一）民间主导型产业规制的特征

（1）比较强调自由企业制度。市场经济自由的重点落在企业自由上，企业在市场经济活动中拥有比较完整、充分的权利，通常是在企业目标的框架内，由企业自行决定生产什么、生产多少和怎么生产。

（2）企业决策基本服从于市场调节。政府并不试图直接影响企业的决策过程，企业针对透过市场传导过来的政府影响，可以作出自己独立的选择。

（3）政府宏观调控主要通过市场，市场仍然是配置社会资源的决定性渠道。

（4）宏观调控手段偏重财政政策和货币政策，一般不那么强调经济计划和产业政策等。

（5）宏观的透明度较高。政府、市场和企业在市场经济运行中的地位与关系一般都有明确的法律规定，政府与企业的活动集中于市场上展开，因而宏观调控的透明度较高。

目前，属于这种模式的国家主要有美国、英国、加拿大和意大利等。这种模式的核心和运行的最显著特征是保证企业在市场上的自由。

（二）例证分析：美国民间主导模式

美国现有 1 700 多万家企业，其中多数是个人企业，但占统治地位的是少数规模巨大的私人垄断企业，它们是美国市场经济中真正的主宰力量。20 世纪 80 年代中期，占美国公司总数不到 0.1%的 200 家最大公司，掌握着美国加工工业 60%以上的资产。在有的部门，经济集中达到了极高程度，例如，在汽车制造业中，目前四家大公司拥有 95%的产量。另外，美国的国有企业不甚发达，只有邮政、公路和一些电力企业以及少量弹药厂，其产值不超过美国国民生产总值的 3%。因此，美国的民间主导型产业规制基本上是私人企业自主型，从力量结构上分析，又是私人垄断企业自主型。美国民间主导模式运行的主要特色是：

（1）企业在投资、财务、生产、经营战略决策等方面享有比较完整的自主权利。政府一般不介入企业决策的领域，例如，美国至今未制定过全国性的经济发展计划来对企业决策与经营施加较为直接的影响；至今也未制定过全面的产业政策，来提示企业在发展决策上应做什么和不应做什么。

（2）政府与企业之间除了税收之外很少发生直接联系，企业所受的政府直接管理一直较弱，企业经历自生自灭的自然过程，政府面向企业的管理机构也很少。例如，20 世纪 80 年代初，美国联邦有 87 个机构从事所谓控制私人经济活动的工作，但其中只有 55 个拥有具体的管辖权。而在这 55 个机构中，属于产业类并可能直接与企业经营决策相关联的机构，一共只有 5 个，主要是管理铁路、航空、电力等自然垄断产业的；其他的管理机构，大多是在社会的层面上活动，担负着诸如能源与环境、职业安全与工作条件、消费者安全与健康等监督与协调任务。此外，在美国，政府与企业之间混合组成的决策咨询机构、联络协调组织也较少见，具有官方背景的以企业或产业为基础组成的民间机构也不多。

（3）政府宏观调控基本上是市场行为。宏观调控一般以立法为基础，面向市场展开，通常是依据市场分析和预测，采用财政政策和货币政策，使之在市场发生作用，然后传递给企业，让企业自主抉择。

（4）市场是经济活动的中心，为使企业能在市场上真正获得自由活动的条件与可能，美国政府宏观上比较注重保持市场的合理性。所谓市场合理性的含义，一是充分竞争，反对垄断和其他人为障碍，为此实行了反垄断等措施。二是尽可能使市场环境优化、市场信号真实。为此，美国政府主要针对经济周期，实行“反周期”的宏观调节，以尽可能消除通货膨胀、价格机制故障等对企业决策和自由经营的不利影响。

（5）允许企业影响政府的宏观决策与宏观调控。美国在政治上允许社会势力集团介入国家决策过程，其主要形式之一是允许开展“院外活动”，其中，自然包括允许企业，主要是大企业集团进行影响宏观决策的院外活动。美国大约有 6 000 个商会和行会，如钢铁协会、烟草协会等，其中半数以上参与院外活动。此外，有力量的大公司往往还单独派出自己的代表，去从事院外游说活动和其他活动。20 世纪 80 年代初，起码有 500 多家大公司在华盛顿驻有自己的代表，保证自己的权益，这在美国农场管理局联合会、石油院外活动集团等组织活动中，都有明确的记录和例证。

四、政府主导型产业规制的特征及其例证分析

（一）政府主导型产业规制的特征

（1）强调企业与政府的合作，为此建立了两者直接对话和协调的机制，企业在政府调控的直接规范下自主程度相对较低。

（2）企业决策既受市场支配，又受政府影响，具有双重决策参数，而最终决策在长时间内很难与政府意图相左。

（3）政府宏观调控直接指向企业时，实际上开辟了资源配置的另一通道，市场机制配置资源的作用有所下降。

（4）宏观调控手段侧重于经济计划和产业政策，追求力度和时间效应。

（5）宏观调控的透明程度较低。这是由于存在着政府对企业较大量随机监督与指导的缘故。

属于这种模式的国家，主要有日本、韩国，一定程度上说还有法国和瑞典等，当然，法国、瑞典在不少具体方面与日本的情况又有所不同。

（二）例证分析：日本政府主导模式

日本作为市场经济范畴内的国家，其经济制度也以私营企业制度为基础，微观经济决策也由企业独立作出。因此，日本政府主导型产业经济的基本含义并非政府决定一切的统制型经济，政府对企业决策的直接影响也不是绝对的行政强制，而是直接和强有力的诱导和说服。日本的经济计划作为经济调节手段，并不排斥市场调节，市场仍然是调节社会资源配置的基本力量，但政府的经济计划和产业政策等通过对企业的直接诱导和影响，开辟了资源配置新的调节领域。

日本政府主导型产业规制最具特征的方面，就是政府有效利用了经济计划和产业政策，其中核心又是产业政策。政府以产业政策为主要工具，既影响企业决策，又改变市场态势（如供求、价格等）。经济计划固然是日本政府调控经济运行的重要手段，但在同产业政策的联系中，经济计划只是产业政策的表现形式。日本政府主要是通过不断调整产业结构、产业组织和产业关联政策这三个方面，并对它们进行有机组合，来实现宏观调控的。因此，从宏观调控方式的比较来看，美国民间主导型产业规制模式实行的是需求管

理，即以财政政策和货币政策来不断扩张或压缩需求；而日本政府主导型产业经济体制实行的则是供给管理，即通过经济计划和产业政策来不断调整生产供给以实现宏观目标。日本经济宏观的目标是追求尽可能快的经济增长率和高生产效率。这与英美国家不同，日本通过产业政策实行的是赶超型宏观调控。曾任日本内阁通产省大臣的定则山中曾指出：产业政策是日本国经济发展的"基石"。这里指的就是以产业政策的方式来实现政府对经济的调节，使之与市场机制一起，尽可能有效地配置资源，提高产出率，加快发展速度。

日本实行产业政策调控的办法大致是：首先根据本国内外情况，选择一定时期内重点发展的产业与部门，作为产业发展目标；然后，制定实施办法，运用包括财政、金融、行政、计划和经济立法等在内的各种手段来推行。其中一个极其重要的环节，是与企业，尤其是居垄断地位的大企业充分磋商，反复说服、诱导，达成一致，协力推进。日本的长期产业政策主要由经济企划厅制定，设有官民结合，包括一百多位企业、学术界等各方面代表的"产业结构审议会"之类的机构来专司其职，定期提出产业发展的方向和展望。

日本产业政策的宏观调控使经济运行带有浓厚的政府计划指导、协调的色彩。日本企业，特别是大企业，一般都不能不在"官民协调"方面作出特别的努力。事实上，日本不少大企业正是靠着在贯彻政府产业政策方面的合作而壮大起来的。日本产业政策的实施是比较成功的，基本实现了它所追求的经济增长和生产高效率两大目标。究其原因，主要是日本的产业政策不仅具有较强的科学性，而且还有一整套保证实施的体系。日本产业政策的科学性包括：战略性，就是围绕赶超先进国家这个总目标，从国家的全局和长远利益来考虑；阶段性，就是根据发展的总体战略，在经济发展的不同阶段突出不同的重点；具体性，就是在确定重点产业时，并不试图包揽整个产业，而是抓住其中的关键，通过对重点产业的某些部分、某些企业，甚至某几项产业的大力扶持，来带动整个产业乃至国民经济的发展。日本产业政策实施的保证体系则包括：第一，法律保证。在日本，经济计划是指导性的，虽然对企业没有强制的约束力，但产业政策一般都通过了立法程序，获得了法律保证，因而企业有义务执行。《公益事业令》《电力工业重新改组令》《重化工业法》和《机械工业振兴临时措施法》等法律法规，从根本上保证了不同时期内有关重点产业的"官定民从"的贯彻、落实。第二，财力保证。日本政府责成财务省制定"财政金融投资计划"，由经济产业省组织实施，将财政投资和政策金融投资集中用于落实产业政策，使日本政府得以引导投资方向，实现资源按产业政策既定领域的倾斜式配置。第三，组织保证。为了执行产业政策和与之配套的财政金融投资计划，日本政府组建了一整套机构体系，这些机构和组织互有分工又相互配合，从组织上保证了日本产业政策的实施。

从日本产业政策的成功实践中可见：政府与市场应当有所分工，由市场机制调节企业的日常经营决策，计划机制调节与社会经济发展有关的长远决策，其中主要是投资决策。市场与政府的这种分工，表明市场机制有效性和政府机制有效性分属不同的层次，因而两者可以也应当相互结合，实现优势互补。这种结合不是各管一块，而是在产业经济运行的同一过程中，政府主体统揽全局，在市场机制失效处承担起责任，以弥补市场的缺陷。

五、政府民间平衡型产业规制的特征及其例证分析

（一）政府民间平衡型产业规制的特征

（1）强调保证健全的市场机制运转状态，政府的职责是保证、保护市场内在的效力，由市场去引导企业，政府一般并不直接规制企业的活动。

（2）社会资源的配置通过健全的市场机制来实现，同时用社会安定来保障。

（3）宏观调控的目标是物价稳定、经济稳定和社会稳定，社会公平、社会保障和社会进步被纳入了目标体系。

（4）宏观调控手段侧重于货币政策、物价政策和社会政策。

（5）宏观调控的透明度很高。这是由于高度强调政府规制必须以法律为依据所致。

政府民间平衡型规制是一种比较特殊的产业规制模式，目前实行这一模式的国家基本上仅限于德国。其倡议和主要缔造者是曾任原联邦德国经济部长的经济学家路德维希·艾哈德。

（二）例证分析：德国政府民间平衡模式

德国既反对完全自由放任的市场经济，也注意避免由国家对经济过程进行集中管理；既注重经济发展，又不忽略社会的发展。其基本原则和要点可以概括为：第一，提倡自由竞争，限制垄断，充分发挥市场机制的作用。市场竞争是推动经济发展的最强大的动力，"是获取繁荣和保证繁荣的最有效的手段"，也是政府与民间取得平衡的最主要的支柱。为了实现企业在市场上的自由竞争，首要的问题是实行自由价格，取消价格管制和垄断。第二，稳定货币，稳定物价。由于认为市场机制是通过价格在市场上自由形成实现的，因而要保持市场机制的长期有效性，就必须保持价格的稳定性；要保持价格在自由形成过程中的稳定性的极其关键的工作，就是要保持货币的稳定。这样，经济政策的中心问题，就是在没有通货膨胀的趋势下，让经济持续向前发展，货币稳定是平衡经济发展和确定社会进步的基本条件。如果要在经济增长与货币稳定之间做选择，那么货币稳定更为重要。在通货膨胀条件下实现经济高速增长，还不如在货币稳定中实现较小幅度的经济增长。第三，充分考虑"社会"（民间）因素，实现"全民繁荣"，这是平衡型产业规制的基本目标。"全民繁荣"同来自竞争的繁荣是不可分割的，后者是前者实现的途径。为了实现"全民繁荣"，必须高度重视社会保障事业。只有社会保障事业得到发展，才能实现社会的稳定，从而保证经济的稳定发展。在上述基本原则和要点的基础上，德国政府产业规制模式主要侧重于以下方式和手段：

（1）对市场进行适当的组织与管理。这主要是通过颁布《反对限制竞争法》来改善竞争条件，促进竞争开展，保证市场的开放性，保证生产要素的自由流动，防止和取缔市场垄断现象。同时努力维护中小企业的利益，改善中小企业的外部环境，并提高其内部效率。

（2）对货币供应量实行比较严格的控制。德国中央银行通过再贴现率、存款准备金率

和公开市场业务来调节和控制货币投放量。为确保政策倾向的稳定，联邦银行独立于联邦政府，不接受政府的指令。

（3）对需求进行调节。这主要是运用财政政策、收入政策，如政府投资、税收变动和协商确定工资水平等手段来实现，借此稳定物价，因为物价除了受货币因素的影响，也可能被需求过旺拉起，或者被成本过高抬起。

（4）实行第二次分配和收入转移。这主要是通过税收和财政开支来实现，用以保证尽可能的社会公平和安定。

在实践中，这些方式和手段总的来说还是发挥了较好的作用。几十年来，德国基本实现了货币稳定、物价稳定、经济增长、产业发展和社会稳定等相互衔接的多重目标。

六、对当代西方三种产业规制模式的借鉴

从上文可见，西方发达国家三种各具特色的产业规制，都是依据一定社会经济、历史和文化的条件逐渐形成的，在各自的运行中都有不同的侧重，宏观调控的目标和手段也都有所不同。但是，在其各自几十年的实践过程中，它们都对所属国的经济发展作出了贡献，因而尽管在新形势下各有修正，但其总体框架大致仍然保持不变。这说明，它们之中确实蕴含着一些符合经济运行和发展客观规律所要求的东西，各有所长。发掘这些有益的东西，对于构建我国产业规制模式，自然会有明显的借鉴价值。

（一）对于美国民间主导型产业规制模式的借鉴

美国民间主导型产业经济突出强调企业在市场经济结构中的独特地位，注重保证其作为市场主体和微观决策主体的自由及相应的权益，是紧紧抓住了市场经济运转、发展的主体定位和利益动力源泉这一极其重要的环节。市场经济中，只有充分保证企业的决策与自主行动能力，才能使市场机制在企业的活动中得以展开和实现。市场的活力离不开企业的活力，市场的有效性应当由企业活动的有效性来体现。以企业自由去要求市场的合理性，即按照企业自主经营、自由发展的需要去规范市场，是一种确立企业与市场从而企业与政府相互联系的较好办法。企业自由意味着政府的间接调控，而间接调控则是市场经济的一般要求。因此，突出企业自主地位的建立和保障，是构建市场经济条件下产业规制模式必不可少的一项适当之举。以此对照我国的情况，应当在塑造我国企业作为市场真正主体方面继续努力，通过建立现代企业制度等办法，彻底切断传统的政企联系，给企业以进入市场自主活动的自由和相应的压力，借此也能加速市场体系的建立和市场运行的规范化。

（二）对于日本政府主导型产业规制模式的借鉴

日本政府主导型产业经济展示了经济后进国家如何通过政府手段的合理运用，使之与市场机制共同作用，从而加速经济增长的可行性。其产业政策的成功运用表明，政府行为只要措施与实现途径得当，就不会同市场机制相矛盾，而且它还有市场调节不可企及的优越之处。它表明，在市场条件与政府作用的范围之间，存在着一个两者重合的区间，市场和政府都能在这一区间起作用；如果依照西方流行的信条，这一区间应当由市场来占据，

直到它力所不及的尽头才由政府来弥补。日本的事例表明，这一区间也可以由政府来填充，只要其效果更好。可以肯定，在市场机制作用的基础上，合理、科学地运用政府手段，是可以促进市场经济发展的，它与所谓的市场原则并不相悖。这些给我们构建我国市场经济体制时培育政府与市场两因素相融合的产业规制模式、处理好政府同市场的关系、合理转变政府职能、寻求优化资源配置的途径等，都提供了有益的启示。

（三）对于德国政府民间平衡型产业规制模式的借鉴

德国经济所具有的一些鲜明特色，比如以稳定求发展、建立经济发展同社会发展之间的良性循环等，都具有借鉴意义。正确处理好稳定与发展的关系以及寻找实现稳定的有效途径，是我们构建和完善产业规制体制的一个重大问题。向市场化转型过程中的我国经济，如何保持通货稳定、物价稳定、经济稳定和社会稳定，是一个严峻的课题，尤其在一个发展中国家里，避免经济增长与通货膨胀之间的对立与互为代价的不良局面，显得尤为迫切。德国早在第二次世界大战后经济起飞时期就形成的那些做法与经验，对我们无疑是很有借鉴价值的。

第二节　政府规制

一、政府规制的含义、种类和原因

（一）政府规制的含义

政府规制是政府为实现某些社会经济目标而对经济主体作出的各种直接的具有法律约束力的限制、约束、规范以及由此引出的政府为督促经济主体行为符合这些限制、约束、规范而采取的行动和措施。政府规制是政府对市场失灵的治理，目的在于维持正当的市场经济秩序，限制市场势力，提高市场资源配置效率，提升全社会福利，保护大多数社会公众的利益不受少数人的侵犯。现代市场经济政府规制具有以下特点：

（1）规制的主体是政府。

（2）规制的客体是市场经济活动中的经济主体，包括企业和消费者，但主要是企业。

（3）规制对市场交易机制有着直接的影响。

（4）规制的执行是有成本的。

（二）政府规制的种类

对应于市场所存在的“失灵”，政府针对性地采取规制措施。政府规制可以根据政府对市场活动主体行为的限制程度和方式的不同分为直接规制和间接规制。

1. 直接规制

直接规制是政府行政管理机构实施的规制行为，如对自然垄断产业的规制和对金融业的规制。它主要包括经济性规制和社会性规制。经济性规制是对特定市场中企业定价和进入等方面的控制，它直接地影响企业的生产决策、供应方式等。植草益认为，经济性规制“是在存在着垄断和信息偏在（不对称）问题的部门，以防止无效率的资源配置的发生和确保需要者的公平利用为主要目的，通过被认可和许可的各种手段，对企业的进入、退出、价格、服务的质量以及投资、财务、会计等方面的活动所进行的规制”。① 经济性规制是针对自然垄断和一部分信息不对称产业而作出的，一般地，公用事业，如电力、城市燃气、自来水和金融业（如银行、保险、证券等），以及交通运输业（如铁路、水运、公路运输等）都受到在进入或价格上的控制。

与经济性规制不同，社会性规制是政府为控制（负）外部性和可能会影响人身安全健康的风险而采取的行动和标准设计的措施。这包括对制药业、工作安全、产品安全、污染的排放控制、就业机会、国内收入服务、教育等的规制。社会性规制可分为环境规制和产品质量与工作场所安全规制。社会性规制与经济性规制不同，后者着眼于传统的价格、进入、市场结构对公用事业等自然垄断产业进行的规制，而社会性规制突破了产业的界限，以保障消费者和劳动者的健康与安全，以及保护自然环境和人文环境为目的，对几乎所有的消费者的购买和企业的雇用决策都有直接的影响。环境规制主要是反映总的外部性水平标准的环境法律规制。总的外部性标准与实施手段和政策工具不同。它包括排放费、市场交易许可证、技术要求、投入控制和排放配额。产品质量与工作场所安全规制主要包括产品质量规制、职业服务质量规制和工作场所安全规制。

2. 间接规制

间接规制是政府有关部门通过法律规定的程序所实施的规制行为，如对产品质量和工作环境安全的规制，以及对环境污染的规制。

除以上分类以外，政府规制还可以依政府运用的规制手段分为法律规制、行政规制、价格规制、审计规制、会计规制、金融规制、计划规制和财政税收规制等。西方发达国家政府规制都形成了以法律规制为龙头的政府规制体系，本节将以法律规制体系为主线展开论述。

（三）政府规制的原因

政府为什么要规制产业经济？在政府、企业、市场所组成的三要素体制中，政府基于维护市场效率、维护社会公平以及意识形态的原因规制产业经济。具体说来有两方面：一方面是经济原因。因为自然垄断、信息不对称、外部性、公用物品、不完全竞争等因素的存在使得市场机制要么根本无法解决，要么成本过高，而政府规制相对而言，具有自己的优势，如权威性、节约交易成本、强制征税权等，在市场欠发达的情况下，政府规制是合理的，也是必需的。另一方面是社会公平和意识形态方面的原因。例如，通过对垄断的限制，削弱垄断企业过分强大的经济和政治权力；通过劳动、就业等方面的规制维护机会方面的公平；直接干预收入分配，维护分配方面的公平；规制与社会人文环境有关的市场交易，如毒品交易、色权交易等，完善交易环境；政府严格限制被认为与政治意识形态不协

① 植草益. 微观规制经济学. 朱绍文，等，译. 北京：中国发展出版社，1992.

调的组织或市场行为，积极扶持和保护被认为能够加强政治基础的组织或市场行为。

二、法律规制

(一) 法律规制的定义、特征和作用

1. 法律规制的定义

法律规制，简单地说，就是政府在成熟的市场经济体系下全面运用法律手段，依法规制产业经济发展的，具有法律意义的限制、约束、规范以及由此引发的，政府为督促经济主体活动符合这些限制、约束、规范而采取的行为和措施。在强调法治的今天，对产业的法律规制具有一些重要特征。

2. 法律规制的特征

(1) 纲领性。社会主义市场经济是法制经济，社会主义产业经济是社会主义市场经济的有机组成部分，产业经济理所当然是法制经济。第九届全国人民代表大会第二次会议将“法治”写进宪法修正案，标志着我国产业经济迅速进入“法治”的快车道，唯法为治，法治是我国政治经济生活的总纲。产业经济的法律规制也是产业经济的总纲。

(2) 强制性。法律规制的强制性是指国家凭借自己的政治权力，以法律、法令、条例、规则、章程等形式规定人们在产业经济中的行为准则。它代表了统治阶级的意志，并且要求无条件执行，否则会受到制裁。比方说，依照税法的规定，及时足额向国家缴纳税款，这是一种无条件的义务，任何偷税、漏税和抗税的行为，都要受到相应的处罚。国家干预产业经济的权威性有赖于一个强有力的保障，法律规制的强制性特点正好符合国家干预的根本需要，这就决定了法律规制是政府规制系统最根本的系统。

(3) 系统性。法律规制的系统性含义有两层：一层含义是指经济法律涉及国民经济诸多产业部门的经济法规，如工业、农业、商业、交通运输、财政、金融、价格、基建、物资等，是各部门经济法规组成的总系统；另一层含义是指经济法规同民法、行政法、刑法等法律有着密切的联系，它们往往是交叉在一起运用的。法律规制涉及国民经济众多部门，是一种全局性的规制。而且从规制手段来看，它是由经济、行政等多种性质的规制手段组成的。法律规制的系统性特点与政府规制的范围、手段是相符合的。

(4) 效益性。法律规制的效益性是指经济法律有着明显的经济效益要求，它要求产业经济活动应以不断提高经济效益为中心。经济法律规制的这一特点与政府规制产业经济的目的是一致的。政府规制的重要目的之一就是要不断地提高经济效益。在过去相当长一段时期，人们不注重经济效益，在产业经济中片面追求高速度、高指标，在微观经济管理中不重视成本、利润、价格等指标的经济核算，结果导致了国民经济比例失调、经济效益低下等一系列恶果。所以政府规制的一个重要目标就是要注重效益，即以尽量少的劳动消耗，生产尽可能多的符合人们需要的产品。法律规制的效益性特点与政府规制的效益性目的是完全一致的。

(5) 制约性。法律规制的制约性是指在某一时期内，通过某些经济性立法对产业经济活动实行鼓励或限制性规定，以确保国民经济宏观目标的顺利实现。至于某一时期如何实施制约，主要应当考虑当时的经济形势和经济政策。比如，改革开放以来，我国在农业经济改革的浪潮中涌现了乡镇企业这一新生事物。乡镇企业的兴起，对于利用当地资源、改变农村产业结构、发展农村商品经济、增加农民收入有着积极的作用。为此，我国政府持明确的支持态度，颁布了一系列法规，对乡镇企业的繁荣起了积极的推动作用。相反，对那些与经济政策、经济形势相违背的行为，政府则通过限制性法规进行制约。政府实施规制的过程往往是一个区别对待的过程，对不同的地区、部门、企业、产品分别采取鼓励或限制性的规制措施，以实现产业经济的最优化。

（6）适应性。法律规制的适应性特点是指经济法规可以根据经济形势的变化，进行相应的修改、补充甚至重新规定，使经济法规的内容适应经济发展的客观需要，避免因法规落后于经济发展需要造成的法律规制脱节。社会经济具有复杂性、广泛性和变动性的特点，它并不是一成不变的，政府对经济进行规制时，必须考虑社会经济的特点，形成一种灵活规制的风格。

3. 法律规制的作用

法律规制是当代最重要的政府规制，它对经济发展具有重要作用。

（1）适应和推动产业规制的变革。从总体上看，国家通过有关立法，对产业经济体制改革的方向和任务做了明确的规定，使产业经济体制改革受到法律的确认和保护。同时，系统的经济立法对社会经济生活的全面调节，又从整体上推动改革的顺利进行。以工业体制改革为例，我国在实行以扩大企业自主权和建立现代企业制度为中心的改革过程中，颁布了《中华人民共和国全民所有制工业企业法》《中华人民共和国经济合同法》《中华人民共和国公司法》《中华人民共和国合伙企业法》《中华人民共和国合同法》等一系列法规，这对工业经济发展起到了重要作用。

（2）推动科学技术水平的迅速发展。科学技术水平的高低在很大程度上反映了一个国家的经济发展水平。为了加快发展科学技术，我国先后制定了一系列关于科学技术的法规。例如，《发明奖励条例》《自然科学奖励条例》《科技进步奖励条例》《合理化建议和技术改进奖励条例》《中华人民共和国科技成果转化法》《中华人民共和国专利法》等多项经济法规。通过立法的形式规定人们在科技活动中应该做什么、允许做什么、不应该做什么，以及违反法律将受到何种处罚和制裁等，使科技成果迅速应用于生产领域，并转化为现实生产力。

（3）保证对外开放的顺利进行。对外开放是我国的一项基本国策，要使对外开放顺利进行，必须健全涉外经济法规。目前，我国的涉外经济法规已初具规模，已初步健全了涉外税收法律制度、外国投资企业法律制度、涉外经济合同法律制度（统一并入新的《中华人民共和国合同法》）、对外贸易法律制度、涉外经济案件中的仲裁和诉讼制度等。例如，涉外税收法律制度的运用，不仅保证和维护了国家主权，而且充分发挥了税收杠杆的作用，通过适当的低税政策，给外商以优惠，为吸引外商投资创造了较好的经济环境。诉讼仲裁和涉外经济合同法律制度均有利于我国在对外经济交往中维护本国的权益，保护外商的合法权益，保证对外开放的顺利进行。

（4）维护良好的经济秩序。经济法规定了各级行政部门、事业单位、企业组织、社会团体和公民的经济权利和经济义务，确认、保护和发展有利于社会主义市场经济的社会秩序，并以国家强制力保证其实施。经济法还通过奖励、禁止和惩罚性法规，来维护正常的市场经济秩序。

（5）有利于改善企业的经营管理。要使企业改善经营管理，首要的问题就是要扩大企业经营自主权，确立市场经济主体的地位，建立现代企业制度。为此，政府先后颁布了《关于扩大国营企业经营管理自主权的若干规定》《关于增强大中型国营工业企业活力若干问题的暂行规定》《关于国营企业利润留成的规定》《中华人民共和国公司法》等一系列经济法规。

（二）改革开放以来我国产业的法律规制

改革开放以来，政府对产业经济的管理除了依靠计划行政手段外，还积极运用经济手段和法律手段，经济立法取得了重大成就，基本形成社会主义市场经济体系。自 1979 年开始，我国政府相继制定了大量的经济法规，这些经济法规涉及国民经济、产业经济的各个领域，涉及全民、集体、个体、私营、中外合资合作、外商独资、股份制、合伙制等多种所有制形式，涉及国内经济关系和涉外经济关系。为了实施法律规制，我国已制定或正在制定计划、财政、税收、金融、价格、会计、审计、海关、能源、自然资源、统计等方面的法律，这些法律是政府实施法律规制的强有力武器。

1. 我国政府对产业发展的法律规制

这主要体现在：

（1）制造业立法。在制造业方面，我国实行工业产品生产许可证制度。凡实行工业产品生产许可证的产品，必须取得生产许可证后才具有生产该产品的资格，政府对工业产品质量依质量法进行监督管理，企业生产的产品必须符合国家的有关质量标准及合同对产品的安全、适用要求。在矿业方面，我国颁布了《中华人民共和国矿产资源法》，立法保护矿产资源的国家所有权，对矿产资源勘查实施统一的登记制度，同时规定开采矿业资源必须依法申请取得采矿权。

（2）农业立法。在种植业方面，我国有关于种植业的土地利用和保护制度；在林业方面，有关于森林保护和森林采伐的《中华人民共和国森林法》；在畜牧业方面，有关于草原管理和保护的《中华人民共和国草原法》；在渔业方面，有关于渔业资源增殖和保护的《中华人民共和国渔业法》。

（3）商业立法。商业立法包括国内商业立法和对外贸易立法。它涉及国内商业管理的基本制度，如商品管理制度、商品购销制度以及商业经济合同管理制度。以《中华人民共和国对外贸易法》为代表的对外贸易业管理法律制度包括：一是国际货物贸易制度；二是国际技术贸易制度；三是国际服务贸易制度。

（4）交通运输产业立法。我国政府先后颁布了《铁路货物运输规程》《水陆货物运输规则》《公路货物运输规程》《国内货物运输规则》，以及运输合同法制（现统一于《中华人民共和国合同法》)。

（5）除农业以外的基础产业和支柱产业的立法。随着社会生产力的发展，社会分工不断扩大，产业部门日益分化，产业结构也日趋复杂。产业结构状况反映着生产力水平和生产社会化程度。基础产业，包括农业、水利、能源、交通、通信等，是国民经济的重要组成部分，是经济社会健康发展的基本条件。为了改变我国长期以来基础设施和基础工业发展缓慢的状况，国家制定了一系列振兴基础产业的政策，同时发布了一系列法律法规，例如，《中华人民共和国电力法》《中华人民共和国煤炭法》《中华人民共和国公路法》《中华人民共和国邮政法》《中华人民共和国铁路法》《中华人民共和国节约能源法》和《中华人民共和国民用航空法》等。这些法律明确了基础产业和支柱产业在国民经济中的地位和作用，规定了保障基础产业发展的法律措施。

（6）建筑业立法。建筑业立法主要是《中华人民共和国建筑法》，它对工程设计、工程施工、工程监理等方面进行规范管理。

（7）特区经济立法。我国先后在深圳、珠海、汕头、厦门和海南岛等地设立了经济特区，依法授权特区制定各项单行经济法规。特区经济法规主要涉及企业登记、土地管理、商品房产管理、劳动工资管理、税收、金融、技术引进、内外经济联合等，这些法规的颁布，为特区创造了良好的投资环境，对特区经济的发展起了积极作用。此外，开发区经济立法、开放城市的经济立法等，对引进国内急需的先进科学技术，发展新产业、开发新技术和发展区域经济，都起到了积极的推动作用。

2. 我国政府对企业实施的法律规制

这方面包括市场主体法、市场行为法、市场秩序法、市场中介组织法行政法规，以及政府行为法等。

（1）市场主体法。包括：① 全民所有制企业立法。该法规定了全民所有制企业是依法自主经营、自负盈亏、独立核算的社会主义商品生产的经营单位，企业财产属全民所有，并对企业的责、权、利做了明确的规定。② 集体所有制企业立法。该法包括城镇集体所有制企业法和乡镇企业法。它既在总体上肯定了集体所有制经济组织在接受政府指导和遵守法律的前提下有独立进行经济活动的自主权，又分别规定了城镇集体企业和乡镇企业的组合原则、经营原则、分配原则、管理原则等。③ 外商投资企业法。这包含《中华人民共和国中外合资经营企业法》《中华人民共和国中外合作经营企业法》和《中华人民共和国外商投资企业法》等（现已为《外商投资法》取代）。这些法律对外商投资企业的投资条件、经营方式、产品分配、风险和亏损分担、财产归属等事项做了相应规定，国家依法保护外商投资企业的合法权益，改善投资环境，鼓励和吸引更多的外商来我国投资。④ 公司法。《中华人民共和国公司法》的制定，是经济体制改革的产物，是社会主义市场经济发展的结果，是以法律形式确定的、与国际接轨的、符合现代企业制度要求的企业组织形式和所有制的实现形式。它为社会主义市场经济法律体系中市场主体立法奠定了基础。该法的颁布，为社会主义市场经济主体之间的公开、公正、平等的竞争创造了条件，为我国包括国有企业在内的企业改革提供了规范化的、符合现代企业制度要求的法律形式。⑤ 商业银行立法。商业银行是社会主义市场经济发展的产物，商业银行已成为我国金融机构体系的主体，当然也是社会主义市场经济主体。银行要严格按照《商业银行法》的要求依法经营，以促进社会主义市场经济的健康发展。⑥ 合伙企业法。合伙企业是我国改革开放以后在实践中逐渐恢复和发展起来的一种企业形式。它是一种以契约形式确定合伙人共同遵守的合伙经营合同的一种企业。合伙企业不是独立法人，当企业因亏损偿还债务时，各合伙人承担无限连带责任。《中华人民共和国合伙企业法》规定了合伙企业的立法宗旨，合伙企业的设立、权利义务、入伙和退伙、清理与清算等内容。合伙企业的经营灵活、管理民主，合伙人既是投资者，又是生产经营者，比较适于中小企业采用，对于发展高新技术产业具有重要意义。

（2）市场行为法。市场行为法是规制市场主体行为，主要是交易行为规则的法律规范，用以建立和维护公平竞争的市场秩序。在建立社会主义市场经济过程中，作为市场经济的主体从事生产经营活动必须依法进行，也就是说市场行为的法律规制市场主体的行为和不行为。市场行为法主要包括《中华人民共和国合同法》《中华人民共和国商标法》《中华人民共和国专利法》《中华人民共和国著作权法》《中华人民共和国担保法》《中华人民共和国海商法》《中华人民共和国票据法》《中华人民共和国保险法》《中华人民共和国民法通则》《中华人民共和国物权法》等。

（3）市场秩序法。市场秩序法是规范市场平等竞争条件、维护公平竞争秩序的法律规范。改革开放以来，我国在社会主义市场经济法律体系中逐步形成关于规范市场秩序的立法体系，在规范市场秩序方面基本做到有法可依。市场秩序立法主要包括《中华人民共和国产品质量法》《中华人民共和国反不正当竞争法》《中华人民共和国消费者权益保护法》《中华人民共和国反垄断法》等。市场秩序立法在促进传统的计划经济向市场经济转轨过程中，维护和规范了市场秩序，对促进流通和多方位的要素市场的建立和完善起到了积极的作用。

（4）市场中介组织法及行政法规。市场中介组织是在市场经济中介于政府与企业、企业与企业、企业与个人、个人与个人之间，起着服务、沟通、公证、监督作用的组织，它包括会计师事务所、律师事务所、经纪人事务所、公证机构、仲裁机构、计量和质量检验认证机构、信息咨询机构、资产和资信评估机构、商标评估机构、土地价格评估机构、职业介绍机构，以及行业协会、商会等。这方面立法及行政法规包括《中华人民共和国注册会计师法》及《注册会计师独立审计准则》《中华人民共和国律师法》《中华人民共和国仲裁法》《中华人民共和国公证法》《国有资产评估管理办法》《产品质量认证管理条例》《商标评估机构管理暂行办法》《关于对土地价格评估机构进行登记管理有关问题的通知》《关于加强职业介绍机构管理的通知》《社会团体登记管理条例》等。在法律法规的规制下，市场中介组织在沟通政府、企业、消费者之间的联系，监督企业行为，监督市场活动，保证公平市场、公平竞争，降低交易成本，维护正常的市场秩序等方面具有重要意义。

（5）政府行为法。政府行为法有助于规范政府行为，减少政府行为的随意性，严格依法行政，是我国产业经济发展的前提。行政法是我国社会主义法律体系中的一个重要组成部分，是国家行政机关的组织与活动的准则。它是由国家制定的，调整国家行政机关之间，行政机关与公民、法人或其他组织之间的行政关系的各种法律规范的总和，包括行政机关组织法、行政工作人员法、行政活动法和行政监督法。行政法主要体现为宪法性规范、《中华人民共和国国务院组织法》《中华人民共和国地方各级人民代表大会和地方各级人民政府组织法》《中华人民共和国民族区域自治法》《中华人民共和国公务员法》《中华人民共和国行政处罚法》《中华人民共和国行政复议法》《中华人民共和国行政诉讼法》《中华人民共和国国家赔偿法》《中华人民共和国行政监察法》等。这些法律对于规制政府在市场经济中的行为具有重要作用。

（三）《中华人民共和国反垄断法》介绍

《中华人民共和国反垄断法》（以下简称《反垄断法》），自 2008 年 8 月 1 日起施行。根据《反垄断法》有关规定，国务院成立反垄断委员会。其主要职责是：研究拟订有关竞争政策；组织调查、评估市场总体竞争状况，发布评估报告；制定、发布反垄断指南；协调反垄断行政执法工作等。

1.《反垄断法》的宗旨

《反垄断法》第一条表明了宗旨，即为了预防和制止垄断行为，保护市场公平竞争，提高经济运行效率，维护消费者利益和社会公共利益，促进社会主义市场经济健康发展。

2.《反垄断法》具有中国特色

《反垄断法》对具有管理公共事务职能的组织滥用行政权力排除竞争的问题作出了具体的规定，解决了行政垄断问题。为了表明国家对行政垄断的立场，在《反垄断法》第五章对此作出了专章的规定。其中，第三十二条规定：“行政机关和法律、法规授权的具有管理公共事务职能的组织不得滥用行政权力，限定或者变相限定单位或者个人经营、购买、使用其指定的经营者提供的商品。”同时对于商品的自由流通、招标投标、本体投资或设立分支机构等方面都有行政机关不得滥用行政权力，制定含有排除、限制竞争内容的具体规定。

3.《反垄断法》的不足之处

第一，在我国现有政治格局和行政体制下，反垄断委员会在实施《反垄断法》过程中将会面临大量行政协调的问题，包括与国家发展和改革委员会、商务部、国家市场监督管理总局等行政部门的协调，也包括与电监会、银保监会等具体产业规制部门的协调，因此实施成本很高，难度较大。

第二，《反垄断法》第三十三条将行政垄断的对象限制在货物贸易领域，有些狭窄，应该包括服务业。

第三，《反垄断法》对互联网等新产业、新模式、新业态出现的新的垄断行为规制不足，需要给予加强。

三、行政规制

（一）行政规制的含义和特征

1. 行政规制的含义

除法律规制之外，行政规制也是政府规制的重要内容。行政规制是国家以其行政权力为规制运作基础，将权力机制移载入经济活动过程，以规制社会经济活动，促进国民经济协调发展的各种行为和措施。

2. 行政规制的特征

行政规制较之于其他规制手段具有如下特征：

（1）强力性。行政规制以政府的绝对权威为作用基础，以非经济的行政命令形式强行改革资源的配置，具有极强的约束力。行政隶属关系和国家至高无上的权力决定了微观经济单位必须无条件地遵守政府指令。在政府具有明确的经济目标的情况下，行政规制可以更为有效地配置资源以保证这些目标的实现。例如，在中华人民共和国成立初期，我国利用行政规制将有限的资源主要运用到国民经济急需发展的产业中去，为我国经济的发展确立了良好的经济基础，保证了国民经济的持续迅速发展。

（2）速效性。以行政之力推行的政府方针政策一般能迅速见效，这是因为行政规制的命令方式要求微观单位必须对政府指令迅速地、不折不扣地加以执行。相比之下，其他的经济规制必须经由市场机制的信号传导，通过多段作用过程才能达到使微观经济单位自动调整其经济行为的目的，这一过程的漫长性使得其规制的有效性受到一定的限制。行政规制的速效性决定了它在政府规制中永远是经济问题的紧急“制动阀”和最后的“法宝”。例如，在经济发展出现严重的症结问题，如经济结构比例严重失衡等情况时，以市场信号来重新配置资源需要经过漫长的调节过程，而且极易造成大规模的资源浪费，使国民经济的健康发展受到影响，而通过行政规制的强力则可以迅速有效地改变资源配置方式，促成资源在不同部门之间的流动，形成合理的适合经济发展需要的产业结构。

（3）直接性。以行政规制为媒介的政府行为可以直接行使资源配置决策权。这种直接性使得政府可以有效地避免市场机制自发调节的盲目性，使经济朝着国家认定的目标向前发展。例如，在严重的局部或全局供给短缺时期，完全放开的市场只会带来严重的不可遏制的通货膨胀，无法促成供给的迅速大幅度增长和市场均衡的实现，行政价格规制可以有效地避免市场的紊乱和居民的恐慌心理，使国民经济平稳地向前发展，不至于出现过于严重的动荡。

（二）行政规制的作用

我国经济改革本身就是对单一行政规制的彻底否定，但是在改革过程中行政规制一方面必须缩小作用范围，另一方面国家又必须实施行政规制，保证改革的顺利进行。归纳起来，行政规制的作用有以下两个方面：

1. 培养市场

促进市场发育、增强市场机制的调节作用是我国产业规制体制改革的重要方面，但市场发育是一个长期复杂的过程，从市场主体缺位、市场信号呆板、市场运行机制残缺走向基本发育成熟的市场，并不是可以一步到位的，而是一个复杂广阔、内涵丰富的系统工程。它包括微观基础重构、商品价格和要素价格放开、市场运行机制的完善等多方面。行政在市场发育过程中有不可推卸的责任。如果政府企图单纯运用经济规制构建市场，同样会由于被作用者的非市场性而归于流产。可见，改革中的政府规制仍然必须具有一定的行政色彩。事实上，也只有政府才具有如此大的实力，它可以对整个产业规制体制进行全方位扫描，在洞察一切经济环节和要素基础上，经过缜密思考和广泛论证，然后借助于自身的行政权威和一切手段付诸实施。例如，政府可以强制推行企业改革，规定企业可以实行的改革方略及其必须实施的改革步骤。政府可以针对具体情况，决定价格规制的程度及其改革进度。政府还可以利用手中的权力消除、限制一切阻碍资源和商品流动、妨碍市场生成的因素和行为，在一定程度上有计划、有目的地将市场体系的建立和完善置于行政的监护之下，以促进市场发展。

2. 宏观产业指导

产业规制体制改革是一个复杂的系统工程，新旧产业经济体制在主体样态、运行机制、宏观调控方面都存在着重大差异。改革的艰巨性和复杂性也使得改革过程困难重重。一方面，旧有的行政规制一统天下的宏观调控方式逐渐趋于解体；另一方面，适应新的产业经济体制的、以间接调控为主的协调有效的宏观规制尚未健全，宏观的产业规制极易出现真空状态。由于在改革中经济规制手段的作用受制于市场经济的发达程度，政府（行政）还必须在不重归旧体制的条件下，不时启用行政规制，以灵活方式应对改革中出现的种种问题。例如，经济生活中出现的贪污腐败、行贿受贿等问题，由于其本身是国家行政机构内部运转的问题，以行政规制加以解决无可非议。又如，对于经济运行中的重复投资和消费膨胀与萎缩、物价上涨和产业结构失衡等问题，单纯的财政、金融政策在市场条件下往往不能奏效，而伴之以行政规制，至少可以在短时期内为企业提供一个稳定的经济环境。在经济混乱达到一定的程度时，运用行政规制，就是政府的主要经济管理行为。

（三）行政规制的运用条件与原则

1. 行政规制的运用条件

从东西方产业经济的实践来看，行政规制适用于以下经济条件：

（1）战时经济。战争时期，一切经济活动都必须服从于国防的最高需要，国家实施行政规制的目的在于保证战争的胜利，而不再是充分就业、物价稳定、经济增长和国际收支平衡。国家决定生产活动的产品种类及其数量，因而资本主义国家无一例外地由政府对社会资源的配置进行直接规制。在这种情况下，行政规制是国家（政府）规制的主要手段。

（2）供求总量或结构严重失衡。在严重的经济非均衡条件下，行政强力调节的作用结果一般优于其他手段。例如，在严重的短缺状态下，社会总产品或某种产品的需求量远远大于其供给量。此时依靠财政货币政策并不足以校正总供求的偏离，而依靠价格机制的自发调节虽然可促成总供求的均衡，但在此过程中的价格上涨幅度可能会超过社会的承受能力，而且价格诱导的资源重组需要一个相当长的过程才能形成短缺产品的产出能力，可能存在的资源冲突会使这一过程进一步复杂化。因此，有必要借助行政权力，通过价格和数量等方式直接规制短缺产品的生产与分配。

（3）无药可医的病态经济。政府规制非包医百病的灵丹妙药，当其他种种规制手段在经济病症面前束手无策时，政府便会依靠行政规制，试图实现经济的良性循环。1971 年，美国尼克松政府的工资管制即是一例。

（4）国有化或自然垄断产业。在西方和东方国家中国有化自然垄断产业经济所占比重不尽相同，如美国国家自然垄断产业较少，而英国则较多。由于国家是该企业的资产所有者，政府对这些部门一般都实行较多的行政规制。

（5）后发展国家为了实现赶超战略。如日本、中国等后发展国家运用行政规制以实现经济的现代化。

由于西方国家认定行政规制妨碍着市场经济的运行效率，所以只有在非常必要时才会启用这一手段。其作用基础一旦消失，行政规制就会逐渐放松甚至取消。

2. 行政规制的运用原则

在适合实行行政规制时，也应讲究行政规制实施的原则。即行政规制的运用必须被限制在一定范围内，这种限制可以归结为“适时适量”，也就是说，政府必须在合适的时间和适当的范围内使用行政规制。行政规制的适时适量可以具体表述为三个原则：

（1）应急性。行政规制所具有的强力性、速效性、直接性等优点，决定了在国民经济出现严重失衡和混乱状况时，它是政府必须而且唯一可以用之维持经济稳定的最后“法宝”。

（2）补充性。经济规制（如价格规制）与行政规制之间存在着某种强烈的功能替代效应，政府必然会经常面临着选择的问题。由于经济规制具有许多优于行政规制的特殊规定性，在两者择优的过程中，行政规制一般只是作为一种附属的次要的调节手段而存在，用于弥补经济规制无力单独支撑的调控领域。

（3）递减性。由于行政规制在作用效果上逊于经济规制，随着市场的不断发育，经济规制日趋完善和成熟，行政规制的范围日益缩小，只对那些仍无法为经济规制所协调的经济领域继续保持规制。例如，在价格管理上，对于那些关系到国计民生的、供给严重不足的产业，政府必须实施严格的行政管制；但对于那些供求大体均衡、产业内竞争和产业外竞争都激烈的产业和产品，就不应该继续实行行政管制，否则，容易造成行政规制的过量与僵化，束缚企业的活力，造成人为的资源配置低效率与供给短缺。

从根本上讲，行政规制和其他规制特别是经济规制之间虽然功能互补，但不是一种板块式的结合关系。由于行政规制的适当作用范围因时因地而异，各种规制又往往协同运作、交织黏着在一起，因而人们实际上无法将行政规制的作用范围与其他规制严格区分开来。

（四）行政规制的弊端

行政规制的弊端可以传统的计划经济为例加以说明。单一行政规制的弊端主要体现在：

1. 单一行政规制方式无法保证宏观经济（产业经济）的均衡

传统规制体制下行政规制涉及经济生活的各个领域，在复杂经济事务的缠绕下，国家规制机关对宏观经济的规制并不是行政规制的重点。由于单一行政规制完全排斥价值规律和市场的调节作用，产品供给不能受到需求的有效引导，在复杂多变的经济现实面前，国家行政机构对经济活动的预测与计划又由于信息和技术的限制而往往容易失真，从而使得社会总供给与总需求之间很难达到均衡状态，短缺成为常态。同时，单一行政干预也使得国民经济各产业之间长期不能保持合理的比例关系，产业结构的不合理使产业结构调整一再成为迫切的问题。

2. 单一行政手段容易使经济活动被行政规制所“肢解”

由于行政规制是依靠行政系统的部门和地区对经济生活实行直接规制，因而极易形成条块分割，部门、地区之间各自为政的局面。部门内部的纵向经济联系方式和地区之间的经济壁垒，使得现代化经济所需求的横向经济联系和资源在全社会范围内的合理配置无法实现，社会化大生产的有效分工和协作困难重重。

3. 单一行政规制无法保证资源的合理有效配置

采用单一行政规制方式，必然使经济管理层次受行政层次变动的影响，从而造成机构臃肿、人浮于事、人为地增加办事环节，导致产业进入壁垒和管理效率低下。由于政府拥有配置一切社会资源的无上权力，因此如果不存在任何内在利益机制去规范与约束政府的经济行为，就会使政府丧失迅速改变效率低下状态的可能性。效率低下的行政规制必然形成资源误导，造成资源配置无序化。同时，由于行政规制下的责权利关系被人为地割裂，资金、物资和人力资源的流动往往是无偿运动，因而容易造成企业囤积居奇和争抢物资，导致产业经济效益低下。

4. 直接行政规制下的企业严重缺乏活力

在行政机构对企业实施行政规制的情况下，企业的一切生产经营决策均操纵在行政部门手中，企业无法根据社会的需要组织生产，只能被动地服从行政命令。同时，由于在社会经济中，国家、企业和个人之间复杂的物质利益关系很难通过行政规制加以协调，从而使企业及其劳动者的生产经营积极性受到压抑，企业失去了追求利润极大化的内在动力，以致企业不是真正意义上的企业。

（五）日本的行政规制

在发达国家中，日本在运用软约束的行政规制方面颇具创新。其创新主要体现在指导式的行政规制。指导式行政规制就是政府为了推进产业发展，基于合理的计划，通过劝告、指导、希望和指派等必要手段，在被管理者（企业）的同意和合作条件下通过一定的方式达到政府的预期目标的规制。日本行政规制有软约束的性质，但结果是刚性的。归纳起来，日本行政规制的运行特征是：

第一，建立强有力的综合推进部门。这个推进部门就是经济产业省（原通产省）。经济产业省的基本职能是：具体帮助企业设计现代高水平的技术设备和生产装置，推进企业的技术更新和产品升级换代，推动规模效益不高的企业合并，提出改组产业结构的设想，集中必要的资本发展在国际上有竞争能力的企业，扶助受到国际经济力量或经济危机冲击的企业和产业等。如20世纪60年代，鉴于日本的劳动力价格已经与发达国家的水平接近，通产省提出了日本的经济发展应该走从劳动密集型的产业向资本密集型产业转变的设想并积极推动该战略的实施。70年代，石油危机对日本的经济产生了很大的冲击，通产省适时提出了日本经济的结构从能源消耗型转向服务产业、情报产业和知识产业的政策。通产省对日本的产业经济进入国际市场和增加国际竞争力，积极给予支持。其具体做法是：扶植没有外国资本介入的民族资本的大公司，帮助本国的企业打入国际市场，推进在海外争取市场和原料市场的战略。70年代海外市场的投资处于饱和状态时，通产省指导建立了国际借款团，承包海外开发的建设项目。如果有关国家要限制日本产品的进口时，通产省则协调和民间企业缔结“自主限制”的协定。通过种种统一协调的活动，原通产省在日本经济的发展中起到非凡的作用。

第二，设立专职展望长期的机构。日本的各个政府部门负责研究和分析本部门负责领域中的重大问题，提出长期的展望。1975年以来，通产省每年发表“长期展望”，表明政府有关部门在产业、社会发展方向上的核心意见。经济企划厅是进行长期研究和制定中长期计划的核心部门，负责提出整个经济发展的指导方针。日本从1955年起设立了经济企划厅，此时正值日本经济发展的关键时期。经济企划厅提出中期的经济发展计划，内容涉及财政、银行、技术开发的发展趋势，是一些弹性很大的条款。经济企划厅的基本任务是：根据社会发展的具体情况，从长远的趋势着手，设定符合经济发展的目标，协调全国的经济发展规划。但是，经济企划厅并不向企业直接下达指示或指标。经济企划厅估计和预测各个省厅、企业和社会经济发展的长期趋势，并通过自己的规划、计划引起产业界等社会各界的注意。它的调查报告对日本产业界具有重要参考价值，日本产业界及有关各方均是依据它的报告分析发展的问题。

第三，最低限度的直接行政规制。日本的政府机构在对产业界进行指导时，虽然牵涉的范围很大，但是政府的直接行政规制总是被约束在相当有限的范围内。日本的大企业是民间企业。日本政府并不直接地资助民间企业，而是致力于为民间经济发展创造最为有利的条件。

第四，政府主导开发研究。日本政府十分注重社会经济发展的开发研究。日本政府的投资，不仅仅局限于经济上的利益，也注重那些需花费巨额资金、民间企业无力承担的领域。政府把研究的成果转让给企业，提高社会经济的发展潜力和竞争的能力。

第五，以增强产业界的竞争力为主要战略。日本政府运用指导行政规制模式，在培育具有强大国际竞争力的企业和市场方面持积极的态度。经济产业省根据不同的行业设立不同的局，力图在各个行业中培养有强大竞争力的企业。经济产业省通过各个局，考察各个行业的发展条件，确定培育对象，对于确定给予重点扶植的企业，给予一定的资金、土地、外汇、技术和市场占有方面的支持，必要时通过日本开发银行（现合并为日本政策投资银行DBJ）、日本输出入银行（现国际协力银行JBIC）和亚洲开发银行（ADB）等政策性金融机构给予贷款。在企业被政府确定为重点扶植的企业之后，民间的银行会积极提供贷款。政府在向社会提供工厂用地时，投标标价最高的企业不一定能中标，反而是最有发展前途的企业备受青睐。对引进的外国的先进技术，政府以最低的价格提供给重点发展的企业。对在市场上占有过大份额的企业，经济产业省也要给予限制，防止出现垄断和市场经济的基本机制被破坏。

第六，充分与民间企业沟通。在指导式行政规制下，日本政府有两条重要的原则：一是在日本经济优先顺序中，最优先的产业，在政府和产业界没有达成协议之前，任何一方不得采用单方面的政策或重大的行动；二是各个集团和集团内部，对分歧的调整应该采用谅解、协商、合作的态度。这就是说政府与企业间有一种特殊、复杂、微妙的关系。民间企业尊重官员的权威。他们与经济产业省合作，主要考虑：企业相信经济产业省会认真分析和考虑各个企业的发展方向；经济产业省能够向企业提供权威和有效的分析资料；经济产业省的官员与企业的人员之间存在着经常的正式和非正式的交往。这种非正式交往十分频繁。日本政府官员在退职后，相当多的人到大企业供职，这实际上也有利于企业和政府建立良好的沟通关系；企业界相信政府在考虑企业的要求时，优先考虑的是与政府进行合作的企业。经济产业省之所以能取得显著的效果，常常不是因为行使其法律赋予的权力，而主要是由于民间企业承认经济产业省是有能力的行政领导者，主动与之合作的结果。企业与政府机构之间存在着有效的沟通关系，指导式行政规制一般在与企业充分合作的基础上进行。政府部门要充分了解整个企业的基本想法和态度。一般每个行业有自己的舆论指导小组，由著名的评论家和记者组成。他们的意见也举足轻重，甚至能左右政府、产业界和社会。政治家、银行家、官员和企业家对他们的意见和想法，虽不是言听计从，却也得三思而行。

第七，多向的决策咨询过程。日本行政机构经济计划的制定和经济发展战略的确定，均要与有关方面反复地协商和讨论，以保证政策的合理性和政策能够得到有效的贯彻，也就是说行政系统具有开放性。譬如，政府总体的计划在政府各个部门的众多官员的参与下进行编制，由经济企划厅负责，经济界的主要人物、研究所的有关人员、报社的经济专家代表均参加整个起草过程。各个经济团体和经济研究机关为计划的编制提供参考资料和调查结果。另一个不可忽视的机构是“审议会”，审议会主要评估和分析涉及国计民生的重大问题，组成人员也主要有民间著名人士，除外务省以外的所有省厅均有一个或几个这样的审议会。审议会上讨论的范围十分广泛，涉及经济社会发展的国内外重大问题均在讨论之列，必要时还可召开临时会议。审议会原则上以个人的身份参加，他们个人实际上代表着各产业团体的利益。审议会的任务主要是提出建议，由官员再向政府提出。审议会与政府主管部门之间关系良好，一般开会时的基本材料由政府部门提供，这样也保证了审议会提出的建议与政府的立场大体相同。除审议会之外，日本还有各种委员会和小组，用于决策咨询。整个产业界、学界和政府部门具有良好的合作关系，在此基础上形成具有日本特色的多向决策咨询过程。

第八，日本独特的管理文化。日本独特的管理文化主要体现在官僚主导、官民协调的制度特征。政府与民间协调共生的特色，以及政府积极推行社会的经济发展正是这种文化的一种要求。日本文化中的法人资本主义（集体主义），有利于形成社会各个部门之间的有机联系，政治家、政党、官僚、企业和银行等负责员之间有非常密切的联系就与这种主义有关。

（六）中国行政规制间接化

我国长期的经济实践证明，单一的僵硬的行政规制严重地阻碍了社会生产力的发展，中国行政规制具有间接化的趋势。直接规制的行政规制是指政府通过指令性计划和行政手段直接规制微观主体的生产经营活动。间接规制则主要是政府通过法制化的经济参数调节、规范和约束，以影响产业经济主体生产运营的外在环境，进而使企业作出符合客观计划目标要求的决策。过去我国指令性的行政规制完全排斥市场机制和市场准则，与社会主义市场经济属性直接相左。而间接式的行政规制适应市场经济，相比之下，其具有四方面的优势：

第一，在间接规制下，企业的生产经营决策由企业自主作出，国家并不直接进行干预，而仅仅通过调节企业的外部市场环境来促使企业行为符合政府目标。此时，政府的经济指导意志被内化为企业自身独立的经济追求，完整地为法律所认可的经营自主权和独立地为政府所认可的物质利益，使企业能够形成内在的改善经营管理和提高经济效益的冲动。充满活力的企业群体正是市场经济的生机。

第二，直接行政控制条件下的政府面对的是无权作为产业经济主体的单个企业，而间接控制条件下政府面对的是作为产业经济主体的无数企业，政府对企业一视同仁，有利于打破行政性权力协调所造成的经济壁垒，形成全国范围内一体化的统一市场。纵横交错的广泛而无阻碍的经济联系使社会化大生产的有效分工和协作能够创造出巨大的经济社会效益。同时，机会均等有利于在全社会范围内创造一个公平竞争的经济环境，使所有企业在统一的市场规则裁判下具有同一的竞争起点和相同的竞争条件，既能保证公平原则的实现，又可以激发企业的竞争意识和竞争精神，获得最大的经济效益。

第三，间接规制下的政府通过调节经济参数进而调节市场机制，但并不否定市场机制本身。市场机制的自发调节形成正确的市场信号（价格），引导资源的优化配置，国家调节下的资源市场配置方式由于绕开了行政规制的多层次重叠——复杂的行政机构，把资源配置与物质利益结合起来，又保证了宏观上社会资源在各个部门和各个行业的合理配置，因而是资源利用更有效的方式。

第四，间接规制条件下，政府致力于宏观经济、产业经济管理，这样可以避免单纯指令式的行政规制同时规制宏观与微观决策两线作战的弊端，使政府精力集中于主要宏观调控目标。同时，市场经济运行过程中的各种波动既能及时引导国家调节的正确方向，又可以迅速反馈出有关政府规制作用的效果，便于政府及时加以修正。由于间接规制通过利益机制调节企业，企业将在利益驱动下积极地自发遵从政府的意志，这比直接规制条件下企业被动呆板地服从政府意志要高明得多。

第三节　自然垄断产业的放松规制

一、自然垄断产业放松规制的含义和原因

（一）自然垄断产业的含义

自然垄断产业是指其主要业务具有规模经济效益，需要大规模固定资本投资，边际成本不断下降，具有网络效益的产业，如铁路、电力、电信、城市燃气、自来水等，一般称为公用事业或基础设施产业等。也就是说，自然垄断产业应该是具有成本次可加性的技术特点而导致一个企业或少数几个企业生产的市场结构。自然垄断产业基于规模经济、范围经济而存在，但是，它仍然需要政府加强宏观和微观两个层次的规制。在全球网络经济时代，基于全球市场竞争，自然垄断产业获得了新的存在理由。这就对自然垄断产业的规制提出了更高的要求。

（二）放松规制的含义

如前所述，政府规制有许多弊端，即政府规制缺陷在所难免。所谓放松规制就是指政府取消或放松对自然垄断或其他产业的进入、价格等的行政、法律规制，它是对直接规制的放松，是走向间接规制的一种过渡情形。细分起来，放松规制有两方面含义：一是完全撤销对受规制产业的各种价格、进入、投资、服务等方面的限制，使企业处于完全自由的竞争状态。比如，原来受到政府严格规制的汽车运输业，该行业各种经济规制性法规被全部取消，新企业可以自由地加入这些产业中与原来的企业竞争，其行车路线、货物运费都由企业自己确定。二是部分地取消规制，即有些方面的限制性规定被取消，而有些规定继续保留，或者原来较为严格、烦琐、苛刻的规制条款变得较为宽松、开明，如在进入规制中，由原来的审批制改为登记制等。

（三）自然垄断产业放松规制的原因

政府之所以由原来的进入、价格以及投资等方面的规制中退出，原因可以说是多方面的，既有经济的原因，也有政治上的考虑。一般说来，有以下五方面原因：

1. 由于技术经济条件的变化，政府经济性规制的理论依据逐渐消失

政府进行经济性规制的主要理论依据是自然垄断，即由于市场需求的不足，或者由于大规模固定资本的投资所具有的规模经济效益，市场上只有一个企业时的社会生产效率最高，成本最低。当市场需求扩大、生产技术变化时，自然垄断的特点会变得微弱。

20 世纪 80 年代以来，由于科技发展的日益加快，新技术层出不穷，特别是微电子技术的出现和不断成熟，使得陈旧落后的生产技术逐渐为新技术所淘汰。比如，在通信领域，由于光纤的发明、计算机技术的应用以及卫星通信技术的引入等，使得通信不再是自然垄断性的。提供通信，特别是长途通信、电信增值业务并不需要太大规模的投资，而且

这部分固定资本也不是沉淀的，所有这些都使得新企业加入电信领域变得容易。从经济的角度看，由于经济全球化进程的加快，全球经济运作（如跨国公司、国际金融资本投资等）业务量增加迅速，大大增加了对电子通信的需求。电信市场变得空前的繁荣，业务量每年都成倍增长，市场的扩大使得一家企业垄断市场的局面不再是最具效率的，因此，放松这一市场的进入规制，吸引新的企业，扩大供给，满足不断增长的需求，是明智的选择。

2. 产业间替代竞争加剧，受规制产业的发展受到限制

产业是生产具有类似特点产品的企业的组合，在自然垄断产业中，由于垄断的存在，一个企业可以代表一个产业。但是，由于市场上仍然存在着替代品，垄断产业的市场势力也不是无限制的，因此，存在替代竞争的受规制产业面临竞争的压力，需要及时作出投资、生产、价格、服务等新的、及时的决策和改变。但是由于政府规制的存在，所有的重要决策都要经过政府规制部门的批准，这个过程延缓了受规制企业的反应时间，因而使其在竞争的过程中，总是处于被动、落后、迟钝的境地。如第二次世界大战后，一些发达市场经济国家的高速公路形成网络，四通八达，还能够做到“门对门”的运输方式，对铁路形成一种有力的挑战。铁路的货运、客运等面临顾客减少、效益下降的困难，因此，传统的规制方式不得不取消，以使铁路有更大的决策经营权和灵活性，对公路的竞争作出及时的对应。这种存在替代竞争的产业称为“结构性竞争产业”，如铁路、航空、公路运输等都属于这个类型。在不少国家，最先放松规制的部门不是自然垄断产业，而是这类结构性竞争的产业，而且，效果最好的也是这类产业。受到竞争威胁的规制企业效益恶化，迫使其积极寻找出路。它们也认识到政府规制虽然能给自己带来可观的收益，但是，在外部竞争者的替代竞争日趋激烈的情况下，政府规制反而成了一个负担，所以，受规制的企业也有要求放松规制的动力（对私营的自然垄断企业来说，这种愿望更是强烈）。

3. 规制引起的副作用日益显现，要求取消规制的呼声高涨

为了纠正市场失灵，政府进行规制，但是也出现了政府缺陷和政府规制缺陷的弊端。政府部门规模庞大，行政支出、规制管理费用不断上升，政府财政赤字增加；受规制的产业部门客观上受到政府的保护（没有竞争者），可以稳定地得到收益，漠视消费者的需求，服务单一，成本上升，效率下降，供给不足；规制的成本可能大于由此带来的收益。规制压制了创新，庇护了无效率，鼓励了工资—价格螺旋上升，由于价格与边际成本的不一致促进了资源的错误配置，推动了以成本扩张、浪费为主的竞争，否定了公众对产品质量和价格的选择，而这在竞争性市场上是可以实现的。再加上广泛传播，人们对政府规制的信心下降，他们认识到市场不是完美的，政府同样不是完美的，以一种不完美的手段去纠正另一种不完美，其结果也不一定就是完美的。尤其是在技术进步迅速、人们的消费需求多种多样的现代社会，刻板僵化的行政和程序越来越不受欢迎。由于西方民主选举制度的特点，各个政党为了谋求执政，也顺应民心，以减少财政赤字、缩小政府规模为选举纲领，推动了取消政府规制，尤其是放松经济性的规制的进程。由于放松规制伴随着政府部门的缩小和工作人员的减少，财政支出负担也大为减轻，所以这种措施能够迎合选民的心理，较易得到实施。

4. 由于可竞争市场经济理论的出现和传播，经济性规制不再被认为是提高经济效率的唯一手段

这个理论的核心内容是竞争，竞争是实现经济效率的最好方法。即使是在传统的被认为是自然垄断的产业内，只要是可竞争的，没有政府的外部干预，垄断者也只能获得平均利润（它不会制定垄断高价，而是制定可维持价格）。为此，政府部门应该做的不是限制进入、费尽心力去寻找最合理的定价方法，而是减少产业的进入壁垒，使产业能够自由进出，这足以形成对垄断者的竞争压力，而其成本和负面影响则是最小的。一些产业虽然有巨大的沉淀成本，但是当其面临其他产业的替代竞争时，其行为方式与可竞争市场行为方式是类似的，因而不需要政府规制。在这种理论的影响下，政府对一些结构性竞争产业放松了规制，效果是令人满意的。

5. 经济全球化、国际经济交往的迅猛发展也迫切要求放松政府规制

国际贸易、跨国投资、战略联盟等国际合作必须有一个开放、公平、自由的环境，但是政府规制是对经济运行的人为干预和限制，客观上是对国内市场的保护，不利于国际间人、财、物、信息的交流。随着经济全球化的发展，形成全球市场是大势所趋，不可逆转，唯有消除人为的限制，才能符合发展的潮流。世界贸易组织（WTO）的宗旨是促进世界各国的自由贸易，取消各种贸易壁垒，并致力于形成全球统一的市场。在它的倡导和努力下，世界各国签署了一系列的协议和公约，目的即在于减少对市场的政府规制，开放国内市场。发达国家的跨国公司为了能到发展中国家占领市场，不遗余力地敦促发展中国家取消经济性规制，允许外国公司进入。发达国家之间也在市场准入方面进行长期的磋商，最后达成妥协，共同放松规制，提倡公平的竞争。如在金融、贸易、电信、服务等传统的政府规制部门都不同程度地取消了规制。

二、中国自然垄断产业的放松规制

在计划经济体制下，国有制被认为是社会主义的最根本的特征，是社会主义生产方式的代名词，除此之外的非公形式的企业都受到排挤，国有国营成为当时最普遍的运营方式。自然垄断产业是国民经济的基础，是政府实现政策目标的杠杆和调节工具，因此对这些产业实行了严格的进入规制，可以说除了国家的财政投资组建国有垄断企业外，没有其他的所有制形式。这些自然垄断企业由政府投资、政府经营管理，实行高度的集中统一生产计划，没有产品定价权、投资权等基本的经营自主权，可以说完全由政府部门所控制。高度垄断的自然垄断产业的进入规制大都是根据各行业所制定，由国务院或全国人民代表大会批准的法律、法规来实施。

改革开放以来，我国对铁路、电力、邮电、电信等自然垄断行业进行一系列改革，取得显著成效。

在铁路产业，《中华人民共和国铁路法》第三条规定："国务院铁路主管部门主管全国铁路工作，对国家铁路实行高度集中、统一指挥的运输管理体制……国家铁路运输企业

行使法律、行政法规授予的行政管理职能。”对全国铁路实行国家垄断，由铁道部管理和经营。国家铁路运输企业，即铁道部（现国家铁路局）下属的各地铁路局、铁路分局，既要以获取利润为目标，又负有行政管理的职责。铁路的建设主要是以政府财政支出为主，近年来为了加快铁路运输事业的发展，缓解运力不足的局面，对于地方支线、专用线路等个别区域实行了较为灵活的投资方式，允许以不同投资形式参与组建铁路运输企业，如在广东成立的广深铁路股份有限公司就是一家在香港上市的铁路企业。但在全国范围内，铁路运输仍是国家垄断。

在电力产业，改革以前，电力建设、发电厂、电网输送等电力企业都是国有国营，由政府投资并直接控制其生产、经营，实行严格的进入规制。为了加速电力建设，搞活电力工业，用经济办法管理发电供电工作，国家对电力产业的进入放松了限制，决定把国家统一建设电力和电价的办法，改为鼓励各部门和企业投资建设电厂，可以由社会力量来集资办电。

在邮电产业，国家实施了严格的规制体制。1980 年，邮电部上报国务院批准转发的《关于调整邮电管理体制问题请示报告》中规定，“一、邮电部对全国邮电工作实行统一管理。省、市、自治区邮电管理局实行以邮电部为主和省、市、自治区双重领导；地、市、县邮电局，实行以省、市、区邮电局直接领导”。“三、国家通信网发展规划，通信指挥调度，业务方针政策和规章制度，技术政策、技术体制和技术标准，资费标准和邮资凭证印制发行，以及国际通信等邮电业务工作，由邮电部统一管理，自上而下地建立强有力的通信指挥系统，加强全国邮电通信的统一指挥高度。四、邮电部为主管理的各项计划，包括邮电业务、基本建设、劳动工资、财务收支、工业生产、物资供应、科技发展、院校招生等计划，以及邮电各项资金，均由邮电部统一管理”。

1986 年 12 月 2 日通过、2009 年、2012 年、2015 年三次修订的《中华人民共和国邮政法》第四条规定：“国务院邮政管理部门负责对全国的邮政普遍服务和邮政市场的监督管理。省、自治区、直辖市邮政管理机构负责对本行政区域的邮政普遍服务和邮政市场实施监督管理。按照国务院规定设立的省级以下邮政管理机构负责对本辖区的邮政普遍服务和邮政市场实施监督。国务院邮政管理部门和省、自治区、直辖市邮政管理机构以及省级以下邮政管理部门（以下统称邮政管理部门）对邮政市场实施监督管理，应当遵循公开、公平、公正以及鼓励竞争、促进发展的原则。”

电信业长期以来也实行严格的进入规制。《国务院批转邮电部关于加强通信行业管理和认真整顿通信秩序的请示》（1990 年 9 月 3 日）规定：“二、凡新建长途通信线路（包括配套项目），均应经邮电部或省、自治区、直辖市邮电管理局归口会审。民用卫星通信由邮电部统一组织建设或对外租用。国际通信设施建设由邮电部负责。所有进入公用通信网的设备都要符合国家规定的技术体制和标准。三、主要通信业务必须由国家统一经营……国务院已明确我国主要邮电通信业务由国家统一经营。进一步明确：（一）专用通信网只限内部使用，原则上不得开放公众业务；（二）在公用通信网覆盖范围以外的地区，经当地邮电部门审查同意，专用通信网可临时经营部分公众业务，但必须到工商行政管理部门登记注册手续并依法纳税；（三）长途通信和国际通信业务由邮电部门统一经营；

（四）外商不得在我国境内经营或参与经营邮电通信业务；（五）信件和其他具有信件性质物品的寄递业务由邮政企业专营。”《国务院批转邮电部关于进一步加强电信业务市场管理意见的通知》（1993 年 8 月 3 日）同意了邮电部的这个意见。第一条规定：“对放开经营的电信业务，实行申报制度和经营许可证制度。凡在省、自治区、直辖市范围内经营的，由当地邮电管理局受理申报，负责审批、核发经营许可证，并报邮电部备案。跨省（自治区、直辖市）经营的，由邮电部受理申报，负责审批并核发经营许可证。未经审核批准，任何单位和个人不得擅自经营上述电信业务。”第二条规定：“申办经营无线电通信业务的单位，必须按规定的审批权限到邮电部或当地邮电管理局申请办理经营许可证，并凭经营许可证取得无线电管理部门批准的使用频率后才可经营。”

对外商进入电信业务领域予以否定：“外商不得在我国境内经营或参与经营通信业务。我国境内的公用通信网、专用通信网的有线电、无线电通信业务，一律不允许境外各类团体、企业、个人以及在我国境内已兴办的外商独资、中外合资和合作企业经营或参与经营，也不得以任何形式吸引外资参股经营。”

我国在电信网（市内电话、长途电话、移动通信）的进入方面其实仍然是高度垄断的。1994 年中国联通的进入打破了邮电部下属的中国电信的独家垄断局面，形成了双头垄断的市场结构。

双寡头的竞争使基本电信服务市场效率得到改进，但由于联通规模很小，电信市场的有效竞争并没有形成。1998 年 3 月，在电子部与邮电部的基础上组建信息产业部，随后中国电信业实现了政企分开。1999 年 2 月，信息产业部对中国电信进行分拆重组。原中国电信拆分成新中国电信、中国移动与中国卫星通信三家公司。信息产业部为了强化竞争，同时给网通公司、吉通公司和铁通公司颁发电信运营许可证。2001 年，信息产业部又将中国电信进行南北分拆。直到 2002 年 5 月 16 日，中国电信集团公司与中国网络通信集团公司的正式成立，中国电信业的分拆才告一段落。至此，中国电信业也就形成了中国电信、中国移动、中国网通、中国铁通、中国卫通、中国联通六家进行竞争的格局。2008 年，电信业重组，中国网通并入中国联通，中国电信收购 CDMA 网，卫通电信业务并入中国电信，中国铁通并入中国移动。中国电信企业由六家变成三家。

思考题

1. 试比较西方发达国家产业规制模式的异同及其对我国的借鉴意义。
2. 中国政府规制的演变趋势是什么？
3. 自然垄断产业放松规制的原因是什么？

思考题参考答案

※ 本章案例 ※

美国反垄断：科技巨头应该被拆分吗?

反垄断法是美国最重要的经济法规之一。实际上，它是由一系列法案组成的法律体系，从最早诞生于1890年的《谢尔曼法》，到1914年反竞争性兼并的《克莱顿法案》和制止不公平竞争的《联邦贸易委员会法案》，再到1936年制止价格歧视的《罗宾逊—帕特曼法》。此外，还有《韦布—波默林法》《凯普—伏尔斯蒂特法》《麦克卡兰—费古森法》《地方政府反托拉斯法》《米勒—泰丁法案》《惠勒—李法案》以及《塞勒—凯孚尔法案》等，各州还制定了州内反托拉斯法，以及美国司法部和贸易委员会颁布的行政法规性质的《合并准则》《国际反托拉斯指南》等。从严格法律意义上说，美国反垄断法所规范的垄断行为应具备三个要件：一是状态——市场支配地位；二是行为——取得或维持市场支配地位的积极作为；三是意图——攫取市场支配地位的主观意图。但是，在实践中并非一定按这三个要件进行审理，而是已形成一些原则。

美国反垄断法已走过100多年的历程，对包括标准石油公司、美国电报电话公司、柯达公司、国际商用机器公司等在内的上百家公司开展涉嫌垄断的调查和指控，一些公司甚至因此被肢解。最为典型的是1870年1月10日在美国俄亥俄州成立的标准石油公司，仅用9年时间它就控制了全美90%的炼油业。到1890年时，标准石油公司垄断了美国95%的炼油业、90%的输油业、25%的原油产量。1906年，罗斯福政府正式对标准石油公司的垄断行为进行指控。1911年，美国最高法院做出判决，标准石油公司被拆分为34个独立的地区性石油公司。之后，几经变动，1966年“路易斯安娜标准石油公司”更名为“美孚石油公司”，1972年“新泽西标准石油公司”更名为“埃克森石油公司”。1999年埃克森和美孚合并为“埃克森—美孚石油公司”。比较新进的反垄断典型案件是1998年软件业巨头微软公司卷入反垄断法。

随着互联网的发展，美国形成了亚马逊、苹果、Facebook和谷歌四大科技巨头。四大巨头在相关领域涉嫌垄断行为，引起美国监管机构和一些议员的关注。在长达一年多的调查中，美国众议院司法委员会共收集到130万份文件，并于2020年7月19日举行针对四大科技巨头的反垄断听证会。美国《华尔街日报》报道称，美国联邦贸易委员会和司法部达成了一项新协议，联邦贸易委员会获得审查亚马逊和脸谱的权力，司法部则负责调查苹果和谷歌。科技巨头面临的处罚力度可能会从罚款上升到拆分公司。脸谱可能被迫拆出Instagram和WhatsApp，亚马逊可能被剥离垂直电商Zappos和全食超市，谷歌可能会失去YouTube，而苹果或将放弃其AppStore。

当然，对亚马逊、苹果、Facebook和谷歌四大科技巨头涉嫌垄断的审查可能需要漫长的过程，距离起诉、判决更是遥遥无期。四大科技巨头也会斥巨资游说政府和立法部门。在这个过程，如何看待四大科技巨头涉嫌垄断行为，也将是各界讨论的热点问题。

问题：

1. 美国反垄断法所规范的垄断行为应当具备哪些特征？
2. 你认为，美国四大科技巨头应当被拆分吗？为什么？

第十三章　行业自律

市场作为“看不见的手”，在资源配置中起决定性的调节作用，但也存在“市场失灵”现象，因此需要产业规制。行业自律是产业规制的重要方式，介于政府规制与社会规制之间。本章主要阐述行业自律的含义、作用、类型、实现方式和条件，以及行业自律组织及其改革等方面的内容。

第一节　行业自律的含义和作用

一、行业自律的含义

自律（self-regulation）又称为“自我监管”“自律性监管”“自律式监管”。在哲学意义上，自律指人自觉、自愿地对个人自由的自我约束。自觉的前提是理性，自愿的前提是意志自由，是人能够理性地、主动地而非被动地约束自己的行动。在经济学和公共管理学中，广义上的自律，是指对公共规制所不涉及的问题和活动进行的计划和政策制定；狭义上的自律，一个企业对于其任务、目标和竞争策略的决策就是自律的全部方面。自律的核心特征是“自愿”，其所涉及的行为是可被自由决定的。

什么是行业自律（industry self-regulation）呢？鲁汉娜卡（Ruhnka）和博尔斯特勒（Boerstler）认为，行业自律是一种正式的、行为规章的结构体系及相关的执行机制，由最高水平的行业管理机构发起和批准的，目的是实现行业运营、管理者和雇员对具有法律适用性的、监督企业行为的管制标准的遵守。① 沃特鲁巴（Wotruba）认为，自律可分为个体企业水平的自律、行业水平的自律和整个商业界的自律三个层次，典型的行业自律是由行业组织（如同业工会）发起和管理的，同时，这种自律没有触发反垄断犯罪和同公共管制的直接冲突。因此，行业自律是自律的核心。② 可见，行业自律是同一行业的企业联合

① Ruhnka J C, Boerstler H. Governmental incentives for corporate self-regulation. Journal of Business Ethics, 1998, 17 (3): 309-326.

② Wotruba T R. Industry self-regulation: a review and extension to a global setting. Journal of Public Policy & Marketing, 1997: 38-54.

体（行业组织）自觉、自愿地对本行业成员行为的自我控制和约束。

行业自律具有以下特征：

（1）合法性。行业组织在制定和执行行规和行约时，必须符合国家相关的法律、法规，不能与国家的法律、法规相抵触。

（2）民间性。金（King）和雷诺克斯（Lenox）指出，行业自律“是企业的志愿协会对企业集体行为的控制。”① 也就是说，行业自律的主体是企业自愿参与的组织，既不是政府，也不是企业单个个体，是民间组织。

（3）自愿性。行业自律是企业自愿进行的行为，不需要强制。行业自律的行规和行约，不像法律和法令，也不具有法律和法令那样的强制力，不需要通过政府权力来推行。在自愿的基础上，在遵守行业道德和职业道德的前提下，企业自觉地要求自己。

（4）广泛性。与法律、法规相比，行业自律规范的范围更加广泛。不少国家法律、法规没有顾及的经济活动内容，行规和行约却可以进行约束。

（5）灵活性。法律的制定由立法机构（如全国最高权力机构全国人民代表大会及其常委会）来进行，法令政策的制定由政府部门进行，而行规和行约由自由参加的行业组织来制定。随着形势的变化，行规和行约还可以不断地进行修改。与相对较慢和较冗长的立法程序相比，行规和行约可以更迅速、更容易地做出调整以满足不断变化的环境。

二、行业自律的作用

作为一种可能的市场治理手段，行业自律在约束市场主体不良行为、维护市场秩序上具有重要作用。

第一，行业自律可以更好地解决某些市场失灵问题。政府监管和行业自律都共同作用于市场，但与政府监管相比，行业自律具有两个优势：一是行业自律易于及时、有效地接收与处理相关的市场信息。信息优势是对市场与行为进行有效监管的重要前提。二是便于监督与规制自己行业的运作，降低成本。随着经济全球化和区域一体化的发展，经济活动越来越复杂，需要综合性的监管方式。与政府监管相比，行业自律是建立在自觉性基础上的规制，具有较低的规制成本。

第二，行业自律可以促进行业健康发展。行业自律通过建立起行业标准，发布行业信息，能够促进行业内部成员企业不断提升技术水平，改善服务质量；通过建立行业内部成员企业的互相合作机制，有利于降低恶性竞争，减少行业内部成员企业之间的冲突，规范市场秩序，提高生产经营水平。

第三，行业自律有利于提高企业的声誉。行业自律通过建立道德规范，并惩罚不遵守

① King A A, Lenox M J. Industry self-regulation without sanctions: the chemical industrys responsible care program. Academy of management journal, 2000, 43 (4): 698-716.

道德规范的行为，能为行业与企业带来公平和诚实的良好声誉。

第四，行业自律可以减少溢出损害，防止共同制裁。溢出损害是指一个成员企业的过失会连带同一行业的其他企业受损害。行业自律通过披露过失成员企业的关键信息、协调行业改进、游说或协调公共关系，有助于减少个别企业的过失、不良行为对整个行业的损害。同时，行业自律通过在企业间协调统一的行动，可以减少在对外贸易等经济活动中对行业性的制裁的风险和概率。

当然，行业自律也具有局限性，主要有：首先，行规和行约可能不够严格，规定程序也比较简单、粗糙，而且行业内部的各个团体、企业之间可能对自律的要求存在着不同的意见，所制定的准则也可能经常变化。其次，行业自律缺乏足够的权威性和强制力。行业自律主要通过道德规范、道德内省发挥作用，往往存在着道德规范、行业规则执行难的问题。再次，行业自律有可能掺杂个别企业私利，可能构筑行业准入壁垒，建立价格联盟，阻碍市场竞争。最后，行业自律往往缺乏足够的公开性和透明度，消费者参与不充分，难以获得消费者的认同。

三、行业自律与政府监管的关系

在市场经济条件下，政府监管在完善劳动保障、消除歧视定价、反垄断、促进经济发展、保护环境、维持社会公平与宏观经济稳定上发挥了积极作用。然而，金融危机时常发生，环境污染日益严重，市场机会主义层出不穷，各种市场违规行为接连不断地发生，“大头娃娃”事件、“三鹿奶粉”事件、“问题鸡蛋”事件、“染色馒头”事件等各种食品安全问题严重地损害了社会公众利益。一般而言，政府监管容易出现以下问题：一是监管过度，表现在监管范围过大、审批项目过多、审批程序过于繁琐、审批时限过长等。二是监管滞后，表现为往往出现市场违规行为以后才采取相应的措施，属于“亡羊补牢”。三是监管负担，表现为监管效率低下，监管成本高。四是监管俘获，即在被监管者与政府监管机构长期共存中，监管机构逐渐被监管对象通过各种手段和方法所俘虏，监管者与被监管者沆瀣一气、狼狈勾结，成了维护某些特定企业利益的工具，为少数利益集团谋求利益。可见，政府监管也会出现“监管失效”问题。

在市场失灵和政府监管失效之间，行业自律可以发挥规范引导市场主体的作用。政府监管和行业自律既有共性，又有差异性。其共性表现在二者都是市场治理的一种制度安排，都是规制体系中的重要组成部分。其差异性表现在政府监管是对行业施加的外部约束，是一种“公序”，适用于所有市场参与主体，对被规制者具有强制力；行业自律从某种意义上讲是行业组织对本行业施加的一种内部的自我约束，可以被看成是一种组织化的“私序”，对被规制者没有强制力，且仅适用于加入自律组织的市场主体。

第二节　行业自律的类型和实现方式

一、行业自律的类型

根据国内外存在的各种行业自律情况，按照不同的划分依据，可以把行业自律分为不同的类型。

根据行业自律与政府规制的关系，可以把行业自律划分为三类：纯粹型自律，即自律的创制权完全掌握在私人团体手中，只要自律不违背公平竞争等一般价值规范，政府就会接受并采取不干预态度；替代型自律，即自律的创制权掌握在私人参与者一方，但政府为确保公共利益不受威胁会对自律过程实施监督；条件型自律，即将公共规制与私人自律规范相互融合，并受制于政府监督。①

根据政府干预程度，可以将行业自律划分为四种类型：强制型自律，即自律框架由政府具体规定；批准型自律，即组织自行制定自律方案，然后呈报政府批准并执行；被迫型自律，即自律体制是为回应政府威胁强制监管而建立；自愿型自律，即国家没有直接或间接地进行干预，促进或命令实行自律。②

根据行业自律的权力来源，可以把行业自律划分为三种类型：① 法律授权型自律，其权力源于法律，通过法律确认和保障自律组织依法享有并行使一定权力，规范自律组织合法行使权力；② 政府委托型自律，政府将中观或微观层次上带有执行性、技术性与操作性的职能，通过授权委托等方式交由自律组织行使；③ 会员让权型自律，成员企业为进行自我利益的集体保护而对自身部分自主权的让渡，将行业内部的某些共性的职能与权力让渡自律组织，表现为行业内部成员经协商一致同意的行业规章、行动守则或自律公约。

二、行业自律的实现方式

行业规范、行业惩戒、内部协调是行业自律的基本功能，具体实现方式包括以下方面。

（一）制定行业规范

通过制定行业规范管理行业事务、约束成员行为、调整成员间的市场竞争关系，并借

① Eijlander P. Possibilities and Constraints in the Use of Self-regulation and Co regulation in Legislative Policy: Experiences in the Netherlands-Lessons to Be Learned for the EU. European Journal of Comparative Law, 2005, 9 (1).

② Black J. Constitutionalising Self-Regulation. The Modern Law Review, 1996, 59 (1): 24-55.

此维持行业秩序是行业自律发挥作用最普遍的方式。

在新制度经济学看来，习惯、行规行约、集团规则属于非正式规则的范畴，在社会约束体系中，大部分规则都是非正式规则，即便是在最发达的市场经济中，正式规则也只是其中一小部分。规则有多种表现形式，或表现为会员共同制定的协会章程，或表现为会员职业行为的道德规范，或表现为约束会员行为的自律公约，也可能表现为会员所认可的隐性惯例、行规等。

在所有规范中，自律组织章程和自律公约是最为重要的两种。章程是一个行业自律组织的基本规范，是会员行为的基本准则，也是行业规范的最高表现形式，一般是通过全体会员大会或者会员代表大会制定的。自律公约是行业自律组织促进行业自律的重要依据，是行业成员道德规范或职业准则的一种，是针对会员的经营行为或执业行为的，以规范会员之间的不正当竞争，促进安全生产，强化会员企业的信誉和社会责任，维护行业秩序为目的。

（二）制定行业标准和技术标准

制定行业标准与技术标准是行业协会的主要功能之一，也是行业协会促进行业自律的有效手段。行业标准规定了成员企业的产品质量标准内容，对全行业设置了生产门槛，实际上是对会员生产行为的一种规范。通过标准管理行业更具专业性、科学性，并为消费者客观评判产品和服务建立了客观依据。行业标准、技术标准的制定和实施，对于保障产品质量，提升行业服务水准，提高行业核心竞争力，维护行业信誉，促进行业内企业规范发展及保障消费者权益等都具有重要意义。但是，行业标准是一把双刃剑，在规范行业生产、促进行业自律的同时，又被充当为市场壁垒的屏障。在国外，行业标准一般会上升为国家标准，并将其作为规制行业的重要手段。《中华人民共和国标准化法》第 12 条规定："对没有推荐性国家标准而又需要在全国某个行业范围内统一的技术要求，可以制定行业标准。"实际上，我国目前绝大多数行业只有国家标准，行业标准比较少。

（三）实施行业准入限制

市场准入是对市场主体进入市场的明确约束，指明了商品生产经营活动的条件和程序规则，明确了禁止什么、限制什么和鼓励什么，是各市场监督主体或市场参与主体对市场进行干预的起点。市场准入的严格程度直接影响着市场主体进入市场的成本和难易程度，影响着市场秩序和交易安全，影响着经济效率和活跃程度。市场准入的限制主体一般是国家，是法定的。自律组织的市场准入限制不能违反法律，而是根据本行业的实际情况，从维护行业整体利益出发，以行业标准和技术标准为主要依据，设置本行业市场进入门槛，规定入行标准，进而达到控制市场结构和市场份额，进行行业管理的目的。行业自律组织的市场准入限制，主要方式有：一是由行业自律组织直接发放许可；二是由政府发放许可，行业自律组织进行前期的资格审查，实际上是一种合成性的行政行为，行业自律组织承担的是事实审查。行业准入是有效的行业管理手段，但也容易违背初衷，引起权力的滥用，导致反竞争行为。

（四）协调解决争议

协调解决争议是行业自律组织对有关内部事务或行业事务进行仲裁裁决或调解的一种方式，也是行业自律的重要手段。协调与解决的事项主要包括：成员企业之间在经营活动中产生的争议；成员企业与非成员企业在从业经营活动中产生的纠纷；不同行业的自律组织就利益相关的行业之间的争议进行的协调；作为行业利益代言人就影响本行业发展的政策与政府相关部门进行沟通与协调等。与正式法律解决途径相比，行业自律组织的调解和仲裁具有以下优势：一是行业组织对行业内的规则更加熟悉，裁决过程更具有专业性；二是行业内的裁决是在法人内部进行的，并不对外公开，有利于保护纠纷当事人的商业秘密和市场信誉。而其局限性在于，这种调节只局限于会员之间，对非会员不具有约束力，而且必须以政府监管部门为后盾才能更好地保证其有效性。

（五）发布监察和评估信息

通过行业自律组织对成员企业进行评估，是行业自律的重要方式，也是国外行业自律的普遍做法之一。一般采取按照事先制定的规范和程序，对成员企业进行监察、评估，并负责发布监察和评估信息，引导消费者理性消费，也供政府或其他组织提供参考。

（六）行业认可、赞许和惩戒

行业认可，就是由行业自律组织审查并承认某个企业为其成员，从而在公众中获得某种合法性。行业认可对成员企业的约束是在成员违规时可能受到行业谴责，甚至被开除成员资格。行业赞许，就是行业自律组织根据行业特点和特定的标准对成员企业进行评估、排序，并对成就卓越者进行表彰，目的是提高那些表现优良的成员企业的社会公信力，对那些表现欠佳的成员企业形成竞争压力。行业惩戒，就是当某些成员企业不遵守或违反了行业的共同规范时，行业自律组织根据情节轻重给予违规成员企业必要的处罚，包括内部告诫、责令改正并检讨、行业内通报批评、记入电子档案、自律信息公开、取消成员资格等方式，对于涉嫌违法的向政府有关部门和司法机关依法举报。

三、行业自律的实现条件

行业自律要发挥作用，需要一定的内部条件和外部条件。

（一）行业成员的共同利益是行业自律得以建立的内在动力

行业自律是行业内各企业的集体行为，其基础是各行业成员存在着共同利益，包括：争取良好的行业声誉，有利的行业政策，可行的行业标准，共享行业科技信息，进行有力的涉外竞争，防止共同制裁等。

（二）行业自律组织的合法性是行业自律存在的基本前提

组织的合法性是其合法地履行任何职能的前提。行业自律组织要履行自律职能，合法性基础更是必不可少的重要条件。合法性可分为社会合法性、政治与行政合法性、法律合法性。行业自律组织的社会合法性，就是成员企业、消费者及其他组织的认同，成员企业的认同又是行业自律组织社会合法性的核心。成员企业对行业自律组织是否认可，主要依行业自律组织有无公信力，取决于行业自律组织能否真正代表行业利益、汲取各种资源尤其是政策资源的能力及其服务意识与服务水平。行业自律组织的政治与行政合法性，就是政府认同，表现为政府对行业自律组织的授权，或批准行业自律组织登记、变更、撤销。行业自律组织的法律合法性，就是立法上的认同，主要是以法律、法规等文件的形式对行业协会的地位、功能、职责等问题进行明晰的规定。

（三）良好的内部治理结构是行业自律有效运行的制度性条件

英国银行业协会（British Bankers Association，BBA）认为，成功的自律机制需要具备8个要素：① 良好的行为规章；② 独立的治理；③ 覆盖全行业；④ 充分的资源；⑤ 有效的监督；⑥ 强制力与制裁；⑦ 定期的审查程序；⑧ 核心利益主体的支持。行业组织建立科学、合理、有效的内部治理结构，是自律机制发挥作用的重要条件，内部治理结构涉及如何配置和行使控制权，如何评价和监督内部决策、执行、监察机构之间的分工，以及可执行的自律规章（自律公约）、专门的自律机构（自律小组、自律委员会等）、便捷的违规审查渠道、有效的激励惩戒机制等。

（四）政府有效监管是行业自律健康发展的外部条件

没有有效的政府监管，行业自律将很难健康发展，即使是强有力的同行压力，也很难克服机会主义。政府监管对行业自律的作用，体现在两个层面：一是在企业层面上，在政府严格监管之下，企业所需要付出的成本高于行业自律的成本，促使企业主动遵守行业自律规范；二是在行业自律组织层面上，在政府严格监管之下，促使行业自律组织不断改善服务，避免行业自律组织为少数大企业所把持，成为妨碍竞争的工具。

（五）社会监督是行业自律有效发挥作用的社会环境

社会监督包括公众监督、社会团体监督、法律监督、舆论监督等。消费者支持与否，能够在某种程度上提升企业的自律动机，增加行业自律组织的社会压力。媒体是社会大众监督的重要渠道。媒体发挥信息渠道丰富、动作反应灵敏的优势，对行业组织的信息及时采集，随时发现和掌握各个方面有价值的信息，及时、客观、真实、可靠地提供给社会大众；社会大众可以在了解情况信息的基础上，通过传播渠道，表达社会舆论；当社会大众的权益受到侵害时，可以通过媒体进行申诉。①

第三节　行业自律组织和改革

一、行业自律组织及其特征

行业自律组织是生产经营者为了共同利益依法成立，并为其提供咨询服务、沟通协

① 常健，郭薇．论行业自律的作用及其实现条件．理论与现代化，2011（07）：113-119.

调、监督管理、自治自律的社会中介组织。行业自律组织具有以下特点。

1. 组织性

行业自律组织属于社会团体法人（在我国，由《民法总则》所规定），是一些为达到共同目标而自愿组织起来的、持久性的企业联合体，是社会团体的一种，即国际上统称的非政府机构（NGO）。

2. 自愿性

行业自律组织由有关企业自愿组成，不是依政府命令或外在压力而产生。

3. 民间性

行业自律组织是自下而下的民间组织，具有自主性，在内部实行自我管理，一般不受政府的直接控制；其工作人员不属国家公务员系列；主要经费来源不是国家财政拨款。

4. 自治性

自治性是行业自律组织的最本质特征。行业自律组织与其他自治性组织一样，一旦依法成立，就可在法定范围内自主活动，以实现成立该组织的特定目的。行业自律组织会这种自我组织、自我管理的自治权是行业协会能够独立存在所必须享有的权利。自治权主要包括自治事务管理权、组织人事权、经费筹集使用权等。

5. 中介性

行业自律组织承担的是国家（政府）与企业（成员）之间的联结和沟通作用，使私营部门与公共部门之间建立有效联系。

6. 非营利性

行业自律组织的活动不以营利为目标，产生的收益作为其活动的资金；受到法律或道德约束，不能进行盈余分配，不得将组织的资产以任何形式转变为私人财产。

二、行业自律组织类型

根据国内外自律组织发展的实际情况，行业自律组织大体上有两种类型：一是行业协会，二是商会。行业协会是按照企业的业务性质组建起来的行业性自律性中介组织。商会是协调和约束参加市场活动的各个企业和各行各业人员行为的跨行业、地域性自律性中介组织。

一般认为，行业协会比商会的产生时间要早。公元前 7 世纪，古埃及一些纺织生产中心，出现纺工、织工自己的组织，形成了早期的行会。到 13 世纪，在英国至少十个城市有行业协会，而到了 15 世纪，欧洲几乎所有城市都有行业协会。① 商会产生的时间要迟得多，1595 年成立的法国马赛商会，是世界上第一个现代意义上的商会。②

① 王敏. 国外行业协会简介. 江苏改革，2003（3）：31-33.

② 姚蕾，田宏志，陶益清. 商会组织的国际比较及对我国进出口商会发展的启示. 中国农业大学学报，2001（6）：18-22.

在欧洲，行业协会是根据民法成立的完全独立自主的私法民间组织，企业自愿入会。而在欧洲的商会制度中，一类是依私法中的公司法成立的，实行会员自愿入会制，如英国；另一类是依据公法成立的，实行会员强制入会制，企业必须到商会注册，即成为商会的会员，如德国、意大利。

行业协会一般不承担政府职能，作为政府和企业之间的桥梁，向政府提出建议，为会员企业提供信息和咨询服务，为下属企业和员工提供价格合理的优质保险服务，提供培训和进修服务。商会也发挥其政府和企业间的桥梁作用，但商会仍承担政府赋予的一些行政管理事务，举办展览会、博览会等贸易促进活动，开展国际经贸合作，向企业提供信息、出口、就业、境外考察、审计等方面服务。与行业协会不同，一些商会还设立学院，直接培训技术人才，如巴黎工商会拥有法国最高商业和管理学位，约有 30 家学院。

我国的行业协会崛起于明清时期，清代的商人会所实际上就是行业协会，近代意义上的商会则成立于清末。中华人民共和国成立以后，历经演变，我国行业协会或商会带有很浓的政治色彩。我国的商会除工商联所代表的民间商会之外，贸易促进委员会系统的国际商会，某些不从属于工商联系统的进出口商会等行业性商会，都具有较强的政府背景，不存在涵盖所有经济领域的实行强制入会义务的德国意义上的商会。改革开放后，随着商品经济的发展，开始出现了不少政治色彩较弱的地域性商会，尤其是浙江、福建、广东等民营经济发达的地区。与商会类似，行业协会也带有很浓的政治色彩，主要有两种形式：同政府有关的行业办公室相结合的政府型行业协会，由原国有公司演变而来的行业协会。随着市场经济的发展，民间行业协会也开始得到发展。

目前，我国行业协会和商会发展还不成熟，在概念上并未将商会与行业协会严格区分开来。在现有法律体系中，商会与协会是同一层次的范畴，也没有加以区分。

三、中国行业自律组织的作用

经过改革开放后 40 多年的发展，中国已基本形成了覆盖国民经济各个门类的行业协会或商会体系，行业协会的会员覆盖面不断扩大，法制建设得以进一步完善，行业协会服务经济社会发展的作用也日益显现。随着行业协会和商会的逐步规范，出于维护市场秩序的需要，各级行业协会和商会开展行业自律，有效地填补了市场难以调节、政府难以管理到位的行业管理空白。

首先，一部分行业协会或商会协助政府部门开展行业调查、决策咨询和产业政策制定等工作，承担了许多制定、修订行业标准和行业发展规划、行业准入条件的任务。如中国石油和化学工业协会参与制定石油天然气、石油化工行业的行业标准，中国物流与采购联合会参与制定物资管理的行业标准，中国机械工业联合会参与制定机械行业、汽车行业的标准等。此外，一些行业协会还积极研究行业国际发展趋势和国际市场动态，联系相关国际组织，参与制定行业国际规则和标准。

其次，部分行业协会或商会建立了行业争议处理机制，帮助调节会员之间、会员与非会员之间、会员与消费者之间的纠纷，以及不同行业之间的纠纷及国际贸易中产生的摩擦等，维护了行业整体利益。

第三，一部分行业协会或商会在推进企业诚信建设、守法经营上发挥了重要作用。行业协会或商会通过制定行规行约和职业道德准则，规范会员的生产经营行为，以规章推动行业诚信建设。一些行业协会或商会还专门建立了或正在建立企业诚信机制建设，以机制增强企业诚信经营的动力。

第四，部分行业协会或商会建立了行业自律惩戒机制，配合政府有关部门开展行业检查和市场监管，打击制售假冒伪劣产品的行为。一部分行业协会或商会建立了自律保证金制度，以增加会员不自律的市场成本。如天津市保险协会明确规定入会会员必须缴纳一定数量的自律保证金，并采取市场暗访的方式调查会员的自律执行情况，发现违约行为的直接扣除自律保证金，在一定程度上有效控制了保险市场的秩序。还有部分行业协会或商会建立了自律小组或专门的自律委员会，帮助行业进行自律，通过常设机构保证自律监管的持续性。①

四、中国行业自律组织的改革

经过改革开放后 40 多年的探索和实践，中国通过行业协会或商会促进行业自律取得了一定的成效。但是，由于种种原因，仍存在着许多不足。

第一，准入不足。根据《社会团体登记管理条例》的要求，成立社会团体必须具备有 50 个以上的个人会员或者 30 个以上的单位会员，全国性的社会团体有 10 万元以上活动资金，地方性的社会团体和跨行政区域的社会团体有 3 万元以上活动资金；必须有业务主管单位；在同一行政区域内业务范围相同或者相似的社会团体只能有一个。这些限制性规定，严重阻碍了民间社团的发展。《社会团体登记管理条例》赋予了业务主管部门几乎无上的权力，形成一张无形大网，让民间组织几乎没有自由的空间。要成立一个纯民间的、与政府毫无瓜葛的行业协会或商会，十分困难。在一个区域内，不能重复交叉的限制，排除了行业协会或商会之间的竞争。

第二，授权不足。对行业协会或商会的授权不足，尤其是强制性权力的不足是导致中国行业协会或商会公信力不足的主要原因之一。行业协会或商会的权力来源之一是会员对自身自治权的让渡，如接受协会检查、遵守行业规范、可能的业内惩戒等。出于对约束自身自由的恐惧，会员让权意愿不足。法律授权能使行业协会或商会对行业内企业的违规、违法行为的处罚有法可依。但是，目前我国的行业协会商会法尚未出台，行业协会或商会并不具有法律授予的权力。无法可依是行业协会或商会工作难以开展的重要原因。行业协会或商会的权力，尤其是那些能直接有效地影响会员改变行动和决策的权力，主要依靠政府的委托。目前，大部分公共管理职能和权力还都掌握在各政府手中，对于行业协会或商

① 郭薇. 政府监管与行业自律. 北京：中国社会科学出版社，2011.

会的自律管理职能所应该对应的权力，政府也没有明确放权。

第三，服务不足。许多行业协会或商会服务水平与服务质量不高，甚至成为“空壳”，收了钱不服务，或者想服务但组织不起来。影响服务水平与服务质量的主要因素，一是内部治理结构不完善。据调查，97%的行业协会或商会的主要负责人由大企业代表、龙头企业代表、政府部门、控股公司代表担任和兼任。二是资金支持不足。由于资金缺乏，在行业协会或商会中，专职工作人员仅 1 至 5 人的占 52.20%，有 6 至 10 人的占 38.97%，有 11 至 15 人的占 5.15%，有 15 人以上的占 3.68%，在专职工作人员中，离退休干部和内部借调人员超过 80%，这造成行业协会或商会职能不健全，服务缺乏。

第四，代表性不足。会员覆盖率不足，多数行业协会或商会的会员数仅能占到行业成员总数的三分之一，甚至更少；不少行业协会或商会被大企业过度控制，影响了行业决策、行业纠纷调解、行业利益分配的公正性，对中小企业吸引力不足；多数行业协会或商会的行政色彩浓厚，表现在行业协会或商会领导的行政性、组织隶属的行政性，不少是原撤销的政府部门直接转制而形成的。据调查，在行业协会或商会中，负责人由上级部门委托或由上级人员兼职的占 58.96%，重要会议或重要活动邀请上级部门代表参加的占 94.78%，负责人参加上级部门有关会议的占 85.07%；定期向上级部门汇报工作、接受相关检查或评比、重大举措经上级部门批准的占 70.90%。

为推动我国行业协会或商会的发展，必须加快改革，形成有利于行业协会或商会发展的环境。

第一，加快立法，提高行业协会或商会法制化管理水平。将非营利组织写入民法，从法律上给予明确的定位是保证包括行业协会或商会在内的民间组织健康发展的前提。建立行业协会或商会单行法，取消行业协会或商会成立、变更等事项的业务主管部门初审，对行业协会或商会的监督由各相关部门依照法规执行。

第二，切实转变政府职能，明确行业协会或商会职能定位。在行业协会或商会的管理中必须明确规定：行业协会或商会是会员企业的协会，而不是政府的下属单位，其主要功能代表和维护会员的利益，主要的职责是为会员提供服务；行业协会或商会是一种非营利性的中介组织，沟通连接政府和会员之间联系是实现其宗旨的途径。通过相关的法律和制度保证行业协会或商会的运行不偏离正确的轨道。

第三，加快民间化进程，保证行业协会或商会的独立性。改变双重管理和挂靠体制，切断行业协会或商会对政府的依附关系；调整行业协会或商会准入制度，禁止政府机关发起成立社团，禁止党政干部兼职，促进民间性的行业协会或商会发展；降低行业协会或商会的门槛，放宽政策，采取登记制与备案制双行的办法。从行业协会或商会内部管理机制上逐渐建立民主办会机制，实行“政社分离”。行业协会或商会重大决策的民主参与程度、自主办会能力，才是其民间化程度的根本标尺。

第四，加强监督管理，规范行业协会或商会发展。理顺政府对行业协会或商会的管理体制，明确监督管理职责，建立有效的监督机制，克服重登记轻管理的现象。加强政府对社会团体的管理队伍建设，加强管理手段和管理能力建设，强化监督执法职能。尤其要监管行业协会或商会可能出现的价格联盟、市场分割、集体抵制、差别对待及对会员的不当限制等不当竞争行为，以及利己主义（乱收费、摊派等）行为。

第五，加强行业协会或商会自身建设，强化自律机制。加强行业协会或商会公信力建设，不仅要成为成员企业利益表达的渠道，更要树立在行业内的威望。健全行业协会或商会的民主制度建设，提高自身的行业代表性，完善行业规章制度，提高服务质量。完善行业协会或商会自律机制，建立专门的自律机构，建立自上向下的例行审查渠道和自下向上的检举渠道相结合的企业违规审查渠道。建立企业信用评价、自律担保、失信披露、强制培训、开除会籍等违规惩戒机制。

思考题

1. 什么是行业自律？具有哪些特征？
2. 行业自律与政府监管是什么关系？
3. 什么是行业自律组织？有哪些特征？
4. 行业自律组织有哪几种类型？
5. 如何深化行业协会或商会的改革？

思考题参考答案

※ 本章案例 ※

日本电子信息技术产业协会

日本电子信息技术产业协会（JEITA）是日本IT和电子行业最大、最有影响力的社会团体法人单位，具有举足轻重的地位。目前，共有团体会员344家，赞助会员42家。该协会最早可追溯到1948年成立的“无线通信机械制造商协会”、1958年成立的“日本电子工业发展协会（JEIDA）”，1958年“无线通信机械制造商协会”更名为“日本电子机械制造商协会（EIAJ）”，2000年EIAJ和JEIDA合并组成“日本电子和信息技术产业协会（JEITA）”。

根据章程，JEITA的职责有：开展与电子信息技术产业有关的政策建议，提出税制修改，促进环境保护，强化知识产权保护措施，为技术开发提供支持，推进调查统计事业。具体包括下列业务：① 提供有关技术和企业管理的研究和信息；② 开展和发布行业有关生产、分配、贸易和消费的统计调查和信息；③ 促进贸易发展与国际合作；④ 研究和促进有关环境、安全和质量问题的措施；⑤ 促进法律法规的普及；⑥ 制定行业标准与推进行业标准化；⑦ 促进知识产权保护的措施；⑧ 举办行业展览；⑨ 其他相关服务。

JEITA 是日本电工电子设备制造行业中，研究制定电子设备、电子元器件、电子材料、半导体材料技术标准的主要机构。例如，锂离子（Li-ion）电池如果充电不当就会有危险，散热失控会引起高温、起火和爆炸。锂离子电池的问题主要出现在高充电电压和高电池温度下，过高的满电电压可能导致电池鼓包，过高或过低温度下以大电流充电会加剧电池损耗。现在，锂离子电池安全使用的背后功臣是 JEITA。JEITA 颁布了锂离子电池安全规范，强调了在某些低温和高温范围内避免高充电电流和高充电电压的重要性。时至今日，锂离子电池充电领域大多遵循了 JEITA 标准，JEITA 成为充电规范的一个代名词。

多年以来，JEITA 全力开展向政府部门建言献策、为技术开发提供支持、推动新产品普及、行业中长期技术路线预测和展望、建设 5.0 社会等活动。例如，随着 5G 的商业化应用，数字经济的价值来源已经转移到数据中，但在每个国家的数字贸易领域都倾向于保护主义。致力于“确保公平竞争条件”和“促进研发投资”的目标，JEITA 对各国政府和国际组织提出建议，推进税收改革和管制放松，以促进所有行业的数字化投资、数字转换（DX）和创建新型数字服务市场，利用新的数字技术为所有数据源增加价值。

JEITA 在日本政府和 IT、电子企业之间发挥沟通和桥梁的作用，形成“政府管理行业协会，行业协会服务企业”的格局，把政府的政策指导与行业企业的自主经营结合起来，既避免了对微观企业的直接干预，又有序地引导行业健康发展。

（根据“日本电子信息技术产业协会”官网资料整理）

问题：

1. 日本电子信息技术产业协会有哪些为企业服务的职能？
2. 日本电子信息技术产业协会如何发挥政府与企业之间的桥梁作用？

第五篇

产业发展

第十四章　产业发展理论

产业发展与经济发展相类似，是一个从低级向高级不断演进、具有内在逻辑、不以人们意志为转移的客观历史过程。研究并揭示这一客观历史过程的规律性，无疑是产业经济学一项十分重要的内容或任务。本章首先探讨有关产业发展的含义，在此基础上，分别从单个产业发展和总体产业发展两个不同的角度出发，论述产业发展的生命周期理论和产业发展的模式理论；然后，从研究产业发展动力的角度着手，揭示经济增长与产业发展之间的关系；最后，探讨并论述产业的主要发展形式以及可持续发展问题。

第一节　产业发展概述

一、产业发展的含义

经济增长和经济发展这两个术语虽然在某些时候可以互相换用，但它们之间有着根本的区别。“经济增长”说的是一个国家的人均收入和产出的增长。如果一个国家的商品和服务增加了，不管在什么意义上，都可以把这一增加看成为“经济增长”。而“经济发展”的含义则要更加广泛，除了人均收入的提高外，它还包含有经济结构的根本变化。其中两个最重要的结构性变化是，在国民生产总值中农业的比重不断下降而工业的比重不断上升，以及居民在城市人口中的百分比不断上升。另外，随着经济的发展，消费结构也会发生变化，人们不再将全部收入花在购买必需品上，而是逐步转向购买耐用消费品，最终转向休闲产品和服务的消费。经济发展的关键因素是，人民必须是这一过程的主要参与者，这样才能带来结构的诸多变化。当然，外国人能够并且必然地会介入进来，但他们绝不能包办代替。人民参与发展过程，意味着应享受发展带来的利益，并且参与这些利益的生产过程。如果增长在国内外只是极少数富人受益，那就不是经济发展。由此可见，“经济增长”的内涵较狭窄，是一个偏重于经济数量变化的概念，而“经济发展”的内涵则较广泛，是一个既包含经济数量变化，又包含经济质量变化的概念。

经济增长与经济发展这两个概念之间虽然有着根本的区别，然而它们之间也有着很强的联系。一般而言，经济增长是手段，经济发展是目的。经济增长是经济发展的基础，经济发展是经济增长的结果。没有经济增长是不可能有经济发展的，正如赫立克和金德尔伯格所说："很难想象没有增长的发展。功能的变化总是自然而然地包含规模的变化。一国的经济除非能够生产超过它生存所需要的东西，否则作为发展标志的产出构成的变化是不可能出现的。总之，虽然我们可以描述有增长而无发展的现象，我们却认为发展过程几乎必然依赖于某种程度的同时发生的经济增长。"① 但是，经济增长不一定必然带来经济发展。例如，韩国自1960年以来发生的变化，与利比亚因石油勘探而产生的变化相比较，有着根本的不同。两个国家都发生了人均收入的大幅度提高，但与韩国不同的是，利比亚的人均收入的提高主要是靠外国技术组成的外国公司，生产的单一产品——石油，主要供美国和西欧消费。尽管利比亚政府和人民从石油中获得了一大笔收入，但他们本身与这些收入的生产几乎无关，从而出现了有增长而无发展的现象。②

产业发展是指产业的产生、成长和进化过程，既包括单个产业的进化过程，又包括产业总体，即整个国民经济的进化过程。这里所说的"进化过程"，其核心就是一个结构变化的过程。通俗地说是生产力水平和生产关系质量的有机提升。因此，我们说"产业发展"的概念类似于"经济发展"。当然，后者的内涵要比前者宽泛得多。两者的关系是，经济发展包含了产业发展，同时经济发展又是以产业发展为前提和基础的。

二、产业发展的生命周期理论

（一）产业生命周期

对于单个产业的产生、成长和进化过程，我们可以用产业发展的生命周期理论来描述。和其他任何事物一样，每一个产业都有一个产生、发展和衰退的过程，即具有自己的生命周期。对某单个产业而言，从本质上看它无非是一些具有某种相同生产技术或产品特性的企业的集合。因此，可以说该产业存在的基础是这些企业及其产品。而企业，尤其是产品，是有生命周期的，一般可划分为四个阶段，即投入期、成长期、成熟期和衰退期。在产品的整个生命周期中，其销售额和利润额的变化表现为倒U形曲线，如图14-1所示。

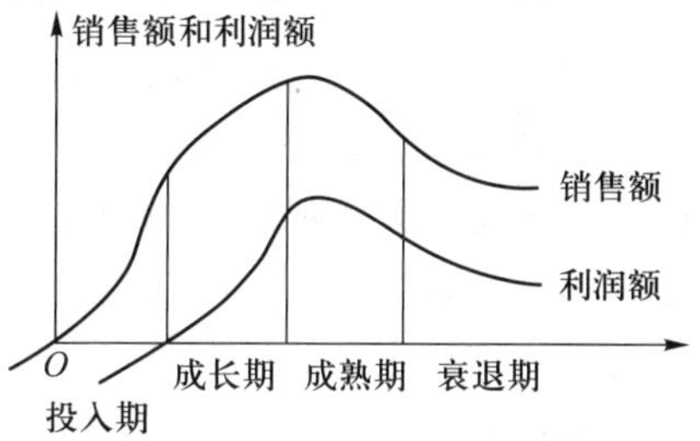

图14-1　产品生命周期中的销售额和利润额变化

既然某一产业是以其具有代表性的产品为基础的，所以我们可以借用产品生命周期的阶段划分方法，同样把一个产业的生命周期也划分为四个阶段，即投入期、成长期、成熟期与衰退期。但是，由于一个产业的产出往往由多种相似的产品所组成，很难用某一产品的生命周期来代表整个产业的生命周期，这就造成了两者之间的差异，主要表现在以下三

① 赫立克，金德尔伯格．经济发展．上海：上海译文出版社，1986.

② 吉利斯，等．发展经济学．4版．中文版．北京：中国人民大学出版社，1998.

个方面：

（1）产业生命周期曲线的形状更为平缓和漫长。这是因为一个产业往往集中了众多相似的产品。因此，从某种意义上说，其生命周期是所有这些众多相似产品各自生命周期的叠加，故反映其生命周期变化的曲线比单个产品的生命周期曲线会显得更加平缓而长度更长，见图 14-2。

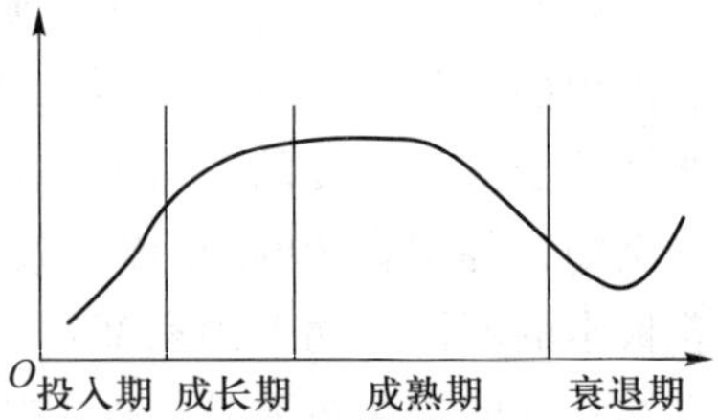

图 14-2　产业生命周期的四个阶段

（2）产业的生命周期具有明显的“衰而不亡”的特征。一个产业进入衰退期，意味着该产业在整个产业系统中的比重将不断下降。但世界各国产业结构演进的历史都表明，进入衰退期的产业占整个产业的比重不会下降为零，而是表现出“衰而不亡”的特征。其主要原因是，随着新兴产业的不断形成和发展，原有产业的比重必然会下降，但对该产业产品的市场需求不会完全消失。因此，大多数产业都表现为“衰而不亡”，真正“死亡”或“消失”的产业并不多见。

（3）产业生命周期曲线往往会产生突变，“起死回生”，进入下一个发展周期。有些产业虽已进入了衰退期，但由于技术进步或市场需求变化等原因，往往会重新焕发“青春”，再次显示出成长期甚至成熟期的一些特征，见图 14-2。因此，有的经济学家认为，只有“夕阳技术”，没有“夕阳产业”。技术变化的快慢和更迭影响了产业生命周期变化的快慢以及长短，例如农业、纺织等传统产业在人类发展历史中占据了大部分时间，变化缓慢；而工业革命发生以后，制造业、信息技术等产业则快速地发展壮大。

划分产业生命周期的不同阶段，主要是按照该产业在全部产业中所占比重的大小及其增长速度的变化而进行的。在产业的形成阶段，由于不同产业代表产品的市场需求状况的不同或其他原因，有的产业在形成期发展得较快（斜率变化大，曲线上升很快），有的却发展得十分缓慢（斜率变化不大，曲线上升平缓）。因此，该阶段的产业生命周期曲线对不同的产业而言会呈现出不同的形状。但总的来说，这时期该产业在整个产业中所占的比重还很小。当某产业的产出在整个产业系统中的比重迅速增加，并且该产业在促使产业结构变动中的作用也日益扩大时，就可认为该产业已渡过了形成期而进入到成长期阶段。处于成长期阶段的产业的一个主要特征是该产业的发展速度大大超过了整个产业系统的平均发展速度，并且其技术进步迅猛而且日趋成熟，市场需求容量也迅速扩张。在生命周期曲线上表现为斜率较大，上升较快。当某产业经过成长期的迅速增长阶段，由于一方面其产出的市场容量已渐趋饱和与稳定，另一方面，该产业对产业结构变动所起的作用也基本上得到了发挥，那么，它发展的速度必将会放慢。这就标志着该产业从成长期步入了成熟期，这时的生命周期曲线表现为斜率很小，变化平缓。这时期，与其他阶段相比较该产业在整个产业中所占的比重最大。当技术进步向市场上推出了在经济上可替代此产业的新产业时，该产业占整个产业的比重就会下降，发展速度开始变为负数，表明该产业已进入衰退期。这时的生命周期曲线具有不断下降的趋势，并且其斜率一般也为负数。

（二）主导产业、支柱产业及“夕阳”产业

下面，我们从产业发展的生命周期理论的角度出发，来探讨一下什么是主导产业（或新兴产业）、支柱产业及“夕阳”产业（或衰退产业）。

1. 主导产业（或新兴产业）

从产业发展生命周期的角度，我们可以把主导产业（或新兴产业）看作是正处于成长期阶段的产业。其特点是发展速度很快，增长率很高，并对整个产业结构的变动起关键的作用。主导产业（或新兴产业）之所以能够打破原来相对平衡的产业结构，是因为它创造并满足了新的社会需求。一般来说，主导产业（或新兴产业）往往代表着市场上产生的新需求，代表着产业结构转换的新方向，以及代表着现代科学技术产业化的新水平。因此，主导产业（或新兴产业）对整个产业结构系统的运行和发展起着重要的导向作用，因而又可称为“先导产业”。例如第二次世界大战后高科技产业逐渐成为美国的主导产业。

2. 支柱产业

从产业发展生命周期的角度，我们也可以把支柱产业看作是正处于成熟期阶段的产业。因为一个产业只有到了成熟期，社会对它的需求或其市场占有份额才有可能达到最大，才能有较为长期和稳定的产出与收入。但是，这并不意味着所有处于成熟期的产业都是支柱产业。处于成熟期的产业能否成为支柱产业还应看它是否具备以下特点，即其产出或收入在整个产业系统中所占的比重比较大，对其他产业发展的影响也比较大，而且维系着整个国民经济的增长。当然，支柱产业的地位也不是一成不变的。随着产业结构的演进，有的主导产业（或新兴产业）逐渐进入了成熟期，成为新的支柱产业，而原来的支柱产业则会渐渐步入衰退期而失去其“支柱”的地位。例如，从世界产业结构演进的历史看，在不少国家，纺织工业、钢铁工业都曾充当过支柱产业的角色。但随着这些国家经济的发展，它们也都先后从支柱产业的地位上退了下来。

3. “夕阳”产业

同样，从产业发展生命周期的角度看，我们可以把处于衰退期的产业称为“夕阳”产业（或衰退产业）。其特点是市场需求逐渐萎缩，发展速度开始变为负数，并在整个产业结构中的地位和作用持续下降。发达国家对“夕阳”产业一般采取两种措施：一是进行产业转移，将其转移到广大发展中国家去，通过开辟新市场使其重新焕发生机。东南亚国家劳动力成本仍然较低且市场规模较大，纺织行业仍然有利可图；一些发展中国家承接了技术含量较低的制造业，例如白色家电、产品生产组装等；二是对其进行高新技术改造，通过提升其技术含量来创造新的需求，使其“焕发青春”，再次走向发展。如德国工业4.0战略，通过信息化（物联网、人工智能、机器人、3D打印等技术）改造大幅提升制造业生产效率。

三、产业发展的模式

对于产业总体，即整个国民经济的进化过程，我们可以用产业或经济发展模式理论来描述。限于本书内容和篇幅的要求，这里我们只介绍三种比较典型的经济发展模式理论。

（一）二元经济发展模式论

刘易斯在其1954年发表的论文《劳动无限供给下的经济发展》中，提出了二元经济发展模式。刘易斯认为，发展中国家普遍存在着以现代工业部门为代表的弱小的资本主义部门和以传统农业部门为代表的强大的非资本主义部门，即发展中国家的经济是二元经济。基于这一特点，发展中国家应通过扩张工业部门来吸收农业中的过剩劳动力，从而促进工业的增长与发展，以便消除工农之间以及工农业内部的各种结构失衡问题。他认为，在发展中国家，传统的农业部门大量使用的是土地等非再生资源。根据边际生产力递减原理，当人口迅速增长到一定程度后，农业劳动力的边际生产力必然很低，其中，有一部分劳动力的边际生产力甚至可以到零。因此，农业劳动者的收入水平很低，通常只能维持自身和家庭的低生活水平。正是这种生存收入决定了现代工业部门的工资限额。工业的工资水平不能低于或等于这个限额，否则工业部门就不可能吸收农业中的剩余劳动力；工业的工资水平只能高于这个限额但不能高得太多，否则，流入城市的劳动力就会超过工业的就业创造能力而迫使工资水平下降。刘易斯经分析得出的结论是，工业的工资水平比农业大约高30%。

由于工业与农业的工资水平存在差异，吸引着农业劳动力流入城市。现代工业部门大量使用的是厂房、机器设备等可再生资源，其规模可随生产的发展和资本的积累而不断扩大，而且扩大的幅度可以大于人口增长的幅度。由于发展中国家一般都是农业国，农村中存在大量的剩余劳动力，因此，只要工业部门扩大生产规模，就可用现行的工资水平雇佣到任何所需的劳动力数量。正因为如此，刘易斯认为，在发展中国家，现代工业部门在现行的固定工资水平上可以得到所需要的任何劳动力的数量，即现代工业部门存在劳动力无限供给的状况。在劳动力供给是无限的，而资本是稀缺的情况下，如何实现劳动力从农业部门向工业部门的转移呢？刘易斯认为，实现劳动力转移的关键是利用利润进行投资。由于工人工资低，仅够糊口，没有什么储蓄，因此，投资只能依靠资本家的利润。虽然资本家获取的利润也要用于消费，但为分析简便，刘易斯假定资本家的利润全部转化为储蓄，以作为再投资之用，因而就可以不断吸收农业中的剩余劳动力。这个过程不断反复，直至工业部门将农业剩余劳动力吸收完毕。这时，农业劳动力的边际生产力提高，劳动者的收入也相应增加。工业部门要想再获取劳动力，就必须提高工资水平。这样，整个经济就摆脱了低水平均衡的陷阱，从而走向良性循环的经济增长道路。

刘易斯将经济发展过程分为两个阶段：第一阶段，开始由于工业资本不多，无力吸收全部剩余劳动力，劳动力的供给大于需求，因此无论对劳动力的需求如何扩大，总能在不变的低工资水平上源源不断地得到劳动力供给。这样，工业总产值中利润部分的增长速度将大大超过工资部分的增长速度，于是出现一个资本加速积累和迅速吸收农业剩余劳动力的增长时期，直至剩余劳动力被吸纳完毕。此后，经济发展进入第二阶段。在第二阶段，由于劳动力也像其他生产要素一样是稀缺的，而不再是无限供给的，因此工资水平也不再是固定不变的了。经济发展的成果、利益等开始在两个部门之间以及资本家和工人之间进行分配。

从以上的介绍中可以看出，刘易斯模式存在两大缺陷，一是不重视农业在促进工业增长方面的重要性，这会造成农业的停滞；二是忽视了因农业生产率的提高而出现剩余产品，应是农业中的劳动力向工业流动的先决条件，否则工业中吸收的来自农业的劳动力就没有口粮和其他农产品的供应。正因为刘易斯模式存在着这样的缺陷，因此，费景汉和拉尼斯两人后来对其进行了修正，建立了新的二元经济发展模式，即“刘易斯—费景汉—拉尼斯模式”。他们在刘易斯模式的基础上，把二元结构的演变分为三个阶段：第一个阶段与刘易斯模式基本相同，农业部门存在着隐性失业，劳动边际生产力为零或接近于零，劳动力供给弹性无限大；第二、第三阶段，农业部门也逐渐出现了剩余产品，可以满足非农业生产部门的消费，从而有助于劳动力由农业向工业的转移。因此，农业促进工业发展的作用，不仅是消极地输送劳动力，而且还积极地为工业部门的扩大提供必不可少的农产品。

二元经济发展模式既简单明了，又与西方国家经济发展的历史经验大体一致，而且也基本反映了发展中国家经济发展过程中工农、城乡对立运动和人口流动与城市化的一些客观规律。但是，刘易斯等人的二元经济模式由于是建立在古典经济学劳动无限供给假设基础上的，并以发达国家的历史经验为依据，因而存在诸多不足。第一，如劳动的无限供给与实际不符，因为无限的劳动供给就意味着在农村存在大量边际生产力为零或接近于零的剩余劳动力的同时城市不存在失业，然而实际情况很少这样。在不少发展中国家，城市中存在大量的失业，发展伊始恐怕先要解决城市失业问题。与此同时，在不少发展中国家，城市的工资水平并未因劳动力供过于求而降低，相反却有所增加。城乡实际收入的差距一般在 2~3 倍，与刘易斯的估计出入很大，这主要是模式中把不变的工资水平作为分析的基础所致。第二，再如，模式中忽略了工业的技术进步，实际上，随着现代工业部门的扩张，资本家更注重采用先进技术，结果是工业吸收劳动力并未等比例增加，就业机会增加得也较少。第三，此外，这一模式只关注现代工业部门的供给方面，而忽视了工业部门产品的需求究竟缘何而生、由何而来的问题。在菲律宾、印度尼西亚等发展中国家，从农村向城市流动的人口并没有像理论预期的那样被现代工业部门所吸收，而是作为城市贫困阶层沉淀下来。发生这种情况的最大原因，在于没有成功地创造出容纳现代工业部门产品增长所需要的市场。与此形成鲜明对照的是，日本 1955—1970 年的高速发展主要是由人口城市化所带来的内需扩大来支撑的。在亚洲新兴工业化国家和地区中，工业部门的发展也都是以出口需求为主导，以需求的存在和扩大为前提的。

（二）经济发展阶段论

1960 年，罗斯托出版了《经济增长的阶段》一书。他吸收了德国历史学派的经济发展阶段划分法、熊彼特的“创新”学说、凯恩斯的宏观经济分析、哈罗德—多马模型等理论和方法，从世界经济发展史的角度，把人类社会发展划分为五个阶段：传统社会阶段、为起飞创造前提阶段、起飞阶段、向成熟推进阶段、大规模高消费阶段，1971 年又补充了第六个阶段即追求生活质量阶段。在这六个阶段中，第三、第六阶段是社会发展的两次“突变”，也是最有意义的阶段。

罗斯托认为，起飞是一个社会的历史中具有决定意义的时期，是近代社会生活中的大分水岭。所谓“起飞阶段”，是指一种产业革命，它直接关系到生产方法的剧烈变革。从经济角度讲，起飞意味着工业化的开始或经济发展的开端，是一国经济从停滞落后向增长发达过渡的重要转折点。判断经济是否起飞的主要标志，是技术的“创新”和应用程度；而起飞阶段的重要特征，是一国开始实行工业化发展战略，走上了工业化的道路。然而，必须强调的是，一国经济要实现起飞，必须具备三个互相关联的条件：第一，要有较高的资本积累率。经济起飞需要大量的资本投资，因此必须大规模地增加储蓄，提高资本积累率和生产性投资率，使其在国民收入中的比重占到10%以上，从而为经济增长创造必要的物质基础。由此可见，资本积累是经济起飞和增长的必要条件。第二，要建立起能带动整个经济增长的主导部门。在起飞阶段，需要发展的产业很多，但资金十分有限，要实现起飞，就应当采用“部门不平衡发展”战略，将有限的资金用于发展具有联系效应的主要产业，建立起“主导产业部门”，通过主导部门的发展带动整个经济增长。第三，要进行制度的、社会的、政治的变革。经济起飞要有与之相适应的经济制度（体制）、社会结构、政治法律制度以及意识形态等的配合，因而必须进行这方面的改革，使之能适应经济起飞的要求并促进起飞的顺利实现。

他还认为，经济增长几个阶段出现依次更替的原因，主要是“主导部门”的不断更替和“人类欲望”的不断更替，前者是客观原因，后者是主观原因。因为“主导部门”是经济增长中起主要作用的先导部门，它采用了新技术，本身有很高的增长率，并且能对其他产业部门产生重大影响，因而它的优先发展能够带动其他各产业部门的发展，进而促进整个经济的增长。形成主导部门的条件是，这个部门必须在国民经济中占有举足轻重的地位，必须拥有雄厚的资金，必须有技术创新和迅速应用新技术的能力，必须能够通过自身的发展对其他产业部门起到带动作用。主导部门的带动作用不仅表现在自身能够高速增长，而且能够把这种增长扩散到其他产业部门去，对其他产业部门产生决定性影响。这种影响主要有三个方面：

（1）规模经济影响，即主导部门的建立可以形成规模经济。在内部，可以降低生产和销售成本；在外部，可以把新开发的地区和新的产品纳入商业市场，扩大市场的范围，从而形成对主导部门产品的有效需求。如铁路业作为主导部门，在其大规模发展时既降低了运输成本，又将广大的铁路沿线地区纳入了商业市场。

（2）产生新产业和扩大出口部门的影响。主导部门的建立为新的产业和部门的建立创造了先决条件，有利于新产业和部门的发展；同时，主导部门的发展可以扩大出口，换取外汇，从而为国内经济发展提供必要的国外资源。

（3）带动影响。主导部门的发展可以带动“现代基础工业部门”的发展，从而为国民经济的全面发展奠定基础。如铁路业的发展带动了采掘、钢铁、动力、机械工业等现代工业的发展，而这些部门、产业的共同发展又促进了整个经济的发展。

最后，罗斯托认为，主导部门不是一成不变的，而是根据不同的发展阶段和条件不断演变的。在发达国家历史上，起飞前阶段的主导部门是食品、饮料、烟草、水泥等部门，在起飞阶段是纺织工业，在经济持续增长阶段是重工业和制造业，在大规模高消费阶段是汽车工业，在追求生活质量阶段是服务业和城建等部门。正是主导部门的这种不断更替，推动了经济增长和发展阶段的变迁。促使主导部门不断更替的原因，除了人的欲望不断变化外，主要是技术的不断创新和新技术的不断采用，因此，技术进步是经济增长的重要源泉。

（三）平衡增长与不平衡增长理论

1. 平衡增长理论

平衡增长理论形成于20世纪40年代，其核心是主张发展中国家为了摆脱贫困，应在各个工业部门或国民经济各部门全面地、大规模地投资，使各部门按同一比率或不同比率全面增长，以此来实现工业化，推进国民经济的发展。该理论有以下三种观点（或流派）：

（1）极端的平衡增长理论。这一流派的主要代表人物是罗森斯坦和罗丹。他们认为，发展中国家长期以来工业落后，基础设施不全，劳动生产率低，资本形成不足，加上资本供给、储蓄和市场需求的“不可分性”，小规模的、个别部门的投资无法解决根本性的问题。因而，必须采取“大推进”战略，在各工业部门同时并按同一投资率进行大量投资。由于供给会创造需求，各个部门就能产生相互依赖的市场，从而导致整个工业部门的全面增长。否则，就会出现有些工业部门发展过快、产品过剩、销路不畅，而另外一些部门可能发展过慢、出现产品短缺的问题。

（2）“温和的”平衡增长理论。这一流派的代表人物是纳克斯。他认为，发展中国家因为穷、收入低，导致储蓄少、需求小、投资引诱不足，从而又导致生产率低、收入低……如此反复，形成了贫困的恶性循环。只有进行全面的大规模投资，使国民经济各部门同时扩大和全面增长，才能摆脱这一困境。但因各部门产品的需求价格弹性和收入弹性大小不同所产生的各部门的发展能力和潜力的差异，各部门的投资比率应有所不同。弹性大的部门，表明发展不足，有潜力，应多投资；弹性小的部门，表明发展已过快，应少投资。

（3）完善的平衡增长理论。这是一种综合了前两种理论特点的理论，其代表人物是斯特里顿。该理论在强调扩大投资和国民经济各部门全面增长的同时，也主张依据各产业的产品需求收入弹性来确定不同的投资率和增长比例，以个别部门的优先增长来克服经济发展中的梗阻问题，最终达到各部门的平衡增长。这种理论是把不平衡增长作为手段，把平衡增长作为目标的一种动态平衡增长理论。

2. 不平衡增长理论

不平衡增长理论是赫希曼在1958年提出的。1958年，赫希曼出版了《经济发展战略》一书，着重从现有资源稀缺和企业家缺乏等方面，批评平衡增长理论者只顾强调大规模投资和企业增长，而忽略了有的建设项目可能迟迟建不成，而有的项目建成后生产又可能无效率的情况，指出了平衡增长的不可行性，并相应提出了“不平衡增长”理论。他认为，发展中国家应集中有限的资本与资源，重点发展一部分产业，并以此逐步扩大其他产业的投资，带动其他产业的发展。不平衡增长理论的核心内容包括三大部分，即“引致投资最大化”原理、“联系效应”理论和优先发展“进口替代工业”原则。

（1）“引致投资最大化”原理。赫希曼将投资分为“社会分摊资本”和“直接生产性活动”两大类。前者是指用于诸如交通、通信、能源、教育等方面的基础设施投资。其特点是“不可分性”和高资本—产量比率，即所需的投资大，建设周期长，收效慢，效率低但受益面广。后者是指直接投资到工业、农业等产业部门，能直接增加产出和收益的投资行为。其特点是投资集中，建设周期短，投资收效快而且收益好。赫希曼认为，虽然从经济增长的角度看，两种投资均必不可少，但因发展中国家资源有限，不允许两者平衡发展，应对其发展的先后作出抉择。由于“直接的生产性活动”能刺激进一步投资，产生最有效的投资效益，即能使“引致投资”最大化，因而应集中投资于直接生产性部门，待这些部门发展且收入增加后，再利用其中一部分收入投资于基础设施部门，以带动其增长。同时，并不是所有的直接生产性部门都同等优先发展，而应在其中优选那些能产生最大引致投资的部门。

(2)“联系效应”理论。联系效应是指国民经济中各产业之间存在的相互联系、相互影响和相互依存的关系。它可以分为前向联系与后向联系两种形式。赫希曼认为，联系效应可用产业的需求价格弹性与收入弹性来测量。某产业产品的价格与收入弹性大，表明该产业联系效应大，反之则小。他还认为，凡存在联系效应的产业，无论属哪种效应，均可通过该产业的扩张所产生的引诱投资来促进前向、后向联系产业的发展，其他产业的发展反过来又推动该产业进一步扩张，从而带动整个产业的发展。所以，在选择优先投资项目时，应选有联系效应的产业，进而又应选联系效应大的产业。

(3) 优先发展“进口替代工业”原则。据赫希曼的观察与研究，发展中国家产业之间的联系效应一般都很弱，只有制造业，尤其是加工工业相对说来有较大联系效应。因此，发展中国家应集中投资优先发展工业，尤其是加工工业，而进口替代又是其中发展的重点，因为进口替代工业具有较强的前、后向联系效应。发展中国家由于工业投资稀缺、资本不足，通过发展进口替代工业并发展到一定程度后，逐步由生产工业消费品为主转向生产资本品为主，进而完全取代工业投入的进口，建立起民族工业体系，最终实现工业化。

平衡增长理论与不平衡增长理论都具有各自的合理性，但同时也都有片面性。两种理论适用于不同的环境与不同的时期。一般说来，在资源稀缺和经济发展的初始阶段，不平衡增长理论更符合发展中国家的实际情况。在这一时期，先用不平衡增长理论作指导，取得经济增长和工业化的初步成果，积累资本，开拓市场。待到经济增长达到一定水平时，基础工业与加工工业、农业和工业等矛盾就会加剧，甚至成为制约经济进一步发展的因素，这时就要用平衡增长理论作指导，调整投资战略，完善经济结构，协调经济矛盾，使国民经济能够长期、稳定、协调地增长，实现社会经济全面发展。

第二节 经济增长理论

一、经济增长的含义

正如上节中所分析的那样，经济增长与经济发展有着各自不同的特定含义。经济增长通常是指一个国家或地区在一定时期内产品和劳务产出的增加，既可以用国民生产总值的增加来表示，也可以用人均国民生产总值的增加来表示。前者用来说明一国或地区总的生产能力的扩大，后者用来说明一国或地区扣除人口增长因素后生产水平的提高。因此，可以说，“经济增长特指更多的产出……增长意味着以更多的投入或更高的效率去获得更多的产出”①。其实质是一种描述投入增长与产出增长之间关系的生产函数。在微观层次上，生产函数讲的是一家企业如果资本或劳动等投入要素增加一定数量，其产量将增加多少。在一个国家或整个经济层次上，生产函数是指一个国家综合技术水平、劳动力数量、资本存量和该国国民生产总值水平之间的关系。这些总体经济的关系，称为总量生产函数。因此，我们可以用总量生产函数来解释或说明一个国家或地区在资本存量、劳动力等投入增长一定数量的情况下，其国民生产产出的增长情况。

经济增长理论，又称为增长经济学，主要研究推动一国经济增长的因素是什么，以及它们是如何推动经济增长的。它从分析总量生产函数入手，通过研究一个国家资本存量、劳动力数量等投入增量与国民生产总值增长之间的关系，来解释一国经济增长的原因。早在 17 世纪，经济增长问题就已受到人们的重视，并逐步得到较为系统的研究和论述。但是，把经济增长作为一个中心问题进行理论分析研究，则始于 20 世纪 30 年代。1929—1933 年，资本主义国家爆发了世界性的经济危机。为了消除经济危机后的长期萧条和严重失业，英国经济学家凯恩斯于 1936 年出版了《就业、利息与货币通论》一书，提出了一个“反危机”的经济增长理论与政策体系，并创立了宏观经济分析方法（一种短期静态分析方法）。1936 年后，资本主义经济陷入了长期萧条。在这种情况下，汉森提出了经济增长“长期停滞”论，认为资本主义经济已“过度成熟”，发展到了高峰，从而出现了停滞趋势。与此同时，英国的哈罗德于 1939 年提出了经济的“动态长期增长”理论，将凯恩斯的理论长期化、动态化，并以此同汉森的理论展开争论。1948 年，哈罗德出版了《动态经济学导论》一书，系统论述了其经济增长理论与模型。同年，美国经济学家多马发表了《资本扩张、增长率和就业》《扩张和就业》两文，提出与哈罗德基本相同的经济增长理论和模型。哈罗德和多马的经济增长理论后来被合称为哈罗德—多马增长模型，它标志着现代经济增长理论的诞生。

哈罗德—多马模型的产生极大地推动了经济增长理论的研究和发展。在修正、补充这一模型的基础上，索洛、斯旺和米德等人提出了“新古典经济增长模型”。与之相对立，罗宾逊、卡尔多等人把收入分配与经济增长联系起来考察，提出了“新剑桥经济增长模型”。与此同时，罗斯托从经济史的角度考察了世界经济增长的过程，通过划分经济增长的阶段并指出各阶段的条件和特征，形成了“经济增长阶段理论”。20 世纪五六十年代，一些资本主义国家的经济出现了高速增长，索洛、丹尼森和肯德里克等人，深入分析了影响经济增长的各个因素及其作用大小，提出了“经济增长因素分析理论”。此外，库兹涅茨用统计方法研究了经济增长的含义、源泉、指标、结构变化等问题，提出了“经济增长

① 谭崇台. 发展经济学. 上海：上海人民出版社，1989.

的数量与结构分析理论”。进入 80 年代以后，随着知识经济的发展，人力资本投入的提高及其对产出影响的作用日益增大，卢卡斯等人运用更加微观化的个量分析方法，将舒尔茨的人力资本与索洛的技术进步概念结合起来，提出了“新经济增长理论”。这些理论、方法和模型从不同的侧面和角度，一步步深入地研究和分析了决定经济增长的各种因素，对于我们从总体上正确理解并把握经济为什么会增长，以及它是如何增长的等问题，是非常有益的。在这里，限于本书的内容和篇幅，我们只介绍哈罗德—多马经济增长模型、新古典经济增长理论和新经济增长理论。这不仅是因为它们都是以分析总量生产函数为基础的，有着内部逻辑发展的统一性；而且还因为它们不但可以应用于整个经济，用来解释一国的经济增长问题，也可以在一个产业或行业中应用，用来解释一个产业是如何发展的、决定因素是什么。

二、哈罗德—多马经济增长模型

分析经济增长所使用的最简单、最著名的生产函数或数学模型，是 20 世纪 40 年代分别由英国的罗伊·哈罗德和美国麻省理工学院的埃弗塞·多马提出来的。这一模型的基本假设是：任何经济单位的产出，不管是个别公司、一个产业，还是一个国家，都取决于向该单位投入的资本量。如果用 Y 表示产出，K 表示资本存量，于是产出与资本存量的关系为：

$$Y=K/k \tag{14-1}$$

其中，k 是一个常数，叫作资本—产出比率。为将（14-1）式转换成表示产出增长情况的公式，我们分别用 ΔY 和 ΔK 表示产出和资本存量的增量，则（14-1）式可写成：

$$\Delta Y=\Delta K/k \tag{14-2}$$

如果我们在等式两端同时除以 Y，于是就有：

$$\Delta Y/Y=(\Delta K/Y)/k \tag{14-3}$$

其中，$\Delta Y/Y$ 就是产出增长率，我们用 g 来表示。因为对于整个经济来说，资本存量的增量 ΔK 就等于投资 I，而投资 I 又等于储蓄 S。因此，我们可以用 S/Y 来代替 $\Delta K/Y$。S/Y 是储蓄在国民生产总值中所占的比重，我们称之为储蓄率，用 s 来表示。于是方程（14-3）就转化为：

$$g=s/k \tag{14-4}$$

这就是哈罗德—多马经济增长模型的基本关系式（或方程）。它所表达的基本观点是：用于厂房设备等投资所创造的资本，是经济增长的主要决定因素；而人们与公司的储蓄，则使投资成为可能。资本—产出比率 K/Y 是一种简单衡量资本或投资生产率的标准。例如，如果对某企业的一座新厂房及其机器设备投资 3 000 美元，可以使该企业在未来的多年中每年都增加产值 1 000 美元，于是这一投资的资本—产出比率就是 3∶1。经济学家常常使用的是增量的资本—产出比率，即 $\Delta K/\Delta Y$。这是因为在研究经济增长问题时，他们主要的兴趣在于资本增加量或增量对产出增量的影响。

对于一个国家的经济计划人员而言，有了这个简单的方程，任务就很明确了。第一步是设法求出计划制定国的资本—产出比率 k 的估计值，下一步的工作可以有两种做法：计划人员可以先确定他们想达到的经济增长率 g，在这种情况下，就可以通过该方程算出为了达到这个增长率所必需的投资储蓄水平；计划人员也可以先确定可行的投资率，在这种情况下，该方程就能够帮助计划人员算出在这个投资水平下可以实现的国民生产总值增长率。需要特别指出的是：这一过程既可以应用于整个经济，也可以在一个产业或行业中应用。例如，人们可以分别计算出农业和工业部门的增量资本—产出比率，当计划人员决定了每个部门所需要的投资量之后，哈罗德—多马方程就可以确定这两个部门各自预期的增长率。

还需要说明的是，增量资本—产出比率固定不变（常数）是哈罗德—多马经济增长模型的假设前提，这一假设与图 14-3 所示的采用固定的资本劳动比率、规模收益不变的生产函数是一致的。图 14-3 中的产出由等产量线表示，是指生产出等量产出的各种投入（这里是指劳动与资本）的组合。等产量线的 L 形态表示，生产过程使用的是固定比例的资本和劳动。例如，生产 10 万吨水泥，需要 1 000 万美元的资本（厂房与设备）和 100 个工人，这个比例是固定不变的。也就是说如果只增加了工人而没有追加投入相应的资本，则每年的产量不会上升到 10 万吨以上；只有同比例地同时增加工人和资本，才会增加产量。图 14-3 所显示的是在规模收益不变的情况下，如果资本增加到 2 000 万美元，同时劳动也增加一倍至 200 名工人，则产量也会从每年 10 万吨增加到每年 20 万吨。

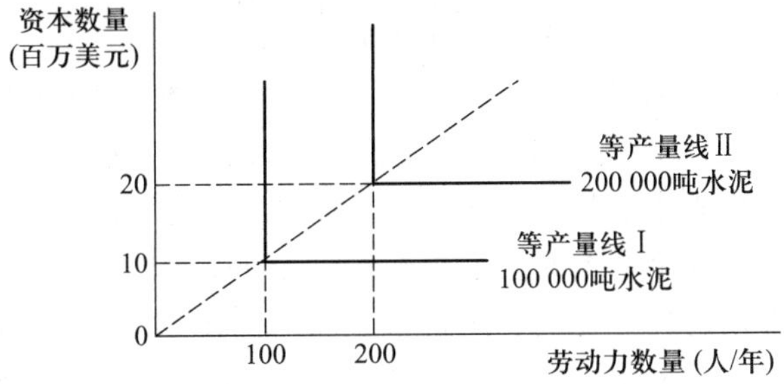

图 14-3　固定比例的生产函数及其等产量线

（在收益不变的情况下，固定比例生产函数的等产量线是 L 形，生产扩张线是过原点的一条直线）

三、新古典经济增长理论

哈罗德—多马经济增长模型出现后，在西方经济学界引起了很大的反响。许多经济学家，如索洛、罗宾逊、金德尔伯格等人在赞誉哈罗德—多马模型之余，也指出了其存在的主要缺陷，即资本—产出比不变的假定不合理，因为它否定了生产要素之间的可替代性，不符合实际情况。据此，索洛、斯旺等人对哈罗德—多马模型作了修正和补充，把它发展为一个“新古典模型”，即索洛—斯旺模型。这一模型的基本假定是：资本与劳动存在替代关系，因而资本—劳动比率可以改变；产出的增长主要由资本和劳动两种生产要素推动，并且资本与劳动的边际生产力呈递减趋势。在此基础上，他们以技术不变为假定，提出了一个总量生产函数。

$$Y=f(K,L) \tag{14-5}$$

其中，Y代表产出，K代表资本，L代表劳动。这一总量生产函数表明：产出是资本和劳动投入的函数，即产出水平决定于资本（包括土地）和劳动的投入量的大小。如果考察产出的增加量 ΔY，则上式可写成：

$$\Delta Y=\Delta K\cdot MP_{\mathrm{K}}+\Delta L\cdot MP_{\mathrm{L}} \tag{14-6}$$

式中，ΔK为资本存量的增量，ΔL为劳动的增量，MP_{K}、MP_{L}分别表示资本的边际生产力和劳动的边际生产力。在（14-6）式两边同除以 Y，就可得到一个关于产出增长率的公式：

$$\frac{\Delta Y}{Y}=\frac{\Delta K\cdot MP_{\mathrm{K}}}{Y}+\frac{\Delta L\cdot MP_{\mathrm{L}}}{Y}=\frac{\Delta K}{K}\cdot\frac{K\cdot MP_{\mathrm{K}}}{Y}+\frac{\Delta L}{L}\cdot\frac{L\cdot MP_{\mathrm{L}}}{Y} \tag{14-7}$$

令

$$a=\frac{K\cdot MP_{\mathrm{K}}}{Y},\quad b=\frac{L\cdot MP_{\mathrm{L}}}{Y}\qquad \text{（可以证明：}a+b=1\text{）}$$

代入（14-7）式得：

$$\frac{\Delta Y}{Y}=a\cdot\left(\frac{\Delta K}{K}\right)+b\left(\frac{\Delta L}{L}\right) \tag{14-8}$$

这就是新古典增长理论的基本关系式，即索洛—斯旺模型的基本方程。（14-8）式中，a、b分别代表资本和劳动对产出增长所作贡献的份额，也就是总量生产函数中资本和劳动的产出弹性。它所表达的基本含义是：经济增长率是由资本和劳动的增长率及其边际生产力所决定的。有了这个基本的关系式，人们就可以通过调节生产要素投入的边际生产力，即调节资本—劳动的配合比例，来调节资本—产出比率，以实现理想的均衡增长。也就是说，在索洛—斯旺模型中，资本—产出比率是可以改变的。我们还以上文所用的例子来说明这一情况。新古典增长理论所提出的总量生产函数的形状如图 14-4 所示。在图 14-4 中，如果人们最初在点 a 使用 1 000 万美元的资本和 100 名工人，生产 10 万吨水泥。则该行业可以通过三种途径扩大生产。若该行业的计划人员决定在要素比例不变的情况下扩大生产，便可以从等产量线Ⅰ上的 a 点移向等产量线Ⅱ上的 b 点，这与图 14-3 中要素比例不变的情况相同，因为如果水泥的价格是 50 美元 1 吨，那么资本—产出比率在 a 点和 b 点都是 2∶1。但 20 万吨的产量也可以通过使用更多的劳动和较少的资本来达到，即采用更为劳动密集的方法，如同等产量线Ⅱ上的 c 点所示，在这种情况下，增量的资本—产出比率将降为 1.4∶1。如果人们愿意采用更为资本密集的方法，即等产量线Ⅱ上 d 点所表示的生产技术，这时的增量资本—产出比率将上升为 2.8∶1。

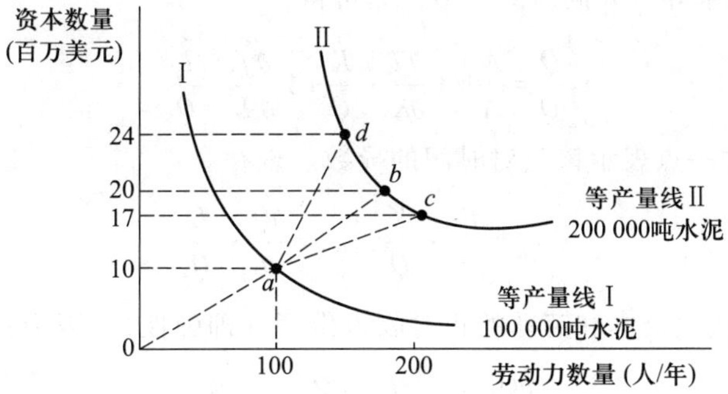

图 14-4　可变比例的生产函数

（产出可通过变化劳动与资本的组合来获得，等产量线是曲线而非 L 形）

在新古典经济增长模型中，资本—产出比率成为一个变量，在某种程度上可由政策制定者来调控。从某一产业的层次出发，如果其生产函数如图 14-4 所示，在资本稀缺的发展中国家，计划制定者便可以设法引导工厂主和农场主们采用更为劳动密集的技术。这样，在既定数量的储蓄与投资下，增长与就业水平都可能更高些。而在资本相对充足、劳动相对稀缺的发达国家中，则应制定恰好相反的政策。当劳动和资本的价格随供给变化而变化时，这些增量资本—产出比率的变化能够通过市场机制达到。例如，发展中国家经济开始增长后，储蓄量相对于过去变得更多了，资本价格下降，而就业和工资成本却随之上升。于是，所有的生产者将日益节约使用劳动力，转而使用更多的资本。

索洛—斯旺模型通过资本—产出比率可变的新假定，克服了哈罗德—多马模型中资本—产出比率不变所产生的问题，从而发展了哈罗德—多马模型。但这个模型以技术不变为假定，忽视了技术进步对经济增长的巨大贡献。针对这一缺陷，索洛在 1957 年发表了《技术变化和总量生产函数》一文，米德于 1961 年出版了《一种新古典的经济增长理论》一书，对索洛—斯旺模型作了一些修正和补充，在模型中引入了技术进步和时间因素，从而将其发展为“索洛—米德模型”。我们用索洛的论文来做分析。索洛在总量生产函数中增加了一个因子，即技术变化 t，并且把技术变化作为一个单项独立存在，记为 $A(t)$。之后，他又做了几个新的假设：即生产要素的收入（价格）等于它们的边际产品（生产力），这一假定体现了新古典经济学的原理，故其模型又被称为新古典经济增长模型，这个假设意味着资本—产出比是可变的，并且可以通过它的变化来改变资本和劳动的收益（价格），从而使资本和劳动的配合比例得到调整；总量生产函数的变化是线性的；技术变化是“中性”的，是指技术进步使产出水平提高了，但并不改变资本与劳动的边际替代率，即资本—劳动比不随技术进步发生变动，因而产出以规模收益不变、总量生产函数线性变化来增长。在这些假设的基础上，索洛建立了一个存在技术进步条件下的新古典经济增长模型，其总量生产函数的形式为：

$$Q=A(t)f(K,L) \tag{14-9}$$

式中，Q 代表产量，K、L 代表资本和劳动要素的投入，乘数因子 $A(t)$ 表示技术进步。对

（14-9）式关于时间求导，并同时除以 Q，则可得：

$$\frac{\dot{Q}}{Q}=\frac{\dot{A}}{A}+A\frac{\partial f}{\partial K}\cdot\frac{\dot{K}}{Q}+A\frac{\partial f}{\partial L}\cdot\frac{\dot{L}}{Q} \tag{14-10}$$

这里，字母上的一点表示该项对时间的导数。现在令：

$$w_{\mathrm{K}}=\frac{\partial Q}{\partial K}\cdot\frac{K}{Q},\quad w_{\mathrm{L}}=\frac{\partial Q}{\partial L}\cdot\frac{L}{Q}$$

则 w_{K}，w_{L}分别代表资本和劳动的相对收入份额（即弹性）。因为：

$$\frac{\partial Q}{\partial K}=A\cdot\frac{\partial f}{\partial K},\quad\frac{\partial Q}{\partial L}=A\cdot\frac{\partial f}{\partial L}$$

所以，（14-10）式可转变为：

$$\frac{\dot{Q}}{Q}=\frac{\dot{A}}{A}+w_{\mathrm{K}}\frac{\dot{K}}{K}+w_{\mathrm{L}}\frac{\dot{L}}{L} \tag{14-11}$$

这就是索洛论文中所列出的经济增长模型的原式。为了与索洛—斯旺模型加以比较，我们将这个模型稍做符号的改变，令：

$$\frac{\dot{Q}}{Q}=\frac{\Delta Y}{Y},\quad\frac{\dot{A}}{A}=\frac{\Delta T}{T}\text{（技术进步）},\quad w_{\mathrm{K}}=a\quad w_{\mathrm{L}}=b,\quad\frac{\dot{K}}{K}=\frac{\Delta K}{K},\quad\frac{\dot{L}}{L}=\frac{\Delta L}{L}$$

则（14-11）式又可转变为：

$$\frac{\Delta Y}{Y}=a\left(\frac{\Delta K}{K}\right)+b\left(\frac{\Delta L}{L}\right)+\frac{\Delta T}{T} \tag{14-12}$$

这就是简化了的索洛—米德模型。它的基本含义是：经济增长率取决于资本和劳动的增长率、资本和劳动各自的产出弹性（即相对收入份额），以及随时间变化而变化的技术进步。很明显，它与索洛—斯旺模型的区别就在于强调了技术进步对经济增长所起的作用，因而是对索洛—斯旺模型的发展。它的重要意义在于：突破了在经济增长理论中长期占统治地位的“资本积累是经济增长的决定性因素”的观点，第一次提出了“技术进步对经济增长具有最重要的贡献”的观点，使人们认识到了技术进步对经济发展的重要性和关键性。

四、新经济增长理论

20 世纪 80 年代后期以来，罗默、卢卡斯等人立足于舒尔茨等人创立的人力资本投资理论，将人力资本因素系统地引入经济增长模型中，创立了“新经济增长理论”。他们采用的研究方法，已经摆脱了索洛所使用的新古典生产函数，并假设国民经济具有规模递增，而非规模收益不变的特点，同时也假设重要的外部效应的存在。例如，教育的收益并不仅仅取决于科学家或经理人员对自己受教育进行的个人投资而导致生产率提高的程度。如果众多科学家和经理人员对自己受教育进行投资，便会有许多受过教育的人向其学习。

一个与众隔离的科学家孤军奋战，不会比与数十个受过良好教育的同事们相互切磋来得更有成效。正是这种相互的影响，形成了外部效应。由于新经济增长理论运用的典型方程都以微积分为基础，比索洛的增长方程复杂得多，超出了本书的要求，因此，我们这里只对新经济增长理论做一些定性的描述，以介绍其主要的观点。

罗默提出的是一个“收益递增的长期增长模型”。众所周知，生产要素的收益问题是影响经济增长的重要因素之一。传统的经济增长理论不但仅仅从纯粹单一的物质资本（非人力资本）前提出发，而且往往假定资本边际产出率递减，因而这些理论也就无法说明和保证产出及消费的长期增长。李嘉图由于认定物质生产要素收益递减规律，致使他得出悲观的结论。在哈罗德—多马模型中，物质资本积累（储蓄和投资）是唯一决定经济增长的因素，因而在假定物质资本的边际收益递减的条件下，产出的总趋势仍是递减的。索洛、丹尼森等人的新古典增长理论也同样恪守资本边际收益递减的信条，尽管他们认为，引入其理论模型的技术进步这一外生变量能够产生递增收益，从而可与物质资本收益递减两相抵消，使总的规模收益保持不变，但仍无法保证经济的长期增长。而在罗默的模型中，技术变革不仅被内生化，是经济增长的内生变量，而且是知识积累和人力资本增长的结果。知识积累和专业化的人力资本取代物质因素成为经济增长的主要因素和原动力。它们不仅自身收益是递增的，而且能通过其外部效应使物质资本及其他因素也产生递增收益，从而使整个经济的规模收益递增，实现经济的长期增长。

美国经济学家卢卡斯在1988年发表的著名论文《论经济发展的机制》中，提出并比较了三个增长模型，系统地论述了其经济增长理论。他认为，经济增长模型不应仅仅去迎合过去经济增长的事实，还必须去揭示经济增长的动态机制；增长理论不应该只能预测未来几十年的增长，而应该能够揭示出一种长期增长的机制；它不应只是揭示某一个国家的经济增长，还应考虑各国乃至全球的经济增长。他批评说，新古典模型基本上是一个封闭模型，各国都生产同一种商品，因而各国间都无贸易。而事实上，各国之间是相互联系的。所以，新古典模型存在两个重要的缺陷：一是它无法解释各国发展水平的差异；二是它预测国际贸易将导致世界各国资本—劳动比率与要素价格将均等化是严重不符合全球经济增长的事实的。卢卡斯还对国际贸易问题做了独到的研究，把传统的绝对成本优势论、比较成本优势论和资源禀赋优势论等“物质资本优势论”发展为“人力资本优势论”。依据这一理论，他认为一国应集中有限的资源生产和出口具有人力资本优势的产品；国际资本“倒流”现象的深刻原因在于知识和人力资本可以产生递增收益，因而高人力资本的发达国家资本利率高，能够吸引较多的国际资本；国际贸易可以促使知识与人力资本加速积累，推动所有贸易伙伴的经济持续增长。发展中国家扩大经济开放度，通过贸易吸收国外新的技术与人力资本，不仅可以节约大量的研究、开发与培养费用，而且可以促进国家的知识和人力资本积累，使经济尽快地走上持续快速的增长轨道，从而更快地实现经济发展目标，缩小与发达国家的差距。

总之，新经济增长理论建立在“人力资本决定论”的基础上，正确地反映了现代经济增长中人力资本因素的突出地位和作用，并揭示了经济长期增长的根本原因同样在于人力资本的持续增长和积累，因而对经济增长的历史和现实更具有解释力，对各国经济增长实践更具有指导意义。因此，它现已逐渐成为经济增长理论各流派中的主导流派。

第三节 产业发展的趋势①

进入21世纪，世界产业发展也呈现出了新的现象，如各有特色的产业集群在世界陆续得到发展，跨越产业界限的行业重组兼并层出不穷；循环经济、清洁生产也逐渐被重视，这些新的产业发展现象综合起来可以概括为：产业集群化、产业融合化和产业生态化。

一、产业集群化

随着迈克尔·波特《国家竞争优势》一书的问世，产业集群化的趋势日趋得到重视。产业集群化是产业呈现区域集聚发展的态势，就是指在一个适当大的区域范围内，生产某种产品的若干家同类企业、为这些企业配套的上下游企业以及相关的服务业，高密度地聚集在一起，形成产业集群。产业集群具有如下五个特点：① 集聚经济；② 专业化分包；③ 创新环境；④ 合作竞争；⑤ 路径依赖。而产业基地、开发区和各类工业园区是产业集群的表现形式，是各级政府经上级政府（中央、省、市）的批准，专门划出一块特定的区域，通过一定的政策引导和资金投入，创造出优于其他区域的投资环境，实现以产业集聚和企业集群为目标的特殊空间。产业集群也包括民间自发形成的，在某个特定产业中相互关联的、在地理位置上相对集中的若干企业和机构的集合。其外部形态表现为由一大群特定领域的企业与企业间、政府机构与企业间、科研院校与企业间、社区机构与企业间的各种组织所形成的具有一定规模的产业集群。产业集群内众多的企业在产业上具有关联性，能共享诸多产业要素，包括专业人才、市场、技术、信息、设施、服务等，一些互补产业则可以产生共生效应，集群内的企业因此获得规模经济和外部经济的双重效益。产业集群有以下优势：第一，产业集群内的企业既有竞争又有合作，既有分工又有协作，彼此间形成一种互动性的关联，由这种互动形成的竞争压力、潜在压力有利于构成集群内企业持续的创新动力，并由此带来一系列产品创新，促进产业升级的加快。第二，由于集群内积聚了大量的经济资源和众多的企业，高度积聚的资源和生产要素处于随时可以利用的状态，克服了部分机会主义行为，为集群内的企业提供了极大的便利，降低了企业的交易成本。第三，产业集群还引致专业知识与信息的集聚。由于同一产业或相关产业的企业在地域上的集中，有关市场的、技术的以及其他与竞争有关的各种知识与信息也会在区域内大量汇

① 本节部分内容参考了：厉无畏．中国经济快讯周刊．上海：上海社会科学院部门经济研究所；杨建文．产业经济学．上海：学林出版社，2004.

集。人是知识与信息的载体，在产业集群区域，人才的流入带来了大量的专业知识、信息、经验和技能；同时，这些人才往往处于错综复杂的经济网络和社会网络中，与区域外部保持着各种各样的联系，如技术协作者、师生、挚友、客户等，这些错综复杂的网络疏通了知识与信息流入的渠道。同一产业或相关产业的企业集聚在一起，在该区域营造起良好的地方产业氛围，激发了身处其中的人求知的欲望，使得他们对该产业的相关知识与信息保持高度敏感性，增强了收集知识与信息的能力。此外，随着产业集群规模的扩大，集群区域的一些基础设施，如信息网络，也逐渐完善起来，这也使得相关知识与信息的快速汇集成为可能。在美国硅谷，集聚着大量的半导体电路、数字技术等新技术公司，跨国公司纷纷在这里设立分支机构，甚至将公司总部移到这里来，一个很重要的因素就是在硅谷能够得到本行业最新的与竞争有关的各种信息。

产业集群的崛起是产业发展适应经济全球化和竞争日益激烈的新趋势，是为创造竞争优势而形成的一种产业空间组织形式。它具有的群体竞争优势和集聚发展的规模效益是其他形式难以相比的。近几年，产业集群化的趋势已引起我国政府和产业界的关注，各地都涌现出一批产业集群。2005 年，泉州市提出以产业集群为着力点，构建充满活力的民营经济跃升平台。为此，要“着手规划和培育发展 2 个产值超千亿元（石化、纺织服装）、2 个产值超 500 亿元（鞋业、建材）和 8 个产值超 100 亿元（电子信息、汽车及其配件、修船造船、机械制造、工艺制品、食品饮料、五金水暖、包装制品）的产业集群”。截至 2017 年年底，泉州市已有 20 多个年产值超 10 亿元的产业集群，其中产值超百亿元的有 7 个,超千亿元的有 7 个（刘玉生，2018）。泉州发达的产业集群，是建立在已有的专业化市场的基础上的，是这些年来泉州模式朝着更高起点发展的一个重要标志。目前泉州的产业集群主要表现在：① 纺织服装集群。纺织服装集群主要分布在市区以及晋江、石狮、南安市。据有关部门统计，2004 年，泉州纺织服装企业达到 1 万多家，产值突破 700 亿元，约占泉州工业总产值的 25%，成为泉州第一大支柱产业，形成了纺织、印染及成衣系列产业链。目前泉州年产服装高达 1.8 亿件，占福建省年产服装总量的 70%，其中 40% 的纺织服装出口到世界。2013 年该产业产值近 2 000 亿元，约占全省同行业总产值的 80%，占全国纺织服装业总产值的 10%（余风芙，2014）。② 鞋业集群。鞋业集群主要集中在晋江市。2010 年从事生产和经营鞋业的企业有 5 000 多家，从业人员 38 万人，年产各类鞋 9.5 亿多双，占全国运动旅游鞋产量的近一半，占世界运动鞋、旅游鞋生产量的 1/5，体育运动鞋类国内市场份额占比超过 75%，皮鞋近亿双，合计产值近 479 亿元，成为全国三大制鞋基地（刘闲月，孙锐，2013）。晋江市被国家有关部委联合命名为“中国鞋都（运动鞋）”。2015 年，晋江现有各类鞋业企业 3 300 余家，从业人数 25 万，实现产值 1 066 亿元（白云，柴梦，2016），2018 年晋江出口近 15 亿双鞋，出口金额突破百亿美元。③ 建陶石材集群。建陶石材集群共有建陶石材企业 4 000 多家，年产值 200 多亿元，主要分布在晋江、南安、惠安等地。南安、惠安分别有“石材城”“石雕之乡”之称，2017 年南充有石材企业 1 700 余家，石材产量占全国的 60%，进口、出口石材分别占全国的 60% 和 55%（刘玉生，2018）。其中建筑陶瓷主要分布在晋江、南安两地，尤其晋江市磁灶镇为主产区。该镇共有建筑陶瓷企业 623 家，产值近 50 亿元，被誉为“闽南瓷都（建筑陶瓷）”。石材业中板材生产区主要分布在南安、晋江、惠安，石雕产区主要在惠安县。④ 工艺品集群。工艺品集群主要分布在丰泽、晋江、石狮、惠安、安溪、德化等地，主要产品有陶瓷、树脂、木业、滕草、石雕、铁件、玩具等，2018 年完成销售产值 1 021.77 亿元（泉州晚报，2019）。目前，丰泽区已成为世界最大的树脂工艺品生产基地，全世界约有 36%的树脂品来自丰泽区，世界上每三件树脂工艺品中必有一件是“丰泽制造”。工艺陶瓷主要分布在德化县，该县具有千年制瓷历史，与江西景德镇、湖南醴陵并称为“中国三大瓷乡”。此外，晋江市安海镇与广东澄海、上海并称为中国三大玩具生产基地。竹藤木藤工艺主要分布在安溪县，共有企业 300 多家，年产值突破 13 亿元。⑤ 石化产业集群。石化产业集群主要分布泉港区、惠安县，以福建炼油一体化项目为龙头，带动氯碱、乙烯、聚酯以及专业塑胶、制革等大批石炼中下游配套项目建设，形成专业化产业群。⑥ 水暖厨卫产业集群。2017 年产值近 200 亿元。水暖厨卫产业具有产品规格复杂、品种门类繁多的特点，泉州南安水暖厨卫产业集群现有的 700 多家企业，其产品涵盖3 000 多个品种、2 万多种规格，已经“形成了集技术研发、铸造、机械加工、抛光、电镀、装配、包装、物流到市场销售等为一体的完整产业链，成为全国水暖产业发展潜力最大、配套最为完整、水暖名牌企业最为集中的区域（刘玉生，2018）。除了泉州区域产业集群外，目前浙江拥有年产值亿元以上的由企业集群形成的区域块状特色经济 306 个，年产值4 500 亿元。我国产业集群化的趋势尚在不断发展，并将茁壮成长。

二、产业融合化

日本学者植草益从产业融合的原因和结果来解释产业融合化的内涵，他认为产业融合化就是通过技术革新和放宽限制来降低行业间的壁垒，加强行业企业间的竞争合作关系。也有学者将产业融合化定义为：不同产业或同一产业内的不同行业相互渗透、相互交叉，最终融为一体，逐步形成新产业的动态发展过程。在此基础上他们将产业融合分为三类：一是高新技术的渗透融合，即高新技术及其相关产业向其他产业渗透、融合并形成新的产业，例如移动通信行业与金融行业融合形成移动支付行业，我国正在积极实施类似的“互联网+”战略进行产业升级；二是产业间的延伸融合，即通过产业间的功能互补和延伸实现产业融合，这类融合通过赋予原有产业新的附加功能和更强的竞争力，形成融合型的产业新体系，例如文化与旅游、医疗与旅游形成新的旅游业态；三是产业内部的重组融合，即发生在各个产业内部的重组和整合，例如，工业、农业、服务业内部相关联的产业通过融合提高竞争力，适应市场新需要。

产业融合化的重要特征是产业边界模糊化。多媒体和联网技术正为在全新的行业中创造和获取价值建立新的边界，并通过创造新的竞争优势来源和重新评价现有竞争优势而迅速重组许多现有行业。在这种情况下，会出现两种新的变化：一是产品的可替代性增大。原先两种不具有替代性的产品可能转变为具有替代性，或原先两种只具有潜在替代性的商品可能转变为具有现实替代性，或原先两种具有很小替代性的商品转变为具有更大的可替代性的商品。二是产品的差异化增大。尽管某些融合的产品实质上已经成为没有什么不同的同一种产品，但消费者对其认定及偏好不同，从而出现差异化。这种倾向正引导着不少公司努力使他们的产品“有针对性地大众化”，也就是，为大众市场生产能满足用户个别需要的产品。这些新变化表明，传统的市场边界正发生着游移，出现了交叉或模糊化。然而，更为复杂的问题是：不少融合的产品，既在同一市场，又不在同一市场。例如，网络电话，其某些功能是在电信市场，但又不是在原来意义上的电信市场。

而从我国现实情况来看，电子信息、汽车作为我国两大支柱产业，是我国国民经济持续快速增长的两大引擎。这两大支柱产业面临不掌握核心技术的“空心化”问题已经摆在眼前，并引起政府和企业的高度关注，我国电子信息、汽车两大产业融合化趋势迫在眉睫。在 2004 年底特律北美国际汽车展上，通用、福特、大众、丰田等公司均展示了多款高度智能化概念车，未来世界汽车工业发展主导权将落到汽车电子化、智能化、网络化的技术与应用上来。汽车由传统的机械产品变革为高科技产品的革命性进程，是世界汽车工业又一次大发展的主要动力。为解决未来汽车的安全、高效、清洁、节能、舒适、便利、智能等问题，欧美日等发达国家自 20 世纪 60 年代开始开发了上百种汽车电子、计算机新技术。巨大的技术投入将形成对未来汽车市场的高门槛和寡头垄断格局。但是在目前的全球市场条件下，相关实验性技术还远没有形成统一的规范与标准，这一领域依然具有相当大的自主创新余地。未来世界汽车计算平台的制高点将表现在整个汽车所有控制与计算的能力上。我国开发的国家汽车计算平台工程，将涉及硬件、芯片、系统软件、控制平台、驾驶平台、信息平台、智能交通平台、传感平台、执行平台和设计平台等核心平台的研究与开发。行业研究认为，在汽车计算机化和智能化的趋势下，我国两大支柱产业，电子信息产业与汽车工业通过融合，将在未来 3—5 年后形成每年 4 000 亿美元产值的汽车电子信息产业，形成新的重大经济增长点。事实上，从 2015 年到 2019 年，中国汽车电子市场规模从 4 000 多亿元增长到 7 000 多亿元（温晓君，2019）。目前我国“国家汽车计算平台工程”的目标为：攻克汽车控制、驾驶、信息处理、智能交通、传感、执行等重大核心技术，实现我国汽车工业的自主创新能力。汽车电子信息产业的技术突破，还将为第三代移动通信、高清晰度数字电视、卫星导航、智能交通、移动网络的应用和信息化建设提供一个重大的载体，并将形成汽车工业和电子信息产业良性互动的发展格局。

此外，与产业融合的高速变革相适应，必须改造传统的公司组织结构，在收集、储存、处理和分配信息的方式上实行重大的变革，构建网络型企业组织结构。公司是由无数个部件（复杂性理论称之为“主体”，管理学称之为“业务单元”）构成的。当这些部件组合起来，并保持在无序边缘和时间边缘上的平衡时，便构成了一个复杂的自适应系统。这里所说的“复杂”不是指结构上的复杂，而是指从这种组织结构中孕育而生的复杂的、创新的、自我组织的行为。因此这种组织结构，从本质上讲，就是网络型企业组织结构。这种网络型组织的建立，是以强大的信息系统为核心，采用以高流动性的信息为纽带的管理。它所表现出来的基本属性及其特点，与产业融合的要求具有高度的一致性。其中，最重要的一点就是，我们关于组织边界的概念正在从狭隘的物理边界变为包括动态工作小组和战略联盟的更流畅、更有机的边界。这不仅淡化了内部等级界限，而且使企业内部与外部的划分已不再那么明显。企业不因为是内部共同体而不能轻易拆散，也不因为各自独立而无法走到一起来。显然，这种具有更多柔性的组织结构，在很大程度上能成为产业融合得以拓展化的重要微观组织基础。

三、产业生态化

产业生态化是一种“促进与自然的协调与和谐”的产业发展模式，它要求以“减量化、再利用、再循环”为社会经济活动的行为准则，运用生态学规律把经济活动组织成一个“资源—产品—再生资源”的反馈式流程，实现“低开采、高利用、低排放”，以最大限度利用进入系统的物质和能量，提高资源利用率，最大限度地减少污染物排放，提升经济运行质量和效益。产业生态化的目标是在促进自然界良性循环的前提下，合理开发利用区域生态系统的环境和资源，充分发挥物质的最大生产潜力，防止环境污染，达到生态经济的协调发展。即把一个产业、一个行业或整个企业看作一个系统，应用生态系统中物种共生、物质循环再生的原理，利用现代科技和系统工程的方法，通过一系列工艺链与生态链的连接组合，采用系统工程的最优化方法，设计出多层次利用物质的生产工艺系统，设计和建立物质转化和能量循环的区域企业集群和产业集群。

而关于可持续发展，1989 年，联合国环境署理事会就可持续发展概念的定义专门发表了《关于可持续发展的声明》一文。该声明认为：“可持续发展系指满足当前需要而又不削弱子孙后代满足其需要能力的发展。”1992 年，在巴西里约热内卢召开的联合国环境发展大会上，通过了《里约热内卢环境与发展宣言》和《21 世纪议程》，第一次将可持续发展概念付诸实践。但对于日益恶化的全球环境，原有的可持续发展战略很难奏效。其根本原因在于原有的可持续发展路径主要依赖于“过程末端治理”，并没有从“过程开端预防”和实施“全过程治理”，而循环经济正是在此理念基础上逐渐形成的。循环经济是按照生态规律利用自然资源和环境容量，实现经济活动的生态化转向。它是实施可持续战略必然的选择和重要保证。循环经济是国际社会推进可持续发展的一种实践模式，它强调最有效利用资源和保护环境，实现资源的“循环利用”，做到生产和消费“污染排放最小化、废物资源化和无害化”，以最小成本获得最大的经济效益和环境效益。美国的循环经济经过几十年发展，目前其行业涉及传统的造纸业、炼铁业、塑料、橡胶业以及新兴的家用电器、计算机设备、办公设备、家居用品等产业，全美有 5. 6 万个企业参与，年均销售额高达 2 360 亿美元，其规模与美国的汽车业相当，成为美国经济的重要组成部分。在德国，循环经济已经成为德国企业和民众生活中的一部分，主要表现为垃圾处理和再生利用，仅包装垃圾已从过去的年均 1 500 万吨下降到目前的 500 万吨，95%的矿渣和 70%以上的粉尘和矿泥得到重新利用。在日本，政府提出的建立循环经济社会的战略方针已经深入人心，企业和国民都十分积极地响应，主动配合有关方面做好废弃物的循环利用工作。

日本理光、松下电器、索尼、丰田汽车、三洋电机、夏普等公司都采取了有效措施，基本上达到了“产业垃圾零排放”标准。2002 年，我国颁布了《中华人民共和国清洁生产促进法》。2012 年第十一届全国人民代表大会常务委员会第二十五次会议通过了关于修改该法的决定。修改后的该法强化了企业清洁生产审核制度，推进企业实施清洁生产。修改后的法律扩大了实施强制性清洁生产审核的企业范围，规定应当实施强制性清洁生产审核的情形包括：污染物排放超过国家和地方规定的排放标准，或者虽未超过国家和地方规定的排放标准，但超过重点污染物排放总量控制指标；超过单位产品能源消耗限额标准构成高耗能；使用有毒、有害原料进行生产或者在生产中排放有毒、有害物质。为了保证清洁生产推行规划和强制性清洁生产审核的有效实施，为之提供必要的资金支持，修改后的《清洁生产促进法》规定，中央预算应当加强对清洁生产促进工作的资金投入，包括中央财政清洁生产专项资金和中央预算安排的其他清洁生产资金。为了解决国务院机构改革带来的现行法执法主体或者主体名称变化的问题，修改后的该法对有关条款作出了相应修改，规定：国务院清洁生产综合协调部门负责组织、协调全国的清洁生产促进工作。国务院环境保护、工业、科学技术、财政部门和其他有关部门，按照各自的职责，负责有关的清洁生产促进工作。到 2004 年，陕西、辽宁、江苏等省以及沈阳、太原等城市制定了地方清洁生产政策和法规，截至 2010 年年底，30 个省（区、市）制定了清洁生产配套政策（张璐鑫，2012）。据统计，到 2013 年年底，我国已有 35 530 余家企业开展了清洁生产审核，建立了 21 个行业或地方的清洁生产中心，2.8 万人次参加了国家层次的清洁生产培训班，有 5 000 多家企业通过了 ISO 14000 环境管理体系认证，几百种产品获得了环境标志（周长波，等，2016）。山东鲁北化工集团是清洁生产的典范，该集团旗下有多家企业，集团将这些企业联合起来，在提取海水制盐的过程中，将上一家企业生产之后的废弃物作为下一家企业的原料，通过再利用有效减少了废弃物的排放。近年来我国提出了绿色协调开放共享的发展理念，强调绿色 GDP 的发展理念，逐步淘汰高污染、高能耗、过剩产能的产业。

思考题

1. 产业发展的含义是什么？
2. 简要论述产业发展的生命周期理论。
3. 三种比较典型的经济（或产业）发展模式理论的主要观点是什么？
4. 经济增长与经济发展有何异同？
5. 试综合评述哈罗德—多马经济增长模型、新古典经济增长理论和新经济增长理论。
6. 产业发展的三大趋势是什么？

思考题参考答案

※ 本章案例 ※

浏阳花炮产业集聚

被誉为“中国花炮之乡”的浏阳距湖南长沙市区 50 千米，是一个以生产花炮为特色的专业化产业区，也是全国最大的花炮生产、销售和出口基地。这里生产的花炮以其独特的工艺、美观的造型、鲜艳的花色、响亮的声音、精美的表演和浓郁的传统色彩而享誉世界。浏阳花炮始创于 1740 年，生产历史悠久。到 1870 年前后，花炮生产已发展为浏阳当地一项重要的手工行业，达到家家户户都会制造花炮的盛况。1995 年，浏阳被国务院命名为“花炮之乡”。如今，浏阳市已经形成了由花炮生产及原料、造纸、印刷、包装等相关产业所组成的花炮业企业集群，并且创造了巨大的经济效益。

近年来，浏阳花炮行业企业数量、从业人员数量、花炮行业总产值都体现出明显的增加趋势，说明浏阳花炮产业集聚程度正在逐步加强。这也可以由以下几方面体现出来。

（1）浏阳花炮企业生产方式由传统变灵活。浏阳花炮产业集聚专业化分工程度较高，生产链上不同专业化部门的企业通过协作来完成花炮的生产过程。改革开放以来花炮企业着力机械研制，并积极与科研单位合作，大搞技术创新，不断摸索，创造了一系列简易可行的花炮工业机械设备。机械设备的引进大大增强了花炮生产的灵活性和敏捷性，使企业可以及时根据市场需求调整生产计划，关注库存费用，降低盲目生产导致成品滞销的风险，提高企业的生产率，增强集群的灵活性和竞争力。

（2）企业之间专业化分工与协作的生产体系及产业配套体系更完善。浏阳花炮企业之间存在着密切的联系，各个企业分别承担整个花炮生产系统的不同环节，共同完成花炮从生产到销售的全部过程。在横向上形成以花炮为主导产业，原料、造纸、印刷、包装等配套产业紧密结合的产业体系；在纵向上形成以生产企业为主要环节，原料销售运输、服务到最终的产品销售等多个环节紧密结合的完善的专业化分工与协作的生产体系。浏阳花炮产业集聚在整体上正在形成一种具有整合功能的网络结构，整个社区都关心花炮的生产和经营，一切社会资源都围绕着花炮运转。

（3）浏阳花炮产业的产业集聚，有力地促进了区域特色经济的形成。从浏阳花炮行业总产值占全部工业总产值的比重看，其以花炮及其相关产品为主导的特色经济区已经形成，并且对该地区的经济发展也起了巨大的促进作用。有关数据显示，2017 年浏阳花炮产值占第一第二产业总产值的 21.8%，每年有数千万资金直接或间接反哺农业，行业创税 12 亿元，占全市财政收入的 8.56% 左右。同时，花炮出口不仅制造了大量外汇，而且推动了浏阳经济走向国际化。截至 2017 年，浏阳市经济综合实力已跃居全省县市二强，外贸出口、出口创汇和经济效益三项指标连续 20 多年位居全省县（市）级外贸前列。

问题：

1. 浏阳花炮产业集聚属于何种类型？其特点是什么？
2. 浏阳花炮产业集聚对区域经济有何贡献？从中可以获得怎样的启示？

第十五章　中国产业发展展望

本章首先分析中国产业发展趋势，然后论证中国以人为本的产业发展观，最后对我国高新技术产业的发展做专门论述。

第一节　中国产业发展的趋势

一、向全球价值链上游攀升，全面升级我国产业价值链

国际货币基金组织2020年6月发布《世界经济展望》报告，将2020年全球经济增长预期小幅下调。报告预测，2020年全球经济增速为3.2%，低于世界银行2020年1月预测的3.3%，世界经济整体呈现出减速的趋势。人们担忧新型冠状病毒疫情可能对世界经济产生不利影响（中国总会计师，2020）。表面上看，世界经济减速是坏事，但是从孕育改革机遇来看，未必不是一件好事。报告预测，发达国家经济将在2020年增长1.6%，低于2019年10月报告中1.7%的预测值。其中，美国2020年的经济增速预计为2%，低于此前预测的2.1%；欧元区2020年的经济增速预计为1.3%（下调0.1个百分点）。就美国而言，高盛集团认为，从第一季度来看，美国经济陷入疲软，美国方面认为主要是受新冠疫情影响，他们对经济整体走势持乐观态度，然而受疫情持续影响，美国经济的负面影响可能增大。我国专家认为，美国不能盲目乐观，在复苏的道路上仍然存在复杂的结构性经济问题，就业状况仍未根本改变，量化宽松政策退出仍小心翼翼。再看欧元区，预测的外部需求改善将支持预期的经济增长。但相对而言，未来欧元区仍然面临诸多挑战，劳动力市场等结构性改革则是关键。经济合作与发展组织发布的报告显示，新兴市场国家经济增长放缓。专家认为主要有两方面原因导致经济减速：一是随着美国量化宽松规模的逐渐缩小，有更多的资金流出具有高风险的新兴市场国家；二是新兴市场国家自身结构性矛盾加剧和外部需求减少。总之，全球经济无论是发达国家还是新兴市场国家均面临结构性痼疾，改革顺序和执行力是关键。

从表面上看，世界经济减退是件坏事。在世界经济减速的背景下，为了增强民族产业竞争优势、保护本国利益，许多国家往往采取贸易保护措施。贸易保护主义升级，势必将

影响世界贸易和全球经济稳健增长。此外，目前“跨大西洋贸易和投资伙伴关系协定”（TTIP）谈判举步维艰，“跨太平洋战略经济伙伴协定”（TPP）也因2017年美国的退出而意义减弱。越是在世界经济减速的情况下，谈判国越不会在关键、敏感领域做出实质让步。在某些经济萧条或暂时的经济不景气的国家，群众普遍失望或失落，可能为民粹主义走向政治舞台提供条件。这种民粹主义在对外政策上表现为孤立主义和排外思想，它与自由贸易格格不入，因此，使得有些贸易谈判更难进行。在政策协调方面，往往出现各自为战状况，缺少通盘考虑。如欧洲央行准备开始实施量化宽松政策，其政策的调整是对美国政策的反应。

世界经济减退也不全是坏事，它孕育着变革的机遇。在经济形势好的情况下，就会缺少改革的动力，宁愿抱残守缺。面临危机的时候，可能会激发背水一战的决心，出台一些强化改革的措施。全球经济结构调整最艰巨的任务还在于新兴市场国家。很多国家为了保持或促进增长，采取多轮财政和货币刺激政策，热衷于放水，大有“我先挣脱苦海，哪管洪水滔天”之势。但是，这种财政和货币刺激并非长久之计，新的增长动力应来自深化的经济结构改革。对新兴市场国家来说，谁能尽快摆脱掣肘、落实结构性改革，谁就能在下一轮经济增长中稳占一席之地。政府会面临比较大的压力，在自身经济减速的情况下，出口、就业等方面，问题的堆积会造成不稳定因素与追求短期经济增长的现实目标相冲突，实际面临“长痛”与“短痛”的选择。对此，中国应不畏阵痛，积极推进自身改革。首先，练好内功，加大改革和结构调整力度，转变不合时宜的增长方式。其次，加大对外开放，升级现有的对外经贸合作。再次，加大产业政策力度，以市场动力为基础，加快中国战略新兴产业的发展和升级中国产业在国际产业链中的价值。

从2019年贸易进出口趋势来看，进口需求，12月进口同比增长、环比下降，增速较此前显著下跌，考虑基数效应后，进口的放缓更为明显。海关数据显示，12月进口905.5亿美元，同比增长13.2%，比上月增加4.3个百分点，比上年12月下滑0.7个百分点。1—12月进口同比降低2.8%，比上年同期增长1.6个百分点。由此可见，由于进口需求的萎缩所导致的贸易顺差的大幅增长更多变为一种“衰退性贸易顺差”。一般意义上的“衰退性贸易顺差”是指在全球经济低迷或衰退情况下，一国外需恶化，进出口双萎缩，进口降幅下滑更快所致的非典型性贸易顺差。我国进口需求低迷的一个重要原因是国内产能过剩制约投资增长导致原材料进口下滑。2019年，汇丰制造业采购经理指数（PMI）多数处于50“荣枯线”之下，工业品出厂价格指数（PPI）连续6个月负增长，许多行业产能利用率不足75%，负产出缺口显示去产能化比较缓慢，制约了新增投资的增长和原材料、能源需求增长，投资增速下降导致对海外制造业产业链进口需求减弱。可见这种非典型顺差的大幅增加并不值得庆幸。

展望未来，中国不应该把焦点过度集中于保外贸增长上，而应该着眼于中长期的产业升级和贸易升级。长期以来，中国对外贸易主要依靠劳动力、土地、资源、环境等生产要素的低成本比较优势参与国际分工和竞争，这种依赖初级要素禀赋的模式，很难在贸易层次和战略利益上取得突破。同时，长期处于全球产业链的低端，可能会使中国产业的全球定位形成惯性依赖，面临“被锁定”风险。未来 10 年全球产业竞争归根结底将是价值链的竞争，价值链竞争决定中国制造业乃至产业竞争力和未来经济的前途与命运。面对美国等发达国家“再工业化”浪潮，以及国内传统比较优势流失等多种挑战，中国必须建立起新的竞争优势，向全球价值链上游攀升，推动贸易结构和产业结构全面升级。

中国需要积极延长国内价值链，提升加工贸易参与国际分工水平。重视培育本土跨国公司，增强对全球价值链的参与度和控制力。进一步优化国内加工贸易布局，加快产业升级和梯度转移。

二、跟踪世界产业发展新趋势，加快我国产业结构升级步伐

经济全球化已是不争的事实。在这一过程中，最明显的特征就表现在以跨国公司为主要载体并在全世界范围内进行产业结构调整与产业转移。随着中国的开放不断深入，中国以主动的姿态融入了经济全球化中的产业转移大军。同时，中国因为拥有大量廉价的劳动力资源，逐渐成为跨国公司转移其制造产业和加工产业的重要目标战场。知识经济的兴起，给世界经济社会的发展带来了深刻的变革，全球产业的竞争性加强，经济与科技的结合日益紧密，世界产业结构的调整出现了新趋势：① 发达国家产业升级换代出现了非物质化趋势，现代信息技术被广泛应用，极大地提高了物质生产部门的劳动生产率，使更多的劳动力和物质生产要素脱离传统的产业部门，而转入具有高科技内涵的咨询业和网络服务业。由于在生产经营活动中起决定作用的是知识，这使得许多中小企业的发展不再囿于资本的限制。② 以电子技术、信息技术、生物技术、新材料技术、新能源技术、海洋工程技术、空间技术等为代表的高新技术产业蓬勃发展，各国（主要是发达国家）都在大力加强高新技术产业的开发，加速电子信息技术等对传统产业的改造与提升，不断调整和优化产业结构，促进经济的可持续发展。③ 发展中国家纷纷利用跨国公司的技术转让，促进和加快产业结构的优化和升级。跨国公司的技术转让主要是通过两条渠道：一是公司内部的技术转让，即母公司将技术流向多数或全部股权设在东道国的子公司；二是以签订许可证协议、管理合同或合作生产合同等形式向东道国企业转移。

由于美国和日本制造业发展的速度已经明显放缓，停滞不前，尤其是日本，受其国民经济持续低迷的影响，“日本制造”早已不复往日雄风。根据世界银行的数据，2017 年中国的制造业产出是 3.59 万亿美元，超过美国的 2.17 万亿美元，日本的 1.01 万亿美元，中国贡献了全球制造业总产出的 35%（麦肯锡，2019），在规模上已成为世界第一制造大国。

“世界办公室”已成为中国发展的下一步，并很有可能对中国未来十年的发展起到关键作用。现在，第三波全球化浪潮则凭借互联网和电信技术的广泛普及，以大量服务性、知识性的白领职位转移的形式出现在世人面前。人们可以看到服务业正在发生着跟制造业相同的变化——由成本高的地方转移到生产成本低的地区。那么中国在下一个 10 年能否从中获得类似“中国制造”所带来的巨大收益？在这种白领职务转移之中，实际上存在着两个不同的层次。首先是涉及服务性岗位及后台职能的 BPO 离岸外包业务的职位，如企

业把涉及数据输入、交易处理、实时客户支持、调研服务和分析等需要中低技能的业务外包出去，把这些偏向后勤和服务性的工作在更低成本的国家运作并且通过网络将其整合到自己的经营链条之中。这就是所谓的“世界办公室”。而另一层则是需要相对高技能的职位，包括定制软件开发（IT 外包）、开发设计、医药研究等。这类职位转移表现为大批开发及研究性机构从发达国家转移到低成本国家。如美国将软件定制开发外包到印度，或者跨国医药公司在中国建立研发中心进行药品测试工作，即所谓的“世界研发中心”。以上两者都属于白领职位转移，但是后者对于人力资源的要求更高。显然，目前把 BPO 离岸外包业务作为中国把握第三波全球化的切入点看上去更加合理也更加现实。

对于中国经济来说，BPO 外包活动可以算作一种商业价值链的向上推移。这种向上推移的关键意义是保持了中国的人力资本优势——中国劳动力成本上升的趋势是不可避免的，而这时候劳动力附加价值的上升，将可以保证中国的竞争优势，保证自己以人力资源作为催化剂在整个世界的链条中依旧处在关键位置。

产业结构的调整随着社会生产力和世界经济的发展，世界各国产业结构开放的程度日益深化，而且呈现出新的特征：① 各国产业结构的关联性和互动性增强；② 产业结构的开放效应不断提高。在经济全球化迅猛发展的今天，我国作为世界产业结构大系统的组成部分，如何跟踪世界产业结构的发展趋势，正确地确定我国产业结构调整的思路，对未来经济发展至关重要。

1. 顺应世界潮流，明确我国产业结构调整的方向

21 世纪我国产业结构调整的方向，一方面要遵循产业结构演变的一般规律，结合我国国情，针对阶段性、结构性过剩和国内市场潜力巨大之间的矛盾，从改变不合理的产业结构现状出发，确定我国各产业发展的方向，并实施具有适应性和灵活性的结构调整策略。另一方面，要紧跟当代世界产业发展的主流，顺应我国产业结构不断外向化、国际化的客观趋势，实行具有超前意识的跨越式产业结构调整战略，利用全球资源和世界市场，积极参与国际分工，促使产业结构加速升级。

2. 实施跨越式发展战略，大力发展信息产业，以产业结构升级带动结构调整

首先，通过大力发展计算机软件等信息产业和相关产业，大大促进以信息、知识为重要基础的市场经济的发展，促进各地区之间、与世界各国经济之间的联系，从而提高市场竞争力，加速我国产业结构的升级。其次，通过大力发展信息业，在国民经济各部门、各行业，普遍推广应用信息技术，提高国民经济和社会的信息化水平，使各产业改造传统的管理模式和生产流程，优化资源配置，提高劳动生产率和产品、服务质量，从而达到全面提高各产业整体素质的目的。最后，通过实施产业战略性重组，建立有利于知识创新、技术创新的激励机制，引导企业加大信息技术、信息产品的投资开发力度，抢占各类信息服务业发展的先机，加快我国由传统服务业向现代服务业的转化。

3. 我国产业结构调整要立足于高起点，以加快高科技产业化发展为核心

从全球资源配置过程看，一国产业结构的调整和升级必须体现该国在全球经济中所具有的比较优势和竞争优势。在世界产业结构的调整中，一部分一般制造业将从发达国家中

淘汰下来，我国应利用这一机遇，把一部分具有优势的制造业，以新技术武装起来，提高内在质量，形成新的制造业技术优势，增强竞争能力，占领世界市场。一些幼稚产业也要立足高起点，注意规模效益，提高技术水平，强化整体素质，成为能替代进口、增加出口、具有国际竞争力的强势产业。发展高新技术产业，也要注意发挥比较优势，从目前具有的比较优势环节入手，逐步向核心技术领域推进。

4. 产业结构调整要与对外开放相结合，努力提高产业结构的开放效应

当今世界，任何国家都不可能孤立地发展，产业结构调整不可能在本国范围内封闭地进行，世界市场、外资的流入，都将影响到一国产业结构的调整。在经济全球化的条件下，要提高产业的国际竞争力，提高经济体系的运行效率，就必须在全球范围内进行资源配置。因此，提高对外开放的深度和广度，完善全方位、多层次、宽领域的对外开放格局，对增强国际竞争力、促进产业结构优化具有重要作用。今后我国要更多地吸引外资进入国内市场，通过外商投资企业引进先进技术、工艺、设备和管理经验，推动相关产业的技术进步。我国农产品市场将适度开放，引进外国农业技术、资金，通过国内外市场竞争加快农业结构调整，促进农业现代化。要进一步开放服务业市场，加快银行、保险、证券、电信、商贸、运输等服务业的外资引进，促进我国服务业的发展。在“引进”的同时应加快实施“走出去”的战略，鼓励企业将国内成熟的工业技术转移到海外，加大开发和利用国际资源的力度。

第二节 中国“以人为本”的产业发展观

“以人为本”，作为一种社会思潮和价值观念，古已有之。“以人为本”四个字最早出现在《管子·霸言》中：“夫霸王之所始也，以人为本。本理则国固，本乱则国危。”而在《尚书·五子之歌》中也有“民惟邦本，本固邦宁”的说法。中国古代“以人为本”思想直到今天仍具有巨大的生命力和极其丰富的借鉴价值。但中国古代“以人为本”思想也有一定的局限性，体现在中国古代“以人为本”思想仍有等级观念，重视群体利益和民众共性需求，忽视个体利益和个性化需求。近代西方人本主义反对迷信、崇尚科学，反对专制、崇尚自由，反对神性、张扬人性，对于反对封建主义、推进人的解放起过一定的积极作用。但西方的人本主义也有一定局限性，人本主义不能离开具体的历史条件和人的社会性，不能忽视群体利益和基本的社会秩序。“以人为本”科学发展观，进一步揭示了社会主义建设的客观规律，进一步明确了人在发展中的主体地位，阐明了调动一切积极因素谋发展与发展成果惠及全体人民的辩证关系，揭示了经济社会发展同人类自身发展的内在联系。这种新理念是对中国古代民本思想、西方人本主义的超越，是对马克思主义人本思想的继承和创新。东方管理提出的“以人为本”产业发展观则是强调产业发展立足民生，同时通过完善社会保障促进产业发展；产业发展既要符合群体利益和满足民众共性需求，也要符合个体利益和满足个性化需求，坚持产业发展的动力是为了促进包括弱势群体在内

的绝大多数人民生活质量的提高和人的全面发展，产业发展归根结底要依靠处于主体地位的人的能动性，产业发展成果要由人民共享，产业发展与人的全面发展同步，通过产业发展推动社会发展和进步，促进和谐社会建设。“以人为本”产业发展观强调在具体产业条件中，实现产业发展与发展中处于主体地位的人的利益最大相容和人的全面发展，离开具体产业条件谈“以人为本”的产业发展是不切实际的。具体来说，“以人为本”产业发展观概括起来主要体现在以下三个方面：

第一，“以人为本”强调民生，强调关注包括弱势群体在内的绝大多数人民的生活质量，古人云：“为政之道，在于安民；安民之要，在于察其疾苦。”产业发展要立足民生，民生之基则是社会保障。中国政府一直把发展教育、扩大就业、深化收入分配改革、完善社会保障体系、建立基本医疗卫生制度、完善社会管理等作为解决民生问题的切入点。人们之所以高度关注诸如教育、就业、收入分配、社会养老、医疗保障、住房、交通、食品药品安全、环境污染等民生问题，说明这些问题确实关系到每个人的切身利益，涉及社会弱势群体的生存底线，它的满足程度与改善程度，直接决定着每个人的生活状态与生活质量。因此产业发展首先要立足民生，同时通过不断完善社会保障，也有助于扩大内需，促进产业良性发展。

第二，产业发展要符合群体利益和民众共性需求。自然资源和自然环境是人类赖以生存的基础，中国资源总量严重不足，石油占世界储量的 1.8%，天然气占 0.7%，铁矿石不足 9.0%，但中国对资源的需求却不断上升，2015 年 4 月，中国进口原油 3 029 万吨，相当于每日进口 740 万桶，约为全球日消费量的 1/13，超过美国每日 720 万桶的进口量，2019 年达到每日 1 010 万桶，总量突破 5 亿吨。这意味着中国已超越美国成为全球最大的原油进口国。因此，中国产业发展的资源瓶颈日益严重。目前，我国水土流失面积已达 356 万平方千米，荒漠化面积已经达到 270 万平方千米，70%以上的草地退化和正在退化，全国受酸雨影响的土地面积达到 40%左右，按现在汇率表示我国每增加单位 GDP 的废水排放量比发达国家高 4 倍，中国自然资源消耗比例是日本、法国和韩国的 100 多倍；中国工业废物密度大约是德国的 20 倍，中国城市空气污染程度是法国、加拿大和瑞典的 7 倍多，是美国、英国和澳大利亚的 4 倍多。因此，资源和环境的压力要求大力发展循环经济和生态环境产业，利用新能源，真正提高人民生活质量，真正落实“以人为本”。

第三，产业发展要符合个体利益和满足个性化需求，满足消费需求的升级，同时产业发展也要促进人的全面发展。随着经济的发展和居民收入水平的提高、休闲时间的增加，以及在知识经济背景下居民对文化消费认同度的提升，居民文化消费日益增长。文化消费取决于消费主体的认可与选择，文化消费是主动性消费，因此它呈现出个性化的特点。由于其个性化特点，当代文化消费有向体验消费发展的趋势，因此，文化产业发展要满足个性化需要。此外，现代高新技术带来的数字化、网络化、智能化趋势极大地推进了文化产业的发展，文化消费不断升级，文化产业发展要重视新兴文化业态，推动文化与科技的融合，采用数字、网络等高新技术，大力推动文化产业的升级。文化产业不仅承担娱乐和愉悦功能，也包含着在文化消费中提升人的精神境界的使命。因此，文化产业发展要坚持推动中华民族文化发展与吸收世界优秀文化相结合、走中国特色文化产业发展的道路，提升人的精神品质，促进人的全面发展。文化产业的兴盛反过来又促进实体产业发展、形成和扩大市场需求。

一、发展节能环保产业，提高人民生活质量

随着时代的发展，环境的污染日益引起人们的关注，因为当环境的污染超过生态的承载力时，环境污染就会对于产业的发展产生阻碍作用，这种思想在遥远的中国古代就有其原型。《荀子·五制》有:“君者，善群也。群道当，则万物皆得其宜，六畜皆得其长，群生皆得其命。”荀子认为“群道当”，包括要在自然界的生态系统中，建立合理的生、制结构。要畜养杀伐不失其时，注意保护自然资源，使“万物皆得其宜”。荀子的哲学生态观在于要使自然界为人类贡献更多的财富，必须将管理社会的群道原则推广到管理自然中去，对自然万物施以仁的精神，在人与物、物与物之间建立起既相互制约、又相互协同的良好秩序，即只有有效地控制环境污染，保护环境，才能促进产业和经济的发展。儒家的这种关于保护自然资源、维护生态平衡、建立生物群体合理结构的思想，对于今天的可持续发展战略具有巨大的积极意义。因此，要坚持开发节约并重、节约优先，按照减量化、再利用、资源化的原则，在资源开采、生产消耗、废物产生、消费等环节，逐步建立全社会的资源循环利用体系，强化能源节约和高效利用的政策导向，加大节能力度。通过优化产业结构特别是降低高耗能产业比重，实现结构节能；通过开发推广节能技术，实现技术节能；通过加强能源生产、运输、消费各环节的制度建设和监管，实现管理节能。突出抓好钢铁、有色、煤炭、电力、化工、建材等行业和耗能大户的节能工作，加大汽车燃油经济性标准实施力度，加快淘汰老旧运输设备。世界各国尤其是日本都在加速研究环保节能车，早在 2009 年，日本本田和丰田汽车公司的低价混合动力车上市伊始就得到消费者的青睐。近年来，丰田还开发了以氢能源为动力的车型，以特斯拉、比亚迪等为代表的汽车厂商纷纷研发纯电动汽车并投入市场，环保节能技术将有助于汽车产业走出目前的困境。制定替代液体燃料标准，积极发展石油替代产品。鼓励生产使用高效节能产品。鼓励利用新能源，目前，一些技术如太阳热水器、地热采暖等，已较成熟并具有获利能力和相应的市场，形成了初步的产业基础。沼气工程、风力发电、地热发电、太阳光电系统等技术基本成熟，产品已逐步在市场中出现，但需要进一步完善技术、降低成本以及实施激励政策进行推动，才能与常规技术竞争。随着技术创新和技术进步，更多的、具有良好前景的新能源和可再生能源技术将对产业发展起到积极的推动作用。从长远来看，大力发展新能源和可再生能源可以逐步改善以煤炭为主的能源结构，尤其是电力供应结构，促进常规能源资源更加合理有效地利用，缓解与能源相关的环境污染问题，使我国能源、经济与环境的发展相互协调，实现可持续发展目标。因此，生态环境产业就是把生态建设与经济建设、产业发展融为一体，将生态环境建设作为一个产业来发展，在恢复生态中发展产业，在发展产业中实现区域内资源的生态价值和经济价值。

二、完善社会保障，促进产业良性发展

国际金融危机仍在蔓延和深化，国际金融市场仍处于动荡之中，全球实体经济受到的影响越来越明显。2019 年上半年的统计数据表明，我国的消费需求并没有得到明显提升，刺激消费需求仍任重道远。导致我国长期消费需求不足的原因是多方面的，但最主要、深层次的原因在于社会保障制度不完善。从 20 世纪 90 年代开始，我国先后推动了房改、教改、医改、养老等一系列改革，但国家的社会保障职能仍显不足。这样，一方面使得居民的预期有很大的不确定性，另一方面也分流了部分消费资金，再加上由于新社会保障体系还不健全，人们普遍预期支出将上升，从而导致居民的预防动机不断增强，储蓄倾向加重，消费需求下降。由于社会保障制度不完善，消费对我国经济增长的贡献率在下降，从 1979 年的 87.3%降到 2007 年的 39.4%。2019 年这一指数又上升到 57.8%，消费连续6 年成为经济增长的第一动力。

完善的社会保障制度可以减轻居民的生活压力和不确定性，从而减少居民的预防性储蓄，增强居民的消费意愿，使整个社会释放出巨大的消费潜力，从而确保经济增长。建立完善的社会保障制度有助于增强居民的消费心理预期，提高居民潜在社会购买力，这也有助于形成新的消费热点，有助于产业结构优化。

为了更好地完善我国的社会保障制度，以达到有效刺激消费需求的目的，应该从以下三方面加强社会保障建设：

（一）建立与健全社会保障体系

社会保障水平的高低将直接决定人们的消费行为。当前，应以社会保险、社会救助、社会福利为基础，以基本养老、基本医疗、最低生活保障制度为重点，以慈善事业、商业保险为补充，重点在住房、教育、医疗、养老与就业等方面出台相关配套政策以完善社会保障体系。

（二）实施积极的就业保障和医疗保障政策

就业关系到居民消费水平的提高，是民生之本。应制定实施有利于扩大就业的财政、税收、金融与产业政策。当前，要把促进高校毕业生就业、促进农民工就业、支持自主创业、自谋职业、帮助城镇就业困难人员就业、零就业家庭和灾区劳动力就业放在突出位置，进一步改善对就业的公共服务，着力推进农民工和农村社会保障制度建设。占人口 60%以上的农村居民是中国最大的消费群体，应率先建立起失地农民的养老和失业保险，抓紧制定出台切实可行的农民工养老保险办法，建立和实行农村居民的最低生活保障制度，提高合作医疗水平，健全农村医疗保障制度。2009 年，中央财政安排 429 亿元专项补助资金，用于解决关闭破产企业退休人员等困难群体参加医保的问题，2019 年投入医疗救助补助资金 245 亿元，安排 40 亿元补助资金专项用于支持深度贫困地区提高贫困人口医疗保障水平。在扩大覆盖面的同时，为进一步提高医疗保障水平，国务院要求职工医疗保险、城镇居民医疗保险以及新型农村合作医疗，都要在现有报销比例的基础上提高最高支

付限额，住院费用报销比例要比2008年平均提高5%。2019年政府工作报告提出居民医保人均财政补贴标准增加30元，一半用于大病保险，降低并统一大病保险起付线，报销比例由50%提高到60%，2013年至2017年，各级财政对城乡居民医疗保险补助由3 282亿元增加到4 919亿元，年均增长10.6%。今后，国家财政还将大幅度提高对城镇居民医疗保险和新型农村合作医疗的补助水平。

（三）多渠道筹集社会保障基金，加强监管

当前，社会保障模式要从主体一元化向主体多元化过渡，从国家包揽向国家、集体与个人共同负担转变，多渠道筹集社会保障资金；加强对社会保障基金的监管，防止社保基金的流失；提高社保基金运营效率，确保社保基金安全、保值、增值；建立配套的社会保障法律制度，加快相关社会保障的法制建设，建立起一套包括社会保障法、社会保险法、社会救济法、社会福利法、社会互助法和优抚安置法等在内的完整的法律体系，健全社会保障的司法制度建设。

此外，为了有效刺激消费需求，应在提高居民收入、缩小城乡居民收入差距、引导居民培养科学的消费理念、开拓农村消费市场与营造良好的消费环境等方面有所作为。

三、大力发展中国特色文化产业，满足与提升文化消费

“文化”一词，在中国古代主要有“文明”和“教化”的含义，如《周易》所云：“观乎天文，以察时变；观乎人文，以化成天下。”这里的“文”指“文明”，“化”指“教化”，即通过文明以教化天下。随后，“文化”的这层含义得到了发展。在西方，“文化”一词源于拉丁文的cultura，本义为“耕作”，即土地的开垦及植物的栽培。经过16—17世纪的丰富和发展，“文化”一词逐渐由耕作转为对树木、禾苗等植物的培养，进而引申为对人类的心灵和精神的培养。随着文化产业化的日趋成熟和发展，20世纪90年代初，美国前总统克林顿提出了文化产业（culture industry）的概念。2004年，我国国家统计局制定了《文化及相关产业分类》，结合我国的实际情况，将文化及相关产业概念界定为：为社会公众提供文化、娱乐产品和服务的活动，以及与这些活动有关联的活动的集合，包括传媒、动漫、影视、娱乐、游戏、旅游、教育、网络及信息服务、音乐、戏剧、艺术博物馆等相关产业。文化产业应注重文化所具有的提升人类生活尤其是精神生活品质的功能，而不仅仅是娱乐、审美功能。随着经济的发展和居民收入水平的提高、休闲时间的增加，以及在知识经济背景下居民对文化消费认同度的提升，居民文化消费日益增长。从国际经验来看，人均GDP突破3 000美元将是文化产业的爆发点，2008年中国人均GDP已经突破3 000美元，文化消费需求增长趋势明显。大力发展中国特色文化产业具体体现在以下四方面：

（一）振兴文化产业，为文化产业新常态提供有力支撑

如何振兴我国文化产业？这是我们必须认真加以思考的问题，需要我们进一步认识的是，“十一五”期间中国文化产业的发展速度基本保持在15%以上，2013年占GDP比重

已达3.77%。2018年文化产业比重提升至4.30%，达到38 737万亿元。如此快速增长，固然有中国文化产业起点低、基数小的原因，特别是在诸多利好政策推动下，文化产业的发展迎来一个爆发期。无论是在中央和国务院层面还是部委层面，均密集出台文化产业政策，这都为以后的文化产业新的发展创造了条件。2014年年末，习近平在中央经济工作会议讲话时强调：认识新常态，适应新常态，引领新常态，是当前和今后一个时期我国经济发展的大逻辑。党的十八大以来，本着对内和对外双向开放的战略，党中央提出和强化了一系列新的发展战略，为以后区域文化产业空间布局、特色文化产业发展和文化走出去战略实施提供了想象和实践的空间以及新的重要支点，对此，无论是政府还是文化企业都要有充分认识和感悟。

（二）不断促进文化产业升级，促进文化产业集群发展

国际文化产业结构不断升级，文化产业在经历了全球化、结构调整和重新整合之后，正在一个更高的层次上重新集结，并朝着规模化、集约化、垄断化的方向发展，文化产业与现代高新技术结合也日益紧密。《文化产业振兴规划》明确提出推动文化与科技的融合，采用数字、网络等高新技术，大力推动文化产业的升级，包括发展广播电视上的新业态，比如移动多媒体广播电视（CMMB）、网络广播电视、数字广播电视、手机广播电视，也包括对传统产业的改造和升级。同时在音乐、电影、流动演出等方面都要求加快关键技术设备的改造更新，研发核心技术。推动文化产业升级离不开文化产业集群的发展。中国目前文化产业集约化、规模化水平还不高，文化产业集群体现在通过文化产业基地发挥集聚效应和孵化功能，通过培养骨干文化企业发挥带动和协调作用。《文化产业振兴规划》强调凡是列入全国性文化产业基地建设规划的都要在基础设施建设、税收优惠，包括资金上给予重点支持，在重点文化产业中选择50家左右成长性好、竞争力强的大型国有或国有控股集团公司，培育成骨干文化企业。

（三）走中国特色文化产业发展道路，促进人的全面发展

文化产业的发展越来越具有全球化的性质，国际文化市场的竞争日趋激烈。西方国家大型文化产业集团，以其强大的资金实力、科技水平、经营理念，向全球扩张，挤压弱势国家的文化产业发展空间，使得世界各国文化产业发展的不平衡进一步加剧。西方文化媒体企业为了提高经济收益和分散投资风险，不断扩大其卫星电视覆盖网；美国图书出版占全球图书市场总值的近1/3；美国的迪士尼公司的动画电影风靡一时，获得很高的票房收入。中华民族拥有五千年的文明史，历史文化积淀十分深厚，中华文化源远流长且博大精深，文化资源禀赋独特而深厚。因此，要坚持推动中华民族文化发展与吸收世界优秀文化相结合，通过对中国及世界文化需求市场的深入分析和恰当定位，通过挖掘资源潜力、提升资源转化和市场运作能力，尽量提高文化产品的科技内涵和文化含量，突出时代特色。在当代，已经不可能再把经济生产领域与文化生产领域完全区分开来，文化产业的发展要适应从以往的被动消费转变为今天的主动消费的趋势。随着后工业社会的到来，城市逐渐从工业中心、生产中心转变为文化中心和消费中心，城市文化消费日趋呈现出时尚消费的特征。因此，大力发展中国特色文化产业要坚持中国特色文化产业发展道路，要将文化消

费时尚化发展与弘扬中国优秀传统文化有机结合，在满足文化消费需求日益增长和不断升级的同时，提升人的精神品质，促进人的全面发展。

（四）拓宽融资渠道，构建新型文化产权交易平台

《文化产业振兴规划》明确指出，积极吸收社会资本和外资进入政策允许的文化产业领域，参与国有文化企业股份制改造。同时，国家政策性银行也将大力支持文化产业发展。2009 年，文化部（现为文化和旅游部）与中国进出口银行签订了《关于扶持培育文化出口重点企业、重点项目的合作协议》，确定了首批包括兰州大剧院舞剧《大梦敦煌》等 15 个申请贷款文化产业项目，这些项目都以弘扬中华民族的文化传统为宗旨，都是颇具国际竞争力和鲜明民族特色的文化产品，贷款总额 40 多亿元，根据协议，5 年内中国进出口银行向这些文化项目或企业提供不低于 200 亿元人民币的信贷资金 。近十年内，文化和旅游部与多家银行签订了多项文化产业贷款协议。借鉴发达国家经验，文化产业的发展依赖于知识产权制度，特别是版权制度的保护，版权产业已成为发达国家文化产业中的核心部分。为推动文化产业发展，2009 年 6 月 15 日，上海率先建立了中国首家综合性文化产权交易所，该交易所是以文化物权、债权、股权、知识产权等为交易对象的专业化市场平台，旨在促进文化产业与金融资本对接。这一新型的交易平台将以上海为基地，辐射全国，以文化产权、文化版权等交易为核心，发挥上海的金融优势，整合包括孵化、登记、展示、推介、交易、经纪、信息等在内的各类服务要素，提供高质量的产权交易服务、产权信息服务、投行融资服务、增值服务等与文化产权交易有关的服务。这也是上海国际金融中心建设的组成部分之一。

第三节　中国高新技术产业的发展

科学技术是经济发展的重要动力，是人类社会进步的重要标志。现代国际社会的竞争，说到底是综合国力的竞争，其中关键是科学技术的竞争，而高新技术及其产业又是整个竞争的焦点。第二次世界大战后，世界科技进步取得了新的重大发展，科技与经济之间的结合更加紧密。以信息技术、微电子技术、自动化技术、生物技术、新材料、新能源等为代表的高新技术及其产业，在世界范围内蓬勃兴起，逐步汇成了新技术革命的浪潮。发展高新技术及其产业，应是我国经济发展的一项长期战略。我们要牢牢把握历史机遇，大力发展高新技术及其产业，不断增加科技进步在经济增长中的贡献份额，促进国民经济增长方式的转变。近年来我国高新技术取得了举世瞩目的成就，科学技术研究方面，量子通信等一批基础研究取得成果，高新技术产业化方面，以华为等为代表的一批我国企业开展自主创新，在不同领域逐步具备国际竞争力。物联网、5G、人工智能、高端制造、3D 打印、基因编辑技术、新能源汽车、航空航天等高新技术产业逐步成熟，有望在未来形成产业化，成为经济增长的主导产业。我国对此高度重视，制定相关激励和培育政策开展布局。

一、高技术产业的概念及特点

（一）高技术与高技术产业的含义

高技术这一概念源于美国的有关文献，迄今尚无严格的定义。它与单项的先进技术或新兴技术不同，不具体指某项技术本身。高技术总是与产品和产业相联系，是对产品或产业中技术含量和水平的评价。产品或产业中高技术所占的比例超过一定标准时，才能称为高技术产品或高技术产业。高技术的含义可概括为：当代先进技术群体或尖端技术系统，并且总是与当代高、精、尖的产业相联系，是对现代高、新产品和产业中先进技术含量和水平的评价。在我国多以“高新技术”这一概念称之，一般情况下高技术与高新技术这两个概念是互相通用的。之所以要在高技术的概念中加上一个“新”字，是为了强调对发明或引进填补我国空白的技术的重视。

目前，在国际上常用的高技术产业的概念一般是指用当代尖端技术（主要指信息技术、生物工程和新材料等领域的技术）生产高技术产品的产业群。具体来说，高技术产业指必须以利用计算机、超大型集成电路等最尖端科技产品为基础，并投入巨额研究与开发费用，从事生产的智慧密集型产业。可见，高技术产业应具备的基本条件是：产品的技术性能复杂，科技人员在员工中的比重大，设备、生产工艺建立在尖端技术的基础上，工业增长率和劳动生产率高。其中，高劳动生产率也是发展高技术产业的重要目的之一。世界各国之所以纷纷大力推进高技术产业的发展，一方面是为了抢先占领竞争的制高点，另一方面就是想通过利用先进的技术改造传统的产业，减少经济活动中人、财、物的投入，从而极大地提高劳动生产率。还需说明的是，由于同样的原因，在我国“高技术产业”与“高新技术产业”这两个概念也是互相通用的。

从定量的角度来界定高技术产业，一般有两个指标，即研究与开发经费占总销售额的比值（研究与开发经费密度）和专业技术人员占总就业人数的比值（专业科技人员密度）。美国劳动统计局用研究与开发经费密度和专业科技人员密度分别两倍于全部制造业的平均值来定义高技术产业。同时，也有很多研究论文倾向于另一种观点，即这两项密度指标均超过本国制造业平均值的那些产业都可算作高技术产业。另外，美国学者丹宁和波斯则利用所谓“三分法”来对产业进行分类，即研究与开发密度超过2.8%者称为高技术产业，为1.1%～2.8%者称为中技术产业，低于1.1%者称为低技术产业。

（二）高技术产业的特点

高技术产业一般具有以下几个方面的特点：

1. 知识、技术密集

高技术产品实际是人类大量新知识和高级技术劳动的结晶，高技术产业发展的关键是知识和人才。有资料表明，国际上高技术产业中的科技人员数是成熟的低技术工业中科技人员数的5倍；高技术产业中所需的技术工人比传统制造业多75%。

2. 资金密集、风险性大

一项科研成果要转化成商品，需要先投资进行研究与开发和试生产。而高技术科研成果要推向市场，则需要更多的研究与开发经费，一般平均为非高技术产品的10~12倍。同时，无论对高技术新产品的市场预测做得多好，在投资时总要承担风险。

3. 产品更新快、竞争性强、信息的作用大

高技术产业中，技术创新具有不确定性，产品更新很快，竞争激烈。因此，为了减少生产的冒险性和提高企业的竞争能力，信息正成为高技术产业的一种重要资源。

4. 高度的创新精神

高技术产业要得以发展，除了各种外部条件和客观因素外，还需具备内在的主观因素，这就是创新精神。人们迸发出的创新激情会构成一种创新气候，创新气候一旦在某一地区形成，创新活动就会在这里聚集，高技术企业就会不断“裂变”，从而形成高技术区。

5. 影响深远

高技术产品由于技术领先性对生产、生活具有重要而深远的影响。有一些技术创新属于突破性创新，对现有产业具有颠覆性的影响，同时也能大幅提高现有劳动生产率。如美国阿波罗登月计划所产生的科技创新被广泛应用在各个方面。

二、中国高新技术产业发展的历程回顾与现状

（一）我国高新技术产业发展的历程

中华人民共和国建立以来，我国政府一贯重视高新技术和高新技术产业的发展。1951年，创建了航空工业。1955年1月，毛泽东作出了发展我国核技术和核工业的决定。1956年，周恩来主持制定了《1956—1967年科学技术发展远景规划纲要（草案）》，确定了原子能、火箭和喷气技术、电子计算机、半导体、自动化、精密机械、仪器仪表等高新技术领域57项重点任务，提出了“重点发展，迎头赶上”的方针，把国防现代化放在突出的地位。

党的十一届三中全会以后，全国工作重点转向以经济建设为中心。1978年召开了全国科学大会；1981年制定了“把为经济建设服务作为科技工作的首要任务”的新方针；1985年3月又做了《关于科技体制改革的决定》，进一步明确了“经济建设必须依靠科学技术，科学技术必须面向经济建设”的战略方针；1986年3月，在一批著名科学家的倡导下，根据我国高新技术及其产业发展的实际情况和世界新技术革命的特点，相继制定了国家《高新技术研究发展计划纲要》，即“863计划”及其产业化实施方案的“火炬计划”，并在全国建立和发展了52个高新技术产业开发区。

“863计划”共确立了5个高技术研究开发领域的15个主题、94个专题、560多个课题，“七五”期间先后投资10亿元，到2000年总投资达到100亿元。“863计划”旨在从“九五”期间开始到2010年使我国能够在几个最主要的高技术领域里积极跟踪并追赶国际先进水平，以缩小我国同世界水平的差距，并力争在我们有优势的领域里有所突破。

“火炬计划”是发展我国高新技术产业的一面旗帜，它在“863 计划”的 5 个重点发展领域中，优先选择能出口创汇、能替代进口、技术先进成熟、具备批量生产、经济效益高、投入产出比在 1∶5 左右、利税大于 25%和投产周期不超过 3 年的项目进行投资，项目总投资达 15 亿元人民币，创汇节汇 7 亿美元。

国家级高新技术开发区的建设是“火炬计划”的一个重要组成部分，也是我国高新技术产业化的主要途径。目前在这些开发区内已初步形成科研院所、高等院校、军工企业和民办高科技企业四路高技术产业大军，并基本形成了一些科研、开发、生产、经营、销售和服务一体化的高技术产业。

2015 年 5 月上海出台《关于加快建设具有全球影响力的科技创新中心的意见》，俗称“科创 22 条”，将上海打造为具有全球影响力国际创新中心；2015 年 5 月国务院发布《中国制造 2025》战略规划，旨在推动我国从制造大国向制造强国转变，给出我国应对新一代信息技术发展趋势下的发展策略与路径。

（二）我国高新技术产业发展的现状

1. 我国高新技术产业增长势头良好，出口持续增长，但产品附加值较低

2018 年，我国高新技术产业主营业务收入达到 15.7 万亿元，产业利润总额达到 10 292.8亿元，分别是 2005 年的 4.63 倍，7.23 倍。2004 年，我国高新技术产品出口终于摆脱了长期逆差的局面。2018 年，我国高新技术产品年出口交货值达 51 041.9 亿元，是 2005 年的 3.4 倍，我国已跨入高新技术产品出口大国的行列。

2. 国家高新技术开发区成为我国高新技术产业发展的重要基地

2018 年，国家高新区总数已达 169 家，实现营业总收入 34.6 万亿元，其中 55 家成为“千亿俱乐部”成员。国家高新区表现出很好的发展质量和增长态势，已成为中国深入实施创新驱动发展战略、走中国特色自主创新道路的一面旗帜。曹健林说，国家高新区集聚了全国 50%以上高新技术企业，单位产出能耗仅为全国平均值的一半，每万名从业人员拥有发明专利 107 件，相当于全国平均水平的 10 倍。2018 年，中国 169 家国家高新区共实现工业总产值 22.3 万亿元，占全国 GDP 比重达 12.3%以上，出口创汇占同期全国外贸出口总额 20.5%，上交税额 1.865 万亿元，出口总额 5 631 亿美元。

3. 我国高新技术产业发展带动就业增加，但创新型、复合型人才缺乏

截至 2016 年，我国高技术产业从业人员年平均人数达到 1 342 万人。这表明高技术产业对人才的需求已成为我国国民经济中增加就业的重要渠道，同时也为我国在更高层次上发挥人力资源丰富的比较优势，提高国际竞争力创造了条件。与高技术产业发展要求相比，我国尚未形成与高技术产业创新体系相配套的创新人才队伍，如我国的现代生物与医药产业，能自主研制开发的药品较少，相当一部分采用的是技术引进、知识产权购买，能自主研发的人才稀少；信息产业缺乏芯片设计与系统集成人员，医药制造业缺乏既懂技术又懂管理、既精通制造又善于营销的复合型人才。这些均反映了我国高新技术产业创新型、复合型人才不足。

4. 税收政策支持力度加大，但存在结构性问题

高新技术产业已经成为世界各国综合国力竞争的重要方面，因此，各国无一例外地采用各种手段对其加以鼓励和扶持。在这些手段中，税收优惠政策是强有力的手段之一。当前，我国科技税收优惠中涉及高新技术产业的就多达几十项，范围涉及增值税、所得税、关税等多个税种，优惠幅度也比较大。但也存在结构性问题，现行的税收优惠特别是增值税和关税主要集中在对软件和集成电路产业的优惠上，没有体现出税收对整个高新技术产业的支持与鼓励。此外，现行的科技税收优惠（包括高新技术产业税收优惠）多采取税额式（减免税）和税基式（降低税率）的直接优惠方式。很少采取加速折旧、税前扣除等间接优惠方式。直接优惠政策是对企业最终经营结果的减免税，透明度高、激励性强，但是企业得到减免税后可能会把有限的资金用于他处，这不利于引导企业事前进行技术改革和科研开发。我国应借鉴发达国家经验，将税收优惠逐步由直接优惠为主转变为间接优惠为主，实行多税种优惠政策的组合。如在企业所得税方面可采取加速折旧、增加研发费用扣除、税收抵免、提取研发保证金的间接优惠形式来鼓励高新技术产业发展。

三、中国高新技术产业化

高新技术产业化是高新技术创新成果的商品化、市场化的过程，是一个从创新成果到形成一定规模商品生产的转化过程。经由这一过程高新技术成果才有可能在国民经济的各个领域得到日益广泛的应用并形成一定经济规模的产品。它通常包括“技术实用化”“产品商品化”和“经营市场化”等环节并由此形成新的社会生产力。技术实用化是指使科技成果尽快成为产品的工程开发。产品商品化是产业化的经济内涵。它要求对实用化后的产品能按商品的要求进行生产以确保产品质量和可靠性实现标准化、系列化获取性能及价格上的优势并达到一定的市场占有率从而取得较好的经济效益。经营市场化是产业化的社会外延。它要求对商品化后的产品实施市场开发战略，提升产品的市场占有率以获取高额利润。同时还要根据掌握的国内外信息不失时机地开发下一代新产品，为增强市场竞争力储备能量。由此可见在高新技术产业化的过程中处理好高新技术实用化、商品化和市场化的相互关系是关键所在。正因为如此，“发展高科技实现产业化”已成为各国在高新技术竞争中的一个共同奋斗目标。

“十二五”期间，高新技术产业全面贯彻落实党中央重大决策部署，扎实推进创新驱动发展战略的相关重点工作，我国高新技术产业在谋划和落实创新驱动战略、培育和发展新的产业增长点、推动和优化重点产业转型升级、支撑和服务创新驱动发展几个方面取得了良好成绩。“十三五”时期在面临新形势和新常态下，高新技术领域继续深入贯彻落实党的十八大和十九大精神，重点围绕做好创新驱动发展的统筹布局，推进重点领域实现战略跨越，构建适应现代产业发展的技术体系，推动区域全面创新改革试验，促进大众创业万众创新，并拓展创新发展国际新空间等重要思路推进各项工作。

当前即将进入“十四五”时期。在此，必须做好以下工作：

第一，鼓励高等院校和科研机构向企业转移自主创新成果。国家发展改革委员会、教育部、科技部、国家知识产权局等部门指导、支持高等院校、科研机构和企业，强化自主创新项目的筛选、评估和知识产权保护，完善技术转移机制，积极推动自主创新成果的转移和许可使用；鼓励企业间技术成果的转移；高等院校和科研机构技术转让所得，按照有关税收法律和政策规定享受企业所得税优惠。

第二，鼓励科研人员开展自主创新成果产业化活动。高等院校和科研机构在专业技术职务评聘中，要将科研人员开展自主创新成果产业化情况作为重要的评价内容，引导、支持科研人员积极投身于自主创新成果产业化活动。对在自主创新成果产业化工作中作出突出贡献的人员，应依据《中华人民共和国促进科技成果转化法》等法律法规给予奖励。

第三，加大政府投入力度。政府根据财力的增长情况，继续增加投入，主要通过无偿资助、贷款贴息、补助（引导）资金、保费补贴和创业风险投资等方式，加大对自主创新成果产业化的支持，加快自主创新成果的推广应用，提高自主创新成果产业化水平。

第四节　中国现代服务产业的发展

一、现代服务产业的界定与特征

（一）现代服务产业的界定

现代服务产业一般被界定为：该产业产生于工业化高度发展阶段，主要以电信技术、信息化、知识化、高技术、高素质人才、新产业形态、新服务方式、现代化管理理念等为依托，创造出更多的消费需求，引导消费者的需求趋向，为社会创造出高附加值的国民经济新领域。

现代服务产业主要可分类为生产性服务业、新兴服务业和科技服务业。其特点被定义为“三新”和“三高”，即新技术、新业态、新方式，高人力资本含量、高技术含量和高附加值。

（二）现代服务产业的主要特征

就现代服务产业的一般特征而言，主要有以下特征：① 从业人员素质高；② 产业整体技术含量高；③ 产业附加值高；④ 对国民经济发展具有全局性影响。

就现代服务产业投资环境而言，主要有以下特征：① 系统性；② 综合性；③ 动态性；④ 先在性；⑤ 可持续性。

就现代服务业发展总体特征而言，主要为：① 由不同经济活动组成的多样化群组；② 以满足选择最大化为目标；③ 发展伴随着制造业的服务化。

就现代服务产业发展的结构特征而言，主要为：① 公共部门提供的服务业地位不断减弱；② 国际化、网络化和一体化的现代服务行业比重扩大；③ 关联产业间的融合发展。

二、中国现代服务产业发展的背景分析

现代服务产业有别于商贸、住宿、餐饮、仓储、交通运输等传统服务业，以金融保险业、信息传输和计算机软件业、租赁和商务服务业、科研技术服务和地质勘查业、文化体育和娱乐业、房地产业及居民社区服务业等为代表。

进入21世纪以来，全球产业结构进入由工业经济主导向服务经济主导转变的新阶段。特别是自金融危机以来，世界主要发达国家为重塑国际竞争优势，不断加大对科技创新的投入，在继续将加工制造业中的高耗能、低附加值环节向发展中国家转移的同时，大力发展高附加值的现代服务业，积极抢占危机时代经济发展的战略制高点，基于信息网络的现代服务业成为国际经济新的增长点，并呈现出细分化、国际化、数字化的发展趋势。服务业的快速细分不断催生出新的服务业态，推动新兴服务业态和服务模式不断涌现，为现代服务业提供了更大的发展空间。

“十四五”时期，我国仍将处于重要的战略机遇期，应对国际产业科技竞争，保证经济社会平稳较快发展，加快经济发展方式转变和产业结构调整，明显改善人民物质文化生活，都对现代服务产业发展提出了更加明确的要求。从“制造大国”向“制造强国”的转型迫切需要大力提升和发展生产性服务业。经过多年的发展，我国已经成为世界“制造大国”，但离“制造强国”还有很大的距离，在全球产业链分工中还处于低端位置。大力发展电子商务、现代物流、业务外包等生产性服务业，可以有效推动我国制造业向产业链高端转移，大大提高产品附加值，有效带动制造业的转型升级。加快产业结构调整和改善人民生活迫切需要发展新兴服务业。随着科技的进步和经济发展方式的演变，以知识密集、技术密集、人力资源密集、高成长性为特征的现代服务业新业态，在推进产业结构调整中发挥着越来越重要的作用。同时，改善人民物质文化生活，提高人民生活质量和水平，也迫切需要大力培育和发展数字文化、数字旅游、数字医疗与健康、数字社区等依托信息与网络技术，从传统公共服务业衍生出来的新业态。提高科技创新能力和竞争优势迫切需要发展科技服务业。21世纪是知识经济时代，科技不但通过其创新支持产业的发展，其本身也成为产业发展的重要组成部分。充分依靠市场机制，大力发展科技服务业，促进研发设计、技术转移转化、创新创业服务、科技金融、科技咨询等科技服务业、做大做强，培育科技服务产业新模式，壮大科技服务产业规模，可以有效提高我国科技创新能力和产业竞争优势。面对我国经济社会发展的迫切需求，我国现代服务产业及其科技发展还存在着一些问题和瓶颈，主要体现为生产性服务业规模偏小，新兴服务业引领作用不强、科技服务业支撑能力薄弱、创新政策体系有待完善等。未来为应对国内外现代服务业发展的巨大挑战，我国现代服务业科技工作必须迎难而上，突破制约，准确把握现代服务产业科技发展方向，紧紧抓住前所未有的战略机遇，强化部署，进一步提升科技对现代服务产业的支撑和引领能力。

三、中国现代服务产业发展走向

就中国现代服务产业的未来发展走向而言，我国应围绕生产性服务业、新兴服务业、科技服务业等重点领域，加强商业模式创新和技术集成创新，突破一批共性关键技术，形成一批系统解决方案，建立完善现代化服务产业技术支撑体系、科技创新体系和产业发展支撑体系。开展一批具有引领和带动作用的示范应用，培育一批现代服务新业态，打造一批知名服务品牌。建设一批现代服务业产业化基石，推动现代服务产业集群的形成和发展，显著提高现代服务产业在国民经济中的比重和水平。为此，我们主要从生产性服务业、新兴服务业以及科技服务业入手来分析现代服务产业的发展走向。

（一）大力改造提升生产性服务业

围绕生产性服务产业共性需求及关键环节，加强围绕信息技术集成应用，大力改造提升生产性服务业，重点推进电子商务、现代物流、系统外包等的发展，增强服务能力、提升服务效率、提高服务附加值。

1. 加强一体化电子商务技术攻关，提高全程服务能力

加强完全网络化条件下高效电子商务市场体系结构及其演化机理与过程研究，探索网络化生产经营、消费方式与行为规律，为发展高效电子商务服务形态提供科学依据。满足生产资料、生活资料、国际贸易、旅游、移动商务等国民经济重点领域、行业以及区域发展需求，大力开展电子商务服务模式与技术集成创新，强化电子商务支撑体系建设。

加强物流产业发展规律研究，探索物流发展新模式。面向国内外贸易需求，加强集装箱海铁公多式联运智能运输组织、业务过程协同控制、信息共享与集成等技术研发与应用，创新服务机制与模式，建设海铁公联运物流信息服务平台，形成一体化物流服务解决方案。结合电子商务对物流配送的需要，创新网购物流服务模式，加强电子商务和物流配送协同信息共享技术和标准、网购物流服务网络和业务流程研究，积极实施网购物流示范工程。

2. 加强系统外包服务模式创新，提高产业信息化水平

加强软件服务化应用技术研究，探索信息系统开发、建设、运行、维护新模式，为发展信息系统外包服务形态提供科学依据。建立信息系统服务外包标准和管理体系，形成信息系统服务外包管理保障支撑体系。面向大型骨干企业及其上下游供应链企业信息化需求，鼓励其信息化机构与主管业务分离，创新信息系统服务模式，为产业链相关企业提供信息系统服务支撑。面向非机要政府部门电子政务需求，鼓励其电子政务系统建设与运营外包，发展社会化电子政务信息系统服务产业。

（二）积极培育发展新兴服务业

加强网络化、个性化、虚拟化条件下服务技术研发与集成应用，大力开展服务模式创新，重点发展数字文化、数字医疗与健康、数字生活、培训与就业、社保等新兴服务业，显著提升科技培育发展新兴服务业的能力。

1. 推动科技与文化融合，培育文化新业态

加强虚拟现实技术的集成应用，促进虚拟会展、在线体验等新业态发展。加强文化信息资源互联互通，推动文化产业与旅游产业等业态的深度融合。构建新型演艺文化传播服务平台，提升文化演出院线、票务网络、文化场馆、文化设施等文化流通环节效率。加强数字内容版权保护、内容集成、存储、分发及传输等技术攻关，创新基于版权的数字内容服务模式，促进数字内容服务新业态的形成和发展。

2. 加强融合网络技术攻关，发展新兴消费服务业

加强新兴生活消费服务模式与发展路径研究。重点围绕数字社区（家庭）服务、移动生活服务、数字学习、数字娱乐、数字休闲旅游服务、虚拟社会互动服务、空间位置综合信息服务等数字生活服务领域，构建一批数字生活服务运营平台，开展应用聚合开放服务平台运营示范。打造现代数字生活运营服务品牌，引领新兴数字生活消费服务产业快速发展、做大做强。

3. 创新公共服务模式，培育社会化公共服务业

加强农村与城市社区协同医疗服务，完善城乡医疗卫生服务体系。创新第三方医疗与健康服务模式，形成合理分工的服务网络格局。突破以人为中心的智能感知、普适服务等关键技术，完善电子健康档案，形成个人、医院及相关部门一体化的医疗健康保健系统。建立开放式教育云服务平台，支撑国家汉语言文化传播，促进大学、中小学师资培训的发展。大力培育龙头企业，提升我国教育公共服务的规模和水平。针对新就业服务、社会保险服务、养老服务和残疾服务模式，构建一体化就业与社会保障服务平台，开展就业、社会保险、养老和残疾人服务示范，培育第三方服务企业，提升社保公共服务水平。

4. 加强新技术与新模式研究，引领战略性新兴服务业

适应战略性新兴产业发展需求，积极促进物联网、智慧技术架构、云计算的技术研发、应用模式创新和示范应用，支持国内企业和科研院所主导和参与相关国际、国内标准的制定。加强网络身份证技术研究和应用，提高网络经济安全保障水平。积极发展基于新技术的新兴服务业态，探索适合中国国情的新兴服务技术与服务模式发展之路。

（三）着力做大做强科技服务业

围绕企业技术创新和公共科技服务需求，重点发展研发设计、成果转移转化、创新创业、科技金融和科技咨询等服务，提高科技服务能力，加速科技成果转化，促进科技服务产业化，做大做强科技服务业。

1. 发展研发设计服务业，提高创新设计能力

引导科技资源密集区域，将研发设计作为战略性新兴产业重点领域，积极鼓励研发外包服务、合同研发组织等研发服务新兴业态的发展，培育集聚一批社会化投资、专业化服务的第三方研发机构，形成研发服务集群。鼓励成立研发服务联盟，开展技术和服务模式创新，制定行业技术标准。建立重点行业产品设计通用数据库、试验平台及设计服务平台，促进设计资源的共享利用。建立专业化设计服务标准和管理体系，促进各类专业性设计机构的集聚发展。推进检测服务市场化进程，积极支持第三方检测服务机构发展，培育

一批综合性检测服务机构。规范检测服务，研究制定技术检测服务行业标准。吸引国外检测机构在我国开展业务，加强品牌建设。

2. 发展成果转移转化服务业，加速科技成果商业化

提升技术转移机构的市场化运作能力，支持服务机构和企业之间探索新型技术转移合作模式，解决技术转移过程中技术定价和知识产权共享与保护等问题。加强技术转移机构的专业化、特色化和增值服务能力，强化产学研合作过程中的技术成果中试熟化服务。支持知识产权交易机制，强化交易平台建设，开展专利检索、交易、培训等服务。加强技术、知识产权等要素市场建设，优化成果转移转化环境。

3. 发展创新创业服务业，优化创新创业环境

建设一批战略性新兴产业专业孵化器，搭建专业化服务体系，面向全球跨区域创业者和高端人才提供创业服务，发现、遴选和培育具有前瞻性、成长性、带动性源头企业。扩大科技企业加速器试点，整合创新创业服务资源，加大与专业科技服务机构的合作力度，为高成长企业做大做强提供资本、人才、市场等深层次服务。

4. 发展科技金融服务业，提高投融资服务能力

推动科技金融业务创新，定制开发股权质押、知识产权质押、信用保险质押等科技金融产品，探索科技贷款担保、科技保险、产权交易与股权交易等新模式。建设国家科技金融综合服务平台，进一步推动和实践科技型中小企业成长路线图计划，为不同业态、不同成长阶段企业的不同融资需求提供包括天使投资、贷款担保、科技保险、投行券商业务等在内的差异化服务，促进科技与金融资本的对接。

5. 发展科技咨询服务业，提升科技咨询服务水平

大力发展知识产权交易模式研究。加强产业研究和竞争情报服务，深入研究我国战略性新兴产业发展的技术路线图，把握产业主导权。鼓励咨询机构依据区域空间特性、产业基础、资源禀赋等因素，为区域经济全面协调发展提供产业咨询服务。提高科技咨询信息化水平，建设智能化科技信息收集、加工分析、共享应用的服务平台，形成科技咨询业现代化信息网络系统，提升科技咨询服务机构的服务能力。

思考题

1. 试简述今后我国产业的发展面临哪些新的发展现象及其对产业发展的影响。
2. 论述以人为本的产业发展观。
3. 什么是高新技术？什么是高新技术产业？简述高新技术产业的特点。

思考题参考答案

※ 本章案例 ※

中国手机业的产业生命周期

一、1987—2006年手机行业的兴起时期

自1987年广州率先开通移动电话运营以来，中国手机业至今已走过20多个年头，经历了从无到有、从引进消化吸收到自主创新，从国外品牌占领市场到国产手机的发展壮大，中国手机产业发展波澜壮阔。截至2007年，中国手机市场用户达到4.87亿，手机产量达到5.6亿部，国内年销售量近1亿部，手机品牌80多个，中国成为全球最大的手机产销市场。

1. 国产手机在夹缝中生存

中国卖出的第一部移动手机来自NEC，时间是1987年11月。从此，中国手机产业进入了移动通信的模拟时代，这也是中国手机通信的引入期。在这个时期，中国市场是设备企业的天下，摩托罗拉成为天然的王者。包括诺基亚、爱立信、NEC等企业都分享到该阶段市场的高成长和丰厚利润。直到1993年，南京熊猫推出中国第一部手机，才从合资品牌一统天下的模拟手机时代抢下一点市场——售出2万多台中国人自主研发的手机。实际上，这几乎也是国产手机在模拟时代取得的全部成绩。很快，移动通信步入第二个阶段——数字时代。本土企业以较强的市场应变能力和成本优势赖以生存；依靠质量、产能与成本等制造优势，尽可能地获得大的OEM/ODM订单，与国际大厂进行合作联盟，经营风险相对低些。

2. 国内自有品牌手机业在激烈的市场竞争中茁壮成长

诺基亚、摩托罗拉等外资品牌在20世纪80年代就已经进入中国，而本土企业真正做手机是从1999年开始的。1999年前后，南京熊猫和爱立信在南京成立合资公司，开始同时生产爱立信和熊猫手机。2001年，靠无线寻呼起家的波导有限公司，靠彩电制造起家的TCL，靠无绳电话和DVD起家的夏新纷纷涌入了手机生产行业。而2002年大量的国内厂家已经不再满足于代工和OEM的市场，国产品牌开始自创品牌的突围之路，结果到了2003年，在中国市场指点江山10年的跨国公司突然发现他们似乎在一夜之间遭遇了堵截——失去半壁江山。2003年手机企业间的竞争日趋激烈，市场格局重新洗牌。1999年国产品牌手机的市场份额为零，2003年国产品牌手机产量所占份额为30%。波导、TCL、康佳三家企业进入了全行业产、销前10名，生产、销售总量分别占国内品牌企业生产、销售总量的56.6%和56.3%，国内市场占有率为31.6%，特别是波导手机的国内销售量超过全部外资企业销售量跃居全行业第一。国产手机在2002年、2003年曾一度拿下接近六成的中国市场。

3. 国产品牌手机的光环渐渐褪去

2004年，中国手机市场的产能激增导致库存增大，截至2004年7月国内手机库存总量达2 500万部，也就是说在企业及渠道中已经储备了至少4个月以上的销量。巨大的库

存压力迫使国内手机制造商们大打价格战来清理旧包袱。2004年手机市场的调整和品牌竞争的日趋激烈使手机行业在价格战的血腥、渠道战的深入及技术战的错愕中告别了暴利时代。中国手机业站在又一次行业调整和品牌整合的门槛上。手机市场由于产能的增加和消费模式的转变而显得缺乏活力，市场竞争也日益由过去的单品及概念竞争转向成本控制、技术研发、渠道管理、品牌营销及产能规模等因素决定的整合竞争模式，缺乏核心技术、没有自主知识产权，使国内企业面对激烈的价格战以及国际企业在技术、设计上不断推陈出新显得疲于应付，从2003年国产手机的市场份额60%到2006年国产手机的市场份额已经跌破了30%。当年叱咤风云的品牌，如南方高科、首信、科健、熊猫、迪比特等纷纷退出了市场。东信、夏新、波导、TCL、康佳等也不过苟延残喘。

二、2007—2020年手机行业的二次创新时期

2007年1月9日乔布斯首次展示了iPhone手机。这也标志着手机行业进入智能时代，行业格局发生天翻地覆的变化，国内手机业也开始了洗牌，随着行业技术升级，也进入了一个新的生命周期循环。

1. 国内自有品牌依靠渐进式创新发展壮大

如果安卓、苹果iPhone手机成为一个主导设计，使智能手机行业标准逐渐明确，从而进入成长期，那么国内品牌对安卓、苹果的模仿和不断创新使行业蛋糕越做越大，也成就了自己的市场份额，新的产业诞生了新的行业领军企业，彻底改变了中国移动通信和数字生活的行业生态，例如华为、小米、联想、OPPO、vivo等，其中佼佼者甚至借此成为世界级创新品牌，在海外市场占据半壁江山。2015年移动电话用户13.06亿户，移动电话普及率95.5部/百人。到了2019年，移动电话用户达16亿户，移动电话用户普及率达114.4部/百人，4G用户总数达到12.8亿户，占移动电话用户总数的80.1%。据权威机构统计，2019年全年中国智能手机销量接近3.69亿部，华为以38.5%的市场份额领跑中国智能手机市场，紧随其后的分别是OPPO（17.8%）、vivo（17.0%）、小米(10.5%)和苹果(7.5%),上述这些品牌占据了超过90%的市场份额（Canalys，2020）。据IDC统计，2019年中国市场5G手机出货量约为930万台。华为在中国5G手机市场中占有绝对优势，市场份额达到73.6%。其次是vivo，市场份额达到13.7%。2019年世界智能手机制造商前五位分别为三星（21.6%）、华为（17.6%）、苹果（13.9%）、小米（9.2%）、OPPO（8.3%）。

2. 4G、5G技术为国内手机行业格局变化的重要推动力量

2010年4G正式上市，4G的速率显著高于3G，使得移动支付、移动上网等功能得以实现。2019年5G正式上市，5G具有低时延、高带宽、大连接等特点，使更多场景应用成为可能，例如物联网、工业互联网等。通信技术进步从根本上改变了人们的生活方式、生产方式、消费方式，重新定义了信息的产生、搜集和分配，同时出现了融合化发展趋势，提升了其他产业的生产效率，例如“互联网+”战略的广泛实施，带动了整体生产力发展，成为当今最重要的主导产业和高技术产业。手机行业的规模和技术标准也因为需求增加而提升。

3. 自主品牌摸索创新成长的发展道路

通信技术产业属于高技术行业，依靠不断的技术创新得以发展，也是资本密集、人才密集型行业。与我国传统劳动密集型、外向型为主的产业有很大不同。众所周知，我国制造业经历了模仿创新到自主创新的漫长道路，近年来逐渐开展产业结构调整、产业转型升级，重点发展先进制造业，通信技术产业成为创新型经济试验田和领跑者，涌现出具有代表性的企业，形成了以华为为代表的完全自主创新型道路，以小米为代表的模仿性创新发展，商业模式上也出现了诸多创新，例如电商平台、智能生态、互联网营销等。

问题：

1. 中国国产手机经历了怎样的生命周期？有哪些规律可循？
2. 中国国产品牌的手机陨落的根本原因是什么？
3. 中国国产品牌手机近年发展现状如何？未来可能有哪些发展？

附录

外国人名译名对照表

张伯伦 N. W. Chamberlain
贝恩 J. S. Bain
罗斯托 Walt W. Rostow
费歇尔 A. G. B. Fisher
霍夫曼 W. C. Hoffman
泰勒 L. Taylor
凯恩斯 J. M. Keynes
马歇尔 A. Marshall
琼·罗宾逊 J. Robinson
施蒂格勒 J. S. Stigler
波斯纳 R. Posner
科斯 R. H. Coase
泰勒尔 Jean Tirole
威廉·配第 William Petty
魁奈 Qnesnay
斯拉法 P. Sraffa
贝利 A. Berle
米恩斯 G. Mecens
凯森 C. Kaysen
凯维斯 R. E. Caves
科曼诺 W. S. Comanor
布罗曾 Y. Brozen
贝格斯特 Baxster
梅森 E. S. Mason
谢勒 F. M. Scherer
列昂惕夫 W. W. Leontif
克拉克 Colin G. Clark
钱纳里 H. B. Chenery
瓦尔拉斯 Walras
亚当·斯密 Adam Smith
豪泰林 M. Hotteling
兰凯斯特 K. Lancaster
德姆塞茨 H. Demsets
麦吉 Y. Megee
威廉姆森 J. Williamson
克瑞普斯 F. Kripps
库兹涅茨 S. S. Kuznets
萨伊 J. B. Say
罗宾逊夫人 Mrs. Robinson
特纳 C. F. Turner
谢菲尔德 W. G. Shepherd
鲍莫尔 W. J. Baumol
奈特 F. Kniht
米勒 M. Miller
帕恩查 J. C. Panzar
西蒙 H. A. Simon
詹森 M. C. Jensen
凡勃仑 T. Veblen
斯坦克尔伯格 V. Stackelberg
纳什 J. Nash

海萨尼 J. Harsani
摩根斯坦恩 O. Morgenstern
威尔逊 E. Wilson
波特 M. Porter
罗伯兹 E. B. Roberts
赫希曼 A. O. Hirschman
邓宁 J. H. Dunning
丁伯根 J. Tinbergen
索罗 R. M. Solow
肯德里克 J. W. Kendrick
韦伯 A. Weber
赖利 W. Relly
谢费尔 Shaffle
帕兰德 T. Palander
俄林 B. Ohlin
霍布森 J. A. Hobson
庇古 Arthur C. Pigou
佩鲁 F. Perroux
缪尔达尔 G. Myrdal
李斯特 F. List
韦利格 R. D. Willing
阿尔钡 A. Alobain
梅克林 W. H. Meckling
古诺 A. Cournot
熊彼特 J. A. Schumpetes
泽尔腾 R. Selten
冯·诺依曼 Von Neumann
夏普里 J. Shapley
伯特兰德 Berterand
米尔格罗姆 P. Milgrom
刘易斯 W. A. Lewis
希金斯 B. H. Higgins
拉尼斯 G. Ranis
李嘉图 D. Ricardo
丹尼森 E. F. Denison
杜能 Von Thunen
胡佛 E. Hoover
艾萨德 W. Isard
弗特尔 F. A. Fetler
罗斯特朗 E. M. Rawstron
弗农 R. Venon
赫克歇尔 F. Heckscher
萨缪尔森 P. A. Samuelson
赫立克 B. M. Herrick
金德尔伯格 C. P. Kingdleberger
斯特里顿 P. Streeten
哈罗德 R. F. Harrod
索洛 R. Solow
米德 J. E. Meade
卢卡斯 R. E. Lucas
丹尼尔·贝尔 Daniel Bell
福莱斯特 J. W. Forrester
迈克尔·德尔图拉斯 Michael Derltrus
雅克·纳塞尔 Yerk Nasel
纳克斯 R. Nurkse
汉森 A. H. Hansen
多马 E. D. Domar
斯旺 T. Swan
卡尔多 N. Kaldor
彼得·德鲁克 Peter Drucker
托夫勒 Alvin Toffler
威廉姆·哈拉尔 Willianm Hallal
理查德·麦克金 Richard Mackin
克勒松夫人 Mrs. Kerllerson
马克卢普 F. Machlup

主要参考文献

1. H. 钱纳里. 工业化和经济增长的比较研究. 上海：上海人民出版社，1995.

2. W. W. 罗斯托. 从起飞进入持续增长的经济学. 成都：四川人民出版社，1988.

3. 车维汉. “雁行形态”理论研究评述. 世界经济与政治论坛，2004（03）：88-92.

4. 张小梅，王进. 产业经济学. 成都：电子科技大学出版社，2017.

5. 欧走余，彭思倩. 逆全球化背景下东亚区域经济共生发展研究. 东北亚论坛，2019（4）：59-70.

6. 熊光清. “逆全球化”阻挡不了全球化进程. 人民论坛，2019（14）：40-41.

7. 李悦. 产业经济学. 大连：东北财经大学出版社，2015.

8. 郭晓蓓. 改革开放 40 年我国产业结构演进历程与新时代重大战略机遇. 当代经济管理，2019（4）：1-10.

9. 杨治. 产业经济学导论. 北京：中国人民大学出版社，1985.

10. 国家统计局国民经济核算司. 中国投入产出表. 北京：中国统计出版社，2015.

11. [日] 宫泽健一. 日本的经济循环. 东京：春秋社，1960.

12. 国家统计局投入产出办公室. 投入产出宏观经济分析. 北京：中国统计出版社，1993.

13. 「日」宫泽健一. 产业联系分析入门. 6 版. 东京：日本经济新闻社，1995.

14. 李建军，任静一. 文化创意产业的产业关联与波及效应研究——基于上海市投入产出表的实证分析. 上海经济研究，2016（11）：90-101.

15. 周振华. 现代经济增长中的结构效应. 上海：上海人民出版社，1996.

16. 西蒙·库兹涅茨. 各国的经济增长. 北京：商务印书馆，1985.

17. 周振华. 产业结构优化论. 上海：上海人民出版社，1992.

18. W. W. 罗斯托. 经济成长的阶段. 北京：商务印书馆，1963.

19. 毛林根. 产业经济学. 上海：上海人民出版社，1996.

20. 赵玉林. 产业经济学原理及案例. 北京：中国人民大学出版社，2017.

21. 吕明元，陈维宣. 产业结构生态化：演进机理与路径. 人文杂志，2015（4）：46-53.

22. 吴琼. 产业结构生态化转型路径探析. 理论视野，2014（1）：79-81.

23. 方甲. 产业结构问题研究. 北京：中国人民大学出版社，1997.

24. 黎绍凯，朱卫东，刘东. 高铁能否促进产业结构升级：基于资源再配置的视角. 南方经济.

25. 戴宏伟，陈永国. 城乡统筹与县域经济发展. 北京：中国市场出版社，2005.

26. 张秀生. 县域经济发展：现状、问题与对策. 武汉大学学报. 2007（7）.

27. 覃成林，潘丹丹. 粤港澳大湾区产业结构趋同及合意性分析. 经济与管理评论，2018（3）：15-25.

28. 覃成林，潘丹丹. 粤港澳大湾区产业结构升级及经济绩效分析. 经济与管理评论，2020（1）：137-147.

29. 苏东水. 管理心理学. 5 版. 上海：复旦大学出版社，2014.

30. 杨公朴，夏大慰. 产业经济学教程. 3 版. 上海：上海财经大学出版社，2008.

31. 王其藩. 高级系统动力学. 北京：清华大学出版社，1995.

32. 陈其荣. 自然辩证法导论. 上海：复旦大学出版社 ，1995.

33. 卢嘉锡. 自然科学发展大事记 · 农学卷. 沈阳：辽宁教育出版社，1994.

34. 李约瑟. 中国科学技术史. 北京：科学技术出版社，2018.

35. 菲利普 · 李 · 拉尔夫. 世界文明史. 北京：商务印书馆，2008.

36. 朱寰. 世界古代中世纪史. 北京：北京大学出版社，2004.

37. 苏东水. 中国管理通鉴. 杭州：浙江人民出版社，1996.

38. 王恒富，石争. 文化经济论稿. 北京：人民出版社，1995.

39. 苏勇. 中国企业文化的系统研究. 上海：复旦大学出版社，1996.

40. 云冠平，胡军，黄和平. 管理学. 广州：暨南大学出版社，1990.

41. 克林 · 盖尔西克. 家族企业的繁衍：家庭企业的生命周期. 北京：经济日报出版社，1998.

42. 黎红雷. 儒家管理哲学. 广州：广东高等教育出版社，2010.

43. 陈郁. 企业制度与市场组织交易费用经济学文选. 上海：上海三联书店，2009.

44. 陈郁. 所有权、控制权与激励代理经济学文选. 上海：上海三联书店，2006.

45. R. 科斯，等. 财产权利与制度变迁产权学派与新制度学派译文集. 上海：上海三联书店，2014.

46. 张维迎. 企业的企业家契约理论. 上海：上海人民出版社，2016.

47. 费方域. 企业的产权分析. 上海：格致出版社，2009.

48. 赵林如. 企业主体论. 北京：经济管理出版社，1996.

49. 亚瑟 · A · 汤普森. 企业经济学. 上海：上海人民出版社，1990.

50. 丹尼斯 · 卡尔顿，杰弗里 · 佩罗夫. 现代产业组织. 上海：上海三联书店，2006.

51. 斯蒂格利茨. 经济学. 北京：中国人民大学出版社，1997.

52. 平狄克，鲁宾费尔德. 微观经济学. 8 版. 北京：中国人民大学出版社，2013.

53. 周惠中. 微观经济学. 第 3 版. 上海：上海人民出版社，2012.

54. 张维迎. 博弈论与信息经济学. 上海：格致出版社，2012.

55. 谢识予. 经济博弈论. 上海：复旦大学出版社，2017.

56. 青木昌彦，奥野正宽. 经济体制的比较制度分析. 北京：中国发展出版社，2005.

57. 哈尔·瓦里安. 微观经济学（高级教程）. 3 版. 北京：经济科学出版社，2002.

58. 迈克尔·波特. 竞争战略. 北京：华夏出版社，2005.

59. 詹姆斯·弗·穆尔. 竞争的衰亡. 北京：北京出版社，1999.

60. 朴昌根. 韩国产业政策. 上海：上海人民出版社，1998.

61. 史忠良. 产业经济学. 2 版. 北京：经济管理出版社，2005.

62. 丹尼尔·W. 布罗姆利. 经济利益与经济制度公共政策的理论基础. 上海：上海人民出版社，2012.

63. 多恩布什，费希尔. 宏观经济学. 北京：中国人民大学出版社，2017.

64. 汪海波. 新中国工业经济史. 北京：经济管理出版社，2017.

65. 苏东水. 管理学. 上海：东方出版中心，2001.

66. 苏东水. 应用经济学. 上海：东方出版中心，2005.

67. 苏东水，赵晓康. 论东方管理文化复兴的现代意义. 复旦学报（社科版），2001.

68. 苏东水. 第一届至第八届世界管理论坛暨东方管理论坛论文集，1997—2004.

69. 何德旭. 中国服务业发展报告 No. 7——中国服务业 30 年：1978—2008. 北京：社会科学文献出版社，2008.

70. 刘兴凯，张诚. 中国服务业全要素生产率增长及其收敛分析，数量经济技术经济研究，2010（3）.

71. 罗光强，曾福生，曾伟. 服务业发展对中国经济增长周期的影响. 财贸经济，2008（5）.

72. 杨玉英. 面向 2020 年的中国服务业发展战略. 宏观经济研究，2008（11）.

73. 罗纳德·E. 米勒，彼得·D. 布莱尔. 投入产出分析：基础与扩展. 2 版. 北京：中国人民大学出版社，2019.

74. 苏东水. 苏东水文集. 上海：复旦大学出版社，2016.

75. 苏东水. 东方管理. 太原：山西经济出版社，2003.

76. 苏宗伟，赵渤. 东方管理商业模式理论与应用. 北京：经济管理出版社，2015.

77. 林善浪，张禹东，伍华佳. 华商管理学. 上海：复旦大学出版社，2006.

78. 何大安. 产业规制的主体行为及其效应. 上海：格致出版社，2012.

79. 林恩·佩波尔，丹·理查兹，乔治·诺曼. 产业组织：现代理论与实践. 北京：中国人民大学出版社，2014.

80. 保罗·贝拉弗雷姆，马丁·佩泽. 产业组织：市场和策略. 上海：格致出版社，2015.

81. 理查德·E. 凯夫斯. 创意产业经济学——艺术的商品性. 北京：商务印书馆，2017.

82. 阿尔弗雷德·马歇尔，玛丽·佩利·马歇. 产业经济学. 北京：商务印书馆，2015.

83. 泰斯·滕亚. 投入产出分析经济学. 2版. 北京：经济管理出版社，2016.

84. 华而诚. 论服务业在国民经济发展中的战略性地位. 经济研究，2001（12）.

85. 伟庆. 我国服务业现状分析与对策. 合作经济与科技，2007（11）.

86. 曾国军，刘博. 全球化背景下中国服务产业发展的七个特征. 现代管理科学，2007（6）.

网络增值服务使用说明

使用微信扫描本书内置的二维码，输入封底防伪二维码下的20位密码进行微信绑定后即可免费访问相关资源。（只需输入一次，再次使用不必输入。注意：微信绑定只可操作一次，为避免不必要的损失，请您刮开防伪密码后立即进行绑定操作！）

教学支持说明

建设立体化精品教材，向高校师生提供整体教学解决方案和教学资源，是高等教育出版社“服务教育”的重要方式。为支持相应课程教学，我们专门为本书研发了配套教学课件及相关教学资源，并向采用本书作为教材的教师免费提供。

为保证该课件及相关教学资源仅为教师获得，烦请授课教师清晰填写如下开课证明并拍照后，发送至邮箱：songzhw@hep.com.cn 或 shichh@hep.com.cn，也可通过搜索加入高教社经济类教师服务 QQ 群：563780432，进行索取。

咨询电话：010-58581020，编辑电话：010-58581775

证　　明

兹证明________________大学________________学院/系第__________学年开设的________________课程，采用高等教育出版社出版的《　　　　　　　　　　　　》（__________主编）作为本课程教材，授课教师为______________，学生______个班，共______人。授课教师需要与本书配套的课件及相关资源用于教学使用。

授课教师联系电话：____________________　E-mail：____________________

学院/系主任：__________（签字）

（学院/系办公室盖章）

20____年____月____日